JN493739

개정2판

# 문화행정론

이론적 기반과 정책적 과제

문화행정론

Copyright © 2006 Jungsoo Kim All rights reserved.

This Edition was published by Jipmoondang Publishing Co. in 2017, Seoul, Korea.

이 책의 저작권은 저자에게 있습니다.
이 책의 출판권은 집문당에 있습니다.
저작권법에 의하여 보호를 받는 저작물이므로 무단전재와 무단복제를 금합니다.

개정2판

# 문화행정론

## 이론적 기반과 정책적 과제

김정수

집문당

**저자 김정수(金正洙)**

고려대학교 법과대학 행정학과를 졸업하고 동 대학원에서 행정학 석사학위를 취득한 후 미국 예일대학교에서 정치학 박사학위를 취득하였다. 그려대학교 국제대학원과 고려대학교 공공행정학부 교수를 역임했으며, 현재 한양대학교 정책과학대학 행정학과 교수로 재직중이다. 주요 저서로는 『21세기를 위한 문화와 문화정책』, 『스크린쿼터의 추억』, 『정책학 입문』 등이 있으며, 문화행정에 관한 다수의 논문을 주요 학술지에 발표하였다. 개인 블로그(http://blog.naver.com/lovejesus153)와 유투브 채널(https://www.youtube.com/user/myccm)을 운영하고 있다.

개정2판

**문화행정론**

**이론적 기반과 정책적 과제**

2006년 6월 10일 초판 1판 1쇄

2010년 9월 01일 개정1판 1판 1쇄

2017년 8월 30일 개정2판 1판 1쇄

저 자 | 김정수

발행인 | 임동규

발행처 | **집문당**

등 록 | 1971. 3. 23. 제300-2012-69호

영업부 | 10881 경기도 파주시 광인사길 85

(02)743-3192~3 팩스(02)742-4657

전자우편 | sale@jipmoon.co.kr

편집부 | 03134 서울시 종로구 돈화문로 82 집문당빌딩 5층

(02)743-3096~7 팩스(02)743-0227

전자우편 | edit@jipmoon.co.kr

홈페이지 | www.jipmoon.co.kr

편 집 | 장이지

디자인 | 홍기화

ISBN 978-89-303-1767-2

**가격 32,000원**

이 도서의 국립중앙도서관 출판시도서목록(CIP)은 e-CIP홈페이지(http://www.nl.go.kr/ecip)와 국가자료공동목록시스템(http://www.nl.go.kr/kolisnet)에서 이용하실 수 있습니다.
(CIP제어번호: CIP2017019503)

# 개정2판 머리말

『문화행정론』 개정판을 2010년에 출간한 지 7년 만에 다시 개정 작업을 하게 되었다. 그동안 우리나라 문화·예술계는 물론 문화행정 부문에 있어서도 많은 변화들이 있었다. 이번 개정2판도 전체적인 구조는 기존과 동일하게 총 5부로 구성하였다. 그리고 각종 통계 수치 및 법·제도 현황에 관한 서술은 가급적 최신 자료들로 업데이트하였고 아울러 새로운 논점들도 추가하였다.

이번 개정2판에 새로 추가된 주요 내용은 다음과 같다. 먼저 제1부에서는 정부의 문화·예술 지원에 대한 비판적 시각들을 소개하고, 문화행정의 대조적 이념인 '문화의 민주화'와 '문화적 민주주의'에 대한 설명을 추가하였다. 제2부에서는 기존 개정판의 '정보화'라는 용어를 오늘날 더 보편적으로 사용되는 '디지털 혁명'으로 대체하고, 우리나라의 다문화정책에 관한 논의를 보강하였다. 제3부의 경우, 제11장에서는 문화의 국적 및 문화교역정책의 방향에 관한 논의를 다루었고, 제12장에서는 한류의 문화정책적 함의에 대한 논의를 추가하였다. 그리고 제13장에서는 스크린쿼터 축소 이후의 상황에 대해서도 고찰하였다. 제4부의 경우, 먼저 제15장에는 이명박 정부와 박근혜 정부의 문화행정, 제16장에는 지역문화재단에 대한 논의가 추가되었다. 그리고 그동안 학계에서 거의 주목받지 못했던 종교행정에 관해 집중적으로 조망한 제17장을 새로 추가하였다. 우리나라 종교행정의 주무부서는 문화체육관광부의 종무실이다. 그런데 '정교분리'라는 헌법 원리에 비추어 볼 때 우리나라의 종교행정은 상당히 심각한 문제점을 안고 있다고 판단되기에 이 장을 추가하였다. 제5부의 제18장에는 문화행정의 딜레마의 하나로 가치재와 소비자 주권의 문제에 관한 논의를 포함하였다. 그리고 마지막 제20장에는 문화·예술 및 문화행정의 본질적 불확실성에 관한 고찰이 추가되었다.

저자가 개정2판의 원고를 집필하던 기간은 우연히도 박근혜 전대통령의 탄핵과 조기대선으로 온 나라가 술렁이던 시기와 겹쳤다. 특히 문화·예술계를 편가르기 했던 소위 '블랙리스트'는 박근혜 정권 국정농단의 핵심이었다. '문화융성'을 국정기조의 하나로 내세웠던 정권에서 그러한 반문화적이고 반민주적인 폭거가 자행되었다는 것은 실로 참담한 국가적 비극이 아닐 수 없다. 그러나 그토록 혼란스러웠던 탄핵 정국 속에서 그처럼 민주적이고 평화로운 정권교체가 이루어진 것을 보면서 앞으로 우리나라의 문화행정도 더 한층 성숙해질 것이라 기대하게 된다.

이 책의 출간을 위해 애써주신 집문당의 임동규 사장님과 꼼꼼하게 편집작업을 맡아주신 장이지 선생님께 감사드린다. 내 인생길의 영원한 동반자인 아내 서지원과 최고의 보물인 외동딸 수진이에게 나의 모든 사랑을 보낸다. 내 삶의 모든 것을 예비하시고 허락해주신 하나님께 끝없는 찬양과 영광을 돌립니다.

*The Lord is my shepherd, I shall not be in want.*

2017년 8월

김정수

# 개정판 머리말

아산사회복지재단의 2004년도 저술지원사업의 도움으로 『문화행정론』 초판이 2006년에 출판된 지 4년 만에 개정판을 내게 되었다. 부족한 것이 많은 책이지만 감사하게도 그동안 많은 분들로부터 따뜻한 관심과 격려를 받았었다. 2008년에는 과분하게도 대한민국학술원 우수학술도서로 선정되는 영예를 누리기도 하였다. 그리고 초판의 계약기간이 만료되면서 집문당으로부터 개정판 출간 제의를 받고 몇 가지 부족했던 부분들을 보완하고 추가하여 개정판을 출판하게 되었다.

개정판에서도 전체적인 구조는 초판과 동일하게 총 5부로 구성하되 현 시점에 맞지 않는 자료들은 업데이트하고 몇몇 새로운 사안들을 추가하였다. 제1부의 경우, 초판과 달리 제1장에서는 문화와 예술에 대하여 먼저 집중적으로 조망하고 제2장에서 행정과 공공성에 관해 논의하였다. 제2부에서는 초판에서 다루지 않았던 다문화사회에 관한 논의를 추가하였다. 제3부에서는 두 개 장을 추가하여 우리나라 대중문화 및 문화산업과 관련하여 중요한 두 가지 사례로 한류와 스크린쿼터제에 대하여 살펴보았다. 제4부에서는 우리나라 문화행정에 관한 최근 자료들을 보충하였다. 그리고 제5부의 마지막 제19장에서는 문화·예술로 풍요로운 사회를 지향함에 있어서 기억해야 할 시사점들에 대한 고찰을 추가하였다. 그럼에도 불구하고 여전히 제대로 다루어지지 못한 부분들에 대해서는 후속 연구를 기약하기로 한다.

이 책은 기본적으로 두 가지 명제를 바탕으로 집필되었다. 첫째, 문화와 예술은 행복한 삶을 위하여 없어서는 안 될 소중한 보배와 같다. 둘째, 문화적으로 풍요로운 사회의 건설은 국가의 중요한 정책과제이다. 개인과 사회의 행복

추구에 있어 문화의 비중과 중요성이 갈수록 커짐에 따라 문화행정에 대한 보다 진지한 성찰과 고민의 필요성도 커지고 있다. 아직까지 문화행정은 학문적 체계가 확실히 정립되어 있는 영역은 아니다. 그러나 최근 수년 사이 문화행정에 대한 연구가 크게 활기를 띠고 있는 것은 다행스러운 변화라고 생각된다. 아무쪼록 많은 학자들의 이론적 탐구와 현장 전문가들의 다양한 경험이 융합되어 보다 충실한 문화행정 연구가 이루어지기를 기대한다.

이 책의 초판이 발간되던 해 저자는 한양대학교 행정학과로 이적하였다. 그리고 2008년부터 사회봉사단 기획운영실장직을 수행하면서 한양대학교의 건학이념이 '사랑의 실천'이라는 데에 진한 감동을 느끼게 되었다. 학업뿐만 아니라 각종 봉사활동에 열심히 참여하는 수많은 학생들을 보면서 우리 사회의 미래가 밝을 것이라는 확신을 가지게 되었다. 그리고 15년 전 국내 대학 중 최초의 봉사활동 전담지원기관으로 창설되었던 한양대학교 사회봉사단의 일원으로 섬기게 된 데 대해 감사와 자부심도 갖게 되었다. 또한 연구와 강의에 매진할 수 있도록 배려해주시는 학과 교수님들과 수업에 적극 참여해준 학생들에게도 감사한다. 개정판의 출간을 맡아주신 집문당의 임동규 사장님과 편집작업으로 수고하신 최정미 부장님, 그리고 수업준비 및 교정작업을 도와준 한양대학교 행정학과 박사과정의 신현두 군에게도 감사한다. 내 인생의 영원한 동반자요 최고의 벗인 아내 서지원과 내 모든 것을 주어도 아깝지 않은 외동딸 수진에게 깊은 사랑의 마음을 전한다. 그리고 나의 많은 허물에도 불구하고 언제나 함께 하시며 큰 은혜를 베푸시는 하나님을 찬양하며 감사를 드린다. *Coram Deo.*

2010년 7월<br>행당골 연구실에서<br>김정수

# 초판 머리말

"문화는 행복이고 국력입니다." 얼마 전까지 문화관광부 홈페이지의 첫머리를 장식했던 캐치프레이즈이다. 이 간결한 문구가 상징하듯이 이제 문화는 개인적으로나 국가적으로나 풍요롭고 행복한 삶을 추구하는 데 있어 꼭 필요한 핵심 요소로 여겨지고 있다. 흔히들 21세기는 문화의 세기라고 한다. 사람들은 생존을 위한 경제적·물리적 기본여건이 충족되고 나면 보다 풍요로운 문화생활을 갈망하는 속성이 있다. 한국 사회는 1960~70년대의 고도경제성장과 1980~90년대의 민주화 성숙기를 거치면서 이제 문화에 대한 다양한 욕구와 관심이 증대되고 있는 시점에 와 있다. 날이 갈수록 심화되고 있는 세계화 및 디지털 혁명은 문화·예술 활동의 범주와 성격에 큰 변화를 야기했을 뿐 아니라 문화를 바라보는 시각과 인식에도 큰 영향을 미쳤다. 오늘날 문화와 예술은 그 자체로서의 전통적 가치뿐만 아니라 한 나라의 경제발전과 국제경쟁력의 중요한 근원으로서 새롭게 그 가치가 인정되고 있다.

문화의 중요성에 대한 사회적 각성은 자연히 문화행정에 대한 관심의 증대로 이어지고 있다. 아울러 문화행정이 전체 국정에서 차지하는 위상도 점점 높아지고 있다. 이러한 변화는 정부 예산에도 그대로 반영되고 있다. 정부 수립 이후 1990년대 중반까지만 해도 정부 전체 예산에서 문화부문이 차지하는 비중은 0.5%에도 채 미치지 못하는 낮은 수준에 머물러 있었다. 그러나 이 비율은 최근 수년 사이에 급증하여 1%를 넘어선 1조 원 이상의 규모로 크게 증가하였다. 이러한 양적 팽창에 따라 재원배분을 비롯한 각종 문화정책이 문화예술계 및 나아가 국민 전체에 미치는 영향도 비례하여 증대되고 있다.

그렇다면 문화는 과연 우리에게 어떤 의미가 있는 것인가? 정부는 자국의 문화와 예술의 발전을 위해 개입하여야 하는가? 만약 그렇다면 그 근거는 무엇이며, 그 개입 영역은 어디까지인가? 새로운 사회 변화 속에서 문화와 관련된 정책적 논점은 무엇인가? 정부는 어떠한 문화정책들을 시행하고 있으며 바람직한 문화행정의 방향은 어떤 것인가? 이 책은 이러한 문제의식을 배경으로 집필되었다.

저자가 문화행정에 관심을 기울이게 된 것은 지난 1998년경부터였다. 이 책은 그동안 저자가 문화행정의 여러 논제들에 관해 나름대로 고민하고 연구했던 결과들을 일차로 정리해서 담은 것이다. 이 책의 초고가 완성된 후 저자는 1995년부터 11년간 몸담았던 고려대학교 서창캠퍼스 공공행정학부를 떠나 새로이 한양대학교 사회과학대학 행정학과로 이적하게 되었다. 이 책에서 다루어진 내용 중 많은 부분이 저자가 고려대학교에서 수년간 '문화행정론'을 강의하면서 다루었던 수업내용을 토대로 하고 있다. 강의준비를 하는 과정에서 수많은 자료들을 찾아보게 되었고 또한 문화행정에 관한 저자의 생각도 다듬어지게 되었다. 그리고 문화정책연구회(http://seriecon.seri.org/forum/culturalpolicy)의 오프라인 간담회는 항상 열린 마음으로 자유롭게 대화를 나눔으로써 저자의 생각을 발전시키는 데 큰 도움이 되었다. 모쪼록 이 책이 문화행정에 관심을 가진 분들에게 조금이나마 도움이 되기를 바라 마지않는 바이다. 아울러 저자 개인적으로도 이 책의 출판이 새로운 강단에서 한층 업그레이드된 강의와 연구로 이어지는 계기가 될 것으로 기대한다. 그리고 이 책에 포함되지 못한 여러 가지 멀티미디어 자료 및 부문별 업데이트 내용은 저자의 홈페이지(http://jskim.ba.ro)를 참고하기 바란다.

세상 모든 일이 그러하듯 이 책이 나오기까지에도 많은 도움의 손길이 있었다. 먼저 2004년도 저술지원사업으로 연구비를 지원해준 재단법인 아산사회복지재단에 감사드리며, 학문의 길로 정진하도록 많은 가르침을 주셨던 여러 은사님들께도 감사드린다. 특히 고려대학교 명예교수이신 백완기 교수님의 따뜻한 격려가 집필과정에서 매우 큰 힘이 되었음을 밝혀둔다. 고려대학교 서창

캠퍼스에 재직하는 동안 대학본부의 각종 불합리한 처사와 그로 인한 구조적 모순에도 불구하고 정겨운 분위기에서 연구와 강의를 할 수 있도록 배려해주셨던 공공행정학부의 모든 교수님들께 깊은 감사를 드린다. 그리고 저자가 담당했던 수업에 열심히 참여해주었던 학생들에게도 이 기회를 빌려 감사와 사랑의 마음을 전한다. 또한 새로운 환경에 잘 적응할 수 있도록 따뜻하게 마음을 써주시는 한양대학교 행정학과의 모든 교수님들께도 감사를 드린다. 원고 작성과정에서 자료 정리에 도움을 주었던 고려대학교 대학원 행정학과 석사과정의 이겨레 양과 편집 및 교정작업으로 수고하신 집문당의 김미리 선생님에게도 감사의 뜻을 전하고자 한다.

삶을 살아가면서 더욱 가족의 소중함을 느끼게 된다. 고달픈 유학시절부터 지금까지 우리 가정의 크고 작은 많은 어려운 일들을 함께 헤쳐 온 아내 서지원에게 마음속 깊은 곳으로부터 사랑과 고마움을 전한다. 사춘기를 지나면서 힘든 시간도 있었지만 잘 이겨내고 환한 웃음을 보여준 외동딸 수진이에게는 사랑의 마음과 함께 더 좋은 아빠가 되리라는 다짐을 보낸다. 그리고 우리 가족을 위해 곁에서 늘 애써주시는 장인어른과 장모님께도 깊은 감사의 마음을 전하고 싶다. 마지막으로 가장 큰 감사는 나에게 이 모든 것을 허락해주신 하나님께 돌린다. 내가 지금의 나로서 존재할 수 있는 것은 모두 하나님의 은혜 때문임을 고백하는 바이다. *Praise be to the Lord!*

2006년 3월 31일

김정수

# 차 례

# 표 차례

# 그림/사진 차례

# 서 론

▌"아! 새로운 세계가 눈앞에 펼쳤도다. 위력의 시대가 가고 도의의 시대가 왔도다. 과거 한 세기 내 갈고 닦아 키우고 기른 인도적 정신이 이제 막 새 문명의 밝아오는 빛을 인류 역사에 비추기 시작하였도다. 〔중략〕 우리의 본디부터 지녀온 권리를 지켜 온전히 하여 생명의 왕성한 번영을 실컷 누릴 것이며, 우리의 풍부한 독창력을 발휘하여 봄기운 가득한 천지에 순수하고 빛나는 민족문화를 맺게 할 것이로다."

—'3.1 독립선언서'에서

▌"나는 우리나라가 세계에서 가장 아름다운 나라가 되기를 원한다. 가장 부강한 나라가 되기를 원하는 것은 아니다. 〔중략〕 오직 한없이 가지고 싶은 것은 높은 문화의 힘이다. 문화의 힘은 우리 자신을 행복되게 하고 나아가서 남에게 행복을 주겠기 때문이다. 〔중략〕 나는 우리나라가 남의 것을 모방하는 나라가 되지 않고 높고 새로운 문화의 근원이 되고 모범이 되기를 원한다. 그래서 진정한 세계의 평화가 우리나라에서 우리나라로 말미암아서 세계에 실현되기를 원한다."

—**김구**, '내가 원하는 우리나라'에서

▌"한국의 위기의 본질은 단순히 경제 문제가 아니다. 세계에 내세울 한국적 이미지의 상품이 없는 문화의 위기로 보아야 한다."

—**기 소르망**, 프랑스 문화비평가/경제학자

▌"21세기의 국가위상은 문화의 힘에 의해 좌우될 것이다. 〔중략〕 문화는 어린이들의 마음뿐만 아니라 소비자의 기호까지 바꿔 버린다. 멀티미디어를 통해 세계가 하나로 묶이는 21세기에는 그 영향력이 더 커질 수밖에 없다. 문화주권을 확보하기 위한 무한전쟁은 이미 시작됐다. 각국은 이제 그 미래를 준비해야 한다."

—**앨빈 토플러**

문화와 예술은 우리의 삶을 한층 더 풍요롭게 만들어 준다. 문화·예술은 사람들의 마음에 감동과 행복을 선사하며 대외적으로는 국가 이미지를 제고해 준다. 뿐만 아니라 이제는 경제성장의 새로운 동력원으로도 각광받고 있다. 이처럼 소중한 문화·예술의 발전을 위한 정부의 정책적인 지원과 개입 역시 대단히 중요한 의미를 띠게 된다. 지난 2000년에는 우리나라 중앙정부 전체 예산에서 차지하는 문화관광부 예산의 비율이 최초로 1% 벽을 넘어섰다. 한편 지방자치단체들 역시 최근 들어 매우 적극적으로 각종 문화·예술사업을 추진하고 있다. 이것은 문화와 예술에 대한 우리 사회의 관심과 인식이 그만큼 현저하게 높아졌음을 잘 보여준다. 이를 반영하듯 근래 문화행정 혹은 문화정책에 관한 다양한 세미나와 토론회가 빈번하게 개최되고 있으며 학술적 논의 역시 더욱 활발해지고 있다.

문화행정에 대한 접근방법은 크게 드 가지가 있다. 하나는 문화/예술/미학의 시각에서 출발해서 문화정책을 바라보는 방법이다. 말하자면 기존의 문화·예술 관련 이론들을 출발점으로 삼고 이를 정책적으로 어떻게 구현해야 할 것인지 논의하는 방법이다. 다른 하나는 행정/정책 연구에서 출발해서 개별 행정영역의 하나로 문화행정을 다루는 방법이다. 즉, 행정학/정책학 관련 전공자가 기존의 공공행정 및 정책이론들을 바탕으로 구체적인 사례영역으로서 문화정책을 탐구하는 방법이다. 그런데 우리나라에서 지금까지 문화행정 및 문화정책을 다룬 각종 연구물, 보고서, 정책제안 등을 살펴보면 전자가 압도적으로 많은 것을 알 수 있다. 다시 말해 그동안 문화행정과 관련된 담론은 문화·예술에 있어서는 전문가이지만 행정에 관해서는 비전문가인 인사들에 의해 주로 다루어져왔다는 것이다.

행정학도인 본 저자의 시각에서 볼 때, 문화·예술 전문가들에 의한 문화정책 논의에서 특히 취약하다고 느끼는 부분은 '공공성' 및 '행정 메커니즘'에 대한 이해 부족이다. 사실 공공성은 행정에 있어서 가장 핵심적인 요체라고 할 수 있다. 행정이란 사회 공동체가 직면하는 각종 공공문제를 해결함으로써 공익을 증진시키고자 하는 노력이다. 행정은 일반 개인이나 사기업과는 달리 전체 국민들이 위임해준 권력과 자원, 다시 말해 공권력과 공적자원을 사용하는 활동이다. 따라서 행정은 사적 이익이 아니라 사회 구성원 다수의 공통된 이익을 추구해야 할 당위성을 가지고 있다. 행정의 정식 명칭이 '공공행정'(公共行政, Public Administration)인 것도 바로 이 때문이다. 공공성은 행정현상을 대상으로 삼고 있는 행정학에서 가장 근본이 되는 개념이기도 하다. 그래서 행정학에서는 어떤 사회문제에 행정이 관여할 때 그 정당성을 궁극적으로 공익 구현이라는 관점에서 따져보게 된다. 전체 공동체 차원에서 바람직하지 못한 손해가 발생하는 상황을 공공문제라고 한다면, 이를 해결함으로써 공익을 실현하는 것이 행정의 본분이요 존재의의라는 것이다.

그렇다면 문화・예술은 공공성 혹은 공익과 무슨 연관이 있으며 양자는 어떤 관계에 있는가? 이것이 이 책에서 다루고자 하는 기본 주제이다. 이 책은 문화・예술 전문가는 아니지만 문화・예술의 지고한 가치를 믿는 행정학자의 시각에서 문화행정의 주요 논제들에 대해 고찰하려는 시도이다.

# 제 1 부

# 문화행정의 개념적 기반

문화행정이란 문화와 관련된 제반 사안들을 다루는 행정이다. 문화행정의 본질을 이해하기 위해서는 먼저 문화란 무엇인지 그리고 행정이란 무엇인지에 대한 이해가 선행되어야 한다. 제1부에서는 문화행정의 이론적 기반이 되는 주요 개념들에 대해 살펴보도록 한다.

제 1 장

# 문화란 무엇인가

# 제 1 장 ▮ 문화란 무엇인가

## 1절 문화(Culture)

### 1. 문화의 어원: Culture와 文治敎化

문화를 뜻하는 영어 단어 'culture'는 원래 '땅을 경작하다'는 의미에서 파생된 것으로 자연 상태를 인위적으로 변화시키는 것이라는 의미가 내포되어 있다. 이러한 맥락에서 문화는 인간을 육체적·정신적으로 양육하고 교육시키는 것을 뜻한다. 즉 문화란 인간을 인간답게 만들고 다른 동물이나 자연과는 구별되는 이성을 가진 존재로 끌어올리는 것이다.

동양의 한자권에서 사용하는 '文化'라는 단어는 원래 '文治敎化'라는 용어를 줄여서 쓰게 된 것이라고 한다. 이 용어에는 무력이 아닌 文으로써 백성을 다스리고 교화시킨다는 의미가 들어 있다. 여기서도 역시 문화란 인간을 자연 상태 그대로 두지 않고 계발시켜 나가는 것이라는 의미가 내포되어 있다.

### 2. 문화에 대한 다양한 개념 정의들

문화는 참으로 다의적인 개념으로 사용되고 있다. 문화는 인간 삶의 변화와 함께 가변적 · 역동적으로 변하므로 정의, 분류, 영역규정 등이 어렵다. 문화에 대한 여러 가지 개념 정의들을 살펴보면 아래와 같다(손봉호, 1985).

- ▸Edward B. Tylor: “지식, 신념, 예술, 도덕, 법률, 관습, 풍속 등 사회의 일원으로서 인간이 취득한 모든 능력과 습관을 포함하는 복합적 총체”
- ▸UNESCO: “문화적 유산, 인쇄물 및 문예, 음악 · 공연예술, 조형예술, 영화 및 사진, 방송, 사회문화활동, 체육 및 오락, 자연과 환경보호에 관련된 활동”
- ▸Clyde Kluckhohn: “한 민족의 생활 방식의 총체. 개개인의 성원이 그 집단으로부터 취득한 사회적 유산” 혹은 “환경 가운데서 인류의 손에 의해 만들어진 부분”
- ▸Robert Lynd: “동일한 지역에 사는 사람들의 공동체가 하는 일, 행동방식, 사고방식, 감정, 사용하는 도구, 가치, 상징의 총체”
- ▸Clark Wissler: “넓은 의미에서의 모든 사회적 활동”
- ▸Roger M. Keesing: “사회적으로 전수된 습득의 태도”
- ▸Peter Burke: “표현되거나 구체화된 의미와 태도와 가치, 그리고 상징적인 형식의 공유시스템”
- ▸홍건식: “한 사회, 또는 사회집단을 특징짓는 고유의 정신적 · 물질적 · 지적 그리고 정서적인 특성들의 총체”
- ▸손봉호: “사회의 구성원으로서의 인간이 생물학적 본능에 의하지 않고 행하는 모든 의식적인 행위와 그 결과의 총체”

## 3. 문화 개념의 분류

문화에 대한 다양한 개념 정의에서 보듯이 문화라는 용어는 실제로 매우 다의적으로 사용된다. 일상생활에서나 학문적 논의에서나 똑같이 문화라는 단어를 사용하면서도 정작 그 의미하는 바는 상이한 경우가 적지 않다. 또한 문화의 개념을 분류하는 것 자체도 학자들에 따라 다르다. 여기서는 일단 몇몇 학자들의 문화개념 분류에 대해 간략히 살펴본다.

### 1) Raymond Williams(1983)

① 예술과 예술적 활동: 지적이고 특히 예술적인 활동의 실천이나 작품이라는 의미. 이런 의미의 문화는 음악, 문학, 회화, 조각, 연극, 영화 등 흔히 '교양 있는' 사람들이 참여하는 세련된 활동을 뜻한다.

② 삶의 방식: 함께 살아가는 사람들의 사회생활 곳곳에 퍼져 있는 산물인 동시에 학습된 결과물을 의미한다.

③ 과정과 발전으로서의 문화: 문화의 의미는 시대에 따라 변화된다. 중세 후기에는 곡물 경작과 동물 사육을 의미하였으나 그 후 정신 계발 및 나아가 사회적·역사적 과정 전반을 포함하는 더 광의의 개념으로 확대되었다.

### 2) 임학순(2003)

① 생활양식(whole way of life): 한 시대 혹은 집단의 특정한 생활양식을 지칭한다.

② 지적이고 예술적인 활동의 산물(intellectual and artistic activity): 창의성을 바탕으로 한 예술적 활동의 산물이라는 측면이 강조된다.

③ 상징체계(signifying system): 생활세계를 상징적 의미로 재해석해서 표현한 것을 의미한다.

### 3) 강내희(2003a)

① 음악, 문학, 미술, 조각, 연극, 영화와 같은 예술과 예술행위: 예술 활동이야말로 인간적 가치를 가장 완벽하게 구현할 수 있다는 관점이다. 문화

를 '교양', 즉 우아하고 세련된 고상함과 동일시한다는 점에서 엘리트주의적 경향을 지닌다.

② 포괄적 삶의 방식: 어떤 집단이 지닌 특정한 삶의 양식을 드러내는 상징체계로 이해하는 관점이다. 이 상징은 사회집단의 구성원들 사이에 의미를 공유하게 만들어주는 중요한 기제로 작용한다.

③ 개인이나 집단의 발전과정: 문화를 일종의 정신수양, 즉 인간이 자신을 돌보는 활동으로 이해하는 관점이다. 인간의 창의적인 노력을 통해 자연 상태에서 보다 나은 상태로 발전해나간다는 것이 전제된다.

### 4) David Throsby(2001)

① "넓은 의미의 인류학/사회학적 체제"로 이해하는 경우: 넓은 의미에서 문화는 "특정 집단이 공통적 또는 부분적으로 공유하는 태도, 신앙, 도덕, 습관, 가치관, 풍습"의 의미를 갖게 된다. 이러한 의미의 문화는 사람들에게 주체성·정체성을 심어줌으로써 한 집단의 소속 구성원을 다른 집단의 구성원과 구별시켜준다.

② 기능적 측면에서 문화를 바라보는 경우: 여기서 문화란 "인간생활의 지적, 도덕적, 예술적 측면과 관련되어 행해지고 있는 사람들의 활동과 그 활동에 의해 생산되는 산출물"로 이해된다. 이와 같은 의미의 문화는 세 가지 특성을 가지고 있다. 즉, 그 산출물에는 다소간 '창조성'이 포함되어 있고, '상징적 의미'의 생성/전달과 관계있으며, 적어도 잠재적으로는 '지적 재산권'이 내포되어 있다.

### 5) 김창남(2003)

① 뛰어남으로써의 문화: 인간의 사고와 표현의 뛰어난 정수, 뛰어난 교양과 정신적 완성의 추구

② 문명과 문화: 한 사회의 지적·도덕적 발달 상태, 정신적인 발전의 상태

| 생활문화(일상문화) |
|---|
| 일상적인 우리의 가치 의식, 행위, 표현물, 용구.<br>생활에 있어서의 유용성과 깊은 관련이 있다.<br>의식주, 경제활동 |

(생활이 있기에 예술 · 학습이 산출된다)

↑ ↓

(학술 · 예술이 있기에 생활이 혁신되고 치유된다)

| 예술 · 학술문화(비일상문화) |
|---|
| 비일상적, 특화된 가치 의식, 행위, 표현물.<br>직접적인 유용성으로부터 독립, 자기 완결된다.<br>표현, 연구, 문화활동 |

출처: 나카가와 이쿠오(2002: 165).

**그림 1-1 생활문화와 예술문화**

③ 예술 및 정신적 산물로서의 문화: 예술, 종교, 교육, 언론 등 주로 지적 활동

④ 상징체계 혹은 생활양식으로서의 문화: 사회 내의 관습, 가치, 규범, 제도, 전통 등을 포괄하는 총체적 생활양식

### 6) 정기문(1999)

① 지적 · 정신적 · 심미적인 것들의 추구에 관한 일반적 과정

② 한 인간이나 시대 또는 집단의 특정 생활양식: 가장 넓은 의미

③ 지적 작품이나 실천행위, 특히 예술적 활동: 가장 좁은 의미이며 예술과 동의어

### 7) 나카가와 이쿠오(2002)

① 생활문화(또는 일상문화): 의식주나 경제활동과 같은 일상적인 생활에서 형성되는 의식과 행위

② 예술 · 학술문화(또는 비일상문화): 비일상적이며 특화된 가치의식, 행위 또는 표현물

## 4. 광의의 문화와 협의의 문화

문화의 개념에 대한 다양한 정의들을 간단히 정리하면 크게 광의의 문화 개념과 협의의 문화 개념으로 나누어 볼 수 있다.

### 1) 광의의 문화

넓은 의미에서의 문화란 보통 '유형화된 생활양식의 전체'(patterned way of life)를 뜻하는 개념으로 사용된다. 행정문화, 군사문화, 캠퍼스문화, 조직문화라는 용어를 쓸 때의 문화가 바로 이 개념이다. 즉 어떤 공동체 내의 모든 학습된 행위, 전체적인 생활양식, 집단의 사회적 유산, 사회구성원들이 공유하는 가치관・태도・관습 등을 의미하는 것이다.

이러한 시각에서 가장 널리 인용되는 것이 E. B. Tylor의 개념 정의이다. Tylor는 문화를 "지식, 신앙, 예술, 도덕, 법률, 관습, 그리고 사회의 일원으로서 인간이 획득한 모든 능력과 습관을 포함하는 복합적인 총체(complex whole)"로 정의하였다. 이와 비슷한 맥락에서 R. S. Lynd는 문화를 "동일한 지역에 사는 사람들의 공동체가 하는 일, 행동방식, 사고방식, 감정, 사용하는 도구, 가치, 상징의 총체"라고 정의하였다. J. H. Stuart는 "후천적으로 학습되어 집단이 공유하고, 세대를 통해 계승되는 행동양식과 세계관"을 문화라고 정의하였다. 그리고 C. D. Wissler는 "넓은 의미에서의 모든 사회적 활동", R. M. Keesing은 "사회적으로 전수된 습득의 태도"라고 정의하였다. UNESCO에서 1982년에 발표한 〈문화정책에 관한 멕시코선언〉에서도 같은 차원에서 문화를 "어느 한 사회의 구성원들이 사회적으로 학습하고 사고하고 행동하는 공유된 모든 것을 총괄하는 개념"이라고 하였다. UNESCO의 문화 개념은 예술이라는 협의의 범위에서 벗어나 생활방식, 가치체계, 신념들을 포괄하는 넓은 개념이다.

결국 넓은 의미의 문화는 "사회의 구성원으로서의 인간이 생물학적 본능에 의하지 않고 행하는 모든 의식적인 행위와 그 결과의 총체"라고 할 수 있다. 다시 말해서 문화는 사회 구성원들이 공유하는 가치관·태도·관습의 집합이며 한 공동체가 표현하고 표상하는 전반적 삶의 양식인 것이다.

### 2) 협의의 문화

좁은 의미에서의 문화는 '내부 감정 및 관념의 미적 표현'을 뜻하는 개념이다. 즉 종교적 형식을 포함하여 문학, 미술, 음악, 공연예술 등 아름다움과 탁월함에 대한 감정의 표현 양식이라는 것이다. 이러한 차원에서 이케가미 준(1999: 105)은 문화를 "자연에 대한 학문, 예술, 도덕, 종교 등 인간정신의 작용에 의해서 만들어지고 인간생활을 한층 높여 가는 데에 새로운 가치를 창출하는 것"이라는 일본국어대사전의 개념정의를 그대로 차용한다.

이처럼 좁은 의미에서의 문화는 사실상 '예술'이라는 개념과 거의 동일한 용어로 사용된다. 즉 마음속의 느낌을 상징적 형식을 이용하여 멋지게 표현하는 행위 혹은 그 결과물을 의미한다는 것이다. 이런 좁은 뜻의 문화 개념에는 단순한 일상생활과는 구별되는, 정신적 즐거움 혹은 감정적 만족에 대한 갈망과 추구라는 의미가 깔려 있다. 우리가 흔히 문화생활, 문화향수, 문화권(文化權)이라는 용어를 쓸 때의 문화 개념이 바로 여기에 해당한다. 과거에는 연극, 오페라, 시각예술, 음악, 문학, 역사적 건물 등 소위 '고급예술'을 주로 지칭하였으나, 요즘에는 '대중예술'까지도 포함하는 개념으로 통용된다.

광의의 문화와 협의의 문화는 서로 상호작용하면서 변해간다. 광의의 문화는 협의의 문화가 생성되는 사회적 맥락을 제공한다. 예술적 표현의 대상 및 양식에 있어서 사회적으로 수용될 만한 범위를 설정하는 것은 광의의 문화다. 따라서 광의의 문화가 변하게 되면 협의의 문화도 영향을 받게 된다. 한편 협의의 문화는 공동체의 생활양식을 더욱 풍성하게 가꾸어주는 원동력이 됨으로써 광의의 문화의 가장 핵심적인 부분을 이룬다. 한 공동체가 다른 공동체들과 문화적으로 구별되는 독특한 특성을 갖게 되는 데 있어 결정적인 역할을 하는 것이 바로 협의의 문화다. 따라서 협의의 문화의 변화에 따라 광의의 문화도 그 특성이 변할 수 있는 것이다.

## 2절 예술(Art)

### 1. 예술의 개념과 인간의 본성

예술이란 "미적 가치를 추구하는 활동 및 그 결과"라고 정의할 수 있다. 문화를 광의로 이해할 때, 예술은 문화의 꽃이요 가장 핵심적인 요소라고 일컬어지기도 한다. 예술에는 음악, 미술, 문학, 연극, 무용, 연극, 건축 등이 포함된다. 예술을 뜻하는 영어 단어 'art'는 라틴어의 '아르스'(ars)에서 유래된 것이다. 이 'ars'라는 단어는 '기술' 또는 '공작하다'라는 뜻의 '테크네'(techne)와 '창조하다'라는 뜻의 '포이에시스'(poiesis)를 포함하는 의미라고 한다. 그렇다면 예술의 핵심은 결국 무언가를 창조적으로 만들어내는 것이라고 할 수 있다.

우리의 삶을 둘러보면 인간은 요람에서 무덤까지 예술에 둘러싸여 지낸다는 것을 쉽게 알 수 있다(Frey, 1999). 예를 들어, 월드컵 축구시합을 응원할 때 수많은 사람들이 빨간색의 '붉은 악마' 티셔츠를 갖춰 입고 "대~한민국"이라는 구호를 연창한다. 학교에서 과제로 리포트를 제출할 때 기왕이면 깔끔하게 디자인된 표지를 사용한다. 아기를 낳으면 아무런 옷이나 마구 입히지 않고 가급적 예쁜 무늬와 고운 색상의 옷을 골라서 입히려고 한다. 추위를 피하고 보온을 위해서 의복과 주택은 반드시 필요하지만 그렇다고 아무거나 입고 아무 데서나 살지는 않는다. 대부분의 사람들은 어떤 식으로든 아름답고 멋지게 보이려고 치장을 한다. 생일이나 혼인과 같은 기쁜 일이 있을 때 사람들은 나름대로 멋진 의복과 장신구를 하고 특별한 의식을 거행하며 즐거움을 표현한다. 사람이 죽으면 그저 아무 데나 버리지 않고 수의, 관, 무덤 등을 정성껏 장식하며 고인을 추모한다.

이러한 사소한 예들은 인간이란 본질적으로 심미적 존재임을 잘 드러내준다. 모든 인간은 본능적으로 아름다움(美)과 즐거움을 갈구하는 욕구를 가지고 있다. "기왕이면 다홍치마"라는 우리 옛말은 인간의 이러한 속성을 정확하게 표현한 것이다. 그리고 예술은 바로 이 아름다움과 감동에 대한 욕구를 충족시켜주는 가장 대표적인 활동이다. 사실 예술은 개인적으로나 사회적으로 생명 유지를 위하여 없어서는 안 될 필수불가결한 요소는 아니다. 물이나 음식이 없으면 인간의 생명이 위태로워지지만 예술이 없다고 해서 곧 사망하게 되는 것은 물론 아니다. 하지만 인간이 문화와 예술이 없이 살아간다면 그는 그저 좀비(zombie)와 같은 존재에 불과하다. 인간은 다른 동물과는 달리 단순한 생물학적 생명의 유지 그 이상의 의미가 있는 삶을 갈구하는 존재이기 때문이다. 사람들은 각자 그 정도는 달라도 누구나 아름다움과 감동을 표현하려는, 즉 예술 창작·표현의 욕구를 가지고 있다. 또한 사람들은 멋과 아름다움을 누리고자 하는 욕구, 즉 예술 향수의 욕구를 가지고 있다. 요컨대 사람들이 원하는 것은 단순히 '사는' 것이 아니라 가능한 한 '멋지게 사는' 것이다. 이처럼 아름다움에 대한 갈구는 의식주 차원의 만족을 넘어, 보다 고급스러운 삶을 누리려는 인간의 타고난 본능적 욕구라고 할 수 있다.

실제로 예술은 오랜 인류역사를 통해서 인간의 자아실현의 수단으로 사용되어온 가장 대표적인 생활방식이다. 그렇다고 해서 모든 예술 활동이 단지 창작자 개인의 만족과 기쁨만을 위해서 이루어지는 것은 아니다. 물론 예술적 창작행위의 발단은 예술가 개인의 감흥을 표현하고자 하는 동기에서 비롯된다. 그러나 예술 창작활동은 예술가 자신의 표현 욕구를 충족시킴과 동시에 그 작품을 감상하는 다른 사람들도 역시 즐겁게 해준다. 따라서 예술이란 "마음을 즐겁게 해주는 형식을 만드는 시도"(H. Read)이며 동시에 "감정의 소통(the communication of emotion)에 관한 것"(L. Tolstoy)이라고 할 수 있다. 이러한 측면에서 예술의 사회성을 생각해볼 수 있다. 예술은 분명 예술가 개인의 영감에 의한 창조적 활동의 소산이다. 그러나 예술이라는 물고기는 관중이라는 물속에 있어야만 비로소 의미를 갖게 된다. 영국 잉글랜드 예술평의회의 Gerry Robinson 회장이 적절히 지적했듯이 "관중은 예술과 예술가를 번성하게 하는 산소와 같으며, 관중은 예술과정에서 필수적이고 창조적인 부분"인 것이다(이케가미 준, 1999: 155).

## 2. 예술의 정의에 관한 다양한 시각들

예술의 핵심을 '아름다움'(美)이라 할 때 그렇다면 과연 아름다움과 추함의 기준이 무엇인가 하는 질문이 제기된다. 아름다움이나 추함은 객관적 사실(fact)이 아닌 감정(emotion) 혹은 가치(value) 차원의 문제이다. 따라서 무엇이 얼마만큼 아름다운가 하는 질문의 답은 결국 개인의 주관적 판단(subjective judgment)에 따라 얼마든지 달라질 수 있다. 그렇기 때문에 예술의 범위, 인정기준, 평가 기준 등에 대한 '객관적이고 보편적인 정답'이 무엇인지 확인하는 것은 대단히 어렵다. 미술가이자 경제학자인 Hans Abbing은 역설적으로 "사람들이 예술이라고 부르는 것이 예술이다"(Art is what people call art)라고 정의하기도 하였다.[1] 사실 "예술이란 과연 무엇인가?"라는 질문은 예술 그 자체만큼이나 오래된 질문이지만 그에 대한 견해는 여전히 분분하다. 예술의 정의에 관한 몇 가지 주요한 시각을 간단히 살펴보면 〈표 1-1〉과 같다.

1 예술의 정의에 있어서 일반적으로 예술세계(art world)가 큰 영향력을 발휘하지만 예술이 진화를 거듭하고 새로운 장르가 계속 탄생하면서 예술세계의 경계선은 변하기 마련이다. 한스 애빙은 거시적 차원에서 보면 예술이 무엇인가에 대한 수많은 주장들이 하나로 수렴되며 사회적 합의가 이루어지고 있다고 해석한다. 그럼에도 불구하고 일부 사람들이 예술을 정의하는 데 더 큰 영향력을 발휘한다는 것을 부인하지는 않는다. 특히 의식적이든 무의식적이든 사회의 상류계층이 예술의 정의에 있어서 주도권을 갖고 있다고 보았다(한스 애빙, 2009: 1장).

**표 1-1 예술의 정의에 관한 시각들**

| 입 장 | 주요 내용 |
|---|---|
| ① 모방론 | 예술은 외부세계를 모방하는 일 |
| ② 표현론 | 상상력을 통한 작가의 독창적인 감정 표현<br>- 톨스토이: 사회를 좋은 방향으로 이끌 수 있는 감정의 전달 강조<br>- 콜링우드: 개인의 불안정하고 모호한 감정의 정리 강조 |
| ③ 형식론 | 외부 모방이나 작가 감정의 표현을 배제한 순수한 형식 |
| ④ 예술 정의 불가론 | 개방성 + 유사성<br>- 예술은 끊임없이 변화하고 새로운 창조가 이루어지는 것을 허용하는 열린 개념<br>- 그러나 모든 것을 전부 예술로 허용하는 것이 아니라 이미 예술로 불리는 것들과 일정 측면에서 유사한 것들만 예술로 허용됨 |
| ⑤ 제도론 | 예술 제도를 대표하는 사람들에 의해 감상을 위한 후보라는 지위를 인정받은 것<br>- 예술을 정의하는 과정에서 일부 사람들, 특히 예술세계가 더 큰 영향력을 발휘함<br>- 시간이 지남에 따라 제도는 바뀌고 구성원은 변화됨 |
| ⑥ 다원론 | 다양한 작품 및 양식을 모두 예술로 인정<br>- 단 타인에게 피해를 주지 않는 한도 내에서<br>- 피해의 폭에 대해서는 사회적 합의규정이 필요함 |

* 김진엽(2009)의 내용을 바탕으로 필자 재구성.

# 3절 문화의 특성과 역사적 변천

## 1. 문화의 특성

문화를 넓은 뜻으로 해석하건 좁은 의미로 해석하건 문화는 다음과 같은 몇 가지 특성을 가지고 있다(손봉호, 1985).

첫째, 문화는 자연의 일부가 아니다. 문화는 자연의 비의지적 소산이 아니라 자연에 대한 인간의 의식적인 가공의 산물이다.

둘째, 문화는 인간의 창조가능성에서 비롯된다. 인간은 자신이나 타인의 행위 혹은 주위의 사물에 대해 본능적으로 의미를 부여하고 이해하고 평가한다. 다른 동물들과는 달리 인간은 자신의 욕구를 만족시키는 과정에서 끊임없이 창의성을 발휘하고 새로운 의미를 부여한다. 이러한 과정 속에서 문화가 형성되는 것이다.

셋째, 문화는 인간의 학습가능성에 의해 다른 사람 · 세대에게 전수된다. 우리가 현재 가지고 있는 문화의 내용은 우리의 선조와 다른 사람들에 의해 전수된 것이다. 인간 개개인의 기억능력과 그 개인의식을 외면화할 수 있는 상징체계(문자, 예술, 종교 등)는 문화공동체의 기억장치 역할을 한다. 따라서 사회적인 학습을 통해 문화가 전수되는 것이다.

넷째, 문화는 사회성을 가지고 있다. 문화는 어느 특정 개인만의 것일 수 없다. 개인의식 속의 내용이 외면화되어 다른 개인들과의 공동소유가 될 때 비로소 문화가 된다. 이런 의미에서 문화는 사회공동체 구성원들의 의식의 집합체라고 할 수 있다.

다섯째, 문화는 반드시 발전한다. 이 말은 시간이 흐름에 따라 문화가 점점 더 바람직한 방향으로 진보한다는 의미는 아니다. 다만 어떤 형태로든 과거의 것 위에 새것이 첨가되어 새롭게 변화되어 나간다는 뜻이다.

## 2. 문화의 역사적 변천

원시시대 혹은 전통사회에서는 문화 · 예술의 생산(자)과 소비(자) 사이에 별다른 구분이 없었다. 그러나 시간이 지나면서 점차 '생산'과 '소비'가 분리되어 나갔다. 문화 · 예술의 창조 작업은 예술적 감각과 창의력을 가진 소수의 사람들에 의해 특화되었으며, 그 외의 다수 대중은 각자의 기호에 따라 예술작품을 감상하는 관객이 되었다.

역사적으로 보면 동서양을 막론하고 산업화 이전 시기에는 왕, 귀족, 또는 종교기관 등 일부 특권층만이 문화 · 예술을 즐길 수 있었다. 과거에는 작품의 생산 · 복제 · 소비의 한정성으로 인해 경제적 및 시간적으로 여유가 있는 소수의 상류계층만이 향유할 수 있었던 것이다. 때문에 당시의 문화 · 예술은 자연히 이들 상류층의 기호와 취향에 맞춰지게 되었다. 그러나 산업혁명 이후 근대 시민사회의 형성과 함께 중산층이 출현하였다. 생산성 향상에 따라 경제적 및 시간적 여유를 갖게 된 이들은 이제 문화의 새로운 고객이자 소비자로 등장하게 되었다. 그리하여 소수의 특권층 대신 다수 대중의 입맛에 맞춘 소위 대중문화가 새로이 대두되었던 것이다.

한편 현대 과학기술의 발달은 문화·예술의 대량생산, 대량보급, 그리고 대량소비를 가능케 하였다. 대중매체(mass media)의 급속한 보급은 문화의 대중화를 초래하였다. 대중에 의해 소비·향유되는 문화, 즉 대중문화가 널리 퍼지면서 문화적 삶의 저변이 확대되었다. 기술의 발달은 문화·예술의 생산과 소비에 다 같이 중대한 변화를 야기했다. 대표적인 예로 디지털 기술의 발달로 인해 새로운 표현방식이 가능해졌으며 새로운 예술 장르가 개척되기도 하였다. 예컨대 비디오아트, 컴퓨터그래픽, 전자악기, 컴퓨터음악 등 과거에는 상상할 수도 없었던 새로운 예술이 탄생하였다. 또한 정보기술의 눈부신 발전으로 인해 지리적 한계가 극복됨에 따라 문화·예술의 광범위한 확산과 전파가 이루어지게 되었다. 이로 말미암아 오늘날 문화의 세계화가 중요한 화두로 부각되었다. 뿐만 아니라 기술의 발달은 예술의 생산비용을 현저하게 낮춤으로써 누구나 쉽게 창작활동을 할 수 있는 기회를 제공하였다. 그리하여 이제는 문화·예술의 생산자이면서 동시에 소비자인 '프로슈머'(prosumer = producer + consumer), 즉 '생비자'가 등장하게 되었다.[2]

---

**2** Prosumer(생비자)라는 용어는 원래 미래학자 앨빈 토플러가 1980년에 출간한 그의 저서 『제3의 물결』에서 처음 사용하였다. 제3의 물결, 즉 정보화사회가 도래하면서 과거 산업사회의 양축인 공급자(producer)와 소비자(consumer) 간의 경계가 점차 허물어지고 소비자가 생산과정에도 직접 참여하는 '생비자'로 변모하게 된다는 의미이다.

# 4절 문화의 수요와 공급

문화・예술도 여타 상품 및 서비스와 마찬가지로 생산하는 사람이 있는가 하면 그것을 소비하는 사람이 있다. 문화의 생산과 소비 혹은 수요와 공급은 어떠한 특성을 가지고 있는지 살펴보도록 하자.[3]

## 1. 문화에 대한 수요

### 1) 문화에 대한 수요는 수입, 여가시간, 교육수준 등의 함수이다

일반적으로 수입이 높을수록, 여가시간이 많을수록, 교육수준이 높을수록 문화에 대한 수요는 커진다고 한다. 이와 관련하여 Abraham Maslow의 욕구단계설을 음미해볼 만하다. Maslow에 의하면 인간은 누구나 생리적 욕구, 안전 욕구, 애정 욕구, 긍지・존경의 욕구, 그리고 자아실현의 욕구라는 다섯 가지 단계의 욕구를 가지고 있다. 인간의 행동은 채워지지 않은 욕구를 충족시키기 위한 동기에서 비롯된다. 그런데 어떤 욕구가 채워지지 않은 상태에서는 그보다 상위의 욕구들은 전혀 관심의 대상이 되지 않는다. 예컨대 춥고 배고픈 상태에서는 무엇보다도 생리적 욕구를 충족시키는 것이 시급하지 사랑이나 자존심 같은 상위욕구는 생각지도 않는다는 것이다. 문화에 대한 수요는 "정신적 욕구 혹은 자기실현의 욕구"와 같은 맥락의 것이다(이케가미 준, 1999: 142). 따라서 욕구단계설 시각에서 보면, 문화에 대한 욕구는 생존을 위한 최소한의

---

3 문화 활동을 생산・소비와 같은 경제적 용어로 분석하는 것에 대해 반발하는 사람들도 있다. 그러나 Klamer(2003)가 지적하듯이 문화・예술은 야누스와 같이 2개의 얼굴을 가지고 있는 것이 사실이다. 즉, 고상한 이상에 사심 없이 몰입하는 순수한 예술로서의 측면과 창작의 수고에 대한 대가로 금전적 보상을 추구하는 사업으로서의 측면이 동시에 공존한다는 것이다.

경제적 조건이 충족되고 시간적 여유가 생기고 나서야 비로소 발동된다. 또한 물질적인 삶의 조건들이 어느 정도 충족되고 나면 사람들은 갈수록 문화적 갈증을 느끼게 되고 문화적인 욕망을 충족시킬 대상을 더욱 갈구하게 된다.

### 2) 문화에 대한 기호(taste), 선호(preference), 효용(utility)은 후천적으로 학습되고 가꾸어진다

문화에 대한 욕구는 천부적이고 자연스러운 인간 본능이다. 그러나 문화·예술로부터 정신적 쾌감을 느끼기 위해서는 후천적으로 '감성'이 개발되어 있어야 한다. 어렸을 때 어떠한 문화 환경에서 자랐는가, 또는 어떠한 내용의 교육을 받았는가에 의해 개인의 문화적 취향·기호·선호는 달라진다. 따라서 감상의 기회가 많거나 훈련되지 않은 경우 똑같은 문화를 소비한다고 해도 별다른 감동(정신적 쾌락)을 느끼지 못할 수도 있다. 예를 들어 어려서부터 대중음악만 접해본 사람은 클래식 음악을 들어도 아무런 즐거움을 느끼지 못하고 오히려 지겨워서 고통스러울 수 있다. 반면 어린 시절부터 클래식 음악도 자주 감상했던 사람이라면 대중음악뿐 아니라 클래식 음악을 들으면서도 역시 즐거움을 느끼게 될 것이다. 결국 문화적 수요의 정도와 종류를 좌우하는 개인의 문화적 취향·기호는 후천적인 학습에 의해 형성되는 것이다.

### 3) 문화소비는 비반복적이다

일반적으로 어떤 상품이나 서비스를 소비하면 할수록 그로부터 느끼는 만족은 줄어들게 된다. 그런데 문화·예술작품의 경우 소비의 반복에 따른 한계효용의 감소가 매우 급속하게 일어난다. 예컨대 아무리 재미있는 영화나 소설이라 해도 보통 사람들은 한 번만 보지 계속 반복해서 보지는 않는다. 또 아무리 좋은 노래라고 해도 한 번, 두 번 자꾸 반복해서 듣게 되면 금방 질리게 된다. 물론 여러 번 반복해서 감상해도 좋은 '명작'들이 있기는 하다. 그러나 거의 대부분의 문화·예술 작품들은 한두 번만 감상하다 보면 곧 싫증을 느끼게 된다. 이 때문에 문화 소비에 있어서는 비반복성이 중요한 특성이다.

### 4) 문화에 대한 수요는 유동성이 크다

문화소비의 비반복성은 수요에 있어서 유동성이 매우 크다는 것을 의미한다. 어떤 하나의 문화상품을 소비하고 나면 그것을 지속해서 소비하는 것이 아니라 그와는 다른 새로운 문화상품을 찾게 된다는 말이다. 소득이나 여가수준이 늘어나게 되면 문화에 대한 수요가 증가하는데 그렇다고 해서 동일한 문화상품에 대한 수요가 그대로 비례해서 늘어나는 것은 아니다. 왜냐하면 소비의 비반복성으로 인해 그전에 소비했던 것이 아닌 뭔가 새로운 것을 수요하기 때문이다. 이처럼 자꾸만 새로운 것을 찾기 때문에 문화에 대한 수요는 유동성 혹은 변덕성이 매우 크다. 수요의 변덕성은 상이한 문화상품 유형들 사이에서도 일어날 뿐만 아니라 동일한 상품유형 안에서도 일어난다. 예컨대 영화를 감상하고 난 후에는 계속해서 영화를 또 보기보다는 음악회를 간다든가 미술전시회를 찾는다. 또한 음악을 감상하는 경우에도 발라드 가수의 노래를 들었으면 다음에는 댄스 가수나 락 밴드의 노래를 들으려고 한다. 물론 문화수요의 변덕성에도 예외는 있다. 보통 우리가 팬, 마니아, 혹은 오타쿠라고 부르는 사람들이 바로 그것이다. 이들은 자신들이 좋아하는 특정한 예술가나 작품 혹은 특정 장르를 계속해서 반복적으로 수요·소비하려 한다. 하지만 이들은 극소수의 부류이며 대다수 문화 소비자들의 수요 행태는 매우 변덕스럽고 불확실하다.

### 5) 사회적인 문화 수요는 다양하다

사람들의 문화적 기호와 취향은 서로 다르다. 왜냐하면 사람들마다 타고난 성품과 개성이 다르고 또한 후천적인 교육환경이 다르기 때문이다. 또한 문화소비의 비반복성과 변덕성으로 인해 소비자 개인 차원의 문화적 수요 역시 고정되어 있지 않다. 따라서 사회적으로 매우 다양한 문화 수요가 존재하게 된다. 특히 교육, 소득수준 및 여가시간이 증가함에 따라 문화에 대한 수요가 양적으로 증가할 뿐만 아니라 내용적으로도 더욱 다양해진다.

### 6) 가격탄력성과 소득탄력성

가격(소득)탄력성이란 재화가격(소득) 변화에 따른 수요변화의 정도를 의미한다. 일상 품목의 경우 가격(소득)이 증가하면 수요는 감소(증가)한다. 그러나 식량과 같은 필수품의 경우 가격(소득)변화가 수요 수준에 거의 영향을 미치지 않는다. 반대로 사치품의 경우 약간의 가격(소득)변화도 수요에 큰 변화를 야기한다. 예컨대 가격이 약간 오르거나 소득이 약간 줄어들면 사치품의 소비는 큰 폭으로 줄어들게 된다는 것이다. 일반적으로 문화상품은 가격(소득)탄력성이 큰 사치품목에 속한다고 한다.[4] 그러나 전반적으로 소득수준 자체가 증가함에 따라 문화상품의 가격탄력성 및 소득탄력성은 점점 줄어들게 될 것이다.

## 2. 문화의 공급

문화·예술의 생산 동기는 원초적으로 창작자의 내적인 필연성에서 비롯된다. 즉, 개인의 예술적 영감, 기질 및 신념이 창작의 가장 근본이 되는 원동력인 것이다. 그러나 그렇다고 해서 문화 생산자가 소비자들에 대해 둔감한 것은 아니다. 왜냐하면 창작된 작품이 소비자에 의해 선택되고 감상되어야 비로소 문화로 형성되기 때문이다. 뿐만 아니라 예술가의 생계유지와 작품재생산을 위해서라도 수요자에게 판매되어야 한다. 따라서 문화·예술의 생산·공급

---

4 IMF 사태 직후인 1998년 우리나라 도시근로자 가구의 월평균소득은 전년대비 6.7%가 감소하였는데, 주거비는 8.0%, 육류소비는 9.4% 감소한 반면 교양오락비는 무려 22.6%가 줄어들었다(조현성, 2000). 1999년에는 소득이 4.3% 증가했는데 주거비는 5.1%, 육류소비는 9.3% 증가한 반면 교양오락비는 22.9%가 늘어났다. 이것은 소득수준의 변화에 따른 문화소비의 변화폭이 일반 필수품목들에 비해 대단히 크다는 것을 잘 보여준다.

양식은 소비자의 수요조건에 대한 반응으로 이해할 수 있다. 문화 공급자의 입장에서 특히 중요한 것은 수요의 유동성이 생산의 수익성을 위협하게 된다는 점이다. 따라서 문화·예술작품의 생산자는 그 위험부담을 줄이는 방향으로 반응하게 될 것이다(알베르 브르통, 1937). 이러한 전제하에 문화의 공급 측면의 특성들을 살펴보기로 하자.

### 1) 공급의 다양화

수요의 다양성에 대처하여 위험부담을 줄이기 위한 전형적인 대응방식의 하나는 공급을 다양화하는 것이다. 예를 들어 신문 편집을 생각해보자. 어떤 특정한 분야에 예측 가능하고 안정된 수요가 있는 경우, 그 분야의 독자층을 겨냥하여 전문화된 신문을 발간할 수 있다. 경제전문지 혹은 스포츠전문지 등이 바로 그와 같은 경우이다. 그러나 소비자 전체를 고려할 때 경제기사만 좋아하거나 스포츠기사만 좋아하는 사람들은 소수이다. 대부분의 일반 소비자들은 경제기사뿐만 아니라 정치기사도 흥미 있게 읽고 또 스포츠에도 관심을 가지고 있다. 따라서 가급적 많은 수의 독자를 확보하기 위해서는 특정한 주제만 다루기보다는 여러 가지 다양한 주제를 동시에 다루는 편이 훨씬 더 유리하다. 주요 일간지들이 마치 슈퍼마켓처럼 다양한 섹션들로 구성되는 것도 이처럼 수요를 안정화시킨다는 차원에서 이해될 수 있다.

이것을 그림으로 나타내면 〈그림 1-2〉와 같다. 이 그림에서 종 모양의 포물선은 취향에 따른 소비자들의 분포를 나타낸 것이다. 극소수의 소비자들은 경제기사 혹은 스포츠기사에만 관심이 있고 다른 뉴스에 대해서는 별다른 관심이 없다. 그러나 경제와 스포츠 두 분야에 모두 관심 있는 소비자가 훨씬 더 많다. 예컨대 경제문제만을 다루는 A라는 신문과 스포츠만을 취급하는 B라는 신문이 있다고 가정하자. A 신문의 수입안정화를 위해서는 경제뿐 아니라 스포츠기사에도 관심 있는 소비자들까지도 독자로 만들어야 한다. 그러기 위해서는 이제 경제기사뿐만 아니라 스포츠기사도 다룰 필요가 있다(X → X′).

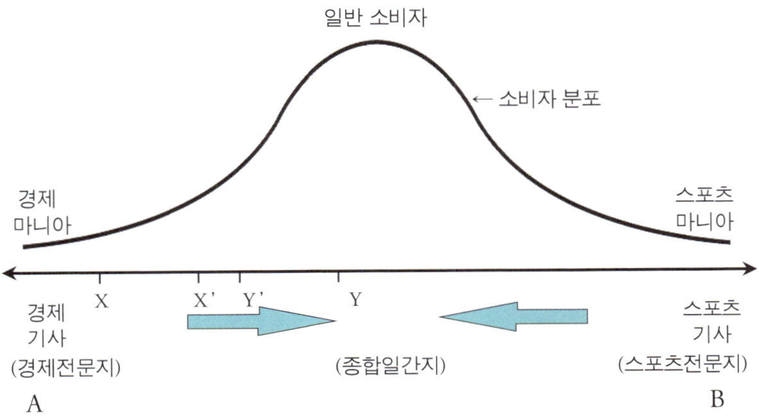


**그림 1-2 문화 공급의 다양화 원리**

B 신문의 경우에는 스포츠기사뿐만 아니라 경제기사도 함께 다룸으로써 독자층을 더 넓힐 수 있게 된다(Y → Y′). 그러다 보면 두 신문 모두 중앙을 향해 움직이게 된다. 결국 처음에는 경제전문지와 스포츠전문지로 각각 출발했지만 더 많은 독자를 확보하고 수요를 안정화시키기 위해 편집의 틀을 바꾸다보면 둘 다 경제와 스포츠 기사를 동시에 다루는 종합일간지로 변모하게 되는 것이다.

이와 같은 예는 영화에서도 쉽게 찾아볼 수 있다. 1978년 상영된 성룡(Jackey Chan) 주연의 〈취권〉이라는 영화는 전통적인 홍콩 무협에 코미디라는 새로운 요소를 추가함으로써 크게 흥행하였다. 1998년에 개봉된 우리나라 최초의 블록버스터 영화 〈쉬리〉는 강력한 액션과 애절한 멜로를 적절히 섞었기 때문에 관객동원 기록을 세울 수 있었다. 액션을 선호하는 남성 관객과 로맨스를 선호하는 여성 관객 모두에게 호응을 받았기 때문이다. 음반의 경우에도 수록곡의 구성을 보면 대개 다양화 전략을 취하고 있다. 동일한 가수의 음반이라고 해도 전부 똑같은 스타일의 노래들로 채우지 않고 가급적 다양한 스타일의 노래들로 편집하는 것이 보통이다. 이 역시 수요의 유동성과 다양성에 대응하기 위한 공급 다양화로 이해할 수 있다.

### 2) 끼워팔기

끼워팔기는 소비자들의 유동적 수요를 안정화시키려는 또 다른 시도이다. 이것은 수요가 불확실한 문화상품을 안정적 수요가 확보된 문화상품과 함께 패키지로 묶어서 판매하는 전략이다. 예를 들어서 영화 배급사가 극장 측에 영화를 배급할 때 인기 있는 대작만 따로 팔지 않고 별로 관객이 들 것 같지 않은 영화까지 한꺼번에 구입케 하는 것이 끼워팔기의 대표적 사례이다.

### 3) 스타 시스템

문화·예술계에서 소비자들의 극심한 변덕을 안정화시키기 위해 가장 널리 쓰이는 방법은 스타 시스템을 활용하는 것이다. 이것은 스타를 내세움으로써 소비자들로 하여금 특정한 문화상품을 선택하도록 유혹하는 방법이라 할 수 있다. 스타란 많은 사람들에게 사랑을 받는 존재이다. 소비자들이 특정 스타에 대한 감정적 애착을 갖게 되면 그들은 자기가 좋아하는 스타를 접하기 위해 그 스타가 관련된 문화상품을 가장 우선적으로 소비하려 한다. 스타가 출연한 영화라면 별다른 망설임 없이 그 영화를 관람하고, 스타가 노래한 음반이라면 주저 없이 그 음반을 구매한다. 따라서 문화상품 공급자의 입장에서는 스타를 기용하는 것이 곧 소비자들의 변덕성에 대응하여 안정적인 수요예측을 가능하게 해주는 효과적인 전략이 된다. 반면 이름 없는 신인들의 경우 자신들의 기량을 선보일 수 있는 기회를 잡기가 그만큼 어렵게 되는 것이다.

### 4) 원형(原型, prototype)과 아류

어떤 문화상품 혹은 예술작품이 좋은 반응을 얻고 크게 성공하면 그와 비슷한 유형의 소위 '아류'들이 쏟아져 나오는 경향이 있다. 어느 분야건 하나의 성공작은 여타 생산자들이 흉내 내고 본뜨는 모델 혹은 프로토타입이 된다. 예컨대 코믹한 내용의 영화 〈투캅스〉(1993)가 크게 히트하자 그 후 한국 영화계에는 코미디물이 줄을 이었다. 이것은 스타 시스템과 마찬가지로 문화·예술에 있어서 공급의 위험부담을 줄이기 위한 방법이다. 소비자들에게 많은 인기를 끌었던 성공작과 비슷한 분위기의 작품이 공급되면 친밀감을 느낀 소비자들에 의해 선택될 가능성이 그만큼 높아지게 된다. 소비자들 입장에서는 낯선 작품을 선택할 때 실망할 위험이 항상 있으므로 평판이 좋았던 성공작과 유사한 작품을 택하는 것이 안전한 선택이 될 수 있다. 따라서 문화 공급자의 입장에서는 혁신적인 작품보다는 가급적 기존의 성공작을 본뜬 아류들을 생산하는 편이 안정적인 수요를 확보하는 데 더 유리한 것이다. 그런데 독창적인 '선구자(pioneer)'는 실패할 가능성이 높은 만큼 성공했을 때의 대가도 막대한 반면 '아류(herd)'들은 상대적으로 안전하기는 하지만 수익 역시 높지 않다. 예를 들어 1992년 강렬한 랩송과 댄스로 무장한 '서태지와 아이들'이 데뷔했을 당시 처음에는 너무 낯선 모습 때문에 그다지 좋은 평가를 받지 못했다. 그러나 곧 엄청난 인기를 끌었고 서태지는 심지어 '문화 대통령'이라는 별칭까지 듣게 되었다. 그러나 이후 우후죽순처럼 쏟아져 나왔던 비슷한 유형의 댄스 그룹들은 TV에는 자주 소개되었지만 인기와 수입 면에서는 도저히 서태지를 따라가지 못했다.

### 5) '옛것과 새것'의 문제

일반적으로 오페라, 연극, 발레, 음악 등 실연(實演) 예술에 있어서는 현대 작품보다 오래전에 발표된 옛 작품을 공연하는 경우가 훨씬 더 많다. 이러한 현상 역시 수요의 안정적 예측을 위한 문화 공급자의 대응방식의 일환으로 이해할 수 있다. 실연 예술의 경우 공연이 제대로 성사되기 위해서는 상당수의 관객이 필요하다. 그런데 현대에 발표된 작품에 대해서는 관객들의 선호를 확인하고 수요를 예측하기가 매우 곤란하다. 이에 비해 과거에 공연되었던 작품(소위 클래식)들은 이미 어느 정도의 평판이 나 있는 것들이다. 그래서 작품에 대한 수요 및 위험부담이 어느 정도인지 대략적인 정보를 얻을 수 있다. 예를 들어 베토벤이나 모차르트 같은 음악가는 일반 대중들 사이에서도 인지도가

**표 1-2 공연 빈도가 높은 오페라 작곡가**

| 순 위 | 독일의 오페라 | 한국의 국립오페라 | 메트로폴리탄 오페라(뉴욕) |
|---|---|---|---|
| 1 | 베르디 | 베르디 | 베르디 |
| 2 | 모차르트 | 푸치니 | 푸치니 |
| 3 | 푸치니 | 모차르트 | 롯시니 |
| 4 | 바그너 | 메노티 | 도니제티 |
| 5 | 로르찡 | 도니제티 | 바그너 |
| 6 | R. 스트라우스 | 비제 | 모차르트 |
| 7 | 롯시니 | 롯시니 | 구노 |
| 8 | 도니제티 | 마스카니 | R. 스트라우스 |

주: 독일과 한국 오페라단은 공공지원에 의존하는 반면 메트로폴리탄 오페라는 입장료 수입과 민간 기부금에 의존함.
출처: Frey and Pommerehne(1989: 25); 한국오페라 50주년 기념축제 추진위원회(1998); 구문모 외(2000)에서 재인용.

**표 1-3 2014년 서양음악 공연 현황(건수, 횟수)**

| 구분 | | 창작 초연 | 재공연 | 계 |
|---|---|---|---|---|
| 공연 건수 | 빈도 | 125 | 8,021 | 8,146 |
| | 비율(%) | 1.5 | 98.5 | 100.0 |
| 공연 횟수 | 빈도 | 175 | 8,978 | 9,153 |
| | 비율(%) | 1.9 | 98.1 | 100.0 |

출처: 『2015 문예연감』.

상당히 높은 반면 현대 작곡가들은 그들의 실력과는 상관없이 잘 알려져 있지 않다. 따라서 현대 작곡가의 작품보다는 베토벤이나 모차르트의 교향곡으로 연주회를 여는 것이 보다 안정적인 소비를 확보하는 길인 것이다.

이러한 현상은 실제 자료를 통해서도 증명된다. 먼저 〈표 1-2〉는 우리나라, 독일, 미국의 오페라단을 대상으로 공연 빈도가 높은 오페라 작곡가를 조사한 것이다. 그 결과 가장 많이 공연되는 레퍼토리는 베르디, 푸치니, 모차르트 등과 같이 널리 알려진 작곡가들의 작품이었다. 또한 우리나라 예술단체들의 공연 통계를 보면, 〈표 1-3〉에서 보듯이, 창작 초연은 전체의 2%도 되지 않을 정도로 그 비중이 낮다.

### 6) Local vs. Global

앞에서 보았듯이 소득수준이나 여가시간이 증가하면 문화적 수요도 증가하고 다양해진다. 이에 따라 공급에 있어서도 다양화가 필요해진다. 그런데 한 지역 내부의 문화 저장고만 가지고는 점증하는 문화적 수요를 감당하는 데 한계가 있을 수밖에 없다. 왜냐하면 한 지역이 가지고 있는 각종 상징, 이야기, 영상, 메시지, 신화 등의 문화적 소스가 제한되어 있기 때문이다. 따라서 지역적 경계를 뛰어넘어 다른 지역의 보다 큰 문화 저장고를 활용할 필요가 생기게 된다. 즉, 여러 지역의 다양한 문화적 소스들을 동시에 사용함으로써 문화 공급의 다양성을 늘려야 한다는 것이다. 이러한 측면에서 보면 문화의 세계화 혹은 국제 문화교류의 활성화는 불가피한 추세라고 볼 수 있다. 90년대 후반부터 단계적으로 이루어졌던 일본 대중문화에 대한 시장 개방 역시 이러한 맥락에서 이해될 수 있다.

### 7) 질(質, quality)의 문제

일반적으로 문화 소비자들의 취향은 중간 정도의 수준에 많이 몰려 있다. 물론 매우 고급스럽고 세련된 문화 · 예술만을 고집하거나 반대로 대단히 저질스러운 오락거리만 찾는 소비자들도 있을 수 있다. 그러나 전체적으로 보면 그러한 극단적인 취향을 가진 사람들은 매우 소수이다. 일반적인 소비자들의 취향은 양극보다는 가운데 평균치로 몰리는 경향이 있다. 따라서 생산자들은 안정적인 수요 확보를 위해서 너무 고급스럽지도 않고 너무 저질스럽지도 않은 적당한 수준의 작품들을 주로 공급하게 될 것이다. 결국 시장에서는 고품격의 문화 · 예술작품이 거래되는 경우도 그리 흔치 않겠지만 그렇다고 항상 저급하고 저질스러운 작품들로 넘치게 되지도 않을 것이다.

### 8) 예술가 시장의 승자독식(winner-take-all) 현상

예술가들은 소박한 낙관주의(naive optimism) 혹은 자만심에 젖어 있는 경우가 많다고 한다(한스 애빙, 2009: 5장). 모두들 자기의 재능과 기량이 뛰어나다고 믿고 있으며 머지않아 스타가 되리라는 기대에 차 있다는 것이다. 그래서 너도나도 예술계에 진출하다보니 예술가 시장에서는 과잉공급이 나타나게 된다. 하지만 정말로 탁월한 수준의 예술가는 흔치 않다. 즉, 예술가들은 많지만 예술적 재능은 매우 제한적으로 공급된다. 반면 소비자의 수요는 바로 그 흔치 않은 탁월한 재능의 예술가에게 집중된다. 예술가의 소득수준은 투입 시간이나 노력보다는 타고난 재능에 더 의존하기 때문에 결국 소수의 예술가가 부와 명예를 독차지하게 된다.[5]

이러한 승자독식 현상을 Sherwin Rosen(1981)은 '슈퍼스타의 경제학'이라는 개념으로 분석하였다. 소비자들이 예술작품을 향유하기 기꺼이 비용을 지불하는 것은 그 수준이 뛰어나기 때문이다. 따라서 예술가의 탁월한 재능이 소비자의 선택에 있어서 중요한 의미를 갖게 된다. 모든 소비자가 당연히 최고 수준의 예술가/공연/작품을 선택하려하기 때문에 '1등(the best)', 즉 슈퍼스타에게만 수요가 집중된다. 따라서 슈퍼스타는 막대한 수입을 올리는 반면 나머지 대다수 예술가들의 수입은 낮은 수준에 그치게 된다. 설령 '2등(the second best)'의 예술적 재능과 실력이 '1등'에 비해 약간 부족한 정도라고 해도 그 둘의 수입의 격차는 엄청나게 벌어진다는 것이다.

5 미국 대중음악계를 대상으로 했던 조사에 의하면 전체 콘서트 수입 중 상위 5% 슈퍼스타들이 차지하는 비중이 1982년 62%, 2003년에는 무려 84%나 되었다.

제 2 장

# 문화에 대한 국가의 지원과 개입

1절 행정과 공공성

2절 문화의 가치와 인간의 행복

3절 문화 · 예술의 민간실패

4절 문화 · 예술에 대한 정부개입 비판론

# 제 2 장 ▮ 문화에 대한 국가의 지원과 개입

문화와 예술이 인류 보편적 현상이듯이 문화·예술에 대한 국가의 개입과 지원 또한 역사적으로 어느 시대, 어느 나라에서나 존재하였다. 국가는 직접 예술의 창작을 주도하기도 하고 혹은 재정 지원 등을 통해 간접적으로 후원하기도 했었다. 때로는 문화·예술에 대해 공권력의 통제와 간섭이 가해지는 경우도 있었다. 그렇다면 문화에 대한 국가의 지원과 개입이 이루어지는 근거는 무엇인가?[1] 문화와 예술은 공공행정의 영역에 포함되는가? 왜 그러한가? 국가가 문화·예술을 정책 의제로 다루어야 한다면 무엇 때문에 그러한가? 문화에 대한 국가의 개입, 즉 문화행정의 존재의의는 다음과 같은 몇 가지 전제하에 정당화될 수 있다.[2]

---

**1** 정부의 문화·예술 지원의 근거에 관한 기존 연구들에 대해서는 다음을 참고하라. Cwi(1982), 한국문화예술진흥원(1987: 제2장), 유진룡 외(1993: 제3장), 김문환(1995), 정태환 외(1995), 유한성(1997), 한국문화정책개발원(1998), Zimmer & Toepler(1999), 이영두(2000: 47-49), 소병희(2001), Heilbrun & Gray(2001: Ch.6), 가타야마 타이스케(2002), 조헌영(2003), Frey(2003), 고토 카즈코(2004: 제2장), 정철현(2004: 제8장), Jowell(2004).

**2** 여기서는 일단 전제 1과 전제 2에 대해 살펴보도록 한다. 이를 통해 왜 문화행정이 필요한가에 대해 이해하게 될 것이다. 그리고 전제 3과 전제 4는 이 책의 마지막 부분 제5부에 가서 문화행정의 본질적 한계와 관련하여 다루기로 한다.

- 전제 1: "문화는 좋은 것이다."

– 문화는 귀하게 여길 만한 좋은 가치가 있는 것이다.

- 전제 2: "문화 분야의 민간실패가 발생할 수 있다."

– 문화를 민간부문에 방임해두면 사회적으로 바람직하지 못한 문제들이 발생할 수 있다.

- 전제 3: "정부가 개입하면 문화의 민간실패를 방지 혹은 교정할 수 있다."

– 정부는 사회에서 발생하는 문화와 관련된 문제들을 예방하거나 해결할 수 있다.

- 전제 4: "문화 관련 업무는 민간부문보다 정부가 더 잘 처리할 수 있다."

– 문화를 보호하고 발전시키는 데 있어 민간자율이나 시장기구보다는 행정이 더 효과적 · 효율적인 메커니즘이다.

## 1절 행정과 공공성

### 1. 인간의 행복

인간은 누구나 행복을 추구할 천부적인 권리를 가지고 있다. 그런데 에덴동산을 떠난 인간에게는 행복을 방해하는 각종 문젯거리들이 늘 쫓아다닌다. 불완전한 존재인 인간은 자기 혼자만의 힘으로 그런 문제들을 해결할 수 없기에 무리를 짓게 되고 사회를 형성하게 된다. 따라서 어떤 공동체이건 궁극적으로는 인간의 행복을 추구하기 위해 노력해야 한다. 행정은 바로 이 목적을 위해 창안된 메커니즘의 하나이다.

그런데 한 사회가 처해 있는 상태가 바람직한가 그렇지 않은가 하는 문제는 비단 경제적 기준만 가지고는 판단할 수 없다. 물론 경제적 부와 효율성이 상당히 중요한 사안이기는 하지만 그것만으로 바람직한 사회가 만들어지는 것은 결코 아니기 때문이다. 한 사회가 살맛나는 사회, 행복한 사회가 되기 위해서는 경제적인 풍족함뿐만 아니라 정신적 풍요로움 역시 겸비되어야 한다. 인간이란 단지 경제적 동물에 지나지 않는 존재가 결코 아니기 때문이다. 따라서 행정이 추구하는 국민의 행복이란 물질적 만족을 넘어 '전인적 행복'으로 이해되어야 하는 것이다.

## 2. 행정의 개념

행정의 개념 정의에 대한 다양한 견해들을 종합해보면 크게 세 가지 접근방식으로 구분해 볼 수 있다(정용덕, 2001: 12-13). 첫 번째는 조직의 목적 달성을 위한 협동적 노력을 의미하는 것으로 이해하는 것이다. 이때 행정은 "특정의 목적을 달성하기 위해서 두 사람 이상이 모여 협동하는 행위(cooperative action)"라고 정의된다(백완기, 1992: 35). 여기에는 국가의 모든 기관들뿐만 아니라 민간부문의 모든 사조직들의 관리활동까지도 포함된다. 두 번째는 국가를 구성하는 제도적 장치의 일부로 정의하는 것이다. 이 접근법에서는 국가기관, 특히 행정부(executive branch)가 국가 기능을 수행하는 데 초점을 맞춘다. 박동서(1990: 60)는 행정이란 "정치권력을 배경으로 한 공공정책 형성 및 구체화"를 의미하며, 공익성뿐 아니라 "권력성과 관리성을 내포하고 있는 행정조직을 중심으로" 이루어지는 활동이라고 지적한다.

한편 세 번째 접근법은 행정을 "'공공의 문제(public affairs)'를 해결하기 위한 사회공동체 구성원들의 집합적 노력"으로 정의하는 방식이다(정용덕, 2001: 8). 여기서 공공의 문제란 '개인이나 특정 소수가 아닌 공동체 구성원 대다수의 이해관계가 달린 문제'를 의미한다. 전통적으로 사회적 공공문제 해결의 핵심 주체는 주로 국가(state) 혹은 정부(government)로 인식되었다.[3] 여기서 국가는 '공권력을 보유・행사하는 중앙 및 지방의 정부조직 혹은 공공기관'을 총칭하는 개념이다(김정수, 1995). 구체적으로 무엇이 과연 공공문제에 해당하는지 시대에 따라 혹은 지역에 따라 다를 수 있다. 보다 중요한 점은 사회적 공공문제를 해결하는 것은 국민의 불만과 불편을 해소시키기 위함이라는 사실이다. 즉, 행정의 궁극적인 목적은 국민의 행복을 위해 봉사하는 데 있는 것이다.

그런데 사실 국가행정만이 사회의 공공문제를 해결하는 유일한 메커니즘은 아니다. 민간부문의 자율에 근거한 시장기구 역시 훌륭한 문제해결 메커니즘이다. 그렇다면 행정의 존재의의는 어디서 찾아야 하는가? 행정 본연의 과업은 무엇인가? 행정의 영역, 곧 공공부문의 정당한 범위는 어디까지여야 하는가?

행정의 영역에 대한 시각은 크게 두 가지 상반되는 견해로 구분할 수 있다. 첫 번째는 소위 야경국가 혹은 경찰국가적 시각으로서 사회생활의 대부분을 국민들의 자유로운 활동에 맡겨두어야 하며 국가의 기능은 다만 국방이나 치안 등 최소한도로 제약되어야 한다는 견해이다. 두 번째는 이와 정반대로 사회주의에서와 같이 국가가 국민생활의 대부분에 직접적으로 개입하여 조정역할을 수행하여야 한다는 견해이다. 전자를 자유주의라고 한다면 후자는 국가개입주의라고 부를 수 있을 것이다. 물론 현실적으로 어느 한쪽을 극단적으로

3 그러나 근래에 들어와 관료적 계층제를 근간으로 하는 국가 기관의 문제해결능력에 대한 회의적 시각이 확산되면서 시민사회의 역할 증대를 요구하는 주장이 폭넓게 제기되고 있다. 가장 대표적인 예가 최근 급속히 확산되고 있는 '거버넌스'(governance) 개념이다(Frederickson, 1997; Rhodes, 1997). 염재호(2002: 139)는 거버넌스를 "사회문제에 대한 정부주도의 통치방식에서 정부를 포함한 사회의 다원적 주체들에 의한 협력적 통치방식을 의미하는 새로운 형태의 국정관리 … 국가와 시장, 그리고 시민사회의 유기적인 연계관계에 의한 사회운영 방식"이라고 정의하였다. 이런 관점에서 보면 행정이란 공공부문과 민간부문의 다양한 주체들이 네트워크 관계를 형성하여 분업과 협동을 통해 공공문제를 해결해나가는 메커니즘을 의미한다. 거버넌스 시각에서는 행정의 개념을 정의할 때 굳이 정부(국가기관과 관료들)만을 활동 주체로 제한할 필요가 없게 된다.

취하는 경우는 드물며, 정도의 차이는 있을망정 양자가 혼합된 경우가 대부분이다. 그렇다면 국가가 맡아 처리해야 할 일은 과연 어떤 것들이며 시민사회에 방임해두어야 할 일은 어떤 것들인가? 어떤 기준으로 양자를 구분해야 하는가?

## 3. 민간실패와 행정의 본질

자유주의 경제학의 시조인 Adam Smith 이래 서구사회에서 굳게 자리 잡아온 주류 경제학의 근본입장은 시장기구(market mechanism)에 대한 신뢰에서 출발한다. 여기서 시장이란 개별 생산자와 소비자가 각자 자유의사에 따라 교환활동을 하는 거래터를 의미한다. 이들이 각기 자신의 효용을 극대화하기 위해 자유롭게 결정하고 행동하도록 내버려두면 저절로 가장 효율적인 자원배분이 이루어지게 된다. 경제학에서는 효율성이 극대화되는 이 균형 상황이 가장 바람직한 상태로 간주된다. 그리고 이런 상황에서 국가의 개입은 필요치 않다. 시민들의 자율에 의해 공공문제들이 바람직한 방향으로 해결된다면 국가의 공권력 동원은 정당화되지도 않을 것이다. 이와 같이 국가가 간섭하지 않아도 소위 '보이지 않는 손'에 의해 사회가 가장 바람직한 상태에 도달하게 된다는 신조를 자유방임주의(*Laissez Faire*)라고 부른다.

하지만 시장을 그대로 방임해두는 경우 오히려 사회적으로 바람직하지 못한 병폐가 발생하는 경우도 종종 있다. 이러한 경우를 시장실패(market failure)라고 부른다. 즉, 개인들의 자율적 행동에 의해서는 바람직한 방향으로 사회문제가 해결되지 않는다는 것이다. 따라서 시장실패가 발생한다는 것은 민간부문의 자율적 문제해결 능력을 신뢰할 수 없다는 것이며 더 이상 시민들의 자율에 그대로 방임해둘 수 없음을 의미한다. 바로 여기서 시장에 대한 국가 공권력의 개입필요성이 제기된다. 민간부문의 자율적 결정만으로는 사회적 효율성 및 형평성이 달성될 수 없을 때 그 시장실패를 교정하는 것이 곧 행정의 본분인 것이다.

원래 시장실패란 경제적 효율성 여부에 입각한 개념이지만 이를 확대하면 세 가지 차원에서의 실패를 생각해 볼 수 있다(김정수, 1994b). 첫 번째는 '경제적 차원'의 시장실패로서 이는 경제학 교과서에서 전통적으로 다루어왔던 시장실패 본래의 의미이다. 즉, 시장 자체가 형성되지 않거나 설령 거래가 이루어진다고 해도 대단히 비효율적인 자원배분이 이루어지는 경우를 말한다. 두 번째는 '사회문화적 차원'의 시장실패이다. 이것은 경제적 효율성 달성 여부와는 상관없이 사회적으로 소중한 가치들이 훼손되는 상황을 의미한다. 예컨대 소득분배의 불균형, 윤리적 타락, 사회질서의 파괴, 전통적 가치관 및 규범체계의 와해, 공동체의 정체성 상실 등이 여기에 해당된다. 세 번째는 '정치적 차원'에서의 시장실패를 들 수 있다. 이것은 정책결정과정에서 사회 내 각 집단의 입장이나 이해관계가 균형 있게 반영되지 못하는 상황이다. 즉, 사회 구성원 중 특정 집단의 이익이 편파적으로 정부 정책에 반영되거나 혹은 반대로 정책결정과정에서 전혀 고려되지 않는 상황을 의미한다.

일반적으로 시장실패라는 용어는 대개 경제적 차원의 실패를 의미하는 좁은 뜻으로 쓰인다. 그래서 이 책에서는 경제적 차원뿐만 아니라 사회문화적 차원 및 정치적 차원의 시장실패를 모두 포괄하는 용어로 '민간실패'라는 용어를 사용하기로 한다. 민간실패란 '민간부문의 각 개인이 자유로운 판단에 따라 행동할 때 사회 전체적으로는 바람직하지 못한 상황이 초래되는 모든 경우'를 의미하는 개념이다. 따라서 민간실패는 곧 공공문제의 집합으로 이해할 수 있으며, 민간실패를 예방·치유하는 것은 곧 사회 공동체의 유익을 증진시키는 일이 된다. 그리고 행정은 바로 이 과업을 위해 존재하는 것이다.

결국 행정 본연의 임무는 경제적·사회적·정치적 차원에서 발생하는 각종 민간실패를 예방·치유하는 서비스를 국민들에게 제공해주는 것이다. 그런데 여기서 중요한 점은 행정이 결코 국민의 상전이 아니라는 사실이다. 국민이 행정을 위해 존재하는 것이 아니라 반대로 행정이 국민을 섬기기 위해 만들어진 존재이다. 그러므로 행정이 각종 민간실패를 교정하기 위해 노력하는 것은 결코 상전으로서 시혜를 베푸는 것이 아니라 국민이라는 주인을 위해 봉사하는 것임을 명심해야 한다. 행정의 본질은 국민의 행복을 위해 섬기는 공복(公僕, Public servant)이며 공공을 위한 서비스 제공자이다. 그리고 이 '국민을 위한 봉사'라는 행정의 본질과 직결된 것이 '공공성' 개념이다(김정수, 2008a: 155).

## 4. 공공성

공공성(公共性)은 행정에 있어서 가장 근본이 되는 가치라고 할 수 있다. 지난 1990년대 이후 전 세계를 휩쓸고 있는 소위 신자유주의의 폐해에 대한 비판적 인식이 확산되면서 공공성에 대한 관심이 다시금 높아지고 있다. 신자유주의의 핵심 논제를 단적으로 요약하자면 "시장은 옳고 정부는 틀렸다"는 것이다. 20세기 초반부터 복지국가 개념이 확대되면서 정부의 역할이 계속 팽창되어 왔었다. 그로 인해 사회적으로 많은 공공문제들이 해결되기도 하였지만 그 역기능과 폐해 역시 만만치 않았다. 소위 '정부실패'가 강조되다 보면 공공부문, 관료, 정부의 역할과 규모는 축소되어야 한다는 주장이 매우 매력적인 대안으로 비치게 된다. 그러나 이로 인해 공공성이 함몰, 훼손되거나 아예 실종될 위기에 처했다는 심각한 반성과 비판의 목소리도 높다(Farazmand, 2007). 시장과 효율성을 강조하다 보면 결국에는 잘사는 사람 또는 잘난 사람들만이 혜택을 누리는 병든 사회로 전락하게 된다는 것이다. 행정학계에서 공공성에 대한 논의가 새롭게 주목받게 된 것은 이러한 위태로운 현실을 방임해서는 안 된다는 위기감에서 비롯되었다고 할 수 있다. 우리 모두가 다 같이 잘 사는 공동체를 만들기 위해서는 결국 공공성이 가장 핵심적인 가치가 되어야하기 때문이다.

공공성에 대한 정의를 국어사전에서 찾아보면 '한 개인이나 단체가 아닌 일반 사회 구성원 전체에 두루 관련되는 성질'로 규정하고 있다. 행정의 기본 준거로서의 공공성 개념은 두 가지 차원으로 나누어 살펴볼 수 있다. 하나는 기술적인 의미 또는 형식적 차원에서의 공공성 개념이고, 다른 하나는 내용적인 차원 혹은 규범적인 차원에서의 공공성 개념이다.

먼저 기술적 또는 형식적 차원의 공공성에는, 첫째, 공유성의 의미가 포함된다. 즉, 여러 사람이 공동으로 소유 혹은 사용하거나 또는 관리의 대상인 경우를 말한다. 두 번째로는 공개성으로 여러 사람이 제한받지 않고 보편적인 접근이 가능하도록 개방되어 있는 상황을 의미한다. 세 번째로는 공중성이라 하여 다수의 사람들에게 어떤 식으로든 영향을 미치거나 연관되어 있는 경우를 말한다. 마지막 네 번째는 정부 및 공공기관이 관련되어 있을 때 혹은 행정이나 정책적 연관성이 있을 때 공공성의 개념을 사용하기도 한다. 여기서 정부는 좁은 의미의 행정부만이 아니라 입법부와 사법부까지 포함하는 넓은 의미에서의 국가기관을 포괄하여 지칭하는 개념이다.

공공성의 두 번째 개념은 '마땅히 이러이러해야만 한다'라는 규범적인 차원에서 조명해볼 수 있다. 규범적 차원의 공공성에는 먼저 공익성이 포함된다. 공익이라는 것은 단순히 사익의 총합에 불가한 것인지 아니면 개인들의 이해관계를 초월해서 공동체 전체의 이익이 따로 있는지에 대해 학자들의 의견이 나눠지기도 한다. 공익이란 최대 다수의 최대 행복, 즉 가능한 많은 사람들에게 가능한 많은 이익을 주어야 한다는 의미이다. 여기서 '이익'이라는 단어를 '행복'으로 대체할 수 있다. 이 행복이라는 것은 물질적으로만 풍요로운 것이 아니라 정신적인 만족까지 포함하는 개념으로 봐야 한다. 다음은 평등이라 할 수 있는 공평성을 생각할 수 있다. 공평성은 흔히 수평적인 공평성과 수직적인 공평성으로 구분된다. 수평적 공평성은 모든 사람을 다 똑같이 대해주어야 한다는 원리이다. 대한민국 국민이라면 누구나 똑같이 접근하고 똑같이 사용할 수 있어야 한다는 것이다. 그리고 수직적 공평성은 다른 것은 다르게 대우해주어야 한다는 의미이다. 예컨대 장애인, 노약자, 빈곤층과 같은 사회적인 약자들에 대해서는 건강하고 돈 있고 힘 있는 강자와는 다르게 좀 더 특별한 혜택을 부여하는 것이 타당하다는 말이다. 똑같은 대한민국 국민인데 노인들이나 장애인들에게 지하철 무료승차 혜택을 제공하는 것은 수평적 공평성에서 다룰 문제가 아니다. 사람들의 처지와 상황을 고려하여 사회적 약자에게 특혜를 부여하고 그들의 부족한 것은 사회가 공통으로 보충해줌으로써 평등한 사회를 이룩하자는 것이다.

그렇다면 문화와 예술은 과연 공공성과 무슨 관계에 있는가? 국가가 문화 영역에 개입하거나 예술 활동을 지원해야 한다면 그 근거는 무엇인가?

## 2절 문화의 가치와 인간의 행복

우리가 문화에 대해 관심을 갖는 것은 기본적으로 문화가 우리에게 소중한 것이라고 믿기 때문이다.[4] 그렇다면 문화는 과연 인간에게 좋고 유익한 것인가? 문화의 가치는 무엇인가?

### 1. 문화의 가치에 관한 견해들

#### ① K. McCarthy의 분류

McCarthy(2004)는 예술이 제공하는 편익을 수단적 편익(instrumental benifits)과 본질적 편익(intrinsic benefits)으로 구분했다. 수단적 편익으로는 인지력 향상(학습능력 및 창의적 사고력 등), 태도와 행태(인간관계, 자기절제, 친사회적 태도 등),

---

4 여기서 말하는 '문화'는 광의의 문화 개념이 아닌 협의의 문화 개념으로 사용된다. 따라서 사실상 '예술' 개념과 유사한 의미이지만 전통적인 '고급예술'뿐만 아니라 현대의 다양한 예술양식과 대중문화까지 폭넓게 포괄하는 의미로 사용된다.

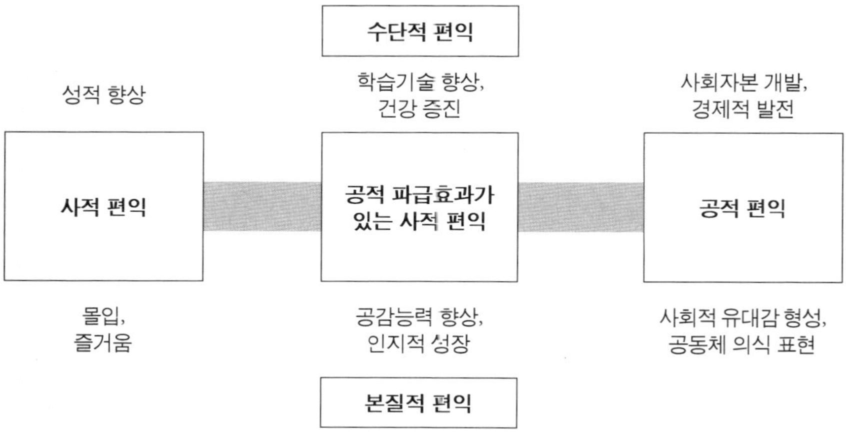


그림 2-1 예술의 편익을 이해하기 위한 프레임웍

건강(스트레스 감소, 치매·파킨슨병 등 특정 질병에 도움), 사회적 편익(사회 구성원간 상호작용 촉진, 공동체 정체성과 사회자본 형성, 공동체 차원의 조직화 능력 향상 등), 그리고 경제적 파급효과 등이 있다. 본질적 편익으로는 몰입(captivation), 즐거움(pleasure), 공감(empathy) 능력 향상, 인지적 성장, 사회적 유대감 형성, 공동체 의식 표현 등이 있다. 예술의 다양한 편익들을 수단적－본질적 그리고 사적－공적 편익이라는 두 가지 차원으로 재정리하면 〈그림 2-1〉과 같다.

### ② A. Brown의 분류

Brown(2006)은 문화와 예술의 가치를 크게 다섯 가지 묶음의 편익으로 정리하였다. 첫째, 개인적 발전(personal development) 차원으로는 자아실현, 사회적 기술 및 인성 함양, 비판적 사고력 향상, 감성적 성숙, 심미적 성장 등이 있다. 둘째, 예술경험의 각인(imprint of the arts experience) 차원으로는 지적 자극, 창의적 사고, 감각적 즐거움, 영감, 몰입 등이 있다. 인간적 상호작용(human interaction) 차원으로는 만족스러운 인간관계, 가족 유대감, 팀웍 스킬 등이 있다. 넷째, 경제적·사회적 편익(economic and social benefits) 차원으로는 사회자본,

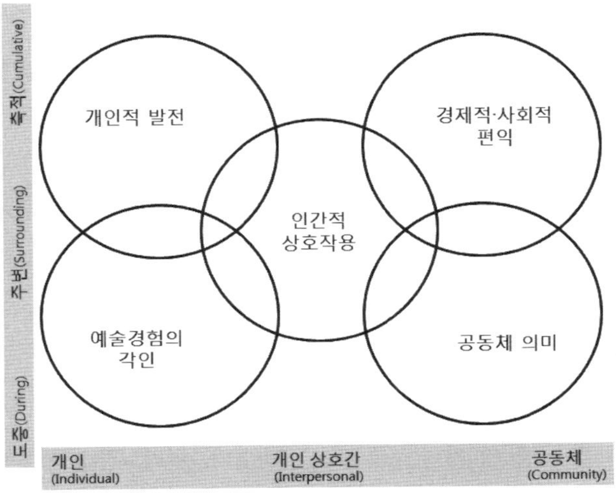


**그림 2-2 예술 편익의 다섯 가지 묶음**

경제적 파급효과, 용인과 이해, 사회적 자부심 등이 있다. 다섯째, 공동체 의미(communal meaning) 차원으로는 문화유산 보존, 공동체 기억 및 의미의 공유, 가치와 이상의 전수, 소속감 등이 있다. 이를 정리하면 〈그림 2-2〉와 같다.

### ③ 문화융성위원회의 분류

한편 박근혜 정부 당시 발족되었던 문화융성위원회에서는 문화의 가치를 다음과 같이 네 가지로 제시했었다.[5] 첫째, 행복을 만드는 문화. 문화는 국가발전과 국민행복의 선순환을 만드는 매개체이고 인간다운 삶의 실현을 위한 전제조건으로 물질만으로 채워질 수 없는 삶에 만족과 행복을 느끼게 해준다. 둘째, 경제를 살리는 문화. 문화는 창조경제의 핵심인 상상력과 창의성 및 감성

---

5 http://www.pcce.go.kr/02_culture/02_intro.htm

을 길러내는 원천이며, 미래사회에서 필요로 하는 융합형 창의인재를 키우는 토양으로 문화적 융복합을 통해 연관분야의 성장을 촉진시킨다. 셋째, 마음을 여는 문화. 문화는 타인과의 소통과 신뢰, 나눔과 배려 등 공동체의 가치를 배우는 과정으로 다양성을 증진하고 사회에 내재된 상처와 갈등을 치유한다. 넷째, 국격을 높이는 문화. 문화를 통해 세계인과 교류 협력하고 문화선진대국의 위상을 확보하여 'Korea Discount'에서 'Korea Premium'으로 거듭나도록 한다.

#### ④ 영국 예술위원회의 분류

영국의 예술위원회(Arts Council England, 2014)는 문화·예술이 시민들에게 기여하는 가치를 크게 네 가지 종류로 정리하였다. 첫째, 경제 성장에 큰 도움을 준다. 둘째, 시민들의 건강과 웰빙 증진에 도움이 된다. 셋째, 사회 공동체의 활성화에 기여한다. 넷째, 학생들의 교육 성취도 향상에 도움이 된다.

#### ⑤ 양현미의 분류

양현미(2007)는 문화의 가치를 크게 문화적 효과, 경제적 효과, 사회적 효과로 구분하였다. 문화적 효과로는 문화자본 증가, 정체성 강화, 문화적 가치관 확산 및 다양성 제고 등이 있고, 경제적 효과로는 소득 증대, 고용 창출, 마케팅 강화, 투자 촉진, 성장잠재력 제고, 사회적 비용 감소 등이 있다. 그리고 문화의 사회적 효과로는 건강 증진, 인적 자본 제고, 사회적 자본 및 사회 응집력 제고, 범죄 예방, 환경 개선 등이 있다.

#### ⑥ J. Guetzkow의 분류

Guetzkow(2002)는 문화가 개인에 미치는 효과와 사회에 미치는 효과로 구분하여 설명하였다. 개인적 차원으로는 신체적 건강 효과, 인지적 심리적 효과, 대인관계 효과 등이 있으며, 사회 차원에서는 경제적 효과, 문화적 효과, 사회적 효과 등이 있다.

## 2. 문화의 본원적 가치와 부가적 가치

문화의 가치 및 편익에 관한 논의는 당연히도 가치판단의 영역이며 따라서 엄밀한 의미에서의 절대적 · 객관적인 판정은 곤란하다고 할 수 있다. 문화의 가치에 관한 여러 견해들을 종합하면 크게 두 가지로 구분해 볼 수 있다. 하나는 본원적 가치이고 다른 하나는 부가적 가치이다.

### 1) 본원적 가치

문화의 본원적 가치란 문화 그 자체가 갖는 근본적인 효용을 의미한다. 문화의 가장 본질적인 기능은 인간의 생래적 욕구의 하나인 '정신적 쾌락과 즐거움'에 대한 욕망을 충족시키는 것이다. 모든 인간은 아름다움과 감동을 갈구하는 본능적 욕구를 가지고 있다. 그리고 좋은 문화와 훌륭한 예술작품은 그것을 소비 · 향유하는 사람에게 '희열감과 정신적인 풍요로움'을 제공한다(전택수, 2001: 502). 즉, 문화는 인간의 오감을 통해 두뇌에 쾌감을 제공하고 심리적 즐거움과 만족감 그리고 감동을 선사하는 것이다(이케가미 준 외, 1999: 141). 또한 인간은 문화 · 예술 활동을 통해 '마음의 풍요'를 추구한다(이홍재, 2004: 281). 이렇게 마음과 두뇌의 쾌감을 즐기는 것은 다른 동물들에게서는 찾아볼 수 없는 것으로, 인간을 인간으로 구별 짓는 특징이라 할 수 있다. 이처럼 문화는 우리 마음에 감동과 기쁨을 주고 정신적 만족을 제공함으로써 인간이 존엄한 존재로서 행복한 삶을 누리도록 해주는 소중한 가치를 가지고 있다. 이것을 문화에 내재하는 본연의 가치 혹은 본원적 가치(intrinsic value)라고도 부를 수 있다.

### 2) 부가적 가치

문화의 부가적 가치란 본원적 가치 이외에 부수적으로 수반되는 가치를 의미한다. 문화의 본원적 가치의 핵심이 개인적 차원의 감동과 즐거움이라면, 부가적 가치는 그 이상의 사회적 차원에서 기여하는 제반 편익을 말한다. 문화가 다른 사회적 편익을 도모하는 도구로 기능한다는 점에서 문화의 부가적 가치를 수단적 가치(instrumental value)라고도 한다.

## 3. 문화의 부가적 가치의 종류

문화의 부가적 가치로 꼽을 수 있는 것은 여러 가지가 있다. 그중 대표적인 것들을 열거해보면 다음과 같다.[6]

① 위상가치(위광가치, prestige value)

문화적 매력은 그 국가, 도시, 지역의 매력을 증대시킨다. 뛰어난 문화 혹은 예술가는 그 나라의 자랑이고 세계사회에서 그 국민 전체의 위상을 높인다. 국제사회에서 국가적 자긍심을 높이고 국위를 선양하는 데 문화만큼 큰 역할을 하는 것은 없다.

② 선택가치(option value)

문화는 지금 당장 소비되지 않는다고 해도 보존해 두고 필요한 때에 필요한 사람이 감상할 수 있다.

③ 유증가치(bequest value)

다음 세대에 훌륭한 문화・예술을 유산으로 전수하는 데에서 생기는 가치

---

6 문화의 여러 가지 기능 및 가치들에 대한 논의는 김문환(1997), 이케가미 준(1999: 239-240), 정기문(2001a), Strom(2001), Throsby(2001: Ch.2), 헤일브런 & 그레이(2000: 160-167), 가타야마 타이스케(2002: 120), 김정수(2002), 강내희(2003a), Geursen & Rentschler(2003), McCarthy(2004), Brown(2006), 양현미(2007), Vuyk(2010), Holden and Balta(2012), Art Council England(2014) 등의 문헌 참조..

를 말한다. 문화·예술은 현 세대로부터 다음 세대로의 역사와 연결되어 전통을 계승하는 역할을 한다.

④ 교육가치(education value)

문화를 통해 창조성, 수용력, 심미력 등을 배양할 수 있다. 좋은 문화는 사람들의 마음을 순화시킴으로써 사회의 안정과 질서유지에도 도움을 준다. 또한 문화는 새로운 발상의 원천으로서 사회 제 분야에서 창조적 활동에 큰 자극을 준다.

⑤ 산업가치(industrial value)

최근에는 문화·예술 활동 자체가 막대한 부를 창출하는 고부가가치산업으로 크게 각광받고 있다. 문화산업은 특히 막대한 창구효과(window effect)로 인하여 황금알을 낳는 산업으로 대두되고 있다.[7]

⑥ 국가 간 가교 역할

좋은 문화는 그 매력이 국경을 초월하여 교류되며 다른 문화권 사람들의 마음에 감동을 준다. 문화교류는 집단과 집단, 국가와 국가 사이의 상호이해의 망을 넓혀주는 가교의 역할을 한다.

⑦ 유발효과(spillover effect)

문화의 핵심은 다양한 창의성과 독창적 아이디어인데 이는 곧 경제활동의 고급화에 필수적인 요소이다. 즉, "문화는 단순히 소모적이고 오락적인 기능에 그치는 것이 아니라 창의적인 경제사회를 조성하고 무한한 생산성을 유발하는

---

7 창구효과란 하나의 문화상품이 여러 가지 다른 형태의 매체를 통하여 확산되면서 연쇄적으로 부가가치를 창출하는 현상을 의미한다. 이에 대해서는 제10장에서 더 상세하게 설명하도록 한다.

시너지 효과를 발휘"하는 것이다(안병선, 2000: 167).

⑧ 외부효과(externalities)

문화 활동을 통해 그 주변 비즈니스에도 상당한 경제적 편익이 발생한다. 예를 들어 어떤 도시에서 문화제가 개최되면 그로 인해 그 지역의 숙박업소, 식당, 교통업계 등도 많은 경제적 이익을 보게 된다. 문화의 경제적 파급효과에 대해서는 제3부 문화산업에 관한 장에서 보다 상세하게 논의된다.

**참고자료 | 예술의 효과**

**"아름다운 그림 보면 고통 줄어든다"**

이탈리아 바리대학 연구팀은 22~38세의 남녀 자원자 12명에게 레오나르도 다빈치, 반 고흐, 산드로 보티첼리 등 유명 작가들의 작품 300점 중 아름답다고 생각하는 작품과 추하다고 생각하는 작품을 20개 골라 감상토록 했다. 연구팀은 작품을 감상하고 있는 피실험자들의 손에 레이저 파(波)를 쏘아 마치 핀으로 찌르는 듯한 고통을 느끼게 할 때 이들의 뇌에서 일어나는 전기적 활동을 측정했다. 그 결과, 추한 그림이나 백지(白紙)를 보고 있을 때보다 아름다운 그림을 볼 때 고통의 강도가 3분의 1 정도 감소하는 것으로 나타났다.

(『조선일보』, 2008. 9. 29.)

**"음악 공연 보면 실제로 스트레스 줄어든다"**

영국 왕립음악대학, 임페리얼칼리지런던 공동 연구진이 지원자 117명을 대상으로 글로스터 성당, 유니온 예배당에서 있었던 에릭 휘태커 음악 공연을 보게 한 결과 이 같이 밝혀졌다고 12일(현지시간) 영국 일간지 텔레그래프가 전했다. 참가자들은 공연 전, 공연 1시간 뒤 쉬는 시간에 각각 침을 제출했다. 이를 확인한 결과 스트레스 호르몬인 코르티솔과 코르티손이 줄어든 것으로 나타났다. 연구진은 "이번 결과는 실험실이나 병원서 설정된 상황에서 음악을 듣는 것이 코르티솔 수치를 줄일 수 있다는 것을 보여주는 과거 22개 논문과 일치한다"며 "나이, 공연 경험, 음악과의 친밀도 등과 관련된 생체학적 변화는 있지 않았다"고 밝혔다.

(『파이낸셜뉴스』, 2016. 4. 13.)

**음악으로 범죄율 감소 '역시 모차르트 효과'**

2001년 7월, 미국 플로리다주 경찰은 지난 5개월 동안 휴일도 없이 온종일 모차르트 등 클래식 음악을 범죄다발 지역의 한 가두에 틀어놓았더니 범죄가 급감했다고 주장했다. 플로리다주 웨스트 팜 비치 경찰서는 지난 4월 마약 밀매가 성행하고 있는 우범지대인 로즈메리 빌리지의 한 빌딩 옥상에 스피커를 설치, 24시간 휴일도 없이 클래식 음악을 틀었다. 이 지역은 15년 전부터 살인사건은 물론 강도, 마약 매매가 끊이지 않는 등 범죄의 온상이었으나 지난 3월에 발생한 관광객 살인사건이 '음악 처방'의 직접적인 계기가 되었다. 경찰은 긴급대책회의를 열어 대낮에도 짙은 그늘을 드리우고 있는 가로수의 가지를 쳐내고 야간의 거리 조명을 더욱 높이는 한편 거리 음악을 틀기로 결정했다. 이 아이디어를 낸 이는 웨스트 팜 비치경찰서 부서장인 밥 리츠로 평소에 음악을 즐겨 듣던 그는 모차르트와 바흐, 베토벤의 명곡을 들려주기로 하고 경찰서 예산 500달러를 지출, CD 1장씩과 플레이어를 구매했다. 가두 음악을 2개월 반 계속하자 효과가 나타나기 시작했다. 우범지대에 모이던 부랑자나 마약 거래자의 수가 현저하게 줄어들었는가 하면 로즈메리 빌리지의 각종 사건 사고 신고가 지난해 상반기 119건에서 올 상반기에는 83건으로 감소한 것이다.

(『국민일보』, 2001. 7. 12.)

## 4. 문화권(文化權): 행복 개념의 재정립

Benjamin I. Gilman은 문화 · 예술을 "아름다움을 추구하고 명상할 수 있는 사회 속의 오아시스"(an oasis in society for the pursuit and contemplation of beauty)로 비유한 바 있다(Shubik, 1999: 16). T. S. Eliot가 적절히 지적했듯이 "문화는 삶을 살 만한 가치가 있는 것으로 만들어주는 것"이다(강철근, 2004: 231). 문화란 그저 심심풀이 소일거리에 불과한 것도 아니며 사치스러운 장식물도 아니다. 문화는 개인적 · 사회적으로 인간의 행복과 인간다운 삶을 위해 꼭 필요한 요소이다.

행복이란 것은 과연 무엇이며 어떻게 해야 행복해질 수 있는가? 인간의 행복은 돈과 물질만으로 얻을 수 있는 것이 아니다. 물론 경제적으로 궁핍한 상황에서는 일단 최소한도의 물질적인 삶의 조건을 갖추는 일이 시급한 과제일 수 있다. 그러나 복지 개념의 확대와 함께 이제 경제적인 부유함이 행복의 충분조건은 아니라는 인식이 널리 확산되어 왔다. 즉 행복한 삶이 되려면 최소한도의 물질적 안정과 함께 정신적 만족도 채워져야만 한다는 것이다. 〈그림 2-3〉은 일본에서 조사된 자료인데 1970년대 중반 이후로 물질적 풍요보다는 심리적 풍요를 중시하는 비율이 점점 더 높아지고 있음을 명확하게 보여준다. 이와 같은 인식의 전환은 단지 개인적 차원뿐만 아니라 사회적 차원에서도 적용되고 있다(강내희, 2005). 과거 국가발전이 주로 경제적인 부유함을 추구하는 것이었다면 이제는 단순한 물질적 부 이상의 '풍요로운 삶'을 추구하는 것으로 이해되고 있다. 즉, '삶의 질'을 종합적으로 향상시키자는 것이다.

문화의 사회적 가치에 대한 확고한 인식이 필요한 것도 바로 이 때문이다. 문화인류학자 Calude Levi-Strauss는 전 생애를 통해 "인간을 인간답게 해주는 것은 무엇인가?"라는 질문과 씨름하였는데 그가 찾은 해답은 바로 '문화'였다(강철근, 2004: 212). 참다운 인간적 삶은 경제와 문화의 균형을 통해서 가능해진다. "문화는 인간의 삶에 즐거움을 주고, 인생에 의미를 찾게 하는 원천이다. 이것은 인간이 인간답게 살기 위해 없어서는 안 될 본질적인 것으로, 문화

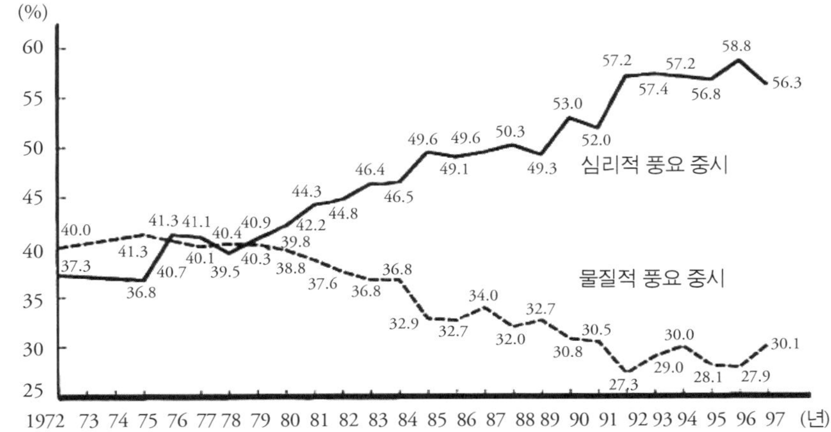


출처: 이케가미 준(1999: 273).

**그림 2-3 심리적 풍요와 물질적 풍요 중시자의 비율**

는 생활이나 사회에서 단순한 장식품이 아니다.”(이케가미 준, 1999: 237). 인간은 문화 활동을 통해 ‘마음의 풍요’를 추구한다(이홍재, 2004: 281). 이처럼 문화는 개인과 사회의 행복한 삶을 위해 결코 빠져서는 안 될 필수요소인 것이다.

이러한 맥락에서 1948년도에 제정된 UN 인권선언은 문화에 대한 인간(개인)의 권리를 분명히 인정하고 있다. 문화생활에 관한 권리를 규정한 제27조 제1항은 “모든 사람은 공동사회의 문화생활에 자유롭게 참여할 수 있는 권리를 지닌다”라고 선언하고 있다. 또한 제2항에서는 “모든 사람은 그가 창작한 과학적, 문화적 또는 미술적 작품에서 생기는 정신적 및 물질적 이익을 보호받을 권리를 가진다”라고 규정하였다. 이는 인간 존엄성의 일부로서 공동사회의 문화유산과 문화생활에 참여할 수 있는 권리를 인정한 것이다(고바야시 마리, 2002: 71).

모든 인간에게 행복추구권이 있다는 것은 곧 누구나 문화에 대한 천부적 권리를 가지고 있음을 의미한다. 따라서 국민의 행복과 복지를 책임지고 있는 정부는 마땅히 최선을 다해 문화 · 예술의 발전과 확산을 위해 노력할 의무가 있다. 그것이 사회 구성원 모두를 위한 공익을 증진시키는 길이기 때문이다.

우리나라도 문화권(文化權)이 법적인 권리로 명시되어 있다. 2014년부터 시행된 「문화기본법」 제4조는 "모든 국민은 성별, 종교, 인종, 세대, 지역, 사회적 신분, 경제적 지위나 신체적 조건 등에 관계없이 문화 표현과 활동에서 차별을 받지 아니하고 자유롭게 문화를 창조하고 문화 활동에 참여하며 문화를 향유할 권리(이하 "문화권"이라 한다)를 가진다"라고 천명하고 있다. 그리고 제5조에 국가와 지방자치단체가 국민의 문화권을 보장하기 위해 노력해야 한다고 규정하고 있다.

소득이나 교육수준 및 장애여부 등에 구애받지 않는, 문화에 대한 '공평한 접근'(equitable access)은 시민으로서의 당연한 권리(civil right)에 속한다. 뿐만 아니라 교육을 통한 '문화적 소양'(cultural literacy)을 기르는 일 또한 매우 중요하다. 문화적 소양이란 상호이해의 증진을 위해 창의적 표현을 활용하고 이해하는 능력, 새로운 아이디어와 예술을 창조하는 능력, 문화적 전통을 후세에 전하는 능력을 의미한다(Bawden, 2002: 11). 뉴욕 필하모닉 오케스트라 지휘자였던 Kurt Masur는 "문화가 사람에게 중요한 것은 그것 없이는 사람이 성숙할 수 없기 때문"이라고 했다. 각국 정부는 과거 문맹 퇴치를 위해 애썼듯이 이제는 문화적 문맹을 해소하기 위해 진력해야 하는 것이다.

## 3절 문화 · 예술의 민간실패

문화가 개인적으로나 사회적으로 이처럼 귀하고 가치 있는 것이라면 문화의 발전은 중요한 국가적 과제가 아닐 수 없다.[8] 그러나 그렇다고 해서 정부

8 문화에 대한 정부의 개입 당위성을 주장할 때 문화가 다른 목적을 위한 유용한 수단이 된다는 식의 도구주의적 시각에 대한 비판적 견해도 많다. 문화(예술)가 중요한 것은 그 자체의 고유한

개입의 필요성이 자동적으로 정당화되는 것은 아니다. 왜냐하면 민간부문의 자발적인 활동으로도 문화의 충만한 발전이 이루어질 수 있으며, 그럴 경우 정부가 굳이 공권력과 국가예산을 동원하여 나설 필요가 없기 때문이다. 사실 시장경제체제의 근본 원리는 정부의 간섭 없이도 사회가 효율적으로 잘 운영된다는 자유주의 신조이다. 그러나 제1절에서 보았듯이 민간실패가 발생하여 공공성이 훼손될 경우에는 국가가 공권력 발동을 통해 예방·해결해 줄 것이 기대된다. 이러한 논리는 문화행정의 필요성에 대해서도 그대로 적용된다. 즉, 문화 활동을 민간자율에 방임해둘 때 사회 전체적으로 바람직하지 않은 문제들이 발생한다면 국가가 나서서 바로잡아주어야 한다는 것이다. 문화행정의 존재 근거는 바로 이러한 민간실패를 예방하거나 치유함으로써 문화발전을 촉진시키고 나아가 공익을 증진시키는 데 있다. 문화와 관련된 민간실패의 유형을 경제적·정치적·사회문화적 차원으로 나누어 보면 다음과 같다.

## 1. 경제적 차원의 민간실패

### 1) 비용질병(Cost Disease)

경제적 관점에서 문화의 시장실패를 분석한 가장 대표적인 연구는 William Baumol(1966)의 '비용질병'(cost disease) 이론이다. 공연예술(performing arts)의 경우 숙달된 인간의 기예 그 자체로서 상품이 완성되기 때문에 대량생산이나 생산표준화가 불가능하다. 그리고 예술가의 기예는 기술혁신, 신기술개발, 기술진보를 통해 대체할 수 있는 성질의 것이 아니므로 일반 제조업과 같이 노동생산성을 급속히 향상시키기가 매우 어렵다. 예를 들어 베토벤의 운명 교향

내재적 가치(intrinsic value) 때문이지 다른 무엇인가를 달성하는 데 좋다는 식으로 강조해서는 안 된다는 것이다. 이런 주장에 대해서는 Jowell(2004), Holden(2004), McGuigan(2004) 참조.

곡을 연주하는 데 걸리는 시간은 베토벤이 작곡하던 시절이나 오늘날이나 똑같다. 기술이 발달한다고 해서 두 시간짜리 오페라를 10분 만에 해치워버린다거나 오케스트라의 연주를 두세 사람이 감당한다는 것은 불가능하다. 결국 생산성 지연(productivity lag) 현상이 나타날 수밖에 없는 것이다(Heilbrun, 2003). 그래서 공연예술의 경우 제조업에 비해 상대적으로 인건비의 비중이 갈수록 높아지게 되며, 인건비의 상승은 생산성 향상으로 상쇄시키기가 곤란하다. 이 때문에 투자자의 입장에서는 공연예술에 대한 투자의욕이 감소할 수밖에 없다. 다른 제조업에 투자하면 기술혁신과 생산성 증가로 인해 더 많은 수익을 올릴 수 있기 때문이다. 그렇기 때문에 공연예술단체의 경우 아무리 경영관리를 잘 한다고 해도 결국은 적자·도산이 불가피하다는 것이다.[9]

### 2) 불완전 시장조건(Imperfect Market Conditions)

시장이 제대로 기능하기 위해서는 몇 가지 중요한 전제조건들이 충족되어야 한다. 그렇지 못한 경우 다음과 같은 시장실패가 발생하게 된다.

#### ① 정보의 결핍(incomplete information)

정보의 부족은 문화가 새롭게 발전하고 혁신될 수 있는 기회를 제한한다. 문화창작인의 입장에서는 창의적 영감을 자극할 새로운 정보, 창작활동 후원자에 관한 정보, 작품발표 기회 등에 관한 정보가 필요하다. 그렇지 않으면 창작활동이 위축될 수밖에 없다. 후원자 입장에서는 유망한 신에 창작인들에 대한 정보가 부족하면 합리적인 후원·투자가 이루어질 수 없다. 문화소비자 입

9 "한번 공연 수천만원 적자... 아예 '살림포기'", 『동아일보』, 1999. 6. 29. 실제로 2007년 우리나라 예술공연단체들의 수입내역을 살펴보면 공연활동으로 인한 자체수입의 비중은 절반에 못미치는 43.6%에 불과하며 공공지원(38.7%)과 기부금(17.7%)에 크게 의존하고 있다. 또한 717개 공연단체들의 평균 재정자립도는 60.6%에 불과한 것으로 조사되었다(문화관광부·예술경영지원센터, 2007). 공연예술단체에 관한 상세한 분석은 구문모 외(2000)의 제3장을 참고할 것.

장에서는 새로운 문화상품이나 예술가, 혹은 감상기회 등에 관한 정보가 필요하다. 생소한 신인 및 새로운 작품에 대한 정보가 부족하면 그만큼 신인의 등장 기회가 제한되며 소비자들로서도 선택의 폭이 제한되게 된다. 다양한 경험의 기회가 부족하면 그만큼 문화·예술에 대한 획득된 취향과 감상능력이 제약되고 결국 소비자의 잠재적 효용도 상실된다. 이처럼 정보가 결핍되면 원활한 문화 순환이 이루어지기 어렵다.

② 과다한 거래비용(transaction costs)

문화는 생산되고 나서 소비자에 의해 감상되어야만 비로소 그 효용이 발생한다. 아무리 활발한 창작활동이 이루어진다 해도, 또한 아무리 많은 소비자들이 문화적으로 갈급해한다 해도 생산자와 소비자의 만남의 장이 서지 않는다면 문화거래는 이루어지지 않는다. 그런데 창작자와 관객의 만남(거래)에 소요되는 비용(거래비용)이 과다하면 원천적으로 거래 자체가 이루어지기 어렵게 된다. 예를 들어 작품발표를 위한 공연장·전시관 등의 시설이 매우 부족하거나 임대비용이 너무 비싼 경우, 혹은 허가조건이 지나치게 까다로우면 그만큼 거래비용이 높아지게 되는 것이다.

③ 독과점(monopoly/oligopoly)

독과점의 일반적 폐해인 품질 저하와 가격 상승의 문제는 문화의 생산과 소비에도 역시 그대로 적용된다. 예컨대 특정 영화사가 영화시장을 독점하게 되어 경쟁이 없어지게 되면 영화의 수준 향상은 기대하기 어려워지며 관객들의 선택의 폭도 제한될 수밖에 없다. 소비자들은 수준 낮은 영화를 비싼 값에 볼 수밖에 없을 것이며 반대로 독점 영화사는 부당한 폭리를 취하게 될 것이다.

### 3) 외부효과(Externalites)

외부효과란 타인의 노력과 수고의 산물에 대해 정당한 대가를 지불하지 않은 채 이익을 향유하는 경우를 말한다. 예술가 자신이 직접 고뇌하고 애쓰지 않고 다른 창작자의 작품을 그냥 베껴서 부당한 이익을 얻는 표절과 불법복제가 그 대표적인 사례이다.

① 표절: 내용의 복사

표절은 다른 사람의 작품 내용(콘텐츠)을 무단으로 베끼는 행위를 말한다. 보통 표절의 대상이 되는 것은 많은 소비자들에게 인정받은 성공작이다. 공급자 입장에서는 이미 많은 관객들의 눈과 귀에 익숙한 콘텐츠를 차용함으로써 소비자들에게 보다 친밀하게 다가갈 수 있다. 즉 수요의 유동성·변덕성에 대하여 표절로써 손쉽게 안정적인 수요를 확보하려는 유혹이 생기게 된다. 그러나 표절이 그대로 방치되면 원제작자에게 돌아가야 할 이익을 표절자가 부당하게 가로챔으로써 결국 원제작자의 창작의욕이 저하되고 문화생산이 침체될 것이다.[10] 또한 표절자 입장에서도 자꾸 표절이라는 손쉬운 방법에만 의지하다 보면 자신의 창작능력을 기를 수가 없다. 뿐만 아니라 외국 작품을 표절하는 경우, 경제적으로 막대한 배상책임이 발생하며 국가적 위신도 추락시키게 된다.

② 불법복제: 매체의 복사

불법복제는 문화·예술적 콘텐츠가 담겨 있는 매체를 무단으로 복사하는 것이다. 불법복제는 과거에도 문제였지만 디지털 기술이 고도로 발달한 오늘

10 과거 공연윤리위원회가 대중가요 음반에 대한 사전심의를 시행하던 시절에는 2소절(8마디) 이상 동일한 패턴이면 표절 판정을 받아 사전에 통제될 수 있었다. 그러나 1996년 10월 헌법재판소에 의해 사전심의제도가 위헌판정을 받음에 따라 현재는 친고죄로서 피해당사자의 고소가 있어야만 법적제재가 가해질 수 있게 되었다.

날에는 더욱 심각한 문제로 확산되고 있다. 왜냐하면 디지털 매체의 경우, 원본과 복사본의 품질 차이가 전혀 없기 때문이다. 음반의 예를 들어 보면, 과거 LP나 테잎이 음반매체로 사용되던 시절에도 물론 불법복제품을 매우 싼 값에 구할 수 있었다. 하지만 음질 자체가 원본에 비해 매우 조악한 것은 감내해야만 했다. 그러나 CD, MP3와 같은 디지털 매체의 경우, 아무리 복사를 거듭하여도 최초의 원본과 음질의 차이가 전혀 없다. 즉, 오늘날의 불법복제품은 디지털 기술의 발달로 인해 값은 매우 저렴하면서도 소비의 질은 정품과 완전히 똑같은 것이다. 일반적인 소비자 입장에서는 당연히 같은 품질이라면 값이 싼 불법복제품을 선택하려 할 것이고, 그렇게 불법복제가 방치되면 원제작자는 정당한 대가를 지불받지 못하게 된다. 이렇게 되면 문화 생산자의 창작의욕이 꺾여 종국에는 양질의 문화·예술작품이 고갈되어버릴 수 있다. 또한 외국의 작품을 불법 복제하는 경우, 지적 해적질(intellectual piracy)이라는 국제적 비난을 받음은 물론 심각한 통상마찰과 외교 분쟁까지도 초래될 수 있다.

### 4) 공공재(Public Goods)

공공재란 소비의 '비배제성'과 '비경합성'이라는 특징을 가진 재화·서비스를 말한다. 즉, 일단 공급이 이루어지면 비용을 부담했건 안 했건 누구라도 소비할 수 있으며(비배제성), 또한 소비하는 사람의 수와 상관없이 각 개인이 소비하는 양은 동일하며 사람들이 많아진다고 해서 나의 소비가 방해받는 것은 아니다(비경합성). 따라서 공공재의 경우, 자신은 비용을 부담하지 않고 다른 사람의 노력에 공짜로 편승하려는 소위 '무임승차자'(free rider) 문제가 발생하게 된다. 예를 들어 길거리나 공원에 누군가가 애써서 멋진 조각품을 세워놓으면 그 사람뿐만 아니라 지나다니는 다른 모든 사람들도 같이 감상하고 즐거워하게 된다. 그런데 모두가 무임승차자가 되려고만 한다면 생산자에 대한 시장의 보상(유효수요)이 없으므로 공급 자체가 아예 이루어지지 않게 되는 것이다.

**표 2-1 국공립예술단체 국고보조금 비중** (단위: 천 원)

| 구 분 | 2004년도 | | 2005년도 | | 2006년도 | |
|---|---|---|---|---|---|---|
| | 국고보조금 | 예산총액 | 국고보조금 | 예산총액 | 국고보조금 | 예산총액 |
| 국립극장 | 27,878,816 | 31,596,195 | 17,359,270 | 20,859,270 | 17,973,994 | 21,648,689 |
| 국립발레단 | 3,210,000 | 5,625,000 | 3,836,000 | 5,765,140 | 4,032,000 | 6,166,000 |
| 국립오페라단 | 3,175,000 | 6,190,380 | 3,987,000 | 7,211,000 | 4,158,000 | 7,605,280 |
| 국립합창단 | 2,012,000 | 2,506,000 | 2,414,000 | 2,934,000 | 2,553,000 | 3,067,176 |
| 서울예술단 | 612,000 | 5,571,343 | 812,000 | 6,058,000 | 802,000 | 6,192,000 |
| 세종문화회관 | | | 23,833,088 | 42,494,277 | 18,100,000 | 42,199,151 |
| 합 계 | | | 52,241,358 | 85,321,687 | 47,618,994 | 86,878,296 |

※ 국립극장 전속단체: 국립극단(1950), 국립창극단(1962), 국립무용단(1962), 국립국악관현악단(1955).
※ 예술의 전당 상주/입주단체(재단법인): 국립합창단(1973), 국립발레단(1974), 국립오페라단(1962), 서울예술단(1985).

### 5) 막대한 초기비용(고정비용)이 필요한 경우

오케스트라, 합창단, 무용단, 공연장, 박물관, 도서관, 영화촬영스튜디오 등은 서비스를 제공하기 위한 설립 자체에 막대한 비용이 소요된다. 이러한 예술단체 혹은 문화시설들은 대개 창단비용 및 시설투자비 등과 같은 초기 고정비용이 너무 많이 들기 때문에 시장에만 맡겨두면 제대로 만들어지지 않는다. 설령 누군가 막대한 부담을 안고 설립한다고 해도 투자비를 회수하려면 서비스 공급 가격을 매우 높이 책정할 수밖에 없다. 가격이 너무 높으면 자연히 수요가 부족할 것이며 따라서 시장 자체가 형성되지 않을 것이다. 정부가 공금으로 예술 단체 및 시설들을 운영하는 것도 이러한 맥락에서 이해될 수 있다(표 2-1 참조).

### 6) 가치재(Merit Goods)

가치재란 '타고난 가치' 혹은 '본질적인 장점'을 지니고 있음에도 불구하고 일반 소비자들의 무지 혹은 무관심으로 인해 사회적인 수요가 매우 미미한 재화 · 서비스를 말한다(헤일브런 · 그레이, 2000: 183). Musgrave는 가치재를 "시장가격에서 소비자가 구입을 희망하는 양보다 더 많이 제공되는 것이 바람직하다고 사회가 결정한 재화"라고 정의하였다. 그래서 가치재의 경우 소비자 선호를 구속적인 것으로 받아들이는 대신 공공기구나 입법기구가 일반인들을 대신하여 얼마만큼 소비되어야 할지 결정을 내리게 된다는 것이다.

앞에서 살펴보았듯이 문화는 여러 가지 면에서 매우 중요한 가치를 지니고 있다. 그러나 일반 국민들 중에는 문화와 예술의 그러한 가치들에 대해 충분히 인식하지 못하고 있는 사람들도 많다. 따라서 그냥 시장의 자발적인 교환에만 맡겨둔다면 문화에 대한 수요 자체가 매우 낮은 수준에 머무르게 되어 충분한 소비가 이루어지지 않게 된다. 문화 향유로 인한 많은 즐거움과 기쁨을 누릴 수 있는 기회를 단지 무지로 인해 놓치게 되는 것은 바람직하지 않다. 그러므로 문화와 같은 가치재의 경우, 소비자들의 선호가 어떤가에 관계없이 정부가 마치 부모와 같은 입장에서 온정적(paternalistic)으로 판단한 적정 소비량만큼 공급되도록 개입해야 한다는 것이다(이토스 야스오 외, 2002: 124).

## 2. 정치적 차원의 민간실패

정치적 차원의 민간실패는 국가의 정책결정 과정에서 모든 계층의 이해관계가 고르게 반영되지 않고 특정 집단이 불균형적인 특혜를 받거나 혹은 반대로 소외되는 경우를 말한다. 문화의 정치적 민간실패는 두 가지 경우로 구분해 볼 수 있다.

### 1) 문화 · 예술계의 미약한 영향력

우리나라의 경우, 과거 문화의 정책적 우선순위가 다른 부문들에 비해 현저히 낮았었다. 국가적 정책결정 과정에서 문화적 가치는 제대로 고려되지도 않았고 존중되지도 않았다. 심지어 문화 · 예술이 특정 정권의 홍보를 위한 선전도구 정도로 무시되던 때도 있었다. 정부 예산 배정에 있어서도 문화부문에 배정된 예산액은 극히 미미한 수준이었다. 2000년도가 되어서야 비로소 문화예산이 정부 전체 예산의 1% 수준에 도달하게 되었다.

### 2) 문화 · 예술계 내부의 정치적 영향력의 불균등 분포

정치적 불평등은 문화계 내부에도 존재한다. 문화 · 예술계 내부적으로 어떤 집단은 대단히 막강한 정치적 영향력을 행사하는가 하면 또 어떤 집단은 정책적 배려를 거의 받지 못하는 경우도 있다. 예컨대 우리나라 대중음악의 경우, 1990년대까지만 해도 정부의 적극적인 지원 정책은 사실상 거의 전무한 형편이었다. 이와는 대조적으로 영화계의 경우는 해방 직후부터 줄곧 정부로부터 온갖 종류의 지원을 누려왔다. 문화부의 예산지원만 해도 다른 문화산 업들에 비해 유독 영화산업에 대한 예산이 압도적으로 많은 비중을 차지해 왔었다. 예컨대 2002년도 문화산업별 예산배정을 보면, 음반산업과 게임산업을 합해서 4.95%, 애니메이션이 고작 0.45%에 불과하였음에 비해 유독 영화산업에 대해서는 무려 21.16%나 지원되었다. 이는 출판산업의 약 2배, 방송 · 광고산업의 약 8배에 해당할 정도로 단연 최고 수준이었다. 뿐만 아니라 다른 문화산업에는 없는 영화산업 전용 공적재원인 영화발전기금도 계속 제공되어 왔다. 이는 우리나라 문화콘텐츠산업계 내부적으로 유독 영화계의 정치적 영향력이 대단히 강력하다는 방증이기도 하다.

## 3. 사회문화적 차원의 민간실패

사회문화적 차원의 민간실패는 경제적 효율성의 달성 여부와는 관계없이 돈으로는 따지기 어려운 비물질적 가치가 훼손되는 경우를 말한다. 경제적으로 아무리 막대한 성과를 거둔다고 해도 그것이 곧 바람직한 사회라고 말할 수 없는 경우도 있다는 것이다.

### 1) 상업주의로 인한 문화 · 예술의 질적 저하

문화 · 예술의 생산과 소비를 시장에 그냥 방임해두면 질적 저하가 초래될 수도 있다. 수준 높은 문화 발전을 위해서는 좋은 문화 · 예술을 감상할 수 있는 안목을 갖춘 소비자들과 높은 향유능력에 의지하여 창조활동의 수준을 높여갈 창작인들이 필요하다. 그런데 문화 활동이 시장의 원리에 의해서만 작동되면 상업주의로 치우칠 가능성이 커진다. 앞에서도 보았듯이 공급자는 수요 안정화를 위해 일반 대중의 평균적인 문화 성향에 맞추려는 경향이 있다. 이 경우 경제적인 차원에서의 수요 · 공급은 별 문제 없을지 몰라도 질적인 수준 향상은 기대하기 어렵다. 오히려 사람들의 말초신경을 자극하는 작품들이 자꾸 공급될 것이며, 그러다 보면 소비자들의 평균 취향 자체가 점차 저급한 수준으로 하향 이동할 가능성이 크다. 결국 이윤동기만 강조되면 장기적으로 고급문화는 퇴출되고 저급한 문화가 양산될 위험이 있다.

### 2) 음란 · 폭력성 심화

문화 · 예술의 지나친 상업화로 인한 폐해 중 가장 대표적인 것이 음란성과 폭력성의 심화 현상이다. 특히 대중문화의 경우, 영화, 음악, 만화, 뮤직비디오, 게임 등을 보면 시간이 지나면서 그 내용면에서 점점 더 음란성과 폭력성이 심해지고 있음을 부인할 수 없다. 과도한 노출 및 성적 표현, 지나치게 잔혹한 폭력물, 일반적인 사회정서와 현격하게 어긋나는 스토리 등은 기존의 사회질서와 윤리체계를 붕괴시킬 수도 있다는 우려가 제기된다. 그토록 자극적인 내용은 특히 미성년자들에게 도덕적 타락이나 모방범죄를 부추기는 매우 유해한 사회적 환경이라고 할 수 있다.

### 3) 전통문화의 쇠퇴

우리나라의 경우 현대 대중문화에 비해 전통 문화 · 예술에 대한 수요는 매우 저조한 편이다. 따라서 전통문화가 아무리 소중한 것이라고 부르짖어도 시장원리에 그냥 맡겨두면 공급이 제대로 이루어지지 않는다. 쉽게 말해서 돈이 되지 않기 때문이다. 따라서 사명감을 가진 소수의 사람들 외에는 전통문화를 계승하려는 사람들이 없게 된다. 그렇게 되면 전통문화는 보전되기 어려울 것이며 시간이 지나면 고사해버릴 수도 있는 것이다. 또한 문화재 도굴 및 해외 밀반출 등도 경제적 이익을 도모하는 과정에서 전통문화를 크게 훼손시키는 행위이다. 뿐만 아니라 도시개발 과정에서 유적지가 발견되는 경우, 개발이익이 우선되다보면 중요한 문화 유적이 파손될 가능성도 크다. 같은 맥락에서 『렉서스와 올리브 나무』의 저자 토머스 프리드먼(2009)은 세계화 추세 속에 각 지역의 전통문화가 말살될 위험에 대해 다음과 같이 경고한다.

> "세계화는 보통 사람들의 힘을 키워주기 때문에 이들은 필연적으로 가장 마음을 끌고, 현대적이고, 매력적이고, 편리하고, 상업적으로 보이는 것들을 선택하게 된다. 그들은 거리마다 가게들이 일렬로 줄지어 선 쇼핑몰이 들어서기를 바라고 길모퉁이마다 맥도날드, KFC, 스타벅스가 들어서기를 바랄 수도 있다. 단기적으로 이런 것들이 그들의 지역과 민족의 문화를 압살하더라도 말이다. 단순히 시장만을 이용할 수 없는 이유가 바로 여기에 있다. 시장을 규제해야 한다."(필자 강조)

### 4) 문화주권의 훼손

문화는 공동체 구성원들 간의 정체성을 형성하는 매우 중요한 요소가 된다. 한 사회가 독자적인 존재가치를 갖는 공동체로 존속하기 위해서는 다른 공동체들과는 구별되는 자신의 고유한 문화적 특성을 유지해야만 한다. 그런데 외래문화의 범람은 자칫 문화적 정체성의 상실을 초래하여 그 공동체의 전통적인 가치관과 사회질서를 파괴할 수도 있다. 뿐만 아니라 외국 문화상품과의 경쟁에 밀린 국내 문화산업의 도태는 고유정서의 실종뿐만 아니라 막대한 경제적 손실도 유발하게 된다. 토머스 프리드먼과의 인터뷰에서 인도의 정치인 I. K. 구즈랄의 다음과 같은 고백에는 문화주권의 훼손을 염려하는 안타까운 심정이 잘 드러나 있다.

> "내 뿌리는 무엇인가? 내 뿌리는 내가 인도에 살고 있다는 것뿐만이 아니다. 누군가가 내 모국어로 시 구절을 암송하는 걸 들을 때 나는 뿌리를 느낀다. 내가 거리를 걸어갈 때 누군가가 내 모국어로 노래하는 걸 들을 때도 뿌리를 느낀다. 내 집에서 전통의상을 입고 당신과 함께 앉아 있을 때도 뿌리를 느낀다. 우리의 전통은 1,000년이나 된 것이다. 그냥 쉽게 버릴 수는 없다."

### 5) 형평성(Equity) 문제: 생산 측면

개인적으로 아무리 뛰어난 예술적 재능과 뜨거운 열정을 가지고 있다고 해도 그것만으로 창작활동이 이루어지는 것은 아니다. 생활을 영위해나가기 위해 그리고 창작활동을 계속하기 위해서는 어느 정도 이상의 경제적 수입이 필요하다. 그런데 대체적으로 문화·예술 종사자들의 수입은 타 직종에 비해 낮은 편이다. 또한 문화계 내부적으로도 장르에 따라 혹은 개인에 따라 소득수준의 편차는 매우 심하다. 극소수 사람들은 막대한 수준의 고소득층에 속하지만 절대다수는 생계유지도 어려울 정도로 저소득이다.

1990년 일본의 국악, 전통연극, 국무, 양악, 현대연극, 양무, 연극 종사자 1,365명을 대상으로 조사한 결과 전체 연 평균수입이 455만 엔이었는데 400만 엔 이하가 전체의 63%나 차지하였다. 분야별 연 평균수입을 보면 가부키가 994만 엔, 방송이 814만 엔이었음에 반해 발레는 317만 엔, 아동극은 고작 178만 엔밖에 되지 않았다(이케가미 준, 1996: 165). 또한 미국 정부가 1997년에 발간한 예술정책보고서 *Creative America*에 의하면 조각가, 공예가, 배우, 화가 12,000명 중 연간 20,000달러 이상의 소득을 올린 경우는 고작 28%에 불과하였다. 특히 화가들의 경우 90% 이상이 연소득 20,000달러 미만이었으며, 연간 미술작품 판매수입은 7,000달러 미만인 것으로 조사되었다.

우리나라의 경우도 사정은 비슷하다. 예술가 개인 혹은 장르에 따라 소득의

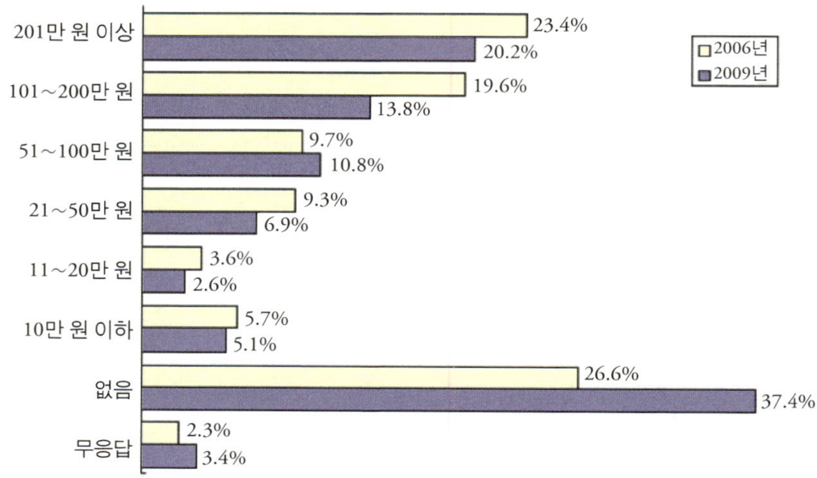


출처: 문화체육관광부·한국문화관광연구원, 『문화예술인 실태조사』, 2009.

**그림 2-4 예술활동 관련 월평균 수입**

격차가 매우 심하다. 문화부 산하 한국문화관광연구원은 3년마다 우리나라 예술가들의 실태를 조사한다. 이 조사에 의하면 우리나라 문화예술인들의 수입은 심한 불균형 현상을 보인다. 우선 〈그림 2-4〉는 예술가들의 수입에 심각한 양극화 현상이 있음을 보여준다. 월평균 수입이 201만 원 이상인 경우는 2006년 23.4%, 2009년 20.2%였다. 반면 수입이 전혀 없다고 응답한 비율은 2006년 27.2%, 2009년 37.4%나 되었다.

한편 2015년 자료에 따르면 1년간 예술가 개인의 예술활동 수입은 평균 1,255만원이었는데 중앙값은 300만원에 불과하였다.[11] 이는 소수의 예술가들이 고소득을 누리고 있는 반면 대다수 예술가들의 수입은 매우 낮은 수준임을

11 「2015 예술인 실태조사」는 2013년에 개정된 「예술인 복지법」에 근거하여 조사의 명칭과 규모·방법 등을 전면 개편하여 실시되었다. 이 때문에 그 이전까지의 예술인 실태조사 결과와 직접적인 수치 비교는 적절하지 않다고 밝히고 있다.

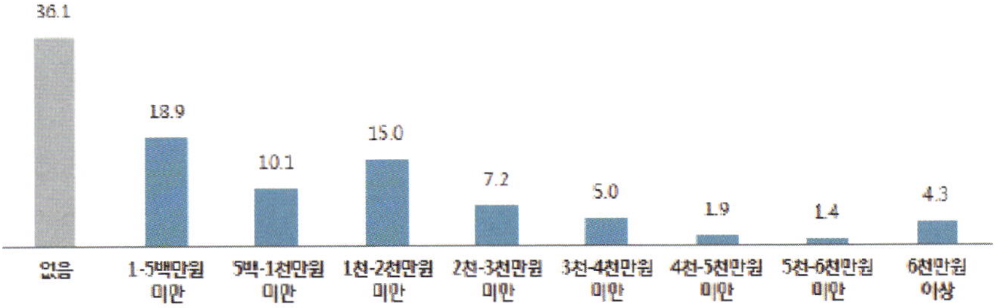


출처: 문화체육관광부 · 한국문화관광연구원, 『문화예술인 실태조사』, 2012.

**그림 2-5** 2015년 예술활동 연평균 수입(단위: %)

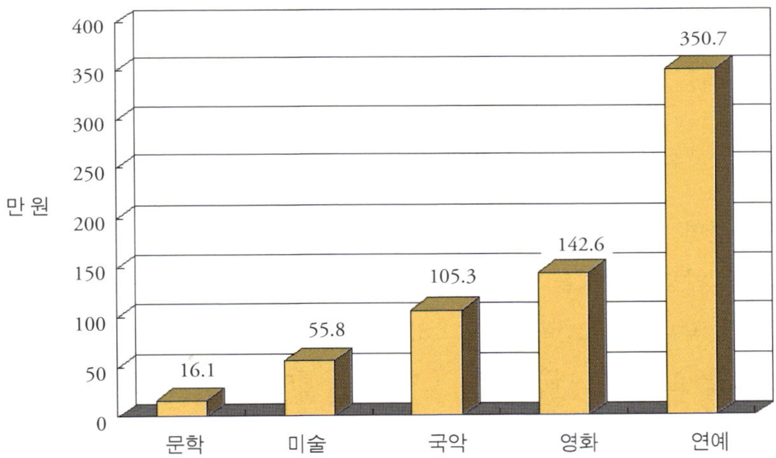


**그림 2-6** 장르별 예술활동 관련 월평균 수입(2000년)

시사해준다. 〈그림 2-5〉는 예술인들의 창작활동 관련 연평균 수입을 금액대별로 비교한 것이다. 연평균 6천만 원 이상인 비율이 4.3%인 반면 수입이 전무한 경우가 무려 36.1%나 된다. 즉 우리나라 전체 예술가들 중 1년 동안 예술활동으로 벌어들인 수입이 전혀 없는 경우가 3분의 1 이상이라는 것이다.

한편 개인별 소득뿐 아니라 부문별로도 수입의 편차가 매우 크다. 먼저 2000년도 월평균 수입을 분야별로 비교한 〈그림 2-6〉을 보면, 문학은 16만

표 2-2 **1년간 분야별-예술활동 수입** (단위: %, 만원)

| | 없음 | 5백만원 미만 | 5백1천 만원미만 | 1천2천 만원미만 | 2천3천 만원미만 | 3천4천 만원미만 | 4천5천 만원미만 | 5천6천 만원미만 | 6천만원 이상 | 평균값 | 중앙값 |
|---|---|---|---|---|---|---|---|---|---|---|---|
| 전체 | 36.1 | 18.9 | 10.1 | 15.0 | 7.2 | 5.0 | 1.9 | 1.4 | 4.3 | 1,255 | 300 |
| 문학 | 49.2 | 34.6 | 10.3 | 2.9 | 2.2 | 0.5 | 0.0 | 0.1 | 0.0 | 214 | 10 |
| 미술 | 54.4 | 15.0 | 8.8 | 11.6 | 4.0 | 3.5 | 0.9 | 0.4 | 1.3 | 614 | 0 |
| 공예 | 44.1 | 14.1 | 10.7 | 13.3 | 7.1 | 2.9 | 1.4 | 4.3 | 2.1 | 1,175 | 166 |
| 사진 | 51.6 | 16.6 | 9.2 | 9.3 | 4.2 | 7.7 | 0.4 | 0.0 | 1.0 | 817 | 0 |
| 건축 | 34.4 | 2.0 | 3.6 | 5.9 | 0.4 | 6.5 | 4.4 | 7.1 | 35.7 | 4,832 | 3,000 |
| 음악 | 29.7 | 16.3 | 9.3 | 21.6 | 10.1 | 5.5 | 2.0 | 1.5 | 3.8 | 1,337 | 500 |
| 대중음악 | 13.2 | 29.1 | 13.1 | 20.8 | 11.1 | 6.9 | 2.5 | 1.2 | 2.2 | 1,184 | 600 |
| 국악 | 29.1 | 18.6 | 11.0 | 18.1 | 10.8 | 6.1 | 1.8 | 2.3 | 2.3 | 1,163 | 500 |
| 무용 | 27.8 | 27.1 | 8.2 | 19.8 | 9.4 | 5.1 | 0.9 | 0.4 | 1.4 | 861 | 300 |
| 연극 | 24.2 | 22.7 | 11.8 | 21.8 | 7.8 | 5.6 | 2.2 | 1.7 | 2.2 | 1,285 | 500 |
| 영화 | 21.1 | 10.3 | 19.6 | 18.2 | 12.5 | 10.6 | 3.4 | 1.2 | 3.0 | 1,876 | 800 |
| 방송 | 22.8 | 12.6 | 4.4 | 17.0 | 10.0 | 4.9 | 5.3 | 1.8 | 21.2 | 3,957 | 1,000 |
| 만화 | 14.5 | 12.5 | 11.8 | 18.7 | 14.5 | 8.5 | 10.7 | 2.2 | 6.6 | 2,002 | 1,200 |
| 기타 | 36.8 | 15.3 | 11.6 | 16.7 | 8.7 | 5.3 | 1.4 | 1.1 | 3.0 | 1,040 | 300 |

출처: 문화체육관광부 · 한국문화관광연구원, 『문화예술인 실태조사』, 2012.

1천원인 반면 영화는 142만 6천원, 연예는 350만 7천원이나 되었다. 또한 2015년도 연평균 수입을 비교한 〈표 2-2〉를 보면 건축 4,832만원, 방송 3,957만원, 만화 2,002만원, 영화 1,876만원에 비해 문학은 고작 214만원에 불과한 수준이다. 특히 미술, 사진, 문학, 공예 분야에서는 예술활동으로 인한 수입이 전혀 없는 경우가 50% 전후일 정도로 수입의 불균형이 심하다.

### 6) 형평성(Equity) 문제: 소비 측면

한편 문화의 소비 측면에서도 형평성이 문제될 수 있다. 문화 · 예술을 이해하고 즐길 수 있는 감상능력은 대개 어린 시절부터의 경험과 교육으로 형성된다. 그런데 이러한 문화향수능력을 획득할 기회가 구조적으로 제약받는다면 결국 문화에 대한 욕구가 제대로 형성되지 못하게 된다. 문화의 즐거움을 체험할 기회가 적다보면 문화향수에 대한 욕망 자체가 커질 수 없고, 그렇게 되면 결국 문화적 삶의 질 역시 낮아질 수밖에 없는 것이다. 우리나라의 문화향수 실태조사를 보면 교육수준, 소득수준, 혹은 거주지역 등에 따라 문화・예술에 대한 소비에 있어 상당한 불균형이 존재함을 알 수 있다.

우선 지역적 불균형을 보면 문화・예술의 생산・유통・소비에 있어서 대도시(특히 서울)와 지방과의 격차가 매우 심하다. 문화・예술 단체나 시설의 운영에 있어서 규모의 경제를 고려하지 않을 수 없다 보니 자연히 인구가 많은 대도시 지역에 편중되는 경향이 나타난다. 지역별 주요 문화시설의 보유 현황, 시설 운용 및 주민 시설 이용 현황 등에 있어서 지역간 격차가 극심하다.

1997년의 한 조사에 의하면 군・읍・면 지역 중 절반이 넘는 52.1%가 문화시설이 전혀 없었으며, 26.3%가 문화시설이 있기는 해도 이용이 불편하다고 응답하였다(문화정책개발원, 1997). 2004년도 문화부 자료에 의하면 광역자치단체들 중 미술관이 1개소도 없는 지역이 세 곳이나 되었으며, 영화관이 없는 군이 전체 군의 약 95%에 달하였다(문화관광부, 『2004 문화정책백서』). 또한 2006년 통계에 의하면, 서울의 경우 공연시설의 수가 229개(35.9%)인 데 반해 광주시는 고작 16개(2.5%), 충청북도는 19개(3%)에 불과하였다(문화관광부・한국문화관광정책연구원, 『문화예술인 실태조사』, 2006). 수도권(서울, 인천, 경기)을 합하면 347개였는데 이는 전국의 54.5%에 해당하는 수준이었다.

한편 2016년 문화부 조사에 의하면, 전국의 총 219개 미술관 중 경기도 49개소, 서울 37개소인 반면 광주 9개소, 충북 8개소, 부산 6개소에 불과하다. 특히 울산광역시에는 2016년 현재 여전히 미술관이 한 곳도 없다. 또한 박물관의 경우, 전국 총 826개소 중 경기도 139개소, 서울 120개소에 비해 전북 40개소, 대구 19개소, 광주 10개소, 울산 9개소에 불과한 수준이다(문화체육관광부, 『전국 문화기반시설 총람』, 2016).

뿐만 아니라 〈그림 2-7〉에서 보듯이 공연시설의 분포에 있어서도 지역에 따라 상당한 편차가 존재한다. 문화부의 발표에 따르면 2015년 기준 우리나라 전체 공연시설의 절반 이상이 수도권에 집중되어 있다(문화체육관광부, 『2016 공연예술실태조사』, 2016). 전국의 공연시설 중 서울이 전체의 36.8%를 차지하고

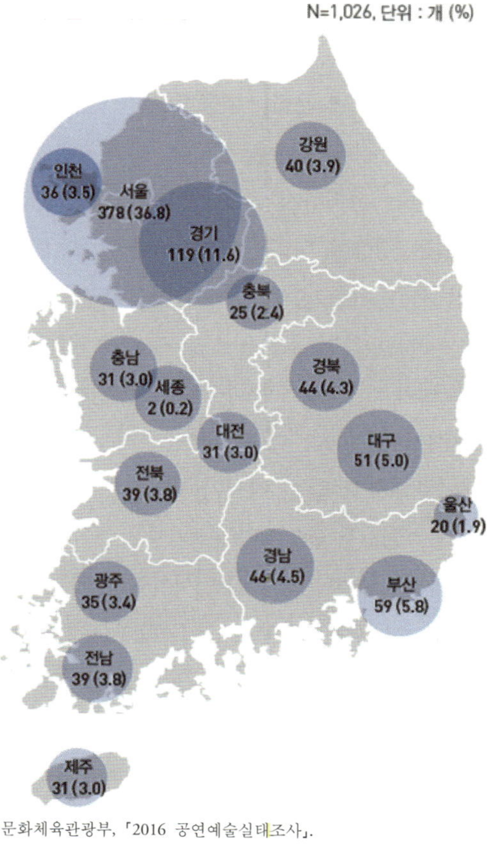


출처: 문화체육관광부, 「2016 공연예술실태조사」.

**그림 2-7 지역별 공연시설 분포 현황(2015년 기준)**

있으며 경기와 인천을 포함하는 수도권 지역에 약 52%가 몰려 있는 형편이다. 이는 지방에 거주하는 주민들이 예술공연을 감상할 수 있는 환경이 수도권에 비해 상대적으로 열악함을 의미한다. 즉 수도권에 비해 지방에 거주하는 주민들은 문화·예술에 대한 접근기회가 그만큼 적을 수밖에 없다는 것이다.

한편 소비자의 소득 격차에 따른 문화적 불평등도 심각하다. 일반적으로 저소득 계층에 비해 고소득 계층의 문화·예술 향유 경험이 월등히 높은 경향이

**표 2-3** **문화예술행사 연간 관람률** (단위: %)

| 구분 | | 2014년 | 2016년 |
|---|---|---|---|
| 전체 | | 71.3 | 79.3 |
| 학력 | 초졸 이하 | 33.8 | 43.9 |
| | 중졸 | 56.2 | 69.5 |
| | 고졸 | 70.6 | 80.5 |
| | 대졸 이상 | 88.1 | 90.4 |
| 가구소득 | 100만원 미만 | 26.6 | 31.7 |
| | 100~200만원 | 43.7 | 47.3 |
| | 200~300만원 | 68.7 | 72.5 |
| | 300~400만원 | 77.8 | 81.8 |
| | 400~500만원 | 82.8 | 87.7 |
| | 500~600만원 | 83.8 | 89.5 |
| | 600만원 이상 | 84.8 | 90.9 |
| 거주지 | 서울 | 77.5 | 83.7 |
| | 중소도시 | 73.0 | 82.2 |
| | 읍면지역 | 57.7 | 66.1 |

출처: 문화체육관광부, 「2016년 문화향수실태조사」.

**표 2-4** **2016년 문화예술행사 평균 관람횟수** (단위: 회)

| 구분 | | 미술전시회 | 서양음악 | 연극 | 뮤지컬 | 영화 |
|---|---|---|---|---|---|---|
| 전체 | | 0.29 | 0.08 | 0.23 | 0.17 | 3.70 |
| 학력 | 초졸 이하 | 0.09 | 0.02 | 0.08 | 0.07 | 1.35 |
| | 중졸 | 0.22 | 0.05 | 0.12 | 0.07 | 2.44 |
| | 고졸 | 0.23 | 0.07 | 0.22 | 0.15 | 3.77 |
| | 대졸 이상 | 0.42 | 0.11 | 0.32 | 0.25 | 4.67 |
| 가구소득 | 100만원 미만 | 0.08 | 0.01 | 0.05 | 0.02 | 0.73 |
| | 100~200만원 | 0.17 | 0.03 | 0.08 | 0.06 | 1.38 |
| | 200~300만원 | 0.21 | 0.06 | 0.13 | 0.12 | 2.93 |
| | 300~400만원 | 0.29 | 0.05 | 0.17 | 0.12 | 3.67 |
| | 400~500만원 | 0.27 | 0.08 | 0.25 | 0.20 | 4.70 |
| | 500~600만원 | 0.34 | 0.10 | 0.35 | 0.22 | 4.28 |
| | 600만원 이상 | 0.48 | 0.17 | 0.44 | 0.29 | 4.55 |
| 거주지 | 서울 | 0.37 | 0.13 | 0.40 | 0.29 | 3.63 |
| | 중소도시 | 0.33 | 0.07 | 0.23 | 0.16 | 3.98 |
| | 읍면지역 | 0.23 | 0.07 | 0.10 | 0.08 | 2.74 |

출처: 문화체육관광부, 「2016년 문화향수실태조사」.

있다. 60년대 미국에서 조사된 바에 의하면 도시 거주민 중 연간 소득 5천 달러 이하인 계층은 전체 도시인구의 35.2%였으나, 전체 예술 관람객 중에서 차지하는 비율은 고작 8.5%에 그쳤다. 이것은 경제적 부익부 빈익빈이 문화적 부익부 빈익빈으로 이어짐을 의미한다. 〈표 2-3〉과 〈표 2-4〉에서 보듯이 소득수준 뿐 아니라 학력이 높을수록 그리고 지역규모가 클수록 문화예술행사 연간 관람률 및 연평균 관람횟수가 높아지는 경향이 뚜렷하다.

한편 문화·예술교육을 받아본 경험에 있어서도 소득 및 거주지역에 따라 심한 격차가 존재한다. 〈그림 2-8〉에서 보듯이 가구소득이 600만원 이상인 경우, 어린 시절 문화·예술 교육경험자의 비율이 25~26% 정도인데 비해 가구소득 100만원 미만인 경우는 고작 3% 정도에 불과한 수준이다. 또한 거주지별로 비교해 보면, 〈그림 2-9〉에서 보듯이, 서울 지역은 24% 정도임에 비해 읍면지역은 13~15% 수준에 불과하다.

뿐만 아니라 장애인을 비롯한 여러 소외계층의 경우 문화·예술에 접근하는 것 자체가 원천적으로 제약되는 경우가 많다. 예컨대 지체장애인의 경우 휠체어를 타고 극장이나 전시장을 이용하기가 쉽지 않으며,[12] 청각장애인의 경우 수화 통역이나 자막이 없이는 영화나 연극의 내용을 이해하기가 거의 불가능하다. 2008년의 통계자료에 의하면 우리나라 전체 국민 중 문화·예술 행사를 한 번 이상 관람한 사람은 67.3%였음에 비해 장애인의 경우는 고작 18.1%에 불과했다. 또한 2009년 문화체육관광부 국정감사 자료에 따르면 각종 공연장, 영화관, 전시장, 공공도서관 등 문화공간의 장애인 편의시설 설치율은 평균 83.8%였으나 법적인 기준을 충족시킨 경우는 64.6%에 그쳤다.[13]

---

12 "휠체어 탄 이들도 영화관에 가고 싶다", 『씨네21』, 2002. 10. 15.

13 "[조선데스크] 장애인에도 조용필은 가왕", 『조선일보』, 2010. 5. 20.

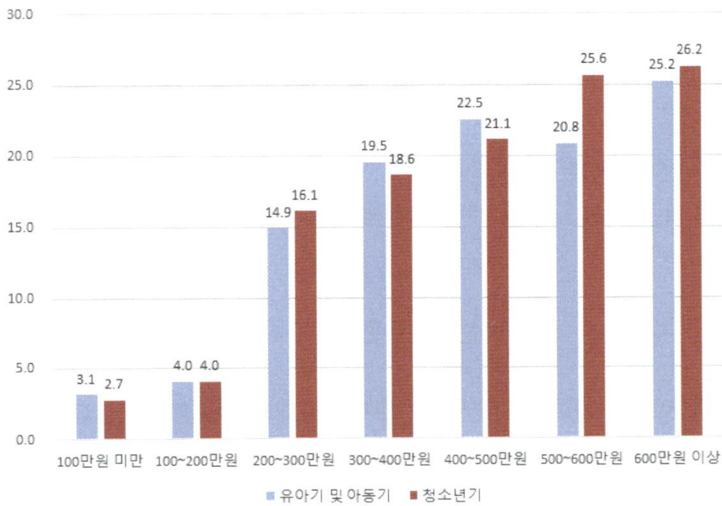


출처: 문화체육관광부, 「2016년 문화향수실태조사」.

그림 2-8 가구소득별 문화 · 예술 교육경험자 비율(단위: %)

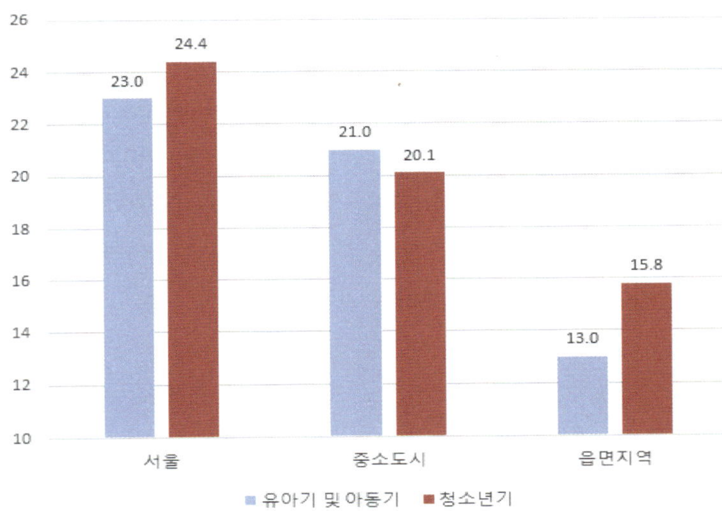


출처: 문화체육관광부, 「2016년 문화향수실태조사」

그림 2-9 거주지별 문화 · 예술 교육경험자 비율(단위: %)

# 4절 문화 · 예술에 대한 정부개입 비판론

문화에 대한 국가의 적극적인 지원을 모두가 찬성하는 것은 아니다. 문화 · 예술 영역에 있어서 정부의 개입을 비판하는 회의적 시각도 여러 가지가 있다.

## 1. 공적지원에 상응하는 외부편익 부족

앞에서 문화의 여러 가지 부가적 가치들에 대해 살펴보았다. 그러한 가치들은 문화로 인해 야기될 수 있는 가능한 효과들을 나열한 것이다. 그런데 문화에 대한 공적 지원으로 인해 과연 그러한 사회적 편익들이 실제로 구현되는지는 경험적 검증을 거쳐야 확인될 수 있다.[14] 정말 그러한 편익들이 나타날 것인지, 그리고 구체적으로 어떤 특정한 효과가 발생할 것인지는 확실하지 않다(Heilbrun and Gray, 2001: 244-245). 설령 사회적 편익이 실재한다고 해도 그 가치의 크기는 정부의 지원금보다 더 적을 수도 있다. 또한 정부가 투입하는 지원금보다 더 많은 편익이 기대된다고 해도 기회비용(opportunity cost) 측면에서 보면 문화 이외의 다른 부문에 대한 지원으로 얻는 편익이 더 클 수도 있다. 가난, 질병, 실업, 빈부격차, 교육, 국방 등 문화예술보다 더 화급하게 정부의 지원이 요구되는 부문들도 있을 수 있다. 만약 그렇다면 문화에 대한 공적 지원의 타당성은 인정되기 어려운 것이다.

---

14 이병량(2016)은 문화에 대한 투자와 경제적 부가가치 발생에 관한 기존의 가정을 경험적 자료를 통해 검증해보았다. 그 결과 많은 논자들의 주장과는 달리 문화에 대한 투자가 기대했던 것만큼의 경제적 파급효과로 이어지지는 않는다는 사실을 확인하였다.

## 2. 가치재 vs. 소비자 주권

가치재 관점에서 보면 전문가 또는 국가가 어버이와 같은 입장에서 시민들의 적정한 문화소비 수준을 대신해서 결정한다. 대다수 일반 시민들은 경험과 지식의 부족으로 인해 문화예술의 참다운 가치를 제대로 인식하지 못하므로 충분히 소비하지 못하기 때문이다. 이러한 민간실패를 예방·치유하기 위해 정부의 개입이 필요하다고 본다. 그러나 소비자 주권(consumer sovereignty) 관점에서는 시민 개개인의 독자적 취향과 선택의 자유를 존중한다. 소비자 주권이란 개인이 자기의 만족과 행복에 관해 스스로 판단하고 결정할 수 있는 권리를 의미한다. 따라서 시민들의 문화향유 수준이 높건 낮건 그것은 각 개인이 알아서 결정할 일이다(김정수, 2016). 다른 어느 누구도 그에게 문화예술을 더 많이 소비해야 더 행복해진다고 가르칠 권리를 갖고 있지 않다. 이런 시각에서 보면 정부가 굳이 시민들의 문화향유 수준을 더 높이려고 정책 지원을 할 필요가 없는 것이다.

## 3. 소득 재분배 왜곡

정부가 공금으로 문화예술을 지원하는 것에 대해 왜곡된 소득 재분배라는 비판이 제기된다(Heilbrun and Gray, 2001: 246). 경제학적 관점에서 보면 문화예술의 소비는 소득탄력성이 크다는 점에서 사치재적 성격이 강하다. 실제로 문화향유 실태조사 자료를 보면 문화적 소비는 소득수준이나 교육수준에 정비례하는 경향이 강하다. 특히 순수예술의 경우 대개 고소득층이 주된 관객을 이룬다고 한다. 만약 이것이 사실이라면 문화예술에 대한 공적 지원은, 극단적으로 말해, 빈자에게 돈을 거두어 부자의 취미활동을 돕는 셈이 된다. 예술 보조금의 출처는 모든 국민들로부터 거두어들이는 세금인데 그 돈으로 제공되는 문화예술은 저소득층보다는 주로 고소득층이 향유하기 때문이다.

## 4. 예술적 창의성 저해

정부가 예술가들에게 보조금을 지원하는 목적은 그들의 창의적인 창작활동을 장려함으로써 문화예술을 진흥하려는 것이다. 많은 예술가들이 생계유지를 위해 필요한 적정수준의 수입을 올리지 못하는 것이 사실이다. 따라서 예술가들이 마음 편하게 창작활동에 전념할 수 있도록 해주려면 정부의 지원이 필요하다는 주장은 설득력이 있다. 그러나 외적 유인(extrinsic incentive)은 자칫 예술가의 창의성(creativity)을 저해할 수 있다는 비판도 제기된다. 즉, 정부 보조금이 창작을 향한 예술가의 내적 동기(intrinsic motivation)를 퇴출(crowd-out)시켜버릴 수 있다는 것이다(Frey, 1999; Towse, 2010). 만약 정부가 보조금을 지원하면서 관료적 규제로 얽어매려 한다면 예술가의 창작의욕은 크게 떨어질 것이다. 설령 그렇지 않다고 해도 만약 예술가가 보조금에 더 치중하게 되면 저질 작품만 양산될 가능성이 커질 것이다.

## 5. 부정적 외부효과 및 공공악재(public bads)

문화예술의 외부효과는 긍정적 측면만 있는 것이 아니라 부정적 효과도 있다. 어떤 사람들에게는 아주 신명나는 음악이 또 다른 사람들에게는 그저 시끄럽고 정신 사나운 소음에 불과할 수도 있다. 어떤 이들에게는 새로운 영감을 주는 도전적인 미술작품이 또 다른 이들에게는 매우 불경스럽거나 혐오스러운 쓰레기에 지나지 않을 수도 있다(Mey, 2007). 즉, 문화예술은 공공재(public goods)가 될 수도 있지만 동시에 공공악재(public bads) 혹은 불량재(비가치재, demerit goods)가 될 수도 있다는 말이다(Cwi, 1982; Burton, 1990; Rushton, 2003). 정부가 세금으로 지원한 예술활동이 국민들 중 누군가에게 불쾌한 모욕과 상처를 준다면 그러한 지원정책은 정당성을 주장하기 어려울 것이다.

## 6. 정책 효과성의 한계

문화예술의 민간실패를 예방·치유하기 위해 정부의 개입과 지원이 요청된다는 주장은 정부의 정책이 실제로 상당한 효과를 거둘 것이라는 기대를 전제로 한다. 그렇다면 과연 정부는 정책적 개입을 통해 문화예술의 발전을 이끌어갈 수 있는가? "정부 지원 = 문화예술 발전"이라는 등식은 한낱 '희망'이나 '정치적 신화'에 불과한 것일 수 있다(정홍익, 2001). 다른 모든 정책영역에서와 마찬가지로 문화정책에 있어서도 의도와 결과의 분리, 즉 정책실패는 얼마든지 일어날 수 있다. 특히 문화적 엘리트들이 불균형적으로 강력한 이익집단을 형성하는 경우, 일반 대중의 공익이 아니라 자신들의 특수이익을 위해 공금을 전용하는 일이 발생할 수도 있다. 이는 당초 정부가 기대했던 정책의 효과와 거리가 멀 수밖에 없다. 결국 문화예술을 위한 정부의 공금 지원은 의도된 축복이 아니라 오히려 '저주'일 수도 있는 것이다(Lingle, 1992).

제 3 장

# 문화행정 개괄

1절 문화행정의 개념과 대상

2절 문화와 정부의 관계

3절 문화행정의 유형

# 제 3 장 ▮ 문화행정 개괄

행정은 국가가 공권력을 바탕으로 민간부문의 활동영역에 개입하는 것을 말한다. 행정의 목적은 제반 사회문제를 해결함으로써 공익을 구현하는 데 있다. 즉 행정이란 정부가 사회의 공공문제에 개입하여 해결방안을 모색하고 시행해나가는 과정을 의미한다. 그렇다면 문화행정이란 무엇인가?

## 1절 문화행정의 개념과 대상

### 1. 문화행정의 개념정의

문화에 대한 개념정의가 다양하듯 문화행정의 개념도 여러 가지로 정의되고 있다. 〈표 3-1〉은 기존 연구들이 사용한 문화행정의 개념정의를 정리한 것이다.

문화행정은 공공행정의 하나의 하위 영역이다. 따라서 행정의 개념정의를 이용하여 문화행정에 대한 개념정의를 할 수 있다. 앞에서 행정을 '국가가 공권력에 의거하여 공공문제를 해결하는 과정'이라고 정의하였다. 여기서 '공공문제'란 '민간실패'와 치환될 수 있는 개념이다. 즉 민간부문에 방임해 두었을 때

**표 3-1 문화행정의 개념에 관한 기존 연구들**

| 저 자 | 개념정의 |
|---|---|
| 정홍익(1992) | 문학과 예술을 포함하여 국민의 정서적 욕구를 충족시키기 위한 활동을 지원하고 문화전통을 승계하기 의한 행정 |
| 이종인(1985) | 문화발전이라는 목표를 향하여 공권력의 배경하에 문화예술정책을 형성 내지 결정하며 이를 능률적이고 효과적으로 집행하는 합동적 행위 |
| 정갑영(1994) | 국가단위가 추구하는 문화에 대한 이상적 목표를 국가 개입을 통하여 수행하는 과정 |
| 임학순(1998) | 정부 등 공공기관이 예술을 발전시키고 국민들의 예술복지 수준을 높이기 위해 예술부문에 개입하는 일련의 행위 및 상호작용 |
| UNESCO(1967) | 주어진 시간 내에 사회에 적용될 수 있는 모든 육체적 내지 인적자원의 효용화를 통해 어떤 특정한 문화적 필요성에 부응할 수 있도록 지각 있고 사려 깊은 통찰력과 한 사회 내에서의 행위 또는 행위의 결여에 대한 총체 |
| 유럽의회(1997) | 문화분야에서 정부, 지방정부, 기타 공공기관 등 공공부문 행동수단의 총체적인 틀(public measures) |
| Golberman(1987) | 정부가 공공재원을 활용해 예술을 지원하는 데 우선순위를 결정하는 것 |
| 한국문화예술진흥원 | 문화와 관련된 공적 목적(공익)의 달성을 위한 행동지침 |
| 정철현(2004) | 인간의 사고양식과 행동양식에 경향을 주는 정부와 공공조직의 역할과 기능 |
| 고토 카즈코(2004) | 문화를 자원으로 하여 창조적 환경을 정비함으로써 풍요로운 시민사회의 건설을 지향하는 정책 |
| 박광무(2010) | 정책주체가 문화의 가치를 획득 유지하고 부가 및 증대시키기 위해 의도하는 종합적인 생각, 행동대안, 방침, 계획 |

발생하는, 사회 전체적 차원에서는 바람직하지 않은 문제들을 의미한다. 따라서 문화행정이란 '국가가 공권력에 의거하여 문화와 관련된 공공문제를 해결하는 과정'이라고 간단히 정의할 수 있다.

## 2. 문화행정의 대상으로서의 문화

그렇다면 문화행정의 대상이 되는 문화란 어떤 의미인가? 여기서는 일단 우리나라 실정법 규정에 의거하여 법률적 차원에서 살펴보도록 하자.

우선 1974년에 시행된 「문화예술진흥법」은 문화의 개념에 대해 직접적으로 정의하는 대신 예시적으로 나열하는 방식을 택하고 있다. 동 법 제2조 제1항을 보면 '문화예술', '문화산업', '문화시설'에 대해 다음과 같이 정의하고 있다. 먼저 '문화예술'이라 함은 '문학, 미술(응용미술을 포함한다), 음악, 무용, 연극, 영화, 연예, 국악, 사진, 건축, 어문 및 출판'을 말한다. '문화산업'이라 함은 '문화예술의 창작물 또는 문화예술용품을 산업의 수단에 의하여 제작 · 공연 · 전시 · 판매를 업으로 영위하는 것'을 말한다. 그리고 '문화시설'이라 함은 '공연, 전시 및 문화보급전수 등 문화예술 활동에 지속적으로 이용되는 시설'을 말한다.

한편 2014년에 시행된 「문화기본법」은 문화의 개념을 폭넓게 정의하고 있다. 동 법 제3조에 의하면 문화란 "문화예술, 생활 양식, 공동체적 삶의 방식, 가치 체계, 전통 및 신념 등을 포함하는 사회나 사회 구성원의 고유한 정신적 · 물질적 · 지적 · 감성적 특성의 총체"를 말한다고 규정되어 있다.[1]

이처럼 법률적 차원에서 보면 우리나라 문화행정의 대상이 되는 문화는 순수 문화 · 예술을 중심으로 하되, 문화유산, 방송, 광고, 그 밖에 디지털 멀티미디어 콘텐츠와 관련된 제반 문화산업까지 포함하는 확장된 개념이다. 따라서 우리나라 문화행정의 구체적인 대상 범위는 순수예술활동과 문화산업을 포함하되 관련 분야의 생산 · 유통 · 소비를 모두 포괄하는 것으로 이해된다(문화관광부, 『2001년 문화정책백서』, 20쪽).

---

1 이처럼 문화의 개념을 지나치게 넓게 규정하게 되면 사회생활에서 문화 아닌 것이 없을 정도로 범위가 커지게 될 수도 있다. 이렇게 되면 문화행정이 자칫 모든 국민들의 가치관, 행동, 생활방식을 규율하고 통제하는 전체주의적 통치도구로 전락할 우려가 있다. 이러한 의도치 않은 부작용을 방지하기 위해서는 문화행정의 대상으로서의 문화의 개념을 협의의 문화(순수예술)보다는 넓게 인정하되 광의의 문화(공동체 생활양식)보다는 좁은 것으로 제한할 필요가 있다.

# 2절 문화와 정부의 관계

## 1. 문화와 정부의 바람직한 관계

그렇다면 문화에 대한 정부의 바람직한 개입 유형은 어떤 것일까? 문화와 정부의 바람직한 관계에 관한 몇몇 의견들을 들어보자.

- ▶ "어떤 정부도 위대한 예술작품을 탄생하게 하는 마력은 없지만 적어도 예술의 개화를 촉진시키는 풍토를 조성하는 것이 좋을 듯하다."(전 미국 대통령 린든 존슨)
- ▶ "정부가 격려하고 재정적으로 지원은 할 수 있으나 창작행위에 개입해서는 안 된다."(전 스웨덴 수상 팔뫼)
- ▶ "정부는 언제나 전통과 보수의 수호자이며 예술은 혁신의 수호자이다. 만약 정부와 예술가 사이에 아무런 마찰도 없다면 그것이 오히려 이상한 일이다."(구소련 예술가 멜아미드)
- ▶ "지원은 하되 간섭은 하지 않는다."(김대중 정부)
- ▶ "문화란 기본적으로 개인적 자유의 영역이며, 따라서 국가나 어떤 집단이 개인의 자유로운 문화선택에 관여해서는 안 된다."(김문환)
- ▶ "국가는 예술을 지도하기 위해 존재하는 것이 아니라 예술에 봉사하기 위해 존재한다."(프랑스 초대 문화부장관 앙드레 말로)

이러한 의견들을 종합하면 문화 부문에 있어서 바람직한 정부의 역할은 '간접촉매자'라고 할 수 있다. 문화·예술은 그냥 시장에 맡겨두기에는 너무 귀하고 소중한 가치가 있으므로 정부의 보호와 지원이 필요하다. 그렇지만 지나친 개입과 통제는 오히려 창의적인 문화·예술의 발전에 지장을 줄 우려가 크다. 따라서 국가는 적절한 지원을 제공하되 불필요한 간섭은 배제함으로써 문화·예술의 발전을 옆에서 북돋아주는 촉매 역할을 하는 것이 가장 바람직하다는 것이다.

## 2. '팔길이 원칙'

"지원은 하되 간섭은 하지 않는다." 문화·예술에 대한 공적 지원과 관련하여 흔히 인용되는 경구로서 일명 '팔길이 원칙'(Arm's-Length Principle)이라고도 불린다.[2] 팔길이 원칙이란 정부가 문화·예술 활동을 위한 재원을 조달하되 직접 간섭하지는 말고 자율성을 보장해주어야 한다는 당위론을 의미한다(임병호, 2001). 이 원칙은 정부에게 '문화·예술에 대한 공적 지원 책임'과 '창작의 자유 보장 의무'(창작활동에 대한 불간섭 의무)를 동시에 요구하고 있다. 다시 말해서 너무 멀리 떨어져서 수수방관하지도 말고 그렇다고 너무 밀착해서 사사건건 참견하지도 말고 '팔 하나 정도 길이'의 적당한 거리를 유지하라는 것이다. 〈표 3-2〉는 팔길이 원칙에 대한 여러 학자들의 개념 정의를 정리한 것이다.

팔길이 원칙의 타당성은 '훌륭한 문화·예술을 꽃피우기 위해서는 창작·표현의 자유가 반드시 보장되어야 한다'는 명제를 전제로 한다. 흔히들 문화·예술에 있어서 가장 핵심적인 요소는 창의성이라고 한다. 기존의 것을 다르게 해석하고 존재하지 않았던 새로운 것을 시도해봄으로써 문화·예술은 풍성하게 번창하게 된다. 그런데 창작활동에 정부가 간섭—특히 문화 외적인 의도를 가지고—하는 것은 예술가의 창의성을 짓누르고 위축시켜서 새로운 문화 창조를 근원적으로 불가능하게 만들 수 있다. 이는 마치 달리기 선수의 손에 수갑을 채우고 발에 족쇄를 채운 상태로 뛰라는 것과도 마찬가지이다. 따라서 문화·예술의 발전은 정부의 쓸데없는 간섭이 배제된 자유로운 분위기에서만 가능하다는 것이다.

팔길이 원칙이 문화정책의 실천원리로서 처음 주창된 곳은 영국이었다. 1945년 영국 정부는 문화·예술의 진작을 위하여 예술위원회(Arts Council)를 창설하였

---

2 우리나라를 비롯해서 많은 나라들이 이 '팔길이 원칙'을 문화행정의 중요한 원리로 채용하고 있으나 프랑스의 경우 국가가 예술활동에 깊이 개입하는 오래된 전통을 가지고 있다(Eling, 1999).

**표 3-2 학자별 '팔길이 원칙'의 개념 정의**

| 연구자(연도) | 정 의 |
|---|---|
| Sweeting(1982) | 예술활동, 기관 및 경영에 정부의 직접적인 개입을 막는 것 |
| Chartrand and McCaughey(1989) | 다원민주주의에서 과도한 권력의 집중과 이해의 대립을 막기 위해 필요하다고 여겨지는 '검토와 균형(check and balance)'의 기본적인 시스템 |
| Hewison(1995) | 국가와 국가가 설립하여 지원하는 기관과의 관계이며, 비록 팔길이 원칙이 1970년대까지 문화정책과 연관되어 성문화되지는 않았지만 오랫동안 정치가들과 공무원들을 그들이 증진시키고자하는 활동들로부터 거리를 두게 하는 현실적인 수단으로 역할 함 |
| Quinn(1997) | 예술위원회가 중앙 정부로부터 상대적 자율성을 가지고 존재·운영되어야 한다는 생각에 기반 한 원칙임. 예술위원회의 활동에 대한 정치적 영향력은 최소화 되어야 하며, 이 거리는 예술위원회가 정치적 압력에 의한 과도한 영향과 간섭으로부터 벗어나 스스로 기능할 수 있게 함 |
| Madden(2009) | 1) 독립적인 지원 기관과 2) 동료평가(peer review)에 기반 한 의사결정 수립 과정의 두 가지 요소의 조합 |

출처: 류정아(2015: 17).

다.[3] 이때 영국 정부는 러시아나 독일식의 국가주도 지원제도를 바람직하지 않은 것으로 판단하였다. 그리고 관료들의 간섭에 대한 예술가들의 뿌리 깊은 불신을 극복할 방안을 모색하였다. 그래서 정치역학 및 관료사회의 영향력으로부터 예술을 보호하기 위해 일정한 거리를 두고자 하여 이 원칙이 채택되었던 것이다(김경욱, 2000). 영국의 예술위원회 임원들은 물론 정부에 의해 임명된다. 그러나 적어도 이론적으로는 이들의 임명은 정치적 고려가 아니라 전문가로서의 자질로 평가되어 기용된다.[4]

우리나라에서 이 팔길이 원칙을 구현하려는 최초의 시도는 1973년 설립된 한국문화예술진흥원이라고 할 수 있다. 1972년에 제정된 「문화예술진흥법」에

3 영국의 Arts Council은 경제학자 John M. Keynes의 아이디어에 의해 비롯되었다. Arts Council의 설립 과정에 대한 분석은 Upchurch(2004) 참조.

4 그러나 실제 적용과정에 있어서 이러한 원칙이 훼손되는 경우도 있어 팔길이 원칙 대신 손뼘길이 원칙(Pam's Length)이라는 풍자적 용어로 비판되기도 한다. Taylor(1997)는 영국 문화정책의 실증적 연구를 통해 정부가 팔길이만큼 거리는 두되 항상 손은 대고 있는 상황("Arm's Length But Hands On")이라고 지적하였다.

의해 설치되고 1973년부터 모금이 시작된 문화예술진흥기금은 우리나라 문화·예술의 진흥을 위한 가장 중요한 재원이라고 할 수 있다(임학순, 2001). 문예진흥원은 바로 이 문예진흥기금을 조성·관리·운용하기 위해 1973년 3월에 출범하였다. 그 취지는 관료들이 불합리하게 개입하거나 간섭하지 못하도록 정부와 어느 정도의 거리를 두고 있는 전문 기구로 하여금 독자적으로 예술지원업무를 수행하도록 하자는 것이다. 문예진흥원은 2005년 8월 26일을 기해 준민간기구인 한국문화예술위원회(Arts Council Korea)로 전환되었다. 이는 문예진흥원을 현장 문화·예술인 중심의 지원기구로 전환함으로써 문예진흥원의 자율성을 보장하겠다는 노무현 대통령의 선거 공약사항이 참여정부 출범과 더불어 구체화된 것이기도 하다. 위원회 체제로의 전환은 기존의 문예진흥원 체제가 사실상 정부의 지휘감독하에 있기 때문에 전문적이고 독립된 의사결정이 이루어지지 않는다는 한계를 극복하기 위한 것이었다. 즉, 기존의 예술지원사업이 상당 부분 관 주도형이었다면 이제는 보다 확실한 민간 주도체제로 전환시켜야 한다는 것이었다.

한편 우리나라에서 팔길이 원칙이라는 용어가 공식적으로 사용되기 시작한 것은 1992년 대통령 선거전부터였다. 당시 김대중 후보가 "지원은 하되 간섭하지 않는 문화·예술정책을 추진하겠습니다"라고 세부공약을 발표했던 것이다(구광모, 1999: 194). 이는 문화정책을 권위정치의 도구로 활용하지 않겠다는 결의를 확고하게 천명한 것이라고 할 수 있다. 그 후 현재까지도 이 원칙은 우리나라 문화행정의 중요한 기본정신으로 중시되고 있다.

그러나 팔길이 원칙은 자칫 공적 지원금의 방만한 운영과 무책임한 낭비를 묵인하는 핑계거리로 전락될 위험도 있다. 공적 자금을 지원받는 문화·예술인들은 팔길이 원칙을 오도해서 '지원은 받되 어떠한 책임도 지지 않겠다'는 식의 유아적 태도를 보여서는 안 된다(지금종, 2003: 각주 5). 왜냐하면 문화·예술에 대한 공공지원금은 결국 국민들의 부담으로 조성되는 것이기 때문이다. 따라서 공적 자금을 사용하는 데 따르는 공공책임성(public accountability)의 확보 문제 역시 결코 소홀히 해서는 안 된다(임학순, 2003: 89-90). 팔길이 원칙의 본래 취지는 어디까지나 정부의 지나친 간섭으로 인한 부작용을 막으려는 데에 있다. '묻지 마' 식의 '눈먼 돈 퍼주기' 식으로 변질되어서는 안 되는 것이다. 이를 위해서는 적어도 사후적인 평가는 확실하게 이루어져야 할 필요가 있을 것이다(강내희, 2003a).

## 3절 문화행정의 유형

대부분의 국가들은 문화의 높은 가치를 인정하고 어떤 식으로든 공적 개입을 통해 문화발전을 꾀하고 있다. 그러나 문화에 대한 정부의 구체적인 개입·지원의 양상은 나라마다 차이가 있다.[5] 우리나라의 경우는 현재 문화체육관광부라는 중앙정부 차원의 부처가 문화 관련 업무를 폭넓게 전담하고 있다. 반면 미국의 경우는 별도의 중앙행정부처는 없는 대신 National Endowment for Art라는 독립된 위원회가 예술 활동에 대한 재정지원 업무를 주로 담당하고 있다.

문화행정의 유형 분류 역시 학자들마다 차이가 있다. 〈표 3-3〉은 주요 국가들의 문화행정 유형을 여섯 개로 구분하여 각각의 특징을 간략히 정리한 것이다.

한편 문화에 대한 정부의 개입·간섭 정도에 따라 정부의 역할 유형을 구분해 보면 〈표 3-4〉와 같다. 자유방임자 유형은 정부가 문화 활동에 일체 간섭하지도 않고 지원도 하지 않는 극단적 경우이며, 시장보호자 유형은 정부가 아주 기본적인 시장질서만 유지해주는 경우이다. 간접촉매자는 각종 공적 지

5 주요 국가들의 문화행정에 대한 비교·설명은 한국문화예술진흥원(1987: 제4장), 구광모(1999), 최재승(2001: 제3장), 한국문화정책개발원(2002), 임학순(2003: 제4부), 강철근(2004: 제3장) 참조.

**표 3-3 주요 국가들의 문화행정 유형**

| 구 분 | 독립 부처형 | 부처소속 외처형 | 분산 부처형 | 통합 부처형 | 부처관할 위원회형 | 완전독립 위원회형 |
|---|---|---|---|---|---|---|
| 국 가 | 프랑스<br>한 국 | 일 본 | 이탈리아 | 스웨덴<br>네덜란드 | 영 국<br>캐나다 | 미 국 |
| 부처명칭 | 문화통신부<br>문화관광부 | 문화청 | 문화재환경부<br>관광공연예술부 | 교육문화부<br>(스웨덴)<br>복지보건문화부<br>(네덜란드) | 문화매체<br>체육부(영국)<br>문화유산부<br>(캐나다) | 없 음 |
| 중앙집권 | 매우 큼 ←――――→ 거의 없음 | | | | | 없 음 |
| 간섭정도 | 매우 큼 ←――――→ 거의 없음 | | | | | 없 음 |
| 위원회 명칭 | 한국문화<br>예술진흥원[1)]<br>(한 국) | 일본문화<br>예술진흥회 | 자문위원회 | 국립문화위원회<br>(스웨덴)<br>예술위원회<br>(네덜란드) | 영국<br>예술위원회<br>캐나다<br>예술위원회 | N.E.A |
| 위원회 위상 | 산하기관 | 산하기관 | 자문기관 | 준독립기관 | 독립기관 | 완전<br>독립기관 |

주: 1) 과거 문화관광부 산하기관이었던 한국문화예술진흥원은 2005년 8월 29일을 기해 민간자율기구인 한국문화예술위원회로 개편되었음.
출처: 구광모(1999: 256).

**표 3-4 문화에 대한 개입 정도에 따른 정부역할의 유형**

| 정부 개입 \ 역 할 | 자유방임자 | 시장보호자 | 간접촉매자 | 지휘감독자 | 직접담당자 |
|---|---|---|---|---|---|
| 기본적인 시장질서 유지 | × | ○ | ○ | ○ | ○ |
| 각종 공공지원 제공 | × | × | ○ | ○ | ○ |
| 목표 · 기준 설정 및 규제 | × | × | × | ○ | ○ |
| 생산 · 유통 · 소비 직접 담당 | × | × | × | × | ○ |

원을 통해 문화발전을 간접적으로 유도하는 유형이며, 지휘감독자는 정부가 문화발전의 목표와 기준까지 설정하고 규제하는 유형을 말한다. 마지막으로 직접담당자는 정부가 문화예술계를 단순히 지원하는 정도가 아니라 목표와 기준을 제시하고 더 나아가 문화 · 예술의 생산, 유통, 소비까지 직접 담당하는 유형이다.

제 4 장

# 문화행정의 체계

1절 문화행정의 이념
2절 문화행정의 목표
3절 문화행정의 대상
4절 문화행정의 세부 영역
5절 문화행정의 수단

# 제 4 장 ▮ 문화행정의 체계

## 1절 문화행정의 이념

문화행정이 궁극적으로 지향해야 할 이상에 관해서는 두 가지 대조적인 이념이 있다. 하나는 '문화의 민주화(democratization of culture)' 시각이고 다른 하나는 '문화적 민주주의(cultural democracy)' 시각이다(Langsted, 1990; 서순복, 2007; 김정수, 2016; 한승준, 2017).

### 1. 문화의 민주화

먼저 문화의 민주화에서는 주로 좁은 의미의 문화, 특히 고상하고 세련된 문화와 예술을 강조한다. 그리고 모든 사람은 그러한 고급스러운 문화를 누릴 천부적인 권리, 즉 문화권(right to culture)을 가지고 있다고 전제한다. 따라서 소수의 특별한 사람들뿐만이 아니라 모든 사람들이 문화를 접하고 향유하고 참여할 수 있도록 개방되어야 한다. 그러나 기존의 문화·예술은 주로 전문가와 엘리트 중심이었다. 또한 경제 및 교육수준 등의 이유로 인해 많은 사람들이 고급문화에의 접근이 제한되는 '문화소외' 현상이 만연하였다. 그렇기 때문에 정부는 마땅히 '모든 시민들에게 훌륭한 고급문화'(the best for the most)를 제공해야 할 의무가 있다고 주장한다.

이처럼 문화의 민주화 시각에서 정책적으로 가장 중요한 것은 문화에의 접근성(access)이다. 즉 고급스러운 문화를 누릴 수 있는 기회가 모든 사람들에게 개방되어야 한다는 것이다. 이때 예술적 가치와 질적 수준이 강조되기 때문에 대중주의는 고급문화를 훼손하는 위협물로 간주된다.

그런데 문화의 민주화 전략은 결과적으로 그다지 만족할만한 성과를 거두지 못하였다고 평가된다. 고급예술을 일반대중들에게 확대보급하려는 다양한 정책적 노력에도 불구하고 실제로 관객 수는 그다지 늘지 않았기 때문이다. 고급예술 중심의 문화정책만으로는 근본적인 한계가 있음을 인지한 여러 유럽 국가들은 1970-1980년대 이후 '문화적 민주주의' 정책을 추구하게 되었다.

## 2. 문화적 민주주의

문화적 민주주의는 각 개인의 자율적인 선택과 다양한 취향을 인정하는 데서 출발한다. 문화라고 해서 고급예술에만 국한되는 것은 아니며 대중예술, 실험적 예술, 지역예술, 아마추어 예술까지도 포괄한다. 뿐만 아니라 넓은 의미에서 각종 다양한 문화적 장르와 활동들까지도 포용한다.

문화적 민주주의 시각에서는 모든 종류의 문화·예술이 모두 동등한 가치를 가지고 있다는 평등성이 강조된다. 그리고 모든 사람은 창조적 소양(creative mind)을 가지고 있으며 일상생활에서 창조적 활동(creative activity)을 할 수 있다고 전제한다. 모든 시민들은 그저 수동적인 문화 소비자에 머무는 것이 아니라 적극적으로 문화활동에 참여하는 능동적 주체가 될 것이라 기대된다. 따라서 문화정책의 주안점은 고급예술의 보급보다는 각 개인이 다양한 문화적 선호와 취향을 행사할 수 있는 기회를 보장하는 데 두어져야 한다. Langsted (1990: 58)는 문화의 민주화와 문화적 민주주의의 차이점을 〈표 4-1〉과 같이

**표 4-1 '문화의 민주화'와 '문화적 민주주의'의 비교**

| 문화의 민주화 | 문화민주주의 |
|---|---|
| 모든 사람을 위한 문화(culture for everybody) | 모든 사람에 의한 문화(culture by everybody) |
| 문화의 단일성(mono culture) | 문화의 다양성(plurality of cultures) |
| 기관(제도) 중심(institutions) | 비공식/비전문가 조직(informal group) |
| 기회의 기성화(ready made opportunity) | 역동적 활성화(animation) |
| 틀(구조) 중심(create framework) | 활동 중심(creative activities) |
| 전문가 중심(professional) | 아마추어 중심(amateur) |
| 미학적 질(aesthetic quality) | 사회적 동등성(social equality) |
| 보존(preservation) | 변화(change) |
| 전통(tradition) | 개발과 역동성(development, dynamics) |
| 향상(promotion) | 개별 활동(personal activity) |
| 생산물(products) | 과정(processes) |

정리하였다.

## 2절 문화행정의 목표

### 1. 기존의 논의들

문화의 개념이 다양하듯 문화행정의 목표 또한 학자에 따라, 나라에 따라 다양하게 제시된다. 문화행정의 목표에 관한 기존의 입장들을 살펴보자.

1998년 4월 스톡홀름에서 문화정책에 대한 세계회의가 개최되었다. 이 회의에서는 각국 정부에게 다섯 가지 정책목표를 수용할 것을 권고하였다(고토 카즈코, 2004: 270). 그것은 ① 문화정책을 발전전략의 주요 구성요소로 삼을 것, ② 창조성과 문화적 생활에 대한 참여를 촉진할 것, ③ 문화유산을 보호하고 문화산업을 활성화시킬 것, ④ 정보화사회를 지향하고 문화적 · 언어적 다양성

**표 4-2 문화행정의 이념, 목적, 영역**

| 이 념 | 목 적 | 영 역 |
|---|---|---|
| 주 체 | 민족의식 배양 | 문화유산 보존 |
| 평 등 | 국민정서욕구 충족 | 문화향수기회 확대 |
| 창 의 | 예술 발전 | 창작 지원 |
| 효 용 | 가치관 계도 | 규범 전파 및 경제적 진작 |

을 촉진할 것, ⑤ 문화의 발전을 위해 인적·재정적 자원을 더 많이 확충할 것 등이다.

정홍익(1997)은 문화행정의 핵심 이념으로 주체, 평등, 창의, 그리고 효용을 제시한다. 그리고 각 이념과 연계하여 문화행정의 목표 및 영역을 〈표 4-2〉와 같은 체계로 구성하였다.

김영평(2000)은 문화행정의 궁극적 목표로 '문화복지의 향상', 즉 '국민 전반의 문화적 삶의 질 향상'을 주장하였다. 이를 위하여 ① 문화능력의 고양(우수한 문화를 감식하고 체득하는 능력 배양)과 ② 문화역량의 강화(문화적 기반구조 확충)가 필요하다고 하였다. 그리고 문화행정으로 얻고자 하는 최종 귀결은 '국민의 창의력 확산'이라고 하였다.

임학순(2003: 73)은 다양한 기존 자료들을 정리한 결과 문화정책의 일반적인 목표를 크게 네 가지로 구분한다. ① 문화복지(국민들의 문화적·예술적 욕구가 충족된 복지수준) 증진, ② 문화예술의 발전과 국민의 창의성 증진, ③ 지역의 문화적 특성 발전을 통한 지역 정체성의 확립, 그리고 ④ 문화의 사회경제적 가치 창출을 통한 국가·지역발전에의 기여다.

정철현(2004)은 문화정책의 목적을 '문화적 시민의 양성'이라고 주장한다. 그리고 국내 학자들의 의견을 종합해서 문화행정의 목표를 다음과 같이 다섯 가지로 정리하였다. ① 문화복지의 증진, ② 문화예술의 발전, ③ 지역문화의 발전, ④ 국가경쟁력 제고, 그리고 ⑤ 국민의 창의성 증대이다.

고바야시 마리(2002: 83)는 문화정책의 목적으로서 ① 문화의 정신성(미, 여유, 놀이, 개성, 다양성, 즐거움 등 풍부한 감성 및 표현 가능성) 보장, ② 문화의 고수준성·예술(다양한 생활영역에서 수준 높은 것과의 접근 기회) 확보, ③ 문화의 지역성·문화적 정체성(지역과의 연대 및 지역문화의 다양성) 인정을 제시하였다.

Wyszomirski(2000)는 예술의 공공목적을 ① 안전(Security), ② 공동체 양육(Fostering community), ③ 번영에의 기여(Contributing to prosperity), ④ 삶의 질과 조건 향상(Improving the quality and condition of life), ⑤ 민주주의 함양(Cultivating democracy)의 다섯 가지로 정리하였다.

구광모(1999)는 문화정책의 목표를 문화의 민주화(democratizing culture)와 문화적 민주주의(cultural democracy)로 대별하였다. '문화의 민주화'란 "모든 사람을 위한 문화"를 뜻하는데 문화보급의 확산을 위해서는 일차적으로 전문 문화예술인들에 대한 전략적 관심이 필요하다. '모든 사람에 의한 문화'는 일반 소비자들도 예술적·상징적으로 자신을 표현할 수 있는 기회를 가져야 한다는 의미이다. 이를 위해서는 아마추어들에 대한 관심이 필요하다. 문화정책의 궁극적인 최고 목표는 "문화·예술을 최고수준으로 살아 숨 쉬게 하고 모든 사람들에게 그러한 문화·예술에 계속 접근할 수 있도록 해주는 것"이다.

강내희(2003a: 475)는 문화정책의 목표를 '문화사회의 건설'로 표현하였다. 문화사회란 "인간발전을 위한 최적의 조건을 구비한 사회로서 개인들의 문화적 역량이 최대한 발휘될 수 있는 사회"를 의미한다. 좀 더 구체적으로 표현하면 "정치적 권력이나 경제적 이익에만 얽매이지 않고 사회구성원들이 빈곤과 궁핍, 억압 등에서 자유로워질 뿐만 아니라 개인과 집단이 자아실현을 위해 창조적 활동을 최대한 자유롭게 할 수 있는 여건이 조성된 사회"가 문화사회라는 것이다.

「문화개혁을 위한 시민연대」(2002)는 "인간적 삶의 가능성을 확장하기 위해 '문화사회'를 건설하는 것"이 문화정책의 목표이어야 한다고 주장한다. 문화연대가 주장하는 '문화사회'는 "자유와 꿈과 이상이, 그리고 호혜와 연대가 넘쳐흐르는 사회, 서로 공생하는 사회"라는 유토피아적 이상향을 의미한다.[1]

## 2. 문화행정의 궁극적 목표: 문화발전을 통한 국민복지 향상

문화행정을 통해 추구하는 목표를 한마디로 표현하면 '문화발전을 통한 국민복지 향상'이라 할 수 있다. 행정의 궁극적인 목표는 국민복지 혹은 국민의 행복을 추구하는 것이다. 국가행정의 한 부분인 문화행정은 문화발전을 촉진함으로써 국민들에게 더 나은 삶의 기회를 제공하는 것이 핵심이다. 여기서 문화발전이란 창작과 감상, 그리고 질적 향상과 양적 확산을 동시에 의미하는 다의적 개념이다. 즉 수준 높은 문화의 생산과 소비가 풍성하게 이루어지는 것을 말한다. 문화는 인간(개인/사회)의 삶의 중요한 구성요소의 하나이다. 따라서 문화의 충만한 발전은 곧 삶의 질 향상을 의미한다. 그러므로 문화행정의 궁극적 목표는 문화발전을 촉진함으로써 국민들이 보다 행복한 삶을 누리도록 봉사하는 것이다. 이것을 '문화복지'(Cultural Welfare) 혹은 '문화적 공공의 富' (Cultural Common Wealth)의 극대화라고 표현할 수도 있을 것이다.

그렇다면 문화발전이란 과연 무엇을 의미하는가? A. Girard는 문화발전을 "인간의 관념과 이상 및 여러 창작물을 전달함으로써 삶의 질을 향상시키고자 하는 행위의 결과"라고 하였다(최재승, 2001: 79). 그가 말하는 문화발전의 의미는 세 가지 차원으로 구분된다. 첫째는 예술적 차원의 발전인데 주로 예술인들의 창작행위 발전을 의미한다. 둘째는 환경적 차원의 발전으로서 문화환경, 즉 창조환경과 향수환경의 발전을 뜻한다. 셋째는 수용자 차원의 발전인데 국민 전체의 전반적인 문화수준 혹은 문화감수성의 향상을 의미한다.

---

**1** 〈문화연대〉의 다소 긴 표현을 그대로 옮기자면 문화사회란 "모든 사람들이 곤궁에서 벗어나고, 사회복지 혜택과 넉넉한 자유 시간 속에 삶의 여유를 가져 원하는 삶을 추구할 수 있는 사회, 영화 · 연극 · 무용 · 음악 · 문학 · 건축 · 미술과 학문 등 인간이 축적한 표현의 기술과 정신적 성취를 일상적인 삶의 환경으로 향유할 수 있고, 원하는 만큼 문화예술 공연을 관람 혹은 시청하는 것은 물론, 직접 그런 문화적 활동에 참여할 수 있는 사회, 쾌적한 환경을 보존하기 위해 환경 보호를 몸소 실천하는 사회, 개인들이 자신의 꿈과 이상을 실현하기 위해 마음대로 배울 수 있는 사회, 나아가서 자기 삶을 스스로 설계하고 자기표현을 할 수 있는 사회"를 말한다.

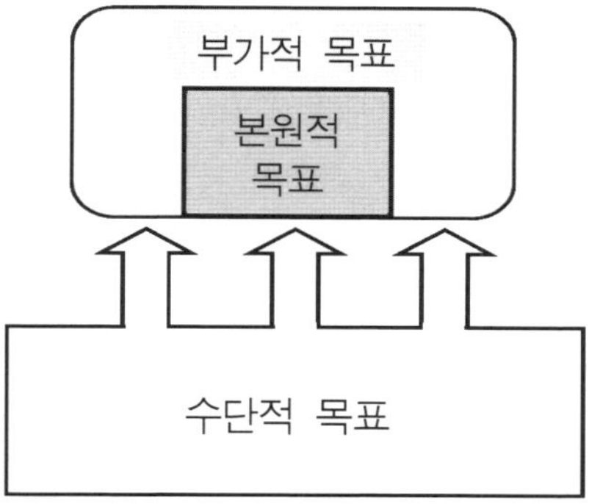


그림 4-1 **문화행정의 목표 체계**

그런데 문화행정의 궁극적 목표를 '문화적 공공의 부 극대화'라는 차원에서 이해한다면 '최고수준의 최대다양한 문화'의 창출이 그 핵심이 된다. '최고수준'이란 내용 면에서 가능한 한 최고의 예술적 수준에 이르러야 한다는 것이다. '다양성'이란 문화적 유형, 장르, 주제, 형태 등이 최대한 다양해야 한다는 것을 의미한다.

## 3. 본원적 목표, 부가적 목표, 수단적 목표

문화행정의 목표를 〈그림 4-1〉과 같이 세 가지로 구분해볼 수 있다. 첫째는 본원적 목표이다. 문화행정의 본원적 목표는 문화가 갖고 있는 본원적 가치의 극대화를 꾀하는 것이다. 즉, 최고수준의 최대다양한 문화・예술을 최대다수의 국민들이 누리게 함으로써 국민의 정서적 만족과 감동을 극대화하고 문화적 삶의 질을 제고하자는 것이다.[2] 이것을 문화적 차원에서의 최대다수의

2 구광모(1999: 472)도 이와 유사한 맥락에서 문화정책의 궁극적인 최고 목표를 "문화예술을 최고수준으로 살아 숨 쉬게 하고 모든 사람들에게 그러한 문화예술에 계속 접근할 수 있도록 해주는 것"이라고 결론지었다.

최대행복이라고 말할 수 있다. 요컨대 최대한의 감동과 만족을 주는 문화·예술이 최대한 풍부하게 창조되어 최대한 많은 국민들에 의해 향유되는 것이야말로 문화행정의 가장 핵심이 되는 본원적 목표이다.

둘째는 부가적(파생적) 목표이다. 이것은 문화의 부가적 가치들을 극대화하는 것을 의미한다. 문화·예술을 통한 지역사회의 발전, 산업·경제의 활성화, 국가경쟁력의 제고, 국제교류의 활성화 등이 문화의 부가적 목표들이라고 할 수 있다.

셋째는 수단적 목표이다. 이것은 문화행정의 본원적 목표와 부가적 목표를 달성하기 위해 추구해야 할 도구적 성격의 목표라고 할 수 있다. 대표적으로 국민의 창의성 증진, 유·무형의 기반구조 강화, 문화주권 수호, 문화유산 보전 등을 꼽을 수 있다.

문화행정의 목표를 이렇게 세 가지로 구분하는 것은 단순히 개념상의 필요 때문만은 아니다. 실제로 문화정책을 입안하고 추진하는 과정에서 무엇이 주(主)가 되고 무엇이 부(副)가 되는지를 판단하는 데 도움이 될 수 있기 때문이다. 본원적 목표는 문화행정이 가장 근본적으로 추구해야 할 사안이며, 부가적 목표들은 일차적으로 본원적 목표의 충실한 달성을 통해서 추구되어야 할 사안들이다. 그리고 수단적 목표들은 본원적 및 부가적 목표를 위해 유연한 적용이 필요하다. 물론 문화행정의 수단적 목표들도 나름대로 중요한 가치를 가지고는 있지만 그 자체로 지고지선의 가치라고 볼 수는 없다. 본원적 목표의 달성을 위해서는 때로 수단적 목표에 있어서 어느 정도의 타협도 감수할 필요가 있다는 말이다. 정책결정 및 집행 과정에서 부가적 목표 혹은 수단적 목표를 지나치게 강조하다가 자칫 본원적 목표를 망각하는 우를 범하지는 말아야 할 것이다.

## 3절 문화행정의 대상

문화행정의 대상 영역을 어떻게 설정할 것인가는 필연적으로 문화의 개념을 어떻게 파악할 것인가에 달려 있다. 최근에는 문화행정의 대상이 되는 문화의 개념을 과거보다 더 넓게 이해해야 한다는 분위기가 강하다. 2014년 시행된 「문화기본법」에서도 문화를 "문화예술, 생활양식, 공동체적 삶의 방식, 가치 체계, 전통 및 신념 등을 포함하는 사회나 사회 구성원의 고유한 정신적·물질적 · 지적 · 감성적 특성의 총체"라고 넓게 정의하고 있다.

우리나라 정부도 문화의 개념을 광의로 파악하고 있다. 문화관광부는 2004년에 수많은 전문가들의 참여를 통해 문화행정의 비전과 실천계획을 체계적으로 집대성한 『창의 한국』을 발표하였다. 이 문건은 기존의 우리나라 문화행정이 좁은 의미의 문화 개념을 바탕으로 이루어졌다고 비판하며 그 한계를 다음과 같이 지적하였다(19쪽).

- 그동안 우리는 문화를 예술이나 문화유산 등 특수한 영역으로 이해해 왔다. 역대 정부가 발표했던 문화비전들 역시 이러한 협의의 문화 개념에 입각하여 문화예술, 문화유산, 문화산업을 주요한 정책영역으로 설정해 왔다.
- 이러한 문화개념에서는 관광, 체육, 청소년을 포괄하지 못하기 때문에 문화관광부는 단일 부처로서의 정체성에 항상 심각한 위협을 받아왔다.
- 더 본질적인 문제는 개인, 지역, 국가의 발전과 직 · 간접적으로 연관되어 있는 문화적 과제들을 종합적으로 보지 못하게 한다는 점이다.
- 결국 협의의 문화 개념에 기반한 문화정책은 문화가 사회에 미칠 수 있는 다양하고 적극적인 기능들을 축소함으로써 문화의 가치를 제대로 인식할 수 없게 만들었다. 궁극적으로는 개인, 지역, 국가의 발전에 문화가 기여할 수 있는 다양한 기회의 상실을 가져왔다.

그러면서 문화정책에 관한 UNESCO 국제회의에서 제안했던 광의의 문화 개념을 채택해야 한다고 주장하고 있다. 광의의 문화란 "어떤 사회나 집단의 성격을 나타내는 독특한 영적, 물질적, 지적, 정서적 특성들의 총체적인 복합체"를 의미한다. 그것은 "예술과 문자뿐만 아니라 삶의 양식, 인간의 기본권, 가치체계, 전통, 믿음을 포함"하는 것이다. 『창의 한국』은 광의의 문화 개념에 입각하여 문화행정의 영역에는 다음과 같은 것들이 포함된다고 기술하였다(21쪽).

- 민족적 정체성(Ethnic identity): 언어, 관념, 관습, 믿음, 종교 등
- 문화유산과 예술(Heritage and the arts): 시각예술, 공예, 음악, 연극, 영화, 고고학, 박물관, 도서관, 문서보관소 등
- 교육과 학습(Education and learning): 어린이, 청소년, 성인에 대한 공식적, 비공식적 교육과 학습
- 자연적이고 인공적인 경관(Natural and man-made landscapes): 건물, 공원, 전원 등
- 대중매체와 문화산업(Mass media and cultural industries)
- 관광(Tourism)
- 스포츠와 레저 활동(Sports and leisure pursuits)

그러나 문화행정의 대상인 문화를 '삶의 양식'까지 포함하는 넓은 뜻의 개념으로 이해하는 것은 적절하지 않다. 왜냐하면 만약 이런 식으로 문화의 개념을 이해한다면 문화행정의 대상은 생활문화, 정신문화까지 포괄하는, 그야말로 전 국민의 모든 생활영역 전체가 되고 말기 때문이다. 그럴 경우 문화행정의 범위가 너무나 넓어져 실제적 분석이 곤란하며, 사실상 문화정책의 대상이 아닌 영역이 없게 된다.[3](정철현, 2004: 99; 강내희, 2003a: 469; 구광모, 1999: 32; McGuigan,

3 사실 『창의 한국』에서 실제 다루고 있는 25개의 구체적인 과제영역들을 살펴보면 '삶의 양식'으로서의 문화보다는 훨씬 좁은 범위라는 것을 금방 알 수 있다. 제15장의 〈표 15-2〉 참조.

그림 4-2 **문화행정의 대상**

2004: 5). 이것은 현실적으로 불가능할 뿐만 아니라 대단히 위험한 발상이 될 수도 있다. 정부가 국민들의 생활양식 · 사고방식 · 가치관 등을 관할할 필요가 있다는 주장은, 원래 의도와는 상관없이, 자칫 전체주의 국가에서 공권력에 의한 시민통제를 정당화하는 논거로 전용될 가능성도 있기 때문이다.[4]

따라서 문화행정의 대상으로서의 문화는 일단 무언가 미적인 요소가 포함된 것으로 한정할 필요가 있다. 그러나 그렇다고 해서 문화의 개념을 좁은 뜻으로 제한하여 '내부 감정 및 관념의 미적 표현'이라는 예술로서의 문화로 이해하는 것도 적절하지 않다. 왜냐하면 문화행정이 단지 예술진흥정책 정도로 너무 좁게 국한될 수 있으며, 또한 심미적 가치를 너무 강조하다 보면 자칫 문화 엘리트주의로 치우칠 가능성도 있기 때문이다. 보통 예술이라는 용어를 사용하면 대개 고상하고 수준 높은 소위 고급예술을 떠올린다. 하지만 대중예술 혹은 상업예술도, 그 수준의 고하에 대한 평가는 논외로 하더라도, 많은 사람들의 마음을 감동시킨다는 것은 부인할 수 없는 사실이다. 만약 문화행정의

---

**4** 문화의 개념을 이렇게 확대하게 되면 문화정책이 정권의 홍보나 지배 이데올로기의 확산을 위한 도구로 전락할 우려가 있다. 이 점은 문화관광부에서 발간했던 『2001 문화정책백서』에서도 지적된 바 있다(18쪽).

대상을 (고급이든 대중적이든) 예술성 있는 문화로만 국한시킨다면 기존의 통상적인 기준으로는 예술의 범주에 포함되지 않으나 사람들에게 감정적인 만족과 정신적 쾌감을 제공하는 새로운 문화꺼리의 탄생을 외면하게 될 가능성이 크다. 비록 예술로서의 문화가 문화행정의 중요한, 어쩌면 가장 중요하고 본질적인 대상이 될 수는 있어도 그것이 전부일 수는 없는 것이다.

앞에서도 언급되었듯이 '마음의 감동과 기쁨'이야말로 문화의 가장 근원적인 가치이자 문화행정의 최고 핵심이라고 할 수 있다. 따라서 문화행정의 대상이 되는 문화는 문화인류학적 개념인 생활양식보다는 좁게, 그러나 전통적 예술 개념보다는 넓게 확대해서 이해하는 것이 필요하다(그림 4-2 참조). 그러려면 인간의 정서적 또는 감성적 욕구를 충족시키는 상징적 표현 활동을 뜻하는 '표출문화'라는 개념이 유용할 것이다(정철현, 2004: 123). "문화는 표현"이라고 할 수 있다. 왜냐하면 문화는 감성적 영역에 속하며, 감성은 표현되기 때문이다(문화연대, 2002). 따라서 '어떠한 형태로든 상징적 표현을 통해 인간의 정서적 또는 감성적 욕구를 충족시키는 제반 활동' 또는 '아름다움의 체험을 통해 인간의 마음에 무언가 감동과 기쁨을 제공하는 모든 활동'을 문화행정의 대상으로 이해해야 할 것이다.[5]

## 4절 문화행정의 세부 영역

문화행정의 세부 영역과 범위에 대한 논의는 실증적 차원과 규범적 차원에

5 이와 유사한 맥락에서 고토 카즈코(2004: 21)는 문화를 "자연과 구별되는 인간의 창조적인 행위"로서의 예술로 파악하되 문화행정의 대상으로서의 문화는 "클래식음악 및 예술문화 등 소위 고급문화뿐만 아니라 생활문화와 서브컬처라고 말하는 영역까지 포함한 넓은 개념"으로 이해한다.

서 각각 다루어질 수 있다. 실증적 차원의 접근은 법령, 예산이나 조직구조 등을 분석하여 실제 정부에서 하고 있는 업무를 파악해보는 것이다. 그러나 학문적 차원에서 더 중요한 것은 규범적 접근이다. 즉, 문화행정의 적정한 영역과 범위는 어떠해야 하는가 하는 질문이다.

## 1. 기존 연구들의 견해

학자에 따라 문화에 대한 개념정의 및 분류방식이 다르듯이 문화행정의 영역에 대해서도 역시 다양한 견해들이 전개된다. 기존의 연구들 중에서 몇몇 학자의 견해를 간략히 소개하면 다음과 같다.

먼저 정홍익(1997)은 전통적인 문화행정 영역으로서 크게 문화의 발전・진작과 문화적 유산의 보존을 꼽고 있다. 그리고 문화의 발전과 진작이라는 영역 속에 ① 예술인의 양성・훈련, ② 예술 활동에 대한 직・간접 지원, ③ 문화예술의 보급 촉진, ④ 시민 문화활동 지원이라는 네 개의 세부영역을 제시하였다. 아울러 문화행정의 새로운 영역으로서 ① 민속예술 및 대중예술, ② 예술가 위주에서 시민 위주로, ③ 생활의 문화화, ④ 문화산업(생산적 측면)의 네 가지 분야를 추가하였다.

최종철(1997)은 문화행정의 4대 영역으로 문화예술의 ① 보존, ② 창작, ③ 보급・민주화, ④ 양성교육을 지목하였다. 그리고 이종인(1988)은 문학적・예술적 창작 및 역사적 유물의 ① 보존, ② 훈련, ③ 창작, ④ 보급을 문화행정의 영역으로 주장하였다. 그는 특히 '보급기능'(유통)이 가장 중요한 위치에 있으며, 그냥 가만히 있어서는 일반대중의 문화 활동이 잘 유발되지 않으므로 정부가 촉매기능을 수행하는 것이 반드시 필요하다고 지적하였다.

강내희(2003a)는 문화정책의 범주로 다음과 같은 다섯 가지 영역을 제시한다. ① 의미의 영역(삶의 의미), ② 표현의 영역(표현의 조건, 방식, 생산, 소비, 관리 등), ③ 정체성의 영역(정체성 형성, 유지), ④ 기호와 취미, 욕망의 영역(기호, 취미, 욕망의 조건들을 규정하는 사회적 조건들), ⑤ 매체의 영역(표현을 통한 의미 형성의 수단). 한편 정철현(2004: 140)의 연구에서는 ① 문화예술, ② 문화산업, ③ 문화재, ④ 생활의 문화화, ⑤ 문화교육을 문화행정의 핵심 영역으로 꼽고 있다.

프랑스의 A. Girard는 다음과 같이 여섯 가지 영역을 제시하였다. ① 문화 향유의 기회 확대: 국민 문화생활의 민주화, 중앙편중의 탈피, 문화생활에의 자극, ② 대중매체의 질적 개선과 지역사회 매체 및 개인 매체의 개발, ③ 창조적 작업의 격려, 다양한 기술·기능의 기회 제공, 재능의 선용, 예술가 및 문화활동을 직업으로 하고 있는 사람들의 생활수준 향상, ④ 전통적 문화제도의 현대화, ⑤ 국가의 문화적 생산 능력 강화, ⑥ 국가의 문화적 대외 영향력 강화와 문화적 독립성의 보호이다.

한편 일본의 이케가미 준(1999: 249)은 주요 선진국의 문화정책 체제를 비교검토한 후 다음과 같은 주요 구성요소를 지적하였다. ① 예술가 및 예술단체의 창작활동 장려/지원, ② 문화의 보급과 일반인의 문화 활동에 대한 참가 기회 확충, ③ 지역문화 진흥, ④ 문화분야의 인재양성과 교육, ⑤ 문화재의 보존과 활용, ⑥ 문화의 국제교류와 국제협력, ⑦ 문화시설 및 문화에 관한 제도 등의 기반 정비이다.

## 2. '문화의 사회적 순환' 모델에서 본 문화행정의 5대 영역

문화행정의 영역을 설정하는 한 가지 방법은 문화의 순환주기를 따라 구분하는 것이다. 〈그림 4-3〉은 이케가미 준(1999)이 제시한 '문화의 사회적 순환' 모델을 약간 수정한 것이다.

이를 정리하면 문화의 사회적 순환은 기본적으로 생산(학습 및 창조), 유통(전달), 소비(향수), 보존(축적), 그리고 교류 이렇게 다섯 가지 단계로 이루어진다고 할 수 있다. 이 주기에 따라 문화행정의 5대 영역을 〈표 4-3〉과 같이 정리할 수 있다.

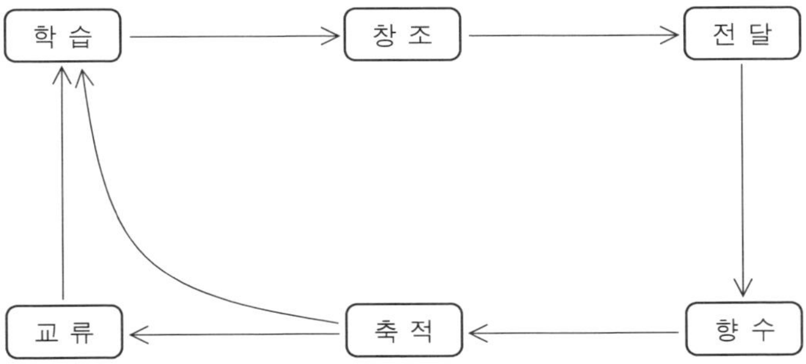


그림 4-3 '문화의 사회적 순환' 모델

표 4-3 문화행정의 5대 영역

| 영 역 | 내 용 |
|---|---|
| 생 산 | 문화 · 예술 창작에 있어서 창의성 · 다양성의 증진과 창작의 기회 확대 |
| 유 통 | 문화 · 예술 생산자와 소비자의 원활한 만남을 위한 거래비용 최소화 |
| 소 비 | 소비자의 문화접근 기회 확대와 문화향수 능력 배양 |
| 보 존 | 민족의 주체성 · 정체성 유지 위한 문화유산 보호와 문화주권 수호 |
| 교 류 | 우리 문화의 대외적 소개와 외래문화의 국내 소개 |

### 1) 생산: 문화 · 예술 창작에 있어서 창의성 · 다양성의 증진과 창작의 기회 확대

문화행정의 첫 번째 영역은 뛰어난 문화 · 예술이 풍성하게 창조되도록 돕는 일이다. 문화 창조에 있어서 주역은 전문 예술가뿐만 아니라 아마추어 예술가들까지 포함되어야 한다. 예술 창작 활동에 있어서 가장 중요한 요소는 창의성과 다양성이다. 따라서 '생산' 영역에서 문화행정의 초점은 개개인의 창의성과 다양성을 증진하고 예술적 '끼'를 마음껏 발산할 수 있는 제도적 환경과 기회를 마련해 주는 데 맞춰져야 할 것이다. 또한 창작활동에 필요한 자금 지원과 시설 · 공간 제공도 중요한 정책과제가 된다.

### 2) 유통: 문화 · 예술 생산자와 소비자의 거래비용 최소화

문화 · 예술의 생산이 실제 소비로 이어지지 않으면 국민의 행복 증진에는 별 도움이 되지 않는다. 아무리 우수한 예술작품이 많이 창조된다고 해도, 또 아무리 많은 사람들이 절실하게 문화생활을 원한다고 해도 생산자와 소비자와의 만남이 이루어지지 않으면 소용없는 것이다. 따라서 거래비용을 최소화하여 문화상품의 원활한 유통이 이루어지도록 관리하는 것도 문화행정의 영역에 속하게 된다.

### 3) 소비: 소비자의 문화접근 기회 확대와 문화향유 능력 배양

창작자들에 의해 생산된 문화 · 예술은 소비자들에 의해 향유될 때에야 비로소 그 가치를 발휘하게 된다. 문화향유에 의한 국민의 행복 증진을 위해서는 소비자들의 문화접근(cultural access)의 기회가 확대되어야 한다. 즉, 소득, 교육, 지역, 장애, 연령, 성별 등에 관계없이 원하는 사람이면 누구나 쉽게 문화 · 예술에 접근할 수 있어야 한다는 것이다. 또한 문화를 소비하면서 감동과 즐거움을 느끼기 위해서는 그 전제로 개인적 취향과 향수능력이 필요한 경우가 많다. 그런데 문화에 대한 취향이나 향수능력은 대개 경험과 훈련에 의해 후천적으로 개발된다. 따라서 문화접근권 보장과 함께 문화 · 예술 교육 역시 문화행정의 영역에 포함된다.

### 4) 보존: 민족의 문화적 주체성 · 정체성 유지 위한 문화유산 보호와 문화주권 수호

일반 재화와는 달리 문화적 재화의 핵심은 유형의 물질(매체)이 아니라 그 안에 담긴 무형의 콘텐츠이다. 이 무형의 콘텐츠는 무한히 반복적으로 소비되어도 유실되지 않으며 많은 소비자들에게 동일한 감동을 제공한다. 따라서 문화 · 예술 창작품이 단 1회의 소비로 사라져버리는 사회적 손실을 막기 위해서는 문화 보존이 중요한 정책과제의 하나가 된다. 그리고 한 사회에서 오랜 기간 축적된 다양한 문화적 성취물은 차세대 창작자들의 영감의 원천이 될 뿐만 아니라 그 공동체의 문화적 정체성과 주체성을 형성·유지하는 데 결정적 역할을 한다. 이런 측면에서 문화유산의 보전, 문화원형의 디지털화, 문화주권의 수호 등은 문화행정의 중요한 영역이 아닐 수 없다.

### 5) 교류: 우리 문화의 대외적 소개와 외래문화의 국내 소개

우리 사회에서 생산·축적된 문화적 성취물을 외국에 소개하는 것은 국제 사회에서 우리 민족의 자긍심과 문화적 이미지를 고양하는 일이 된다. 또한 타 문화권으로부터의 외래문화 유입은 국내 문화소비자들의 선택의 폭을 넓혀 줄 뿐만 아니라 국내 문화·예술인들의 새로운 창작을 위한 신선한 자극이 된다. 또한 다음 세대의 예술교육을 위해서도 외래문화는 매우 소중한 학습재료의 하나가 된다. 그러므로 타 문화권과의 폭넓은 상호교류 역시 문화행정의 중요한 영역의 하나이다.

## 5절 문화행정의 수단

문화행정의 목표를 달성하기 위한 정책적 수단은 크게 직접 주관, 지원(support), 그리고 규제(regulation)로 나누어볼 수 있다.[6] 각각에 대한 간략한 설명과 예시는 다음과 같다.

---

6 정홍익(1997), 정철현(2004), 이흥재(2004), 한양대학교 산학협력단(2014) 참조.

## 1. 주관

직접 주관이란 정부 혹은 공공기관이 직접 문화·예술의 생산자, 소비자 또는 중매자 역할을 수행하는 방식을 말한다.

### 1) 정부·공공기관이 직접 생산자/공급자 역할을 수행하는 경우

- 문화시설(공연장, 전시관, 박물관, 교육장 등) 건립 및 운영
- 국공립 예술단체 조직 및 운영
- 문화행사 개최
- 문화·예술 아카이브 구축

### 2) 정부·공공기관이 직접 소비자 역할을 수행하는 경우

- 예술작품 구매
- 예술작품 전시
- 정부 행사에 예술 공연 유치
- 예술 교육 프로그램에 예술가를 전문 강사로 초빙

### 3) 정부·공공기관이 직접 중매자 역할을 수행하는 경우

- 아트 마켓, 아트 페어 개최
- 예술가 및 예술단체의 해외 진출 주선
- 해외 예술가, 예술단체, 예술작품의 국내 소개·수입 주선
- 문화 생산자와 소비자의 만남을 위한 온라인 커뮤니티 운영

## 2. 지원

지원이란 민간부문의 문화·예술활동을 특정한 방향(정책목표)으로 유도하기

위해 정부가 적극적인 지원책을 제공하는 방식을 말한다.

### 1) 보조금

- 문화 · 예술 창작 활동에 필요한 제반 경비 지원
- 예술단체 건립 · 유지 · 운영에 필요한 비용 지원
- 문화 · 예술의 향유를 위해 필요한 비용 지원
- 문화 · 예술 교육훈련을 위해 필요한 비용 지원
- 예술가의 생계 및 복지 보장을 위해 필요한 비용 지원

### 2) 조세 혜택

- 문화 · 예술 활동(공연, 작품판매 등)으로 생기는 수입에 대한 감세 혹은 면세 혜택
- 문화 · 예술 활동을 위해 필요한 물품 및 서비스 구매 시 감세 혹은 면제 혜택
- 예술가 혹은 예술 단체에 제공하는 기부금에 대한 공제 혜택

### 3) 교육 · 훈련

- 예술가 양성을 위한 교육시설 건립 · 유지
- 예술가 양성 및 재교육을 위한 훈련 프로그램 개발 및 운영
- 각급 학교 학생들을 위한 예술 소양 교육 제공
- 일반 시민들을 위한 예술 소양 교육 제공

### 4) 접근성 확보

- 장애인 문화향유권 보장을 위한 적정 시설 · 장비 확보 지원
- 소외계층을 위한 문화바우처
- 소외 지역을 위한 찾아가는 공연 및 전시회

- 공연 및 전시 해설사, 문화·예술 도우미 양성

### 5) 시설·장비 대여

- 전문 예술인들의 창작, 공연, 전시 활동을 위한 시설 대여(무상 혹은 비용 일부 보조)
- 전문 예술인들의 창작, 공연, 전시 활동을 위한 장비 임대(무상 혹은 비용 일부 보조)
- 일반 시민들의 문화·예술 활동을 위한 시설 대여(무상 혹은 비용 일부 보조)

### 6) 정보 제공

- 문화·예술과 관련된 중앙정부 및 지방자치단체 차원의 각종 법·정책·제도에 관한 정보 제공
- 예술 공연, 전시회, 교육·훈련 등에 관한 정보 제공
- 소비자 및 기업메세나를 위하여 예술가 및 예술단체들에 대한 정보 제공

### 7) 해외시장 개척 지원

- 해외 문화·예술계의 현황 및 새로운 변화에 관한 각종 정보 수집 및 제공
- 외교 및 통상교섭을 통한 해외시장 진출 지원

## 3. 규제

규제란 정책목표에 어긋나는 혹은 바람직하지 않은 방향으로 상황이 전개되지 않도록 정부가 적극적으로 통제하는 방식을 의미한다.

### 1) 인허가제도

- 공연 및 전시회의 연령별 관중 제한
- 문화시설 및 장비 담당자들의 자격 규제
- 문화시설 및 장비 등에 관한 공중 안전 · 보건 상의 규제

### 2) 강제규정

- 건축물 미술장식 제도
- 한국영화 의무상영제도(스크린쿼터제)

### 3) 생산자/소비자의 권익 보호

- 저작권 침해 사례에 대한 단속
- 저작권자의 정당한 권리 보호
- 공정이용(fair use) 보장

### 4) 검열

- 사회적 법익 보호를 위한 규제
- 청소년 보호를 위한 예술작품 접근의 연령 제한
- 사회적으로 불건전한 문화 · 예술 콘텐츠의 통제

제 2 부

# 세계화, 디지털 혁명, 그리고 문화

세계화 및 정보화는 문화·예술의 발전을 위한 새로운 환경을 제공하는 한편 과거에 경험하지 못했던 낯선 문제들도 던져주고 있다. 제2부에서는 세계화와 정보화가 문화에 미치는 영향에 대해 살펴보고 또한 정책적으로 어떠한 함의가 있는지에 대해 논의한다.

제 5 장

# 세계화와 문화

1절 21세기의 키워드 I: 세계화

2절 문화와 문화의 만남

3절 문화전파론 vs. 문화제국주의론

4절 다문화사회

# 제 5 장 ▮ 세계화와 문화

오늘날 '세계화'(Globalization) 혹은 '지구화'는 더 이상 학자들만의 현학적인 용어도 아니고 거대 기업들의 구호만도 아니다. 싫건 좋건 혹은 원하건 원치 않건 세계화는 이미 지구상 도처에서 광범위하게 일어나고 있는 실제 상황이며 또한 앞으로도 거스르기 어려운 거대한 추세이다. 교통수단과 통신기술의 눈부신 발전에 힘입어 나날이 심화되고 있는 세계화는 개인과 사회에 크고 작은 많은 변화를 안겨주고 있다. 그런데 이러한 세계화의 종착지는 과연 어떤 모습일지, 또 우리의 삶은 어떻게 변하게 될지 아무도 정확히 예측할 수 없다. 이런 점에서 세계화는 인류가 처음으로 겪어보는 지구 차원의 거대한 실험이라고도 볼 수 있다. 그렇다면 세계화가 문화에 미치는 영향은 어떠한 것인가?

## 1절 21세기의 키워드 I: 세계화

### 1. 세계화의 의미

세계화에 대해서는 그동안 여러 분야에서 매우 다양한 연구들이 발표되었다. 세계화는 때로 '지구촌화', '범지구화', '탈국경화' 등으로 표현되기도 한다. McGrew(2008)는 세계화를 "공유된 사회적 공간(shared social space)으로서의 세계"라고 정의한다. 오늘날 사람들이 물리적으로나 심리적으로나 지구 전체를 하나의 생활공간으로 인식하며 살아간다는 것이다. 세계화의 개념에 대한 또 다른 정의들을 살펴보면 다음과 같다.

- ▸"전 세계가 '국경 없는' 하나의 사회로, 즉 지구촌 시대로 재편되어 나가는 시대적 추세"(정영국)
- ▸"세계의 공간적 범위 축소와 아울러 세계가 하나의 전체라는 의식이 강화되는 과정"(Roland Robertson)
- ▸"자본주의 발전의 새로운 단계·추세로서 자본의 자유로운 활동을 방해하는 모든 제약을 철폐하여 자본의 운동속도의 극대화를 통한 자본의 효율성을 최대한 확보하려는 일관된 노력"(김석진)
- ▸"모든 것을 시장의 힘 아래로 종속시키는 과정"(Hans-Peter Martin and Harald Schumann)
- ▸"지구에 사는 모든 사람들이 하나의 세계사회로 연결되는 모든 과정"(정갑영)

## 2. 현재의 세계화 추세

### 1) 범지구적 경제 통합

세계화의 효과가 가장 두드러지게 나타나고 있는 영역은 물론 경제 부문이다(Khor, 2001). 이미 오늘날 지구 전체가 하나의 거대한 경제적 생활권으로 통합되어 가고 있다는 것은 부인할 수 없는 사실이다. 자본의 본질적 속성은 끝없는 이윤 극대화 추구이다. 자본은 이윤이 있는 곳이라면 어디든지 가서 무엇이든 하려고 하는 강한 성향을 가지고 있다. 자본에게는 애국심이나 윤리를 기대하기 어렵다. 오늘날의 세계화는 '자본'의 자유로운 이동과 활동을 확보하기 위한 투쟁의 소산이라고도 볼 수 있다.

### 2) 신자유주의

자본의 자유로운 행보를 보장하기 위한 세계화의 기저에는 소위 '신자유주의' 이데올로기가 자리 잡고 있다(손호철, 2000). 신자유주의의 기본 전제는 "시장은 좋은 것인 반면 국가의 개입은 나쁜 것"이라는 확고한 믿음이다. 즉, 자유로운 시장체제는 생산성 · 효율성의 극대화를 보장하지만 국가의 간섭은 자원배분을 왜곡하고 경제의 효율성을 저하시킨다는 것이다. 시장개방과 무역자유화, 자본이동의 자유화, 민영화, 탈규제화(deregulation) 및 규제완화 등은 바로 이러한 신자유주의의 믿음을 반영하는 변화들이다.

### 3) 무한경쟁

신자유주의에 바탕을 둔 세계화는 필연적으로 무한경쟁 체제가 될 수밖에 없다. 과거의 국지적 보호막들이 걷히고 이제는 지구 전체가 하나의 거대한 경쟁판이 된 것이다. 모두가 잠재적인 경쟁 상대이고 적대관계에 있게 된다. 오직 강자만이 살아남는 적자생존의 세상인 것이다. 이러한 상황을 "20 대 80의 사회"라고 부르기도 한다. 상위 20% 그룹이 세계경제를 유지하고 나머지 80%는 그저 저들이 던져주는 약간의 오락물과 먹을거리에 만족하면서 살아간다는 것이다(마르틴 & 슈만, 1997).

### 4) 국가 주권의 제약

세계화의 진척으로 인해 국제규범이 확대 · 강화되는 만큼 그에 비례하여 개별 국가들의 주권은 그만큼 제약을 받게 된다. 국제사회의 다양한 사안을 규제하는 국제기구와 국제규범이 많아질수록 개별 국가 차원의 정책결정 · 집행의 자유는 제한될 수밖에 없다. 국제사회의 질서가 강화되고 국가들 간의 상호작용 관계가 밀접해질수록 개별 국가들이 자의적으로 운신할 수 있는 폭은 좁아지게 되는 것이다. 결국 세계화는 국가의 위상과 정책주권을 과거에 비해 크게 위축시킨다(Strange, 1996; 정진영, 1996; 박인휘, 2007).

### 5) 세계 정부의 부재

세계화로 인한 지구촌 통합은 지금까지 주로 경제적 영역에서 활발하게 이루어져 왔다. 그러나 아직 정치적 차원의 세계화는 극히 미미한 수준인 것이 사실이다. 국제사회에 아직은 주권 국가의 중앙 정부와 같은 수준의 최고 정치적 권위체가 존재하지 않는다. 즉 개별 주권국가들을 관할하는 세계 정부와 같은 존재가 없다는 말이다. 이 때문에 오늘날 국제법질서가 과거에 비해 많이 강화되었다고는 해도 법의 해석이나 집행은 결국 주권국가들 사이의 정치적 역학관계에 의해 이루어지는 경우가 대부분이다. UN과 같은 국제기구도 주권국가들의 상위 수준의 중앙 권위체가 아니라 주권국가들 사이의 협의를 위한 포럼에 불과하다고 볼 수 있다. 따라서 세계화의 심화에도 불구하고 정치적 통합의 부재를 고려한다면 오늘날의 국제사회는 여전히 주권국가들이 주인공인, 느슨한 분권적 시스템이라고 할 수 있다(박정택, 1993).

## 2절 문화와 문화의 만남

보통 세계화에 관한 논의는 무역, 금융, 투자 등과 같이 경제적 사안들에 초점을 맞추는 경우가 많다. 그러나 영향력 면에서 볼 때 문화적 세계화야말로 가장 광범위하고 파급효과가 크다고 할 수 있다(Rosendorf, 2000). 문화는 사람들의 사회적 인식과 공동체의 정체성 형성을 좌우하기 때문이다. 세계화가 문화에 미치는 가장 직접적인 영향은 문화와 문화의 만남이 더욱 광범위하고 빈번하게 이루어지게 되었다는 점이다. 전통적인 국경의 경직성이 완화되면서 나라와 나라, 지역과 지역 사이의 물적, 인적, 그리고 문화적 교류가 매우 활발해지고 있다. 문화와 문화의 만남은 어떤 식으로든 문화의 변화를 초래하기 마련이다.

## 1. 문화의 변동

문화란 진공상태에서 만들어지는 것이 아니다. 넓은 의미든 좁은 의미든 문화는 공동체가 처한 특정한 역사적 상황 속에서 빚어진다. 따라서 사회의 변화는 문화의 변화를 동반하기 마련이다. 이런 점에서 문화와 예술은 언제나 사회적 산물이라고 할 수 있다.

문화변동의 요인은 크게 두 가지로 나누어 볼 수 있다(이강수, 1987). 첫째는 자생적 · 내적 요인이다. 문화는 사회 외부의 환경변화에 대응하여 혹은 사회 내부의 자체적 발전에 따라 변화한다. 또 사회 구성원들의 세대교체 및 사회이동에 의해 변하기도 한다. 그리고 기술혁신, 자연적 요인, 인구적 요인 등에 의해서 문화변동이 일어나기도 한다.

둘째는 타율적 · 외적 요인이다. 예컨대 전쟁이나 타국의 식민지 지배와 같은 사건으로 인해 문화변동이 강요되기도 한다. 때로는 문화적 침투에 의해 문화변동이 이루어지기도 한다. 즉 외래문화가 유입되어 토종 문화를 변화시킨다는 것이다. 대개 자생적 · 내적 요인보다는 타율적 · 외적 요인에 의해 문화가 변화할 때 그 변동의 폭도 크고 속도도 빠르며 사회적 영향 범위 또한 넓다.

## 2. 문화교류

문화교류란 문자 그대로 문화를 서로 주고받는 것이다. 외래문화의 전파 · 침투는 의례히 고유문화의 변동을 초래한다. 사회 구성원들의 입장에서 외래문화의 유입은 낯선 만남을 의미한다. 생소한 문화와의 조우는 문화 생산자와 소비자 모두에게 어떤 식으로든 자극과 충격으로 작용한다. 문화 생산자들에게는 새로운 창작의 가능성을 발견하는 기회가 될 수 있다. 문화 소비자들에게는 이전에 알지 못했던 새로운 취향을 갖는 계기가 될 수 있다. 이 때문에 기존의 고유문화에 변화가 일어나게 되는 것이다.

문화교류의 효과는 긍정적일 수도 있고 부정적일 수도 있다(정홍익, 1994; 한경구, 1998). 먼저 긍정적 효과는 다음과 같다. ▶타 문화에 대해 보다 더 잘 알게 되고 이해와 수용을 하게 된다. ▶새로운 문화요소를 발견함으로써 이용가능한 문화의 양과 질이 깊고 풍부해진다. ▶외래문화가 새로운 자극으로 작용하여 자국사회에 대한 비판과 대안제시가 가능해진다. ▶소비자들의 다양한 문화적 욕구를 충족시킬 수 있다. 결국 다른 사회와의 문화교류는 새로운 문화의 창조·발전이라는 긍정적 효과를 가져다줄 수 있다.

한편 문화교류에 따른 부정적 효과도 무시할 수 없다. 예를 들면, ▶기존 삶의 방식에 대한 중대한 도전이 될 수 있으며 심지어 기존체제가 전복될 수도 있다. ▶상호 간 교류가 아닌 일방적 문화침투로 인해 고유문화의 약화·와해·해체가 초래될 수 있다. ▶자국 문화가 쇠퇴·약화된다는 위기의식이 오히려 외래문화에 대한 배척을 초래하여 문화갈등이 심해질 우려가 있다. 특히 활자매체와 달리 전파 혹은 디지털 매체의 경우 정부의 통제가 쉽지 않기 때문에 문화주권 차원의 정책적 대응이 무력해질 가능성이 높다. 또한 커뮤니케이션 미디어의 발달은 문화의 일방통행 구조를 강화시킬 우려가 크다. 이런 점에서 세계화 시대는 외래문화에 의한 문화주권 위협의 시대라고도 할 수 있다(강현두, 1998).

## 3. 세계문화의 동질화 vs. 다양한 세계문화

세계화 개념에는 양면성이 있다. 하나는 평화 속에 '하나된 세계'를 구축한다는 세계시민주의적(cosmopolitan) 기대이며, 다른 하나는 특정 문화의 지배에 의한 세계 문화의 '동질화'에 대한 두려움이다(Tomlinson, 1999: Ch.3). 문화적 교류로 인한 결과에 대해서도 두 가지 극단적인 해석이 가능하다. 하나는 어느 특정한 문화가 다른 문화들을 지배하면서 마침내 동질적인 세계문화를 형성한다는 문화제국주의적 시각이다. 다른 하나는 다양한 문화들이 상대적 자

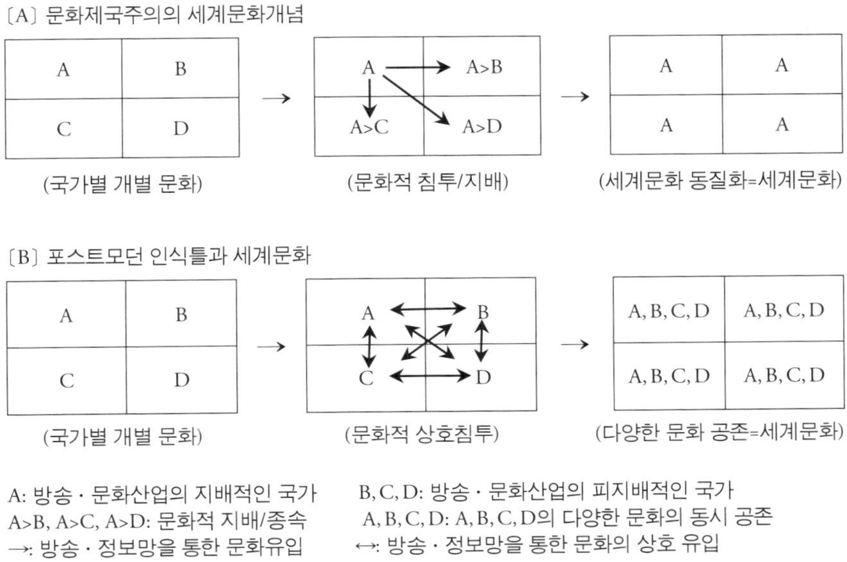


출처: 김승현(1994).

**그림 5-1 문화교류에 대한 상반된 시각**

율성을 가지고 교류하면서 이질적인 지역 문화들이 상호공존하게 된다는 포스트모던적 시각이다(김승현, 1994). 이를 그림으로 비교하면 〈그림 5-1〉과 같다.

## 3절 문화전파론 vs. 문화제국주의론

문화전파론은 기본적으로 문화와 문화의 만남을 통해 상호 간에 변화와 적응이 이루어진다고 보는 시각이다.

## 1. 문화전파론[1]

### 1) 문화전파(傳播, Diffusion)

문화전파란 '한 문화의 요소 혹은 특징이 다른 문화로 확대되는 것'을 의미하는 개념이다. 문화전파론의 기본 주장을 간략히 정리하면 다음과 같다. 이 세상의 어떤 문화도 완전히 고립·격리되어 존재하는 것은 아니며 어떤 식으로든 외부와 교류하며 변화한다. 문화적 발전은 각 문화가 서로 아무런 연관도 없이 한 단계에서 다음 단계로 따로따로 옮아가는 식으로 이루어지는 것이 아니다. 문화들 간의 교류가 일어나면서 서서히 교차되고 상호작용하면서 변해가는 것이다. 따라서 다른 문화와 접촉하지 않고 고립된 사회는 문화적으로 풍요하지 않은 사회이다.

### 2) 문화접변(接變, Acculturation)

문화접변 혹은 문화이식이란 '두 문화 간의 상호작용에 의하여 초래되는 문화변동'을 의미한다. A. L. Kroeber는 이를 "두 문화 간에 유사성이 증가해가는 변화의 과정"이라고 정의하였다. 문화접변은 두 문화 간의 수렴 속에서 이루어지는 변화과정을 의미한다. 이 같은 문화적 수렴현상은 계속적인 상호접촉의 결과로 생겨나게 된다. 다른 문화권들 간의 문화접촉은 여러 가지 다양한 채널을 통해 이루어진다. 예를 들면 학술 및 문화교류, 방문, 초청, 비즈니스, 이주, 여행, 매스미디어, 선교활동, 외교 등과 같은 방식을 통해 문화접촉이 이루어진다. 때로는 식민통치, 전쟁, 군사지배와 점령 같은 폭력적인 방법을 통해 강압적인 문화접촉이 이루어지기도 한다.

1 이강수(1987: 138-139) 참조.

### 3) 문화전파론의 전제

문화전파론은 기본적으로 두 문화권 사이의 대등한 관계를 전제로 한다. 즉, 두 문화체계 간의 관계는 균형적인 상호작용에서 이루어지는 문화교체적 성격을 지닌다. 따라서 상호 대등한 입장에서의 두 문화권 혹은 문화체계 간의 접촉의 결과 쌍방이 서로 문화적 영향을 주고받게 된다. 특히 미디어는 문화전달의 매개자로서 다른 나라의 문화적 전통이나 가치를 유입시키는 기능을 한다. 그런데 수용이론(reception theory) 시각에서는 지역민들이 외래문화를 수용할 때 능동적으로 해석하고 반응하며 변형시켜 받아들이게 된다고 본다. 예컨대 미국의 팝 음악이 우리나라에 처음 소개되던 시절에는 한국 가수들이 원래의 곡과 가사를 그대로 불렀다. 하지만 점차 시간이 지나면서 한국어로 개사된 노래를 부르게 되고, 더 나아가 이제는 한국 음악인들에 의해 한국적 감성이 가미된 혼합형 팝 음악이 창조된다는 것이다(정홍익, 2004: 165).

이처럼 외부에서 유입된 외래문화 요소들은 재래문화에 적응되게끔 변용된다. 타 문화권에서 전파된 외래문화는 원래의 이질적인 모습 그대로 소비되는 것이 아니다. 문화의 표현형식이나 콘텐츠에 있어서 현지 소비자들의 취향에 맞게 변화를 겪게 되는 것이다. 또한 문화가 다른 공동체로 유입될 때 흔히 '문화적 할인'(cultural discount) 현상이 발생한다. 즉 수입 문화콘텐츠를 소비할 때 현지 관객들은 원산지 관객들이 느끼는 감정과 뉘앙스를 그대로 경험하는 것이 아니라 현지 공동체의 가치관이나 사회적 맥락 등에 의해 재해석하여 소화하게 된다. 결국 현지에서 실제 소비되는 외래문화는 원래 송출지에서 소비되는 문화 그대로가 아니라 어떤 식으로든 토착화되거나 혹은 현지화된 문화인 것이다.

## 참고자료 외래 문화의 토착화

### 1) 창극 '춘향전'

창극은 1902년 김창환, 송만갑, 이동백 등 판소리 명창들이 한국 최초의 국립극장이랄 수 있는 협률사(이후 원각사로 개칭)에서 '춘향전'을 공연한 것이 시초였다. 원래 우리의 전통 음악인 판소리는 혼자서 부르는 것이었지만 서구식 극장공간을 빌려 현대적 무대예술로 발전하면서 새로운 형식의 예술로 태어난 것이다.

### 2) 신중현

'한국 록(Rock)의 시조'로 불리는 신중현은 1960-1970년대 활발한 음악활동을 하면서 우리 고유의 정서를 담아낸 한국적 록 음악을 개척한 뮤지션으로 평가된다. 특히 그가 1974년에 발표한 '미인'은 가야금을 뜯는 듯한 기타 리프와 품바 타령을 연상시키는 흥겨운 리듬으로 록 음악을 한국적으로 재창조했다는 찬사를 받고 있다(임진모, 2003).

### 3) 조용필

우리나라의 '국민 가수' 조용필은 오랫동안 미8군 클럽에서 밴드생활을 하면서 미국의 팝과 록 음악을 연주하였고 대마초 파동 기간에는 우리의 전통 판소리를 공부하였다. 후일 그는 그것들을 밑천으로 삼아 '자신의 음악'을 만들어갔다고 회고하였다.

## 2. 문화제국주의론

문화와 문화의 만남에 대하여 문화전파론이 긍정적인 시각으로 바라보는 데 반해 문화제국주의(cultural imperialism)는 매우 비관적이고 비판적인 입장을 취한다. 문화제국주의는 두 문화 사이의 상호 대등한 교류관계 대신 문화적 차원에서의 침투(cultural penetration), 지배(cultural domination), 종속(cultural dependence) 등을 강조한다.[2]

### 1) 기본 인식

문화제국주의론자들이 바라보는 국제문화교류 혹은 문화의 세계화는 쌍방향으로 이루어지지 않는다. 통신수단의 발전에 따른 국제적 커뮤니케이션의 확대는 정보 및 문화의 불균형적 흐름을 심화시켰다. 강대국(혹은 중심부)의 문화가 약소국(혹은 주변부)으로 일방적으로 흘러들어가서 현지 소비자들에게 일방적인 영향력을 미치게 된다. 그 반대 방향으로의 문화 전파는 찾아보기 어렵다. 주로 서구 강대국의 문화가 약소국 문화권에 일방적으로 유입되며 그 역현상은 거의 나타나지 않는다. 비록 형식적으로는 두 문화의 쌍방향 흐름이 가능하다고는 해도 실제로는 한쪽에서 다른 한쪽으로만 흘러간다. 강대국은 일방적으로 자신의 문화를 송출하고 약소국은 일방적으로 강대국 문화를 수용하기만 한다.

약소국 입장에서 볼 때 문화의 세계화는 강대국에 의한 문화적 침략과 지배를 의미한다. 그리고 외래문화의 그러한 일방적 유입 혹은 강제적 이식은 그 문화를 수용하는 사회 내에 문화적 충격과 갈등을 야기시킨다. 물론 오늘

---

**2** 문화제국주의라는 용어는 모든 복합적 과정을 과도하게 단순화시키는 조야한 개념이라는 비판도 있다(김성곤, 2001). 한편 신현준(2002: 41-42)은 로컬문화와 외래문화의 경직된 이분법적 구분은 너무 단순한 시각이며, 국내에서 생산된 '로컬'한 문화가 '외래' 문화와 그리 다르지 않은 경우가 허다하다고 지적한다.

날의 문화제국주의는 과거처럼 무력에 의한 영토 침략의 형태로 이루어지지는 않는다. 그 대신 주로 미디어 산업에 의한 문화 수입의 양상을 띠는 경우가 많다. 미디어 산업에 의한 문화침투는 당연히 경제적 이윤동기에서 비롯된다. 그렇지만 결과적으로는 문화를 송출하는 중심부의 이데올로기와 가치체계를 이식시켜 수용문화권의 개인적·사회적 의식에 중대한 영향을 미치게 된다. 그리고 중심부의 가치관과 사고방식이 주변부 사람들에게 내면화되어 자발적인 지지·수요가 커지며 '문화종속' 현상이 나타나게 된다.

### 2) 이론적 배경(1): 정치경제학적 접근

문화제국주의에 대한 정치경제학적 접근은 독점 자본주의의 시장논리가 문화산업과 미디어산업의 구조와 역할에 미치는 영향에 초점을 맞춘다(강명구, 1987). 오늘날 세계적으로 문화 및 미디어 산업은 중심부의 소수 거대기업들에 의해 독과점 체제가 형성되어 있다. 문화·미디어 산업의 집중화와 독점화의 결과로 다음과 같은 현상들이 나타난다. 우선 이윤극대화 목적 때문에 문화 수용자들에게 주어지는 콘텐츠의 범위가 지극히 한정적이 된다. 예를 들어 상업 방송국은 광고수익을 극대화하기 위해 시청률 높은 프로그램을 선호하는 경향이 있다. 그러다 보면 방송 프로그램의 편성에 있어서 다양성이 제한될 수밖에 없다. 또한 거대기업들에 의해 독점화된 문화·미디어 시장에서는 소규모의 대중매체들이 버티기가 대단히 어렵다. 소규모 대중매체들이 배제되면 사회 각 계층의 가치, 인식, 의미, 주장 등이 표출될 기회가 그만큼 줄어들게 된다. 결과적으로 소비자들의 문화 선택의 범위가 극히 제약될 뿐만 아니라 그나마 독점 미디어 재벌의 상업적 이익에 부합되는 문화 상품만이 공급될 것이다.

이와 유사한 맥락에서 H. Schiller는 미국의 미디어·정보산업을 미국의 다국적기업의 이데올로기적 장치로 이해한다. 오늘날 세계 문화·미디어 시장에서 미국이 독점적 위치를 차지하고 있다는 것은 부인할 수 없는 사실이다.

이러한 구도하에서 전 세계 소비자들은 끊임없이 'Made-in-America Message'를 접하게 된다. 그러다 보면 그들의 취향은 미국 문화에 길들여지게 되고 그들의 의식 역시 미제 자본주의 이데올로기에 의해 물들게 된다. 결국 미국의 거대 미디어 산업은 미국이 세계자본주의체제를 지배하는 데 있어 매우 중요한 구성요소가 되는 것이다.

### 3) 이론적 배경(2): 종속이론

문화제국주의의 또 하나의 이론적 배경은 종속이론(dependency theory)이다. 종속이론에는 여러 가지 다양한 버전들이 있지만 기본적인 세계관은 동일하다. 즉, 주변부 국가들은 본질적으로 중심부 국가들에 종속되어 있으며, 주변부 국가의 저발전은 중심부에 종속된 결과이지 결코 자체 내부적인 문제점 때문이 아니라는 것이다. 종속이론 시각에서 보는 중심부 곧 선진 산업 국가들은 경제잉여의 수탈·착취 및 국제 분업을 통해서 주변부를 세계 자본주의 체제로 통합하면서 종속을 심화시킨다(Frank, 1969).

대표적인 종속이론가의 한 사람인 J. Caporaso(1978)는 주변부에서의 문화 종속을 이렇게 설명한다. 주변부의 엘리트 그룹은 대개 중심부에서 장기간 교육을 받거나 생활해 본 경험을 가지고 있다. 그들은 중심부 사회에서 거주하면서 중심부의 문화를 자신들의 문화보다 우월한 것으로 여기며 자연스럽게 습득하게 된다. 중심부 문화에 심취한 주변부 엘리트 그룹은 자신들의 조국에 돌아올 때 의식적이건 무의식적이건 간에 중심부 문화를 같이 가지고 들어오게 된다. 이들이 주변부의 지배 그룹을 형성하게 되면 이들이 묻혀온 중심부 문화가 주변부에서도 지배적 문화의 위치를 차지하게 된다. 결국 주변부의 엘리트 그룹이 중심부 문화를 자발적으로 수용하고 자기 사회에도 이식시키게 된다는 것이다.

## 4절 다문화사회

세계화는 알게 모르게 우리가 살아가는 사회의 모습을 크게 바꾸어 놓고 있다. 우리 주위에 어느새 많은 외국인들이 우리와 함께 살아가고 있음을 보는 것은 그러한 변화의 하나이다. 이제 우리 주위에서 이주노동자 혹은 결혼이주자들을 마주치는 것은 그저 평범한 일상의 하나가 되었다. 이러한 변화를 '다문화 사회화'라고 부른다.

### 1. 개념적 구분

#### 1) 문화다양성(Cultural Diversity)

문화다양성이란 문자 그대로 여러 가지 다양한 문화들의 공존을 의미한다. UNESCO는 '문화 다양성에 관한 세계선언'(Universal Declaration on Cultural Diversity)에서 문화를 "예술, 문학, 라이프스타일, 함께 사는 방식, 가치 체계, 전통과 신념 등을 포괄하는 사회 혹은 사회적 그룹의 정신적, 물질적, 지적, 감정적 특색의 집합"으로 정의하였다. 그리고 세계 각국의 문화적 자원이 다양하게 보존될 수 있는 기회가 최대한 보장되어야 한다고 천명하였다. 여기서 문화의 보유주체로서 공동체의 단위는 개인 혹은 집단이 아닌 국가 또는 민족 단위로 이해된다. 통상적으로 문화다양성이라 하면 국가 대 국가, 민족 대 민족 간에 지켜야 할 다양성이라는 의미가 강조된다.

#### 2) 다문화사회(Multi-cultural Society)

다문화사회란 인종이나 민족이 다른 사람들이 서로 문화적 차이를 인정하고 대등한 관계를 구축하면서 같은 공동체로서 더불어 살아가는 사회를 의미한다. 최근 우리나라에서 빈번하게 언급되는 다문화사회라는 용어는 동일한 혈통과 문화적 전통을 유지해오던 사회에 또 다른 문화권의 사람들이 유입됨으로써 다원주의 사회로 변모되고 있음을 가리킨다. 이 개념은 어떤 특정 상황을 이상형으로 추구하는 규범적 논제라기보다는 현상을 묘사하는 기술적 개념이라고 할 수 있다. 우리나라는 현재 다양한 인종적·문화적 배경을 지닌 집단의 존재가 점차 가시화되고 이들에 대한 사회적 차별이 정책적 관심사로 부상하면서 공존 질서를 모색하고자 하는 다문화사회 이전기에 있다고 보인다.

### 3) 다문화주의(Multi-culturalism)

다문화주의란 문화적 차이에 따라 사회 내의 특정 구성원들이 차별을 받지 않고 다양한 문화들이 상호 존중하며 공존해야 한다는 이데올로기를 의미한다. 다문화주의가 추구하는 바는 외국에서 이주해온 타 민족·인종 구성원들의 문화를 인정해야 한다는 것에서 나아가 여성문화, 소수문화, 비서구문화 등 여러 유형의 이질적인 주변문화를 주류문화와 동등하게 수용하자는 입장이라고 할 수 있다. 이를 위해 주류 언어와 문화에 대한 완전한 접근권, 소수자 언어와 문화의 유지권, 문화적 편견이 배제된 법률의 일반적 틀 내에서 다른 관습과 생활양식의 권리, 교육적 평등권, 상호문화적 소통권 등이 보장될 필요가 있다.

〈표 5-1〉은 다문화와 관련된 용어들의 의미를 정리해 놓은 것이다.

## 2. 한국 사회의 다문화 지표

우리나라에 장기간 거주하는 외국인 수는 급속도로 증가하는 추세이다. 통계자료에 의하면 2015년 12월 현재 국내 거주 외국인 주민은 189만 9,519명으로 이는 전체 주민등록인구 5,152만 9,338명의 약 3.7%에 해당한다.[3]

3 여기서 외국인이라 함은 90일 초과 체류 외국인, 대한민국 국적 취득자 및 그 자녀를 포함한다.

**표 5-1 다문화 관련 용어 정의**

| 용 어 | 정 의 |
|---|---|
| 문화다양성 | - 문화다양성은 여러 가지 문화적 표현을 통해 인류의 문화유산을 표현하고 풍요롭게 하며, 전달하는 데 사용되는 다양한 방식뿐만 아니라, 그 방법과 기술이 무엇이든지 간에 다양한 형태의 문화적 표현, 즉 예술적 창조, 생산, 보급, 배포 및 향유를 통해서도 명확하게 나타남 |
| 다문화주의 | - 문화권의 배경에 따라 특정 사회의 구성원이 차별을 받지 않게 하여 상호 간의 존중과 공존의 방향을 모색하고자 하는 것임<br>- 다양하지만 이질적이고 주변적인 다종의 문화적 배경을 가진 사회구성원이 사회 중심으로 자연스럽게 투입될 수 있는 문화적, 제도적 기반을 조성하고자 하는 것임 |
| 다문화사회 | - 국적, 민족, 인종 등이 다른 사람들이 서로의 문화적 차이를 인정하고 대등한 관계를 구축하면서 사회의 구성원으로서 더불어 살아가는 사회 |

출처: 류정아, 『다문화지표 개발연구』, 한국문화관광연구원, 2009.

**표 5-2 인구 대비 체류외국인 비율** (단위: 천 명, %)

| 구 분 | 1990년 | 1995년 | 2000년 | 2005년 | 2010년 | 2015년 |
|---|---|---|---|---|---|---|
| 체류외국인 | 50 | 270 | 491 | 747 | 1,261 | 1,900 |
| 인 구 | 44,553 | 44,553 | 45,985 | 48,294 | 50,516 | 51,529 |
| 인구대비 | 0.1 | 0.6 | 1.1 | 1.6 | 2.5 | 3.7 |

출처: 국가통계포털(http://kosis.kr).

〈표 5-2〉에서 보듯이 90년대 이후 우리나라 인구 대비 체류외국인의 비율은 급속도로 증가하였다. 1990년에는 0.11%에 불과하였으나 2000년에 1%를 돌파한 후 2009년에는 2%, 2013년에는 3%대를 넘게 되었다. 1990년에 5만 명이 채 안 되었던 체류외국인 수가 25년 만에 무려 40배 가까이 증가한 것이다. 2015년도 국내 거주 외국인의 체류목적별 비율을 보면 방문취업자 등 취업자격 체류외국인 32.9%, 재외동포 17.3%, 결혼이민자 8.0%, 영주 6.5% 순이다.

최근 우리나라의 다문화 사회화 현상은 국제결혼으로 인한 소위 '다문화 가족'의 급증으로 인해 일어나고 있다. 외국인과의 국제결혼은 2002년에 전체 혼인건수의 5% 정도인 15,202건이었으나 수준이었으나 2005년에는 38,759건으로 13.5%를 차지할 정도로 비중이 크게 증가하였다. 특히 농어촌 지역의

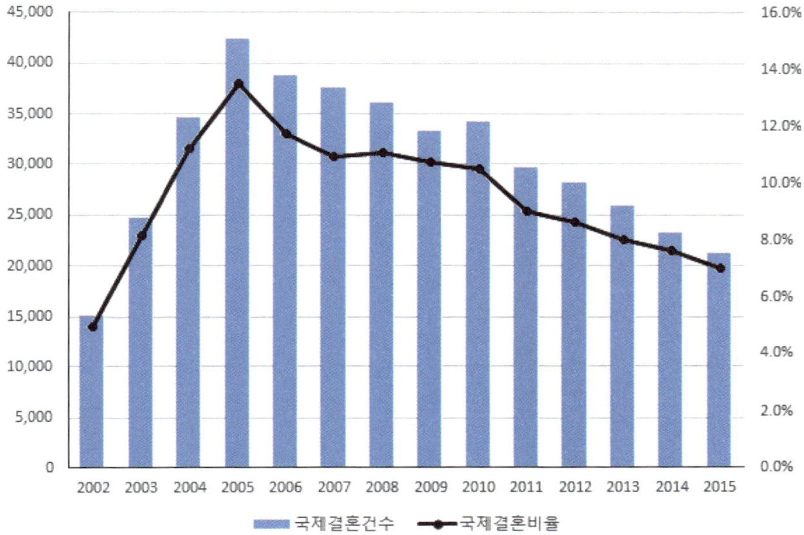


출처: 국가통계포털(http://kosis.kr)

**그림 5-2 외국인과의 혼인 추이**

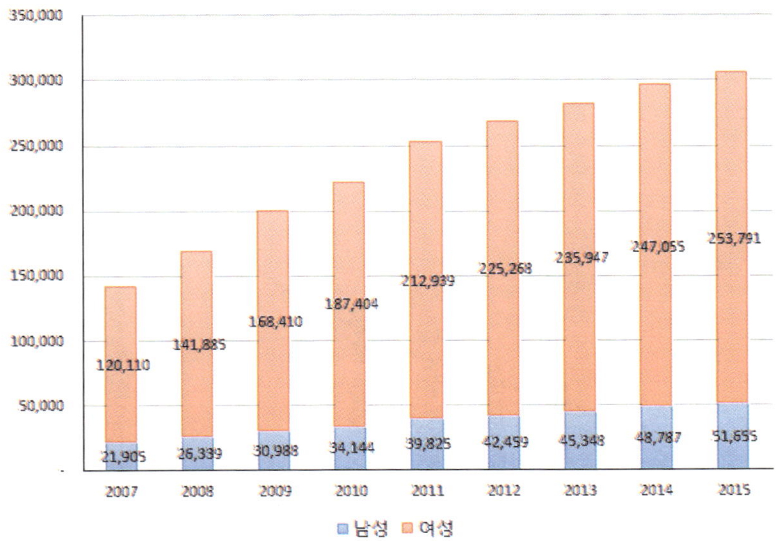


출처: 이은경 · 황현숙(2016).

**그림 5-3 결혼이민자 및 인지 · 귀화자 현황(2015년 7월 기준. 단위: 명)**

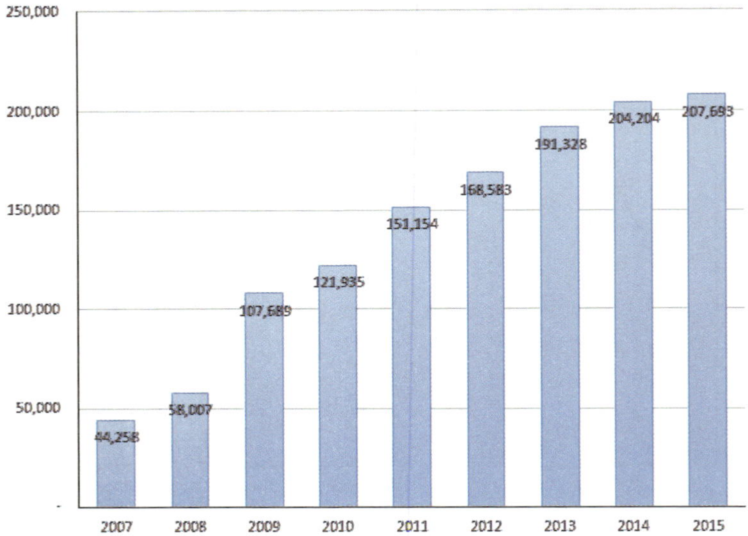


출처: 이은경 · 황현숙(2016)

그림 5-4 다문화가족 자녀 현황(만 18세 이하)(2015년 7월 기준. 단위: 명)

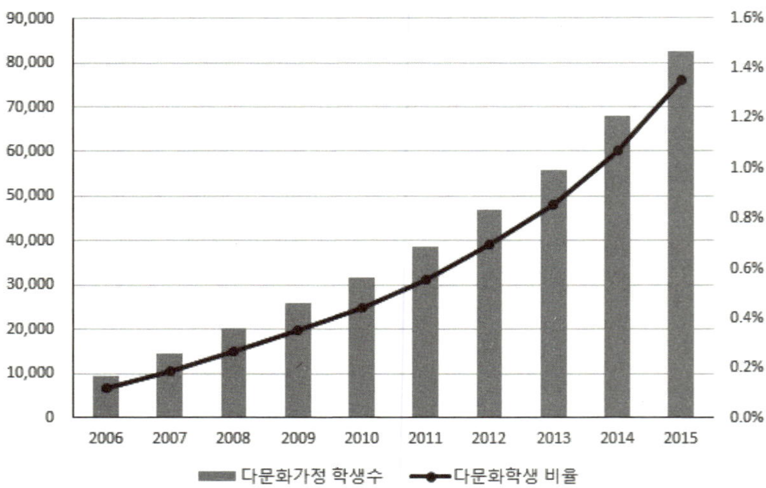


출처: 국가통계포털(http://kosis.kr)

그림 5-5 초 · 중 · 고에 재학중인 다문화가족 학생의 추이

경우, 한국인 남성과 외국인 여성의 결혼 비율은 2006년에 41%나 될 정도로 크게 증가하였다. 2010년 이후로는 국제결혼의 비중이 다소 감소 추세에 있다. 〈그림 5-2〉에서 보듯이 2015년의 경우 국제결혼이 총 21,274건으로 전체의 7% 수준을 차지하였다. 한편 다문화 가족을 폭넓게 정의하면 국제결혼 가정뿐만 아니라 외국인 근로자 가정과 탈북 새터민 가정도 포함된다. 2012년부터는 「다문화가족지원법」 개정으로 인해 혼인귀화자 외에 기타사유 국적취득자(인지 · 귀화)도 다문화가족에 포함된다. 〈그림 5-3〉에서 보듯이, 2015년 7월 기준 결혼이민자 및 인지 · 귀화자는 총 30만 5,446명이었으며, 남성보다 여성이 약 다섯 배 정도 더 많았다.

또한 초 · 중 · 고등학교에 재학 중인 국제결혼 가정의 2세들의 숫자도 크게 증가하였다. 〈그림 5-4〉는 만 18세 이하 다문화가족 자녀의 현황을 정리한 것이다. 2009년 10만 7,689명에서 2015년 7월 기준 20만 7,693명으로 크게 늘었다. 한편 다문화가족 학생의 수는 〈그림 5-5〉에서 보듯이 2006년 전체 학생의 0.12%인 9,389명에서 2015년에는 전체의 1.35%인 82,536명으로 크게 증가하였다. 이러한 각종 통계자료들은 우리 사회가 최근 급속도로 다문화사회로 이전되고 있음을 보여준다.

하지만 우리나라의 다문화 여건은 다른 나라들과 비교할 때 상당히 저조한 수준인 것으로 조사되었다(현대경제연구원, 2009). IMD가 발표한 '세계경쟁력 보고서'에 따르면 한국은 외국 문화에 대한 개방도가 대단히 낮은 수준에 머무르고 있다. 2008년에 55개 대상국 중 최하위, 2009년에 57개 대상국 중 56위를 기록할 정도였다. 이민문호도에 대한 이민법 항목에서도 2008년 55개 대상국 중 54위, 2009년에는 57개 대상국 중 최하위였다. 또한 한국선진화재단의 자료에 따르면 다문화 공생사회와 세계문화 표준창출을 합한 문화적 측면의 선진화 정도 역시 낮은 것으로 나타났다. 외국문화 개방도, 이민자 비중, 유학생 수 등을 평가한 문화적 측면의 선진화 정도에서 한국은 OECD, 비OECD 40개국 중 25위에 그쳤다.

제 6 장

# 문화의 세계화: 문화패권과 문화전쟁

1절 미국의 문화적 패권

2절 문화전쟁과 미디어 제국주의론

3절 문화의 세계화: 과장된 위기?

# 제 6 장 ▮ 문화의 세계화: 문화패권과 문화전쟁

세계화 현상의 심화는 필연적으로 문화의 세계화도 촉진시킨다. 문화의 세계화는 곧 문화와 문화의 만남이 가속화됨을 의미한다. 세계 각 지역 문화들의 만남이 빈번해지다 보면 종국적으로 지구촌 전체를 아우르는 하나의 거대한 세계문화가 형성될 수 있다. 문화전파론의 시각에서 보면 지역 간 교류를 통해 상호 문화접변이 일어나게 되고 결과적으로 서로가 서로를 닮아가면서 하나의 세계문화로 수렴되어 갈 것으로 기대된다. 문화제국주의 시각에서 보면 중심부의 지배적 문화가 주변부 각 지역의 고유문화를 점령하고 파괴·해체하면서 세계문화로 자리 잡는다고 할 수 있다. 결국 어떤 시각에서 보든 문화의 세계화는 곧 각 지역문화들의 동질화·획일화 현상을 초래한다는 것이다. 실제로 오늘날 세계 어느 나라를 가든 청소년들의 문화적 성향은 거의 유사하다. 인터넷, 뮤직비디오, SNS, 청바지, MP3, 스마트폰 등으로 상징되는 글로벌 청소년 문화가 국경을 초월하여 보편화되고 있는 것이다. 과연 그러한가? 그렇다면 이러한 현상이 의미하는 바는 무엇인가?

# 1절 미국의 문화적 패권(Cultural Hegemony)

## 1. 미국 대중문화의 세계 지배

오늘날 문화의 세계화는 사실상 미국 문화의 세계 지배를 의미한다고 보는 시각이 많다. 즉, 전 세계의 다양한 문화들이 모두 미국의 문화로 수렴해간다는 것이다. 이러한 현상을 문화적 동시화(synchronization) 혹은 문화적 균질화라고 한다. Hamelink는 이를 "하나의 특정지배적 문화양식이 다른 문화체계에 유입 또는 침투하거나, 다른 문화 체계들이 특정의 지배적 문화양식을 수용하여 수용・동화・흡수 등에 의해 질적 내용이 유사성을 띠어가는 과정"이라고 정의하였다. *International Herald Tribune*(1998. 10. 26)은 "미국 최대의 수출품은 이미 밭에서 생산하는 농산물이나 공장에서 출하되는 공업제품이 아니라 대중문화의 대량 생산품, 즉 영화와 음악, TV 프로그램, 서적, 컴퓨터 소프트웨어이며, 세계의 오락은 미국 제품에 의해 지배되고 있다"고 단언했다(다키야마 스스무, 2001: 33). 타임워너・AOL의 제임스 레빈 회장은 "탈냉전 시대에는 오로지 미국의 문화식민주의만 있을 뿐이다"라고 선언했다(김승수, 2000: 45).

사실 미국 문화, 특히 미국의 대중문화가 전 세계를 지배하고 있다는 말은 결코 과장이 아니다. 1980년 당시 미국의 세계 문화시장 점유율을 보면 TV 프로그램이 75%, 레코드와 카세트는 60%, 영화는 약 50% 수준이었다. 또한 1990년대 말 자료에 의하면, 미국의 대표적인 대중음악 방송채널인 MTV는 아프리카 국가를 제외한 세계 100여 개국 국민들이 시청하고 있으며, 패스트푸드의 대명사인 맥도널드는 119개국에 약 25,000개의 매장이 있다고 한다. 성인잡지인 *Play Boy*는 16개 해외판으로 발행되어 세계 500여만 명이 정기구독하고 있으며, *Reader's Digest*는 19개국 언어로 번역되어 48개 국제판으로 출판되며 매월 약 2,800만 부가, *Cosmopolitan*은 36개국판으로 출판되어 매월 450만 부가 판매되었다고 한다(강준만, 1999: 270).

이를 통해 볼 때, 오늘날 문화의 세계화 현상을 이해함에 있어서 문화전파론보다는 문화제국주의론이 보다 설득력 있는 시각인 듯하다. 세계화는 곧 "미국화"(Americanization)에 불과하다는 Guy Sorman의 지적은 이러한 인식을 단적으로 드러낸다. 미국화된 세계를 "MacWorld"라고 풍자했던 Sorman은 세계화로 인하여 새롭고 종합된 세계문화가 창조되는 것이 아니라 실상은 "미국식 원칙의 일반화"가 이루어질 뿐이라고 주장한다(권세기, 1998). 정갑영(1994)도 오늘날 "세계적 생활양식, 세계적 문화가 나타나고 있으나 그 세계적이라는 것은 사실 상당 부분 미국적인 것의 세계적 확산을 의미한다"고 진단하였다.

미국 대중문화의 전 세계적 확산과 침투가 심화됨에 따라 각 지역의 고유한 문화적 전통과 가치체계가 붕괴되리라는 우려가 크다. 할리우드 영화는 미국문화를 세계에 전파하는 성공적인 전도사로 평가된다. 칸느 국제영화제의 디렉터였던 G. Jacob은 "미국은 단지 영화를 수출하는 데 관심이 있는 것이 아니라 자신들의 생활 방식을 수출하는 데 관심이 있다"고 비판했다(Miller, Govil, McMurria, and Maxwell, 2003: 28). 영화제작자 John Waters는 "문화전쟁은 없다. 할리우드가 이겼고 그래서 우리는 미국산 쓰레기 문화를 전 세계로 수출하고 있다"고 선언하기도 했다. 이러한 문화적 침투는 결국 일상생활의 총체적 미국화로 이어진다. 그 결과 개인의 사고방식과 행동에 있어서 큰 변화가 일어나고 기존의 가치규범에 혼란을 초래하게 된다.

## 2. 미국 대중문화의 세계적 보편성

미국의 대중문화가 오늘날 전 세계를 지배하고 있는 것이 사실이라면 그렇게 된 이유는 무엇인가? 과연 무엇이 미국의 대중문화를 세계문화(global culture)로 만들었는가? 여기에 대한 몇 가지 해석을 살펴보자.

① 문화전파론

문화전파론 시각에서 보면 미국의 대중문화가 대단히 우수하고 경쟁력 있는 문화이기 때문에 전 세계 사람들이 좋아하게 된 것으로 이해된다. 문화전파론의 기본 전제는 문화는 타 문화와의 만남과 교류를 통해 서로 영향을 주고받으며 변용되어 간다는 것이다. 그런데 위대한 문화는 항상 세계성을 띠고 있으며, 정보의 자유로운 흐름과 같이 우위의 문화는 자연적으로 하위 문화권으로 흘러 들어가기 마련이다. 따라서 미국의 대중문화가 전 세계를 장악하게 된 것은 그만큼 문화적으로 탁월한 수준을 갖추었기 때문이라는 것이다.

그렇다면 미국의 대중문화가 그러한 탁월성을 갖게 된 원인은 또 무엇일까? 아마도 미국 사회의 자유로운 분위기에서 그 근본원인을 찾을 수 있을 것이다. 월트 디즈니사 회장이었던 Michael Eisner는 다음과 같이 주장했었다. "미국의 오락물은 개인의 가능성, 개인의 선택, 개인의 자유로운 표현을 아주 다양하게 펼칠 수 있도록 문을 활짝 열어주고 있다. 바로 이것이 사람들의 인기를 끌고 있는 이유이다. … 다른 곳에 가서는 눈을 씻고 보아도 이런 것을 도저히 찾을 수가 없다."

② 경제결정론

경제결정론은 문화의 세계화도 역시 경제력에 의해 좌우된다고 보는 시각이다. W. Reed는 미국의 문화적 패권은 결국 미국의 경제적 힘 덕분이라고 주장했다. Benjamin Barber가 지적했듯이 시장경제 사회에서는 거대 독점미디어에 도전하는 것이 거의 불가능하다. 전 세계적으로 문화의 미국화가 가능했던 것은 미국의 거대 미디어 기업들이 전 세계 문화·미디어 시장을 장악하고 미국산 대중문화를 계속 쏟아내었기 때문이다.

③ 대중문화비판론

대중문화비판론은 문화전파론과는 반대로 미국 대중문화가 질적으로 우수한 문화이기는커녕 오히려 인간의 말초신경만 자극하는 싸구려 문화라고 평가한다. 미국 대중문화의 내용이 주로 성, 범죄, 폭력, 전쟁 등 선정적이며 인간의 원시적 관심을 자극하는 쾌락 지향적 성향을 갖고 있다는 것은 부인할 수 없는 사실이다. 바버가 지적하듯이, 쉽고 빠르고 단순한 것들은 우리가 지닌 무관심, 안이함, 나태함 등에 상응하고 있다. 디즈니나 맥도널드, 그리고 MTV는 모두 가볍고 빠르고 단순한 것에 호소하는 문화이다. 따라서 미국의 대중문화가 전 세계를 지배하게 된 것은 그것이 고상하고 탁월해서가 아니라 인간의 동물적 감정만을 자극하는 저급한 문화이기 때문이라는 것이다.

④ 미국 사회 자체의 다양성

한편 미국 대중문화의 질적 수준에 대한 평가를 논외로 하더라도 우리가 부인할 수 없는 사실 하나는 미국 문화의 그 엄청난 다양성이다. 인종적, 종교적, 문화적 다양성 측면에서 볼 때 미국을 따라올 나라는 이 세상에 없다. 또한 각 요소들 간의 결합을 통하여 발생하는 시너지 효과 역시 매우 크다. 미국 사회 자체의 이러한 다양성은 곧 각양각색의 수많은 문화가 생산될 잠재적 가능성을 의미한다.

## 3. 미국 문화의 범지구적 승리에 대한 비판

미국 대중문화가 전 세계를 휩쓸고 있는 현상에 대해서는 비판적인 시각이 많다. 그 이유는 크게 두 가지로 나눠서 생각해 볼 수 있다.

하나는 세계적으로 문화적 다양성의 상실에 대한 우려이다. 미국 대중문화가 마치 거대한 공룡처럼 위협하는 가운데 세계 각 지역의 고유문화들이 멸종될 염려가 크다는 것이다. 각 지역 공동체의 입장에서 볼 때, 이러한 상황은 자신들의 문화적 정체성의 위기가 아닐 수 없다. 각 지역 문화의 고유성이 소멸되고 전 세계 어디를 가든 다 비슷비슷한 문화만 보게 된다는 것은 곧 문화

소비에 있어서 선택의 폭이 크게 제약됨을 의미한다.

다른 하나는 세계를 지배하는 미국 문화 자체의 수준에 대한 비판이다. 문화의 세계화가 결국 세계의 미국 문화화로 귀결된다면 이는 문화 다양성 면에서만 불행한 일이 아니다. 왜냐하면 범지구화된 미국의 대중문화라는 것이 고급스럽지 않고 지극히 천박한 문화라는 것이다. 흔히들 미국 대중문화를 '스크리치' 문화라고 부른다. 야단스럽게 꾸미고 요란하고 날카로운 소리를 내며 사람들의 호기심을 자극하지만 결국에는 공허함과 지루함만 남게 된다는 것이다. 전 세계의 문화 다양성이 사라지는 것도 결코 바람직하지 않은데 그 지배적인 문화의 품질마저 극히 저급한 수준이라면 이는 인류 전체 차원에서 실로 큰 불행이 아닐 수 없다.

## 4. 국제관계에 있어서 문화적 패권의 의의

미국의 대중문화가 세계문화로 군림하고 있다는 것이 시사하는 바는 무엇인가? 미국이 문화적 패권국가라는 것은 국제사회에서 미국의 영향력이 물리적 군사력 이상으로 막강하다는 것을 의미한다.

미국의 국제정치학자 Bruce Russett(1985)은 국제관계에 있어서 권력의 개념을 두 가지로 구분한다. 하나는 물리적 힘으로서의 Power Base이고, 다른 하나는 통제로서의 힘, 즉 Power as Control 개념이다. 2차 세계대전 이후 국제질서를 이끌던 초강대국 미국이 1970년대 베트남전 패전과 1980년대 경제위기(심각한 무역적자)를 겪게 되자 자연히 미국 패권의 쇠퇴에 관한 논의가 무성하게 전개되었다. 당시 대부분의 논자들이 국제사회에서 미국의 패권이 줄어들었다는 점에 대해 동의하였다. 그런데 Russett은 미국의 패권이 Power Base 측면에서는 상대적으로 감소하였지만 Control 측면에서는 여전히 강력하게 유지되고 있다고 주장하였다. 이러한 판단의 근거로 제시된 것이 바로 미국의 문화적 패권(cultural hegemony) 개념이었다. 미국을 대표하는 맥도널드,

디즈니, 팝송 등은 전 세계 문화시장을 장악하고 있으며, 미국 영어는 세계 공용어로 쓰이고 있다. 이것은 전 세계 사람들의 사고방식, 생활양식, 사고의 틀이 미국식으로 진하게 물들었음을 뜻한다. 그렇기 때문에 굳이 미국이 물리적 힘을 동원해서 강요하지 않아도 국제관계는 결국 미국이 원하고 바라는 방향으로 전개된다는 것이다.

한편 Joseph Nye 역시 국제관계에서 행사되는 두 가지 종류의 힘, 즉 경성적 힘과 연성적 힘을 구분한다(조제프 나이, 1991). 먼저 경성적 힘(command power, hard power)이란 군사력 같은 유형의 힘(tangible power)으로서 자국이 원하는 방향으로 대상국을 행동하게 하는 능력을 의미한다. 이와는 반대로 연성적 힘(co-optive power, soft power)은 문화・이념・제도 등 무형의 힘(intangible power)을 통해 대상국으로 하여금 자국이 원하는 방향으로 태도를 바꾸게 하는 능력을 말한다. 미국이 문화적 패권을 보유하고 있다는 것은 설령 미국의 하드파워가 상대적으로 줄어든다고 해도 국제사회를 조종하는 미국의 소프트파워는 여전히 막강하다는 사실을 의미한다. "할리우드는 미국 군대 다음으로 세계에서 가장 강한 힘을 가지고 있다"는 Orville Schell의 1997년 뉴욕타임즈 논평은 문화의 사회적 파장을 단적으로 표현한 것이다.

## 2절 문화전쟁과 미디어 제국주의론

### 1. 문화전쟁

한 나라의 패권적 팽창은 필연적으로 다른 나라들의 주권과 안보를 위협하게 된다. 이것은 문화의 세계에서도 마찬가지이다. 미국의 문화적 패권은 다른 지역, 다른 국가들의 문화적 주권에 대한 심각한 위협이 된다는 것이다.

문화주권이란 "문화를 가진 인간의 집단이 자신들의 삶의 방식을 선택하고 유지하기 위해 필요한 최소한의 조치를 취할 권리"라고 할 수 있다(한경구, 1998). 즉, 모든 공동체(국가 혹은 지역)는 하나의 독특한 삶의 방식을 가진 집단으로서 생존을 계속해 나갈 권리가 있다는 말이다. 이와 비슷한 맥락에서 Nordenstreng and Shiller는 커뮤니케이션 주권론을 주장한다. 한 국가의 영토 내에서는 온전한 주권행사가 보장되는 것과 마찬가지로 영토 내 모든 커뮤니케이션에 대한 주권행사 역시 당연하다는 것이다. 커뮤니케이션은 인간이 인간이기 위해 절대 필요한 기본적 용구이며 정신의 양식이다. 개인적으로는 기본권이며 국가적으로는 국가주권에 속한다. 따라서 국가의 문화주권도 존중되어야 한다는 것이다.[1]

미국 문화의 세계제패를 둘러싼 국제적 갈등은 두 개의 국면에서 병행된다(김지운, 1991: 제4, 5장). 하나는 물론 선진국 혹은 중심부 국가와 개발도상국 혹은 주변부 국가 간의 문화적 지배/종속을 둘러싼 갈등이다. 통상적으로 문화제국주의론자들이 관심을 갖는 영역이기도 하다. 다른 하나는 선진국 상호 간의 문화교류의 불균형을 둘러싼 갈등이다. 대표적인 것이 미국과 유럽(특히 프랑스) 혹은 미국과 캐나다의 관계이다. 특히 미국과 프랑스는 1990년대 UR 협상 당시 시청각서비스(문화산업) 시장의 개방 문제를 놓고 격돌했었다. 프랑스는 문화는 무역의 대상이 아니라는 명분으로 시장개방에 반대했었고, 미국은 문화산업 역시 다른 산업과 다를 바 없으므로 당연히 자유무역 대상에 포함되어야 한다고 주장했던 것이다.

---

1 Canclini(2000), 김성곤(2001), 강내희(2003b) 등은 민족문화 혹은 문화주권에 대한 보다 개방된 자세가 필요하다고 주장한다. 민족문화에 대한 지나친 자기방어적 집착은 경계할 필요가 있다는 것이다.

## 2. 미디어 제국주의론

미국 대중문화의 세계 제패를 인정하되 문화제국주의론과는 다른 각도에서 보는 시각도 있다. 즉, 미국이라는 문화종주국의 이해관계보다는 문화를 세계시장에 배급하는 자본의 논리가 더 큰 영향력을 발휘한다는 것이다. Tomlinson (1999)은 오늘날 지구적 차원의 문화 흐름은 특히 막강한 국제 미디어 기업들의 손에 좌우되고 있다는 점을 강조한다. 세계시장을 독점하고 있는 이들 소수의 거대 미디어 재벌들에 의해 서구의 문화, 가치관, 사고방식, 생활양식 등이 일방적으로 여타 지역으로 흘러들어가고 있다는 것이다. 이를 미디어 제국주의론(media imperialism)이라고 부른다(Crane, 2002).

분명히 오늘날 국제사회는 소수의 거대한 미디어 왕국의 탄생을 지켜보고 있다. 〈표 6-1〉에서 보듯이 합병과 인수를 통해 이들은 과거에는 상상할 수도 없었던 방대한 영역을 커버하는 엄청난 규모의 독점 기업으로 커졌다. 예를 들어 세계 최대 미디어그룹인 타임워너사는 타임사, 워너브러더스, 타임워너케이블, HBO, 타임워너뮤직사 외에 전 세계 뉴스망을 장악하고 있는 CNN의 모기업인 TBS를 인수하였고, 2005년 1월에는 세계 최대 온라인업체인 AOL과 합병하였다. 이로 인해 탄생한 AOL타임워너의 시가총액은 무려 3,300억 달러나 되었다고 한다. 애니메이션으로 유명한 디즈니사는 ABC 방송사와 합병하였고, 일본의 소니는 미국의 콜럼비아 영화사를 인수하였다. 호주 출신 미디어 재벌 루퍼트 머독의 뉴스 코퍼레이션은 세계 3위의 미디어 기업으로서 세계에서 가장 광범위한 TV 채널망을 가지고 있으며 위성 사업은 전 세계의 2/3를 커버할 정도이다.[2] 영화 및 TV방송의 경우 소위 7대 메이저(Disney, Warner Bros., MGM-UA, Sony Pictures, Paramount, Universal, 20th Century Fox)가 전

2 존 말론은 "전 지구적 미디어의 수직 통합은 모두 루퍼트를 따라잡기 위한 것"이라고 주장했었다(Mermigas, 1996).

**표 6-1 해외 종합 엔터테인먼트 그룹의 사업경역**

| 분 야 | AOL타임워너 | 월트 디즈니 | 뉴스코퍼레이션 | 바이어컴 |
|---|---|---|---|---|
| 영 화 | 워너브라더스<br>뉴라인 | 부에나비스타<br>미라맥스 | 20세기 폭스스 | 파라마운트<br>MTV |
| 미디어 | 워너브라더스<br>WV, CNN | 부에나비스타<br>ABC | 폭스TV | 파라마운트<br>CBS |
| 음 악 | 워너뮤직 | 할리우드레코드 | | 페이머스뮤직퍼블리싱 |
| 스포츠 | 애틀랜타 브레이브스<br>애틀랜타 호크스 | 워너하미<br>에인절스 | LA 다저스 | |
| 게 임 | | 디즈니인터액티브 | 폭스인터액티브 | |
| 케이블 TV | TNT, TBS<br>카툰네트워크 | ESPN<br>디즈니채널 | 폭스스포츠 | 쇼타임 |
| 출 판 | 스로츠일러스트레이트<br>타임, 피플 | ESPN매거진 | 더타임스 더선스<br>뉴욕포스트 | |
| 인터넷포털 | AOL | 지오닷컴 | 폭스닷컴 | |
| 극 장 | 인터내셔널 시어터 | | | 페이머스 플레이어 |
| 테마파크 | 워너브라더스 스토어 | 디즈니랜드 | 스테일스 센터 | 파라마운트 파크 |

출처: 손대현(2004).

세계적으로 배급망과 마케팅 조직을 독점하고 있는 것이 현실이다(한국문화콘텐츠진흥원, 2004).

미국 대중문화의 생산과 전파가 실제로는 소수의 독점화된 거대 미디어 그룹에 의해 이루어진다는 사실은 문화제국주의론의 시각에 대해 의문을 제기하게 만든다. 문화매체가 철저하게 산업화·독점자본화되어 가는 상황 속에서 미국의 문화적 패권은 과연 미국의 문화적 자긍심의 사도 또는 정치 이데올로기의 사제 역할을 수행할 것인가? 자본에게 중요한 것은 국가의 이익이나 문화적 자존심 따위가 아니다. 그보다는 오히려 자본의 축적, 자본의 전 지구적 지배가 훨씬 더 큰 관심사이다. 따라서 오늘날 세계 문화시장은 독점 미디어 자본가들의 이해관계에 따라, 철저한 자본의 논리에 따라 좌우되고 있다고 할 수 있다(이동연, 1997).

이윤 극대화가 미디어 재벌들의 최고독표라면 세계시장에서 미국산 문화상품을 그냥 강매하기는 어려울 것이다. 그들이 투자한 자본의 이익 환수를 위해서는 무조건적 강요보다 세계 각 지역 소비자들의 특성·기호에 맞춰 어느 정도의 변화와 적응이 불가피해진다. 예를 들어 할리우드 영화산업을 보자. 1990년대 이후 할리우드에서는 스타 배우들의 개런티 및 마케팅 비용의 급증으로 인해 전체 영화 제작비가 급상승하였다. 하지만 그에 비해 미국 내 영화관을 찾는 관객의 수는 크게 늘지 않았다. 결국 미국 영화산업의 수익구조상 해외 판매가 차지하는 비중이 전체 수입의 약 60% 수준으로 높아지게 되었다. 이처럼 미국 문화산업에 있어서 해외시장의 비중이 점차 증가함에 따라 해외 소비자들의 구미·기호에 맞추도록 약간씩 조정하는 경향도 나타나고 있다.

이러한 관찰에 대해서는 두 가지 상반된 해석이 가능하다. 하나는 문화전파론적 시각의 해석이다. 즉, 표면적으로는 미디어 재벌들을 앞세운 미국의 일방적 문화침투처럼 보일 수도 있지만 실제로는 쌍방향적 상호영향의 관계가 성립될 수 있다는 것이다. 뿐만 아니라 글로벌 컬처로의 동질화·획일화 가운데서도 각 지역의 특성에 따라 토착화도 동시에 이루어져 지역적 다양성이 꽃피는 경우도 자주 보고된다. 예를 들어 미국의 대중음악채널인 MTV는 자사의 음악 프로그램을 외국에 그저 단순 수출하는 것이 아니다. 'Think Globally, Act Locally'라는 구호와 같이 본사의 여러 프로그램을 24시간 공급하면서도 현지의 음악 스타일 또한 중시한다.[3] 어느 나라 MTV 채널이건 외형적으로는 모두 MTV 스타일이라는 공통적 속성을 갖지만 그럼에도 불구하고 각 나라마다 시청자들의 기호에 따라 각자 독특한 특성을 유지한다. 이것은 전 세계 모든 시장에서 100% 미국식 MTV 스타일만을 고집하는 것보다 훨씬 더 많은 시청자(따라서 더 큰 이윤)를 확보하기 위한 전략인 셈이다.[4]

---

3 MTV 해외부문 수석부사장 톰 헌터는 "MTV는 해외에 진출할 때 미국 MTV와는 전혀 다른 포맷과 내용을 방송하고 있으며 현지 취향에 전적으로 따른다. 철저한 '현지화'를 위해 비디오 자키(VJ)는 항상 현지인을 고용, 현지어 진행을 원칙으로 했고 방송 내용도 현지 음악을 적어도 20% 이상 틀고 있다"고 소개한 바 있다(홍호표 외, 1995: 87).

4 "전 세계에 침투한 미국문화", *Washington Post*, 1998. 10. 26. (문화관광부, 『해외문화산업정보』, 128호, 1998. 12. 18에 번역소개).

한편 이와는 정반대 해석도 가능하다. 글로벌 미디어 독점기업들은 자국의 정치적·경제적 힘을 바탕으로 해외시장 개방을 끊임없이 요구해오고 있다. 대부분의 경우, 국내자본들은 이들과의 경쟁보다는 타협을 선택했다. 이것은 문화제국주의가 강압적인 단계에서 자발적인 단계로 들어가고 있음을 의미한다고 해석할 수 있다. 자발적 문화제국주의 체제하에서는 제한적 영역에서나마 독자적 문화생활 영위가 가능하기는 하다. 그러나 글로벌 미디어 재벌들에 대한 근본적인 종속을 벗어날 수는 없으며 결국에는 문화주권의 상실로 이어지게 된다는 것이다(김승수, 2000: 28).

## 3절 문화의 세계화: 과장된 위기?

지금까지의 논의는 '세계화로 인한 문화 동질화' 및 '전 세계 문화의 미국화'가 부인할 수 없는 현실이라고 전제한 것이었다. 그런데 과연 미국의 문화적 패권 혹은 미국 문화의 세계화라는 용어는 실제 상황에 대한 정확한 묘사일까? 혹시 지나치게 부풀려지고 과장된 표현은 아닐까?

Street(1997: Ch.4)는 '글로벌 문화'(global culture)라는 용어 자체가 두 가지 상황을 의미할 수 있다고 보았다. 하나는 다양한 표현, 가치관, 경험들이 다양한 형태로 서로 대등한 관계에서 살아가는 다문화 공존 체제이다. 여러 문화들이 동질화된 하나의 문화로 수렴되기보다는 지구상에 복수의 다양한 문화들이 서로 공존한다는 것이다. 다른 하나는 어느 특정 그룹이 다른 지역들을 지배하는 형식이 아닌, 지구상에 거하는 모든 인류를 하나의 공동체로 여기는 'We are the world' 식의 단일 문화 체제이다. 즉, 미국의 문화로 인해 다른 여타 지역의 문화들이 사멸되는 것이 아니라, 서로 대등한 위치에서 상호 영향을 주고받으며 지구 전체를 하나의 거대한 문화권으로 형성한다는 것이다.

사실 세계화로 인해 전 세계의 모든 문화들이 단일한 문화로 수렴되고 있다는 주장에 대한 비판적인 입장도 만만치 않다. King(1991: 16)은 “역사가 증명하는 것은 우리 인류가 문화적 동질화(cultural homogenization)로 치닫는 것이 아니라 반대로 문화적 분화(cultural differentiation)와 문화적 복잡성(cultural com-plexity)으로 나아간다는 것”이라고 강조한 바 있다. Craik, McAllister, and Davis(2003)에 의하면 세계화의 파급효과는 과장된 측면이 있다고 한다. 그들은 호주의 문화산업정책 사례연구를 통해 세계화의 영향력은 인정하면서도 개별 주권국가들의 독자적 문화정책 시행 능력과 의지를 제거하지는 못했다고 결론 내린다. 오히려 그 반대로 국가 차원의 문화정책과 문화지원이 더욱 활발해지고 있다고 진단했다. Robertson(1992)도 문화의 세계화가 각 지역의 독자적인 문화 활동을 자극하는 경우가 많기 때문에 오히려 더욱 다양한 지역 문화들이 생성될 것으로 전망하였다. Momayezi(2007) 역시 세계화의 흐름 속에서 다양한 문화들이 사멸되어 간다는 식의 우려는 지나친 과장이라고 단언한다.

한편 프랑스의 문화학자 장 피에르 바르니에(2000)는 ‘문화의 세계화’에 관한 기존 논의의 대부분이 언어의 오용에 불과하다고 주장한다. 문화의 세계화(문화적 균질화)는 사실 존재하지 않는 현상이며 잘못된 착시의 희생물이라는 것이다. 기껏해야 문화적 상품(재화)을 취급하는 일부 시장의 전 지구화(세계화)에 대해서만 말할 수 있을 뿐이다.

바르니에는 문화상품(문화산업)의 세계화를 문화의 세계화로 착각하지 말아야 한다고 지적한다. 국제사회 무역거래의 실상을 보면, 상품교류의 세계화는 사실상 세계화가 아니라 가장 부유한 국가들 간의 특혜받은 교역일 따름이다. 문화의 세계화 역시 세계적 차원에서의 문화적 융합·수렴이 아니다. 물론 북미·유럽·아시아의 부유한 산업국가들 중심으로 문화산업 분야에서 전 지구적 시장 지배가 일어나고 있는 것은 사실이다. 하지만 그것이 곧 문화의 세계화라고 말할 수는 없다. 부국 중심으로 보면 마치 세계화된 문화가 보편적으로 전파된 것처럼 보이지만 사실은 세계 각 지역마다 소규모의 다양한 '문화적 보존소'가 존재하며 인류 문명의 다양화에 기여한다. 오히려 각 지역마다 외래문화의 위협에 대한 반응으로 '정체성 확보' 주장이 촉발되고 있는 것이다.

이러한 시각에서 보면 전 지구의 미국화 위험에 대한 논의는 상당부분 상상 속의 두려움으로 인한 잘못된 논의라고 할 수 있다. 미국 문화산업의 세계시장 점유, 맥도널드, 코카콜라, 디즈니, 영어 공용화 등에도 불구하고 세계의 모든 문화가 미국화되고 있는 중이라는 결론을 내릴 수는 없다. 인간은 문화적 차이를 생산해내는 놀라운 능력을 보유하고 있다. 각각의 문화, 각각의 집단은 자기들만의 것을 가지고 있고 외부에서 수입된 재화는 상황에 맞게 재가공하면서 자신의 정체성을 지켜나간다. 여러 가지 다른 문화 창조 활동 지역들이 미국의 문화 창조 활동과 효과적으로 균형을 이루고 있다. 문화와 그 다양한 기능을 산업이나 소위 '문화적 재화'(문화상품)의 시장으로 축소시켜서는 안 된다. 문화산업과 문화를 혼동하는 것은 부분을 전체로 착각하는 것이다. 즉, 세계문화의 본령을 이루는 모든 것들을 무시하고 단지 선진국의 미디어가 부각시키는 것만을 중시하는 오류라는 것이다.

바르니에는 전통문화를 반드시 보존해야만 하는 어떤 변치 않는 원형을 가지고 있는 것으로 보지 않는다. 문화는 지키는 것이 아니라 건설하는 것이다. 세계 각처에서 사람들은 외부문화를 수용하면서도 대단히 다양한 문화들을 계속 창조하고 있다는 것이다.

## 참고자료 문화교류에 관한 견해들

(1) Mahatma Gandhi

"나는 내 집 사방이 담 벽으로 둘러싸여지기를 바라지 않으며, 내 집 창문들을 다 막아버리는 것도 원치 않는다. 나는 모든 나라의 문화들이 가능하면 자유로이 우리 집 주변에서 개화하기를 원한다. 그러나 나는 그중 어느 문화에서든지 불어 닥쳐오는 바람에 날려 발붙일 곳을 잃게 되는 것은 거부한다."(김지운, 1991: 138).

(2) 윤재근, 『문화전쟁: 한국문화 현실, 이대로는 미래가 없다』, 도서출판 둥지, 1996(발췌).

전쟁은 힘겨루기 생리를 벗어날 수 없다. 문화가 전쟁한다는 것은 곧 문화의 힘겨루기를 뜻한다. 그러므로 문화전쟁은 강문화와 약문화의 교전양상을 보이고 그 결과의 승패는 무력전쟁과 마찬가지로 드러난다. 강한 무력이 약한 무력을 이겨내는 것처럼 강한 문화정신을 갖춘 문화가 약한 문화정신의 문화를 이기게 된다. 이렇기 때문에 문화변동의 정신은 자문화의 '통즉구'를 강문화로 유지하려는 문화의식이며 의지이다. 그것은 곧 문화의 정신무장이다.

문화의 강대국은 국토의 대소에 정비례하지 않으며 국민의 다소에 따라 좌우되지 않는다. 작은 고추가 맵다는 논리가 성립될 수 있는 것이 문화의 영역이다. 문화의 강대국은 자문화로써 정신무장을 강화하고 있는 집단이다. 그런 인간집단은 호랑이에게 물려가도 정신만 차리면 산다는 속담처럼 강하게 정신무장을 하고 있다.

자문화 중심으로 문화변동을 지속하는 문화가 강문화다. 강문화는 타 문화를 거부하지 않으며 배척하지도 않고 두려워하지도 않는다. 강문화는 타 문화의 선악을 분별하고 자문화를 보강하고 보양할 수 있는 요소를 선택 수용하여 자문화의 내용과 형식을 다양하게 하고 새롭게 하는 적응력을 간직하고 있다. 강문화는 타 문화에 대하여 모방적이지도 않고 사대적이지도 않으며 철저하게 주체적인 성향을 간직한다. 이것이 강문화의 적응력이다.

자문화를 비하하고 타 문화를 선호하며 나아가 사대하는 문화가 약문화이다. 반면에 자문화를 고유문화로 정체시키면서 타 문화를 거부하고 배척하면서 심하게는 적대시하는 문화는 근친교배의 문화이다. 근친교배의 문화는 지속적인 우성교배의 문화변동을 유지하지 못해 이내 퇴락하여 고인 물처럼 썩기 쉽다. 고인 물이 썩는 것처럼 고립된 문화도 생장점의 우성과 번식력을 상실해 가면서 썩는다.

이러한 사례들을 벗어나지 못한 문화가 약문화이다. 그러므로 약문화는 주체적인 문화 변동을 도모하지 않거나 못하는 문화이며 강문화의 공략대상으로 전락한다.

(3) 이성주, "한국 정신문화 비판: 황무지 기행", 『신동아』, 1999년 4월호(발췌).

필자는 앞에서 근대화를 저해하는 우리의 정신문화를 비판하면서 개방적인 자세로 세계의 문물을 수용해야 한다고 주장했다. 무엇이 우리 것이 되는가 하는 것은 미리 선택하기 어려운 것이다. 결국 전반적인 지적 성숙을 통해 비판 능력이 향상되면 여과될 것은 되고 남을 것은 남는다는 시각에서 '우리 것'을 생각했다. 따라서 우리 것의 정체성은 불변이 아니라 생성되는 것이요 끝없이 변하는 것이라고 생각한다.

◆ ◆ ◆

우리에게 중요한 것은 고유문명을 강조하는 것이 자국에 이익인가 손해인가, 고유문명을 강조함으로써 어느 계층이 혜택을 보며 어느 계층이 계속 피해를 보게 되는지를 살펴보는 일이다. … 고유문화 또는 고유문명의 강조는 우리처럼 변화가 많아야 하는 사회에서는 역기능이 크다. '우리 것' '민족적인 것' 하면 그 성격에 대해 음미해보지도 않고 일단 호감을 갖고 수용하려는 정서적 자세가 있는데다 그 말들이 마력 같은 것도 갖고 있기 때문이다. 이것은 오랫동안 고립된 사회의 특징이기도 하다.

◆ ◆ ◆

우리는 전통사회와 근대사회의 중간에 있다고 본다. 여기에서 과감히 나아가지 않고 머뭇거리며 뒤돌아본다면 선진화는 그만큼 뒤처질 수밖에 없다. 또 앞으로 나아간다고 외형만을 모방한다면 한국문화는 영원히 이·삼류의 수준을 벗어날 수 없을 것이다. … 우리에게 과거 회귀는 불행을 초청하는 것이고 분별없는 모방은 우리 자신이 성장의 한계를 긋는 일이 될 것이다.

◆ ◆ ◆

우리보다 훨씬 일찍 근대화에 나섰던 터키의 존경받던 여류작가 하리데 아드바르가 쓴 것이다. "서구 문화권에 뒤늦게 편입하는 나라도 서구문화의 단순한 추종자가 돼서는 안 된다. 동반자라는 자각이 있어야 한다. 천하고 무분별한 서구문화의 모방은 그 자체로 서구정신에 위배되는 것이다. 비서구권 나라들은 이 점을 똑똑히 알아야 한다."

모방 아닌 비판적 창조정신은 어떻게 생겨날 수 있는가. 그것은 오직 정신문화의 성숙을 통해서만 가능하다. 그리고 우리의 근대화 완성과정에 동양과 서양이라는 이분법적 시각이나 정서도 이제는 버려야 한다. 서양문명은 이질적인 그 무엇이 아니라 인류공동의 유산으로 보아야 한다는 말이다.

(4) 권세기, "세계화와 문화적 정체(正體) 형성", 『입법조사연구』, 제250호, 1998년 4월호(발췌).

우리나라는 강대국의 문화침투로 말미암아 민족적·문화적 정체 형성의 위기를 맞고 있다. 이러한 위기는 지금까지 우리가 가지고 있는 이중적 태도에서 가중되고 있기도 하다. 즉, 한편으로 우리는 미국문화를 무분별하게 받아들여 주체성을 찾아보기 어렵고, 다른 한편으로 일본문화에 대해서는 국수주의적 폐쇄성을 보여 유연성과 탄력성을 드러내지 못하고 있다. 외국문화의 무분별한 수용과 경직된 거부라는 이중적 태도는 결국 모두 문화적 정체의 결핍에서 비롯된다. 우리에게 전통문화, 또는 민족문화라고 지칭할 수 있는 문화적 유산은 존재한다. 그러나 우리는 지금 문화적 전통을 갖고 있지 못한 상태이다. 이는 과거의 유물로서 전통문화는 있으되 현재의 삶으로 계승된 문화적 전통은 없다는 의미이다.

◆ ◆ ◆

우리는 우수한 전통문화를 박물관에 유물로 보관할 줄 알았지 이를 현대의 일상생활과 접목시키지 못하였다. 자신의 전통문화와 그 계승에는 관심이 없으면서 '우리' 문화는 찬란하고 우수하며 길이 빛날 것이라고 외치기만 하는 것은 '싸구려 민족주의'와 맹목적 애국심일 뿐이다.

◆ ◆ ◆

모든 문화는 물리적 경계와 인종적 차이를 뛰어넘는 문화적 교류의 오랜 역사적 과정을 거쳐 형성되며, 전통문화의 재조명이나 문화적 교류를 통하여 문화적 역동성과 다양성이 확보되어 왔다. 이런 의미에서 모든 사회는 과거, 현재를 통틀어 다문화적이다. 역사적으로 고립된 문화는 살아남지 못하였다. 고립에서 비롯되는 "감정적 고유성과 순수성을 높은 가치로 평가하는 것은 전혀 근거 없는 착각"(김상기)이다. 생존능력이 있는 문화는 전통문화의 바탕에서 외래문화를 수용하여 새로운 문화를 융합해 낼 수 있는 문화이다. 다른 문화와 접촉하고 관계를 맺어야 자극을 받으며 존속능력을 주체적으로 키울 수 있다. 따라서 세계화는 민족문화의 위기인 동시에 '强문화'(윤재근)로 발전할 수 있는 기회이기도 하다. 절실한 과제는 밀려드는 타 문화에 대응할 수 있는 주체적 문화를 만들어내는 것이다. 세계화는 곧 자신의 고유한 문화와 타 문화와의 조우를 두려워하지 않는 열린 문화를 만드는 작업이다. 자신의 문화적 정체의 형성 없이는 주체적 세계화는 가능하지 않고 타 문화에 종속되거나 노예상태로 전락하게 된다. "순수하게 우리 것이 어디 있으며, 또 전적으로 남의 것으로 남아 있는 것이 무엇인가."

### (5) 정갑영, "세계화의 의미와 문화정책의 기본방향", 『문화정책논총』, 제6집, 1994(발췌).

오늘날의 세계적 문화는 이론적 차원에서 볼 때 과거 세계를 지배했던 제국주의적 문화를 의미하지 않는다. 지배종속의 위계를 설정하지 않고 각 문화는 다양한 경로를 통해 독자적인 자율성과 특성을 갖고 있음을 중요시한다. 그러나 현실은 그렇지 않다. 이미 전 세계적인 정보통신망이 구축되었으며, 문화의 산업적 가치는 전 세계적으로 확인되었다. 각종 문화산업의 형식을 통해서 미국 대중문화가 전 세계적으로 확산되며 이를 통해 세계문화의 다양성 상실이 우려된다(Naisbitt) 미국 대중문화의 확산은 미국식 생활모습과 가치관을 다른 문화에 침투시킨다. 개별문화는 사라지거나 자신의 생존을 위해 투쟁한다. 개별문화의 다양성이 공존하는 세계적 문화 대신 현실은 지배적인 문화에 의해 개별문화가 위협당하고 있다. … 과거에도 지배문화와 개별문화 사이에 갈등은 있었지만 오늘날에는 통신과 미디어 기술 발달로 전 세계가 하나로 묶여져 있다. 이러한 매체를 중심으로 한 문화가 다른 문화의 고유성을 위협하는 것이 현실이다. 그러나 주목할 것은 위협당하는 쪽에서 거부감 없이 수용하거나 심지어 원하는 경우까지도 있다. 이러한 상황에서 과거처럼 고유문화의 고수가 최선의 길은 아니며, 그렇다고 고유문화를 버리고 세계적이라 불리는 문화에로 완전히 동화할 수도 없다.

제 7 장

# 디지털 혁명과 문화

1절 21세기의 키워드 II: 디지털 혁명

2절 디지털 혁명이 문화에 미친 영향

3절 디지털 문화콘텐츠와 CT

4절 정보의 국제자유유통과 정보주권

# 제 7 장 ▮ 디지털 혁명과 문화

21세기를 상징하는 또 다른 키워드는 '디지털 혁명' 혹은 '정보화'일 것이다. Alvin Toffler가 1980년 『제3의 물결』이라는 책을 통해 정보혁명을 예고한 지 얼마 지나지 않아 정보화의 물결이 전 세계를 뒤덮기 시작했다. 특히 우리나라는 선진국들에 비해 산업화는 뒤처졌지만 정보화에 있어서만큼은 선진국 중의 선진국이라 해도 과언이 아닐 정도로 급속한 발전을 이룩하였다. 정보화는 개인의 삶과 사회적 관계에 있어서 여러 가지 중대한 변화들을 야기하고 있다. 문화와 예술 역시 디지털 혁명으로 인해 많은 변화를 겪고 있다.

## 1절 21세기의 키워드 II: 디지털 혁명

### 1. 정보화 사회의 특징

정보화 사회란 어떠한 사회를 말하는가? 몇몇 학자들의 개념정의를 소개하면 다음과 같다.

▸ "정보가 사회의 모든 부문에서 지배적(dominating)인 사회"(안문석)
▸ "정보 · 지식이 사회적 · 경제적 교환수단으로 중요한 사회"(Daniel Bell)
▸ "정보의 저장 · 유통 · 분배가 신속하고 효율적으로 이루어져서 값싸게 정보 접근이 가능한 사회"(이토 유이치)
▸ "제3의 물결, 정보혁명"(Alvin Toffler)
▸ "노동력의 절반 이상이 정보산업에 종사하는 사회"(Mark Porat)

정보화 사회의 특징 중 핵심적인 것은 다음과 같다.

### 1) 정부주의: 개인적 · 사회적 생활에서 정보의 중요성 증가

정보화 사회에서는 대부분의 사람들이 정보를 수집 · 정리 · 이용 · 평가하는 데에 많은 시간을 투입한다. 그만큼 개인 혹은 사회생활에 있어서 정보의 중요성이 커졌음을 의미한다. 자본의 중요성이 핵심인 사회를 자본주의라고 하듯이 정보가 가장 중요해진 사회를 정보주의라고 할 수 있다.

### 2) 정보폭발, 정보홍수: 정보 생산의 기하급수적 증가

정보는 과거에도 물론 중요한 것이었다. 그러나 정보화 사회에서는 과거와는 비교도 할 수 없을 정도로 엄청난 양의 정보가 쏟아져 나오고 있다. 이를 정보폭발 혹은 정보홍수라고 표현하기도 한다. 정보의 기하급수적 증가를 잘 보여주는 사례가 있다. 15세기 독일의 구텐베르크에 의해 서양 최초의 금속활자가 발명된 이후 약 2세기가 지난 1660년에 세계 최초의 과학 잡지가 발간되었다고 한다. 그 후 약 1세기가 지난 1750년대에는 10종의 과학 잡지가 출판되었고, 그 후 과학 잡지의 종류는 매 50년마다 10배씩 증가하였다고 한다.

### 3) 컴퓨터 기술의 비약적 발전: 대량 정보 신속 처리 및 저장

인간의 정보처리능력에는 분명히 한계가 있다. 따라서 아무리 많은 정보가 쏟아져 나온다고 해도 실제 인간의 두뇌로 처리하여 유용하게 쓸 수 있는 정보의 양은 극히 제한될 수밖에 없다. 그런데 컴퓨터 기술의 비약적인 발전은 인간의 두뇌 노동의 부담을 혁명적으로 덜어주게 되었다. 컴퓨터를 사용함으로써 보통 인간의 능력으로는 상상할 수도 없을 정도로 대량의 정보를 신속하고 정확하게 처리하고 장기간 저장할 수 있게 된 것이다.

### 4) 통신(Telecommunications) 기술의 발전

정보화 사회를 네트워크 사회라고도 부른다. 통신 기술의 발전은 대량의 정보를 먼 곳에 신속히 전달하는 것을 가능하게 만들었다. 이로 인해 멀리 떨어져 있는 컴퓨터들을 연결하는 정보통신네트워크가 형성되었다. 즉, 컴퓨터의 도움으로 신속·정확하게 처리한 대량의 정보를 이제는 원거리에 있는 다른 컴퓨터·유저에게 신속하게 전달할 수 있게 된 것이다. 전국적 및 전 세계적으로 연결된 정보통신네트워크는 글로벌 차원의 거대한 가상공간을 형성하였다. 그리고 이 가상공간 속에서 인류는 또 다른 차원의 생활을 전개해나가고 있는 것이다.

## 2. 매체(Media)와 내용물(Contents)

매체미디어는 오락을 포함한 각종 정보를 저장하거나 실어 나르는 용기를 의미한다. 정보를 전달하는 데 사용되는 하드웨어 자체만 놓고 보면 기술공학의 영역에 속한다. 그러나 거기에 담아 실어 나르는 내용물(콘텐츠)을 생각한다면 문화의 영역에 속한다.

과거의 전통적인 미디어로는 우편, 전화와 같은 통신매체와 라디오, TV와 같은 대중매체(mass media)가 있다. 문화 전달의 도구로 주로 사용되었던 매스미디어는 정보의 일방적인 전달과 수용을 강요하는 특성을 지니고 있었다. 그러나 정보기술(IT: 통신+컴퓨터)의 발전에 따라 새로운 뉴미디어, 멀티미디어 시대가 도래하였다. 인터넷으로 대표되는 뉴미디어는 기존 매스미디어와 달리 다음과 같은 특징을 갖는다.

① Interactivity(상호작용성, 양방향성): 쌍방적 커뮤니케이션
② Demassification(탈대량화): 필요 · 취향에 따라 취사선택 가능
③ Asynchronicity(비동시성): 동시 참여 필요 없음

한편 미디어를 통해 전달되는 정보 혹은 콘텐츠는 크게 하드데이터와 소프트데이터 두 가지로 구분해볼 수 있다. 하드데이터는 어떤 현상이나 사물을 기술한 것, 즉 통계수치, 뉴스 혹은 과학지식 등을 의미한다. 정보화에 관한 전통적인 논의의 대상은 주로 이 하드데이터에 초점을 맞추었었다. 소프트데이터는 단순히 사실에 대한 기록이 아니라 감성적인 표현이 포함된 문화 · 예술 콘텐츠를 의미한다. 하드데이터가 주로 문자와 숫자 위주의 텍스트 데이터임에 비해 소프트데이터는 텍스트뿐만 아니라 비주얼 데이터, 오디오 데이터, 동영상 데이터 등 다양한 멀티미디어 형태의 콘텐츠로 구성된다.

정보화 초기 단계에서는 주로 하드데이터가 관심의 대상이었다. 그러나 정보기술의 비약적인 발전에 따라 이제는 소프트데이터의 생산 · 유통 · 소비에 대한 관심과 논의가 더 큰 비중을 차지하게 되었다. 멀티미디어 데이터는 디지털 파일로 변환할 때 전통적인 텍스트 데이터와는 비교가 안 될 정도로 엄청나게 큰 용량이 된다. 정보기술이 충분히 발전하지 않은 상태에서는 대용량의 데이터를 신속 · 정확하게 처리, 보존, 전달하기가 곤란했다. 그러나 디지털 기술의 눈부신 발전에 따라 대용량 멀티미디어 데이터의 전달과 저장이 쉽게 이루어지게 되었다. 이러한 기술적 차원의 변화는 문화 · 예술 활동에 있어서도 지대한 영향을 미치고 있다.

## 3. 디지털 혁명의 양상

디지털 혁명으로 인한 정보화 사회로의 변화는 점점 가속화되어 왔다. 이는 새로운 정보통신 수단의 보급 추세를 통해서도 분명하게 드러난다. 예컨대 전 세계 5천만 명의 이용자에게 라디오가 보급되는 데 소요된 시간은 약 38년이었다. 그런데 TV와 PC의 경우는 각각 13년과 16년으로 줄어들었다. 그리고 인터넷의 경우, 이용자 수가 5천만 명에 도달하는 데 걸린 시간은 4년밖에 되지 않았다. 〈그림 7-1〉에서 보듯이 1993년 전 세계 인터넷 이용자 수는 1,400만 명 정도였다. 그런데 2005년에 10억 명을 넘어섰고 2010년에는 약 20억 명, 그리고 2016년에는 34억 명 이상으로 크게 증가하였다. 1970년대까지만 해도 디지털 기술의 발전은 컴퓨터 등 일부 영역에만 적용되었다. 그 후 1980년대부터는 방송과 통신기술에 응용되기 시작했고, 그 이후 거의 모든 산업 분야로 확대되었다. 그리고 오늘날에는 과학, 산업, 경영 활동뿐만 아니

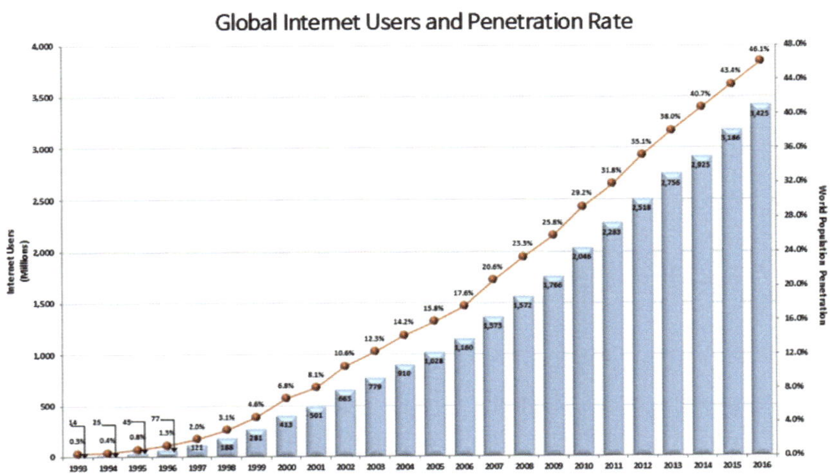


출처: http://www.scribblrs.com/wp-content/uploads/2016/05/Global-Internet-users.jpg

**그림 7-1 세계 인터넷 이용자 수 추이(단위: 백만 명)**

**표 7-1 디지털 혁명과 일상의 변화**

| 항목 | 2000년 | 2010년 |
|---|---|---|
| 블로그 수 | 1만 2천개 | 1억 4천 1백만개 |
| 구글 검색 건수 | 1천만회/일 | 20억회/일 |
| 이메일 수 | 120억개/일 | 2천 470억개/일 |
| 인터넷 사용시간 | 2.7시간/주 | 18시간/주 |
| 문자메시지 | 40만개 | 450억개 |
| 도서 출판 | 28만 2천권 | 1백 5만 2천권 |
| 우편물 | 2천 79억개/일 | 1천 757억개/일 |
| 일간신문 | 1천 480개 | 1천 302개 |

출처: http://visual.ly/exactly-how-much-times-changin

라 정치, 사회, 법, 문화 등 모든 영역에 지대한 영향을 미치게 되었다.

디지털 혁명이 사람들의 일상생활에 미친 변화는 실로 광범위하다. 〈표 7-1〉은 미국의 사례를 조사한 자료이다. 예컨대 인터넷 사용시간을 보면 2000년에 평균 주당 2.7시간이었는데 2010년에는 주당 18시간으로 10년 만에 여섯 배 이상 증가하였다. 이메일 수는 하루 평균 120억 건에서 2,470억 건으로 이십 배 이상이나 늘어났다. 블로그 수는 1만 2천 개에서 무려 1만 배 이상 증가한 1억 4천만 개로 증가하였다. 반면 전통적인 우편물 및 일간신문의 수는 오히려 상당히 감소하였다.

## 4. 우리나라의 정보화와 디지털 혁명

우리나라가 1960~1970년대에 '한강의 기적'이라 불릴 정도로 고도 경제성장을 이룩한 것은 주지의 사실이다. 그런데 1980~1990년대를 통해서 한국은 다시 한 번 세계에서 유례를 찾아보기 어려울 정도의 급속한 정보통신 혁명을 이루어냈다. 1980년대 초반까지만 해도 우리나라의 통신사정은 후진국 수준을 면치 못했었다. 전화기 한 대 놓으려면 몇 달을 기다려야 했고 심지어 수백만

**표 7-2 연도별 정보통신 인프라 구축 및 활용현황**

| 항 목 | 1998 | 1999 | 2000 | 2001 | 2002 | 2003 | 2004.6 |
|---|---|---|---|---|---|---|---|
| 초고속인터넷 가입자수(만 명) | 1 | 37 | 395 | 781 | 1,041 | 1,118 | 1,162 |
| 인터넷 이용자수(만 명) | 310 | 1,086 | 1,904 | 2,438 | 2,627 | 2,922 | 3,067 |
| PC 보급대수(만 대) | 827 | 1,153 | 1,862 | 2,249 | 2,350 | 2,674 | – |
| 인터넷뱅킹 이용자수(만 명) | – | 123 | 409 | 1,131 | 1,771 | 2,275 | 2,436 |
| 전자상거래 규모(조 원) | – | – | 58 | 119 | 178 | 235 | – |
| 전자서명 이용자수(천 명) | – | – | – | 192 | 577 | 871 | 915 |

출처: 정보통신부, 『2004 정보화에 관한 연차보고서』.

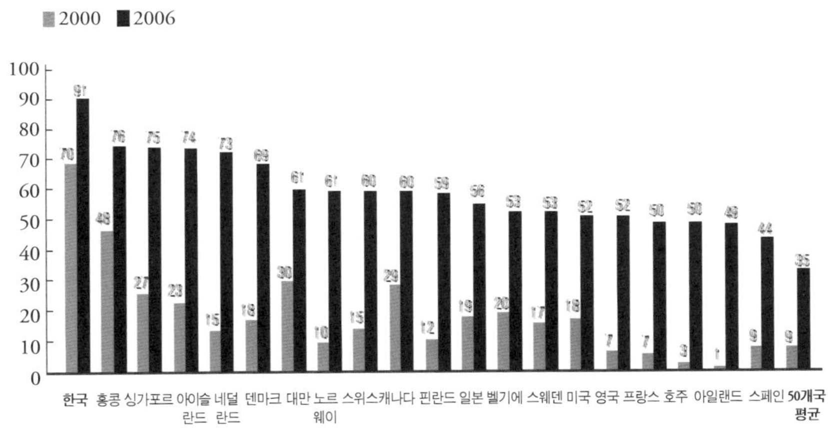


출처: 한국정보사회진흥원, 『2008 국가정보화백서』, 2008.

**그림 7-2 100가구당 초고속인터넷 가입 가구 수(2002, 2006)**

원의 프리미엄과 함께 거래되기도 했었다. 그러나 2000년에는 이동전화 가입자 수가 2,680만 명으로 유선전화 가입자 수 2,190만 명을 훨씬 상회할 정도가 되었다. 우리나라의 정보통신은 정부의 강력한 주도하에 그야말로 기적 같은 성장을 이룩하였던 것이다(김정수, 2000).

한국이 일찌감치 IT 인터넷 강국이 되었다는 것은 각종 통계자료를 통해서도 알 수 있다. 2002년의 통계에 의하면 우리나라 전체 가구의 PC 보급률은

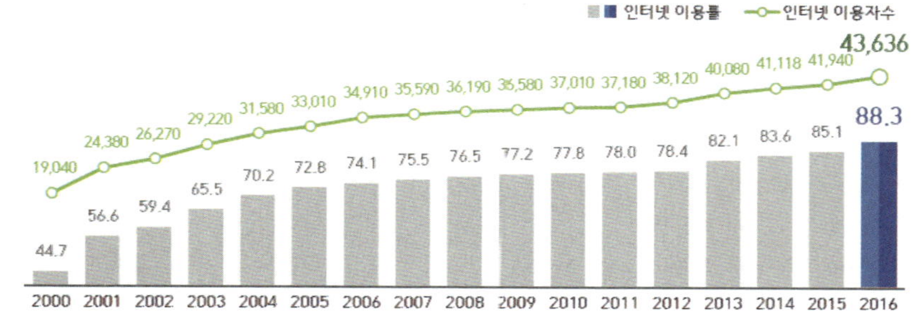


1) 2004년 조사부터 인터넷에 무선(모바일) 인터넷을 포함시켰으며, 인터넷이용자 정의도 '월평균 1회 이상 인터넷이용자'에서 '최근 1개월 이내 인터넷이용자'로 변경함

2) 2006년 조사부터 조사 대상을 만3세 이상 인구로 확대 (2000년-2001년 : 만7세 이상 인구, 2002년-2005년 : 만6세 이상 인구)

출처: 한국정보화진흥원, 『2016년도 국가정보화백서』, 2016.

**그림 7-3 인터넷이용률 및 이용자수 변화 추이(%, 천명)**

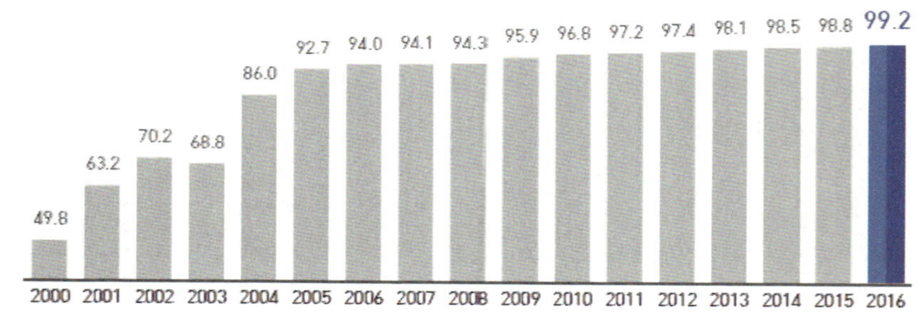


출처: 한국정보화진흥원, 『2016년도 국가정보화백서』, 2016.

**그림 7-4 가구 인터넷 접속률(%)**

78.5%나 되었으며 월소득 200만 원 이상 가구의 PC 보급률은 무려 93%나 되었다. 〈표 7-2〉에서 보듯이 초고속인터넷 가입자 수는 1998년에 고작 1만 명이었던 것이 2004년에는 무려 천 배가 넘는 1,162만 명으로 급증하였다. 가구 수 기준으로 보면 2002년에 이미 1,000만 가구 이상이 초고속 인터넷에 가입하고 있었다. 2002년 당시 인구 100명당 초고속인터넷 가입자 수를 국제적으로 비교하면 우리나라는 21.36명으로 1위였는데, 2위인 홍콩(14.9명)

이나 3위인 캐나다(11.2명)와 현격한 차이가 났다(그림 7-2 참조). 또한 인터넷 뱅킹 이용자 수도 1999년 123만 명에서 2004년에는 약 20배인 2,436만 명으로 늘어났으며, 전자상거래 규모 역시 빠른 속도로 성장하고 있다.

한편 우리나라의 인터넷 이용자 수는 1996년 약 75만 명 정도였으나 2016년에는 무려 4,364만 명으로 크게 증가하였다(한국인터넷진흥원, 2016). 이는 3세 이상의 우리 국민 88.3%가 인터넷을 이용하고 있음을 의미한다(그림 7-3 참조). 특히 2016년 모바일 인터넷이용률(최근 1개월 이내 1회 이상 이동전화, 스마트폰, 스마트패드 등 모바일 기기를 이용해 인터넷 이용)은 85.9%나 되었다. 또한 2016년 7월 현재 전체 가구의 99.2%가 가구 내에서 모바일 인터넷, xDSL, 케이블모뎀, 광랜 등의 방법으로 인터넷 접속이 가능한 것으로 조사되었다(그림 7-4 참조). 사실상 우리나라 모든 가정에서 인터넷을 사용하고 있는 셈이다.

## 2절 디지털 혁명이 문화에 미친 영향

정보화는 개인과 사회 행태에 지대한 영향을 미쳤다. 그렇다면 디지털 기술의 발달은 과연 문화·예술의 생산, 유통, 소비에 어떤 변화를 초래하였는가?

### 1. 생산 측면

새로운 디지털 기술의 개발은 문화·예술 창작인들에게는 자신의 감성을 표현할 수 있는 새로운 방법과 기회를 제공해준다는 의미를 갖는다. 예를 들어서 비디오 테크놀로지가 없었다면 백남준이라는 세계적인 예술가는 존재하지 않았을지도 모른다. 그는 새로운 디지털 기술을 활용하여 과거에는 존재하지 않았던 '비디오 아트'라는 새로운 장르의 예술 형태를 창조해낸 것이다. 또한 플래시(flash)라는 소프트웨어 기술이 보급되면서 기존의 영화나 애니메이션과는 다른 새로운 유형의 동영상물 창작이 가능해졌다. 그리고 컴퓨터 그래픽 기술의 발전은 기존의 영화나 셀애니메이션으로는 도저히 표현할 수 없었던 새로운 표현을 가능하게 해주었다. 뿐만 아니라 인터넷의 보급으로 인해 형성된 사이버 커뮤니티는 창작인들이 자신의 작품을 발표할 수 있는 새로운 기회를 제공해준다.

디지털 기술 환경의 변혁은 '홈메이드' 및 '셀프메이드' 문화·예술의 시대를 열었다. 예컨대 요즘 가정용으로 흔히 사용되는 디지털 캠코더나 핸드폰 그리고 노트북 정도만 있으면 집에서 간단한 영화도 만들 수 있다. 또한 집에서 PC나 태블릿만 가지고도 손쉽게 음악을 작곡하고 노래 및 연주를 녹음할 수 있으며 자기만의 음악 CD나 영상 DVD도 만들 수 있다. 우리나라 대중음악계에 실로 혁명적인 한 획을 그었던 서태지도 정식 음반을 발매하기 전에 만들었던 데모 테입은 전문 녹음스튜디오가 아니라 그냥 자기 방에서 PC를 이용한 홈레코딩으로 제작했다고 한다.

더욱이 디지털 기술의 발전은 1인 제작시스템의 구축을 가능하게 하였다(문화관광부, 『문화컨텐츠산업 진흥방안』, 2000). 디지털 장비들이 성능은 놀랍도록 향상되고 다기능화되면서도 크기는 소형화됨으로 인해 과거에는 여러 사람들이 일을 나누어서 해야만 했던 작업들을 이제는 혼자서도 얼마든지 처리할 수 있게 된 것이다. 혼자서 디지털 카메라로 사진을 찍어 PC로 처리해서 독창적인 작품을 만든다거나, 혼자서 자기 노래를 PC로 연주·녹음해서 MP3로 만들거나, 혹은 혼자서 스마트폰으로 찍은 동영상으로 자신만의 영화나 뮤직비디오를 제작한다. 그리고 그렇게 만든 자신의 작품을 자신의 SNS나 유투브(YouTube) 등을 이용해 인터넷상에 배포한다. 이제 혼자서도 문화·예술의 생산과 유통 모든 과정을 손쉽게 처리할 수 있게 되었다(차우진, 2005). 그야말로 혼자서 '북 치고 장구 치는' 원맨쇼(one man show) 혹은 원맨프로덕션(one man production)의 시대가 도래한 것이다.

이처럼 디지털 기술의 저렴화와 대중적 보급은 잠재적인 문화・예술 창작 계층을 무한히 확대시키고 있다. 과거에는 창작활동에 필요한 도구와 시설이 워낙 고가인 경우가 많았다. 그 때문에 비록 예술적 소양을 갖추고 있다고 하더라도 창작을 시도하는 것 자체가 쉽지 않았으며 소수의 전문가들만이 창작활동을 할 수 있었다. 그러나 디지털 기술의 발전은 문화・예술 창작의 비용을 크게 낮추게 되었고, 이에 따라 지금은 누구라도 아이디어만 있으면 전문가 수준의 창작자가 될 수 있게 되었다. 이는 결국 잠재적 문화 생산자의 수가 크게 증가하였음을 의미한다.

## 2. 유통 측면

과거에는 방송국이나 극장 등 소수의 전통적인 매체산업이 독점적 지위를 지니고 있었기 때문에 유통단계에서의 '병목현상'(bottle-neck)이 발생할 수밖에 없었다. 영화나 음반 등 문화콘텐츠의 제작자는 많았지만 소비자를 만나기 위해서는 먼저 유통업자에게 '선택'되어야만 했었다. 아무리 많은 문화・예술 작품이 생산된다고 해도 유통 기회 자체가 극히 제한되어 있었기 때문에 그 좁은 병목을 통과하기가 쉽지 않았다. 이 때문에 과거에는 문화콘텐츠 제작자가 유통업자에게 종속될 수밖에 없는 구조였다. 문화・예술 생산자와 소비자가 만날 수 있는 기회는 제한적이었고 유통업자들은 유통과정의 병목현상을 이용하여 고수익을 올릴 수 있었다.

그러나 초고속 인터넷의 확산은 문화・예술 콘텐츠의 유통 채널을 확대하고 다양화시켰다. 전통적인 미디어 산업이 제공하는 유통기회뿐만 아니라 이제는 사이버 공간에서도 유통이 가능해졌기 때문이다. 사실 사이버 공간에서의 문화콘텐츠 유통은 기존의 미디어에 비해 훨씬 더 다양한 경로를 통해 이루어지고 있다. 예를 들어 과거에는 오직 극장에서만 영화를 상영하였으나, 지금은 인터넷 VOD를 통해 수많은 영화들이 서비스되고 있다. 극장에서는 제한된 편수의 영화만이 상영될 수 있으나, 인터넷상에서는 훨씬 더 많은 수의 영화들이 동시에 제공될 수 있다.[1] 뿐만 아니라 핸드폰을 이용한 각종 모바일 콘텐츠 서비스의 개발도 문화・예술의 유통 기회를 넓히는 데 일조하였다. 이러한 변화는 문화콘텐츠 제작자의 진입장벽을 완화시킴과 동시에 생산자・소비자의 선택의 폭을 확대시킨 것이다.

### 3. 소비 측면

정보기술의 발전으로 인해 과거에 비해 훨씬 더 많은 사람들이 문화콘텐츠를 소비할 수 있게 되었다. 정보화로 인해 잠재적 문화 창작 계층이 확대되었듯이 잠재적인 소비계층 역시 대폭 증가한 것이다. 디지털 기술의 특징은 콘텐츠의 원본과 복사본의 품질이 완전히 동일하다는 것이다. 그리고 콘텐츠를 전송하는 경우에도 통신 기술의 발전으로 인해 물리적 거리의 원근에 상관없이 거의 동시전송이 가능하다. 뿐만 아니라 전송된 콘텐츠도 품질 면에서 오리지널과 전혀 차이가 나지 않는다. 이러한 복사와 전송의 용이성으로 인해 과거와는 달리 시간과 공간의 제약에 구애받지 않고 많은 사람들이 문화콘텐츠를 소비하는 것이 가능해졌다.

한편 디지털 기술의 발전과 보급은 문화・예술의 소비환경을 다양화시켰다. 오프라인뿐만 아니라 온라인을 통해서도 문화콘텐츠를 감상할 수 있는 기회가 생겨났기 때문이다. 이는 소비자 입장에서 보면 그만큼 선택의 폭이 증가한 것이라 할 수 있다. 오늘날에는 영화관이나 TV가 아니어도 인터넷을 통해 영

**1** 2000년도에 제작된 영화 〈반칙왕〉의 경우, 극장상영 후 홈비디오보다 인터넷 영화관에서 먼저 상영되어 흥행에 성공한 우리나라 최초의 케이스였다. 그리고 2017년 봉준호 감독의 영화 〈옥자〉는 온라인 스트리밍 서비스회사인 넷플릭스(Netflix)로부터 500억 원을 투자받아 제작되었다. 〈옥자〉는 일부 국가들에서 영화관에서는 개봉되지 않고 온라인으로만 공개되었기 때문에 2017년 칸 영화제 경쟁부문에 출품되었을 때 많은 논란이 일기도 했었다.

화나 애니메이션, 음악 등을 편리하게 감상할 수 있게 되었다. 특히 모바일 서비스가 확대됨에 따라 스마트폰을 이용하여 원하는 시간, 원하는 장소에서 언제든 다양한 문화콘텐츠를 감상할 수도 있다.

## 4. '문화 생비자'의 출현

디지털 기술의 발달과 확산은 문화 생산자와 소비자의 경계를 무너뜨리고 있다. Alvin Toffler는 『제3의 물결』(1980)에서 가까운 미래에 정보의 생산자(producer)와 소비자(consumer)의 경계가 모호해질 것이라며 생산의 주체인 동시에 소비의 주체인 '생비자'(prosumer = producer와 consumer의 합성어)의 출현을 예고했었다. 그의 예측은 디지털 기술의 발전과 인터넷의 보급으로 인해 현실에서 구현되고 있다(박기홍 외, 2000). 정보혁명은 문화의 생비자(cultural prosumer)들을 탄생시킨 것이다.

과거에는 문화・예술의 생산과 소비는 엄격히 분리된 영역이었다. 소수의 문화・예술 전문가들만이 전문적인 장비와 노하우를 가지고 생산과 유통을 담당했었다. 일반 소비자들은 전문가들의 작품을 수동적으로 소비만 하였었다. 물론 예전에도 아마추어들에 의한 창작활동이 있기는 하였다. 그러나 과거 전문가들이나 다룰 수 있었던 정도의 도구나 시설이 요즘에는 디지털화에 따른 장비의 첨단화・저렴화・소형화로 인해 누구나 큰 부담 없이 장만할 수 있게 되었다. 이제 일반인들도 전문가 못지않은 수준의 장비와 노하우를 가지고 다양한 분야에서 자신들만의 작품을 창작・발표하는 경우가 흔해졌다.[2] 프로 예

2 우리나라의 경우, 사이버 공간상에서 1,000명 이상의 회원을 보유하고 활발하게 문화・예술 활동을 벌이고 있는 네티즌 동호회 수는 2004년에 이미 4,300여 개에 달하였다. 그리고 대략 1,000만이 넘는 네티즌들이 문화・예술분야에서 일정한 활동에 참여하고 있었다고 추정되었다. 이러한 사이버 공간에서의 활동은 문화의 창작과 향유 두 측면에서 모두 중요한 의미를 갖는다(염신규, 2004).

술가가 아니어도 누구나 아이디어만 있으면 프로급 수준의 문화 생산자가 될 수 있는 것이다.

디지털 기술의 변혁은 또한 '만인의 미디어 시대'를 열어놓았다(심상민, 2001: 219). 프랑스의 문화비평가 Guy Sorman은 "앞으로 매스 미디어는 사라지고 수천 개의 마이크로 미디어가 그 자리를 차지할 것"이라며, "21세기 문화의 변화는 문화생산의 개인화"라고 주장하였다. IT 기술의 눈부신 발전과 글로벌 디지털 네트워크의 확산에 힘입어 폭발적으로 증가하고 있는 개인 방송, SNS, 블로그 등은 마이크로 미디어의 대표적인 사례라고 할 수 있다.[3] 인터넷 상에서 개인 블로그 혹은 SNS 등을 이용해서 누구나 자신만의 문화콘텐츠를 유통·중개·공급할 수 있게 되었다. 전 세계를 대상으로 동영상 서비스를 제공하고 있는 유투브는 수많은 아마추어들이 각자 자신의 재능을 선보이는 일종의 글로벌 문화예술 플랫폼이 되었다. 이처럼 독립된 개개인이 직접 미디어를 관리하며 자신의 작품을 배포할 수 있게 됨에 따라 이제 문화예술 생산자와 소비자의 이분법적 구분은 갈수록 의미를 잃게 될 것이다. 〈표 7-3〉은 디지털 기술이 문화산업 각 분야별로 미친 영향을 정리한 것이다.

---

3 블로그 검색업체 테크노라티가 2005년 8월에 발표한 '블로그 현황' 보고서에 의하면 전 세계에서 하루 8만 개씩 블로그가 새로 만들어진다고 한다. 약 1초에 한 개꼴로 새로운 블로그가 만들어지며, 전체 블로그 수는 5개월마다 두 배씩 늘어나는 셈이다("블로그 1초에 1개씩 탄생", 『세계일보』, 2005. 8. 4). 뿐만 아니라 이제는 자신이 직접 동영상을 만들어 온라인으로 유통하는 인터넷 개인 방송도 급속히 확산되고 있다.

**표 7-3 디지털 기술에 따른 문화산업 분야별 동향**

| 구분 | | 디지털 기술과 분야별 주요 산업 동향 |
|---|---|---|
| 제작 분야 | ▸문화콘텐츠 영역의 확대에 따른 창작력 · 기획력의 중요성 증가 | |
| | 영상 | 기존 영상물의 DB화를 통한 콘텐츠 소스로서의 활용이 요구됨 |
| | 출판 | 멀티미디어 출판 확대, 패키지(디스크)와 온라인 출판(전자책)의 공존, 주문형의 다품종 소량생산 가능, 저자(독자)의 확대 |
| | 음반 | 기기의 저가화 · 개인소유화(홈스튜디오 등), 음원 부족, 해외음원에 대한 정보 부족 |
| | 애니메이션 | H/W 및 S/W의 고성능화 저렴화, CG 기술의 확대로 셀에서 3D로 사업 전환 확대 |
| | 게임 | 1인용 단순 게임→대화형 게임→네트워크 게임→가상현실 게임으로 발전 |
| | ▸디지털 제작 시스템에 의한 제작공정의 효율성 및 효과성 극대화 | |
| | 영상 | 기기의 소형화 및 고기능화로 개인 제작 환경이 구축되고,1인 제작 가능, 편집 시스템의 디지털화, 개인영상물제작자(VJ)의 활성화 |
| | 출판 | 복합공정의 다수 인력에서 1인 출판 가능, 편집인(editor)의 기능 확대, 전자책(e-Book)과 같은 온라인 출판 확대에 따른 보안/인증기술의 보완 |
| | 음반 | 숙련 인력의 부족, 도제식 시스템으로 인해 비정규교육이 지배적이고 인력수급의 문제 발생, 기기/장비의 디지털화, 음악적 감각이 있는 녹음 엔지니어 필요성 증대 |
| | 애니메이션 | 제작 프로그램의 발달로 1인 소형 제작 가능, 전통 애니메이션의 부분 디지털화 도입, OEM 방식에서 창작방식의 기획 확대 |
| | 게임 | PC패키지에서 온라인 게임으로 확대, 가상현실을 활용한 체감형 게임 개발 진행, 인터넷 기술 발전에 따른 인터넷 게임 활성화 |
| | ▸디지털 콘텐츠 상품화의 다매체 · 다채널화 가능 | |
| | 영상 | 영상물의 비선형 편집 시스템 활용의 확대, DVD 등 새로운 영상물 유형의 등장 및 제작 활성화 |
| | 출판 | 원소스 멀티유즈화로 연관산업과의 부가가치 창출 |
| | 애니메이션 | 캐릭터(팬시, 완구류 등) 머천다이징 및 상품화의 중요성 확대 |
| | 게임 | 영화 및 애니메이션 콘텐츠로도 가능 |
| 유통 분야 | ▸온라인 네트워크의 도입에 따른 유통체계의 간소화로 효율적인 유통체계 기반 구축 | |
| | 영상 | 인터넷 매체의 활성화, 기존 유통사와 온라인 유통사 간의 마찰 |
| | 출판 | 중간유통단계 소멸, 전자상거래로 직접 구매 |
| | 음반 | 온라인 판매 활성화, 저작권 문제 발생, 기존 유통시장의 공동물류화 필요성, 오프라인 유통사와 온라인 유통사 간의 마찰 |
| | 애니메이션 | 온라인 애니메이션 서비스 제공 |
| | 게임 | 불법복제로 인한 유통 혼란, 전문 유통업체들의 감소 |
| 법 · 제도 분야 | ▸ 온라인 네트워크상에서의 새로운 법적 문제 발생<br>▸ 온라인 특성에 맞는 제도 정비 필요성 | |
| | 영상 | 웹캐스팅 및 인터넷 영화에 대한 심의 및 규제와 관련, 탈규제정책의 일관성 있는 지속 검토 |
| | 출판 | 전자출판물의 대두로 인한 구제도(종이출판물 관련법)의 재정비 |
| | 음반 | 저작권제도의 정비 |
| | 애니메이션 | 창작 활성화를 위한 심의제도의 탈규제 검토 |
| | 게임 | 불법복제 문제의 해결방안 연구, 창작활동 장려를 위한 심의제도 탈규제 검토 |

출처: 문화관광부, 『2001 문화산업백서』.

# 3절 디지털 문화콘텐츠와 CT

## 1. 디지털 컨버전스

문화콘텐츠란 "문화적 정체성에서 비롯되거나 문화적 정체성을 표현하는 상징적 의미, 예술적 중요성, 문화적 가치" 등을 일컫는다.[4] 문화콘텐츠 창작의 원천으로는 생활양식, 전통문화, 예술, 이야기, 대중문화, 신화, 개인의 경험, 역사기록 등 다양한 요소들이 있다. 이러한 문화적 요소들이 전환된 문화콘텐츠는 책이나 영화 등과 같은 아날로그 매체를 통해 유통될 수도 있고, 인터넷이나 모바일 등 디지털 매체에 탑재되어 유통될 수도 있다. 그러나 문화콘텐츠의 구분은 산업 간 융합, 콘텐츠 간 융합, 통신과 방송의 융합, 유선과 무선의 융합 등 디지털 융합으로 그 경계가 희미해지고 있다. 오늘날에는 정보의 디지털화, 네트워크의 융합, 하드웨어 기기의 복합화, 콘텐츠의 통합 등이 전방위적으로 일어나는 거대한 디지털 컨버전스가 진행되고 있는 것이다 (Hesmondhalgh, 2002: 198-230).

## 2. 문화와 디지털 기술의 만남: 문화기술(CT)의 부상

오늘날 문화산업은 디지털 기술과 떼려야 뗄 수 없는 밀접한 관계에 놓여 있다. 앞에서도 논의되었듯이 정보화 초기 당시와는 달리 오늘날 정보네트워크를 통해 유통되는 정보는 객관적 사실·텍스트 중심의 하드데이터보다는 감성적 표현물 중심의 소프트데이터가 훨씬 더 많다. 디지털 콘텐츠 중 출판, 영

4 유네스코, "문화적 표현의 다양성 보호와 증진을 위한 협약 초안", 문화다양성협약 마련을 위한 제3차 정부간회의, 2005. 5. 24 ~ 6. 3.

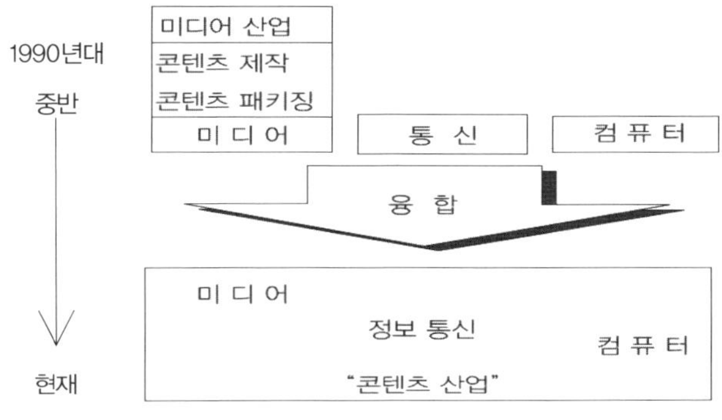


출처: Peter A. Bruck, The Content Challenge, Frankfurt Book Fair, 1997; 구문모 외(1999)에서 재인용.

**그림 7-5 산업의 융합화 현상**

화, 애니메이션, 게임, 음반 등 문화콘텐츠가 차지하는 비중은 이미 지난 2000년에 70%가 넘을 정도였다(문화관광부, "콘텐츠 코리아 비전 21", 2001).

문화콘텐츠를 디지털화하는 데 사용되는 기술을 문화기술(Culture Technology)라고 부른다.[5] CT는 문화산업과 정보산업의 상호융합을 통해 만들어진 새로운 개념으로 디지털 문화콘텐츠의 주요 발전 요인으로 부각되고 있다. 좁은 의미의 CT는 "문화상품(콘텐츠) 전반의 창작 · 기획, 제작 · 표현, 유통 등에 활용되거나 관련된 서비스에 사용되는 기술"을 의미한다. 〈그림 7-5〉는 이를 그림으로 나타낸 것이다. 보다 넓은 의미의 CT는 "이공학적 기술 및 인문사회학, 디자인, 예술분야의 지식과 감성적 요소를 포함하여 문화적 삶의 질을 향상시키는 총체적인 기술"을 뜻한다(문화체육관광부, 『2009 콘텐츠산업백서』, 78쪽). 이와 같은 CT는 "인문 · 사회학적 요소로 감성과 상상력을 이끌어내고, 이공학적 요소로 콘텐츠를 표현함으로써 새로운 가치의 문화상품을 만들어내는 창조경제 시대의

5 Culture Technology란 용어는 21세기를 주도할 문화산업을 뒷받침하는 이공학 기술을 체계화시켜 연구하자는 취지에서 제안되었었다(원광연, 1999: 162-170).

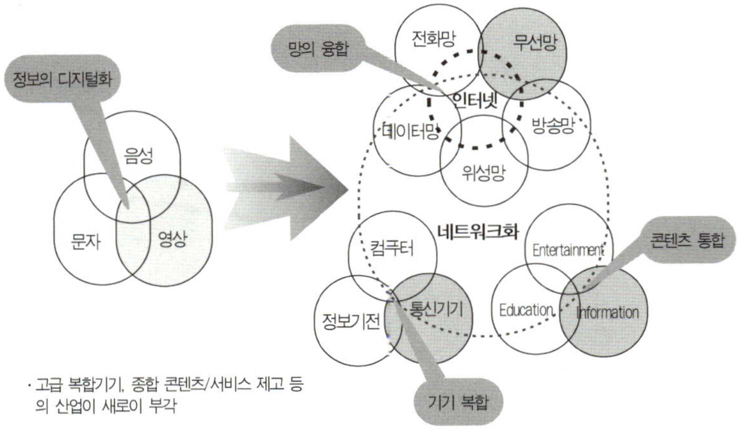


출처: 문화관광부, 『2004 문화산업백서』, p. 439.

**그림 7-6 디지털 컨버전스**

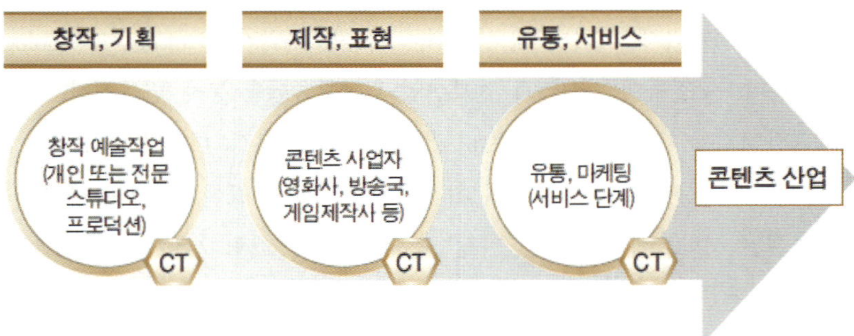


출처: 문화체육관광부, 『문화기술 R&D 기본계획』, 2009.

**그림 7-7 디지털 컨버전스 문화기술(CT)의 개념**

핵심 기술"로 기대를 모으고 있다(문화체육관광부, 『2013 콘텐츠산업백서』, 133쪽).

CT는 2001년 8월 청와대에서 열린 국가경제자문회의에서 IT(Information Technology), BT(Biology Technology), NT(Nano Technology), ST(Space Technology), ET(Environmental Technology) 등과 함께 21세기 차세대 전략기술로 채택됐다.

**표 7-4 온라인 및 디지털 문화콘텐츠 매출액 현황** (단위: 백만 원, %)

| 구 분 | 출 판 | 만 화 | 음 악 | 게 임 | 영 화 | 애니메이션 | 방 송 | 광 고 | 에듀테인먼트 | 합 계 |
|---|---|---|---|---|---|---|---|---|---|---|
| 2005 | 136,785 | 31,903 | 267,245 | 2,885,100 | 146,820 | – | 368,900 | 274,892 | – | 4,081,645 |
| 2006 | 676,405[1)] | 75,587[2)] | 368,293 | 2,879,600 | 90,350 | 7,795 | 484,962 | 780,996 | 19,463 | 12,151,382 |
| 2007 | 812,184 | 86,423 | 441,566 | 2,982,400 | 38,225 | 9,504 | 515,721 | 841,094 | 38,116 | 5,765,233 |
| 구성비 | 14.1 | 1.5 | 7.6 | 51.7 | 0.7 | 0.2 | 8.9 | 14.6 | 0.7 | 100.0 |
| 증감 | 20.1 | 14.3 | 19.9 | 3.6 | △57.7 | 21.9 | 6.3 | 7.7 | 95.8 | 7.1 |

1) 인터넷서점(만화 제외) 매출액 포함.
2) 인터넷서점(만화부문) 매출액 포함.
출처: 문화체육관광부, 『2008 문화산업백서』.

**표 7-5 디지털 음악 서비스 유행별 시장 규모** (단위: 억 원)

| 구 분 | 2000년 | 2001년 | 2002년 | 2003년 |
|---|---|---|---|---|
| 벨소리/통화음 | 306.0(68%) | 627.3(69%) | 1,290.6(95.9%) | 1,767.2(95.5%) |
| 스트리밍 | 94.5(21%) | 197.9(22%) | 38.5(2.9%) | 44.5(2.4%) |
| 기타<br>(배너 광고 수입 등) | 49.5(11%) | 85.7(9%) | 15.4(1.2%) | 38.5(2.1%) |
| 계 | 450.0(100%) | 910.9(100%) | 1,344.5(100%) | 1,850.3(100%) |

출처: 소프트웨어진흥원, 『국내 디지털 콘텐츠 산업 시장 조사 보고서』, 2002, 2003.

2002년에는 과학기술 기본계획에 위 다섯 가지 기술과 함께 미래유망신기술 '6T(Six Technology)'에 포함되면서 문화기술(CT) 육성을 위한 기반이 마련되었다. 이후 '차세대 성장동력산업' 중 '디지털콘텐츠/SW 솔루션' 분야에 포함되었고(2003. 8), 그 후 국가과학기술위원회에서 '감성형 문화콘텐츠기술'로서 '미래국가유망기술 21(2015년~2030년)' 중 하나로 선정되었다(2005. 8). 또 '삶의 질 종합대책'의 10대 분야 중 하나로 '문화(즐거운 삶)'가 포함되면서, 22개 중점 추진과제 중 '감성문화콘텐츠 개발' 및 '가상현실 기술'이 선정(2007. 8)되는 등 문화기술(CT)이 삶의 질 향상의 핵심요소로 부각되었다(문화체육관광부, 『2013 콘텐츠산업백서』).

## 3. CT와 문화산업

2000년대 들어와 문화산업은 디지털 정보처리 기술과 선순환적 상호작용을 하며 급속히 성장하였다. 한국 정부가 CT를 21세기 한국의 경제를 이끌어 나갈 유망기술의 하나로 지정한 것도 바로 이 때문이다. 2003년도 당시 통계에 의하면 우리나라 10대 문화산업의 총매출액은 약 44조 원이었는데, 그중 CT 관련 매출액이 약 11조 원이었다. 말하자면 문화산업 매출액의 25% 정도가 CT로 인해 발생한 것이었다.

디지털 문화콘텐츠 시장은 매년 급성장하고 있다. 〈표 7-4〉는 2000년대 우리나라의 온라인 및 디지털 문화콘텐츠 매출액의 증가 추이를 정리한 것이다.

우리나라 음악산업의 시장 추세는 디지털 문화콘텐츠 시장의 성장을 잘 보여준다. 먼저 〈그림 7-8〉에서 보듯이 2000년 이후 국내 음악산업의 시장규모는 급속히 축소되는 반면 디지털 음악시장의 규모는 계속 증가하였다. 그리고 디지털 음악 서비스의 경우 2000년 시장규모가 450억 원이었던 것이 2003년에는 무려 네 배가 넘는 1,850억 원으로 증가하였다(표 7-5 참조). 그리고 2005년에는 2,796억 원, 2007년에는 3,559억 원 규모로 급증하였다(한국소프트웨어진흥원, 2008). 한편 온라인 음악 유통업 매출액은 2013년에 1조 원을 돌파하고 2014년에는 1조 1,790억 원을 기록하였다(그림 7-9 참조). 이는 음악산업 전체 매출액(노래연습장 운영업 제외)의 약 38%에 해당하는 규모이다.

CT의 발전은 문화콘텐츠의 제작 · 유통과정에서의 발전과 밀접하게 연관되어 있다. 광대역 유무선 통신, 디지털 그래픽, 사운드 기술 등의 디지털 기술이 멀티미디어 문화콘텐츠의 제작 및 유통을 가속화시키고 있다. 예를 들면, 디지털 애니메이션 제작 과정에서 새로운 그래픽 툴이 만들어지고, 인터넷을 통한 문화콘텐츠의 실시간 전송이 필요해지면서 웹캐스팅 관련 기술이 발전하게 되었다. 우리나라의 경우 초고속정보통신망 보급이 확산되면서 화려한 비주얼, 사운드, 동영상을 겸비한 온라인 게임들이 활성화되기 시작하였다. 그리

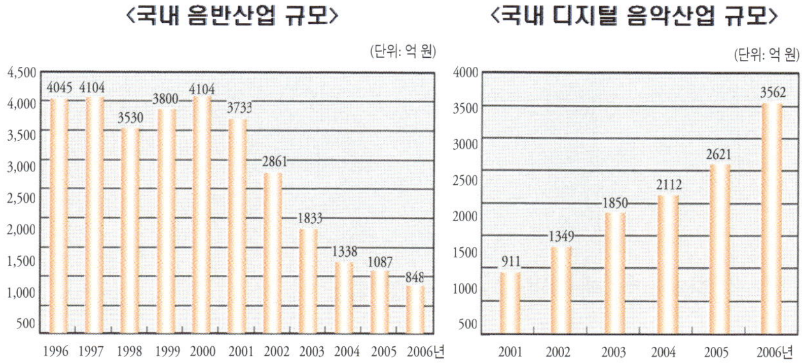


그림 7-8 국내 음반산업 및 디지털 음악산업의 시장 규모 추이

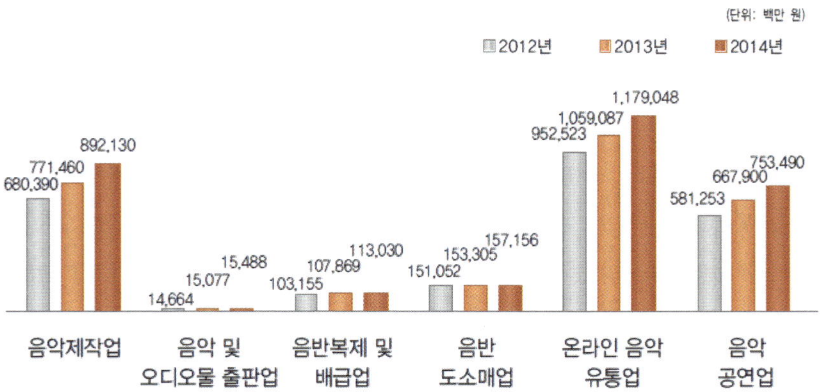


출처: 문화체육관광부, 『2015 콘텐츠산업 통계조사 보고서』, 2015.

그림 7-9 음악산업 업종별 연도별 매출액 현황

고 온라인으로 음악이나 영화를 감상하는 서비스가 확산된 것도 초고속정보통신망과 멀티미디어 컴퓨터 기술이 저렴한 가격에 보급되었기 때문에 가능한 일이었다. 한편 디지털 문화콘텐츠에 대한 수요 확산은 역으로 정보통신 기술의 발전을 촉진하는 기폭제가 된다. 복잡한 3D 게임이나 대용량의 멀티미디어 서비스를 즐기기 위해서는 더욱 성능이 뛰어난 컴퓨터와 광대역 통신망을 필요로 하기 때문이다. 결국 IT 기술의 발달이 멀티미디어 콘텐츠의 확산을 초래하는 한편 대용량 엔터테인먼트에 대한 수요의 급증이 다시 디지털 정보처리 기술의 발전을 유도하는 것이다.

## 4절 정보의 국제자유유통과 정보주권

미래학자 앨빈 토플러는 *Power Shift*(『권력이동』, 1990)이라는 책에서 권력의 원천에 따라 세 가지 종류의 권력을 구분하였다. 저품질권력(low quality power)은 벌거벗은 힘, 폭력으로부터 나오는 권력이며, 중품질권력(middle quality power)은 돈을 원천으로 하는 권력이며, 고품질권력(high quality power)은 지식, 정보의 보유로부터 얻어지는 권력을 말한다. 토플러에 의하면 과거에는 벌거벗은 폭력이나 돈을 가진 자가 권력을 행사했다면 이제 정보화 시대에서는 정보와 지식을 통제·소유하는 자가 권력을 휘두르게 된다는 것이다. 이러한 논리는 국제사회에서의 정보의 생산 및 유통과 관련하여 중요한 시사점을 가지고 있다.

### 1. 국제정보유통의 현실: 양적·질적 불균형

정보화가 전 세계적으로 진행되면서 정보의 국제적인 흐름에 있어 심각한 불균형이 존재하게 되었다.

#### 1) 기술발전과 정보주권

위성방송에 의해 문화콘텐츠가 쏟아져 들어오는 것을 비유하여 하늘에서 떨어지는 '문화의 비'라고도 한다. 이러한 문화의 비를 맞고 있어야만 하는 나라의 입장에서는 문화주권이 무력화될 우려가 크다. 국제 정보유통이 전화, 편

**참고자료** **'문화의 비'**

1973년 1월 하와이에서는 '로큰롤의 제왕'(King of Rock'n Roll)으로 불리는 Elvis Presley의 공연이 열렸다. 이 공연실황은 미국의 인공위성을 통해 TV쇼로는 최초로 세계 40여 개국에 중계 방송되어 무려 1억 명 이상이 시청하였다. 이것은 아폴로 11호 우주선의 달 착륙 장면을 위성 중계했을 때보다도 더 높은 시청률이었다고 한다.

지, 출판물 등의 매체에 의해 이루어지던 때에는 정보의 국경통과에 대한 정부의 엄격한 통제가 가능했었다. 그러나 디지털 통신기술의 비약적 발전은 정보의 월경유통을 기술적으로 통제 불가능하게 만들었다. 위성방송과 인터넷 등을 통하여 다른 나라의 정보가 자국 내로 흘러들어오는 것을 기술적으로 차단하는 것은 사실상 불가능한 것이다. 예컨대 주한미군은 미국 본토의 방송 프로그램의 녹화·녹음테이프를 공수받아 국내 방송을 하다가 1983년 10월부터는 방송위성을 이용하여 직접 중계하게 되었다. 일본은 1984년 1월부터 BS-2라는 방송용 위성을 발사하고 위성방송을 통해 자국의 문화콘텐츠를 전 세계에 배포하고 있다. 우리나라도 1999년 8월부터 아리랑TV 해외위성방송을 시작하였다.

### 2) 커뮤니케이션 H/W 및 S/W의 독점

정보 및 문화콘텐츠를 전 세계에 유통시키는 매체는 소수의 선진국들이 독점하고 있다. 영화, 음악, 광고, 뉴스, TV 등 세계 매스미디어는 서방의 중심부 국가들에 집중적으로 분포되어 있다. 이 상황에서 '정보(문화)의 자유유통' 원칙은 미디어 중심국이 원하는 대로 문화와 커뮤니케이션 내용이 종속된 나라에 자유롭게 드나들게 하는 장치이며, 이들이 세계를 지배하는 강력한 새로운 커뮤니케이션의 힘을 갖게 해준다(강현두, 1988).

### 3) 정보 생산에 있어서의 불균형

소수의 중심부 국가들은 단지 정보를 전달하는 미디어만 독점하는 것이 아니다. 실제로 국제사회에 유통되는 대부분의 정보가 소수의 선진국들에 의해 생산되고 있다. 새로운 과학지식 및 기술혁신 등과 같은 하드데이터뿐만 아니라 문화콘텐츠를 포함한 소프트데이터 역시 몇몇 선진국들이 생산을 독점하고 있는 것이다.

### 4) 국제 정보유통의 질적 불균형

중심부 국가들이 국제 정보생산·유통을 독점함으로 인해 서방 선진국 이외의 지역에 대해서는 불충분하거나 혹은 왜곡된 정보만 전달되는 경향이 있다. 이는 전 세계적인 뉴스 네트워크를 자랑하는 CNN이나 *Time*지를 예로 생각해보면 분명해진다. 동서양을 막론하고 수많은 사람들이 이들 미디어를 통해 지구상에서 벌어지고 있는 뉴스를 접하게 된다. 이것은 곧 전 세계가 미국인의 가치관, 미국인의 문화렌즈를 통해 세상을 바라보게 됨을 의미하는 것이다.

## 2. 정보의 자유유통 vs. 정보주권

정보의 자유유통 독트린은 이미 오래전에 UN에 의해 인권과 언론자유 차원에서 선언되었다. 1948년 제네바의 정보자유회의 선언문에서는 인권과 개인의 자유, 언론의 자유 등을 위해 정보의 자유로운 유통 원칙을 선언하였다. 또한 같은 해 발표된 '세계인권선언'에서도 제19조에 정보의 자유유통 원칙을 명확히 천명하였다.

미국 역시 오래전부터 정보의 자유유통 독트린을 줄곧 주장하여 왔다. 아이젠하워 행정부 당시 국무장관이었던 John F. Dulles는 "나에게 단 한 가지 (외교)정책의 선택만 허용되고 그 외엔 선택이 허용되지 않는다면 나는 정보의 자유유통을 택하겠다"고 말한 바 있다(강준만, 1999: 272). 레이건 전 대통령 역시 "미국은 오랜 세월에 걸쳐 정보의 자유유통 원칙이 민주적 정치질서의 초석이며, 전 세계 국민들 사이의 이해를 가일층 증진시키고 자유·형평·개명정치의 신장을 도모하는 데 필수불가결한 것으로 간주해 왔다. 우리들은 프랑스의 Talloriers에서 개최된 '자유의 소리' 회의(1980)에 참가한 21개국의 독립적인 민간 미디어 지도자들이 공표한 선언서를 강력히 지지하며 모든 나라들에게 이에 유의하도록 권유한다"고 하였다.

그런데 강대국의 이러한 정보의 자유유통 주장은 곧 '해외시장의 자유로운 착취'와 직결되어 왔다고 비판된다(김지운, 1991). 이 때문에 주로 비동맹 국가들을 중심으로 정보주권 및 문화주권 수호를 위해 정보의 자유유통에 반대하는 주장이 제기되었다. 예컨대 1973년 알제리아 비동맹중립 정상회담 선언은 "제국주의의 활동이 정치 및 경제 부분에만 한정되어 있는 것이 아니고 문화 및 사회적 부문도 망라하여, 결국 개발도상세계의 제 인민들에게 외래의 이념적 지배를 강요하고 있다"고 비난하였다. 그리고 "비동맹 중립국들은 각기 자기들 나라의 신문, 정기간행물, 라디오, 텔레비전 및 뉴스보도 매체들을 통해 모든 분야에서 그네들의 성취사항들에 관해 정보를 교환하고 전파해야 한다"고 선언하였다.

1976년 3월에 개최되었던 Tunis '비동맹제국의 매스커뮤니케이션 미디어 해방' 심포지엄에서는 미국을 위시한 초국적 정보전파 거대매체들이 문화지배 활동을 정당화하려는 의도에서 '정보의 자유유통' 원칙을 빈번히 악용해 왔다고 비난하였다. 그리고 정보의 자유유통은 일부 국가들에게 유리하게 작용하고 다른 국가들은 도외시하는 불균형을 초래하였다고 비판하였다. 1978년 7월에는 인도의 뉴델리에서 '정보의 비식민지화에 관한 비동맹 제국 문화공보상 회의'가 열려 식민통치 시대의 유산인 대 선진국 정보종속이 그들의 경제·

정치 발전을 지체시켰던 요인이라고 강하게 비판하였다. "소수자들이 정보유통의 수단을 지배·독점하고 있는 상황에서, 정보의 자유가 실제로 의미하는 것은 이 소수자들이 자기들의 선호하는 방식에 따라 정보를 선전할 수 있는 자유를 의미하며 나머지 사람들에게는 정보를 객관적으로 그리고 정확하게 제공하고 제공받을 수 있는 권리를 사실상 박탈하는 것을 뜻한다"는 것이다.

## 3. 국제정보유통의 효과

정보의 국제유통은 부정적 측면과 긍정적 측면을 모두 가지고 있다. 우선 부정적 효과로는 정보의 불균형적 흐름으로 인한 정보예속, 문화예속 가능성이 크다는 점이다. 정보의 자유유통은 실제로는 서방의 중심부 국가의 대중문화가 주변부 국가들로 쉽게 유입되는 결과를 초래한다. 외국 문화콘텐츠의 일방적 유입은 곧 문화주권의 무력화로 이어져서 문화예속 현상까지 초래할 우려가 크다. 아울러 문화상품 교역의 불균형은 문화산업 부문의 심각한 무역적자 문제도 야기하게 된다.

한편 정보유통의 긍정적 측면은 자국에 없는 새로운 정보자원을 입수하는 기회가 된다는 점이다. 문화를 최종적으로 소비하는 입장에서는 선택의 기회가 확대된다는 이익이 있다. 그리고 문화생산자의 입장에서도 창작을 위한 새롭고 다양한 소스를 풍부하게 확보할 수 있다는 장점이 있다. 요컨대 중심부 국가에서 흘러들어오는 정보 및 문화콘텐츠는 수용국 내에서 문화적 최종재(소비자)와 중간재(생산자)로서 유익한 가치를 갖게 되는 것이다.

제 8 장

# 세계화 · 디지털혁명 시대의 문화행정

1절 세계화 시대의 문화행정
2절 다문화사회에 대한 정책적 대응
3절 디지털 시대의 창작자 보호

# 제8장 ▮ 세계화·디지털혁명 시대의 문화행정

## 1절 세계화 시대의 문화행정

오늘날 세계화는 거스를 수 없는 거대한 흐름이다. 세계화가 확대·심화됨에 따라 문화 영역에서의 국제교류 역시 더욱 활발하게 이루어질 것이다. 대외적 관계에서 문화행정의 지향점은 편협한 민족주의를 탈피하면서도 공동체의 정체성은 지키는, 다시 말해서 "깊이 뿌리박되 열려 있는(deep roots and openness)" 문화의 창달이다(Baeker, 2000). 국제문화교류와 관련된 행정의 역할은 주로 사회문화적 민간실패와 경제적 민간실패가 중요한 비중을 차지한다.

### 1. 사회문화적 차원

#### 1) 문화주권 수호

사회문화적 차원에서 볼 때 국제문화교류와 관련된 가장 중요한 정책과제는 무엇보다도 자국의 문화적 주권을 수호하는 일이다. 고인 물이 썩듯이 문화도 타 문화와의 교류 없이는 발전을 기대하기 어렵기 때문에 국제적인 문화교류는 반드시 필요하다. 하지만 문화교류가 자칫 외래문화의 일방적인 유입이 되어 자국의 고유문화의 생존을 위협하게 될 가능성도 상존한다. 특정 국가의 문화가 세계시장을 독점하는 것은 지구적 차원의 시장실패(global market failure)라고 할 수 있다. 국내시장에서의 독점의 폐해는 정부의 개입으로 치유·방지가 가능하다. 그러나 국제사회에는 지구적 시장실패 문제를 담당할 세계정부(world government)와 같은 중앙권위체가 존재하지 않는다. 따라서 국제사회의 문화적 독점 혹은 문화적 침탈로 인한 폐해를 방지하고 치유하는 일은 결국 개별국가 정부들의 책임이 되는 것이다.

그런데 문화주권의 수호 문제에 보다 전향적인 자세를 강조하는 주장들도 있다. Canclini(2000), 김성곤(2001), 강내희(2003b) 등은 민족문화 혹은 문화주권에 대한 보다 개방된 자세가 필요하다고 주장한다. 민족문화에 대한 지나친 자기방어적 집착은 경계할 필요가 있다는 것이다. 또한 Venturelli(2001)도 문화주권 보호의 의미를 자국의 문화전통의 수호와 동일시하는 소극적 입장에서 탈피할 것을 권고한다. 보다 중요한 것은 새로운 문화를 창조해내는 능력을 고양시키려는 적극적 자세가 필요하다는 것이다.

### 2) 자국 문화의 대외 홍보

자국의 고유한 문화를 보호·육성하고 나아가 국제사회에 홍보하는 것은 문화행정의 중요한 과제 중의 하나이다. 자국 문화의 대외 홍보는 문화제국주의적 침탈과는 구별되어야 한다. 여기서 중요한 것은 우리의 문화와 그들의 문화가 서로 공존하여야 한다는 점이다. 이것을 지구적 차원에서 보면 곧 국제사회의 문화적 다양성을 의미한다. 이를 위해서 정부는 전통문화뿐만 아니라 현대문화와 대중문화 등 그 나라의 다양한 문화 스펙트럼을 국제사회에 소개하도록 노력할 필요가 있다.

Crane(2002)은 자국의 문화를 세계시장에 홍보하기 위한 세 가지 전략을 제안하였다. 첫째는 지역의 유적이나 전통 명소를 현대적 감각에 맞게 재정리(retooling)함으로써 국내외 관광객들을 유치하는 방안이다. 둘째는 지역 곳곳에 문화적 상품을 발굴하고 이를 소재로 한 놀이터를 구축함으로써 관광명소로 개발하는 소위 디즈니화(Disneyfication) 전략이다. 그리고 셋째는 주로 외국의 엘리트 관객들을 대상으로 하여 명망 있는 예술가들이 참여하는 예술 이벤트를 개최하는 Postmodern upscaling 방안이다.

### 3) 외래문화의 부작용 예방 · 치유

정부는 외래문화의 유입으로 인한 사회적 파장 · 악영향을 최소화하기 위한 관리책임을 가지고 있다. 역사와 전통이 상이한 외부세계의 문화 · 예술이 유입되면 그것을 수용하는 사회에 어떤 식으로든 충격으로 작용하게 된다. 그 충격 중에는 새로운 문화 · 예술의 창조를 위한 신선한 자극이 되는 경우도 있지만 기존의 사회질서와 충돌하는 경우도 없을 수 없다. 만약 이질적인 외래문화가 유입됨으로 인해 전통적 가치관과 외래 가치관 사이의 사회적 갈등이 심화되고 보편적인 윤리체계가 붕괴될 정도가 된다면 마땅히 정부의 개입이 필요하다. 왜냐하면 국제문화교류는 그 자체가 목적이 아니라 문화발전을 위한 수단이어야 하기 때문이다. 문화행정의 궁극적 목표는 문화발전을 통한 국민들의 행복 극대화에 있다. 따라서 문화교류를 추진하더라도 국민들의 행복한 삶을 저해하는 부분이 있다면 정부가 마땅히 공권력을 동원하여 통제하여야만 하는 것이다. 이러한 관점에서 보면 시장개방 및 무역자유화 논리가 문화 영역에까지 그대로 적용되어서는 안 된다고 할 수 있다. 즉 무제한적으로 자유로운 국제문화교류는 있을 수 없다는 것이다.

## 2. 경제적 차원

### 1) 문화교역의 불균형: 무역적자 문제

문화의 국제교류를 순전히 경제적 차원에서만 보면 문화교역이라는 용어로 대치할 수 있다. 즉, 문화적 내용이 체화된 상품 혹은 서비스의 국제교역이라는 것이다. 다른 종류의 상품 · 서비스의 교역과 마찬가지로 문화교역에 있어서도 무역수지가 계속 적자를 기록한다면 어떤 식으로든 정부의 적절한 대응이 요청된다. 무역적자를 해소하기 위한 방법은 두 가지가 있다. 하나는 수입을 억제하는 것이고 다른 하나는 수출을 확대하는 것이다. 1995년 WTO 체제의 출범 이후 무역자유화가 세계적인 대세임을 감안할 때 무역적자만을 이유로 외국 문화상품의 수입을 규제하는 것은 쉽지 않을 것이다. 따라서 그보다는 국내 문화산업의 경쟁력을 강화하고 해외시장 진출을 지원하는 방식으로 정책이 운용되어야 할 것이다.

### 2) 국제경쟁력 취약한 국내 문화산업의 보호 · 육성

오늘날 문화산업은 황금알을 낳는 고부가가치산업으로 각광받고 있다. 따라서 문화산업의 육성은 비단 문화적 차원뿐만 아니라 경제적 차원에서도 대단히 중요한 국가적 과제가 아닐 수 없다. 국내 문화산업의 국제경쟁력이 취약한 상황에서는 자유무역정책보다는 정부의 특별한 보호와 지원책이 필요하다. 우리나라의 스크린쿼터제(국산영화 의무상영제도)가 바로 유치산업보호(infant industry protection) 정책의 대표적인 사례이다. 스크린쿼터제는 1년 중 일정한 일수 이상은 반드시 국산영화를 상영하도록 규제함으로써 막강한 할리우드 영화와의 전면 경쟁에서 한국 영화계가 전멸당하지 않도록 보호하려는 취지에서 시행되었다.

### 3) 국내 문화산업의 해외 진출 지원

문화산업의 경제적 효용을 극대화하기 위해서는 제한된 규모의 국내시장을 넘어 넓은 세계시장으로의 진출이 요청된다. 냉전의 종식 이후 세계 경제는 무역전쟁(trade war)이라는 말이 어색하지 않을 정도로 치열한 경쟁이 전개되고 있다. 이러한 상황에서 정부가 그저 뒷짐만 지고 방관하는 것은 곤란하다. 단순히 국내 문화를 해외에 소개하는 정도가 아니라 국내 문화산업의 해외 진출을 지원하기 위한 시장개척 후원자로서의 역할을 담당할 필요가 있다. 예를 들어, 문화관광부에서 우리나라 음반산업의 해외시장 진출을 돕기 위해 홍보용 CD 및 책자를 제작 · 배포한다든지 국제음반박람회 참가를 적극적으로 지원하는 것은 이런 맥락에서 바람직한 시도라고 할 수 있다.

## 3. 우리나라의 국제문화교류행정

우리나라 국제문화교류정책은 "국가 간 상호 문화에 대한 이해를 증진하고 우리 문화의 다양성과 창의성을 높여 세계문화 발전에 기여하는 것"을 목표로 하고 있다(문화체육관광부, 『2015년 문화예술정책백서』, 202쪽). 이를 구현하기 위한 전략으로 문화교류에 있어서 콘텐츠의 다양화, 지역의 다변화, 쌍방향성 확대 등을 기본방향으로 설정하고 있다. 콘텐츠의 다양화란 대중문화 중심의 한류가 확산되어 있는 가운데 한국의 전통문화, 현대문화, 생활문화까지 교류의 폭을 넓히는 것을 의미한다. 지역의 다변화란 기존 서유럽 · 동북아 · 북미 중심의 교류에서 동유럽 · 중남미 · 중동 · 아프리카 등으로 교류 지역을 확대함을 뜻한다. 그리고 쌍방향성 확대란 일방적 문화 전파 형식이 아닌 쌍방향적 상호교류를 확대하는 것을 의미한다.

과거 우리나라 정부차원의 문화교류는 엄밀히 말해서 외국 언론에 우리의 전통문화를 일방적으로 소개하는 수준이었다. 진정한 의미의 문화교류라기보다는 사실상 해외공보 차원에서 이루어져 왔었다. 또한 민간부문의 문화교류에 있어서는 대등하게 주고받는 식이 아니라 다분히 폐쇄적인 자세로 임했었다.

2004년에 발표된 국제문화교류 중기계획은 "세계 12위 경제국임에도 불구하고 문화부문에서는 자신감의 결여나 심리적 위축현상이 나타나 이로 인해 민족문화와 세계문화와의 관계를 수세적인 차원에서 접근해왔었다"는 자기반성에서 출발하였다. 그리고 문화부문에서 세계화의 부정적 영향에 대해서는 적절하게 대처하되 "세계 각국의 문화를 받아들여 민족문화의 자양분으로 삼

**표 8-1 2004 국제문화교류 중기계획의 비전, 목표, 추진과제**

| | |
|---|---|
| 비 전 | 개방과 소통의 국제문화교류를 통해 수서적 민족문화를 넘어 다양한 문화가 공존하는 『열린 문화 선진국가』 구현 |
| 목 표 | 1. 한국문화의 다양성 및 창의성 증진<br>· 쌍방향의 문화교류 증진, 이(異)문화에 대한 이해 제고<br>· 이(異)문화 접촉 확대를 통한 문화 창의성의 증진<br>2. 한국문화의 국제적 위상 제고<br>· 국제사회에서의 정치적, 경제적 위상게 어울리는 문화적 위상 정립<br>· 지역과 세계의 상호협력을 이끌어내는 문화적 리더십 구축 |
| 4대 역점 추진과제 | 1. 문화권역별 국제문화교류 추진<br>2. 동북아 문화교류 강화<br>3. 'Korea Center' 설립 · 운영<br>4. 국제문화교류 지원제도 및 체계정비 |

출처: 문화관광부, 『개방과 소통의 국제문화교류-국제문화교류 중기계획』, 2004.

고 이를 세계인들과 함께 나누는 열린 문화를 지향"할 것임을 천명하였다. 즉, 상호이해에 바탕을 둔 쌍방향적인 문화교류를 추구하겠다는 것이다. 이 계획에서 설정했던 비전, 정책목표, 그리고 세부 추진과제는 〈표 8-1〉과 같다.

해외에서 국제문화교류 및 문화협력 업무를 담당하는 일선기관으로 재외문화원 및 문화홍보관이 있다. 우리나라 최초의 재외문화원은 1979년 일본 동경과 미국 뉴욕에 건립되었고 이어 1980년에 미국 LA와 프랑스 파리에 추가되었다. 그 후 지속적으로 추가되어 2017년 6월 현재 27개국 31개의 한국문화원과 10개국 12개의 문화홍보관이 운영되고 있다. 아시아 · 태평양지역에는 일본, 중국, 태국, 인도, 베트남, 인도네시아, 필리핀, 호주 8개국의 한국문화원이 있다. 유럽에는 영국, 프랑스, 독일, 러시아, 스페인, 폴란드, 벨기에, 헝가리, 카자흐스탄, 터키, 이탈리아 11개국이 있으며 미주지역에는 미국, 캐나다, 아르헨티나, 멕시코, 브라질 5개국이 있다. 아프리카에는 나이지리아 한국문화원이 있고, 중동지역에는 이집트, 아랍에미리트 문화원이 있다.[1]

1 해외문화홍보원 홈페이지 참조(http://www.kocis.go.kr).

**표 8-2 재외문화원 및 문화홍보관 현황(2017년 6월 현재)**

| 구분 | 아시아·태평양 | 유럽 | 미주 | 아프리카·중동 |
|---|---|---|---|---|
| 재외문화원<br>(31) | • 일 본<br>- 동경, 오사카<br>• 중국<br>- 북경, 상해<br>• 태국<br>• 인도<br>• 베트남<br>• 인도네시아<br>• 필리핀<br>• 호주(시드니) | • 영국<br>• 프랑스<br>• 독일<br>• 러시아<br>• 스페인<br>• 폴란드<br>• 벨기에(EU)<br>• 헝가리<br>• 카자흐스탄<br>• 이탈리아 | • 미국<br>-워싱턴, 뉴욕, LA<br>• 아르헨티나<br>• 멕시코<br>• 브라질(상파울루)<br>• 캐나다 | • 이집트<br>• 나이지리아<br>• 터키<br>• UAE |
| 문화홍보관<br>(12) | • 일본<br>- 동경<br>• 중국<br>- 북경, 홍콩<br>• 싱가포르 | • 영국<br>• 이탈리아<br>• 스웨덴 | • 미국<br>- 워싱턴, 누욕<br>• 캐나다 | • 남아공<br>• 이란 |

출처: 해외문화홍보원, 『2016 해외문화홍보 계획』, 2016.

한편 문화분야 ODA 사업을 통한 국제문화협력 사업으로 문화동반자 사업과 해외문화예술봉사단 사업이 있다(문화체육관광부, 『2015년 문화예술정책백서』, 226~231쪽). 문화동반자사업은 우리나라의 경제발전 수준에 걸맞은 문화적 위상을 확보하고 국가 이미지를 개선하기 위해 2005년 9월부터 추진되었다. 이 프로그램은 아시아, 남미, 동유럽, 아프리카 등의 유망 문화예술인들을 초청하여 실무연수 및 공동창작, 문화체험 등을 실시하는 문화연수 사업이다. 젊고 유망한 신진 문화 · 관광 · 체육 인사들이 초청대상자이며, 분야는 문화정책, 전통 · 현대예술, 문화산업, 미디어, 관광, 체육 등 문화 전반에 걸쳐 있다. 이들은 약 5개월 간 우리나라에 체류하며 국립문화시설, 산하 · 유관단체, 지방자치단체 등에서 분야별 실무연수 등을 받게 된다. 2015년에는 24개국에서 총 74명이 초청되어 다양한 연수에 참여하였다.

해외문화예술봉사단은 해외에 전통예술분야의 한국문화를 소개 · 확산하고 청년 예술인들의 글로벌 리더십 역량을 강화하려는 사업이다. 2012년에 시작된 이 프로그램은 해외 현지인 청장년층을 대상으로 판소리, 사물놀이, 장구,

민요 등 전통문화 예술 강연과 공연 등의 봉사활동을 통해 국가 간 문화교류 활성화를 꾀하고 있다. 2015년도에는 태국, 베트남, 인도네시아, 카자흐스탄으로 문화예술봉사단을 파견하였다. 단순한 강습 및 공연 뿐 아니라 병원, 양로원, 고아원 등 문화소외계층을 대상으로 한 공연과 봉사단 역량강화를 위한 현지음악기관과의 협연도 추진하였다.

## 2절 다문화사회에 대한 정책적 대응

### 1. 다문화정책의 유형

다문화사회에 대한 대응은 세계화 시대의 문화행정에 있어서 빼놓을 수 없는 과제의 하나이다. 최근 우리나라에서도 중앙 정부는 물론 각 지방자치단체 차원에서도 이 문제가 매우 중요한 화두로 대두되고 있다. 다문화사회에 대한 정책적 대응은 다음과 같이 크게 세 가지로 구분할 수 있다(Castles & Miller, 2003; 원숙연 · 박진경, 2009).

첫째는 동화주의(Assimilation)인데 다양한 배경을 가진 구성원에게 주류사회의 핵심가치에 순응할 것을 강조하는 방식이다. 사회적 · 문화적으로 하나의 '중심' 혹은 '주류'를 강조함으로써 각 소수집단 나름의 정체성은 인정하지 않는다. 특히 인종적 소수자 또는 이주자들에게는 출신국의 언어 · 문화 · 사회적 특성을 포기할 것을 강요하고 그 대가로 정규 국민의 일원으로 인정해준다. 즉 주류에 동화됨으로써 제도적으로 내국인과 평등한 대우를 받도록 한다는 것이다.

둘째, 다문화주의(Multiculturalism)는 각 집단 간 평등을 전제로 소수 인종 또는 이주민들이 자기들만의 고유한 문화를 보유하는 것을 인정하고 장려하는

**표 8-3 동화주의와 다문화주의 모델의 특징 비교**

| 구 분 | 동화주의 모델 | 다문화주의 모델 |
|---|---|---|
| 문화적 지향 | - 문화적 동질화 추구<br>- 추상적인 타 문화 이해와 수용 | - 문화적 이질성 존중<br>- 구체적인 타 문화 인정과 보호 |
| 국가의 역할 | 매우 제한적 | 매우 적극적 |
| 정책목표 | 소수집단의 주류사회로의 동화 | 소수집단의 고유성 인정을 통한 사회 통합 |
| 갈등해소방안 | 완전한 동화를 통한 사회갈등 해소 | 완전한 참여를 통한 사회갈등 해소 |
| 정책수단 | 소수집단 차별방지의 법제화<br>(소극적 수단) | 소수집단 문화와 권리 보호의 법제화<br>(적극적 수단) |
| 다양성 개념 | 사적 영역의 문화적 다양성 보호 | 사적, 공적 영역의 문화적 다양성 보호 |
| 평등개념 | 기회의 평등 | 결과의 평등 |
| 이민자에 대한 관점 | - '노동력', '이방인'<br>- 통합의 대상 | - 사회구성원<br>- 사회 다양성의 원천 |
| 비 판 | - 이주민 동화의 현실적 어려움<br>- 이주민에 대한 현실적인 사회적 배제 | 민족정체성 약화 및 사회적 분열 초래 |

출처: 한승준(2008).

방식이다. 다문화주의 정책의 목표는 주류 문화로의 편입이나 동화가 아니라 여러 문화들의 공존과 공생이다. 동화주의가 소수집단에 대한 차별을 방지한다는 소극적 입장이라면, 다문화주의는 소수집단의 문화적 가치를 인정하고 그들의 권리를 지켜주려는 적극적 입장이라 할 수 있다. 동화주의 정책이 주류 문화 중심으로 녹아드는 '용광로'(melting pot) 지향적인 반면 다문화주의 정책은 다양한 문화가 각자의 특성을 보유한 채 공존하는 '샐러드그릇'(salad bowl) 지향적인 것이다.

셋째는 차별적 배제모형(Differential Exclusionary Model)이다. 이 방식은 소수집단의 가치 혹은 자격에 대한 사회적 평가 및 도구적 효용성에 따라 차별적으로 수용 또는 분리하는 정책이다. 예컨대 외국인을 3D 직종의 노동시장과 같은 특정 경제적 영역에만 받아들이고, 복지혜택, 국적 · 시민권, 선거권 부여와 같은 사회적 · 정치적 영역에서는 배제시키는 방식이 이에 해당된다.

**표 8-4 국내 체류 외국인 및 이민자 적용 법령**

| 유형 | 관계 법령 |
|---|---|
| 외국인의 지위 보장 및 국적에 따른 차별금지 | 대한민국헌법, 근로기준법, 국가인권위원회법 |
| 외국인의 출입국과 체류자격 관련 규정 | 출입국관리법, 국적법, 난민법 |
| 국내체류 외국인의 처우에 관한 포괄규정 | 재한외국인 처우 기본법 |
| 국내취업 이주노동자에 관한 규정 | 외국인근로자의 고용 등에 관한 법률 |
| 한국인의 해외이주, 외국 거주 재외동포, 국내방문 재외동포에 관한 규정 | 해외이주법, 재외동포재단법, 재외동포의 출입국과 법적 지위에 관한 법률 |
| 결혼이민자 중심의 가족 지원 규정 | 다문화가족지원법, 결혼중개업의 관리에 관한 법률, 국민기초생활보장법, 한부모가족지원법 |
| 불법체류자의 미성년 자녀의 교육권보장 관련 | 초·중등교육법 시행령 |
| 북한이탈주민의 사회통합 관련 | 북한이탈주민의 보호 및 정착지원에 관한 법률 |

출처: 이은경 · 황현숙(2016: 32).

## 2. 우리나라의 다문화정책

우리나라의 다문화정책은 2000년대 중반부터 본격적으로 논의되기 시작했다(이은경 · 황현숙, 2016). 과거 우리나라의 외국인 관련 정책은 주로 차별적 배제모형에 입각한 것이었다. 1991년에 시작된 외국인 산업연수생 제도 및 현재의 고용허가제는 국내 노동시장에서의 3D 직종 기피 현상에 저출산 · 고령화 현상까지 겹친 상황에서 외국인 노동력을 활용하기 위한 부득이한 대응책이었다고 할 수 있다. 그러나 국제결혼 및 외국인근로자 유입의 급속한 증가에 따른 각종 현안 문제들을 해결하기 위해 중앙 정부 및 지방자치단체 차원에서 여러 대책들이 마련되기 시작했다. 2007년에는 「재한외국인처우기본법」이 제정되어 이민자와 국민의 공존과 사회통합을 위해 매 5년마다 〈외국인정책 기본계획〉을 수립하도록 하였다. 〈표 8-4〉는 외국인 및 이민자 관련 법령들을 정리한 것이다.

그런데 현재까지 우리나라의 다문화정책은 주로 동화주의에 입각한 "자민족 중심주의적 통합모델"이라는 비판이 많다(이은경 · 황현숙, 2016: 36). 이 때문

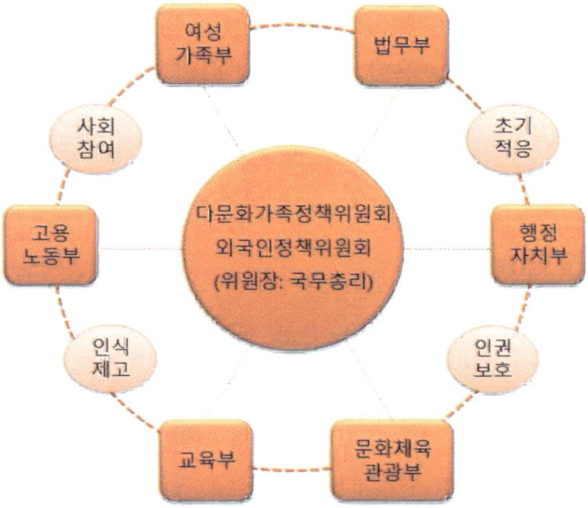


출처: 이은경·황현숙(2016: 35).

**그림 8-1 중앙정부의 이민자 관련 정책업무 현황**

에 동화주의 정책의 한계를 지적하며 다문화주의 정책으로의 전환이 필요하다는 주장도 강하게 제기되고 있다(홍기원, 2007). 최근에는 다문화정책 심의조정 기구인 다문화가족정책 · 외국인정책위원회와 정책본부를 설치하여 국경관리 차원의 소극적 통제 및 관리에서 벗어나 노동인력과 인재 유치, 사회통합과 국가안전시스템 구축을 기본으로 한 상호이해와 공존의 방향으로 전환을 모색하고 있다(그림 8-1 참조).

그렇다면 앞으로의 바람직한 정책적 방향은 무엇인가? 우리보다 앞서 다문화 사회화를 경험했던 국가들을 보면 동화주의와 다문화주의 사이에서 우왕좌왕하는 것처럼 보인다. 미국과 같이 이주민들끼리 가정을 이루고 집단을 형성하는 다민족 사회와는 달리 우리 사회의 대부분의 다문화 가족은 한국인 남성과 외국인 여성의 국제결혼으로 이루어진 가정이다.[2] 그렇다면 당연히 이들을

2 우리나라 다문화 가정의 구성원들은 때로는 명시적으로 때로는 묵시적으로 한국 사회의 문화적

한국의 주류 전통문화로 동화시켜야 하는가? 그리고 점점 늘어가는 다문화 가정의 2세들도 한민족으로 포용할 것인가? 아니면 단일민족이 아닌 다민족 국가이되 단일 문화권을 지향할 것인가? 만약 동화주의가 바람직하지 않다면, 이주노동자 및 결혼이주자들이 가져온 외래문화들이 한국의 주류 문화와 동등한 자격으로 공존하도록 인정해주어야 하는가? 한국은 이제 다민족 국가로서 그리고 진정한 의미의 다문화 국가로 살아가야 하는가? 만약 그렇게 된다면 '한국'을 다른 나라와 구별된 '한국'이 되게 하는 것은 무엇이며, '우리'를 '우리' 되게 하는 정체성은 무엇이어야 하는가?

사실 '다문화 사회화'라는 변화는 우리 사회의 질서와 틀을 근본적으로 뒤흔들 수 있는 매우 심각한 도전이다. 왜냐하면 우리는 너무도 오랜 시간 동안 단일 민족 국가의 국민이라는 익숙한 정체성과 함께 살아왔기 때문이다. 반만년이라는 오랜 세월을 단일 민족으로 살아왔다는 민족주의 정서는 그 역사적 사실의 정오(正誤) 여부에 관계없이 우리 사회를 유지하는 근본 이데올로기로 작용하여 왔었다. 그러나 세계화와 함께 진행된 급속한 다문화화 현상은 우리의 정체성과 사회의 근본 질서를 새롭게 정의해야 할 필요성을 제기하고 있다. 과연 우리는 누구이며 또한 누구이어야 하는가? 이 질문에 대한 현명한 해답을 찾기 위해서는 보다 더 많은 사회적 논의가 필요할 것이다.

---

전통에 동화될 것을 요구받고 있다. 따라서 엄밀히 말하자면 우리나라를 다문화 사회라고 부르는 것은 틀린 표현이다. 미국과 같은 사회는 각 민족 혹은 인종들이 자신들만의 독특한 문화를 가지고 있기에 '다민족 사회'인 동시에 '다문화 사회'라고 할 수 있다. 그러나 우리의 경우는 '다인종 사회' 또는 '다민족 사회'라고 부를 수는 있어도 아직 '다문화 사회'라고는 할 수 없다. 왜냐하면 이주노동자, 결혼이주자, 다문화 가족들이 우리 사회 내에서 각자 자신들의 독자적인 문화권을 형성하고 있는 것은 아니기 때문이다.

# 3절 디지털 시대의 창작자 보호

디지털 기술의 발달로 문화콘텐츠의 생산 · 복사 · 전송의 용이성은 예술작품 · 문화상품의 공공재적 특성, 즉 비배제성과 비경합성을 증폭시켰다. 이로 인해 불법복제라는 시장실패 가능성이 과거에 비해 훨씬 더 커지면서 창작자의 권리 보호가 더욱 중요한 정책문제로 대두되었다. 그러나 다른 한편으로는 디지털 매체의 속성상 전통적인 저작권 개념 적용이 적절하지 않은 경우도 발생하고 있다.[3] 여기서는 디지털 시대의 창작자 권리 보호에 관해 논의하기로 한다.

## 1. 디지털 해적

디지털 기술의 발전은 디지털 해적(Digital Piracy), 즉 불법복제에 대한 유혹을 크게 증폭시켰다. 디지털 매체의 가장 중요한 특징은 원본과 복사본의 품질 차이가 전혀 없다는 것이다. 〈표 8-5〉는 디지털 기술의 발전이 문화콘텐츠의 창작과 이용에 미치는 영향을 정리한 것이다. 최근 IT 기술의 급속한 발전으로 인해 디지털 매체의 복사작업은 매우 저렴하고 손쉽게 이루어지게 되었다. 오리지널 문화콘텐츠를 창작하는 데 아무리 많은 시간과 비용이 투입된다고 해도 그와 똑같은 품질의 복사본을 만드는 작업은 아주 짧은 시간에 매우 저렴하게 이루어진다. 따라서 비싼 가격의 정품을 구입하기보다는 값싼 불법복제를 이용하려는 유혹이 클 수밖에 없는 것이다.

---

**3** 특히 우리나라는 급속한 디지털 혁명으로 인해 인터넷 부문에서는 최선두에 있기 때문에 아직 다른 어떤 나라도 경험해보지 못한 새롭고 낯선 정책문제들이 야기될 가능성이 대단히 높다. 예컨대 P2P 파일공유나 온라인 음악전송 등의 경우를 보면 미국의 Napster 재판과 우리나라의 소리바다 및 벅스뮤직 재판이 거의 같은 시기에 진행되었다. 이것은 적어도 디지털 문화콘텐츠 정책에 관한 한, 우리가 참고할 만한 '선진국 사례'가 거의 없음을 보여주는 대표적인 사례이다. 오히려 우리가 만드는 법과 정책이 다른 나라들이 따라하는 중요한 선례가 될 수 있는 것이다.

**표 8-5 기술변화가 저작물의 창작과 이용에 미치는 영향**

| 구 분 | 전통적 기술 | 디지털 기술 |
|---|---|---|
| 복제의 용이성 및 신속성 | 대량복제를 포기하거나 크게 제약할 정도로 노력과 시간이 많이 소요됨 | 복제에 소요되는 노력과 시간은 더 이상 대량복제를 방지하는 요인이 되지 못함 |
| 복제의 질 | 복제를 거듭할수록 질이 급격하게 저하됨 | 복제를 거듭해도 원본의 질을 유지할 수 있음 |
| 조작과 변경의 가능성 | 조작이나 변경이 지극히 어렵고, 이르 인한 흔적이 남는 것이 일반적임 | 조작이나 변경이 쉽고, 이로 인한 흔적이 거의 남지 않음 |
| 저작물의 융합가능성 | 저작물의 종류별로 존재의 양태와 수록될 수 있는 매체가 한정되어 있음 | 문자, 음향 및 영상 등 존재양태가 다른 여러 저작물이 하나의 매체에 상호 연결, 수록, 이용될 수 있음 |
| 공중에게 전달되는 속도 | 복제와 배포의 어려움으로 인해 저작물이 공중에 전파되는 속도에 한계가 있음 | 통신망을 통해 순식간에 전 세계에 송신될 수 있음 |

출처: 문화관광부, 『2004 문화정책백서』.

디지털 해적 행위의 기하급수적 확산을 야기한 세 가지 요소로서 ① 멀티미디어 콘텐츠 압축 기술의 발전, ② 디지털 저장 매체의 용량 증대, 그리고 ③ 광대역 초고속 인터넷의 보급을 꼽을 수 있다. 오디오나 비디오 자료와 같은 멀티미디어 콘텐츠는 보통 그 용량이 무척 크기 때문에 저장·전송에 많은 비용이 소요된다. 디지털 콘텐츠 압축 기술은 멀티미디어의 음질이나 화질은 거의 손상시키지 않으면서도 파일의 크기는 대폭적으로 줄일 수 있게 해준다. 예를 들어 음악 CD에 녹음된 노래를 MP3로 변환하는 경우 파일의 크기는 약 10분의 1 정도로 줄어들지만 음질은 거의 그대로이다.

더구나 하드디스크, CD, DVD, USB 등 디지털 저장매체가 저렴한 가격에 갈수록 대용량화함에 따라 더욱 많은 고품질·고용량 멀티미디어 파일을 손쉽게 저장해둘 수 있게 되었다. 예컨대 2시간짜리 영화 DVD를 DivX 기술로 압축하면 오리지널 화질·음질 그대로 유지하면서 보통 CD 1~2장에 담을 수 있다. DVD 레코더를 사용하면 공DVD 1장에 영화 서너 편을 저장할 수도 있다. 손가락보다 작은 USB 하나에 고화질 영화 파일을 여러 개 저장하는 것도 가능하다. 개인용 PC에 장착되는 하드디스크 하나라면 DivX로 압축

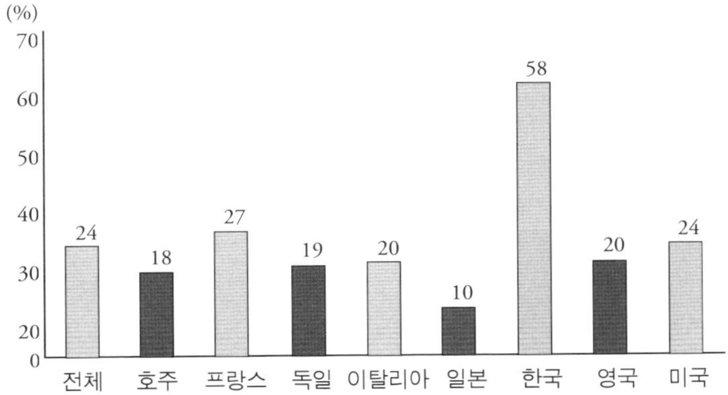


출처: 박헌준 외(2004).

그림 8-2 **불법 영화파일 다운로드 경험자의 비율(전체 응답자 중)**

한 2-3GB 정도 크기의 영화 파일을 수백 개나 보관할 수 있다. 기존 아날로그 방식의 VHS 비디오 테이프로 수백 개의 영화를 보관하려면 방 하나에 가득 찰 것이다.

한편 광대역 초고속 인터넷의 급속한 보급은 디지털 해적 행위의 무차별 확산이라는 결과를 초래하였다. 디지털로 불법 복제된 콘텐츠가 인터넷망을 통해 연쇄적으로 거듭 복제되어 나가기 때문이다. 특히 인터넷을 통한 파일공유나 P2P 기술의 보급 및 토렌트(Torrent) 사이트의 확산은 대용량 멀티미디어 콘텐츠 파일의 복제와 유포가 손쉽게 이루어지도록 만들었다.

## 2. 디지털 콘텐츠 불법복제의 현황

미국영화협회(Motion Picture Association of America)는 인터넷 사용이 활발한 8개국 네티즌들을 대상으로 불법 영화파일 다운로드 경험에 대해 조사했었다. 그 결과 우리나라는 무려 58%라는 압도적인 비율로 자랑스럽지 못한 1위를 기록한 바 있다(그림 8-2 참조). 또한 미국 최초의 P2P 서비스로 유명한

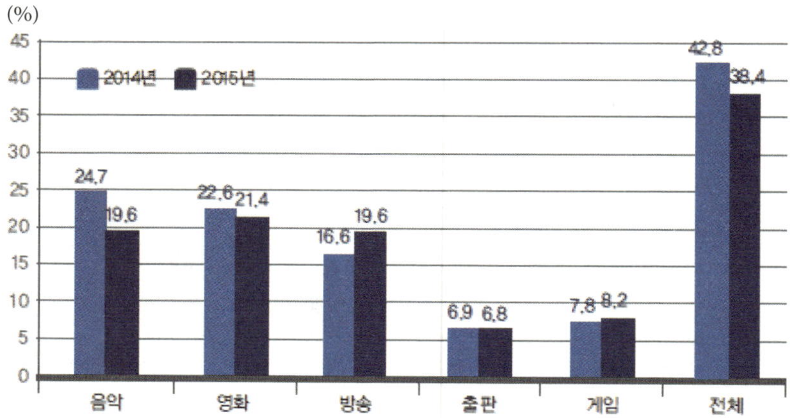


그림 8-3 **콘텐츠별 불법 복제물 이용 경험**

Napster를 이용해 무료로 공유되었던 수많은 음악 파일들 중 저작권이 있는 것이 전체의 87%나 차지할 정도였다.

우리나라는 디지털 정보화 혁명에서 다른 나라들보다 앞서 가다보니 콘텐츠의 불법 복제 역시 상당한 규모인 것으로 파악된다. 한국영상협회의 조사에 의하면 불법 동영상 다운로드로 적발된 사례는 2003년 100,560건에서 2004년에는 204,323건으로 2배 이상 증가하였다. 이로 인한 영화산업의 손실액은 2003년 약 300억 원, 2004년에는 약 500억 원이나 되었다.[4] 한편 한국음반산업협회의 조사에 따르면 2004년 우리나라 음악시장에서 불법 스트리밍 및 다운로드로 인한 피해액은 무려 6천억 원에 달하는 것으로 추정되었다(박경춘, 2004). 또한 디지털 해적 행위로 인한 피해 규모는 합법적 음악시장의 두 배가 넘는 것으로 추산되었다. 이러한 불법적인 음악파일 복제·전송으로 인한 음반산업계의 손실도 엄청난 규모이다.[5]

4 "돈 내고 보는 사람만 바보?", 『씨네 21』, 510호, 2004. 52쪽.

5 그러나 2002년 미국의 한 인터넷 조사기관의 조사에 의하면 음악파일 공유사이트를 통해 음악

**표 8-6 연도별 불법 복제 현황**

| 구분 | 2012년 | 2013년 | 2014년 | 2015년 |
|---|---|---|---|---|
| 불법 복제물 유통량(개) | 20억 6,000만 | 24억 741만 | 22억 6,100만 | 20억 8,857만 |
| 합법 저작물 시장 규모(원) | 11조 4,963억 | 12조 5,723억 | 13조 6,310억 | 14조 7,873억 |
| 합법 시장 침해 규모(원) | 2조 2,186억 | 2조 3,987억 | 2조 2,978억 | 2조 3,174억 |
| 잠재적 합법 저작물 시장 규모(원) | 13조 7,148억 | 14조 9,710억 | 15조 9,288억 | 17조 1,047억 |
| 잠재적 합법 저작물 시장 침해율(%) | 16.2 | 16.0 | 14.4 | 13.5 |
| 위반 인원(명) | 45,547 | 37,692 | 41,679 | 51,936 |

출처: 문화체육관광부 · 한국저작권위원회, 『2015년 저작권 백서』, 2016.

〈그림 8-3〉은 최근 우리나라의 불법 복제물 이용 경험을 조사한 자료이다. 분야별로 불법 복제물의 이용 경험률을 살펴보면 2014년에는 음악이 24.7%로 가장 높았으나 2015년에는 19.6%로 감소했다. 영화의 경우 2014년에는 22.6%였고 2015년에는 21.4%로 감소했지만 분야별로는 가장 높은 수치였다. 한편 방송의 경우 2014년 16.6%에서 2015년에는 19.6%로 증가하였다. 출판과 게임은 불법 복제물 이용 경험률이 상대적으로 낮았다.

〈표 8-6〉은 2012년부터 2015년까지 음악, 영화, 방송, 출판, 게임 산업의 불법 복제 현황을 정리한 통계자료이다. 불법 복제물의 유통량은 매년 20억 개가 넘는 규모이며, 위반 인원도 매년 약 4~5천 명 수준이다. 2015년 기준 불법 복제물 유통량은 약 20억 9천만 개였는데, 이 중 온라인을 통한 불법 유통량은 약 18억 8,132만 개로 전체의 90.1%를 차지하였다.

불법 복제로 인한 경제적 손실 역시 상당한 규모로 파악된다. 〈표 8-7〉에서 보듯이 2015년의 경우, 불법 복제물로 인한 문화콘텐츠 산업에서의 직간접적 생산 감소는 약 2.4조 원, 우리나라 전체 산업에서는 약 3.8조 원의 생산

---

파일을 다운받는 네티즌 중 34%는 그전에 비해 더 많은 음반구입을 했으며 15%만이 음반구입을 줄인 것으로 나타났다. “무료음악파일 받은 네티즌 음반 더 구입”, 『연합뉴스』, 2002. 5. 4.

**표 8-7 불법 복제에 따른 경제적 손실 규모(2015년 기준)**

| 산업 | 생산 감소 (억 원) | 고용 손실 (명) | 부가가치 감소 (억 원) | 세수 손실 (억 원) | 영업 잉여 감소 (억 원) |
|---|---|---|---|---|---|
| 음악 | 4,132 | 4,938 | 2,292 | 125 | 356 |
| 영화 | 8,292 | 9,909 | 3,165 | 354 | 530 |
| 방송 | 3,209 | 1,101 | 1,410 | 13 | 240 |
| 출판 | 4,094 | 4,213 | 1,456 | 174 | 164 |
| 게임 | 4,425 | 3,435 | 2,259 | 26 | 429 |
| 콘텐츠 산업 합계 | 24,152 | 23,595 | 10,581 | 692 | 1,719 |
| 기타 산업 | 13,989 | 9,723 | 6,039 | 691 | 2,195 |
| 전체 산업 합계 | 38,141 | 33,318 | 16,621 | 1,383 | 3,915 |

출처: 문화체육관광부 · 한국저작권위원회, 『2015년 저작권 백서』, 2016.

**표 8-8 산업별 합법 저작물 시장의 침해 규모**

| 순위 | 산업 | 침해 규모(백만 원) | 비율(%) |
|---|---|---|---|
| 1 | 영화 | 764,280 | 33.00 |
| 2 | 게임 | 487,547 | 21.00 |
| 3 | 출판 | 450,396 | 19.40 |
| 4 | 음악 | 307,851 | 13.30 |
| 5 | 방송 | 307,326 | 13.30 |
| 0 | 전체 | 2,317,400 | 100.00 |

출처: 문화체육관광부 · 한국저작권위원회, 『2015년 저작권 백서』, 2016.

감소가 발생하였다. 고용 손실은 문화콘텐츠 산업에서 약 2만 4천 명, 전체 산업에서는 약 3만 3천 명 정도 발생한 것으로 조사되었다.

〈표 8-8〉은 합법적 콘텐츠 시장의 침해규모를 분야별로 정리한 것이다. 2015년의 경우, 영화가 약 7,643억 원으로 가장 컸으며, 그 다음으로 게임이 약 4,875억 원, 출판이 약 4,504억 원, 음악이 약 3,079억 원, 그리고 방송은 약 3,073억 원의 순으로 나타났다.

## 3. 저작권[6]

문화 · 예술 작품은 창작자의 정신적 고뇌와 육체적 노동의 소산이다. 따라서 창작자가 자신의 작품을 창조하기 위해 수고하고 공들인 부분에 대해서는 사회적 인정과 적정한 보상이 뒤따라야 한다. 그렇지 않으면 창작활동을 계속하려는 유인이 없어지게 될 것이며, 그러한 사회에서는 문화 · 예술의 발전을 기대할 수도 없을 것이다. 이 때문에 대부분의 나라에서는 창작물에 대한 창작자의 권리를 법으로 보호해오고 있다. 저작권(Copyright) 혹은 지적소유권(Intellectual Property Right)은 창작자의 정당한 권리를 인정하고 보호해줌으로써 창작활동에 대한 보상과 유인을 제공하려는 제도이다.

### 1) 저작권의 의의

지적 노동의 산물, 즉 저작물에 관한 제반 권리를 포괄하여 지적소유권 또는 지적재산권이라고 한다. 지적재산권은 크게 저작권과 산업소유권으로 구분된다. 산업소유권은 특허, 디자인, 상표 등의 아이디어 자체를 보호하는 데 반하여 저작권은 아이디어나 사상, 감정 등이 "표현된 것"을 보호한다는 데 기본적인 차이점이 있다. 또한 산업재산권은 특허청에 출원하여 등록을 해야만 권리가 발생하는 반면, 저작권은 무방식주의에 입각하여 저작물의 창작과 동시에 발생하며 어떠한 절차나 방식(예를 들어, 납본이나 기탁 또는 등록 등)을 요구하지 아니한다. 저작권은 배타적 권리이며 준물권성이 있기 때문에 저작물을 이용하는 사람은 반드시 권리자에게 사전 허락을 받아야 한다.

저작권의 대상인 저작물은 "인간의 사상 또는 감정을 표현한 창작물"을 의

---

6 저작권에 대해서는 다음 자료들을 참고할 것.
—문화체육관광부 · 한국저작권위원회, 『개정 저작권법 해설서』, 2012.
—강준만 편저, 『대중매체 법과 윤리』, 인물과 사상사, 2001. 제13-14장.

미한다(저작권법 제2조 제1호). 사법부의 판례에 따르면 "저작권법에 의하여 보호되는 저작물은 학문과 예술에 관하여 사람의 정신적 노력에 의하여 얻어진 사상 또는 감정의 창작적 표현물"이다(서울고등법원 제5민사부 1998. 7. 7. 선고, 97나15229 판결). 앞에서 문화행정의 대상이 되는 문화는 창작자의 감성이 녹아 표출된 것이라고 하였다. 따라서 문화항정 차원에서 중요한 것은 지적소유권 중에서도 특히 저작권과 관련된 부분이다. 저작물이 되기 위한 일반적인 요건으로는 ① 문학·학술 또는 예술의 범위에 속하는 것이어야 하고, ② 창작물로서의 독창성이 있어야 하며, ③ 다른 사람들이 인식할 수 있을 정도로 외부에 표현되어야 한다. 우리나라 「저작권법」 제4조에 예시된 저작물은 다음과 같다.

① 소설·시·논문·강연·연설·각본 그 밖의 어문저작물
② 음악저작물
③ 연극 및 무용·무언극 그 밖의 연극저작물
④ 회화·서예·조각·판화·공예·응용미술저작물 그 밖의 미술저작물
⑤ 건축물·건축을 위한 모형 및 설계도서 그 밖의 건축저작물
⑥ 사진저작물(이와 유사한 방법으로 제작된 것을 포함)
⑦ 영상저작물
⑧ 지도·도표·설계도·약도·모형 그 밖의 도형저작물
⑨ 컴퓨터프로그램저작물

저작권의 목적은 불법 복제 등과 같은 외부효과로 인한 시장실패를 방지하는 데 있다.[7] 어떤 창작물로 인한 물질적·정신적 이익은 마땅히 수고했던 원

7 저작권심의조정위원회의 조사에 의하면 2007년의 경우 인터넷에 등록된 사용자제작콘텐츠(User Created Contents) 중 저작권을 침해한 짜깁기 콘텐츠가 무려 84%나 되었다. 즉 자신의 오리지널 창작물은 별로 없고 거의 대부분 다른 사람의 지적 노동의 산물들을 이리저리 짜깁기해 만든 혼합물이라는 것이다.

저작자에게 돌아가야 한다. 만약 그 제작과정에 아무런 기여도 하지 않은 사람들이 이익을 누리게 된다면 창작활동에 심각한 저해요인이 된다. 왜냐하면 저작자의 투자에 대한 회수가 이루어지지 않으면 새로운 창작을 위해 필요한 경비가 조달될 수 없을 뿐 아니라 생계유지 자체가 곤란해지기 때문이다. 결국 저작권은 지속적인 문화 · 예술 창작활동을 유도하기 위한 동기유발 기제라고 이해할 수 있다.

저작권의 종류는 우선 크게 협의의 저작권과 광의의 저작권으로 구분할 수 있다. 협의의 저작권은 저작재산권과 저작인격권으로 구성되며, 광의의 저작권은 협의의 저작권에 저작인접권까지 합한 개념이다. 사실 저작권은 하나의 단일한 권리가 아니라 여러 가지 종류의 권리들의 집합이다. 이 때문에 저작권을 '권리의 다발'(bundle of rights)이라고도 부른다.

### 2) 저작재산권과 저작인격권

저작재산권이란 창작물의 저작자가 갖는 재산적 권리로서 저작물을 배타적 · 독점적으로 이용할 수 있는 권리를 말한다. 어떤 창작물을 최초로 만들어 낸 작성자는 물론 원 저작물을 가공한 2차적 저작물의 작성자도 저작자가 된다. 지적재산권은 다른 재산권과 같이 양도 · 상속 등이 가능하다. 저작자가 자신의 저작재산권을 타인에게 이전하게 되면 이전된 범위 내에서는 저작자가 저작재산권을 행사할 수 없다. 새로이 그 권리를 이전받는 사람이 저작재산권자가 되는 것이다. 저작재산권에는 복제권, 공연권, 공중송신권, 전시권, 배포권, 대여권, 2차적 저작물작성권(편집저작물작성권 포함)이 있다. 그리고 공중송신권에는 방송권, 전송권, 디지털음성송신권 등이 포함된다.

한편 저작인격권이란 저작자가 창작한 저작물에 담긴 그의 명예와 인격적 이익을 보호받을 권리를 말한다. 공표권, 성명표시권, 동일성유지권 등이 이에 해당한다. 저작재산권과는 달리 저작인격권은 일신전속성을 가진다. 즉 결코 다른 사람에게 양도되거나 상속될 수 없는, 오직 저작자만이 가질 수 있는 권

**표 8-9 저작인격권과 저작재산권**

| | | |
|---|---|---|
| 저작인격권 | 공표권 | 저작자가 저작물을 일반에게 공표하거나 공표하지 않을 권리 |
| | 성명표시권 | 저작자 자신이 그 저작물에 자신의 이름(실명, 예명 또는 이명)을 표시하거나 표시하지 않을 권리 |
| | 동일성유지권 | 저작물의 내용·형식 및 제호 등이 저작자의 의사와 달리 변경되지 않도록 금지할 수 있는 권리 |
| 저작재산권 | 복제권 | 저작물을 인쇄·사진촬영·복사·녹음·녹화·다운로드 그 밖의 방법으로 유형물에 고정하거나 유형물로 다시 제작할 권리이며, 건축물의 경우 건축 모형 또는 설계도서에 따라 시공하는 권리가 포함됨 |
| | 공연권 | 저작물 또는 실연·음반·방송을 상연이나 연주·가창·구연·낭독·상영·재생 그 밖의 방법으로 공중에 공개하는 권리이며, 동일인의 점유에 속하는 연결된 장소 안에서 이루어지는 송신(전송 제외)이 포함됨 |
| | 공중송신권 | 저작물, 실연·음반·방송 또는 데이터베이스를 공중이 수신하거나 접근하게 할 목적으로 무선 또는 유선통신의 방법에 의하여 송신하거나 이용에 제공할 권리<br>• 방송권: 공중송신 중 공중이 동시에 수신하게 할 목적으로 음·영상 또는 음과 영상 등을 송신할 권리<br>• 전송권: 공중송신 중 공중의 구성원이 개별적으로 선택한 시간 및 장소에서 접근할 수 있도록 저작물 등을 이용에 제공할 권리이며, 그에 따라 이루어지는 송신권을 포함함<br>• 디지털음성송신권: 공중송신 중 공중으로 하여금 동시에 수신하게 할 목적으로 공중의 구성원의 요청에 의하여 개시되는 디지털 방식의 음을 송신할 권리(전송 제외) |
| | 전시권 | 미술·사진 및 건축 저작물의 원본이나 그 복제물을 일반 공중이 관람할 수 있도록 전시할 권리 |
| | 배포권 | 저작물의 원작품 혹은 그 복제물을 대가를 받거나 받지 않고 일반 공중에게 양도 혹은 대여할 권리 |
| | 대여권 | 영리를 목적으로 타인에게 저작물을 대여할 권리 |
| | 2차적 저작물 작성권 | 원저작물을 번역·편곡·변형·각색·영상제작 그 밖의 방법으로 독창적인 저작물로 제작하고, 이를 이용할 권리 |

출처: 문화체육관광부·한국저작권위원회, 『개정 저작권법 해설서』, 2012.

리라는 말이다. 예를 들어서 Michael Jackson이 Beatles가 발표했던 많은 노래들의 저작재산권을 사들였지만 그 노래들의 저작인격권은 여전히 Beatles 멤버들에게 남아 있는 것이다. 예를 들어, John Lennon이 작사하고 Pual McCartney가 작곡했던 'Yesterday'를 음반에 담아 판매해서 얻은 수익은 Michael Jackson

이 가져갈 수 있다. 하지만 그 노래를 자신이 작사 · 작곡을 했다고 표시하거나 자기 마음대로 노래의 가사를 바꿀 수는 없는 것이다.

〈표 8-9〉는 저작재산권과 저작인격권에 대한 설명을 정리한 것이다.

### 3) 저작인접권

저작인접권이란 저작물의 실연자, 음반제작자, 방송사업자 등이 소유하는 권리를 의미한다. 실연자는 저작물을 연기 · 무용 · 연주 · 가창 · 구연 · 낭독 그 밖의 예능적 방법으로 표현하거나 저작물이 아닌 것을 이와 유사한 방법으로 표현하는 실연을 하는 자를 말하며, 실연을 지휘, 연출 또는 감독하는 자(배우, 가수, 연주자, 지휘자 등)를 포함한다. 음반제작자는 음을 음반에 고정하는 데 있어 전체적으로 기획하고 책임을 지는 자를 말하며, 방송사업자는 방송을 업으로 하는 자를 말한다.

이들은 저작물을 직접 창작한 것은 아니지만 일반인이 그 창작물을 온전하고 풍부하게 누릴 수 있도록 도와주는 매개 역할을 한다. 예를 들어, 아무리 감동적인 가사와 아름다운 멜로디를 갖춘 노래라고 해도 정작 그 노래를 부르는 가수가 멋지게 소화해서 부르지 않는다면 그 노래의 매력은 충분히 드러나지 않을 수 있다. 또한 악기를 연주하는 기악인들이 어떤 스타일로 반주를 해주느냐에 따라 그 노래가 전해주는 감동이 크게 달라질 수 있다. 뿐만 아니라 가수와 연주자들이 제아무리 훌륭한 기량을 가지고 있다고 해도 음반을 제작하는 과정에서 녹음, 마스터링, 프로듀싱 등이 부실하다면 그 음악적 매력을 충실히 살릴 수 없게 된다. 결국 제아무리 멋진 저작물이라고 해도 이러한 주위의 협력이 없다면 일반 소비자들에게 어필하기 어려운 것이다. 따라서 저작물의 해석과 재현에 기여함으로써 그 가치를 한층 더 높여주는 이런 인접 행위에 대해서도 권리를 부여해서 보호할 필요가 있다.

현재 우리나라의 경우, 실연자에게는 성명표시권, 동일성유지권, 복제권, 배포권, 대여권, (생실연)공연권, (생실연)방송권, 전송권, 판매용음반 방송보상청구권, 디지털음성 송신보상청구권, 판매용 음반 공연보상청구권 등이 인정된다. 음반제작자에게는 복제권, 배포권, 대여권, 전송권, 판매용음반 방송보상청구권, 디지털음성 송신보상청구권, 판매용음반 공연보상청구권이, 그리고 방송사업자에게는 복제권과 동시중계방송권이 인정된다.

## 4. 디지털 콘텐츠와 새로운 저작권 문제

저작권 개념은 정보혁명이 본격화된 것보다 훨씬 이전에 확립되었으며 「저작권법」 또한 이미 오래전에 제정되었다. 따라서 기존의 법적 체계는 당연히 과거의 아날로그 매체를 염두에 두고 형성된 것이었다. 그러나 정보화의 진전에 따라 저작물 중에서 디지털 콘텐츠가 차지하는 비중이 급격히 커짐에 따라 기존 「저작권법」의 적합성에 한계가 노정되기 시작했다. 디지털 콘텐츠란 책, 인화사진, 영화필름, 카세트테이프, LP 등 기존의 아날로그 매체 대신 컴퓨터와 같은 디지털 매체를 이용하여 생산 · 저장 · 전달 · 소비되는 콘텐츠를 말한다. 디지털 콘텐츠도 분명히 인간의 지적 노력의 산물인 이상 저작물에 해당되기 때문에 당연히 저작권의 대상이 된다. 90년대까지만 해도 디지털 콘텐츠에 관한 법적 규정이 미비하였으나 그 후 수차례 개정을 통해 상당한 정비가 이루어졌다.

예를 들어 복제권의 경우, 과거에는 복제의 개념을 "인쇄 · 사진 … 그 밖의 방법에 의하여 유형물로 다시 제작하는 것"으로 규정하였었다. 그래서 디지털 형태로 저장하는 것이 복제인지 여부에 대해서 논란이 있기도 하였다. 사실 과거에는 CD의 음악을 MP3로 변환하거나 통신망을 통해 다운로드받는 것이 불법복제 행위에 해당되는지 여부에 대한 개념조차 없었다. 그러나 2000년에 개정된 「저작권법」에는 "유형물에 고정하거나"라는 표현을 추가하여 디지털 형태의 저장도 복제로 인정될 수 있도록 하였다. 따라서 CD를 구입한 사람이 사적 용도로 쓰려고 MP3 파일로 변환하는 것은 무방하지만, 정당한 허락을 받지 않은 채 MP3 파일을 타인에게 제공하거나 혹은 인터넷으로 다운로드받는 것은 복제권 위반 행위가 되는 것이다.

한편 인터넷 보급이 확산되면서 디지털 콘텐츠를 온라인으로 전송하는 행위에 대해서도 법적 규정이 필요하게 되었다. 광대역 초고속 인터넷이 보편화되면서 온라인을 통한 음악 및 동영상 콘텐츠 서비스도 급속도로 확대되어 갔다. 그러나 이전에는 관련된 법적 규정 자체가 없었기 때문에 온라인에서 디지털 콘텐츠를 사용하는 것은 마치 당연히 공짜인 것처럼 여겨지는 분위기였다. 그래서 2000년에 「저작권법」을 개정할 때 전송권을 신설하여 디지털 송신을 규율하도록 하였다. 전송권이란 "일반 공중이 개별적으로 선택한 시간과 장소에서 수신하거나 이용할 수 있도록 저작물을 무선 또는 유선 통신의 방법에 의하여 송신하거나 이용에 제공할 수 있는 권리"를 말한다. 예컨대 자신이 구입한 CD의 노래를 MP3로 변환한 다음 정당한 허락을 얻지 않고 자신의 홈페이지에 올려서 방문객들로 하여금 온라인으로 노래를 감상하게 한다면 전송권 위반행위인 것이다. 우리나라 「저작권법」의 전송권은 1996년 12월 체결된 WIPO 저작권 조약(WCT)의 '공중전달권'을 그대로 반영한 것이다. 처음 도입되었을 당시 전송권은 저작권자에게만 주어졌고 저작인접권자에게는 인정되지 않았었다. 그러나 2004년 10월 「저작권법」이 다시 개정됨에 따라 2005년 1월 16일부터는 실연자와 음반제작자에게도 전송권이 인정되고 있다.

〈표 8-10〉은 디지털 콘텐츠의 전송, 방송, 복제, 배포의 개념적 차이를 간략히 정리한 것이다.

**표 8-10 전송, 방송, 복제, 배포의 개념적 차이**

| | |
|---|---|
| 전 송 | 저작물을 파일 형태로 등록(upload) 송신, 다운로드받는 형태로서 1 대 1 송신 및 1 대 다수 송신, 이시성, 쌍방향적 정보유통이 가능하고 수신자가 선택한 시간과 장소에서 수신 또는 이용할 수 있도록 송신하는 것<br>(저작권법 제2조의 정의: "공중송신 중 공중의 구성원이 개별적으로 선택한 시간과 장소에서 접근할 수 있도록 저작물 등을 이용에 제공하는 것을 말하며, 그에 따라 이루어지는 송신을 포함한다.") |
| 방 송 | 1 대 다수 및 동시성을 띤 공중에 대한 일방향 송신<br>(저작권법 제2조의 정의: "공중송신 중 공중이 동시에 수신하게 할 목적으로 음・영상 또는 음과 영상 등을 송신하는 것") |
| 복 제 | 녹음, 녹화 등 유형물에 고정하거나 유형물로 다시 제작하는 것을 말하며 전송에 수반되는 행위를 포함<br>(저작권법 제2조의 정의: "인쇄・사진촬영・복사・녹음・녹화 그 밖의 방법으로 일시적 또는 영구적으로 유형물에 고정하거나 다시 제작하는 것을 말하며, 건축물의 경우에는 그 건축을 위한 모형 또는 설계도서에 따라 이를 시공하는 것을 포함한다.") |
| 배 포 | 유체물을 양도 또는 대여하는 것으로서 점유이전을 수반<br>(cf: 전송은 송신자에게 원복제물이 남게 되어 점유이전이 없음)<br>(저작권법 제2조의 정의: "저작물등의 원본 또는 그 복제물을 공중에게 대가를 받거나 받지 아니하고 양도 또는 대여하는 것") |

출처: 문화관광부, 『문화 콘텐츠산업 진흥방안』, 2000.

# 제 3 부

# 대중문화와 문화산업 그리고 국제문화교역

현대를 대중문화의 시대라고들 한다. 과거와 달리 다양한 종류의 문화·예술이 생산되고 대량으로 복제되어 수많은 다수 대중들에 의해 소비되고 있다. 문화의 생산, 유통, 소비의 규모가 커짐에 따라 문화와 산업이 결합된 문화산업이 급속도로 발달하고 있다. 또한 세계경제에서 차지하는 문화산업의 비중이 급증하면서 문화상품의 국제교역을 둘러싼 국가 간 마찰도 심해지고 있다. 제3부에서는 대중문화와 문화산업, 그리고 국제문화교역에 있어서 정책적으로 중요한 사안들에 대해 살펴본다.

제 9 장

# 대중문화와 정책

# 제 9 장 ▮ 대중문화와 정책

## 1절 대중문화의 이해[1]

### 1. Mass Culture와 Popular Culture

대중문화를 뜻하는 영어단어는 두 가지가 있다. 하나는 매스 컬처(Mass Culture)이고 다른 하나는 파퓰러 컬처(Popular Culture)이다(강현두, 1987: 18). 매스 컬처로서의 대중문화는 "대중사회에서 매스미디어에 의해 대량 생산·형성된 문화"를 의미한다(김창남, 2003: 24). 매스 컬처는 원래 '마스'(masse)와 '쿨투르'(kulture)라는 두 단어의 합성어이다. '마스'는 비귀족적이고 교육받지 못한 하류계층을 지칭하는 말인데 분별력 없는 비이성적 군중이라는 뜻이다. 반면 '쿨투르'(kulture)는 귀족계급, 엘리트들이 즐겼던 세련되고 고상한 고급문화를 뜻한다. 그래서 매스 컬처는 '문화적으로 세련되지 못한 다수에 의해 수용되는 문화'라는 의미로서 다분히 부정적 시각이 내포되어 있다.

한편 파퓰러 컬처로서의 대중문화는 '다수의 사람들이 소비·향유하는 문

---

1 대중문화에 대한 보다 깊이 있는 논의는 강현두(1987), 원용진(1996), 이강수(1997), 윌리엄 로마노프스키(2001), 정진수(2002), 김창남(2003) 등을 참고할 것.

화'라는 의미이다. 매스 컬처가 매스미디어가 등장한 근대 자본주의 이후의 문화산물을 지칭하는 용어인 반면, 파퓰러 컬처는 자본주의 이전의 민중적 문화까지 포함하는 개념이라고 할 수 있다. 파퓰러 컬처라는 용어는 매스 컬처에 비해 좀 더 긍정적 차원에서 민주적 성격에 대한 기대와 희망을 내포하고 있다(강준만, 1999: 21). 즉, 예술적 수준의 높고 낮음과는 관계없이 그저 다수의 대중이 즐기는 문화를 총칭하는 개념인 것이다.

## 2. 대중문화의 등장

대중문화가 등장한 배경에는 두 가지 중요한 요인이 있었다. 하나는 일반 대중이 문화·예술의 새로운 소비자로 등장하였다는 점과 커뮤니케이션 기술이 발전하였다는 점이다.

### 1) 대중사회의 형성: 문화·예술의 새로운 고객

대중문화는 근대 시민사회 혹은 대중사회가 출현한 이후에 나타난 문화현상이다. 즉, 대중사회라는 사회적 기반에서 형성된 문화가 대중문화라는 것이다. 과거 문화·예술이란 소수 귀족 계층의 전유물 정도로 여겨졌었다. 그러나 산업혁명 이후 귀족계급이 몰락하고 중산층의 등장과 함께 시민사회가 형성되면서 일반 대중이 문화·예술의 새로운 소비자로 등장하게 되었다. 자본주의 체제의 놀라운 생산성 향상으로 이제 일반 대중들도 시간적·경제적으로 더 많은 여유를 가지게 되었다. 그와 함께 대중의 문화적 욕구 역시 폭발적으로 증가하면서 과거 귀족계급이 담당했던 문화·예술의 후원자 역할을 이제 이들이 대신하게 되었다. 그리하여 새로운 고객으로서의 중산층을 위한 문화·예술, 즉 대중문화가 탄생한 것이다.

### 2) 매스미디어의 확산

대중문화는 다수의 대중에 의해 대량으로 소비되는 문화이다. 커뮤니케이션 기술의 발달로 대량 복제 및 전달이 가능한 방송(라디오, TV) 및 인쇄(신문, 잡지) 매체의 보급이 급증함에 따라 대중문화의 확산이 가능했던 것이다. 대중사회의 형성이 대중문화 등장의 수요 측면의 요인이었다면, 기술의 발달은 문화·예술의 대량생산, 대량유통, 대량소비를 가능하게 한 공급 측면의 요인이었다.

## 3. 대중문화의 생산 논리

대중문화가 생산되는 동기로는 네 가지 요인을 생각할 수 있다. 첫째, 개인적 동기는 예술가 개개인의 문화적 창조욕망에서 비롯된다. 자신의 생각, 감정, 느낌을 자기 나름의 표현방식에 의해 표출함으로써 다른 사람들과의 감정적 교류를 추구하려는 내적 욕망은 대중문화의 근원적인 출발지가 된다.

둘째는 경제적 동기, 즉 이윤추구에 대한 욕망이다. 대중문화는 대중에 의해 대량으로 소비되는 문화이다. 따라서 대중문화는 본질적으로 시장 판매를 목적으로 하는 상업적 문화일 수밖에 없다. 창작물을 만드는 작가 개인이나 혹은 그 창작물을 상품화하는 업체들은 자신의 생존과 이윤극대화를 위해 노력하게 된다.

셋째는 이데올로기적 동기이다. 이것은 지배계급의 정치적·경제적 지배를 위한 대중적인 규모의 의식 조작과 연관되어 있다. 오늘날의 대중문화는 자본주의 사회의 소산인 점을 부인할 수 없다. 따라서 대중문화의 기저에는 자본주의적 가치를 옹호하고 지배계급의 이데올로기를 무의식 중에 내면화시키려는 동기가 은폐되어 있다고 할 수 있다.

마지막으로는 정책적 차원의 동기가 있다. 이것은 국가의 통치 이념을 설파하기 위해 대중문화의 생산에 개입하는 경우를 말한다. 명목상 자율적 기구의 인선에 정부가 관여한다든지 혹은 행정지침이나 법규를 통한 허가·검열제 등의 방법으로 주로 시행된다. 과거 1970년대 유신정권 당시 유신이념을 홍보 · 정당화하기 위해 영화, 음반, 방송 등에 대한 강력한 검열과 통제를 실시했던 것이 대표적인 사례이다.

## 2절 대중문화에 대한 이론적 시각

대중문화를 바라보는 시각에는 크게 비판론과 긍정론 두 가지가 있다(이강수, 1997: 제2장). 비판론은 주로 유럽에서 제기된 시각으로서 대중문화 자체의 저질성 · 저속성을 비판하거나 혹은 대중문화의 정치적 역기능에 대하여 비판한다.[2] 반면 긍정론은 미국에서 형성된 시각으로서 대중문화를 다원주의적인 미국 사회의 현대 문화현상으로 이해한다. 이러한 차이는 유럽과 미국의 역사적 경험의 차이에서 비롯되었다.

### 1. 보수 · 귀족주의적 대중문화 비판론: 엘리트주의적 접근

대중문화에 대한 비판론은 다시 두 가지로 구분된다. 하나는 엘리트주의적 시각에서의 비판론이며 다른 하나는 네오마르크스주의적 입장에서의 비판론이다.

먼저 엘리트주의적 접근은 보수-귀족주의적 대중문화 비판론이라 불리는데,

2 H. Gans는 대중문화 비판론을 다음과 같이 네 가지로 분류하였다(이강수, 1997: 22).
① 대중문화 창조의 부정적 측면: 영리추구를 위해 대중영합, 창작자의 고유 가치 · 의도 포기
② 고급문화에 미치는 부정적 영향: 고급문화 차용, 고급문화창작자를 돈으로 유혹, 질 저하
③ 수용자에게 미치는 부정적 영향: 대중의 원초적 · 저속한 정서 자극, 현실도피처 제공
④ 사회에 미치는 부정적 영향: 대중의 피동성 조장, 독재자 선동으로 전체주의 출현 위험

기본적으로 대중의 취향은 저급한 것으로 취급한다. 이 시각에 의하면 대중문화는 매스미디어에 의해 대중의 저급한 취향에 맞추어 대량생산된 문화상품에 불과하다. 매스미디어는 대량생산·대량소비를 지향하기 때문에 대중의 평균적인 취향을 겨냥할 수밖에 없다. 그렇게 대량생산되는 대중문화는 필연적으로 저질화 경향을 띨 수밖에 없다.

엘리트주의적 비판론 입장에서는 귀족주의적인 문화전통 및 문화가치를 적극적으로 옹호한다. 반면 대중의 취향과 대중적 가치를 야만적인 것으로 경멸하며 대중문화는 저질이라는 낙인을 찍는다. 그리고 범인/속인에 불과한 대중의 만족할 줄 모르는 요구는 고급문화(철학, 예술, 문학, 과학)에 대한 심각한 위협이 된다고 경계한다. O. Y. Gassett는 "대중은 엘리트에 의하여 지도되고 재배되며 정렬되기 위하여 이 세상에 나온 자들인데 이와 같이 범속한 인간들은 한없이 욕심을 관철하려는 추하고 무지한 것들이며 도덕성이 결여된 자들"이라고 비난하였다. 같은 맥락에서 K. Manheim, T. S. Eliot 같은 예술가도 문화 창조의 임무는 창조적 엘리트에게 맡겨져야 한다고 주장하였다.

## 2. 전체주의적 대중문화 비판론: 비판이론적 접근

전체주의적 대중문화 비판론은 1920~1930년대 나치스, 파시스트와 같은 전체주의 정권 탄생이라는 유럽의 역사적 경험을 배경으로 형성되었다. 비판이론가들은 자본주의의 귀결인 대중사회는 필연적으로 전체주의 사회로 변모해가는 토대를 제공하는 것으로 보았다. 이들의 시각에서 보면 대중문화는 전체주의가 싹트는 온상이며 인민들이 자본주의의 모순에 저항하지 못하도록 혁명의식을 제거시킨 문화였다. M. Horkheimer, T. Adorno, H. Marcuse 같은 학자들은 선진자본주의국가에서의 사회주의 혁명이 실패한 이유를 대중문화의 반혁명성에서 찾는다. 노동자 계급, 즉 대중은 현실의 모순에 항거하는 대신 자본주의 체제가 던져주는 대중문화에 취해서 정치에 무관심한 수동적인 존재로 전락해 버렸다. 매스미디어의 의식조작으로 인해 대중들의 반자본주의적 계급의식이나 혁명성은 상실되고 혁명주체로서의 역할은 사라졌다. 결국 대중문화는 대중들의 이성적이고 비판적인 의식을 마비시킴으로써 전체주의적인 정치체제를 탄생시킨다는 것이다.

## 3. 민주주의적 대중문화 옹호론: 문화다원주의적 접근

유럽산 대중문화 비판론과는 달리 문화다원주의적 입장에서는 대중문화를 긍정적 내지 가치중립적 시각에서 이해한다. 미국은 역사적으로 귀족주의도 없었고 전체주의 및 프롤레타리아 혁명의 위협도 없었다. 미국의 대중문화는 그저 미국사회의 현대 문화현상이므로 있는 그대로를 받아들이면 되는 것이었다.

탈산업사회론을 주장한 D. Bell은 대중을 다양한 취미를 가진 소비자 집단으로 이해한다. 탈산업사회에서는 교육받은 계층이 대중문화에 모두 참여하며, 오락적 미디어에 의해 제공되는 일종의 공동의 문화를 가지고 있다. 그리고 탈산업사회의 소비자본주의는 야만적인 대중이 아닌 다양하고 상이한 취미를 소유한 소비자들을 형성한다는 것이다.

다원주의적 문화론에서는 문화적 다양성 차원에서 대중문화를 옹호한다. 예를 들어 E. Shils의 문화수준론은 심미적, 도덕적, 지적 기준에 따라 문화를 세 가지 수준으로 구분한다. 첫째는 우수한 혹은 세련된(superior or refined) 문화, 둘째는 범속한(mediocre) 문화, 그리고 셋째는 저속한(brutal) 문화이다. Shils는 각 문화의 생산과 소비는 상이한 집단에 의해 이루어진다고 본다. 예를 들면 세련된 문화는 창조적인 고급지식인 계층에 의해 생산·소비된다는 것이다. 그리고 사회 내에 다양한 문화수준과 취향을 인정해야 한다고 주장한다.

취향문화론을 주장한 H. Gans는 문화를 다섯 단계, 즉 ① 상급문화, ② 중상급문화, ③ 중하급문화, ④ 하급문화, ⑤ 유사민속하급문화로 구분한다. 각 취향문화마다 그것을 선호하는 취향공중이 있으며 이들의 관계는 전체 사회의 위계질서(특히 신분)와 깊이 연관되어 있다고 본다. Gans는 고급문화의 미적 가치를 기준으로 하여 대중문화의 다양한 취향들을 질적으로 서열화 · 위계화시킨다는 점에서는 엘리트주의자와 같다. 그러나 수준의 차이에도 불구하고 각 취향문화의 고유한 미적 가치와 기준은 인정해주어야 한다고 주장한다. 각 집단의 수준에 맞는 취향을 그대로 인정해야 한다는 것이다. 모든 종류의 문화는 그 선택 · 수용자들의 가치와 취향을 반영하는 한 고급한 것이든 저급한 것이든 모두 동등한 존재가치가 있다. 따라서 대중문화 역시 비록 저급문화로 간주된다고 해도 소위 고급문화와 동등한 가치가 있는 것이라고 주장한다.

## 3절 순수예술 vs. 대중예술

문화 · 예술을 순수예술과 대중예술로 구분하는 것은 오래된 관행이다. 그런데 이러한 구분은 과연 타당한 것인가?

일반적으로 순수예술이라고 하면 클래식, 고급예술을 떠올린다. 클래식이라는 명칭이 붙은 예술 작품 혹은 장르는 문자 그대로 오랜 시간에 걸쳐 수많은 사람들의 평가를 거친 것들이다. 이 말은 곧 예술성에 대한 엄정한 '검증' 과정을 거친 것이라는 의미가 된다. 이 때문에 클래식 예술은 대개 심오한 내용과 전통적 형식을 갖추고 인류의 지적인 자산으로서 계승 · 발전되는 경우가 많다. 그래서 "인류의 문화역량 축적의 중심적 요소"라는 평가를 받기도 한다(이케가미 준, 1999: 34).

이에 비해 대중문화는 클래식보다는 대중성과 상업성이 더 강조된다. 순수예술의 경우, 대체로 그 예술적 감동을 느낄 수 있는 감상능력은 후천적인 교육과 노력에 의해 배양된다. 반면 대중예술의 경우, 특별한 훈련이 없어도 대부분 즉각적인 만끽이 가능하다. 이는 대중문화라는 것이 특정한 지역, 특정한 시대의 사회경제상황을 배경으로 형성되어 그 시대 많은 사람의 공감을 쉽게 불러일으키는 문화양식이기 때문이다.

클래식과 대중예술의 이분법적 구분 뒤에는 예술적인 수준의 높고 낮음이 존재한다는 전제가 암묵적으로 깔려 있다. 클래식은 엘리트 집단이 선호하는 고상하고 수준 높은 문화인 반면 대중문화는 대중의 저급한 취향에 맞춘 질 낮은 문화라는 것이다. 그런데 예술의 질적 수준은 과연 누가 어떻게 무슨 기준으로 판단할 것인가? 프랑스의 피에르 부르디외는 문화적·미적 판단의 기준은 결코 절대적인 타당성을 가질 수 없다고 한다. 기존의 미적 기준이란 결국은 사회적으로 형성된 관습적 체계에 지나지 않는 것이며 기존의 사회적 차별을 고정하고 합리화시키는 방식이라는 것이다. 이런 시각에서 보면 예술적 수준의 높고 낮음을 규정하는 기준은 매우 자의적일 수밖에 없다. 그러한 기준은 "단지 오랫동안 예술을 정의할 수 있는 권력을 독점해 온 사람들에 의해 만들어진 기준일 뿐이며, 그것은 그들 집단의 입장과 이해관계 속에서 형성된 것일 뿐"이기 때문이다(김창남, 2003: 53). 소수의 전문가 그룹이 예술적 가치와 수준의 판정을 독점하게 되면 문화적 권력자가 될 가능성이 크다. 보통 사람들의 안목으로는 전혀 이해되지 않는 작품을 소수의 예술 전문가들의 평가만으로 위대한 명작이라고 떠받든다면 과연 합당한 일일까?

예술이 추구하는 멋, 감흥, 아름다움 등은 주관적 가치판단의 영역이다. 따라서 예술의 범위나 평가에 대한 절대적인 기준을 제시하는 것은 결코 쉽지 않다. 예컨대 베토벤이나 미켈란젤로의 작품을 감상하다 보면 대가들의 예술적 천재성에 감동을 넘어 전율을 느끼기까지도 한다. 그들의 작품을 마주하면 분명히 위대한 명작이라는 느낌을 떨치기 힘들다. 하지만 동시에 왜 다른 수많은 예술가들의 작품은 그러한 찬사를 받지 못하는지 이해되지 않는 경우도 많다. 예술분야의 소위 '전문가'라는 사람들의 평을 '일반인'들은 납득이 되건 안 되건 그저 수용해야만 하는가 하는 의문이 드는 것이다. 그렇다고 해서 미적 판단의 기준은 전부 상대적이라고 주장하다 보면 다른 사람이야 혐오감을 느끼든 말든 아무것이나 다 예술이 될 수 있다고 우기는 극단론도 나올 수 있는 것이다.

한 가지 분명한 사실은 사회가 근대화함에 따라 예술의 영역이 확대되고, 예술가의 창작영역도 확대되어 왔다는 점이다. 이에 따라 예술 및 예술가에 대한 과거 르네상스적인 정의는 그다지 적합하지 않게 되었다. 특히 대중문화와 문화산업이 발달하면서 전통적인 의미의 예술 외에도 여러 가지 상징 창조의 대상과 영역이 확대되었다. 결과적으로 고급문화와 대중문화의 구분이 모호해졌고, 예술가의 범위도 다양한 종류의 대중문화 창조자를 포함하는 방향으로 확대되었다(조헌영, 2003).[3] 따라서 이제는 순수예술과 대중예술의 엄격한 이분법적 구분보다는 구체적으로 어떤 예술가가 어떤 작품으로 사람들에게 감동과 기쁨을 선사하는지에 더 관심을 기울여야 할 것이다.

3 실제로 우리나라 문화예술인단체총연합회(예총)에 가입한 단체를 보면 문학, 미술, 음악, 사진, 건축 등 고전적 예술분야 외에도 영화, 연예 등도 포함되어 있다. 또 각 단체에는 순수 예술가뿐만 아니라 대중예술가도 포함되어 있다.

## 참고자료 | '예술'인가 '쓰레기'인가

### ① "쓰레기인줄 알고…" 이탈리아 환경미화원, 설치미술품 내다버려

"한눈에 봤을 때 쓰레기처럼 보였어요. 제 눈에 그건 예술 작품처럼 전혀 보이지 않아 모두 치우기로 했죠." 이탈리아의 환경미화원들이 미술관 전시실에 설치된 작품을 쓰레기통에 내다버린 탓에 전시회가 중단되는 소동이 빚어졌다. 26일(현지시간) 영국 일간 텔레그래프는 이탈리아 북부 볼차노시 무세이온 미술관에서 열린 아방가르드 미술전에서 환경미화원이 설치미술 작품을 청소해 전시회가 중단됐다고 보도했다. 쓰레기통에 버려진 작품은 '우리 오늘 밤 어디로 춤추러 갈래?'란 설치미술품으로 밀라노 출신 사라 골드슈미드와 엘레오노라 치아리가 1980년대의 정치적 부패와 쾌락주의를 표현한 것이다. 이 작품은 담배꽁초, 빈 술병, 종이로 만든 장식용 띠, 색종이 조각, 못 신는 신발과 옷을 재료로 만들어졌다.

박물관에 출근한 환경미화원들은 미술작품을 보곤 전날 밤 파티 때 남은 쓰레기더미라고 여겼다. 그들은 즉시 쓰레기봉투를 들고 작품들을 치워버렸다. 유리와 종이, 플라스틱별로 공들여 분리수거까지 했다. 이 미술관의 레티치아 라갈리아 큐레이터는 "금요일 밤 행사가 있긴 있었다"라며 "로비만 청소하고 그 외 모든 것은 가만히 두라고 직원들에게 알렸다"라고 지역신문 알토 아디제에 밝혔다. 그는 환경미화원들이 전시실을 로비라고 착각한 게 분명하다고 덧붙였다. 비슷한 사건은 2001년 영국작가 데미안 허스트의 런던전에서도 일어났다. 당시 환경미화원은 그의 설치미술에서 재떨이와 빈 맥주병, 커피컵들을 대형 파티 후 남은 쓰레기로 알고 모두 청소해 버렸다.

(연합뉴스, 2015. 10. 27.)

### ② 아… 12억짜리 예술품 '박박' 지운 청소 아줌마

이달 초 독일 도르트문트의 오스트발 미술관에선 큰 소동이 났다. 110만 달러(약 12억 원)짜리 독일의 현대미술 작가 마르틴 키펜베르거의 설치작품 '천장에서 물이 떨어지기 시작할 때'(When it starts dripping from the Ceiling)를 '열성적인' 청소부가 훼손한 것. 이 작품은 나무판으로 세워진 탑형 구조물 밑바닥에 고무판으로 된 물받이 접시가 놓여 있는 형태다. 문제는 작가가 접시 바닥을 갈색 페인트로 칠해 놓았던 것. 빗방울이 떨어져 변색된 인상을 주고 싶었기 때문이다. 프랑스 르몽드는 "작가는 말라붙은 물때 자국을 '예술'이라고 생각했으나, 청소부는 이를 '지워야 할 얼룩'이라고 생각했다"고 전했다. 결국 청소부는 솔을 이용해 바닥 접시의 페인트를 박박 닦아내 새것처럼 만들어 놓았다. 이 작품은 개인 수집가에게서 빌려온 작품으로 현재 보험사 측이 피해액을 산정 중이다. 현대미술 작품이 청소부의 실수로 훼손된 것은 이번이 처음이 아니다. 2006년 독일 프랑크푸르트 현대미술전에서는 청소부들이 시립미술관 광장에 있는 폐품을 활용한 설치작품을 쓰레기인 줄 알고 소각장에 갖다 버렸다.

(『동아일보』, 2011. 11. 9.)

### ③ 현대미술품 쓰레기로 알고 태워: 獨 미화원들, "건축폐기물로 오인"… 市, 미화원 전원 현대미술강좌 수강토록

독일에서 환경미화원들이 현대미술품을 쓰레기로 알고 태워버린 일이 일어났다. 이에 따라 해당 시 당국이 미화원들을 현대미술강좌에 보내 미술작품을 보는 안목을 키우도록 했다. 영국 일간지 가디언은 최근 독일 프랑크푸르트의 환경미화원들이 시가 주관해 열린 미술전시회에 전시 중인 조각품을 건축폐기물로 잘못 알고 소각장에 보냈다고 보도했다. 소각장에서는 이 조각품을 잘게 부순 뒤 불태웠다고 한다. 조각품은 독일 스타델아트스쿨을 졸업한 젊은 작가 마이클 부틀러의 작품이었다. 조각품은 노란색 플라스틱판자들로 만든 것이었다.

시 청소과장인 페터 포스트랩은 "비가 내려 어두컴컴한데다 미술작품이라는 표시가 없어 중요한 조각품인지 미처 몰랐다"고 해명했다. 미화원들은 지역신문의 보도를 보고 난 뒤 자신들이 소각장으로 보낸 '물건'이 조각품이라는 것을 알게 됐다. 이들은 기사를 보고는 바로 전시회 사무실로 전화를 걸어 직접 자신들의 '실수'를 알렸다. 포스트랩은 "매우 난감했다"고 말했다. 이에 따라 프랑크푸르트 시 당국은 시 안에 있는 유명 아트아카데미와 협의해 시에 소속된 30명의 미화원들이 현대미술강좌를 듣도록 했다. 이런 조치는 미화원들이 현대미술을 보는 안목을 키워 같은 실수를 되풀이하지 않도록 하기 위해서 내린 것이다. 미화원들은 '당신의 미술적 안목을 점검하세요'라는 강좌에서 토론방식의 수업에 참여한다. 이들은 수업시간에 미술관에서 영구전시하고 있는 명작과 보통 수준의 작품을 함께 감상한 뒤 그 느낌을 서로 나눈다.

(미디어다음, 2005. 1. 18.)

④ [색연필] 국제 공모전 전시작 쓰레기로 알고 버려

국제공모전에 전시된 작품의 일부분을 청소원이 쓰레기로 알고 버린 사실이 뒤늦게 알려졌다. 문제가 된 작품은 지난달 30일 막을 내린 제2회 세계도자비엔날레 이천 행사장에 전시된 도예작가 양모(41)씨의 '발코니의 식물'. 이 작품은 공업용 세라믹으로 자동차 배터리 모양 7개를 만들어 그 위에 일부러 깨진 전구 모양의 조각을 떨어진 꽃봉오리처럼 좌대 위에 떨어뜨려 놓은 것을 청소원이 버린 것. 전시가 끝난 후 양씨는 지난 3일 주최 측에 보험처리를 요청했다. 주최 측은 "현대도예가 일반인이 이해할 수 없을 만큼 복잡해 일어난 일"이라며 "보험처리 절차를 밟고 있는 중"이라고 말했다. '발코니의 식물'은 S화재에 3,000만 원의 보험이 들어 있다.

(『조선일보』, 2003. 11. 5.)

⑤ [주사위] 조형미술 작품을 고철상에 팔아 넘겨

서울 서대문구 경찰서는 13일 대학 캠퍼스 안의 조형미술 작품을 고철 덩어리로 잘못 알고 고물상에 팔아넘긴 혐의(특수절도)로 인부 조모(39, 무직)씨 등 2명을 구속. 조씨는 11일 오후 6시 10분쯤 상명여대 운동장에서 철제 조각품 5점(학교 측 시가 3,000만 원 주장)을 타이탄 트럭에 싣고 나가 인근 d고물상에 2만 1,500원을 받고 팔았다는 것. 조씨는 12일 오전에도 용접기를 준비해 "고철을 주우러 가자"며 친구 도모(39)씨와 상명여대에 들어가 전날 미처 가져가지 못한 다른 대형 철제 조각품 2점을 절단하다 미술학과 대학원생의 신고로 경찰에 붙잡혔다. 조씨는 경찰에서 "학교 측이 귀찮아 처리하지 않은 줄 알았다"며 "고철 덩어리가 미술작품이라니 믿을 수 없다"라고 말했다. 훼손된 조각품들은 이 학교 예술대 미술학과 김종호(48) 교수의 작품. 김교수는 "다음 달 김포의 야외 작업실로 옮기려던 차에 어처구니없는 일이 생겼다"며 "5점은 되찾았으나 절단한 2점은 3천만 원에서 4천만 원의 피해가 예상된다. 무지로 인해 저질러진 일이니만큼 보상을 원하지는 않지만 조씨 등을 보수 작업 등에 참석시켜 작품 활동의 의미를 일깨워 줄 계획"이라고 말했다.

(『중앙일보』, 1995. 4. 13.)

# 4절 대중문화정책

대중문화에 관한 정책은 어떤 식으로 전개되어야 하는가? 우선 대중문화정책의 방향에 관한 몇몇 학자들의 주장에 대해 간략히 살펴보자.

## 1. 김창남

김창남은 문화정책의 근본 취지가 "대중의 삶 자체를 풍요롭게 만드는 데 있다"고 전제한다. 그리고 대중문화정책을 수립할 때 염두에 두어야 할 사항들을 다음과 같이 주장한다. 첫째, 청소년들을 성인들의 보호와 감시의 대상이 아니라 "그 자체로 정당한 문화적 주체"로 인정해야 한다. 청소년들에게 필요한 것은 보호를 위한 검열과 통제가 아니라 스스로 자신들의 문화를 창조할 수 있도록 교육과 공간을 제공해주는 것이다. 둘째, 상업주의의 굴레에서 벗어나 자유로운 상상력과 비판정신 그리고 창조적 실험이 가능해져야 한다. 대중문화 시장에서 주류 산업의 독점을 막고 문화적 다양성을 확보하기 위해서는 마이너리그가 활성화되도록 뒷받침하고 육성할 필요가 있다. 셋째, 대중의 주체적인 문화 활동과 적극적인 참여가 장려되어야 한다. 대중문화의 진정한 발전은 대중의 문화적 역량과 창조적 수용능력의 배양을 통해서 이루어지기 때문이다.

## 2. Gans의 문화적 상향이동정책 & 문화적 다원정책

Gans는 국민 모두가 고급의 취향문화를 선택 · 수용 · 창조하도록 도와주는 것이 대중문화정책의 목표여야 한다고 주장한다(이강수, 1989: 458). 이것을 문화적 상향이동정책이라고 한다. 교육, 사회, 경제적 수준의 향상을 통해서 문화적 상향이동을 촉진하라는 것이다. 그러나 현실적으로 이러한 정책이 채택될 수 없는 경우의 대안으로서 문화적 다원정책을 주장한다. 즉, 사회에 현존하는 모든 취향공중들이 바라는 문화적 요구와 그들 수준에 맞는 여러 계층의 문화내용을 균형 있게 창조·공급할 수 있도록 도와주라는 것이다. Gans는 노동자계급, 하층민, 빈민층 등 문화적 소외계층들도 자신들의 취향문화를 누릴 권리가 있다고 전제한다. 그리고 그들의 취향, 심미적 기준·언어·형식에 적합한 문화(비록 저급문화일지라도)가 형성되어 문화적 진공상태를 메워주어야 한다는 것이다.

## 3. 이강수

이강수는 문화적 상향이동정책과 함께 문화적 다원정책이 병행되어야 한다고 주장한다. 왜냐하면 모든 사람들의 경제·교육수준을 중상류계층 수준으로 끌어올린다는 것이 사실상 불가능에 가깝기 때문이다. 그렇기 때문에 문화적 수준향상을 꾀하는 정책뿐 아니라 여러 계층들이 선호하는 다양한 종류의 취향문화가 풍요롭게 발전되도록 촉진시키는 정책이 필요하다는 것이다. 시장원리에 의해 매스미디어에서 공급되는 대중문화는 주로 중산층 지향적이다. 따라서 빈민층이나 고급문화층은 방송미디어로부터 외면당하는 문화적 소외 현상이 발생하기 쉽다. 매스미디어는 문화수준이 각각 다른 취향공중들에게 동일수준의 저질적 문화내용을 제공함으로써 결과적으로 자유로운 문화선택의 길을 막게 된다. 따라서 다양한 취향문화를 촉진하는 대중문화정책이 필요하다는 것이다.

## 4. 김문환

김문환은 대중문화의 두 가지 암초로 경제적 동기의 악용(자본주의)과 정치적 동기의 악용(사회주의) 가능성을 지적한다. 대중문화정책은 경제적 · 정치적 차원의 대중조작, 대중선전, 대중동원이라는 암초를 피하면서 사람들로 하여금 좀 더 사람답게 살아가도록 도와주는 방향으로 수립되어야 한다고 주장한다.

## 5. 강명구

강명구는 정보문화민주주의를 강조한다(김창남, 2003: 154-155). 시장원리에만 맡겨둔다면 저소득층 사람들은 대부분 적절한 수준의 문화소비활동을 하기 어렵다. 경제력 여하에 관계없이 정보문화를 향유할 수 있도록 하려면 정부의 지원으로 일정한 정도의 보편적 서비스가 제공될 필요가 있다. 그리고 대기업 문화자본의 탐욕을 적절히 제어하면서 문화 영역 내에서 대중의 주체성을 구현할 수 있는 제도적 장치와 공간의 확보가 필요하다.

## 6. 바람직한 대중문화정책의 방향은?

바람직한 대중문화정책의 방향에 대한 처방은 대중문화를 어떤 시각에서 이해하느냐에 따라 달라질 것이다. 먼저 엘리트주의적 시각에서 보면 문화적 상향이동정책이야말로 가장 올바른 방향이 된다. 문화는 사람들에게 정신적 즐거움과 감동을 제공하는 동시에 인격과 품성에도 지대한 영향을 미친다. 그렇다면 국민들이 더 크고 깊은 감동, 보다 고상하고 세련된 취향, 고품격의 정신적 만족을 얻을 수 있도록 대중문화의 예술적 수준이 최대한 높아지는 것이 바람직하다. 그러나 대중문화 자체의 속성상 예술적 수준 향상보다는 대중의 평범한 혹은 저급한 취향에 영합하게 될 가능성이 더 크다. 따라서 정부는 마땅히 일반 대중의 취향 수준을 높이도록, 그리고 대중문화의 질적 수준도 보다 고급스럽고 세련되도록 이끌어줄 책무가 있는 것이다.

둘째로 비판이론적 시각에서는 대중문화에 대한 정부의 불간섭과 개입을 동시에 요구하게 된다. 민주사회의 행정은 국민의 공복으로서 국민의 뜻을 받들고 국민을 섬길 의무가 있다. 따라서 국가가 특정한 정치이념을 국민들에게 심어주려는 의도에서 대중문화에 대한 검열과 통제를 가해서는 안 된다. 이런 측면에서 대중문화의 자유로운 창작활동에 대한 정부의 간섭은 배제되어야 한다. 그러나 그렇다고 해서 완전히 방임적인 태도도 바람직하지 않다. 왜냐하면 자본주의 시장원리에 충실한 대중문화에 의해 자칫 국민들의 건전한 비판의식마저 마비되어 버릴 우려가 상존하기 때문이다. 따라서 정부 차원의 적절한 개입은 필요하다고 할 수 있다. 다만 개입을 하더라도 직접 통제를 가하는 방식보다는 주류 대중문화에 영합하지 않는 대안적 비주류들도 창작활동을 펼칠 수 있게끔 환경여건을 마련해주는 간접지원 방식이 바람직하다.

한편 문화다원주의 시각에서는 대중문화의 다양성 확보가 가장 중요한 정책목표가 된다. 대중의 문화적 취향은 절대 동일하지 않고 다양하기 마련이다. 사회 구성원들의 문화적 취향이 다양하다면 각 집단의 취향에 맞는 다양한 종류의 대중문화가 활성화되어야 국민들의 행복(복지)도 극대화될 수 있다. 설령 다양한 문화들 사이에 질적 수준의 차이가 존재한다고 해도 어느 누군가를 행복하게 해준다는 점에서 각각의 존재가치는 똑같다고 인정해야 한다. 예술적 수준의 차이가 반드시 정신적 만족의 차이와 비례한다고 할 수는 없다. 예컨대 클래식 애호가가 예술회관에서 베토벤의 교향곡을 듣고 느끼는 감동이 하층 노동자가 포장마차에서 뽕짝을 부르며 느끼는 희열보다 꼭 크다고 단정할 수는 없는 것이다. 이런 점에서 예술적 수준을 논하는 것과는 별개로 다양한 대중문화가 꽃피우는 것이 사회적으로 바람직하다고 할 수 있다. 그런데 자본주의 시장체제에서는 대중문화 영역에서도 특정 스타, 장르, 기업 등에 의한 독점체제가 형성될 가능성이 높다. 따라서 정부의 정책적 개입은 대중문화의 생산과 소비에 있어 가능한 최대의 다양성을 촉진·장려하기 위해 지원하는 방향으로 전개되어야 할 것이다.

### 참고자료 "대중문화 오염 자정능력 있다"

할리우드의 영화사 중역들은 상원의 한 위원회에서 '나는 네가 지난 여름에 한 일을 알고 있다'와 같은 R등급 공포영화들이 9세 어린이들에게 시험판매되고 있다는 사실에 엄청난 충격을 받았다고 고백했다. 바로 이 시기에 런던에서는 영국의 인기 있는 미술가인 트레이시 에민의 새로운 작품이 발표되었다. 에민은 특히 자기 고백적인 설치 작업으로 세계적인 명성을 얻은 예술가로서, 이 설치 작품에는 오물이 묻은 속옷, 담배꽁초, 빈 보드카 병, 이미 사용된 콘돔 등이 등장했다. 또한 런던의 사치 화랑에서 발표된 그녀의 새로운 작품 '나는 그것을 모두 가지고 있다'에는 다리를 벌린 채 지폐 다발을 출산하고 있는 그녀의 사진이 포함돼 있다. 에민은 영국의 젊은 예술가들 중에서도 특히 10대들에게 가장 인기가 있는 것으로 알려지고 있다. 10대는 예술 세계에서 새로 등장한 집단으로 '나는 네가 지난 여름에 한 일을 알고 있다'와 같은 영화들이 탐을 내는 관객이기도 하다. 앨 고어 부통령은 최근의 이러한 현상을 가리켜 '문화적 오염'이라는 말을 사용했다. 정말로 우리 문명이 아래를 향해 추락하고 있는 걸까?

그렇지 않다. 대중문화가 점점 청소년 중심으로 바뀌어가고 있고, 진지한 예술가들이 대중문화를 흉내 내는 경우가 잦은 것은 사실이지만 예술에 대한 실망감을 표현하기 위해 사회 전체가 조악해졌다고 말할 필요는 없다. 사실 우리는 그 어느 때보다도 평화와 번영을 즐기며 살고 있으면서도 예전보다 더욱 냉소적인 자세를 가지게 되었다. 아르마니의 재정후원을 받는 구겐하임 미술관이나 기타 여러 유명 화랑 및 미술관들에서 사람들은 할리우드를 흉내 낸 예술작품들을 보며 돌과 같은 무관심을 가장한다. 멍청이 취급을 받고 싶지 않기 때문이다. 비평가들 역시 작품을 보고 느낀 실망을 잘 표현하지 않는다. 그것은 비평가들이 예술과 너무 가까운 관계를 유지하고 있기 때문이기도 하고, 자신의 시각이 나중에 잘못된 것으로 판명될까봐 겁을 먹고 있기 때문이기도 하다.

실제로 1967년에 뉴욕타임스의 영화 비평가였던 보슬리 크라우서는 영화 '보니 앤 클라이드'에 대해 "불안정하고 무모한 취미를 만족시키는 영화이며, 지나친 폭력을 묘사한 또 하나의 곤혹스러운 작품"이라고 썼다가 그 해가 가기 전에 은퇴를 해야만 했다. 이 영화가 베트남 전쟁의 와중에서 젊은이의 문화에 초점을 맞추었고 앞으로 있을 커다란 변화를 예고하고 있다는 것이 일반적인 의견이었기 때문이다. 사실 주기적으로 등장하는 문명의 타락에 대한 비판은 다른 문제들에 대한 불안을 표현하는 한 가지 방법에 지나지 않는다. 예를 들어 1920년대에는 기술의 발전 덕분에 영화관이 급속도로 늘어나기 시작하자 이 기술적 변화에 불안을 느낀 사람들이 미국 문화의 붕괴와 어린이들의 타락 위험성을 떠들어대기 시작했다. 이처럼 다른 문제에 대한 불안을 감추기 위해 문화를 비판하는 자기 기만적인 행위는 세대마다 반복되었다. 특히 선거 기간 중에 이런 문화 비판이 두각을 나타내는 경우가 많았다. 1950년대에는 만화책이, 60년대에는 텔레비전이 그 대상이었다.

그렇다면 과연 미국사회는 세대를 거듭하면서 계속 문화적인 추락을 거듭해왔는가? 1950년대 이전에는 사람들이 길거리를 걸으면서 침을 뱉어대곤 했기 때문에 거리 곳곳에 타구(唾具)가 마련돼 있었다. 얼마 전까지 거리에 재떨이가 있었던 것과 같은 광경이었다. 하지만 최근 들어 뉴욕의 지하철역에서 '침을 뱉지 마시오'라는 표지판을 본 사람은 없을 것이다. 과거의 역사를 보면 문화가 장기적인 측면에서 스스로를 교정하는 기능을 갖고 있음을 알 수 있다. 1920년대에 사람들이 가졌던, 영화가 사람들을 타락시키고 있다는 공포를 자세하게 기록한 고전적인 책 '영화가 만들어낸 미국'을 쓴 로버트 스클라는 얼마 전 자신의 딸에 대해 이렇게 말했다. "그 애는 피투성이 장면들이 등장하는 영화의 편집자였는데, 아이 엄마가 된 후에는 폭력적인 것에는 근처에도 가려고 하지 않는다."

—뉴욕타임스/arts(『동아일보』, 2000. 11. 10. 21면)

(http://www.nytimes.com/2000/11/05/arts/05KIMM.html)

제 10 장

# 문화산업과 정책

1절 문화산업의 개념과 범위

2절 문화산업의 재발견

3절 문화산업 진흥의 필요성

4절 문화산업정책

# 제 10 장 ▮ 문화산업과 정책

문화산업은 대중문화를 생산 차원에서 바라본 것이라고 할 수 있다. 대중문화는 다수의 대중이 향유하는 문화이다. 다수의 소비를 위해서 필연적으로 요청되는 것이 대량 생산이다. 대중문화가 다수의 대중들에게 수용되기 위해서는 대량으로 생산, 유통되어야만 한다. 이를 가능하게 했던 것은 산업혁명 이후 계속된 기술의 발달이었다. 아울러 자본의 논리와 결합된 대중문화는 점차로 하나의 거대한 산업을 형성하게 되었다. 따라서 대중문화의 확산은 곧 문화산업의 성장과 불가분의 관계에 있을 수밖에 없는 것이다.

# 1절 문화산업의 개념과 범위

## 1. 문화산업에 대한 상반된 시각[1]

### 1) 비판적 시각: 프랑크푸르트 학파

원래 문화산업(culture industry)이란 용어 자체는 프랑크푸르트 학파의 창시자인 M. Horkheimer와 T. Adorno가 1947년에 출간한 저서 『계몽의 변증법』에서 처음 소개되었다. 당초 이 개념은 현대 사회에서의 문화의 대량생산 및 대량소비현상에 대한 부정적이고 비판적인 시각을 표출하려는 의도에서 대중문화(mass culture)라는 용어 대신 제시되었다. 왜냐하면 그들은 대중문화를 '대중에 의해 자발적으로 생산·향유되는 문화'로 파악했기 때문이다. 그래서 대중을 상대로 조작된 욕구에 의해 대량으로 생산되고 소비되는 문화를 지칭하기 위해 문화산업이라는 개념을 제시했던 것이다. 현대 자본주의 사회에서의 문화산업은 시장논리에 입각해 있기 때문에 문화발전에 대한 관심보다는 경제적 이윤추구를 목적으로 하는 영리산업일 수밖에 없다. M. Horkheimer와 T. Adorno는 "야만적 예술이야말로 현대 자본주의 문화의 본질이며 그 수용자에게는 사회적 상부계층에의 복종이 요구된다"고 비판한다. 요컨대 문화산업은 문화의 기계화, 도구화, 상품화 과정을 통해 대중을 비정치화시키고 자본주의 체제의 이데올로기에 일치시키며 사회규범에 동조시킴으로써 자본주의의 지배를 영속화시킨다는 것이다.

### 2) 낙관론적 시각

반면 문화산업에 대한 낙관론적 시각은 문화산업을 문화적 삶의 저변 확대

---

1 이강수(1997)의 제3부 참조.

라는 차원에서 바라본다. 대중매체를 기반으로 하는 문화산업의 발달은 다양한 문화상품을 값싸고 풍부하게 공급함으로써 일반 대중들이 다양한 문화에 쉽게 접근할 수 있는 기회를 제공한다. 특히 세계화와 정보화 추세는 지구촌 곳곳의 주요 문화영역으로부터 다량의 문화적 정보가 계속적으로 공급될 수 있게 해준다. 또한 문화산업의 확산은 문화·예술의 생산자(창조적 예술가)와 소비자(일반대중) 사이의 만남의 기회를 높임으로써 문화적 민주주의의 배양에도 기여하였다. 사실 저개발국가의 경우 책이나 라디오 등은 문화적 도약의 가장 효과적인 수단이었다. 결국 낙관론적 시각에서는 문화의 산업화로 인한 모순을 비판하기보다는 '문화의 대중화', '문화향유의 민주화'라는 긍정적 효과에 초점을 맞춘다고 할 수 있다.

## 2. 문화산업의 현대적 개념

오늘날 보편적으로 사용되는 문화산업(cultural industry)이라는 용어는 이데올로기적 가치판단이나 정치논리가 배제된 채 주로 산업경제적 의미로 사용되고 있다. UNESCO에서는 1970년대부터 문화산업의 경제·사회적 중요성을 부각시키기 시작했고 지금은 보통 새로운 유형·성격의 산업 정도의 의미로 사용하고 있다.

우리나라의 경우 1972년 제정된 「문화예술진흥법」(제2조 2항)은 문화산업을 '문화예술의 창작물 또는 문화예술용품을 산업의 수단에 의하여 제작·공연·전시·판매를 하는 업'이라고 정의하였다. 그리고 1999년에 제정된 「문화산업진흥기본법」(제2조 1항)에서는 문화산업을 '문화상품의 기획·개발·제작·생산·유통·소비 등과 이에 관련된 서비스를 하는 산업'이라고 상당히 포괄적으로 정의하고 있다. 여기서 '문화상품'이란 문화적 요소(예술성·창의성·오락성·여가성·대중성)가 체화(體化)되어 경제적 부가가치를 창출하는 유형·무형의 재화와 그 서비스 및 이들의 복합체를 의미한다.

한편 문화산업이라는 용어 이외에도 다양한 용어들이 사용되고 있다. 미국에서는 주로 엔터테인먼트산업(Entertainment Industry)이라는 용어가, 영국에서는 주로 창조산업(Creative Industry)라는 용어가 사용되어 왔다. 한편 영국에 본사를 둔 다국적 회계컨설팅기업 Pricewaterhouse Coopers(PwC)는 매년 산업별 글로벌 동향자료를 발표하는데 여기서는 엔터테인먼트미디어산업(Entertainment and Media Industry)이라는 용어를 사용한다.

최근 우리나라에서는 문화산업이라는 용어와 함께 콘텐츠산업이라는 용어가 자주 사용되고 있다.[2] 한국 정부 차원에서 중요한 계기는 2008년 정부조직 개편에 따라 정보통신부가 폐지되면서 디지털콘텐츠 정책이 문화체육관광부로 이관된 것이었다. 이때부터 문화체육관광부에서는 문화산업보다는 콘텐츠산업이라는 용어를 더 많이 사용하게 되었다. 문화체육관광부가 매년 발간하던 『문화산업백서』와 『문화산업통계』의 제목도 2009년부터는 각각 『콘텐츠산업백서』와 『콘텐츠산업통계』로 변경되었다. 하지만 범정부 차원에서 각종 통계자료를 제공하는 사이트인 e-나라지표(http://www.index.go.kr)에는 여전히 문화산업이라는 용어가 사용되고 있다. 한편 문화체육관광부의 부서 명칭을 보면 문화산업, 문화콘텐츠산업, 콘텐츠산업, 대중문화산업 등의 용어가 혼용되고 있다.[3]

'콘텐츠'라는 단어는 은연중에 디지털 IT 기술을 연상시키면서 정보화 시대에 부합되는 혁신적인 이미지를 연상시킨다. 이 때문에 문화산업에 대한 정부 지원의 타당성을 더욱 강화하고 더 많은 지원금을 확보하는 데 도움이 된다는

2 콘텐츠산업 개념은 1998년 OECD가 디지털 기술로 인한 네트워크 기반의 콘텐츠 환경 변화를 언급하면서 처음 소개하였다고 한다. 한국콘텐츠진흥원, 『2016 해외 콘텐츠시장 동향조사』, 2016. 한편 2010년 제정된 「콘텐츠산업진흥법」은 콘텐츠산업을 "경제적 부가가치를 창출하는 콘텐츠 또는 이를 제공하는 서비스(이들의 복합체를 포함한다)의 제작・유통・이용 등과 관련한 산업"이라고 정의하고 있다.

3 2017년 5월 현재 문화체육관광부 조직도에 의하면 제1차관 밑에 문화콘텐츠산업실이 있고 그 밑에 콘텐츠정책관이 문화산업정책과, 영상콘텐츠산업과, 게임콘텐츠산업과, 대중문화산업과를 관할하고 있다.

장점이 있다(Garnham, 2005). 그러나 자칫 문화산업의 핵심이자 본질인 문화와 예술의 중요성이 퇴색되어 잊혀질 우려가 크다(Oakley, 2009). 따라서 적어도 문화행정 차원에서는 콘텐츠산업이라는 용어보다는 문화산업이라는 용어를 고수하는 것이 바람직할 것이다.

## 3. 문화산업의 범위

문화산업을 협의의 개념으로 보면 '오락의 요소가 상품의 부가가치 형성에 커다란 역할을 하는 산업'을 가리킨다. 그리고 광의의 개념으로 보면 '문화와 예술분야에서 창작되거나 상품화되어 유통되는 모든 단계의 산업'을 의미한다. 좀 더 단순화시키면 문화산업은 '문화 · 예술의 산업화'를 가리키는 뜻으로 이해할 수 있다(문화체육부, 『1997 문화산업백서』, 10쪽). 즉, 산업의 원리에 의해 문화상품을 생산하는 활동이라는 것이다. 이렇게 보면 "이윤 추구를 목적으로 문화와 예술 상품을 생산하고 시장에서 거래하는 것"이 문화산업의 핵심이 된다(문화관광부, 『2002 문화산업백서』, 4쪽).

그런데 문화산업의 개념을 '문화 · 예술의 산업화'로 이해한다면 다시 문화 · 예술이란 무엇인가 하는 보다 근원적인 질문에 부딪치게 된다. 문화의 개념 자체가 모호하고 논자마다 다르기 때문에 문화산업의 개념과 범위 역시 매우 유동적일 수밖에 없다. 예컨대 오늘날 문화산업의 가장 유망한 핵심 산업으로 각광받고 있는 게임 산업의 경우 전통적인 문화 · 예술의 개념과는 잘 어울리지 않는 것이 사실이다. 그렇다면 문화산업의 개념을 실질적으로는 '오락산업'과 같은 것으로 이해하는 것이 보다 현실적일 것이다. 이런 점에서 "사람들이 자신들의 즐거움을 추구하기 위하여 소비하는 모든 상품과 서비스를 생산하는 산업"이 곧 문화산업이라는 김휴종(1999b)의 정의가 더욱 적절하다고 본다. 그렇다면 문화산업이란 구체적으로 어떤 것을 말하는가?

문화산업의 영역설정 및 분류체계에 대해서는 세계적인 표준이 마련되어 있지 않아서 나라마다 차이가 있으며 상당히 유동적이다. 문화산업의 범주에는 전통적으로 출판, 방송, 영화, 공연, 박물관 등이 꼽혔으나 최근에는 그 범위가 매우 넓고 다양해지고 있다.

영국의 창의산업에는 광고, 건축, 미술품 및 고미술 시장, 공예, 디자인, 디자이너 패션, 영화, 인터랙티브 여가 소프트웨어(비디오게임 등), 음악, 공연예술, 출판, 소프트웨어, TV와 라디오 등의 13개 산업이 포함된다. 미국의 엔터테인먼트산업에는 광고, 건축, 미술, 골동품, 공예, 디자인, 디자이너 패션, 영화, 음반, 공연예술, 출판, 소프트웨어, 방송 등의 영역이 포함된다. 중국의 문화산업에는 크게 신문, 출판, 방송, 영화, 인터넷문화서비스, 엔터테인먼트, 문화상품 및 설비관련 생산, 유통 등이 포함된다. PwC에서 발표하는 엔터테인먼트미디어산업에는 TV가입 및 라이선스, TV 광고, 영화, 음악, 게임, 인터넷 광고, 인터넷접속, 옥외광고, 라디오, 소비자 잡지, 신문, 일반서적 및 교육도서, B2B 출판 등이 포함된다.

우리나라의 「문화산업진흥기본법」에 의하면 우선 영화, 비디오물, 음악, 게임, 출판, 인쇄, 방송영상물, 만화, 캐릭터, 광고, 패션디자인, 캐릭터 등이 문화산업에 포함된다. 또한 그 밖의 대중문화예술산업 및 과거 고급예술로 분류되던 공연, 미술품, 공예품, 문화재, 전통의상·장식용품 등도 모두 포함된다. 특히 2002년 전문개정을 통해 과거에는 개념조차 없었던 디지털 문화콘텐츠도 포함되었는데, 이는 디지털 정보통신기술의 급속한 발전이라는 환경 변화를 반영한 것이었다. 한편 문화체육관광부의 콘텐츠산업 통계조사는 출판, 만화, 음악, 게임, 영화, 애니메이션, 방송, 광고, 캐릭터, 지식정보, 콘텐츠솔루션 등 11개 분야로 분류하고 있다.

### 참고자료 「문화산업진흥 기본법」 제2조의 문화산업 관련 용어의 정의

- 문화산업: 문화상품의 기획 · 개발 · 제작 · 생산 · 유통 · 소비 등과 이에 관련된 서비스를 하는 산업을 말하며, 다음 각 목의 어느 하나에 해당하는 것을 포함한다.
  가. 영화 · 비디오물과 관련된 산업
  나. 음악 · 게임과 관련된 산업
  다. 출판 · 인쇄 · 정기간행물과 관련된 산업
  라. 방송영상물과 관련된 산업
  마. 문화재와 관련된 산업
  바. 만화 · 캐릭터 · 애니메이션 · 에듀테인먼트 · 모바일문화콘텐츠 · 디자인(산업디자인은 제외한다) · 광고 · 공연 · 미술품 · 공예품과 관련된 산업
  사. 디지털문화콘텐츠, 사용자제작문화콘텐츠 및 멀티미디어문화콘텐츠의 수집 · 가공 · 개발 · 제작 · 생산 · 저장 · 검색 · 유통 등과 이에 관련된 서비스를 하는 산업
  아. 대중문화예술산업
  자. 전통적인 소재와 기법을 활용하여 상품의 생산과 유통이 이루어지는 산업으로서 의상, 조형물, 장식용품, 소품 및 생활용품 등과 관련된 산업
  차. 문화상품을 대상으로 하는 전시회 · 박람회 · 견본시장 및 축제 등과 관련된 산업. 다만, 「전시산업발전법」 제2조제2호의 전시회 · 박람회 · 견본시장과 관련된 산업은 제외한다.
  카. 가목부터 차목까지의 규정에 해당하는 각 문화산업 중 둘 이상이 혼합된 산업
- "문화상품"이란 예술성 · 창의성 · 오락성 · 여가성 · 대중성(이하 "문화적 요소"라 한다)이 체화(體化)되어 경제적 부가가치를 창출하는 유형 · 무형의 재화(문화콘텐츠, 디지털문화콘텐츠 및 멀티미디어문화콘텐츠를 포함한다)와 그 서비스 및 이들의 복합체를 말한다.
- "콘텐츠"란 부호 · 문자 · 도형 · 색채 · 음성 · 음향 · 이미지 및 영상 등(이들의 복합체를 포함한다)의 자료 또는 정보를 말한다.
- "문화콘텐츠"란 문화적 요소가 체화된 콘텐츠를 말한다.

- "디지털콘텐츠"란 부호 · 문자 · 도형 · 색채 · 음성 · 음향 · 이미지 및 영상 등(이들의 복합체를 포함한다)의 자료 또는 정보로서 그 보존 및 이용의 효용을 높일 수 있도록 디지털 형태로 제작하거나 처리한 것을 말한다.
- "디지털 문화콘텐츠"란 문화적 요소가 체화된 디지털콘텐츠를 말한다.
- "멀티미디어콘텐츠"란 부호 · 문자 · 도형 · 색채 · 음성 · 음향 · 이미지 및 영상 등(이들의 복합체를 포함한다)과 관련된 미디어를 유기적으로 복합시켜 새로운 표현기능 및 저장기능을 갖게 한 콘텐츠를 말한다.
- "에듀테인먼트"란 문화콘텐츠를 유기적으로 복합시켜 기획 및 제작된 것으로 교육적으로 활용될 수 있는 것을 말한다.
- "제작"이란 기획 · 개발 · 생산 등의 일련의 과정을 통하여 유형 · 무형의 문화상품을 만드는 것을 말하며 디지털화 등 전자적인 형태로 변환하거나 처리하는 것을 포함한다.
- "유통"이란 문화상품이 제작자로부터 소비자에게 전달되는 과정을 말하며 「정보통신망 이용촉진 및 정보보호 등에 관한 법률」 제2조제1항제1호에 따른 정보통신망(이하 "정보통신망"이라 한다)을 통한 것을 포함한다.

## 2절 문화산업의 재발견

문화산업의 중요성에 대한 사회적 관심이 증폭된 것은 극히 최근의 일이다. 사실 과거에는 대중문화・문화산업이 사회의 중요한 구성요소의 하나라기보다는 그저 심심할 때 흥을 돋아주는 부차적이고 소비조장적인 '놀이' 정도로 하찮은 취급을 받았었다. 그러나 지금은 21세기를 이끌어갈 새로운 성장동력이며 가장 창조적이고 생산적인 산업으로 대접받고 있다. 어떻게 이러한 변화가 일어나게 되었는가?

### 1. 재미와 멋에 대한 갈구

먼저 중요한 것은 사람들의 주된 관심사가 변했다는 사실이다. 일찍이 문화사학자 Johan Huizinga는 인간이란 본질적으로 '유희적 존재'(호모 루덴스, Homo Ludens)라고 간파하였다. '유희적 인간'이라는 개념은 인류에게 있어서 '놀이'는 그저 주변적이고 사소한 잡일이 아니라 삶의 중심에 놓여 있는 핵심요소임을 일깨워준다.

예전에는 보통 사람들의 관심사가 단순히 '먹고 자는 일'이었다면, 지금은 많은 사람들이 '재미있게, 멋있게 사는 일'에 더 큰 관심을 가지게 되었다. 물론 이러한 변화는 절대빈곤 상태에서 벗어났기 때문에 가능하였다. 경제적으로 윤택해지고 시간적 여유도 생기고 교육수준도 높아짐에 따라 사람들은 '재미'와 '멋'을 더욱 갈구하게 된다. 따라서 전통적인 산업화 시대의 산물인 '쓸모 있는' 제품보다는 '재미있고 멋있는' 문화상품에 대한 수요가 갈수록 늘어나게 된다.

## 2. 문화의 경제적 가치 발견

*The Economist*지는 산업혁명 이후 세계경제성장의 동력원이 섬유, 철강, 화학, 전자를 거쳐 문화콘텐츠로 이동하고 있다고 분석하였다(전국경제인연합회, 2003). 문화산업이 중요시된 또 다른 이유는 이처럼 '문화도 하나의 산업'이며 '문화는 곧 돈'이라는 인식이 급속도로 확산되었기 때문이다. 과거 문화와 예술은 그저 시간 보내기용 여흥이나 혹은 반대로 고상한 정신적 취향 정도로 취급받곤 하였다. 그러나 이제 문화산업은 황금알을 낳는 21세기형 고부가가치산업으로 각광받고 있다(그림 10-1 참조).

실제로 오늘날 문화산업의 시장규모는 그야말로 폭발적으로 증가하고 있다. 빌 아이비 미 국립예술기금(NEA) 회장의 말대로 "문화예술은 이제 그 자체가 거대한 비즈니스"가 된 것이다(이케가미 준 외, 1999: 20). 문화산업이 황금알을 낳는 차세대 산업이라는 말은 다음의 몇몇 사례에서 알 수 있듯이 결코 허황된 과장이 아니다. 앞에서 언급했던 영화 〈쥬라기 공원〉은 6천 500만 달러를 투입하여 8억 5천만 달러의 수익을 올렸으며, 영화 〈타이타닉〉의 경우 제작비 2억 달러를 들여 해외시장에서의 수입만 35억 달러가 넘은 것으로 알려졌다.

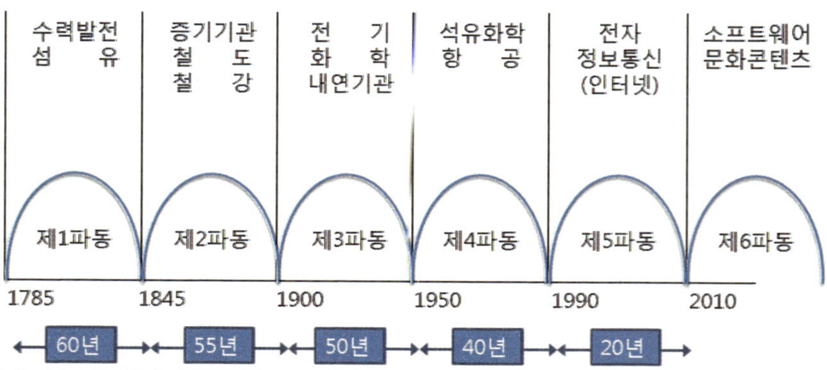


출처: 한국콘텐츠진흥원, 『창조경제와 콘텐츠산업의 일자리 창출 및 경제적 파급 효과』, 2013.

그림 10-1 산업혁명 이후 시대별 경제성장 동력원

**표 10-1 미국의 인기 캐릭터 순위 및 매출액(2004년)**

| 순 위 | 캐릭터명 | 국 적 | 매출액(1,050원/달러) |
|---|---|---|---|
| 1 | Mickey Mouse & Friends | 미 국 | 58억 달러(6조 900억 원) |
| 2 | Winnie The Pooh & Friends | 미 국 | 56억 달러(5조 8,800억 원) |
| 3 | Frodo Baggins(Lord Of The Rings) | 미 국 | 29억 달러(3조 450억 원) |
| 4 | Harry Potter | 영 국 | 28억 달러(2조 9,400억 원) |
| 5 | Nemo, Finding Nemo | 미 국 | 20억 달러(2조 1,000억 원) |
| 6 | Yu-Gi-Oh! | 일 본 | 16억 달러(2조 6,800억 원) |
| 7 | Sponge Bob Square Pants | 미 국 | 15억 달러(1조 5,750억 원) |
| 8 | Spider-Man | 미 국 | 13억 달러(1조 3,650억 원) |
| 9 | Wolverine, X-Men | 미 국 | 9억 달러(9,450억 원) |
| 10 | Pikachu, Pokemon | 일 본 | 8억 2,500만 달러(8,663억 원) |

출처: 문화관광부, 『2005 문화산업백서』.

미키마우스와 도날드덕으로 유명한 월트디즈니사는 1996년에 매출총액 187억 달러, 순이익 30억 달러를 기록하였다. 특히 간판 캐릭터인 미키마우스의 자산 가치는 무려 54조 원이나 되는 것으로 평가되고 있다. 미키마우스 캐릭터가 2004년 한 해 동안 벌어들인 매출액은 무려 6조 900억 원이었다(표 10-1 참조). 이는 당시 우리나라 영화산업 전체 매출액(약 2,850억 원)의 20배도 넘을 정도로 엄청난 액수이다. 또한 일본의 애니메이션 〈포켓몬스터〉의 경우 전 세계적인 흥행성공에 힘입어 1999년에만 약 60억 달러를 벌어들였다고 한다.

미국의 경우, 이미 1990년대부터 문화산업이 전체 국가 경제에서 차지하는 비중이 급속히 증가하였다. 미국 정부의 1997년도 산업별 국내총생산(GDP) 통계자료에 의하면 영화, 오락(amusement-recreation), 방송 세 산업의 합계가 무려 1천 503억 달러나 되었다(다키야마 스스무, 2001: 33-34). 이 수치는 전자·전기기기 제조업의 1천 573억 달러와 거의 맞먹는 수준이었다. 또한 미국 지적소유권 업계단체인 국제지적소유권연합회(IIPA)의 보고서에 따르면 같은 해 미국의 '핵심 지적소유권사업'(영화, TV, 비디오, 음악, 컴퓨터 소프트웨어 포함)의 해외시장 매출액 및 수출액은 668억 5천만 달러였다. 이것은 당시 화학

산업(664억 달러), 자동차 산업(583억 4천만 달러), 농업(573억 달러)보다도 더 많은 최고 수준이었다. 또한 고용인력(1996년) 차원에서 보면 영화산업이 52만 2천 명, 오락산업이 146만 6천 명이었다. 이를 미국의 전통적 주력산업인 전자·전기기기산업(165만 1천 명)이나 자동차제조업(96만 3천 명)과 비교하면 문화산업의 위상을 짐작할 수 있다.[4] 이러한 통계자료는 문화산업이 일찌감치 미국경제의 중추적인 기간산업이 되었음을 보여준다.

## 3. 우리나라의 문화산업

1990년대 이후 우리나라도 문화가 가지고 있는 엄청난 경제적 가치에 대해 서서히 눈을 뜨기 시작했다. 그 계기 중 하나는 할리우드 영화 〈쥬라기 공원〉이었다. 이 영화 한 편으로 벌어들인 수입은 우리나라 자동차 150만 대를 수출해야 벌 수 있는 수익금과 맞먹는 규모라고 알려졌다(이영두, 2000: 19, 각주 2). 이는 김영삼 정부 당시 과학기술자문위원회에서 대통령에게 보고했던 내용이기도 했었다. 이 단순하지만 매우 인상적인 비교는 당시 많은 사람들에게 대단한 충격으로 받아들여졌다. 문화란 그저 고상한 취향이나 재미있는 여흥에 불과한 것이 아니라는 인식이 확산되었다. 이제는 "문화가 국부를 창출하는 시대"로 전환하고 있음을 깨닫게 된 것이다(김휴종, 1999b).

문화산업은 이제 우리나라 경제에서도 적지 않은 비중을 차지하고 있다. 〈표 10-2〉는 2015년도 우리나라 문화산업의 현황을 정리한 것이다. 먼저 총매출액은 100조 5천억 원이었는데, 이는 GDP(1,510조 6천억 원) 대비 6.7%를 차지하는 수준이었다. 문화산업 사업체 수는 10만 5,014개, 종사자 수는 총

---

4 1998년도 미국 캘리포니아 주의 총생산은 약 1조 달러가 되는데 이를 세계 각국의 GDP와 비교하면 세계 7위의 수준이다. 그런데 이처럼 엄청난 규모의 캘리포니아 주 경제를 이끌었던 것은 과거처럼 항공·방위산업이 아니라 할리우드의 오락산업과 실리콘 밸리의 하이테크 산업이었다.

**표 10-2** **우리나라 문화산업의 현황 요약(2015년)**

| 구분 | 업체수 (개) | 종사자 (명) | 매출액 (십억 원) | 부가가치액 (십억 원) | 부가가치율(%) | 수출액 (천 달러) | 수입액 (천 달러) |
|---|---|---|---|---|---|---|---|
| 출판 | 25,505 | 190,277 | 20,509.8 | 8,806.3 | 42.9 | 222,736 | 277,329 |
| 만화 | 8,145 | 10,003 | 919.4 | 362.0 | 39.4 | 29,354 | 6,715 |
| 음악 | 36,770 | 77,490 | 4,975.2 | 1,808.7 | 36.4 | 381,023 | 13,397 |
| 게임 | 13,844 | 80,388 | 10,722.3 | 5,047.6 | 47.1 | 3,214,627 | 177,492 |
| 영화[1)] | 1,111 | 30,100 | 5,112.2 | 1,714.3 | 33.5 | 29,374 | 61,542 |
| 애니메이션 | 376 | 4,728 | 610.2 | 218.2 | 35.8 | 126,570 | 7,011 |
| 방송[2)] | 954 | 42,378 | 16,463.0 | 5,978.1 | 36.3 | 320,434 | 146,297 |
| 광고[3)] | 5,841 | 52,971 | 14,439.9 | 5,241.7 | 36.3 | 94,508 | 323,604 |
| 캐릭터 | 2,069 | 30,128 | 10,080.7 | 3,987.5 | 39.6 | 551,456 | 168,237 |
| 지식정보 | 8,671 | 77,809 | 12,342.1 | 5,212.0 | 42.2 | 515,703 | 652 |
| 콘텐츠솔루션 | 1,728 | 25,656 | 4,311.6 | 1,602.4 | 37.2 | 175,583 | 544 |
| 합계 | 105,014 | 621,928 | 100,486.3 | 39,978.9 | 39.8 | 5,661,368 | 1,182,820 |

1) 애니메이션 극장매출액과 극장매출액에 대한 부가가치액 제외.
2) 중계유선방송 및 IPTV 부가가치액은 제외(2015 방송산업 실태조사 보고서에 자료 없음).
3) 2014년 신규 분류체계 적용하여 산출하였으므로 이전년도와 단순비교는 불가능.
출처: 문화체육관광부, 『2016 콘텐츠산업 통계조사』.

**표 10-3** **우리나라 문화산업의 분야별 매출액 추이** (단위: 백만 원)

| 구분 | 2011년 | 2012년 | 2013년 | 2014년 | 2015년 | 비중(%) |
|---|---|---|---|---|---|---|
| 출판 | 21,244.6 | 21,097.3 | 20,799.8 | 20,586.8 | 20,509.8 | 20.4 |
| 만화 | 751.7 | 758.5 | 797.6 | 854.8 | 919.4 | 0.9 |
| 음악 | 3,817.5 | 3,994.9 | 4,277.2 | 4,606.9 | 4,975.2 | 5.0 |
| 게임 | 8,804.7 | 9,752.5 | 9,719.7 | 9,970.6 | 10,722.3 | 10.7 |
| 영화* | 3,773.2 | 4,404.8 | 4,664.7 | 4,565.1 | 5,112.2 | 5.1 |
| 애니메이션* | 528.6 | 521.0 | 520.5 | 560.2 | 610.2 | 0.6 |
| 방송 | 12,752.5 | 14,182.5 | 14,940.9 | 15,774.6 | 16,463.0 | 16.4 |
| 광고 | 12,172.7 | 12,483.8 | 13,356.4 | 13,737.0 | 14,439.9 | 14.4 |
| 캐릭터 | 7,209.6 | 7,517.6 | 8,306.8 | 9,052.7 | 10,080.7 | 10.0 |
| 지식정보 | 9,045.7 | 9,529.5 | 10,388.2 | 11,343.6 | 12,342.1 | 12.3 |
| 콘텐츠솔루션 | 2,867.2 | 3,029.1 | 3,437.8 | 3,894.7 | 4,311.6 | 4.3 |
| 합계 | 82,967.9 | 87,271.6 | 91,209.6 | 94,947.2 | 100,486.3 | 100.0 |

* 영화-애니메이션 극장 매출액 제외.
출처: 문화체육관광부, 『2016 콘텐츠산업 통계조사』.

62만 1,928명, 부가가치액은 39조 9,789억 원, 그리고 부가가치율은 39.8%로 나타났다. 또한 수출액은 56억 6,137만 달러, 수입액은 11억 8,282만 달러로 44억 7,855만 달러의 흑자를 기록하였다. 〈표 10-3〉은 문화산업 분야별 매출액의 추이를 정리한 것이다.

## 3절 문화산업 진흥의 필요성

오늘날 문화산업의 중요성에 대한 인식이 새로워지면서 이제 문화산업은 국가전략적 기간산업의 하나로 간주되고 있다. 문화산업의 특성들을 좀 더 구체적으로 살펴보면 다음과 같다.

### 1. 고성장 산업

문화산업은 기존의 전통산업들에 비해 빠른 속도로 성장하고 있다. 이 때문에 세계 각국은 이제 문화산업을 21세기를 이끌어갈 차세대 성장엔진으로 주목하고 있다.

〈표 10-4〉는 조선, 반도체, 디지털가전 등 주요 제조업과 애니메이션, 게임, 영화 등 주요 문화산업의 2001년도 세계시장 규모를 비교한 것이다. 문화산업의 시장 규모가 전통적인 주요 제조업들을 추월하고 있음을 알 수 있다. 뿐만 아니라 문화산업의 성장률은 전체 경제 성장률을 크게 상회하고 있다. 〈그림 10-2〉는 2008년부터 2011년까지 주요국들의 GDP 성장률과 문화산업의 성장률을 비교한 것이다. 문화산업의 성장 속도가 GDP 증가 속도보다 훨씬 빠르다는 것을 보여준다.

우리나라 전체 문화산업의 총매출액 규모는 2005년에 약 57조 원 정도였

**표 10-4 주요 제조업과 문화산업의 시장규모 비교(2001년)** (단위: 억 달러)

| 주요 제조업 | | | 주요 문화산업 | | |
|---|---|---|---|---|---|
| 구분 | 세계시장 | 한국M/S | 구분 | 세계시장 | 한국M/S |
| 조선 | 460 | 32.4% | 애니메이션 | 750 | 0.4% |
| 반도체<br>(메모리) | 1,390<br>(249) | 5.7%<br>(25.4%) | 게임 | 1,704 | 1.4% |
| | | | 영화 | 677 | 0.7% |
| IPT/LCD | 144 | 40.7% | 음악 | 337 | 0.9% |
| 디지털가전 | 381 | 5.1% | 캐릭터 | 1.220 | 2.6% |
| 철강 | 4,915 | 5.2% | 방송 | 1,780 | 2.5% |

주: 철강, 조선의 세계시장 규모는 생산량과 건조량 기준 매출액 환산 추정액.
게임산업은 게임기 및 콘텐츠 소비시장 기준.
출처: 이보경(2003).

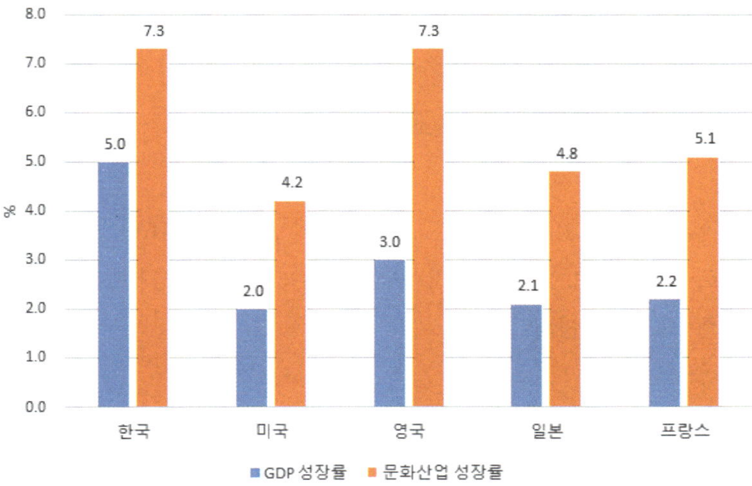


출처: 고석만, "문화콘텐츠 메가트렌드", 2013(http://www.slideshare.net/gilforum/130409-culture-trend).

**그림 10-2 주요국들의 GDP 성장률과 문화산업 성장률(2008-2011)**

다. 그런데 〈그림 10-3〉에서 보듯이 2015년에는 약 100조 원 규모로 크게 증가하였다. 10년 만에 거의 두 배 가까이 성장한 것이다. 한편 세계 문화산업 시장규모 역시 빠르게 확대되고 있다. 2005년 당시 문화산업의 세계시장 규모는 약 1조 4천억 달러로 IT 하드웨어 시장(약 1조 1,600억 달러)을 추월하였

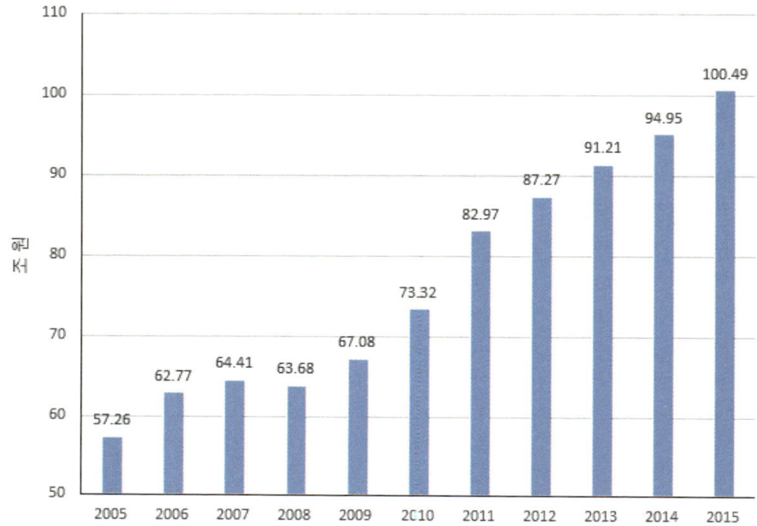


출처: 문화체육관광부, 『콘텐츠산업 통계조사』, 각년도.

**그림 10-3 우리나라 문화산업의 연도별 매출액 추세**

다(전국경제인연합회, 2003). 그리고 〈표 10-5〉에서 보듯이 2016년에는 약 2조 달러 규모로 성장했으며, 2020년까지 연평균 4.4%로 성장해 약 2조 3,500억 달러에 이를 것으로 전망되었다.

## 2. 막대한 파급효과와 고부가가치

영국의 Tony Blair 전 총리는 그의 취임사에서 "철강 1톤을 수출하는 것보다 패션의류 한 벌을 수출하는 것이 더 낫다"고 강조한 바 있다. 이는 문화산업의 가장 두드러진 장점이 바로 고부가가치 산업이라는 점을 강조한 것이었다. 실제로 문화산업은 그 자체도 고성장 산업이지만 다른 산업에 미치는 파급효과 역시 대단히 크다. 또한 파급대상의 범위가 무차별적이고 광범위하다.

문화산업의 경제적 파급효과는 실제 통계자료를 통해서도 확인된다. 〈표

**표 10-5 분야별 문화산업 세계시장 규모 및 전망**

| 구분 | 2011 | 2012 | 2013 | 2014 | 2015p | 2016 | 2017 | 2018 | 2019 | 2020 | 2015~2020 CAGR[1] |
|---|---|---|---|---|---|---|---|---|---|---|---|
| 출판 | 332 | 330 | 328 | 328 | 328 | 328 | 328 | 328 | 328 | 327 | 0 |
| 만화 | 8 | 8 | 7 | 7 | 7 | 7 | 7 | 7 | 7 | 7 | △0.5 |
| 음악 | 43 | 43 | 43 | 42 | 43 | 44 | 45 | 46 | 47 | 48 | 2.1 |
| 게임 | 54 | 57 | 61 | 67 | 71 | 75 | 79 | 82 | 86 | 90 | 4.8 |
| 영화 | 31 | 33 | 34 | 34 | 39 | 41 | 44 | 47 | 49 | 52 | 5.8 |
| 애니메이션 | 4 | 4 | 6 | 5 | 5 | 5 | 5 | 6 | 6 | 6 | 4.7 |
| 방송 | 418 | 435 | 451 | 472 | 486 | 503 | 519 | 536 | 552 | 571 | 3.3 |
| 광고 | 407 | 421 | 437 | 464 | 487 | 515 | 542 | 568 | 594 | 620 | 5 |
| 캐릭터 | 151 | 153 | 156 | 161 | 170 | 179 | 187 | 195 | 204 | 212 | 4.4 |
| 지식정보 | 457 | 501 | 549 | 594 | 638 | 680 | 722 | 763 | 804 | 844 | 5.7 |
| 산술합계 | 1,906 | 1,984 | 2,071 | 2,175 | 2,274 | 2,376 | 2,477 | 2,578 | 2,677 | 2,777 | 4.1 |
| 합계[2] | 1,541 | 1,614 | 1,697 | 1,794 | 1,892 | 1,986 | 2,079 | 2,172 | 2,262 | 2,351 | 4.4 |

1) 2015년부터 2020년까지 연평균성장률
2) 중복 시장을 제외한 시장규모임
출처: 한국콘텐츠진흥원, 『2016 해외콘텐츠시장 동향조사』.

**표 10-6 산업별 각종 유발계수 비교(2009년 기준)**

| | 문화산업 | 제조업 | 정보통신 | 반도체 | 자동차 | 선박 |
|---|---|---|---|---|---|---|
| 부가가치유발계수 | 0.79 | 0.56 | 0.56 | 0.49 | 0.65 | 0.56 |
| 생산유발계수 | 1.98 | 2.05 | 1.93 | 1.53 | 2.5 | 1.92 |
| 고용유발계수 | 11.79 | 6.32 | 6.03 | 4.99 | 7.48 | 5.93 |
| 취업유발계수 | 14.74 | 8.65 | 7.49 | 6.03 | 9.28 | 7.35 |

출처: 한국콘텐츠진흥원, 『창조경제와 콘텐츠산업의 일자리 창출 및 경제적 파급 효과』, 2013.

10-6〉은 주요 산업별로 각종 유발계수를 비교한 것이다. 2009년 기준 문화산업의 부가가치, 생산, 고용, 취업 유발계수는 제조업, 정보통신, 반도체, 자동차, 선박산업보다 모두 높았다. 한편 〈표 10-7〉에서 보듯이 2015년 문화산업 전체의 부가가치액은 약 40조 원 가까이 되었다. 분야별로 보면 출판 약 9조 원, 방송 약 6조 원, 게임 약 5조 원, 캐릭터 약 4조 원, 그리고 영화와 음악이 각 1조 8천억 원 수준이었다. 또한 문화산업의 GDP 대비 부가가치액의

**표 10-7 문화산업 부가가치액 현황** (단위: 십억 원)

| 구분 | 2011년 | 2012년 | 2013년 | 2014년 | 2015년 | 전년대비 증감률(%) | 연평균 증감률(%) |
|---|---|---|---|---|---|---|---|
| 출판 | 8,946.1 | 8,770.1 | 8,760.9 | 8,790.5 | 8,806.3 | 0.2 | △0.4 |
| 만화 | 307.6 | 313.9 | 322.6 | 336.9 | 362.0 | 7.5 | 4.2 |
| 음악 | 1,597.7 | 1,663.8 | 1,704.9 | 1,764.7 | 1,808.7 | 2.5 | 3.1 |
| 게임 | 4,184.9 | 4,568.1 | 4,545.9 | 4,711.1 | 5,047.6 | 7.1 | 4.8 |
| 영화 | 1,467.4 | 1,661.1 | 1,794.4 | 1,533.3 | 1,714.3 | 11.8 | 4 |
| 애니메이션 | 223.1 | 220.0 | 219.2 | 221.8 | 218.2 | △1.6 | △0.6 |
| 방송 | 4,548.2 | 5,124.6 | 5,291.5 | 6,120.0 | 5,978.1 | △2.3 | 7.1 |
| 광고 | 3,989.0 | 4,652.7 | 6,147.0 | 4,143.1 | 5,241.7 | 26.5 | 7.1 |
| 캐릭터 | 3,065.3 | 3,143.9 | 3,477.2 | 3,794.5 | 3,987.5 | 5.1 | 6.8 |
| 지식정보 | 3,915.3 | 3,915.7 | 4,391.1 | 4,812.9 | 5,212.0 | 8.3 | 7.4 |
| 콘텐츠솔루션 | 1,166.0 | 1,200.8 | 1,383.7 | 1,476.5 | 1,602.4 | 8.5 | 8.3 |
| 합계 | 33,410.5 | 35,234.6 | 38,038.3 | 37,705.1 | 39,978.9 | 6 | 4.6 |

* 영화-애니메이션 극장 매출액 관련 부가가치액 제외
출처: 문화체육관광부, 『2016 콘텐츠산업 통계조사』.

**표 10-8 문화산업의 GDP 대비 부가가치액 비중**

| 구분 | 2011년 | 2012년 | 2013년 | 2014년 | 2015년 |
|---|---|---|---|---|---|
| 콘텐츠산업 부가가치액(억 원) | 334,105 | 352,346 | 380,383 | 377,051 | 399,789 |
| GDP(억 원) | 12,351,605 | 12,724,595 | 14,282,946 | 14,850,780 | 15,585,916 |
| GDP 대비 부가가치액 비중(%) | 2.70 | 2.77 | 2.66 | 2.54 | 2.57 |

출처: 문화체육관광부, 『2016 콘텐츠산업 통계조사』.

비중은 2015년 기준 2.57%였다(표 10-8 참조).

문화산업이 제조업에 비해 부가가치가 높다는 것은 국내외 대표적인 기업들의 실적 비교를 통해서도 확인된다.[5] 독일의 자동차 회사 폭스바겐의 2014년

5 http://www.newsis.com/ar_detail/view.html?ar_id=NISX20160226_0013921654&cID=10703

도 매출액은 246.8조 원, 영업이익은 15.5조 원이었다. 같은 해 미국 월트디즈니의 매출액은 54.5조 원, 영업이익은 14.5조 원이었다. 매출액 규모만 놓고 보면 폭스바겐이 거의 5배 정도 더 크다. 그러나 영업이익률을 계산해보면 폭스바겐은 6.3%인데 비해 월트디즈니는 4배 이상 더 많은 26.6%나 되었다. 우리나라의 경우도 비슷하다. 2014년도 현대자동차의 매출액은 89.3조 원, 영업이익은 7.6조 원이었음에 비해 네이버의 매출액은 2.8조 원, 영업이익은 0.8조 원이었다. 매출액 규모로는 현대자동차가 네이버보다 거의 30배 정도 더 많다. 하지만 영업이익율을 보면 현대자동차가 8.5%인데 비해 네이버는 그보다 3배 이상 더 많은 27.5%나 되었다.

문화산업의 경제적 파급효과는 개별 문화상품 차원에서도 나타난다. 최근 우리나라는 물론 중국 등 해외에서도 큰 인기를 누렸던 드라마 〈별에서 온 그대〉의 경우, 생산유발효과는 무려 약 1조 원 이상이었다. 부가가치 유발효과는 약 4천 2백억 원, 취업유발효과는 약 1만 2천 명 정도나 되었다. 이를 자동차로 환산하면 쏘나타 약 2~3만 대를 생산했을 때의 효과와 비슷한 수준이다.

한국을 대표하는 온라인 게임 '리니지'는 대만, 일본, 중국, 북미, 유럽지역에도 진출하여 2009년 매출액 1,493억 원, 누적 매출액 약 2조 원을 기록하였다(엔씨소프트, 2010). '리니지'를 개발한 엔씨소프트사의 총매출액은 6,347억 원이며 이 중 해외매출액이 2,520억 원이었다. 그리고 일본, 대만, 태국 등에서 온라인 게임 1위를 달리고 있는 한국의 또 다른 온라인 게임 '라그나로크'는 전 세계 약 3천만 명 이상의 이용자를 거느리고 있다. 또한 '어린이들의 대통령'으로 불리며 전 세계 110개국으로 수출되고 있는 '뽀로로'의 경제 효과는 5조 7,000억 원, 브랜드 가치는 8,000억 원, 부가가치 유발효과는 8,700억 원, 연간 로열티 120억 원, 취업 유발효과는 4만 3,000여 명에 이른 것으로

&pID=10700

**표 10-9 역대 한국영화 흥행작의 부가가치 유발효과**

| 영화명 | 관객 수 (흥행수입) | 취업 유발효과(명) | 부가가치 유발액(억 원) | 승용차 환산(대) |
|---|---|---|---|---|
| 태극기 휘날리며(2004년) | 1,115만 명(781억 원) | 2,343 | 663 | 6,125 |
| 실미도 (2004년) | 1,107만 명(775억 원) | 2,325 | 658 | 6,079 |
| 친구(2001년) | 820만 명(574억 원) | 1,722 | 487 | 4,860 |
| 쉬리(1999년) | 600만 명(360억 원) | 1,080 | 306 | 3,119 |
| JSA(2000년) | 583만 명(350억 원) | 1,050 | 297 | 2,964 |
| 살인의 추억(2003년) | 510만 명(357억 원) | 1,071 | 303 | 2,798 |
| 가문의 영광(2002년) | 505만 명(354억 원) | 1,062 | 301 | 2,832 |

주: 2004년 4월 4일 현재. 승용차는 EF쏘나타 기준(자료: 한국은행)

추정된다(최광숙, 2011).

일본에 '욘사마' 열풍을 불러일으켰던 배용준·최지우 주연의 드라마 〈겨울연가〉는 문화상품의 엄청난 경제적 파급효과를 단적으로 보여준다. 2004년 일본 다이니치생명 경제연구소는 〈겨울연가〉 붐에 의한 경제적 파급효과가 한·일 양국에서 무려 2조 3,269억 원(2,297억 엔)에 달한다고 분석하였다.[6] 이 분석에 따르면 〈겨울연가〉는 드라마 관련 상품의 판매 증가와 배용준·최지우를 기용한 광고에 의한 상품 매출 증가 등에 힘입어 일본에서 직접적으로 약 3,687억 원(364억 엔)의 경제 효과를 창출했다. 여기에 간접적인 파급 효과를 더하면 1조 2,410억 원(1,225억 엔)의 가치를 창출했다. 또 한국에서는 〈겨울연가〉 촬영지를 방문한 일본 관광객이 18만 7,000여 명에 달하여 큰 관광수입을 올렸으며, 이를 포함하여 직간접적으로 1조 860억 원(약 1,072억 엔)의 수익을 낸 것으로 분석되었다. '욘사마' 배용준 한 사람의 경제적 효과가 약 3조 원 이상인 것으로 추산되었다. 이러한 분석은 잘 만든 TV 드라마 한 편이 어마어마한 경제적 파급력을 가질 수 있음을 분명하게 보여준다.

6 "'겨울연가' 경제 효과 2조 3,269억 원", 『일간스포츠』, 2004. 12. 13.

또한 한국은행이 발표한 자료에 의하면 2004년 흥행대작이었던 영화 〈태극기 휘날리며〉와 〈실미도〉는 각각 부가가치 유발액 650억 원 이상, 취업유발효과 2,300명 이상을 기록하였다. 또한 우리나라 최초의 블록버스터 영화였던 〈쉬리〉의 부가가치 유발액은 305억 원, 취업유발효과는 1,080명이었다(표 10-9 참조). 2002년에 개최되었던 안면도 국제꽃박람회는 약 4,400억 원 정도의 생산유발액과 8,900명 정도의 고용효과를 기록하였다(윤영우, 2004). 한국, 일본 및 아시아 지역에서 큰 인기를 얻고 있는 가수 '보아'의 경우, 2002년 1월부터 2003년 3월까지 일본 내 활동에서 앨범 매출액 780억 원을 포함하여 1,741억 원의 경제적 파급효과를 거두었다. 보아는 잠재적인 경제가치가 무려 1조 원에 달할 것으로 추산되면서 '걸어 다니는 기업'이라고 불리기도 했다.

## 3. 아이디어 집약 산업

문화산업은 "굴뚝 없는 산업"이라고도 불린다. 큰 밑천 없이도 번뜩이는 아이디어와 창의성만 있으면 얼마든지 큰 성공을 거둘 수 있기 때문이다. 문화산업은 산업화・정보화 시대에 발달한 Hard(제조, 기술)를 보완하고 가치를 높여주는 Soft(감성, 예술)의 영역이라고 할 수 있다(삼성경제연구소, 2002). 문화자산의 재해석과 독창적 아이디어의 추가로 얼마든지 높은 부가가치를 창출한다는 것이다.[7] 기존의 하드웨어 산업이 발전해오면서 그 마진율이 점차 한계에 다다른 반면 문화산업은 창의적 상상력과 창조성을 바탕으로 거의 무한한 성장 잠재력을 가지고 있다. 이런 점에 비춰볼 때 한국 같은 자원빈국으로서는 아이디어 집약적 산업인 문화산업에 각별히 주력할 필요성이 크다.

창의적인 아이디어로 승부하는 문화산업은 투자비용에 비해 막대한 이익의

7 문화산업은 그 어느 부문보다 벤처정신이 살아 있는 곳이다. 개인의 창조적 노력 여하에 따라 얼마든지 부자가 될 수 있기도 하고 유명해질 수도 있기 때문이다(해롤드 보겔, 2003: 409).

회수가 가능하다. 투자가 성공으로 이어질 확률은 낮지만 반면에 성공하면 막대한 수익을 거두게 된다. 그래서 문화산업은 '고위험 고수익'(High Risk High Return) 산업인 것이다.

소설 『해리 포터』는 뛰어난 아이디어와 매력적인 스토리로 엄청난 성공을 거둔 대표적 사례이다. Joan K. Rowling은 영국의 가난한 무명작가였는데 시골의 한 카페에서 커피를 마시며 노트에 연필로 소설을 써내려갔다. 그것이 바로 『해리포터와 마법사』였다. 이 소설은 전 세계 출판시장에서 판매기록을 세우며 그녀를 세계 여성 갑부 2위로 만들어주었다. 1997년부터 2011년까지 총 일곱 권의 시리즈로 출간되었는데, 67개국 언어로 번역되어 200여 개국에 4억 5천만권이 판매되었다. 이 소설로 작가가 벌어들인 수입은 무려 1조 2천억 원 정도나 되었다. 영국 가디언지는 '해리 포터'의 영국 경제 기여도가 연간 약 30억 파운드(5조 7천억 원)에 달하는 정도라고 보도했다. 미국의 경제주간지 포브스는 '해리 포터'의 브랜드 가치를 무려 10억 달러로 추산하기도 했다.[8] '해리 포터'의 성공은 좋은 아이디어 하나만으로도 엄청난 부가가치가 산출될 수 있음을 극명하게 보여주는 좋은 사례이다.

이와 같은 사례는 얼마든지 찾아볼 수 있다. 예컨대 영국의 뮤지컬 〈오페라의 유령〉은 지금까지 약 30조 원이 넘는 천문학적 수익을 거두었다고 한다. 미국 영화 〈스타워즈: 에피소드 1〉은 약 1억 달러의 제작비를 들였는데 2년 반 만에 무려 47억 2천만 달러의 수입을 기록하였다(1999년 여름개봉-2001년 말). 또한 영화 〈스파이더맨〉의 경우, 개봉 3일 만에 1억 달러 이상의 흥행수입 기록을 세우기도 하였다. 2002년 일본의 대미 애니메이션 수출액은 무려 43.5억 달러였는데 이는 당시 일본의 대미 철강수출의 4배에 해당하는 액수였다.

이런 몇몇 사례들이 잘 보여주듯이 문화산업은 그저 단순히 소모적인 여흥

---

**8** "해리포터 브랜드 가치 1조원", mbn뉴스, 2005. 7. 19.

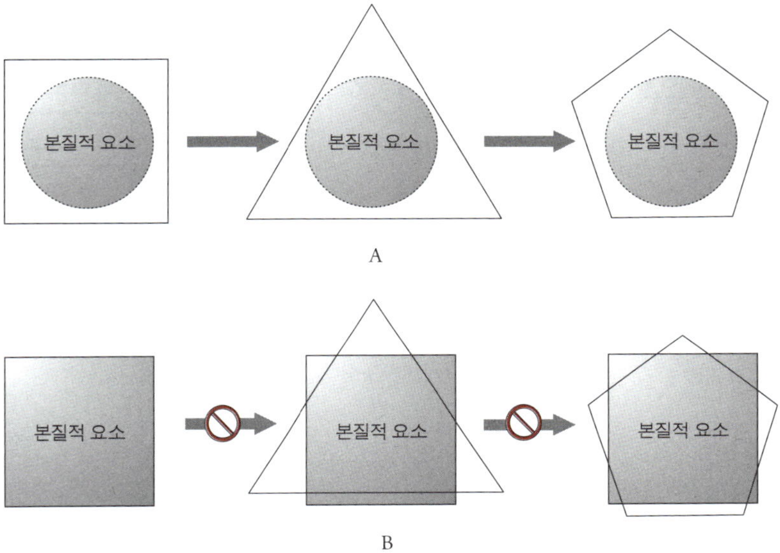


출처: 김휴종(1999a).

그림 10-4 문화산업 창구효과의 정의와 타 산업과의 차이

이나 오락거리로 치부하기에는 너무나 거대한 규모의 산업으로 성장하였다. 그리고 이런 엄청난 성공들은 모두 창의적인 아이디어로부터 시작된 것이다.

## 4. 창구효과(Window Effect)

문화산업의 본질적인 핵심은 소위 '콘텐츠'에 있다. 콘텐츠란 간단히 말해서 인간에게 심리적인 즐거움, 만족감, 감동을 주는 그 무엇이라고 할 수 있다. 콘텐츠의 가장 중요한 특징은 그 외적 형태를 자유자재로 바꿀 수 있다는 점이다(다키야마 스스무, 2001: 37). 〈그림 10-4〉의 A에서 보듯이 소프트인 콘텐츠의 본질은 그대로 유지하면서 다른 형태의 하드웨어 매체에 얼마든지 탑재

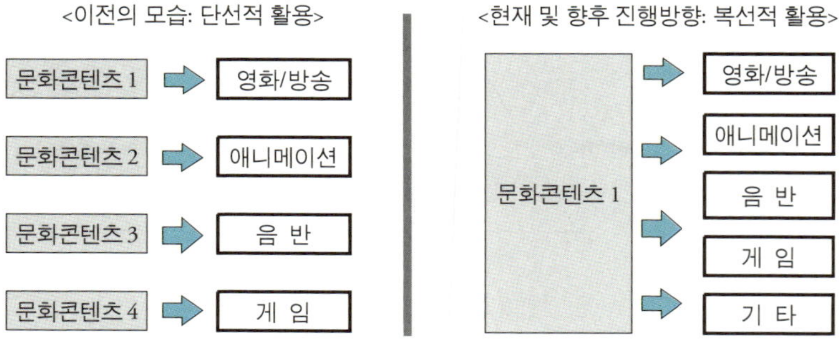


출처: 문화관광부. "콘텐츠 코리아 비전 21", 2001.

**그림 10-5 문화산업의 One Source Mulit Use**

될 수 있는 것이다. 반면 다른 산업의 경우 B에서 보듯이 상품의 본질 자체가 이미 특정한 형태의 틀 속에 고정되어 있다. 따라서 어떤 하나의 하드웨어 틀에 탑재되어 있는 본질적 요소를 다른 틀로 이식할 수는 없다.

이처럼 한 문화상품의 본질적 콘텐츠가 다른 형태의 매체들로 이식되어 새로운 상품으로서 계속적으로 가치를 생산하는 현상을 '창구효과'(window effect)라고 부른다. 김휴종(1999a)은 창구효과를 "하나의 상품이 산업의 일개 영역에서 창조된 후 부분적인 기술적 변화를 거쳐 문화산업 영역 내부, 혹은 다른 산업의 상품으로서 활용이 지속되면서 그 가치가 증대되는 효과"라고 정의한다. 문화산업이 엄청난 규모의 부가가치를 창출할 수 있는 것도 이 창구효과 덕분이다.

창구효과의 핵심은 연쇄적 부가가치 창출에 있다. 즉, 한 부문에서 시작된 문화콘텐츠가 다른 여러 부문으로 이식되고, 이 각각의 분야가 또다시 다양한 형태로 활용된다는 것이다. 이처럼 하나의 문화 소스가 여러 갈래로 활용된다는 점에서 창구효과를 'OSMU'(One-Source Multi-Use)라고도 한다. 〈그림 10-5〉에서 보듯이 과거에는 문화산업 내부적으로도 대개 각 장르별로 별개의 문화콘텐츠가 따로따로 사용되었다. 그러나 요즘에는 하나의 문화콘텐츠가 여러 가지 장르에 걸쳐 작품 생산의 소스로 활용되는 것이다.

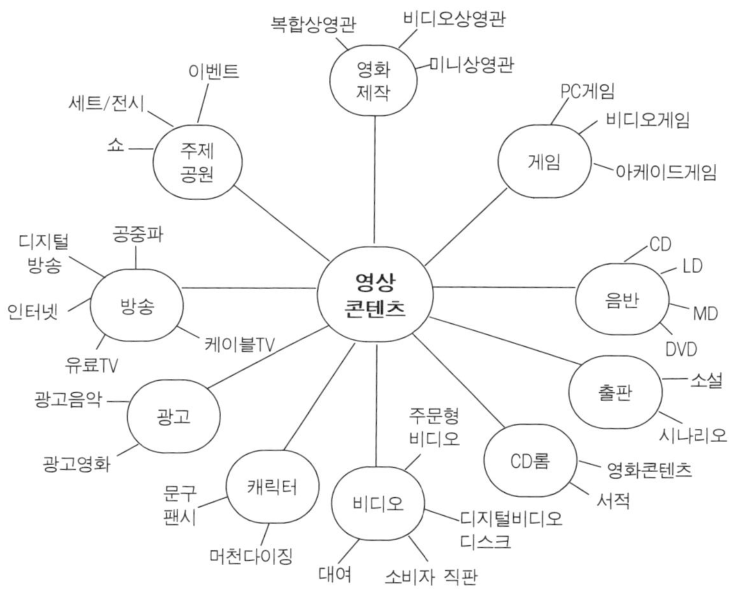


출처: 구문모 외, 『문화산업의 발전방안』, 을유문화사, 2000, p. 125.

**그림 10-6 영상산업의 창구효과**

전통적인 제조업의 경우 한번 생산된 제품이 형태를 바꾸면서 계속해서 가치를 재창조하는 일은 거의 없었다. 그러나 〈그림 10-6〉에서 보듯이, 예컨대, 영화라는 영역에서 개발된 콘텐츠는 음반, 컴퓨터게임, 팬시용품, 캐릭터, 출판, 비디오, 광고, 관광 및 테마파크 등 다양한 영역으로 확산되면서 연쇄적으로 부가가치를 창출할 수 있다. 예컨대 『해리 포터』의 경우, 〈그림 10-7〉과 같이 소설로 출판·판매되었을 뿐만 아니라 영화, 게임, DVD, 캐릭터 상품, 광고 등 다양한 상품으로도 활용되었다. 영화 〈쥬라기 공원〉(1993)의 경우 6,300만 달러의 제작비를 들여 총 25억 6,600만 달러의 수입을 올렸다. 이 중 극장흥행수입은 9억 1,600만 달러(미국 내 3억 5,700만 달러, 국외 5억 5,900만 달러), 비디오 수입 5억 달러(미국 내 3억 달러, 국외 2억 달러), TV방송 1억 5천만 달러, 그리고 각종 머천다이징으로 10억 달러를 벌어들였다(Los Angeles Times,

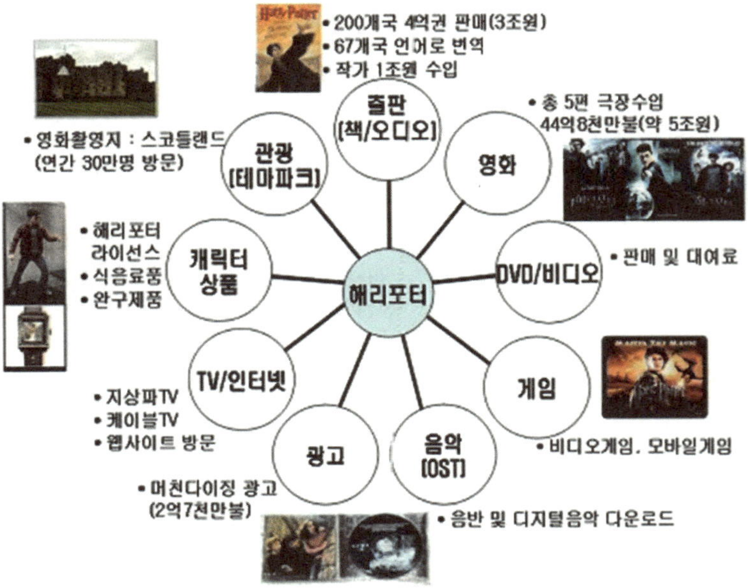


출처: http://nallang.tistory.com/category/News

**그림 10-7** 소설 『해리 포터』의 창구효과

1997. 5. 30).

창구효과의 또 다른 사례들을 보자. 한국 영화 관객동원 신기록을 세웠던 〈태극기 휘날리며〉(2004)는 886억 원의 극장 매출액을 기록했다. 그리고 의류 판매 100억 원, 캐릭터 사업 50억 원, DVD · 비디오 등으로 45억 원, 서적 · 음반 출판으로 30억 원의 수입을 올렸다(표 10-9 참조). 미국 영화 〈스타워즈: 에피소드 1〉의 경우, 미국 내 극장상영 수입은 4억 3천만 달러(1999년)였다. 그런데 비디오 수입 8억 6천만 달러, TV 방영 등 수입 4억 3천만 달러, 그리고 각종 캐릭터 용품 및 음반 수입이 약 27억 달러나 되었다(표 10-11 참조). 일본 애니메이션 〈신세기 에반게리온〉의 경우 극장판 영화 수입이 11억 엔 정도였다. 그 외에 음악 CD 63억 엔, 비디오 55억 엔, 레이저디스크 89억 엔, 단행본 만화 25억 인, 게임 38억 엔, 필름북 21억 엔, 완구 ·

**표 10-10 영화 〈태극기 휘날리며〉의 창구효과**

| 항 목 | 세부사항 | 매출(억 원) |
|---|---|---|
| 극장 매출 | 입장료 7,000원×1,280만 명 | 886 |
| 부가판권 | DVD, 비디오, 케이블/공중파 | 45 |
| 해외수출 | 아메리칸 필름마켓에서 맺은 계약액 61억 원 포함 | 100 |
| 해외배급, 부가판권 | DVD, 음반, 영상소설 | 120 |
| 부산전시회 | '체험! 태극기 휘날리며'전 입장 수입 | 20 |
| 출판, 음반 | 메이킹북, 영상소설, 음반 | 30 |
| 의류 | LG 상사에서 의류 판매 | 100 |
| 캐릭터 사업 | 인형, 열쇠고리, 목걸이 등 | 50 |
| 기타 | 우표/달력, 현재 발생한 관광효과 | 90 |
| 합 계 | | 1,441 |

출처: "'태극기 휘날리며' 경제효과 5000억 원", 『중앙일보』, 2004. 3. 15.

**표 10-11 영화 〈스타워즈: 에피소드 1〉의 수익구조**

| 윈도우 | | 수입액 |
|---|---|---|
| 미국 내 극장상영 | | 4억 3천만 달러(1999. 10. 28 현재) |
| 해외배급 | | 3억 달러 (1999. 10. 28 현재) |
| 비디오 | | 8억 6천만 달러(예상) |
| TV 방영 등 기타 | | 4억 3천만 달러(예상) |
| 캐릭터 및 음반 | Pepsi/ Taco Bell/ Frito-Lay | 20억 달러 |
| | Hasbro | 5억 달러+5%의 주식 |
| | Galoob | 1억 4천만 달러+18%의 주식 |
| | Lego | 5천만 달러 |
| | Topps trading cards | 1백만 달러 |
| | Sony Classical | 1백만 달러 |
| | 소계 | 약 27억 달러 |
| 총 계 | | 약 47억 2천만 달러(예상) |

출처: 김휴종(1999a).

과자 1.3억 엔의 수입을 올렸다(표 10-12 참조). 우리나라의 토종 만화 캐릭터인 〈둘리〉의 경우도 〈표 10-13〉에서 보듯이 비디오, 극장판 영화, 영어회화 교재, 완구, 학용품, 액세서리, 의류, 벽지, 주방용품, 식료품 등 매우 다양한 분야에서 상품화되었다(김휴종, 1999a).

표 10-12 〈신세기 에반게리온〉의 수익구조

| 구 분 | 판매수량 | 판매금액 |
|---|---|---|
| 싱글 CD 4매 | 187만 매 | 18.7억 엔 |
| 앨범 CD 4매 | 149만 매 | 44.7억 엔 |
| 비디오 10개 | 102만 매 | 54.6억 엔 |
| LD 10매 | 154만 매 | 89.3억 엔 |
| 단행본만화 2권 | 450만 부 | 25.2억 엔 |
| 필름북 | 360만 부 | 21.2억 엔 |
| 게임 2종 | 80만 개 | 38.4억 엔 |
| 완구 · 과자 | 43만 개 | 1.3억 엔 |
| 영화 | 120만 명 | 11.0억 엔 |

출처: 『산케이 스포츠』, 1997. 6. 13; 김휴종(1999a)에서 재인용.

표 10-13 〈둘리〉 캐릭터 계약현황

| 업체명 | 계약품목 |
|---|---|
| 동아무역 | 어린이 주방용품 |
| 한도물산 | 유아용 완구, 승용품 |
| 개나리벽지 | 벽지 |
| 쓰리세븐 | 가방, 색 |
| 중소기업은행 | 둘리통장 |
| 시골식품 | CF모델 |
| 제일화재 | CF, 포스터, 카탈로그 |
| 팬시로비 | 책받침, 지우개, 수첩, 노트, 스티커 등 |
| 롯데햄 | 소세지, 햄 |
| 롯데삼강 | 빙과류 |
| 해태제과 | 제과류 |
| 도서출판새샘 | 퍼즐, 색칠공부 |
| 동광양산 | 우산, 우의, 장갑 |
| JSK 특상 | 자동차 쿠션, 에어글러브, 튜브류 |
| 거진소재산업 | 자동차 액세서리 |
| 금정상사 | 모자, 목도리, 내의류 |
| 로얄확인 | 토이볼 |
| LG화학 | 둘리카레류 |
| 남양아기밀 | 어린이주스, 코코아 |
| 동국산업사 | 물놀이 용품, 튜브, 비닐공 등 |
| 서울양행 | 캡슐완구, 모형완구 |

출처: 서강대 언론문화연구소, 1997; 김휴종(1999a)에서 재인용.

## 5. 장수산업

“인생은 짧고 예술은 길다”라는 옛말이 있다. 좋은 아이디어로 사람들을 감동시킨 문화 · 예술 콘텐츠의 생명은 대단히 길다. 물론 인쇄된 책이나 녹음된 CD 등 매체 자체는 반복 사용됨에 따라 혹은 시간이 지남에 따라 점차 닳게 되어 종국에는 폐기처분된다. 하지만 물질적 매체에 실려 있는 콘텐츠 자체의 생명은 매우 긴 것이다.

수십, 수백 년 전에 제작되었던 명작소설이나 명화(名畵) 혹은 고전음악은 오랜 세월 동안 세계 각처에서 수많은 사람들의 마음에 감동과 기쁨을 선사해 왔다. 월트디즈니의 미키마우스 캐릭터는 1928년에 처음 만들어졌지만 80여 년이 지난 지금까지도 여전히 세계 어린이들의 사랑을 받고 있다. Beatles의 음악은 오리지널 멤버들이 해체되고 일부는 사망했음에도 불구하고 여전히 수많은 음악팬들의 가슴을 뛰게 만들고 있으며 음반판매도 계속되고 있다. Elvis Presley는 1977년 사망했지만 지금도 매년 4천만 달러 이상의 수익을 거두고 있다.

문화콘텐츠에는 유통기한이란 것이 없다. 좋은 문화콘텐츠는 오랫동안 장수하면서 두고두고 계속적인 수입원이 된다(Caves, 2000: 9). 세월이 흐르면서 여러 다른 매체로 옮겨가면서 창구효과를 발휘하기도 하고, 새로운 모습으로 리바이벌되기도 하며, 때로는 옛 모습 그대로도 여전히 사람들에게 신선한 매력을 제공하기도 한다. 문화산업의 이러한 특성은 다른 산업에서는 도저히 찾아보기 힘든 장점이다.

## 6. 감성산업, 행복산업

사람들의 욕구는 점차 복합화되어 가고 있다. 과거에는 어떤 상품을 평가할 때 주된 관심은 얼마나 쓸모 있는가 하는 사용가치 위주였다. 그리고 무엇인가를 소유하고 소비함으로써 만족을 얻었다. 그러나 이제는 삶을 더욱 충만하고 즐거운 것으로 만들어 줄 또 다른 무엇인가를 갈구하게 되었다. 즉, 물질적 만족과 정신적 만족을 동시에 포괄하는 향유가치가 더 중요한 판단의 기준이 되고 있는 것이다(한국문화정책개발원, 1999: 9). 여기서 정신적 만족이란 인간의 감정 혹은 감성을 자극해서 기쁨을 주는 것을 말한다. 문화산업이 21세기의 선도 산업으로 중시되어야 할 이유가 바로 여기 있다. 왜냐하면 문화산업은 다른 산업들과는 달리 무엇보다도 인간의 감성을 어루만져주는 산업이기 때문이다.

물론 문화산업도 특정한 '상품' 혹은 '서비스'를 시장논리와 산업 메커니즘에 의해 생산 · 유통 · 소비한다는 점에서는 일반 산업과 똑같다. 그러나 문화상품은 문화적 콘텐츠를 재료로 삼는다는 점에서 여타 일반상품과는 크게 다르다. 일반상품이 인간의 경제적 · 생물학적 욕구를 충족시킨다면 문화상품은 인간의 문화적 · 감성적 욕구를 충족시킨다는 점에서 근본적인 차이가 있다. 문화산업의 가치는 단지 막대한 경제적 이익을 가져다준다는 데 있는 것이 아니다. 문화산업의 진정한 가치는 돈만으로는 따질 수 없는 만족, 즐거움, 감동을 아울러 선사한다는 데 있다. 요컨대 문화산업은 사람들을 행복하게 해주면서 돈도 많이 벌어다주는 특별한 부문이다. 이러한 의미에서 문화산업은 곧 '감성산업'이요 '행복산업'이라고도 말할 수 있을 것이다.

문화산업의 파급효과 역시 경제적 측면뿐만 아니라 무형적 측면에서도 발생한다. 일반상품과는 달리 문화상품은 한 나라의 정서, 가치관, 의식 등이 종합적으로 함축되어 있다. 때문에 그 상품을 소비하는 사회구성원의 정체성과 생활양식에도 지대한 영향을 미치기 마련이다. 문화상품은 이를 생산하는 나라의 가치관과 사고방식, 생활양식 등 문화적 요소가 상품화된 것이기 때문에 한 나라의 문화정체성의 형성에 매우 중요한 바탕이 된다. 뿐만 아니라 우리의 문화가 체화된 문화상품의 수출은 국제사회에서 우리나라의 이미지를 개선하는 데 크게 기여한다. 최근의 한류 열풍에서 보듯이 문화상품을 통해 우리나라에 대한 호의적 감정을 유발하고 나아가 국가 브랜드 파워를 제고하는 것도 가능하다. 그리고 이를 통해 국가 전체의 경쟁력 증진에도 크게 기여할 수 있다.

## 4절 문화산업정책

### 1. 문화산업정책의 양면성

문화산업은 '문화'와 '산업'이라는 매우 이질적인 두 영역이 혼합된 부문이다. 문화라고 하면 보통 고상하고 세련된 정신적 차원의 만족을 생각하게 된다. 반면 산업이라고 하면 대개 금전적이고 세속적인 물질만족의 추구를 연상하게 된다. 따라서 문화산업은 마치 물과 기름처럼 서로 조화되기 힘든 두 세계가 공존하는 분야라고도 할 수 있다. 이런 '두 얼굴의 산업'을 다루는 정책 역시 이 두 가지 상이한 특성을 동시에 감당해야 한다. 즉, 문화산업정책에는 문화 · 예술적 관점과 산업 · 경제적 관점이 동시에 병존할 수밖에 없는 것이다. 문화 · 예술의 시장경제적 측면이 경시되어도 곤란하며 그렇다고 시장원리에만 의존함으로써 문화 · 예술의 본질적 가치가 왜곡 · 훼손되어서도 안 된다. 결국 균형 잡힌 시각이 필요하다는 것이다.

사실 당초 문화산업에 사회적 관심이 집중되었던 가장 직접적인 이유는 그 막대한 경제적 잠재력 때문이었다. 이 때문에 처음에는 문화산업의 경제적 측면에 대한 인식이 부족했다는 자성에서 문화산업정책이 태동되었다. 문화체육부(현 문화관광부)는 1997년에 처음 발간했던 문화산업백서에서 "우리나라의 경우 민간부문이나 정부 모두 문화산업을 문화예술적 관점에서만 바라보았지 시장경제적 관점에서 접근하려는 노력은 부족했다"고 지적하였다. 그 후 한국

정부는 주로 경제성장의 새로운 동력원이라는 차원에서 문화산업의 육성을 강조해왔다. 예를 들어 김대중 전 대통령은 취임사에서 "문화산업은 21세기 기간산업"이며 "관광산업, 영상산업, 문화적 특산품 등 무한한 성장이 기다리고 있는 부(富)의 보고(寶庫)"라고 기대감을 표시한 바 있다. 또한 노무현 정부도 2003년 8월 차세대 성장동력 보고회에서 문화콘텐츠산업을 10대 국가적 미래 전략산업의 하나로 선정하였다.

하지만 문화산업정책의 중심이 경제 · 산업 쪽으로 치우친 데 대한 비판도 만만치 않다(문화연대, 2002; 이원재, 2003; 조헌영, 2003). 이러한 비판의 핵심은 "문화는 산업이 아니다"라는 논지이다. 즉, 문화는 결코 시장논리에 의해 좌우되어서는 안 된다는 말이다. "산업논리가 지배하는 곳에 문화논리는 설 자리를 잃게 된다. 문화예술적 차원의 의제들은 관심 밖으로 밀려나기 쉽다." (공용배, 1994). 문화를 그저 또 하나의 산업으로 취급하게 되면 그 순간부터 그 문화는 더 이상 진정한 문화일 수 없다. 문화 · 예술이 발전되고 확산되어 나가면서 아울러 경제적으로도 막대한 이익을 선사할 수는 있다. 그러나 그렇다고 해서 본말이 전도되어서는 안 된다. 경제적 파급효과는 문화 발전의 부수적인 산물일 수는 있어도 그 자체가 문화의 목적이 될 수는 없다는 것이다.

그러나 현실적으로 문화산업 자체가 이미 문화와 산업의 결합체로 존재하고 있다는 사실은 부인할 수 없다. 과거에는 두 부문이 별개의 영역으로 따로따로 존재했던 것도 사실이고 또 지금도 여전히 각각 독립된 영역으로 존재하는 부분도 분명히 있다. 그렇지만 전통적인 의미의 문화 혹은 산업이 아닌 제3의 새로운 실체로서 문화산업의 존재 역시 인정해야 한다. 따라서 어느 한쪽의 시각만 고집하는 것은 곤란하며 균형 있는 정책적 접근이 필요하다. 다만 실제로 두 상이한 영역 사이에서 균형을 잡기란 말처럼 그리 쉽지는 않을 것이다. 결국 문화산업정책이 문화와 산업이라는 이질적인 두 가치를 어떻게 병행하여 추구해야 할 것인지는 학자들이나 정책실무자들이 끊임없이 씨름해야 할 고민거리이다.

## 2. 문화산업정책의 목표

문화산업을 국가적 핵심 전략산업으로 육성해야 하는 근본적인 이유는 경제적 · 물질적 효용과 아울러 문화적 · 감성적 효용을 동시에 극대화시킬 수 있는 행복산업이기 때문이다. 문화산업의 이러한 양면성은 문화산업정책에도 그대로 반영될 필요가 있다. 즉, 문화산업정책의 목표는 산업 · 경제적 차원의 목표와 문화 · 예술적 차원의 목표를 동시에 포괄해야 한다(이영두, 2000: 29).

### 1) 산업 · 경제적 목표

먼저 문화산업정책의 산업 · 경제적 목표는 우리나라 문화산업의 시장경쟁력 향상에 초점을 맞추어야 한다. 문화산업의 속성상 그 정책의 대상은 주로 대중문화가 될 것이다. 대중문화는 본질상 시장지향적이고 영리를 추구하는 사업이다. 그러므로 정부가 그냥 내버려두어도 시장 점유를 위한 경쟁이 일어날 수밖에 없으며 누군가는 국내시장의 경쟁에서 승자가 되게 된다. 하지만 국내문화시장의 승자가 곧 세계문화시장의 승자가 되리라는 보장은 없다. 오히려 국내시장에서의 작은 승리에 도취되었다가는 세계화로 인한 국경 없는 경쟁 속에서 도태될 수도 있다. 따라서 대중문화를 대상으로 하는 문화산업정책의 초점은 무엇보다도 국제경쟁력을 갖춘 문화산업의 육성에 맞춰져야 할 것이다.

또한 소위 순수예술이라고 해서 당연히 산업화의 대상에서 제외되는 것은 아니다. 보통 순수예술은 대중문화만큼 경제적 이윤동기에 의해 크게 좌우되지는 않는다. 그러나 비록 순수한 예술적 차원에서 생산된 작품이라고 해도 문화산업적으로 얼마든지 큰 가치를 가질 수도 있다. 다만 아무래도 순수예술계는 대중문화에 비해 비즈니스 마인드가 부족하므로 정책적으로 이 취약점을 보완해줄 필요가 있을 것이다.

더욱 중요한 것은 순수예술은 그 자체로도 물론 가치가 있지만 아울러 문화산업이 높고 멀리 도약할 수 있는 발판 역할을 해준다는 사실이다. 이것은 마치 첨단 과학기술의 발전을 위해서는 순수 기초과학의 발전이라는 튼튼한 밑바탕이 반드시 선행되어야 하는 것과도 같은 이치이다. 문화산업이 응용과학이라면 순수예술은 기초과학에 비유할 수 있다. 비록 지금 당장은 산업 · 경제적 가치가 별로 없어 보인다고 해도 순수예술은 문화산업이 무궁무진하게 응용하며 발전해 나갈 수 있는 소중한 모태요 기반인 것이다. 다만 현실의 행정체계상 순수예술에 대한 정책적 지원은 통상적으로 문화산업정책과는 별개의 차원에서 이루어지게 될 것이다.

한편 문화산업정책의 외연을 확장한다면 '산업의 문화화'도 포함된다. 산업의 문화화란 문화상품이 아닌 일반 상품에 문화적 감수성을 덧입혀서 그 가치를 높이려는 시도를 말한다. 오늘날 세계시장에서 상품의 경쟁력을 좌우하는 것은 단순히 제품의 성능이나 품질만이 아니라 외관, 즉 디자인이다. 이제는 '하이테크'가 아니라 '하이터치'(High Touch)가 더 각광받는 시대인 것이다. 따라서 상품의 High Touch화를 통한 국제경쟁력 제고 역시 문화산업정책의 목표에 포함될 수 있을 것이다.

### 2) 문화 · 예술적 목표

문화산업정책의 문화 · 예술적 목표는 문화행정의 궁극적 목표인 '문화발전'이라는 말로 요약할 수 있다. 앞의 제1부 제4장에서 문화행정의 본질적 목표를 "최고수준의 다양한 문화 · 예술을 최대다수의 국민들이 누리게 함으로써 국민의 정서적 만족과 감동을 극대화하고 문화적 삶의 질을 제고하는 것"이라고 정리한 바 있다. 따라서 문화산업정책이 문화 · 예술적 차원에서 추구해야 할 목표는 '최고수준의 다양한 문화 · 예술'이라고 할 수 있다.

'최고수준'이라는 목표는 문화상품의 질적인 수준을 향상시켜야 한다는 요청을 의미한다. 문화산업은 단순한 돈벌이 장사 그 이상의 의미를 가지고 있다. 문화상품의 판매는 사람들에게 정신적 즐거움과 감동을 제공한다는 것을 전제로 한다. 또한 다른 일반 상품과는 달리 문화상품은 그것을 소비하는 주체의 인격과 품성에 지대한 영향을 미칠 수 있다. 그렇다면 가급적 소비자에게 더 크고 깊은 감동, 보다 고상하고 세련된 취향, 고품격의 정신적 만족을 줄 수 있도록 문화상품의 예술적 수준이 최대한 높아지는 것이 바람직할 것이다.

한편 '다양성'이라는 목표는 가급적 다양한 유형, 장르, 주제, 형태의 문화상품이 생산·소비되어야 함을 의미한다. 문화적 다양성 개념은 지구적 차원에서 세계 각 지역의 고유문화들이 보존될 필요가 있다는 주장에 주로 쓰이는 용어이다. 그러나 국내적 차원에서도 문화의 다양성은 중요한 의의를 지니고 있다. 특히 문화상품의 예술적 수준의 높고 낮음에 대한 객관적 판단이 불가능하다고 전제한다면 문화적 다양성의 확보는 더욱 중요한 정책목표가 된다. 만약 문화상품들 간의 수준의 차이를 판별할 수 없다면 결국 최고수준을 지향한다는 목표는 완전히 무의미해져버리기 때문이다. 이런 경우에는 질적인 수준 향상보다는 양적인 면에서 문화의 다양성을 추구하는 것이 정책의 목표가 될 수밖에 없다. 설령 예술적 수준의 차이가 존재하며 객관적 판정도 가능하다고 전제하더라도 각 수준의 문화마다 선호하는 그룹이 존재하는 이상 그 사회적 가치는 모두 동등하다고 할 수 있다. 결국 예술적 수준의 높고 낮음에 대한 판정과는 상관없이 문화적 다양성은 문화산업정책의 중요한 목표인 것이다.

### 3) 두 가지 목표의 조화가능성

문화산업정책의 두 가지 목표는 과연 양립될 수 있는가 아니면 서로 상충되는 것인가? 물론 우리가 바라는 바는 산업·경제적 목표와 문화·예술적 목표가 서로 조화를 이루는 것이다. '님도 보고 뽕도 따는' 식으로 돈도 많이 벌고 문화발전도 이룩하는 것이 최상의 결과일 것이다.

그러나 대중문화의 지나친 상업주의화를 우려하는 비판론자들은 양자가 양립되기 어렵다고 본다. 산업·경제적 목표의 추구가 문화·예술적 목표의 달성을 저해할 가능성이 크다는 것이다. 사실 이윤 극대화라는 동기에서 비즈니스를 하다 보면 문화적으로 고상하고 예술적으로 세련된 문화상품 개발에는 등한시하기 쉽다. 왜냐하면 더 많은 수요확보와 판매를 위해서는 소수의 고급스러운 취향보다는 다수 대중의 평균적 취향을 겨냥해야 하기 때문이다. 또한 이윤을 쫓아가다 보면 너도나도 대박 가능성이 큰 쪽으로만 몰리는 경향이 있다. 그렇게 되면 몇몇 유행 상품 이외에는 제대로 생산되지 않게 된다. 결국 문화적 다양성도 충족되지 않는 것이다.

## 3. 문화산업정책의 전략적 핵심: 창의적 예술인의 육성

문화산업의 생명은 '콘텐츠'에 있다. 사람들의 마음을 사로잡는 멋과 매력이 있는 콘텐츠라야 잘 팔리기 마련이다. 매력 있는 콘텐츠의 생산에 있어서 가장 기본적인 자산은 새로운 것을 창조해내는 '창의적 아이디어'이다. 따라서 문화산업에 있어서 가장 중요한 밑천은 바로 '창의성'(creativity)이다. 자본, 토지, 노동, 기술 등의 전통적 생산요소보다 개개인의 독창적 사고와 참신한 아이디어가 무엇보다 귀중하고 가치 있는 요소가 된다는 의미이다. 이런 뜻에서 문화산업은 창의성 집약적 산업(creativity-intensive industry)이라고 부를 수 있다. 물론 문화상품의 생산, 복제, 유통, 소비가 대량으로 이루어지기 위해서는 자본도 필요하고 각종 첨단 기술도 동원되어야 한다. 그러나 그 이전에 오리지널 문화상품을 창조해내는 단계에서는 무엇보다도 창의성이 필요하다. 독창성이 없이는 언제까지나 남의 흉내나 내고 베끼기만 하는 아류 수준에 머물게 될 뿐이다. 아류는 예술적 차원은 물론 상업적 차원에 있어서도 그 가치를 인정받기 어렵다.

문화산업의 핵심인 독창적이고 매력적인 콘텐츠를 만들어내는 것은 결국 사람이다. 문화산업은 기본적으로 개개인의 창작활동에 크게 의존한다는 점에서 예술인 집약적 산업(artist-intensive industry)이라고 할 수 있다. 창의성은 근본적으로 예술인(artist) 개인들로부터 뿜어져 나오는 것이다. 창작활동을 좌우하는 영감, 예술성, '끼' 같은 것은 집단이 아닌 개인적 속성이기 때문이다. 이 때문에 문화의 생산주체인 예술가는 대체불가능한 존재인 것이다(한스 애빙, 2009: 134). 똑같은 예술교육을 받았다고 해서 혹은 똑같은 장비와 작업환경이 갖추어졌다고 해서 똑같은 품질의 문화상품이 만들어지는 것은 결코 아니다. 예를 들어 조용필이나 서태지와 똑같은 훈련을 받고 동일한 장비를 갖춘다고 해서 반드시 그들처럼 좋은 음악을 만들어내는 것은 아니다. H.O.T 멤버가 아닌 사람들이 그들과 똑같은 옷을 입고 똑같은 춤을 추며 똑같은 노래를 부른다고 해서 H.O.T와 같은 인기를 얻는 것은 아니다. 한류 선풍에 앞장섰던 댄스그룹 클론의 한 멤버가 불의의 교통사고로 장애를 입었을 때 그보다 춤을 더 잘 추는 다른 사람을 데려다 메운다 해서 클론의 원래 매력을 되찾으리라는 보장은 없다.

이런 점에서 문화산업의 인프라는 결국 사람이라고 할 수 있다(김용호, 1996: 46-47). 창조의 세계에 영웅은 나타날 수 있어도 평등이나 민주주의는 존재할 수 없다고 한다. 그만큼 문화산업에서는 사람 개개인이 중요하다는 말이다. 물론 시설이나 장비, 자본 등도 중요하지 않은 것은 아니지만 사람이 제일 중요한 요소인 것이다. 멋과 매력은 결코 명령이나 지시에 의해 배양되는 것이 아니다. 창의적이고 매력적인 콘텐츠 메이커가 되라고 훈계하거나 강요한다고 될 일이 아니다. 그러므로 과거와 같은 정부주도형 경제개발계획처럼 정부가 앞장서서 진두지휘하는 식의 모델은 문화산업 발전에는 결코 적용될 수 없다. 산업화 시대의 역군이었던 산업전사는 정부의 규율하에 육성될 수 있을지 몰라도 문화의 시대에 요청되는 '문화전사'(cultural warrior)는 절대 그렇지 않다. 문화산업의 진흥을 위하여 무엇보다도 중요한 과제는 개개인의 잠재적 창의성이 충분히 발휘될 수 있는, 그리고 각자의 숨겨진 '끼'가 마음껏 발산될 수 있는 자유롭고 개방된 사회적 분위기를 조성하는 일이다. 따라서 문화산업정책의 초점은 다양한 분야에서 창조적이고 끼가 넘치는 예술가들이 출현할 수 있

는 여건을 마련하는 데 맞춰져야 할 것이다.[9]

## 4. 문화산업정책의 평가

### 1) 목표달성 정도의 확인

어떤 분야의 정책이건 시행한 후에는 평가가 필요하다. 책임성 확보 및 향후 정책 개선을 위해서이다. 이는 문화산업정책의 경우도 마찬가지이다. 문화산업정책의 목표가 산업·경제적 차원과 문화·예술적 차원 두 가지 종류이므로 평가 역시 두 가지 차원에서 이루어질 필요가 있다.

먼저 산업·경제적 목표의 경우, 비교적 객관적인 평가가 가능하다. 왜냐하면 각 문화상품의 판매(흥행) 실적을 금액이나 관객 수, 혹은 시장점유율 등과 같은 계량적 지표를 이용하여 측정하고 비교하는 것이 가능하기 때문이다.

그러나 문화·예술적 차원의 목표 달성 여부를 평가하는 일은 그리 쉽지 않다. 왜냐하면 문화의 질적 수준이란 것은 기본적으로 가치의 문제이므로 객관적인 측정·비교·평가가 어렵기 때문이다. 예컨대 그동안 우리나라 영화계는 정부로부터 상당한 정책적 지원을 받아 왔다. 지난 수년 사이 한국 영화산업이 크게 성장하였다고 하는데 과연 이것이 한국 영화의 질적 향상을 의미하

---

9 "문화산업에서 창작부문이 차지하는 중요성과 그 역할은 아무리 강조해도 지나치지 않는다. 창작부문은 경쟁력 있는 문화상품의 생산에 절대 불가결한 창의적 문화·예술적 소재를 만들어내는 문화산업의 기초분야이자 제조업으로 말하자면 연구개발 분야에 해당한다고 볼 수 있다. 따라서 정부가 창작기능의 강화를 위해 우선적으로 할 수 있는 역할은 창의적 인력의 양성이라고 볼 수 있다. 문화산업은 창조성이 우선적으로 강조되기 때문에 인간의 아이디어와 창의적 소재가 사업의 성패를 가늠한다. 제조업의 경우에는 동일한 제품을 대량으로 생산하여 소비자에게 공급하거나 기존 제품의 품질을 향상시키고 가격을 인하하여 시장을 공략할 수 있다. 그러나 문화산업에서 중요한 것은 감동시킬 수 있는 이야기와, 사랑받는 등장인물과, 문화의 틀을 바꾸는 아이디어와, 감정을 정화시키는 상황 및 대사와, 생활방식을 완전히 바꾸어버릴 정도의 보편적인 사고이다. 즉, 이러한 창의적 소재들을 개발하기 위해서는 창작기능의 활성화가 필수조건으로 등장한다. 따라서 문화산업의 발달은 무엇보다도 국가나 사회가 혹은 지역공동체가 여기에 참여하는 인력들의 창의성에 날개를 달아줄 능력이 어느 정도 있는가의 여부에 달려 있다."(구문모 외, 2000).

는가? 국내시장에서의 점유율 측면에서 보면 분명히 최근 한국 영화는 눈부신 발전을 거두었다고 평가할 수 있다. 그러나 이것이 영화적 수준이 높아졌음을 의미하는가? 아니면 반대로 대중의 원초적 욕망을 자극하는 저급한 내용 때문에 그런 것인가?[10] 한국 영화가 세계 3대 영화제에서 잇달아 큰 상을 수상하였다는 사실은 영화적 수준이 세계적으로 인정받을 정도로 향상되었음을 시사한다고도 할 수 있다. 그러나 우리와 사회적 전통과 가치체계가 상이한 외국의 몇몇 영화전문가들이 높이 평가한다고 해서 과연 그것이 한국 영화의 '질적 발전'을 보장하는 것인가?

### 2) 단기적 효과 vs. 장기적 효과

문화·예술의 창작은 결코 진공상태에서 이루어지지 않는다. 독자적인 창작을 위해서는 먼저 상당한 정도의 예술 감상 경험이 축적되어야 한다. 좋은 소비 경험은 창조적 생산의 전제가 되는 것이다. 따라서 문화·예술의 새로운 창작 및 공급을 위해서는 반드시 장기간의 소비가 선행되어야 한다.

다른 모든 분야와 마찬가지로 문화·예술 분야에서도 발전을 위해서는 장기적 투자(교육, 시설, 다양한 감상기회 등)가 필요하다. 그런데 이러한 투자는 단기적 관점에서 보면 그저 소비 혹은 낭비로 비쳐질 수도 있다. 예컨대 외국문화의 범람은 단기적으로 무역적자 발생, 국내 문화산업의 시장점유율 저하, 국내 문화·예술계 위축 등의 현상으로 나타나게 된다. 이는 산업·경제적 측면이나 문화·예술적 측면 모두 바람직하지 않은 것으로 평가될 수도 있다. 그러나 장기적 안목에서 볼 때, 이러한 밑지는 현상은 그냥 '손해'가 아니고 미래의 발전을 위한 귀중한 '투자'일 수도 있다. 외국문화의 수입·소비를 단

10 2001년 흥행기록을 세웠던 영화 〈친구〉에 대해 강신성일 의원은 "부끄러울 정도의 욕설과 잔인한 폭력장면으로 얼룩져 있으며 (영화 인기에) 전율을 느낀다"고 비판하였다. 이에 대한 영화감독의 반론 및 이를 둘러싼 논란은 곽경택(2001), 전찬일(2001), 이현승(2001)의 글을 참고할 것.

순히 회계상의 지출행위나 손해로만 볼 필요는 없다(김용호, 1996: 65). 따라서 문화산업정책을 평가할 때는 단기적 평가뿐만 아니라 장기적 안목을 가지고 길게 내다보는 평가도 꼭 필요한 것이다.

제 11 장

# 국제 문화교역과 정책

# 제 11 장 ▌국제 문화교역과 정책

"경제와 사람과 문명이 집중되어 있는 오늘날의 세계에 대처하고 고유한 정체성과 문화를 보존하는 것은 우리 시대의 위대한 도전이며 위대한 약속이다."

–1997년 6월, WTO 사무총장 Renato Ruggiero

## 1절 국제무역체제의 진화

### 1. GATT에서 WTO로

1995년 1월 1일 국제무역을 규율할 세계무역기구(World Trade Organization; WTO)가 정식으로 출범하였다. WTO는 무려 7년이 넘는 세월 동안 계속되었던 우루과이 라운드(UR) 협상의 결과로 탄생하였다. 이 우루과이 라운드는 〈관세 및 무역에 관한 일반협정(General Agreement on Tariffs and Trade; GATT)〉의 여덟 번째 다자간 무역협상이었다. 원래 GATT는 2차 대전 이후 세계 패권국가로 등장한 미국의 주도하에 무역확대를 통한 세계경제의 복구라는 구상으로 설립되었다. 자유무역주의를 근본원리로 삼았던 GATT는 세계무역을 확대하고 자유화를 촉진함으로써 전후의 세계경제를 크게 부흥시켰다. 그러나

GATT 체제의 근본적 한계들로 인해 세계 무역환경의 변화에 적절히 대응하지 못하고 있다는 우려가 커져갔다. 예를 들어 서비스교역의 경우 1982년 당시에 이미 세계무역의 24.3%를 차지할 정도로 확대되었으나 GATT에는 이를 제대로 규율할 만한 규정조차 없는 상태였다. 그리하여 세계무역을 보다 효과적으로 규율하기 위한 방안들을 포괄적으로 논의하기 위해 UR이 시작되었고 그 결과로 WTO 체제가 탄생했던 것이다.

## 2. 타협된 자유무역주의

GATT의 근본정신은 자유무역주의(free trade)였다. 이를 위하여 자유화(Liberalization), 무차별주의(Nondiscrimination), 무조건적 상호주의(Unconditional Reciprocity), 다자주의(Multilateralism) 등의 원리들이 GATT법의 근간을 이루었다. 그러나 동시에 자유무역원리의 적용을 제한적으로 유보하는 각종 예외조치들도 동시에 허용되었었다. 대표적인 예가 GATT법 제4조에 규정된 스크린쿼터제(Screen Quota)이며 이 밖에도 조부조항(Grandfather Rights), 의무면제(Waiver), 관세동맹(Customs Union) 및 자유무역지대(Free Trade Area), 국제수지(BOP) 조항, 긴급구제조치(Safeguard), 일반특혜관세제도(Generalized System of Preferences) 등은 자유무역을 부분적으로 제한하는 제도들이다. 왜냐하면 자유무역의 이익에도 불구하고 무제한적인 자유경쟁이 국민 경제에 미치는 부정적인 영향을 무시할 수 없었기 때문이다. 개별 국가 입장에서는 국민복지의 증진을 위해 국제통상활동에 개입할 수 있는 권한을 결코 완전히 양도할 수는 없었던 것이다. 결국 GATT에 의해 구현된 전후 국제무역체제의 성격은 자유무역과 국가개입이 타협된 체제였다.

이는 GATT법을 계승한 WTO 체제의 경우에도 마찬가지이다. 왜냐하면 GATT법은 WTO 법체계의 중요한 일부분으로서 그대로 존속하고 있기 때문이다. 즉, 자유무역의 제 원리들뿐만 아니라 개별국가의 필요성에 따라 이를 유보할 수도 있는 제한조치들 역시 대부분 그대로 유효하다. 따라서 오늘날의 WTO 역시 순수한 자유무역주의가 아니라 국가개입의 필요성을 인정하는 케인스주의와 혼합된 소위 '타협된 자유무역주의' 체제인 것이다.[1]

## 3. 자유무역을 구현하기 위한 2대 원칙

### 1) 최혜국대우(Most Favored Nation) 원칙

GATT법 제1조에 규정된 최혜국대우 원칙은 모든 교역 상대국을 공평하게 대우해야 하며 회원국들 간 차별적 대우를 금지한다는 원칙이다. 즉, 어떤 회원국도 다른 회원국들에 비해 무역상의 특혜를 받거나 혹은 불리한 차별을 받아서는 안 된다는 것이다. 이 원칙은 WTO 체제 모든 분야에서 기본적으로 요구되는 핵심적인 원칙이다.

### 2) 내국민대우(National Treatment) 원칙

GATT법 제3조에 규정된 내국민대우 원칙은 자국 시장에서 외국인과 내국인을 똑같이 대우해야 한다는 원칙이다. 외국 상품이 일단 세관을 통해서 수입국 시장에 들어오고 나면 동종의 국내 상품과 차별 없이 동등하게 대우받아야 한다는 것이다. 수입품이라고 해서 국내의 각종 규제제도에 의해 국산품보다 불리한 대우를 받게 해서는 안 된다. 최혜국대우 원칙이 외국산 상품의 국경 통과 시 회원국들 간에 차별대우를 금지하는 것이라면, 내국민대우 원칙은 일단 국경을 넘어온 외제상품들에 대해 국산품과의 차별대우를 금지하는 것이다.

1 이를 가리켜 J. Ruggie(1982)는 'compromise of embedded liberalism'이라고 표현하였다.

# 2절 문화의 국제무역

## 1. 문화교역

문화의 산업화는 필연적으로 문화의 국제교역으로 이어지게 된다. 일반적으로 무역거래의 대상물을 유형의 재화인 상품과 무형의 재화인 서비스로 구분하는데 이는 문화교역에도 적용된다. 도서, 잡지, 필름, 비디오, 멀티미디어 소프트웨어, 공예품 등 '문화상품'은 제조업 상품과 마찬가지로 대량으로 생산·유통·소비되고 있다. 또한, 일반 소비자들의 문화적 욕구와 필요를 충족시켜주는 '문화서비스'는 광고 및 출판물의 제작·유통, 필름·비디오·방송프로그램 제작, 배급, 전송, 상영, 연극·오케스트라 및 대중가수 공연, 도서관·박물관 운영 등 여러 활동들을 포함하고 있다(문화관광부, 『2002 문화산업백서』).

1990년대 이후 세계 문화교역의 규모는 빠르게 증가하여 왔다. 〈표 11-1〉은 1990년대 각국의 문화서비스(시청각 및 관련 서비스) 부문 수출입 현황을 비교한 것이다. 시청각서비스 분야는 방송과 통신의 융합 등 뉴미디어의 출현 및 글로벌 메이저 기업들의 합병 등으로 미국, 유럽 등 소수 선진국의 독과점 현상이 두드러지게 나타났다. 특히 미국은 뛰어난 제작기술, 탄탄한 배급망, 그리고 막대한 자본을 바탕으로 세계 시청각서비스 시장의 40% 이상을 점유할 정도였다.[2]

문화상품의 세계 교역량 역시 크게 증가하였다. UNESCO Institute for Statistics(2016)가 발표한 분석자료에 의하면 2004년도 세계 문화상품 교역규모는 약 2,200억 달러(수출 1,084억 달러, 수입 1,108달러)였다. 그런데 〈그

2 "미국 최대의 수출품은 이미 밭에서 생산하는 농산물이나 공장에서 출하되는 공업제품이 아니라 대중문화의 대량 생산품, 즉 영화와 음악, TV 프로그램, 서적, 컴퓨터 소프트웨어다. 세계의 오락은 미국 제품에 의해 지배되고 있다." *International Herald Tribune*, 1998. 10. 26.

**표 11-1 주요국의 시청각 및 관련 서비스 교역 현황** (단위: 백만 달러)

| 국 가 | 수출(Credits) | | 수입(Debits) | | 무역수지 | |
|---|---|---|---|---|---|---|
| | 1990 | 1999 | 1990 | 1999 | 1990 | 1999 |
| 미 국 | 1,459 | 5,186 | 65 | 232 | 1,394 | 4,954 |
| 영 국 | 868 | 1,023 | 840 | 689 | 28 | 333 |
| 캐나다 | 298 | 1,055 | 608 | 1,158 | -309 | -104 |
| 호 주 | – | 99 | 323 | 410 | -323 | -311 |
| 프랑스 | 632[1] | 819 | 900[1] | 1,332 | -268[1] | -513 |
| 이탈리아 | 234[1] | 196 | 716[1] | 690 | -482[1] | -494 |
| 독 일 | 126 | 128 | 864 | 3,314 | -738 | -3,187 |
| EU | 2,744[1] | 3,126 | 4,852[1] | 7,877 | -2,108[1] | -4,855 |
| 한 국 | 0 | 8 | 12 | 80 | -12 | -72 |

주: 1. 1992년 수치(프랑스, 이탈리아, EU).
2. EU 합계치에서 1992년 통계는 네덜란드, 덴마크, 아일랜드, 그리스, 포르투갈, 오스트리아는 제외. 1999년 통계는 덴마크, 아일랜드, 오스트리아는 제외.

출처: OECD, 2000; OECD Statistics on International Trade in Services 1990-1999.
문화관광부, 『2002 문화산업백서』에서 재인용.

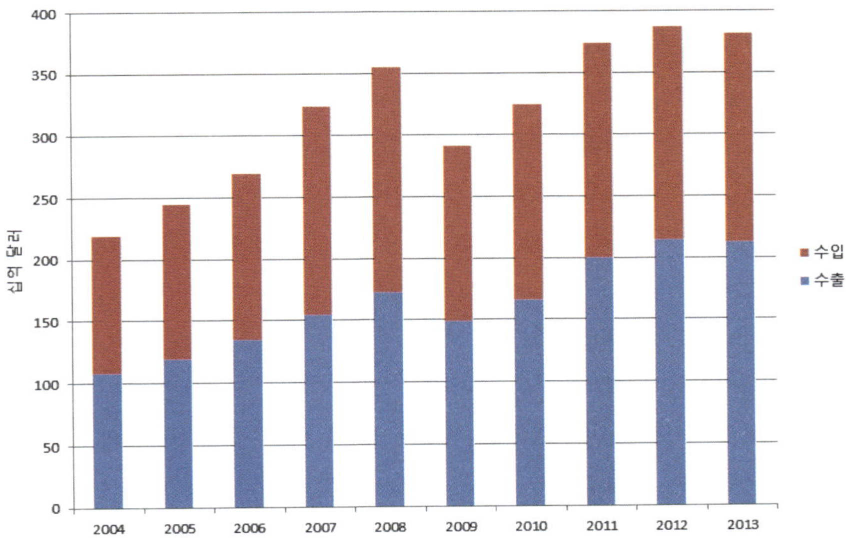


출처: UNESCO Institute for Statistics(2016).

**그림 11-1 2000년대 문화상품 교역 추세**

**표 11-2 우리나라 문화산업의 수출입 추세** (단위: 천 달러, %)

| 산업구분 | 수출액 | | | | 수입액 | | | |
|---|---|---|---|---|---|---|---|---|
| | 2005 | 2010 | 2015 | 비중* | 2005 | 2010 | 2015 | 비중* |
| 출 판 | 191,346 | 357,881 | 227,736 | 3.9 | 231,741 | 339,819 | 277,329 | 23.4 |
| 만 화 | 3,268 | 8,153 | 29,354 | 0.5 | 900 | 5,281 | 6,715 | 0.6 |
| 음 악 | 22,278 | 83,262 | 381,023 | 6.7 | 8,306 | 10,337 | 13,397 | 1.1 |
| 게 임 | 564,660 | 1,606,102 | 3,214,627 | 56.8 | 232,923 | 242,532 | 177,492 | 15.0 |
| 영 화 | 75,995 | 13,583 | 29,374 | 0.5 | 46,830 | 53,374 | 61,542 | 5.2 |
| 애니메이션 | 78,429 | 96,827 | 126,570 | 2.2 | 5,458 | 6,951 | 7,011 | 0.6 |
| 방 송 | 121,763 | 184,700 | 320,434 | 5.7 | 43,177 | 110,495 | 146,297 | 12.4 |
| 광 고 | 9,359 | 75,554 | 94,508 | 1.7 | 2,292,762 | 737,167 | 323,604 | 27.4 |
| 캐릭터 | 163,666 | 276,328 | 551,456 | 9.7 | 123,434 | 190,456 | 168,237 | 14.2 |
| 지식정보 | 5,203** | 368,174 | 515,703 | 9.1 | 360** | 470 | 652 | 0.1 |
| 콘텐츠솔루션 | | 118,510 | 175,583 | 3.1 | | 371 | 544 | 0.0 |
| 합 계 | 1,235,967 | 3,189,074 | 5,661,368 | 100.0 | 2,985,891 | 1,697,253 | 1,182,820 | 100.0 |

* 2015년 기준.
** 2005년은 에듀테인먼트 수치.
출처: 문화체육관광부, 『2008년 문화산업통계』, 『2016 콘텐츠산업 통계조사』.

림 11-1〉에서 보듯이, 10년 뒤인 2013년에는 거의 두 배 가까운 약 3,800억 달러(수출 2,128억 달러, 수입, 1,683억 달러) 규모로 증가하였다.

〈표 11-2〉는 우리나라 문화교역의 추세를 정리한 것이다. 수출액과 수입액을 합산한 전체 교역량을 보면 2005년도 약 42억 달러에서 2015년에는 약 68억 달러 수준으로 증가하였다. 이는 수출액의 급증에 따른 현상이다. 우리나라 문화산업의 수출 규모는 2002년도만 해도 고작 4억 6천만 달러 수준에 불과하였다. 그런데 2005년에 약 12억 달러로 증가했고 2010년에는 그보다 2.6배 정도 증가한 32억 달러로 늘어났다. 2015년에는 또 그보다 두 배 가까이 증가한 57억 달러 수준으로 급증하였다. 반면 우리나라 문화산업의 수입액은 점차 감소하는 추세에 있다. 2005년 약 30억 달러였으나 2010년에는 거의 절반 수준인 17억 달러 수준으로 줄어들었고 2015년에는 약 12억 달러를 기록하였다.

## 2. 문화교역에 관한 국제규범

세계 문화산업시장의 규모가 매년 빠르게 성장하고 있음에도 불구하고 문화교역을 총괄적으로 다루는 국제규범은 없는 실정이다. 문화상품 및 문화서비스의 범위와 유형 등에 대한 일반화된 국제규정도 아직은 없다. 문화교역에 관한 논의는 다자간 무역기구나 지역기구 혹은 양자 간 무역협정 등 여러 차원에서 이루어지고 있다(김휴종, 1998).

### 1) GATT법 제4조

문화교역과 관련된 국제규범으로서 유일하게 정립되어 있는 것은 GATT법 제4조에서 규정한 스크린쿼터 제도이다.[3] 스크린쿼터(Screen Quota) 제도는 1년 중 일정한 기간 동안 자국영화를 의무적으로 상영할 수 있도록 허용하는 것을 말한다. 이것은 외국영화 상영에 대한 제약이 되는 셈이므로 자유무역에 대한 예외적 조치로 인정되는 제도이다.

### 2) WTO의 GATS(서비스 교역에 관한 일반협정)

1980년대까지만 해도 서비스 교역이란 매우 생소한 단어였으며 그에 대한 무역규범도 존재하지 않았었다. UR 협상의 결과 서비스분야의 국제교역을 다루는 최초의 구속적 다자간규범인 '서비스 교역에 관한 일반협정'(General Agreement on Trade in Services: GATS)이 WTO 체제의 일부분으로 제정되었다. GATS는 최혜국대우 및 내국민대우 등과 같은 GATT법의 기본 규정들을 거의 그대로 준용하고 있다. 그러나 GATT법과는 달리 WTO 회원국이라고 해도 별도로 GATS 협정에 가입을 해야 비로소 GATS 회원국이 되고 법 적용을 받게

3 스크린쿼터제도에 관한 상세한 설명은 제13장 참조.

된다.

GATS는 국제적으로 서비스가 공급되는 형태를 다음의 네 가지로 정의하고 있다.

① 국경 간 공급(cross-border supply): 한 국가에서 다른 국가로 공급되는 서비스(예: 국제전화, 온라인게임 등)

② 해외소비(consumption abroad): 소비자나 기업이 다른 국가에서 이용하는 서비스(예: 관광)

③ 상업적 주재(commercial presence): 외국회사가 다른 국가에 자회사나 지사를 설립하여 공급하는 서비스(예: 외국영화배급사, 외국음반 자회사, 외국은행 지점 등)

④ 자연인의 이동(presence of natural persons): 개인이 다른 국가로 이동하여 공급하는 서비스(예: 패션모델, 컨설턴트, 연극, 음악 콘서트 등)

한편 GATS 협상과정에서 영화, 음반, 방송 등 시청각서비스(audio-visual services)의 포함 여부를 두고 의견이 대립되었다.[4] 프랑스를 위시한 EU는 미국문화의 일방적 침투를 우려하여 문화 분야를 무역협상의 예외로 해야 한다고 주장했고, 미국은 시청각서비스도 당연히 GATS 협상 안에 포함시켜야 한다고 맞섰다. 결국 GATS 협상은 이 문제에 관해 뚜렷한 결론을 내리지 못한 채 끝나고 말았다. 우리나라는 시청각서비스 부문의 6개 세부항목 가운데 영화·비디오 제작 및 배급 부문과 음반제작 부문에 대해 양허했었다.[5]

---

**4** 문화산업의 범위에 대한 통일된 규정이 없듯이 WTO의 서비스분류에서도 문화산업이란 독자적인 항목은 없다. 그 가운데 시청각서비스는 커뮤니케이션 부문의 중분류 항목의 하나인데, ① 영화/비디오 제작 및 배급, ② 영화 상영, ③ 라디오·TV 서비스(프로그램 제작), ④ 라디오·TV 전송서비스, ⑤ 음반 제작, ⑥ 기타 시청각 서비스(멀티미디어 콘텐츠 포함) 등을 포함한다.

**5** 미국과 중앙아프리카공화국이 6개 전 항목에 대해 양허했고, 그 뒤를 이어 뉴질랜드가 5개 산업에 대해 양허했다. 반면 유럽연합, 북구권, 아랍권 국가들은 한 나라도 양허하지 않고 이 분야들을 최혜국대우 면제분야로 선택했다.

### 3) 도하개발아젠다(DDA)

GATS는 GATT에 비해 여러 모로 불완전한 상태로 시작되었다. 그래서 1995년 WTO가 출범할 때 서비스 교역은 향후 5년 이내에 반드시 협상을 재개해야 하는 후속협상의제(built-in agenda)로 규정되었다. 그리하여 2000년 2월부터 협상이 재개되었고, 2001년 11월 도하 각료회의에서 도하개발아젠다(Doha Development Agenda; DDA, 일명 도하라운드)가 출범하였다. 원래는 2005년 1월 1일까지 회원국들 간 양허협상을 마무리하고 DDA를 완료한다는 계획이었으나 의견조율의 어려움으로 예정보다 지연되다가 결렬되고 말았다.

### 4) 북미자유무역협정(NAFTA)

북미 3국(미국, 캐나다, 멕시코)이 체결한 지역협정인 NAFTA는 문화산업에 대해서는 원칙적으로 협정상의 제반 의무의 적용을 제외시키는 문화적 예외(cultural exclusion)를 규정하고 있다. NAFTA 규정상 문화산업(cultural industries)은 다음과 같은 활동을 가리킨다(문화관광부, 『2002 문화산업백서』).

(a) 인쇄 또는 기계해독이 가능한 형태의 도서, 잡지, 정기간행물 또는 신문의 출판, 배포 또는 판매. 단, 어느 하나를 인쇄 또는 타이핑만을 목적으로 한 활동은 제외
(b) 필름이나 비디오 녹화물의 제작, 배급, 판매 또는 상영
(c) 오디오·비디오 음반의 제작, 배급, 판매 또는 공개
(d) 인쇄 또는 기계해독이 가능한 형태의 음악의 제작, 배급 또는 판매
(e) 일반 대중에 의한 직접 수신을 위해 전송되는 라디오통신 그리고 일체의 라디오, TV 및 케이블 방송사업, 일체의 위성프로그래밍 및 방송네트워크 서비스

캐나다는 자국민들이 선호하는 미국 대중문화의 대량유입으로 인한 캐나다의 문화정체성 상실을 방지할 목적으로 대부분의 문화 분야를 NAFTA의 적용대상에서 제외하고 있다. 다만, 미국도 이에 대응하여 회원국이 취하는 문화

산업의 제한적 규제행위에 대하여 대등한 상업적 효과를 갖는 보복조치를 취할 수 있는 권리를 보유한다는 규정을 삽입하였다.

### 5) OECD 자유화 규약

1962년에 제정된 OECD 자유화 규약은 두 가지로 구성되어 있다. 하나는 '자본이동 자유화 규약'이고, 다른 하나는 '경상 무역외 거래(서비스 거래) 자유화 규약'이다. OECD 국가들 간의 경제적 거래의 자유화를 규정하고 있지만 가입국의 경제 여건에 따라 자유화 규약의 일부 유보 혹은 면제가 가능하다. 특히 문화산업에 대해서는 다음과 같이 자유화 규약의 적용이 유보되어 있다.

① 뉴스 제공업(통신사), 신문 및 정기 간행물 발행업, 서적 출판업, CATV 등은 자본이동 자유화 규약의 적용 대상에서 제외
② 극장 상영용 또는 TV 방송용 영화 및 프로그램의 수출입, 배급 및 상영 등은 서비스 거래의 자유화 유보

### 6) OECD 다자간투자협정(MAI) 협상

OECD 다자간 투자협정 체결을 위한 협상은 1995년 9월에 개시되었다. 그러나 문화산업을 예외로 할 것인지를 비롯하여 환경/노동 문제, 지방정부 및 지역경제통합기구의 위상 등 주요 사안들에 대한 합의도출에 실패하였다. 결국 1998년 10월 프랑스가 협상 탈퇴를 선언함에 따라 그 해 12월에 협상이 중단되었다.

# 3절 무역자유화 vs. 문화다양성

## 1. 문화 vs. 무역

문화가 시장에서 거래되는 대상이 된다면 당연히 국제적 상거래, 즉 국제무역의 대상도 된다고 할 수 있다. 현실의 세계에서는 물론 문화적 상품 및 서비스의 국제적 거래가 이루어지고 있다. 하지만 문화교역에 관한 체계적인 국제규범은 아직 정립되지 않은 상태이기 때문에 치열한 논쟁이 여전히 계속되고 있다. 가장 핵심적인 질문은, 문화가 과연 무역거래의 대상인가 하는 문제이다. 이 질문의 핵심은 실제 문화상품·서비스의 교역이 이루어지느냐가 아니다. 보다 중요한 논점은 문화도 무역자유화라는 원칙의 예외 없는 적용을 받아야 하는지의 질문이다.[6]

2차 대전 이후 성립된 국제무역체제는 기본적으로 자유무역주의를 바탕으로 하여 성립되었다. WTO 체제 출범 이후 '예외 없는 무역자유화'는 어느 나라도 정면으로 거스르기 힘든 거대한 대세가 되었다. 과거 GATT 체제하에서는 포함되지 않았던 많은 부문들—지적재산권, 서비스, 농산물, 섬유류 등—이 지금은 WTO라는 국제규범의 적용을 받고 있다. 미국 같은 나라는 무역자유화는 어떤 섹터이건 모두 예외 없이 적용되어야 한다고 주장하고 있다. 문화·예술·오락 역시 산업의 한 분야로서 상거래의 대상이 되는 이상 당연히 국제무역의 대상이 되며 따라서 당연히 무역자유화 원칙에 따라야 한다는 논리이다. 즉, 문화상품·서비스도 제작·유통·소비의 각 단계에서 경제적 이윤논리 혹은 산업논리가 적용되고 있으므로 특별히 예외적으로 다룰 필요는

6 미국과 캐나다가 자유무역협정(FTA)을 맺을 당시, 문화산업 부문을 어떻게 다룰 것인지를 놓고 많은 격론이 있었다. 이 사실은 문화정체성 수호와 자유무역원칙의 조화 문제는 선진국들 사이에서조차 매우 어려운 난제임을 극명하게 보여준다(Braman, 2003: 292).

없다는 것이다. 문화적 요소가 포함되어 있다고 해서 자유무역주의 원칙의 예외로 취급한다면 다른 수많은 섹터들도 나름대로의 특성 때문에 자유무역의 대상에서 제외시켜 주어야 하기 때문이다.

반면 문화교역의 자유화에 반대하는 입장에서는 문화란 결코 자유무역의 대상이 될 수 없다고 주장한다. 비록 문화가 산업화・상품화되는 경우가 있다고는 해도 다른 일반 상품과는 달리 인간의 의식과 사고에 지대한 영향을 미치기 때문이다. 문화는 일국의 고유한 언어와 역사적 경험이 투영되어 있어 사회적 정체성의 보호 및 유지와 깊은 관련이 있다. 문화교역의 자유화는 자칫 문화정체성의 상실을 가져와 문화의 세계적 획일화를 초래할 위험이 있으므로 교류(exchange)의 대상이 될지언정 고역(trade)의 대상은 아니라는 것이다. 여기서 문화라는 개념은 영화, TV 프로그램, 대중가요, 책, 잡지 등 많은 사람들에게 일상적으로 영향을 주는 대중문화는 물론 순수예술과 그 밖에 다른 모든 형태의 표현과 의사소통을 포용하는 것들로서 간주된다. 이런 관점에서 보면 문화적 상품・서비스는 한 사회의 본질, 사고방식, 가치관, 동질성, 경험, 공동체 의식 등과 같은 무형의 자산을 공유하는 매개체로 이해된다. 문화교역은 단지 지불과 사용이라는 경제적 거래로 끝나는 것이 아니다. 문화상품의 소비는 그 안에 내재되어 있는 상징적 의미, 이데올로기, 가치관 등의 전이가 필연적으로 수반될 수밖에 없다. 문화는 일반 상품과는 달리 비록 산업화의 옷을 입는다고 해도 단순한 교환가치 이상의 소중한 정신적 가치를 담고 있는 것이다.

## 2. 문화적 예외와 문화다양성

문화는 정신과 영혼의 산물이므로 단순한 경제논리로 취급되어서는 안 된다는 주장은 국제무역에 있어서 '문화적 예외'(cultural exception)를 인정해야 한다는 주장으로 이어진다. 문화는 자유무역의 예외적 케이스로 다루어야 한다고 가장 강력히 주장하는 나라는 프랑스이다. 문화시장의 개방 문제에 있어서 미국의 '예외 없는 개방'론에 맞서 프랑스가 고집스럽게 내세웠던 것도 바로 이 '문화적 예외'론이었다. UR 협상 당시 프랑스의 미테랑 대통령은 영화를 포함한 시청각 영상물과 문화적 정체성의 연관성을 다음과 같이 강조했다(이상면, 2004).

> "영혼의 창조물들은 단순한 상품이 아니고, 문화의 요소들은 순수한 사업(business)이 아니다. 예술작품의 다원주의와 공중이 선택하는 자유를 수호하는 것은 의무이다. 위험에 처한 것은 우리 모든 국가들의 문화적 정체성이다. 그것은 모든 민족이 자신들의 고유한 문화에 대한 권리이다. 그것은 우리의 고유한 이미지를 창조하고 선택하기 위한 자유이다. 다른 사람들에게 자신을 보이는 방법, 말하자면 자신에게 자신을 표현하는 방법을 포기한 사회는 노예화된 사회이다."
>
> - 그단스크 회의, 1993. 9. 21.

이처럼 문화적 예외를 강조하는 배경에는 미국 문화산업의 막강한 경쟁력에 대한 두려움이 있다. 즉, 문화교역의 자유화는 곧 전 세계 문화시장의 미국화를 초래할 것이고, 그 결과 각 지역의 고유문화는 초토화될 것이라 염려하는 것이다(양건열, 2002: 207).

실제로 세계화와 관련하여 문화정책을 다룬 대다수의 연구들이 문화제국주의에 대항하여 문화주권(cultural sovereignty) 혹은 문화정체성(cultural identity)을 지켜야 할 당위성을 강조한다. 신자유주의적 세계화가 심화됨에 따라 우리 민족문화의 주체성과 집단적 정체성을 상실할 위험이 크다는 우려 때문이다. 그리고 이러한 입장은 자연스럽게 다음과 같은 '문화다양성'(cultural diversity) 주장으로 이어진다(정홍익, 1994; 정갑영, 1994; 김혜준, 1999; 김성곤, 2001; 영화진흥위원회, 2003; 강내희, 2003; Braman, 2003; 최영제, 2005; 전국민중연대, 2006).

> "오늘날 세계화라는 이름 아래 진행되고 있는 각종 무역협정은 문화를 상품으로 바라보고 무역의 대상으로만 여기고 있다. 획일적인 경제논리와 이윤논리 속에서

> 문화의 다양성 증진과 문화의 정체성 문제는 논의에서 제외되었고, 각국이 자국의 고유문화를 보존, 발전시키는 일은 더욱 어렵게 되었다. 한국의 문화정체성을 보존, 발전시키고 세계문화의 다양성에 기여하는 것은 한국 정부의 의무이다."
>
> - 세계문화기구를 위한 연대회의 출범선언문 중에서, 2002. 5. 7.

문화다양성이라는 개념은 원래 '종 다양성'이라는 생물학적인 용어에서 시작되었다. 마치 생태계에 종(species)의 다양성이 확보되어야 생명체들이 균형 잡힌 발전을 할 수 있듯이, 전 세계에 퍼져 있는 다양한 집단의 고유한 문화적 정체성이 인정되고 보존되어야 인류가 건강하게 발전할 수 있다는 논리이다(영화진흥위원회, 2003). 따라서 "문화적 다양성을 보호하는 것은 세계사회의 윤리적인 의무이자 문화정체성을 통한 인간 존엄성을 지키는 일"이다(양건열, 2002: 244). 그리고 "문화적 예외는 문화다양성을 보호하고 증진시키기 위해 선택할 수 있는 수단들 가운데 하나"라는 것이다(목수정, 2006).

이러한 맥락에서 UNESCO는 2001년 11월 파리에서 열린 제31차 총회에서 '유네스코 문화다양성 선언'을 채택했다. 이 선언 제1조는 문화다양성의 의의에 대해 다음과 같이 피력하고 있다(강내희, 2003d).

> "문화는 시간과 공간을 가로질러 다양한 형태를 띤다. 이 다양성은 인류를 구성하는 집단들과 사회들의 특이성과 복수성 안에 구현되어 있다. 문화다양성은 교류, 혁신, 창조성의 원천으로서 생명 다양성이 자연에게 필수적이듯 인류에게 필수적이다. 이런 의미에서 그것은 인류의 공통 유산이며 현재와 미래의 세대들에게 혜택을 주는 것으로 인정받고 긍정되어야 한다."

문화다양성 논리는 서방 선진국 문화산업 및 거대 초국적 엔터테인먼트 재벌들의 엄청난 위력으로부터 자국의 문화산업과 고유문화를 지키려는 방패로 적극 활용되고 있다. 가장 대표적인 사례가 스크린쿼터 축소·철폐 문제를 둘러싼 한국과 미국 간의 무역마찰이다. 미국은 한국과의 양자 간 투자협정(Bilateral

Investment Treaty) 체결의 전제조건으로 한국의 스크린쿼터 축소를 강력하게 요구했었다. 이에 맞서 한국 영화계는 공룡 같은 할리우드 영화의 세계시장 독점을 막고 문화적 다양성을 보장하기 위해서는 스크린쿼터와 같은 안전장치가 반드시 필요하다고 항변하였다(김정수, 2004b).

## 3. 국제 문화다양성 협약

문화다양성 주창자들은 무역자유화의 위협 속에서 각국의 문화적 다양성을 수호하기 위해 별도의 국제문화협약의 창설을 시도해왔다. 문화다양성에 관한 국제협약은 문화정책 및 문화교류를 관장하는 국제적 거버넌스(global governance)로서 문화다양성을 보호하고 촉진함에 있어서 각국의 권리와 의무를 규정함으로써 국제적 협력을 한층 강화시킬 것으로 기대된다. 문화의 생산과 유통, 커뮤니케이션과 전시, 문화콘텐츠의 판매에 관한 조항에 국제법적 구속력을 갖게 함으로써 문화다양성을 보호할 뿐만 아니라 문화다양성과 무역자유화 사이에 일관성을 유지하는 데에도 기여하게 될 것이다.[7]

국제 문화다양성 협약 체결을 위한 노력은 INCP와 UNESCO 그리고 INCD 세 단체를 중심으로 이루어졌다(영화진흥위원회, 2003) 'International Network on Cultural Policy'(문화정책에 관한 국제네트워크)는 각국 문화부 장관들의 비공식적 협의체를 말하는데 OECD 다자간투자협정 협상이 문화적 예외에 관한 이견으로 결렬된 직후인 1998년 출범하였다. INCP는 문화적 다양성이라는 원칙하에 문화와 관련된 국제적인 안건에 있어서 각국 장관들이 모여 서로 생각을 교류하며 문화정책에 대한 책임을 공유하기 위해서 만들어졌다. 회원국

7 프랑스의 문화학자 바르니에는 "오늘날 문화상품 역시 상품이라는 이유로 UNESCO가 WTO에 자신의 자리를 빼앗겼다. 교역대표자들이 마지못해 양보하는 '문화적 예외'를 촉진시키는 대신 국제무역조직인 WTO에 맞설 수 있는 '문화의 국제기구'에 의해 힘의 균형을 이루는 것이 필요하다"고 강력히 주장하였다.

**표 11-3 문화다양성 협약의 여덟 가지 원칙**

| 원 칙 | 내 용 |
|---|---|
| 1) 인권과 기본적 자유 존중의 원칙 | 국제법에 의해 보장된 인권을 침해하거나 그 범위를 제한할 목적으로 본 협약의 조항을 인용해서는 안 된다. 문화적 다양성은 표현, 정보 교환, 의사소통의 자유를 비롯하여 문화적 표현 방식을 자유로이 선택하는 개인의 능력 등과 같은 기본적 자유가 보장될 때에만 보호받고 증진될 수 있다. |
| 2) 주권의 원칙 | 유엔 헌장과 국제법 원칙에 의거하여 국가는 자국의 영토 내에서 문화적 표현의 다양성을 보호하고 증진하기 위한 정책과 방안을 채택할 주권을 지닌다. |
| 3) 모든 문화의 동등한 존엄성과 존중의 원칙 | 문화적 표현의 다양성을 보호하고 증진하는 일은 소수민족이나 토착민의 문화를 포함하여 모든 문화가 동등한 존엄성을 지니며 동일하게 존중되어야 한다는 사실을 전제로 한다. |
| 4) 국제적 연대와 협력의 원칙 | 국제적 협력과 연대는 각국, 특히 개발도상국이 초기 단계에 있거나 이미 확립된 자국의 문화 산업을 포함하여 문화적 표현 수단을 형성하고 강화할 수 있도록 하는 국내외적 노력을 목적으로 해야 한다. |
| 5) 발전의 경제적 측면과 문화적 측면의 상호보완 원칙 | 문화는 발전의 원동력이기 때문에, 발전의 문화적 측면은 그 경제적 측면만큼이나 중요하여 개인이나 민족은 이에 참여하고 향유할 기본적인 권리를 지닌다. |
| 6) 지속가능성의 원칙 | 문화다양성은 개인과 사회에 풍부한 자산이 된다. 현재와 미래 세대가 혜택을 누릴 수 있도록 지속 가능한 발전을 이루기 위해 반드시 필요한 조건은 문화다양성을 보호하고 증진하고 유지하는 일이다. |
| 7) 자유로운 접근의 원칙 | 문화다양성을 높이고 상호이해를 촉진하기 위해서는 누구나 전 세계 각국의 풍부하고 다양한 문화적 표현에 접근할 수 있어야 하고, 각 문화가 자문화를 표현하고 널리 알리기 위한 표현 수단을 획득할 수 있어야 한다. |
| 8) 개방성과 균형의 원칙 | 국가가 문화적 표현의 다양성을 지원하는 방안을 채택할 때는 다른 국가의 문화에 대한 개방성을 적절한 방식으로 증진해야 하며, 이러한 방안이 본 협약이 추구하는 목적과 부합함을 확인해야 한다. |

수는 59개국인데 한국은 지난 2003년 9월에 가입했으며 미국은 비회원국이다. INCD는 문화다양성 수호를 목적으로 조직된 민간단체들의 연합체이다.

2005년 5월 파리에서 개최된 유네스코 정부 간 전문가 회의에서는 '문화적 표현의 다양성 보호와 증진을 위한 협약' 최종초안이 완성되어 사무총장에게 제출되었다. 이 협약에는 〈표 11-3〉과 같은 여덟 가지 원칙이 제시되어 있다.[8]

"문화다양성은 인류의 고유한 특징"이라는 선언으로 시작되는 이 협약은 문화다양성의 개념에 대해 다음과 같이 설명한다.

> "문화다양성은 어떠한 집단이나 사회의 문화를 표현하는 다양한 방식을 일컫는다. 이러한 표현방식은 사회 내에서 전수되기도 하고 타 사회와 교류하기도 한다. 문화다양성은 인류의 문화적 유산을 표현하고 증대하고 전수하는 갖가지 방식을 통해서만 드러나는 것이 아니라, 사용되는 수단이나 기술이 무엇이건 관계없이 예술을 창조하고 생산하고 유포하고 보급하고 향유하는 여러 양식을 통해서도 드러난다."

이 회의에 참가했던 130여 회원국 대다수는 이 최종 협약초안에 대해 절대적인 지지를 표하였다. 그러나 유독 미국은 끝까지 강력하게 반대하였다. 회의 마지막 날 발표한 공식성명에서 미국은 협약의 내용과 추진과정의 타당성에 대해서 다음과 같이 비난했다.

> "유네스코의 관례뿐만 아니라 절차규정 또한 모순적으로 적용되었고 때로는 완전히 무시되었다. 게다가 전반적으로 볼 때 단시일 내에 협약을 완성하려는 조급함 속에 진행되었다. … 협약 초안은 심각한 결함을 안고 있으며 말과 이미지를 통해 사상을 자유롭게 교류하도록 하는 유네스코 헌장상의 의무에 근본적으로 위배된다. 유네스코 '문화다양성 협약'은 문화라기보다는 사실상 통상에 관한 것이다. … 따라서 '문화다양성 협약'은 분명 유네스코의 권한을 넘어선다. 또한 기타 국제협정상의 권리와 의무를 침해할 우려가 있으며 특히 개도국을 비롯한 전 세계의 번영을 증대시키는 데 지대한 공헌을 한 경제 자유화에 역행하는 것이다."[9]

---

**8** 유네스코 문화다양성 협약 전문은 이 책의 말미에 있는 부록을 참조할 것.

**9** "[스크린쿼터문화연대] 유네스코 정부간회의, '문화다양성 협약' 최종초안 완성", 연합뉴스 2005. 7. 21.

미국은 이미 오래전부터 자국 문화산업의 막강한 경쟁력을 바탕으로 문화시장의 자유화를 강력히 요구하여 왔다. 미 무역대표부(USTR) 대표였던 졸릭이 미국 내 '자유무역을 위한 문화산업연대'의 출범식에서 피력한 다음 발언은 이를 적나라하게 드러내 보인다. "자유무역 및 개방된 시장은 문화 분야의 모든 이들을 포함한 미국 전체 수백만의 산업 역군들 및 산업 자체에 이익을 부여한다. 그들의 목소리에 경청하는 것이 무엇보다 중요하다. 이 연대가 형성되고 이 연대를 통해 미국 국민들에게 해외시장으로의 접근이 문화 분야에서 일하는 수많은 사람들에게 얼마나 중요한지를 설명하는 데 도움이 될 것이다."[10]

그러나 미국의 끈질긴 반대에도 불구하고 문화다양성 협약은 정식 국제규범의 하나로 자리 잡게 되었다(부록 참조). 2005년 10월 20일에 개최된 제33차 유네스코 총회 본회의에서 찬성 148, 반대 2(미국, 이스라엘), 기권 4(니카라과, 라이베리아, 온두라스, 호주)라는 압도적 차이로 마침내 문화다양성 협약이 공식적으로 채택되었던 것이다.[11] 우리나라는 비준을 미루다가 뒤늦게 2010년이 되어서야 세계에서 110번째로 비준을 마쳤다.

이 협약의 전문 제19조는 "정보통신의 급속한 발전으로 촉진된 세계화의 과정이 문화 간 상호작용의 강화를 위한 전례 없는 여건을 제공하는 한편, 부국과 빈국 사이의 불균형을 야기한다는 점에서 문화다양성에 대한 도전이" 되

10 "졸릭, 문화 산업체의 자유무역 연대 착수에 합세하다", 미국무역대표부사무실, 2003. 스크린쿼터문화연대 홈페이지 자료실(http://www.screenquota.org).

11 최영제(2005)는 문화다양성 협약이 갖는 의의를 다음과 같이 정리하였다. 첫째, 각 국가가 문화적 표현의 다양성을 보호하고 증진하는 데 적합한 것으로 판단하는 정책 및 지원조치를 유지, 채택, 실행할 수 있는 주권을 보장하였다. 둘째, 정체성, 가치, 의미를 전달하는 수단으로서 문화활동, 문화상품 및 문화서비스가 갖는 독특한 특징을 국제법으로 확인하였다. 셋째, 개발도상국들이 문화표현의 다양성을 증진할 수 있는 역량을 확대하도록 선진국의 지원을 포함한 국제협력 강화를 규정하였다. 넷째, 비종속성의 원칙, 즉 협약의 국제법적 지위가 통상협정을 포함한 다른 국제협약의 지위와 동등함을 강조하고, 다른 국제협약에 가입할 때뿐만 아니라 이미 가입한 협약을 해석하고 적용할 때에도 문화다양성 협약의 조항을 고려할 것을 명기하였다. 다섯째, 분쟁해결 절차를 구체적으로 명시해 문화 분야의 분쟁을 시장의 논리가 아닌 문화의 논리로 해결할 수 있는 합의된 원칙을 마련하였다.

었음을 지적하고 있다. 이러한 상황에서 "문화상품과 문화서비스에 대해서 기존의 통상규범을 그대로 적용시킬 수 없으면 새로운 통상의 원칙을 재정립하자"는 것이 문화다양성 협약의 취지라고 할 수 있다(박경신, 2007).

## 4절 문화교역정책의 방향

### 1. 국제무역과 원산지 규정

국제무역에 있어서 문화교역은 보통 서비스교역, 특히 시청각서비스의 한 분야로 취급된다. 일반 제조업 및 서비스산업 분야에서는 이미 오래 전부터 글로벌 경영 및 월경(越境)생산(transborder production)이 일상화되었다. 왜냐하면 기업들이 "생산비를 절감하고 경쟁력을 강화하는 수단으로 글로벌 소싱(global sourcing)과 글로벌 생산체제(global manufacture)를 적극 활용"하기 때문이다(산업자원부, 2003). 생산의 글로벌화 및 다국적화가 가속화될수록 물품의 국적을 의미하는 원산지의 판정은 매우 어렵게 된다. '어디까지 생산해야 그 나라를 원산지로 인정하느냐'는 사실 보는 사람의 관점에 따라 얼마든지 달라질 수 있기 때문이다.

원산지(country of origin)란 "물품을 생산한 나라(동식물이 성장한 나라) 또는 물품의 국적"을 의미한다(산업자원부, 2003). 원산지 규정(rules of origin)이란 국가들간에 거래되는 물품의 원산지를 결정하는 기준에 관한 법령이나 행정규칙을 말한다. 일반적으로 사용되는 제조국, 조립국, 수출국, 경유국, 생산국, 가공국 등이 상식적 개념이라면 원산지는 원산지 규정의 적용을 통해 결정되고 각종 무역정책수단에 사용되는 법적 · 행정적 개념이다.

여러 국적의 생산요소들이 투입된 제품 · 서비스의 국적 판정문제는 국제무역에 있어서 대단히 민감한 사안이다. 수입물품의 원산지에 따라 상이한 관세율이 적용되는 등 수입조건이 달라지기 때문이다. 그럼에도 불구하고 원산지 규정은 나라마다 달랐고 심지어 한 나라 내부적으로도 관련 규정들이 서로 일관적이지 못한 경우가 많았다(Trebilcock and Howse, 1995: 89). 수입국 입장에서는 부당한 우회수출을 막기 위해 원산지 규정을 가급적 엄격하게 시행하려 하지만 지나치게 까다로운 원산지 규정은 무역자유화의 효과를 제약하게 된다(최병선, 1999: 835). 이 때문에 이미 20여 년 전 UR 협상 당시에도 원산지 규정은 중요한 의제의 하나로 다루어졌었다. 그리고 1995년부터 WTO 차원에서 회원국들 간에 상이한 원산지 규정을 하나로 통일하기 위한 협상을 계속해오고 있으나 아직 상당수의 이슈들이 해결되지 않은 상태이다.

원산지 판정에 있어서 일반적으로 통용되는 원칙은 '실질적 변형'(substantial transformation)이다. 즉 어떤 제품이 2개국 이상에 걸쳐 생산되었을 때 특정 국가에서 생산된 것이라고 인정되기 위해서는 "그 제품의 본질적 특성을 구성하는 가장 중요한 공정이 그 국가에서 발생해야 한다"는 것이다(김규태 · 한홍렬, 2004: 27). 실질적 변형 여부를 판단하는 기술적 요건은 나라마다 다양한 방식이 적용되어 왔으나 오늘날에는 보통 다음 세 가지가 널리 쓰인다. 첫째 '세번변경기준'(change in tariff schedule)에 의하면 제품의 제조 및 생산과정에서 투입된 원재료 또는 부품의 세번과 이로부터 생산된 최종제품의 세번이 다를 경우 실질적 변형이 일어난 것으로 본다. 둘째, '부가가치기준'(value added criteria)은 제품의 생산과정에서 특정한 비율 이상의 부가가치가 발생할 경우 실질적 변형이 발생한 것으로 간주한다. 셋째, '주요공정기준'(important operation or process criteria)이란 생산과정상 거쳐야 하는 주요 공정을 파악한 후 제품의 주요한 특성을 발생시켜 주는 공정이 일어난 국가를 원산지로 인정하는 것이다.

## 2. 문화의 국적

일반 제조업 분야와 같이 문화산업에 있어서도 이미 월경(越境)생산은 드문 일이 아니다. 서로 다른 국적의 사람들이 모여서 하나의 문화콘텐츠를 제작하는 다국적 생산이 점차 보편화되고 있다. 그렇다면 문화상품의 원산지는 어떻게 판단하는가? 사실 문화산업 영역에서는 아직 원산지 판정에 대한 인식도 부족하고 관련 법규정 역시 매우 허술한 형편이다. 뿐만 아니라 문화정책 차원에서도 문화상품의 국적 혹은 원산지 규정에 관해서는 별다른 관심이나 논의가 전무한 형편이다.

문화산업은 문화·예술과 산업·경제라는 두 개의 얼굴을 가진 야누스적 존재이다. 따라서 문화상품의 국적 역시 문화와 산업이라는 두 가지 차원에서 바라볼 수 있다. 즉, 한국산 문화상품이란 것은 '한국적 문화정체성이 녹아있는 문화상품'이거나 혹은 '한국(인)이 주도적으로 생산한 문화상품'을 의미하게 된다. 그렇다면 어떤 문화상품의 국적이 한국인지 아닌지는 어떻게 판정할 것인가? 한 가지 방안은 문화와 산업이라는 두 가지 기준을 모두 충족시키는 경우에 한해서 한국산 문화상품으로 인정하는 것이다(그림 11-2에서 Ⅰ의 경우). 다른 대안은 둘 중 하나만 충족되면 한국산 문화상품으로 인정해주는 것이다(그림 11-2에서 Ⅰ, Ⅱ, Ⅲ의 경우).

먼저 문화적 차원에서 볼 때, 한국 문화상품이란 그 소재 및 내용면에서 우리나라의 문화적 정체성이 충분히 표현되어 있는 문화상품이라고 일단 규정할

| 문화적 차원 / 산업적 차원 | 한국적 문화정체성 (Korean Cultural Identity) | 비(非)한국적 문화정체성 (Non-Korean Cultural Identity) |
|---|---|---|
| 한국이 생산의 중심 역할 (Korea at the Center of Production) | Ⅰ | Ⅱ |
| 한국이 생산의 주변 역할 (Korea at the Periphery of Production) | Ⅲ | Ⅳ |

**그림 11-2** 문화 국적의 이중성

수 있다. 그런데 이러한 정의는 사실 문화적 정체성이란 단어만큼이나 그 기준이 추상적이고 애매모호하다. 과연 무엇이 우리나라의 문화적 정체성인가(혹은 이어야하는가)는 개인의 주관적 판단에 따라 얼마든지 달라질 수 있기 때문이다.

한편 산업적 차원에서는 한국(인)이 생산과정의 중심에 위치한 문화상품이 한국산 문화상품이라고 말할 수 있다. 그런데 사실 이와 같은 정의 또한 그 자체로 명확한 기준이 되지는 못한다. 왜냐하면 오늘날 문화상품의 글로벌 제작이 보편화되어감에 따라 생산과정에서의 주(主)와 종(從)을 판정하기 애매한 경우가 빈번하게 발생하기 때문이다. 물론 하나의 작품이 완성되는 데 소요된 각 생산요소들의 구체적인 비율은 어느 정도 객관적인 계산이 가능하다. 그러나 문화상품의 국적을 판정할 객관적인 기준체계를 만든다는 것은 사실상 불가능한 일이다.

## 3. 정책적 대안

그렇다면 문화생산의 다국적화·글로벌화 시대에 적합한 문화교역정책의 방향은 무엇인가? 자유무역 지향적인 오늘날의 세계화는 문화정체성 수호와 개방적 문화교류라는 상반된 당위성을 동시에 요구한다. 이러한 상황에서 어떠한 정책대안을 제시할 것인가는 결국 어떠한 이념을 지향하는가에 따라 달라지기 마련이다. 문화의 국적에 관해서는 두 가지 상반된 이념적 전제를 생각해볼 수 있다(김정수, 2008b).

### ① 전통적 전제: "문화의 국적은 중요하다"

우선 문화의 국적을 따지는 것은 세계화 추세에도 불구하고, 아니 어쩌면 바로 그 때문에 더더욱 중요한 의제라고 전제할 수 있다. 이러한 이념적 전제하에서는 어떠한 문화상품이 과연 한국산 문화인지를 판정하는 시스템이 체계적으로 정립되어야 할 것이다. 이를 위해 두 가지 대안을 생각해볼 수 있다.

첫 번째 대안은 문화상품의 한국국적 인정요건에 문화정체성과 관련된 기준을 적극 반영하는 것이다. 문화의 국적이 중요하다면, 그리고 문화상품이 그저 단순한 상품이 아니라면, 한국산 문화상품이란 마땅히 한국의 문화적 정체성이 녹아있는 콘텐츠라야 할 것이다. 그러나 사실 문화정체성이란 참으로 신기루와도 같이 애매모호한 개념이다. UR 협상 이후 프랑스가 자주 내세우는 유럽의 '문화적 정체성'은 명확하게 정의되거나 구체적으로 설명된 적이 없는 모호한 개념이다(이상면, 2004). 그래서 벨기에 사회학자 아르망 마텔라르는 '유럽 문화의 정체성'이 과연 무엇이고 무엇이어야 하는지에 대한 면밀한 논의도 없이 용어가 사용되고 있다고 비판한다(Mattelart, 1998: 483).

고유문화라는 것이 과연 존재하는가? 존재한다면 고정적인가 유동적인가? 현 시점에서 우리의 고유문화를 어떻게 확인할 수 있는가? 또 그것을 어떻게 개념화하고 측정해서 판정할 것인가? 이 질문들에 대한 객관적이고 명료한 해답을 찾기는 어렵다. 더구나 문화적 접촉과 교류의 증가로 인해 문화의 변용과 혼혈이 일상화될수록 특정 문화권의 고유한 특성을 정확히 밝히기가 쉽지 않다. 그렇다면 문화의 국적 판정에 문화정체성 기준이 포함되어야 한다는 제안 자체가 사실상 불가능한 요구가 되는 것이다.

두 번째 대안은 산업적 차원의 기준을 보완하고 강화하는 것이다. 만약 문화정체성을 측정할 수 있는 객관적이고 신뢰성 있는 기준 마련이 불가능하다면 차선책으로 문화상품의 국적을 오로지 국내산업 보호라는 관점에서 판정해야 할 것이다. 즉, 하나의 문화콘텐츠가 만들어지는 데 투입되는 모든 제반 생산요소들의 국적도 꼼꼼히 따져보아야 한다는 것이다. 그리고 한국산 문화상품으로 인정될 수 있는 기준점수도 상당히 높은 수준으로 설정할 필요가 있다.[12]

---

**12** 유럽연합(EU)이 제정한 '영화의 공동제작에 관한 유럽협약(European Convention on Cinematographic Co-Production)에 의하면 3개 분야 12개 항목의 국적점수를 합산해서 19점 만점에 15점 이상이 되어야 유럽영화로 인정받을 수 있다. 한편 유럽집행위원회가 관장하는 Media Programme의 지원금 받을 수 있는 자격요건을 보면 비슷한 국적평점표를 가지고 19점 만점에 10점 이상

그러나 이 대안에도 문제점은 있다. 우선 심사절차가 복잡해지고 까다로워지면 그만큼 불필요한 거래비용이 과다하게 발생하게 된다. 또한 한국산 문화상품 인정의 기준점수를 높이는 것은 기실 국산품 의무사용비율을 높이는 셈이 된다. 따라서 보호무역주의(protectionism)의 폐단이 그대로 나타날 우려가 있다. 즉, 모든 국내 생산요소들의 경정력이 세계정상급 수준이 아닌 한 그들 위주의 조합으로 영화를 제작할 때 최고 수준의 작품이 탄생할 가능성은 떨어지게 된다. 요컨대 제작에 관련된 각종 국내 업체 및 인력의 보호에 치중하다 보면 정작 문화콘텐츠 자체의 품질은 떨어지고 종국에는 한국 문화산업의 전반적인 경쟁력 저하로 귀결될 수 있다는 것이다.

② 대안적 전제: "문화의 국적은 중요하지 않다"

앞의 전제와는 반대로 오늘날과 같이 문화교류와 교역이 빈번해지는 시대에 문화의 국적이란 그다지 중요한 사안이 아니라고 볼 수도 있다. 과거처럼 우리 문화와 이방 문화를 엄밀하게 구분할 수도 없고 또 굳이 그럴 필요도 없기 때문이다. 이러한 전제 하에서는 앞에 언급된 대안들과는 본질적으로 다른 문화정책이 필요하게 된다.

첫째, 문화적 순혈주의에 대한 집착을 버릴 필요가 있다. 외부와 완전히 절연된 순수한 고유문화 또는 완전히 통합되어 완결된 문화정체성이란 없다. 그것은 "이데올로기 또는 근대주의적 환상"에 불과하다(현택수, 2007: 20). 현재 우리의 고유문화라고 여겨지는 것들도 실상은 오래 전에 외부로부터 유입되었던 문화들이 시간이 지나면서 우리문화화된 것이다. 문화는 고착된 것이 아니라 마치 생명체와도 같이 환경과 끊임없이 교류하며 변화해왔고 앞으로 더욱 그러할 것이다. 예컨대 지난 90년대 후반부터 아시아 지역을 휩쓸고 있는 한

---

이 되어야 한다(Gyory, 2000). 반면 우리나라 공동제작영화의 심사기준에 의하면 100점 만점에 25점 이상만 되면 한국영화로 인정된다.

류 열풍을 보자. 한류의 대표적 주자인 대중음악, 드라마, 게임, 비보이 등은 순수한 한국문화라기보다는 혼성문화(hybrid culture)이다(김정수, 2007; Shim, 2006). 그렇다면 고정된 실체가 없는 문화정체성을 붙잡으려 씨름하느니 차라리 네것 내것 구분하지 말고 다양한 문화를 섭취하도록 장려하는 편이 나을 것이다. 또한 "우리 것은 좋은 것"이라는 선동 구호가 문화정책을 인도하는 맹목적 도그마가 되어서는 안된다. 한국 국적의 생산요소라고 해서 당연히 정책지원 · 보호의 대상이 되어서도 안된다. '누구의' 문화인지 캐묻기보다는 차라리 '얼마나 좋은' 문화인가에 초점을 맞추어야 할 것이다.

둘째, 문화다양성의 개념을 확대하여 국제관계 뿐만 아니라 국내관계에서도 적용시킬 필요가 있다(이동연, 2006). 문화정체성 개념과 마찬가지로 문화다양성이라는 용어 역시 자주 사용되고 있음에도 불구하고 아직 그 개념이 명확하게 정립되어 있지 않다(Albro, 2005). 문화다양성은 집단(혹은 국가, 민족)간 문화다양성과 집단 내 문화다양성으로 대별해 볼 수 있다. 전자는 집단 전체가 하나의 단위주체가 되어 각 집단(국가, 민족)의 고유한 문화들이 공생해야 한다는 의미로 쓰인다. 과거 한미 BIT 또는 FTA 협상 과정에서 스크린쿼터 수호론자들이 인용했던 개념이 바로 이것이다. 후자는 집단 내부의 구성원 개개인을 단위주체로 파악하고 각 개인들의 문화적 표현의 자유가 보장되어야 한다는 함의를 갖는다. 이는 사회 내부적으로 주류 문화 · 예술뿐만 아니라 비주류, 즉 소수자들이 선호하는 각종 다양한 문화 · 예술이 다 함께 공생해야 함을 뜻한다.

우리나라에서는 그동안 문화다양성을 주로 전자의 의미로만 국한하여 사용해 왔었다. 대표적인 예로 1998년부터 2006년까지 거세게 전개되었던 스크린쿼터 수호투쟁을 꼽을 수 있다. 당시 한국 영화계에서는 문화다양성 개념을 마치 공룡 같은 할리우드 영화에 대항하여 한국 영화가 보호되어야 하는 당위성을 강조하는 방패로 사용했다. 우리나라 영화산업 내부의 장르별 다양성 혹은 한국 문화계 내부의 분야별 다양성 문제는 거의 주목받지 못했었다. 하지만 오늘날과 같이 문화의 다국적 생산이 보편화되고 있는 상황에서는 문화상품의 국적을 정확히 판정하는 게 결코 쉽지 않다. 그렇다면 국가간 문화다양성만 강조하기보다는 우리나라 내부의 문화적 다양성에 대해 더 많은 정책적 고민이 필요하다고 할 수 있다.

**참고자료** **일본 대중문화 개방**(자료: 문화관광부 문화정책과)

▸ 일본 대중문화 개방 추진배경

- 세계화 · 국제화라는 시대적 조류에 부응하고, 98 한 · 일 파트너십 공동선언에 의한 미래지향적인 한 · 일 우호협력관계 구축 필요
- 성숙된 차원의 한일관계를 지향하기 위해서는 정부 간 교류뿐만 아니라 다양한 문화교류를 통한 상호이해가 필수적
- 우리의 문화적 능력에 대한 자신감을 바탕으로 한 문화교류정책 추진

※ 한 · 일 문화교류 정책자문위원회 구성 자문 및 국민여론을 수렴, 단계적 개방 추진 중

▸ 개방의 기본방향

- 한 · 일 문화교류의 기본원칙하에서 일본 대중문화 개방 추진
  - 국민적 합의하에 정책 수립
  - 신중한 접근
  - 상호주의 원칙
  - 건전한 문화교류
  - 민간 차원의 교류 추진
- 단계적 · 점진적으로 개방하되 가시적 성과가 나타날 수 있도록 상당한 속도로 추진
  - 과거 한 · 일 양국 간 불행한 역사와의 관계가 적은 분야부터
  - 문화적 가치가 높은 분야부터
  - 우리 업계의 경쟁력이 있는 분야부터 단계적 · 점진적 개방

▸1차 개방('98. 10. 20)

- 영화 및 비디오 부문
  - 4대 국제영화제(칸느, 베니스, 베를린, 아카데미) 수상작
  - 한일공동제작영화
  - 한국영화에 일본배우 출연 허용 및 한일영화주간 개최

  ※ 비디오는 개방 발표 이후 국내에서 상영된 일본영화의 비디오를 의미
- 출판 부문
  - 일본어판 출판만화, 만화잡지

▸2차 개방('99. 9. 10)

- 영화 및 비디오 부문 개방 폭 확대
  - 공인된 국제영화제 수상작

  ※ 대상영화제는 영화진흥위원회 포상대상영화제(13개), 국제영화제작자연맹(FIAPF) 인정 영화제(영화진흥위원회 포상대상영화제와 중복되는 영화제를 제외하면 약 60여 개) 등 총 70여 개 영화제이며 대상영화는 100여 편 추정
  - 우리나라 영상물등급위원회가 "전체 관람가" 영화로 인정한 영화
  - 다만, 극장용 애니메이션은 제외
- 공연 부문
  - 2,000석 이하 규모 실내장소에서의 일본대중가요 공연 허용

  ※ 공연 가능 장소는 2,000석 이하의 실내공연장, 실내체육관, 관광호텔 연회장 등
  - 다만, 식품위생법령에 의한 식품접객업소(휴게음식점, 일반음식점, 단란주점, 유흥주점)에서의 공연과 공연 실황의 방송, 음반 및 비디오의 제작·판매는 불허

▸3차 개방(2000. 6. 27)

- 영화
  - 영상물등급위원회에서 인정하는 "12세 관람가"와 "15세 관람가" 영화까지 추가 개방

  ※ 18세 미만 관람불가 영화만 미개방
- 극장용 애니메이션
  - 국제애니메이션영화제를 포함한 각종 국제영화제 수상작

· 비디오
－개방대상 일본 영화와 애니메이션 중 국내에서 상영된 작품의 비디오
※ 영화 및 애니메이션 개방과 연동
· 대중가요 공연
－실내외 구분 없이 전면개방
· 음반
－일본어 가창 음반을 제외한 나머지 음반(연주음반, 제3국어 가창음반, 한국어 번안음반 등)
· 게임
－게임기용 비디오게임물을 제외한 나머지 게임물(PC게임물, 온라인게임물, 업소용 게임물 등)
※ 게임기용 비디오게임물: TV 또는 모니터에 게임기(H/W)를 연결하고 조작도구(조이스틱, 조이패드 등)를 이용하여 게임을 진행할 수 있도록 하는 콘텐츠(S/W)
예: 플레이스테이션 1 · 2, 드림캐스트, 닌텐도64 등
· 방송
－매체 구분 없이 스포츠, 다큐멘터리, 보도 프로그램의 방송 허용
－케이블 TV 및 위성방송의 경우 공인된 국제영화제 수상작과 전체 관람가 영화로서 국내 개봉작 방영 허용

▶ 일본 대중문화 추가개방 중단발표(2001. 7. 12)
· 조치배경
－일본 정부의 역사교과서 왜곡 시정 거부에 대한 우리 정부의 대일 강경 대응책의 일환임
－『일본 역사교과서 대책반－자문단』 연석회의(2001. 7. 12)를 거쳐 정부방침으로 결정
· 조치내용
－일본 대중문화 개방은 한일 양국 간의 상호 신뢰관계의 바탕에서 이루어졌던 만큼, 일본 문화의 추가개방은 일본의 역사교과서 왜곡문제와 분리할 수 없음
－따라서 일본 정부가 교과서 문제에 대해 성의 있는 조치를 취할 때까지 일본 대중문화의 추가개방 자체를 검토하지 않을 것임

· 추가개방을 위한 기초여건 및 분위기 성숙으로 추가개방 추진('02. 7~)
 – 월드컵 성공개최로 양 국민 간 우호 · 신뢰증진 등 여건 변화
  ※ 한일문화교류정책자문위원회의 추가개방 재개 건의(10. 20)
· 고이즈미 총리의 신사참배 강행('03. 1)으로 국민의 비판적 여론 등 양국관계에 부정적 영향 초래로 추가개방 추진 잠정 유보
  ※ 역사교과서 왜곡, 신사참배 등과 관련 일본 측의 태도변화 미흡
· 한 · 일 정상회담 시 일본 대중문화 개방 확대 합의, 공동성명 발표('03. 6. 7)
 – "문화교류 활성화를 위해 한국은 일본 대중문화 개방을 확대한다"

▸ 4차 개방(2004. 1. 1)

| 부 문 | 개방 범위 | 비 고 |
|---|---|---|
| 영 화 | "18세 관람가", "제한상영가" 영화 | 전면개방 |
| 음 반 | 일본어 가창음반 | 전면개방 |
| 게 임 | 게임기용 비디오 게임물 | 전면개방 |
| 비 디 오 | 영화 및 극장용 애니메이션과 연동 | 개방 폭 확대 |
| 방 송* | 케이블TV · 위성방송 대폭 개방,<br>지상파 일부 개방 | 개방 폭 확대 |
| 극장용 애니메이션 | '06. 1. 1부터 전면개방 | 개방 2년 유예 |

* 방송분야 개방 범위

| 개방대상 | 케이블TV · 위성방송 | 지상파방송 | 비 고 |
|---|---|---|---|
| 스포츠, 다큐, 보도 프로그램 | 전면개방 | 전면개방 | ※ 3차 개방(2000. 6) |
| 생활정보 등 교양 프로그램 | 전면개방 | 전면개방 | ※ 지상파방송의 경우 한국어 더빙 권고 |
| 영화 | 전면개방 | 전면개방 | ※ 국내영화 상영관 개봉작으로 한정<br>※ 지상파방송의 경우 한국어 더빙 권고 |
| 극장용 애니메이션 | 전면개방 | 미개방 | |
| 대중가요 | 전면개방 | 부분개방<br>-국내에서의 일본 가수 공연 중계 방영<br>-일본 가수의 방송 출연 및 일본어 가창 | ※ 지상파방송의 경우, 일본어가창 뮤직비디오 제외 |
| 드라마 | 부분개방<br>-모든 연령 · 7세 이상 · 12세 이상 시청가 등급 드라마<br>-한 · 일 공동제작 드라마 | 부분개방<br>-한 · 일 공동제작 드라마 | ※ 공동제작 드라마 인정기준 마련(방송위원회)<br>※ 지상파방송의 경우 시청자자막방송 고지 및 한국어 더빙 등 권고 |
| 기타 오락프로그램 | 미개방 | 미개방 | |

## 제 12 장

# 한 류

# 제 12 장 ▮ 한류(韓流)[1]

대중문화, 문화산업, 그리고 문화교역이 중첩되는 대표적인 사례로 한류와 스크린쿼터제를 꼽을 수 있다. 한류는 한국의 대중문화가 해외에서 큰 인기를 끌고 있는 현상을 지칭하는데 우리나라 문화산업의 미래에 대해 희망을 갖게 해주고 있다. 스크린쿼터제는 오늘날 문화산업의 백미인 영화산업을 보호하기 위한 수입규제적 통상정책이다. 이것은 예외 없는 시장개방을 요구하는 자유무역주의자들과 이에 반대하는 문화적 예외론자들 사이에 첨예한 대립과 갈등이 존재하는 대표적인 사례이기도 하다. 본 장에서는 한류 현상에 대해, 다음 장에서는 스크린쿼터제에 대해 살펴보도록 하자.

## 1절 한류, 또 하나의 '한강의 기적'

1969년 10월 당시 세계최고의 인기가수였던 Cliff Richard의 내한공연이 이화여자대학교 강당에서 열렸다. 영국에서 온 이 금발의 이방 청년을 직접 보

1 이 장은 김정수(2002b; 2006; 2011)의 내용을 기초로 수정·보완한 것이다.

기 위해 한국의 수많은 젊은 여성 팬들이 공연장에 몰려들었고, 'Congratulations', 'The Young Ones' 등의 히트곡을 열창하는 그에게 환호를 보내며 열광했다. 한편 1992년에는 전 세계적으로 인기가 치솟던 미국의 보이 그룹 New Kids On the Block이 내한하여 콘서트를 열었는데 이때에도 공연장은 역시 수많은 여학생 팬들로 가득 메워졌었다. 그중에는 실신하는 학생들도 상당수 있었으며 심지어 한 여학생이 인파에 밀려 넘어져 숨진 사건까지 발생하였다. 이 두 에피소드는 과거 우리나라 대중문화의 주소를 잘 보여주는 사례이다. 당시만 해도 한국의 젊은이들이 우상처럼 떠받들던 가수나 배우들은 거의 대부분 외국의 톱스타들이었다. 우리나라의 대중가수나 배우들이 외국에 진출하여 환영받는다는 것은 상상조차 할 수 없던 시절이었다.

그런데 최근 그때는 생각조차 할 수 없었던 일들이 일어나고 있다. 한국의 대중문화와 스타연예인들이 세계무대에 진출하여 선풍적인 인기를 끌고 있는 것이다. 2013년에 발표되어 전 세계적인 돌풍을 불러일으켰던 싸이(Psy)의 '강남스타일'이 그 단적인 예이다. 싸이는 강남스타일을 필두로 하여 여러 후속곡을 〈Billboard Hot 100〉 차트에 올리는 대단한 기록을 세우기도 했다.

한국 대중문화의 이러한 위상 변화는 지난 1990년대 중후반 무렵부터 시작되었다. 대표적인 아이돌 그룹들의 사례 몇 가지를 살펴보자. 중국에서 인기가수 차트 1위를 고수했던 한국의 1세대 아이돌 그룹 H.O.T는 현지 콘서트에서 미국의 특급 스타들보다 더 많은 입장권을 판매하는 기록을 세우기도 하였다. 2010년 9월 미국 LA에서 열린 SM타운 공연에는 1만 5천여 명의 관객이 운집하였는데 이 중 약 70%가 非한인들이었다. 2011년 6월 프랑스 파리에서 소녀시대, 슈퍼주니어 등의 공연이 개최되었는데 유럽 각지에서 몰려든 수많은 K-Pop 팬들로 큰 성황을 이루었다. 현지 유력 언론들도 예상 밖의 상황에 주목하며 "K-Pop Invasion in Europe"이라는 머리기사로 크게 보도하였다. 2017년 4월 방탄소년단이 공연을 위해 칠레를 방문했을 때는 국영 TV방송국에서 그들의 공항 입국 장면을 생방송으로 중계하기까지 했다.

한국의 드라마 역시 해외에서 수많은 팬들을 사로잡고 있다. 1997년 6월부터 중국에서 방영되었던 한국 드라마 〈사랑이 뭐길래〉는 외국 드라마로는 처음으로 시청률 1위를 기록할 정도로 큰 인기를 끌었다. 드라마 〈겨울연가〉의 주인공 배용준은 일본에서 '욘사마' 열풍이라는 전무후무한 사회현상을 야기시킬 정도였다. 2004년 11월 그가 일본을 방문했을 당시, 나리타공항 개항 이래 최대 인파인 3,500여 명의 일본 팬들이 몰려들어 공항이 마비될 정도였다. 이영애 주연의 드라마 〈대장금〉은 동남아시아 지역에서도 인기를 끌었지만 이란에서는 국영TV에서 방영되면서 시청률 약 90%라는 경이적인 기록을 세울 정도로 화제가 되었다. 드라마 〈유리구두〉의 주인공 김현주는 2003년 9월 방한했던 판 반 카이 베트남 총리가 꼭 만나보고 싶다고 요청하여 노무현 대통령과의 정상회담 후 열린 환영오찬 행사에 초대되기도 하였다. 김수현과 전지현 주연의 드라마 〈별에서 온 그대〉는 중국에서 엄청난 인기를 끌며 '치맥' 신드롬을 불러일으키기도 했다. 송중기와 송혜교가 주연을 맡았던 〈태양의 후예〉는 중국 시청자들 사이에 열광적인 인기 때문에 공안 당국이 팬들의 자제를 당부하는 경고문을 발표하기도 했다.

이처럼 이제 세계 여러 나라의 팬들이 한국의 대중문화에 열광하며 환호를 보내는 모습은 일상적인 풍경이 되었다고 해도 과언이 아니다. 이름하여 '한류'(韓流, Korean Wave) 열풍이다.[2] 한류란 1990년대 후반 이후 중국과 일본을 비롯하여 대만, 베트남, 홍콩 등 동아시아 지역에서 한국의 대중문화가 선풍적

---

2 한류라는 용어가 언제 어떻게 해서 사용되기 시작했는지에 대한 정확한 공식 기록은 없다. 중국 언론에서는 2000년 2월 북경에서 개최된 인기그룹 H.O.T의 공연에 열광하는 청소년 팬들을 보도하면서 '한국 문화의 유행'이라는 의미로 한류라는 표현을 썼다고 한다. 그러나 한류라는 단어 자체는 그보다 더 일찍 사용되었다. 1996년부터 중국에서 한국의 대중음악을 소개해오던 宇田SOFT의 김윤호 사장은 1998년 5월 중국 최초의 공식 한국음반인 H.O.T 앨범을 출시하면서 홍보 포스터에 '韓流'라는 단어를 사용하였다(이형삼, 2001: 459). 한편 문화관광부 게임음반과에서는 1999년 12월 한국 대중가수들의 노래를 영어, 일어, 중국어로 번안한 홍보용 CD 3종을 제작 • 배포하였는데, 그중 중국어 버전 CD의 타이틀이 바로 '韓流'였다.

인 인기를 끌고 있는 현상을 말한다. 중국에서는 지난 1980년대 일본의 대중문화가 급속히 밀려들어오던 현상을 가리켜 '일류'(日流)라는 표현을 사용했다고 한다. 이제 한류는 아시아에 불고 있는 '한국 대중문화 열풍'을 상징하는 단어가 되었다. 한국에서 불어오는 대중문화의 바람이 국경을 초월하여 유행을 일으키고 있다는 것이다.

이러한 한류 열풍은 예전에는 누구도 상상하지 못했던 엄청난 변화가 아닐 수 없다. 과거 우리나라 대중문화시장은 해외에서 수입된 외래문화에 의해 온통 지배되었다고 해도 과언이 아니었다. 당시 한국의 젊은이들은 대부분 해외 스타들을 우상처럼 떠받들곤 했었다. 그리고 한국의 대중문화는 세계 시장에서 전혀 존재감이 없었다. 그러나 지금은 세계 각지의 팬들이 한류에 열광하고 있다. 한국 대중문화의 글로벌 위상과 경쟁력이 현격히 높아진 것은 이제 부인할 수 없는 사실이다. 한국 대중둔화의 과거와 현재를 비교해볼 때, 한류를 또 하나의 '한강의 기적'이라고 부르는 것은 결코 과장된 평가가 아니다.

오늘날 아시아 뿐 아니라 세계 여러 나라의 수많은 젊은이들이 한국의 가요, TV 드라마, 영화 등을 통해 소개되는 한국의 대중문화 스타일을 동경하고 있다. 특히 한국의 스타급 연예인들은 이들 지역에서 미국이나 일본의 가수·배우들보다 훨씬 더 큰 인기를 누리고 있다. 또한 최근에는 아시아 권역을 넘어서 중동, 유럽, 남미는 물론 북미 지역에까지 한류가 확산되고 있다. 더불어 대중문화뿐 아니라 게임, 음식, 관광, 패션, 스포츠 등 다양한 영역으로 확대되고 있다.

한류의 실체를 확인하는 또 하나의 방법은 각 국가에 한류를 사랑하는 팬층의 수와 활동 현황을 알아보는 것이다. 한국국제교류재단의 조사 결과에 의하면, 〈표 12-1〉에서 보듯이 2015년 86개국에 총 1,493개의 한류동호회가 결성되어 활동하고 있다. 이는 전년(1,229개) 대비 21.5%나 증가한 수준이다. 동호회원의 수 또한 3,559만 명으로 전년(2,182만 명) 대비 무려 63.1% 증가했다.

표 12-1 **권역별 한류 동호회 및 동호인 수 현황(2014~2015년도)** (단위: 개, 명, %)

| 권역별 | 한류 동호회 | | | 한류 동호인 수 | | |
|---|---|---|---|---|---|---|
| | 2014년 | 2015년 | 전년대비 증감율 | 2014년 | 2015년 | 전년대비 증감율 |
| 아시아 대양주 | 267 | 310 | 16 | 17,674,090 | 26,213,832 | 48.3 |
| 미주 | 715 | 804 | 12 | 2,676,962 | 7,581,117 | 183.2 |
| 유럽 | 182 | 306 | 68 | 1,363,037 | 1,625,271 | 19.2 |
| 아프리카 중동 | 65 | 73 | 12 | 108,313 | 170,341 | 57.3 |
| 계 | 1,229 | 1,493 | 22 | 21,822,402 | 35,590,561 | 63.1 |

출처: 한국문화산업교류재단(2016a).

## 2절 한류의 의의

한류에 환호를 보내는 것은 외국 관객들만이 아니다. 한류에 대한 소식은 “한국인들(도) 즐거운 흥분에 빠트렸다”(김수이, 2006: 13). 외국인들이 한류에 열광한다는 사실에 한국인들이 열광하는 이유는 무엇인가? 한류는 한국인들에게 어떤 의미로 다가왔는가?

### 1. 문화적 자부심

한국의 대중문화가 해외 각처에서 폭발적 인기를 얻고 있다는 소식은 “한국인들을 즐거운 흥분에 빠트렸다”(김수이, 2006: 13). 왜냐하면 한류로 인하여 가슴 뿌듯한 문화적 자부심을 느끼게 되었기 때문이다. 한류가 “광복 이후 한국의 최대 걸작”이라는 평은 이러한 감격에 찬 소감을 단적으로 드러낸다(강철근, 2006: 32). 우리나라의 역사를 되돌아보면 주로 강대국의 ‘선진 문물’을 수입하기만 했지 역으로 우리의 문화를 수출하는 경우는 거의 없었다. 먼 고대로부터 조선시대까지는 중국으로부터, 근세 이후로는 일본과 미국으로부터 유입된 외래문화가 한국 사회를 점령하다시피 했다. 비록 70년대 이후 제조업 분야가 비약적으로 발전하면서 세계 10위권의 수출대국으로 성장했지만 문화의 수출은 상상하기도 어려웠다. 그러다보니 우리의 문화는 강대국들의 문화에 비해 보잘것없고 열등한 것으로 여겨졌던 것도 사실이다. 그런데 한류는 우리나라도 문화수출국의 대열에 올랐음을 알려주는 신호탄이 되었던 것이다.

처음 한국의 가수나 TV드라마가 중국이나 베트남 등지에서 큰 인기를 끌고 있다는 보도를 접했을 때 많은 한국인들은 반신반의하며 신기해하였다. 지금까지 그런 일은 전혀 경험해본 적이 없었기 때문이다. 일본의 수많은 여성들이 '욘사마' 배용준을 보고 눈물을 흘리며 환호하게 되리라고 생각했던 사람은 아무도 없었다. 드라마 '대장금'과 주인공 이영애가 이슬람국가인 이란에서 그토록 열광적인 인기를 누리고 있는 줄은 몰랐다. 한국 팬들이 외국 스타에 열광하는 모습은 흔히 보던 일이지만, 한국의 스타가 외국에서 그토록 환대받는 것은 처음 보는 일이었다. 한류 스타들을 직접 보기 위해 외국의 많은 팬들이 한국을 찾아오는 모습은 그 자체가 신기한 뉴스거리가 되었다. 한국 청소년들이 영어 팝송이나 불어 샹송을 따라 부르는 것은 해방 직후부터 익숙해진 일상의 모습이었다. 하지만 외국의 청소년들이 한국 가수들의 노래를 부르고 춤을 따라하는 것은 상상도 할 수 없었던 신선한 충격이었다. 한국 가수가 외국의 스타를 모방하는 일은 자주 보았어도 외국에서 모방의 대상이 된다는 것은 처음 보는 일이었다.

한류 소식을 접하는 많은 한국인들의 감정은 의아스러움에서 곧 문화적 자부심으로 연결되었다. 사실 그동안 한국의 대중문화는 국내적으로 높은 평가를 받기보다는 저질스럽다는 비판과 푸대접, 무시의 대상이었던 적이 훨씬 더 많았다. 그런데 한국인 자신들도 모르는 사이에 한국 대중문화가 외국에서 선풍적인 인기의 대상이 되면서 국내의 시선도 변하게 되었다. 지금까지 하찮게만 여겨왔던 한국의 대중문화가 한류 열풍을 통해 한국인의 문화적 자부심을 세워주는 첨병이 된 것이다.[3] 한류가 문화정책 차원에서 매우 중요한 사안으로 부상한 이유도 여기에 있다. 우리도 미처 인식하지 못하는 사이에 시작된 한류 열풍은 한국인들에게 짜릿한 문화적 자긍심을 선사한 것이다.

## 2. 경제산업적 이익

한류는 한국인들에게 문화적 자부심이라는 선물뿐 아니라 문화산업이 한국 경제성장의 새로운 견인차가 될 수 있다는 희망을 제공하였다. 오늘날 문화산업은 21세기 황금알을 낳는 산업이라고도 불린다. 한국 정부도 2003년 8월 차세대 성장동력 보고회에서 문화산업을 10대 국가적 미래전략산업의 하나로 선정한 바 있다. 그런데 한류를 이끌어가는 대중음악, TV 드라마, 영화, 게임이 바로 문화산업의 핵심 부문인 것이다.

물론 문화산업으로서의 한류의 경제적 성과는 다소 과장된 측면도 없지 않다(이동연, 2006: 259). 아직 우리나라 전체 경제에서 문화산업이 절대적인 비중을 차지하고 있는 것은 아니다. 국내시장 매출액에 비해 해외 수출액의 규모도 아직은 그렇게 높은 편은 아니다. 그럼에도 불구하고 한류의 성공은 앞으로 우리나라 문화산업의 성장 잠재력에 대하여 상당히 낙관적인 전망을 갖게 해주는 것이 사실이다(박재복, 2005: 15). 한류가 국가적 차원에서 중대한 산업정책 아젠다로 주목받고 있는 것도 이 때문이다(강철근, 2006: 105). 1990년대 이후 글로벌 문화산업 시장의 급팽창 추세를 고려할 때, 한류가 우리나라 문화산업 발전의 기관차 역할을 담당하는 것은 매우 고무적인 현상이 아닐 수 없다.

한류의 경제적 효과는 각종 통계자료에서 확인해볼 수 있다. 먼저 〈표

3 한류에 대한 한국인들의 지대한 관심의 근원에는 문화적 콤플렉스가 있다는 지적도 있다. "거의 대부분 한국인은 배용준, 이영애, 비에 대한 아시아 국가 팬들의 광적인 반응을 미디어로 지켜보면서 뿌듯함을 느낀다. 이 뿌듯함의 이면에는 한류 스타들을 매개로 해서 식민지적 콤플렉스, 혹은 산업근대화의 콤플렉스에서 벗어나려는 심리가 숨어 있다"는 것이다(이동연, 2007).

**표 12-2 한류로 인한 문화콘텐츠와 소비재 및 관광 수출 효과** (단위: 백만 달러)

| | | 2012 | 2013 | 2014 | 2015 | 전년대비 증가율(%) |
|---|---|---|---|---|---|---|
| 문화콘텐츠 | 방송 | 218 | 289 | 309 | 403 | 30.7 |
| | 음악 | 214 | 253 | 271 | 354 | 30.7 |
| | 영화 | 16 | 29 | 25 | 79 | 222 |
| | 애니메이션/캐릭터 | 226 | 238 | 268 | 283 | 5.7 |
| | 게임 | 1,388 | 1,428 | 1,546 | 1,640 | 6.1 |
| | 출판 | 67 | 87 | 72 | 64 | -12.2 |
| 소비재 및 관광 | 식음료 | 719 | 713 | 777 | 796 | 2.4 |
| | 화장품 | 156 | 222 | 355 | 564 | 58.7 |
| | 의류 | 263 | 291 | 306 | 288 | -5.8 |
| | 액세서리 | 71 | 55 | 58 | 54 | -7.4 |
| | 가전제품 | 438 | 500 | 500 | 434 | -13.2 |
| | 휴대전화 | 350 | 381 | 362 | 304 | -16 |
| | 자동차 | 811 | 852 | 861 | 783 | -9.1 |
| | 관광 | 935 | 1,060 | 1,174 | 986 | -16 |
| 문화콘텐츠 합계 | | 2,129 | 2,324 | 2,490 | 2,823 | 13.4 |
| 소비재 및 관광 합계 | | 3,742 | 4,074 | 4,394 | 4,210 | -4.2 |
| 전체 합계 | | 5,872 | 6,397 | 6,884 | 7,033 | 2.2 |

출처: 한국문화산업교류재단(2016a).

12-2〉에서 보듯이, 2015년도 한류로 인한 총수출액은 70.3억 달러로 전년 대비 2.2% 증가한 규모였다(한국문화산업교류재단, 2016a). 문화콘텐츠의 수출이 크게 증가하여 소비재 및 관광 수출의 감소를 상쇄하였다. 특히 2015년 우리나라 전체 상품수출이 전년대비 8.0% 감소했음을 고려할 때, 한류의 수출효과는 상당하다고 할 수 있다. 한류로 인한 문화콘텐츠상품의 수출효과는 총 28억 달러로 전년 대비 13.4%가 증가한 수준이었다. 분야별로는 게임이 전체 문화상품 수출액의 58%로 가장 큰 비중을 차지했다. 또한 〈표 12-3〉에서 보듯이, 한류의 생산유발효과는 15조 6,124억 원(전년대비 9.2% 증가), 부가가치 유발효과는 5조 7,593억 원(전년대비 10.7% 증가), 취업유발효과는 11만 2,705명(전년대비 8.1% 증가)으로 계산되었다.

**표 12-3 한류의 경제적 유발효과** (단위: 억 원)

| | | 생산유발효과 | 부가가치유발효과 | 취업유발효과 |
|---|---|---|---|---|
| 문화콘텐츠 | 방송 | 8,343 | 3,688 | 4,775 |
| | 음악 | 6,721 | 3,278 | 8,530 |
| | 영화 | 1,740 | 669 | 1,557 |
| | 애니메이션/캐릭터 | 6,227 | 2,395 | 5,573 |
| | 게임 | 27,189 | 15,237 | 27,450 |
| | 출판 | 1,478 | 531 | 1,183 |
| 소비재 및 관광 | 식음료 | 20,878 | 6,035 | 16,731 |
| | 화장품 | 14,362 | 4,388 | 6,526 |
| | 의류 | 6,982 | 2,043 | 4,309 |
| | 액세서리 | 1,185 | 485 | 806 |
| | 가전제품 | 11,248 | 2,725 | 4,181 |
| | 휴대전화 | 6,917 | 1,759 | 2,806 |
| | 자동차 | 22,674 | 5,821 | 7,290 |
| | 관광 | 20,181 | 8,539 | 20,987 |
| 문화콘텐츠 합계 | | 51,697 | 25,798 | 49,068 |
| 소비재 및 관광 합계 | | 104,427 | 31,795 | 63,638 |
| 전체 합계 | | 156,124 | 57,593 | 112,705 |

출처: 한국문화산업교류재단(2016a).

한편 개별 문화상품의 사례를 통해서도 한류의 경제적 파급효과를 짐작할 수 있다. 〈표 12-4〉에서 보듯이 〈별에서 온 그대〉의 경제적 파급효과는 약 2조 원에 달하는 것으로 추정되었다. 총매출액 5천 303억 원 외에 생산유발 효과가 1조 110억 원, 부가가치유발 효과가 4천 151억 원이었고 취업유발 효과는 1만 1천 635명로 계산되었다. 또한 〈표 12-5〉에서 보듯이, 드라마 〈태양의 후예〉의 경제적 파급효과는 총 1조 원이 넘을 것으로 추정되었다. 직접적인 효과는 수출판매액 100억 원, 생산유발 효과 169억 원, 부가가치 유발효과 86억 원 등 총 355억 원이었다. 관련 상품 수출 및 관광수입 등 간접적인 효과는 수출액 2천 980억 원, 생산유발 효과 5천 849억 원, 부가가치 유발 1천 951억 원 등 총 1조 780억 원으로 계산되었다.

**표 12-4** **드라마 〈별에서 온 그대〉의 경제적 파급효과**

| 구분 | 총 매출액(억원) | 생산유발(억원) | 부가가치유발(억원) | 취업유발(명) |
|---|---|---|---|---|
| 금액 | 5,303 | 10,110 | 4,151 | 11,635 |

출처: 한국문화관광연구원, 『드라마 '별에서 온 그대'의 경제적 파급효과』, 2014.

**표 12-5** **드라마 〈태양의 후예〉의 경제적 파급효과**

| 구분 | | 수출액(억원) | 생산유발(억원) | 부가가치유발(억원) | 취업유발(명) |
|---|---|---|---|---|---|
| 직접수출 | 한류 콘텐츠 수출 | 100 | 169 | 86 | 151 |
| 간접수출 | 관련 소비재 수출 | 233 | 374 | 71 | 196 |
| | 한류 관광수입 | 1,247 | 2,037 | 1,118 | 2,852 |
| | 자동차 수출 | 1,500 | 3,438 | 762 | 1,320 |
| | 소계 | 2,980 | 5,849 | 1,951 | 4,369 |
| 합계 | | 3,080 | 6,019 | 2,037 | 4,520 |

출처: 한국수출입은행 해외경제연구소, 『드라마 '태양의 후예' 수출 파급 효과』, 2016.

## 3. 국가 브랜드파워 제고

한류 현상에 대해 많은 정치인, 기업인, 관료들이 관심을 갖는 또 다른 이유는 한국에 대한 긍정적 인식의 제고 및 국가 브랜드파워 강화로 이어지기 때문이다. 한류를 통해 "한국 = 호감 가는 나라"라는 자연스런 이미지가 형성된다(김주연, 2010; 외교통상부, 2011). 실제로 한국 아이돌 그룹을 동경하는 K-Pop 팬들은 자연스럽게 한국, 한국어, 한국문화, 한국상품 등에 매우 호의적인 인식을 갖게 된다("K-POP, 세계를 춤추게 하다", KBS 스페셜, 2011년 6월 26일 방송; "신한류, 길을 묻다", KBS 시사기획, 2011년 7월 12일 방송). 이준웅(2004: 296)도 중국 현지 설문조사를 통해 한국 문화상품의 소비는 "한국에 대한 이해와 동경 그리고 한국이 선진적 사회라는 인식으로 연결"됨을 확인하였다.

한편 국가 브랜드파워 제고는 한국상품에 대한 호감도를 높임으로써 주변경제에도 긍정적 파급효과를 미친다(산업연구원, 2005; 차문중, 2005). 예컨대 LG 드봉 화장품은 베트남 시장에서 폭발적인 인기를 누렸던 김남주를 모델로 내세우면서 해외 유명 브랜드 화장품들보다 더 많은 매출액을 기록하였다.[4] 또한 삼성전자는 안재욱을 자사의 모델로 내세운 뒤 중국시장에서 NEC나 필립스를 제치고 모니터 판매대수 1위를 차지하였다.[5] 중국 북경의 주재원들을 대상으로 한 설문조사에 의하면 한류로 인해 이미지 개선이나 간접적 광고 효과가 크다는 답변이 75%였으며 한국 제품의 판매에 직접적인 도움이 된다는 답변도 16%나 되었다(대외경제정책연구원, 2001). 또한 한국문화산업교류재단의 2015년 해외한류 실태조사에 따르면, 한국 대중문화를 경험한 외국인들은 한국 제품 및 서비스에 대한 관심이 높아졌다. 항목별로 보면, '한식을 먹어보고 싶다'(54.9%), '한국을 방문하고 싶다'(51.6%), '한국 식품을 구매하고 싶다'(51.0%) 순으로 조사되었다.

한류의 경제적 파급효과를 극명하게 보여주는 단적인 예로 일본에 '욘사마' 열풍을 불러일으킨 TV 드라마 〈겨울연가〉를 꼽을 수 있다. 일본 다이니치생명 경제연구소의 분석에 의하면 〈겨울연가〉 붐에 의한 경제적 파급효과는 한·일 양국에서 무려 2조 3,269억 원(2,297억 엔)에 달하는 규모였다.[6] 이 분석에 따르면 〈겨울연가〉는 일본에서 드라마 관련 상품의 판매와 배용준·최지우를 기용한 광고에 의한 상품 매출증가 등 직접적으로 약 3,687억 원(364억 엔)의 경제효과를 비롯하여 총 1조 2,410억 원(1225억 엔)의 가치를 창출했다.

4 LG화장품사업부의 고유 브랜드 '드봉'은 베트남 진출 4년만에 현지에서 브랜드 인지도 1위에 오르는 기록을 세웠다. 이는 당시 베트남에서 인기리에 방영되던 드라마의 주인공 김남주를 모델로 활용함으로써 '드봉' 브랜드의 이미지가 크게 제고되었기 때문이다(『장업신문』, 2000. 12. 14). 한류를 마케팅에 활용한 사례에 대해서는 지만수(2005: 34-35) 참조.

5 중국에서 삼성 모니터의 매출은 1999년 43만 대였으나 안재욱 CF가 방영된 2000년에는 두 배가 넘는 107만 대를 기록하였다(『조선일보』, 2001. 8. 31). 한편 중국의 안재욱 팬클럽에 대한 고찰을 통해 한류 수용자의 특성을 분석한 연구로는 고단단·장수현(2004) 참조.

6 "'겨울연가' 경제 효과 2조 3,269억 원", 『일간스포츠』, 2004. 12. 13.

또 한국에서는 〈겨울연가〉 촬영지를 방문한 일본 관광객이 18만 7,000여 명에 달하여 큰 관광수입을 올렸으며, 이를 포함하여 직간접적으로 1조 860억 원(약 1,072억 엔)의 수익을 낸 것으로 분석되었다. '욘사마' 배용준 한 사람의 경제적 효과만 해도 약 3조 원 이상인 것으로 추산될 정도이다.

## 3절 한류의 문화적 국적

한국인들에게 문화적 자부심과 경제적 기대감을 동시에 안겨준 한류는 과연 '우리 문화'인가? 한류의 문화적 국적은 과연 어디인가?

### 1. 혼혈문화로서의 한류

박기수(2006: 317)는 한류에 대해 "한국문화의 정체성이 반영된 대중문화 콘텐츠"라기보다는 "한국에서 생산된 대중문화 콘텐츠"라는 의미가 더 강하게 내포된 개념이라고 주장한다. 한국에서 생산된 문화상품이라면 물론 'Made in Korea'라는 표식을 붙일 수 있을 것이다. 또한 한류의 주역들이 대부분 한국 국적을 가지고 있으니 한류의 국적 또한 당연히 한국이라고 할 수도 있을 것이다. 그러나 그렇다고 해서 과연 한류를 '한국의 문화'라고 주저 없이 칭할 수 있을까?

문화적 콘텐츠의 특성 면에서 볼 때 한류는 본질적으로 '혼종문화'(Hybrid culture) 혹은 '혼혈문화'이다(강철근, 2006: 115; Shim, 2006). 한류 현상에 대해서는 긍정적 시각뿐 아니라 부정적인 시각도 존재하는데 그중 하나는 한류가 미국문화의 보세수출에 불과하다는 비판이다(한국문화정책개발원, 2001: 42-47; 김태만, 2006: 374). 또한 대중음악 연구자 신현준은 한류가 "일본문화도 한국문화도 아니고 한·일 공동문화도 아닌 성립과 기원부터 잡종적 문화"라고 주장한다(이기형, 2006: 222). 사실 한국의 대중문화가 본래 서양(특히 미국)의 대중문화가 유입되어 형성된 것이라는 점은 부인할 수 없다. 그러나 미국식 대중문화 그대로가 아니라 한국적 정서로 한 번 걸러져서 변용된 문화라는 점도 부인하기 어렵다. 아울러 역사적으로나 지리적으로 인접해 있으면서 우리보다 발달되어 있는 일본의 대중문화가 한국인들의 정서에 알게 모르게 큰 영향을 미쳐왔던 것도 사실이다. 따라서 한국의 대중문화는 마치 일본 스타일로 멋을 낸 가수가 미국의 팝송 가락에 소월의 시를 붙여 노래하는 것에 비유할 수 있다.

혼종문화의 가장 대표적인 예로 한국 가수로는 최초로 중국 청소년들 사이에 폭발적인 인기를 누렸던 5인조 댄스그룹 H.O.T를 들 수 있다. 그룹의 명칭부터 영어를 사용했던 H.O.T가 주로 불렀던 노래는 미국식 힙합이나 댄스뮤직이었으나, 그들의 외모는 전형적인 일본의 아이돌 보이밴드 스타일이었다. 그러나 그들의 노래 가사를 훑어보면 전형적인 한국식 사랑타령이 대부분이었다. 또한 영어는 물론 일본어와 중국어까지 구사하는 가수 보아의 경우, 노래와 춤만 보면 그 국적을 종잡을 수 없다. TV 드라마 〈겨울연가〉가 일본에서 수많은 중년 여성들의 심금을 울렸던 것은 그 기저에 일본인들의 정서와 공명을 일으킨 정서적 공감대가 있었기 때문이었다. 한국 최초의 블록버스터이자 일본에서도 큰 반향을 불러일으켰던 영화 〈쉬리〉는 분단이라는 한반도만의 상황을 소재로 다루었으나 그 형식은 전형적인 할리우드 액션물이었다. 이처럼 한류의 문화적 본질은 동서양의 여러 대중문화들이 혼합되어 만들어진 퓨전문화인 것이다.

## 2. 외국 대중문화의 유입원

그렇다면 한국 대중문화의 혼종화는 어디에서 비롯되었는가? 한국의 대중문화시장은 80년대까지만 해도 정부의 수입규제정책에 따라 매우 폐쇄적으로 유지되었었다. 영화의 경우, 외화수입쿼터제 및 스크린쿼터제와 같은 각종 규제를 통해 외화의 수입과 상영은 정부의 엄격한 통제하에 있었다. 대중음악의 경우, 외국 뮤지션의 음반은 정부의 엄격한 심의를 거쳐야만 비로소 라이선스 음반으로 국내에 출시될 수 있었으며, 외국인의 내한 공연 역시 정부의 통제 대상이었다. 특히 일본의 대중문화에 대해서는 90년대 중반 김대중 정부 때 비로소 점진적인 개방이 시작될 정도로 오랜 기간 동안 시장폐쇄정책을 유지했었다. 따라서 한국의 문화 생산자와 소비자들이 외래문화를 접할 수 있었던 공식적인 통로는 지극히 제한되어 있었다.

그러나 정부의 대중문화 개방제한이라는 정책원칙에도 불구하고 한국의 대중문화시장에는 외래문화가 흘러들어오는 유입구들이 도처에 존재하였다. 그 대표적인 실례로 주한미군방송(AFKN, 현 AFN)과 불법복제음반을 꼽을 수 있다(김정수, 1999). AFKN의 경우, 미국 본토에서 제작된 최신 음악프로그램의 테이프가 그대로 공수되어 와서 방송되곤 하였다. 한국 전역에 방송되는 AFKN의 방송프로그램에 대해 한국정부로서는 전혀 통제를 가할 수 없었다. 결국 AFKN 덕분에 미국의 각종 최신 대중음악이 아무런 제재도 받지 않고 한국시장에 무차별적으로 소개되었던 것이다.

한편 정규 라이선스 음반보다 훨씬 저렴한 가격의 불법복제 음반·테이프·CD의 대량유통·판매로 인해 다양한 장르의 최신 해외 팝송이 자유롭게 국내 소비자들에게 파고들 수 있었다. 정부의 엄격한 심의 대상이었던 라이선스 음반과는 달리 불법복제음반의 경우 거의 모든 종류의 외국 대중음악이 국내시장에 신속하고도 자유롭게 유통되었다. 이는 80년대 중반까지만 해도 불법 외제음반 복사판에 대한 정부의 단속이 거의 유명무실했었기 때문이다. 이 때문에 불법복제음반은 시중의 일반 레코드 가게에서도 버젓이 전시·판매되었고 음악다방이나 디스코텍, 나이트클럽 등에서도 아무런 제재 없이 사용되었다. 공식적으로는 수입이 금지되었던 일본 대중문화가 이미 오래전부터 한국 청소년들 사이에 널리 유통되었던 것도 모두 불법 복제물을 통해서였다.

이처럼 AFKN과 불법복제음반은 한국 대중문화와 외래문화와의 조우가 이루어지는 중요한 비공식 통로였던 것이다.

## 4절 한류의 발생 요인

### 1. 내적 요인: 한국 대중문화의 경쟁력

한류 현상이 일어나게 된 가장 근본적인 원인은 우선 90년대 이후 한국 대중문화 자체가 상당한 경쟁력을 갖추었기 때문이라고 할 수 있다.[7] 여기서 경쟁력이란 예술적 수준이나 독창성 여부보다는 '사람의 마음을 사로잡는 매력'을 의미한다. 사람이든 사물이든 어떤 대상을 좋아하는 감정은 결코 강요에 의해 생기는 것이 아니다. 외국의 수많은 관객들이 그토록 한류에 열광하는 것은 그만큼 한국의 대중문화(한국의 문화적 정체성이 반영된 것이든 아니면 단지 한국에서 생산된 것이든)가 그들의 마음을 깊이 파고들었기 때문이다. 즉 다른 곳에서는 찾아볼 수 없는 매력을 한국 대중문화가 갖추고 있다는 말이다.[8]

한국 대중문화 중에서도 특히 경쟁력이 강한 부문은 대중음악이다(이경희, 1998). 국내 음반시장의 75%를 차지할 정도로 막강한 경쟁력을 갖춘 한국 대중가요, 특히 댄스뮤직은 한류 열풍의 선봉이었다(문화관광부, 2001: 62; 한국문

7 한국 경제에 대해 독설적인 비판을 퍼붓는 일본의 경제평론가 오마에 겐이치도 한국 대중문화의 경쟁력만큼은 인정하고 있다. 최근 한 국내신문과의 인터뷰에서 한국의 제조업과 서비스업의 장래를 비관적으로 전망한 그는 그러나 온라인게임이나 대중음악 등과 같은 문화상품은 세계적 경쟁력을 갖출 수 있을 것으로 평하였다. 『조선일보』, 2002. 1. 27.

8 "'한류'의 흡인력은 미국, 일본의 그림자이지만 또한 미·일을 초월하는 요소에 있다.", "문화경쟁: 중국, 대만, 홍콩에 부는 한류", 『亞洲週刊』, 2001. 6. 18. 한국문화정책개발원(2001: 36)에서 재인용.

화정책개발원, 2001: 27). 세계 각국의 젊은이들을 뜨겁게 달구고 있는 한국 가수들은 대부분 댄스뮤직의 달인들이다. 한국의 댄스뮤직은 미국의 랩, 힙합 등을 한국적 정서에 맞게 변용시킨 것이어서 서구적 스타일과 동양적 감성이 잘 배합된 절묘한 매력을 가지고 있다.

## 2. 외적 요인: 동아시아의 정치경제적 변화

한류 바람이 동아시아 지역에서 시작되었던 중요한 이유의 하나는 중국이나 베트남 등 이 지역 국가들의 정치경제적 변화였다. 중국과 베트남의 경우 적극적인 세계화 및 개방화 정책을 통해 경제가 급성장하였다. 이에 따라 국민들의 문화적 욕구 역시 폭발적으로 증가하였으나 자국 내의 문화콘텐츠로는 이러한 문화 욕구를 충족시킬 수 없었다.[9] 바로 이 문화적 진공 상태를 한국의 대중문화가 채우면서 한류 돌풍이 불게 된 것이다.[10]

그런데 이 지역의 문화적 진공 상태가 미국이나 일본이 아닌 한국의 대중문화로 메워진 데에는 정치적 고려도 있었던 것으로 보인다. 중국이나 베트남으로서는 자본주의의 메카인 미국이나 군국주의 침략역사를 가진 일본의 대중문화를 적극 받아들이기에는 부담이 컸을 것이다. 이에 비해 한국의 대중문화는 비록 서구화된 옷을 입고 있고는 있지만 그 뿌리에 같은 동양적 배경을 갖

9 한류의 발생 원인을 한국 대중문화의 경쟁력이라는 'Push' 요인보다는 중국 시장의 수용환경이라는 'Pull' 요인에 초점을 맞춰 분석한 연구로는 이평식(2004) 및 한홍석(2004)을 참고하라.

10 특히 중국은 초고속 경제성장을 이룩하며 시장규모 역시 급속도로 커지고 있다. 1980~1999년 사이에 중국의 GDP는 연평균 9.8%, 1인당 GDP는 연평균 8.4%라는 빠른 속도로 성장하였다. 그 와중에 대도시 지역을 중심으로 막대한 부를 소유하게 된 계층이 형성되었으며 아울러 그동안 한 자녀 갖기 운동으로 인해 자녀가 하나인 가정이 많아지게 되었다. 도시 상류층의 풍족한 가정환경에서 부모의 지대한 관심을 받으며 자라나 '소황제'라고도 불리는 부유한 젊은이들은 외국 문물과의 접촉이 자유롭고 개방적 성향이 강하다. 기존의 중국 문화에 만족하지 못하고 새로운 문화를 갈망하고 있는 이들 젊은층이 한류를 추종하는 마니아 집단인 소위 '하한쭈'(哈韓族)'의 주된 구성원들이 되었다.

고 있으면서 동시에 제국주의 침략자라는 역사적 족쇄도 갖고 있지 않다. 이 때문에 매력적이면서도 받아들이는 데 부담이 적었던 것이다. 만약 중국이나 베트남 정부가 한국 대중문화를 "수용가능한 콘텐츠로 묵인"해주지 않았더라면 아마도 지금처럼 한류 열풍이 시작되기 어려웠을 것이다(유진룡, 2001).

## 3. 개인적 요인: 소수의 기업가적 활동가

아무리 환경적 상황이 유리했다고 해도 한국 대중문화가 저절로 외국시장에 소개되고 인기를 얻게 된 것은 아니었다. 한류가 현실화될 수 있었던 것은 현지에 직접 뛰어들어 엔터테인먼트 비즈니스에 열중하였던 소수의 활동가들이 있었기 때문이었다. 예컨대 宇田SOFT의 김윤호 사장이나 Media Plus의 박영교, 정연준 부사장 같은 기업인들을 꼽을 수 있다. 이들은 중국의 여러 라디오 방송국에서 한국 대중음악을 소개하는 프로그램을 담당하는 한편 한국 가수들의 음반발매와 콘서트 등을 유치하였다. 90년대 후반 당시 한국 내 최고 인기 댄스그룹이었던 H.O.T를 비롯하여 클론, N.R.G, 베이비복스 등이 중국에 소개된 것도 그 덕분이었다(이형삼, 2001). 한편 연예기획사로는 최초의 코스닥 상장기업인 SM엔터테인먼트의 이수만 이사 역시 한류 돌풍의 중요한 공로자 중의 한 사람이다. 일찍부터 한국 가수들의 해외진출을 꿈꿔온 그는 면밀한 시장조사를 바탕으로 H.O.T를 비롯해서 S.E.S, N.R.G, 신화, 그리고 보아 등 인기 댄스가수들을 선보였다(유상철 외, 2005: 117-119).

## 4. 정책적 요인: 한국 음반산업의 해외진출을 위한 정부 지원

동아시아권의 한류 바람 뒤에는 한국 정부의 직·간접적인 지원이 있었다. 예컨대 병역미필 연예인들의 원만한 해외공연을 위해 병무청의 협조를 이끌어 내었고, 우리나라 음반산업의 해외시장 진출을 위해 국제음반박람회 참가를 적극 후원하였으며, 해외 홍보용 음반들도 여러 종류를 제작하여 배포하였다. 특히 한국 대중가요의 해외시장 진출을 뒷받침하기 위한 문화관광부의 본격적인 지원은 1999년 12월 해외홍보용 외국어 음반의 제작으로 구체화되었다. 이때 게임음반과의 예산 지원으로 영어, 일본어, 그리고 중국어 버전 이렇게 세 가지 종류의 CD가 제작되었다(그림 12-1 참조). 각 CD는 국내 인기가수들이 자신의 노래를 번안하여 직접 취입한 곡들로 구성된 컴필레이션 앨범이었는데, 중국어 음반의 타이틀이 바로 〈韓流〉였다. 이 CD는 6,000매 정도 제작되어 중국 내 관련 기관들에 배포되었으며 한국의 대중음악을 더욱 홍보하는 한편 한류라는 용어 역시 널리 퍼뜨리게 된 계기가 되었다.

중국어 한류 CD는 2000년에도 제2집(韓流 II)이 제작되어 배포되었으나 그 이후로는 한국 가요가 이미 충분히 알려졌다고 판단되어 더 이상 제작되지 않고 있다. 하지만 국내 음반업계체들의 해외시장 정보수집 및 음반 판촉활동 전개를 장려하기 위하여 MIDEM, POPKOMM, WOMEX 등 각종 국제음반박람회 참가지원은 계속되고 있다. 아울러 한국 대중음악을 아시아 지역에 소개하는 각종 방송 프로그램을 지원하기도 한다(문화관광부, 2001: 400). 또한 해외 방송시장 진출을 지원하기 위한 협상노력도 계속되었다.

1) 영어 버전

2) 일본어 버전

3) 중국어 버전

그림 12-1 **1999년에 제작되었던 한국 대중음악 홍보 CD 3종**

## 5절. 신한류와 K-Pop의 성공 요인

최근 한국 대중음악이 세계 각국에서 선풍적인 인기를 끌면서 '신한류(新韓流)'라는 용어가 자주 쓰이고 있다. 조형근 · 김휘정(2011)은 신한류를 "K-Pop 중심의 한국 문화콘텐츠가 인터넷 등 뉴미디어를 기반으로 능동적 성향의 수용자들 사이에서 자발적으로 수용 · 확산되는 현상"이라고 정의하였다. 하지만 '한류'와 마찬가지로 '신한류'라는 단어 또한 엄밀한 학술적 개념정의에 기초한 용어가 아니다. 신한류는 한동안 한류 소식이 뜸하다가 최근 아이돌 가수들에 의한 해외진출이 성공을 거두면서 언론 및 대중의 관심이 새롭게 집중되면서 쓰이게 된 또 하나의 신조어라고 할 수 있다.[11] 그렇다면 신한류의 핵심인 K-Pop이 그토록 인상적인 성공을 거두게 된 원인은 무엇인가? 다음과 같이 네 가지 요인으로 구분해 볼 수 있다.

### 1. 내적 요인: K-Pop의 경쟁력

첫 번째는 앞에서 지적한 내적 요인, 즉 K-Pop 자체의 경쟁력이 대단히 높다는 점이다. 최근 K-Pop은 국경과 인종을 초월하여 세계 곳곳의 음악팬들을 매료시킬 정도로 그 경쟁력이 대단하다(한국콘텐츠진흥원, 2011). 사실 1980년대 중반까지만 해도 국내 음악시장은 서양의 팝송이 거의 장악하다시피 하였다. 그러나 1990년대를 지나면서 한국의 대중음악은 국내 음반시장의 75%를 차지할 정도로 막강한 경쟁력을 갖추게 되었다. 그리고 그 핵심에는 댄스음악

---

**11** 고정민(2009)은 한류의 발전단계를 생성기(한류 1기, 1997~2000년대 초), 심화기(한류 2기, 2000년대 중반), 그리고 다양화기(한류 3기, 2000년대 후반 이후)로 구분하였다. 그리고 한류 2기가 드라마 위주였다면 한류 3기는 아이돌 그룹과 K-Pop을 중심으로 하는 신한류가 아시아 지역을 넘어 글로벌 시장에서 붐을 일으키고 있는 시기라고 규정했다.

이 있었다. 아시아권에서 처음 한류 바람을 일으켰던 주인공은 H.O.T, 베이비복스, 클론, 신화, 보아, N.R.G 등 댄스가수들이었다(김정수, 2002a; 신항우, 2002). 최근 유럽과 미주까지 번지고 있는 신한류 돌풍의 주역인 슈퍼주니어, 동방신기, 샤이니, 소녀시대, 카라, 빅뱅, 원더걸스, 엑소, 방탄소년단, 트와이스 등도 댄스뮤직이 장기인 아이돌 그룹들이다.

한국의 댄스뮤직은 미국에서 유입된 팝, 랩, 힙합 등을 한국적 정서에 맞게 변용시킨 데에다 일본 아이돌 그룹의 스타일을 벤치마킹한 것이어서 서구적 스타일과 동양적 감성이 잘 배합된 절묘한 매력을 가지고 있다고 평가된다(삼성경제연구소, 2010). 특히 한국의 아이돌 그룹은 연예기획사의 치열한 오디션을 거쳐 연습생으로 선발되어 상당 기간 철저한 훈련을 거친 후 치밀한 프로모션을 통해 완성도 높은 콘텐츠로 시장에 선보이게 된다(한국콘텐츠진흥원, 2011). 이러한 한국형 아이돌 육성시스템은 댄스뮤직 중심의 K-Pop이 글로벌 경쟁력을 갖추게 된 데 크게 기여하였다.

## 2. 개인적 요인: 엔터테인먼트 비즈니스 기업가

최근 K-Pop이 아시아를 넘어 유럽과 미주 지역까지 인기가 퍼져나가게 된 또 다른 주요 원인으로는 음악적으로 그리고 사업적으로 뛰어난 감각과 활동성을 겸비한 인재들을 꼽을 수 있다. 우리나라 연예기획사로는 최초의 코스닥 상장기업인 SM엔터테인먼트를 설립한 이수만이 가장 대표적인 인물이다. 1970년대 가수 출신인 이수만은 아이돌 그룹을 세련된 문화상품으로 빚어내기 위한 체계적 기획과 훈련 시스템을 마련하였다. 그는 처음부터 글로벌 시장을 염두에 두고 한국 가수들의 해외 진출을 꾸준히 진두지휘하여 오늘날과 같은 성과를 일구어내었다(유상철 외, 2005: 117-119; 『조선일보』, 2011. 6. 7; 『중앙일보』, 2011. 6. 11). 한편 비, 2PM, 2AM, 원더걸스 등을 배출한 1990년대 인기가수 출신 박진영(JYP)은 미국 시장에 직접 뛰어들어 원더걸스를 빌보드 차트에 오르게 만들었다.[12] 또한 서태지와 아이들 출신의 양현석(YG 패밀리) 역시 수년 동안의 체계적 훈련을 통해 빅뱅과 2NE1 같은 인기 아이돌 그룹을 배출하며 신한류 바람에 일조하고 있다. 이들의 탁월한 음악적 재능은 K-Pop의 수준을 크게 향상시켰으며, 이들의 비즈니스 마인드와 도전의식은 K-Pop의 글로벌 시장 진출을 꿈이 아닌 현실로 구현하였다고 평가된다.

## 3. 정책적 요인: 규제 완화

한국 정부의 대중문화정책은 K-Pop이 현재와 같은 양상을 띠게 하는 데 일조하였다. 해방 이후 국내 영화시장이 외화수입쿼터와 스크린쿼터 등에 의해 외국영화로부터 철저히 보호되어 왔던 반면 음악시장은 외국 팝송에 사실상 완전히 개방되어 있었다. 한국 정부는 영화산업을 진흥하기 위해 각종 보호와 지원을 아끼지 않았던 것과는 대조적으로 대중음악에 대해서는 그냥 방치해두었던 것이다. 이는 기대치 않았던 두 가지 효과를 초래했다.

하나는 많은 젊은이들이 어려서부터 수준 높은 해외 팝음악을 마음껏 섭취한 것이 새로운 창작을 위한 귀한 자양분이 된 것이었고, 다른 하나는 국내 대중음악인들이 팝송과 치열한 생존경쟁을 벌일 수밖에 없었던 것이다. 한편 1990년대 초반까지만 해도 대중음악의 진흥을 위한 정부의 지원책은 전무하였으며 오로지 검열과 심의 같은 규제만 있었다. 정부의 정책적 보호와 지원이 전무한 형편 속에서 규제의 칼날을 피해가며 살아가야 했던 한국 대중음악은 결과적으로 댄스음악만이 유난히 크게 성장한 기형적 구조를 이루게 되었다(김정수, 1999).

---

**12** 원더걸스의 히트곡 'Nobody'는 2009년 10월 셋째 주 빌보드 순위차트 중 가장 권위 있는 'Hot 100 차트' 76위에 올랐다. 우리나라 가수가 빌보드 Hot 100 차트에 이름을 올린 건 빌보드 역사 115년 만에 처음이며, 아시아 가수로는 4번째였다.

그런데 1990년대 들어와 대중음악에 대한 각종 규제가 사라지면서 자유로운 창작활동이 가능한 환경이 조성되자 수많은 댄스그룹들이 쏟아져 나왔다. 이들 간의 치열한 경쟁 속에 간혹 지나친 선정성이나 폭력성으로 인해 사회적으로 논란이 되었던 경우도 있었지만 1970~1980년대와 같이 엄격한 정부규제가 가해지지는 않았다. 결국 정부의 규제완화는 재능 있는 음악인들이 자신의 끼를 최대한 발휘할 수 있는 자유로운 환경을 만들어줌으로써 K-Pop이 오늘날과 같이 크게 부흥하게 된 배경요인이 되었다고 할 수 있다.

## 4. 기술적 요인: 디지털 소셜미디어의 확산

1980~1990년대를 지나면서 국내시장을 장악한 K-Pop이 전 세계 음악팬들에게 다가갈 수 있었던 것은 디지털 소셜 네트워크라는 기술적 요인 덕분이었다. 유투브, 트위터, 페이스북 등 인터넷 기반 소셜미디어는 K-Pop을 세계 전역으로 퍼져나가게 함으로써 신한류 돌풍의 기폭제로 작용하였다(Davis, 2011; 삼성경제연구소, 2010).[13] 미국의 Time지는 2010년 8월 26일자 기사에서 "빅뱅의 곡을 비롯한 많은 K-Pop이 유튜브나 트위터와 같은 소셜미디어를 통해 기존에 접근하기 어려웠던 미국, 유럽 시장까지 파급되고 있다"고 소개하기도 하였다.[14] 아이돌 그룹들을 관리하는 기획사들은 뮤직비디오를 비롯하여 다양한 종류의 콘텐츠를 유튜브 등을 통해 전 세계 소비자들에게 제공하고 있다.[15]

---

**13** 사실 인터넷은 90년대 후반 이후 한류 전파의 중요한 매체로 작용하였다. 따라서 기술적 요인을 신한류의 발생 요인으로만 국한시켜 이해하는 것은 적절하지 않다. 또한 신한류 역시 단지 기술적 요인뿐만 아니라 앞에 언급된 다른 요인들에 의해서도 영향을 받았다.

**14** 2010년 7월 빅뱅의 멤버 태양이 온라인으로 발표한 첫 솔로앨범 〈Solar〉는 발매 몇 시간 만에 온라인 콘텐츠 다운로드 장터인 아이튠스를 휩쓸었다. 특히 아시아 가수로는 처음으로 캐나다 아이튠스 R&B판매 차트 1위, 미국 2위에 오르는 기록을 세웠다. 더 주목할 만한 것은 이 앨범이 한국과 일본 팬들을 타깃으로 제작됐기 때문에 북미지역에서는 어떤 홍보활동도 하지 않았다는 사실이다.

**15** 2010년 한 해 동안 유투브의 K-Pop 조회수는 8억 건이었는데 2011년에는 약 12억 건, 2012년

인터넷의 일상화로 인해 이제 누구나 전 세계 어디서라도 손쉽게 이러한 콘텐츠를 접하고 즐길 수 있게 된 것이다. 또한 소비자들은 자신의 마음에 드는 콘텐츠를 개인 블로그, 트위터, 페이스북 등 각종 소셜미디어를 통해 공유함으로써 신한류의 확산이 가속되었다. 그리고 이러한 소셜미디어를 통해 해외 각국에 소개된 한국 아이돌 그룹의 콘텐츠가 외국의 공신력 있는 언론매체 혹은 영향력 있는 연예계 유력인사들의 주목을 끌면서 해외시장 공식진출의 발판이 되기도 하였다.[16]

## 6절 한류의 특징

한류 현상을 들여다보면 두 가지 중요한 특징이 발견된다. 그 하나는 특별히 가요계의 역할이 두드러졌다는 점이며, 다른 하나는 한류 열풍은 전혀 계획되거나 기대되지 않았던 결과라는 점이다.

### 1. 설계되지 않은 성공

한류 현상의 또 하나의 특징은 그것이 누구도 미리 계획하거나 기대하지 않았던 성과라는 점이다. 앞에서 한류의 원인으로 네 가지 종류의 요인을 제시하였다. 그런데 이들 중 어느 것도 작금의 한류 열풍과 같은 성과를 염두에

---

에는 약 25억 건으로 급증하였다.

16 JYP 소속 원더걸스의 경우, 2008년 미국의 연예계 가십 파워블로거 페레즈 힐튼이 'Nobody' 뮤직비디오를 극찬하며 자신의 블로그에 동영상을 소개해 화제가 되었다. 그리고 이를 본 미국 최대의 에이전시 CAA와 계약을 맺음으로 원더걸스의 미국 진출의 계기가 되었다.

두고 치밀하게 설계된 것은 아니었다. 각 요인은 각자의 메커니즘에 따라 독자적으로 움직였을 뿐이며 그들 사이에 미리 계산된 어떤 상호연계가 있었던 것도 아니다. 각자 나름대로 한류 붐의 조성에 중요한 기여를 한 것은 사실이지만 그렇다고 그 모든 요인들이 사전에 준비된 하나의 구도 속에서 이루어진 것은 아니라는 말이다.

이런 의미에서 한류 현상을 '설계되지 않은 성공'(Success Without Design)이라고 부를 수 있다.[17] 즉 "어느날 갑자기 찾아오다시피 한"(이기형, 2006: 247) "행운의 안타"(박재복, 2005: 15)와도 같다는 말이다. 물론 최근에는 한류의 지속적인 유지·발전을 위한 정부의 종합적 대책을 요구하는 목소리도 높아지고 있고 또한 정부 차원에서도 각종 다양한 지원 방안들이 모색되고 있기는 하다.[18] 그러나 이는 어디까지나 한류 현상이 널리 알려질 정도로 큰 붐을 이룬 이후의 일이다. 한류 바람이 사후적으로 정부와 사회의 관심을 불러일으킨 것이지 누군가(정부든 민간부문이든)의 의도적인 계획에 따라 한류 현상이 발생한 것은 아니었다.

한류를 달리 표현하자면 '우연의 소산'이라고도 할 수 있다. 앞에서 언급한 몇 가지 요인들이 우연히 같은 시기에 하나로 합류됨으로 인해 한류 열풍이 야기된 것이었다. 이 요인들 중 어느 한두 가지만 가지고는 지금과 같은 정도의 한류 열풍은 일어나기 어려웠을 것이다. 예컨대 한국 가요의 수준이 여전히 과거 1970~1980년대 정도의 수준이었다면 결코 동아시아 젊은이들을 매

---

**17** 이 표현은 미국의 국가기반정보(National Information Infrastructure, NII) 계획에 관한 Kraemer and King(1996)의 연구에서 빌려온 것이다. 그들은 NII 사업이 미리 치밀하게 준비되고 설계된 것은 아니었음에도 불구하고 시행과정에서 혼란이 야기되지 않았으며 나름대로 질서 있는 패턴이 형성되었다고 주장하며 이를 "설계되지 않은 질서"(Order without design)라고 표현하였다.

**18** 문화관광부는 한류 세계화를 통한 국가 브랜드파워 강화라는 목표를 위한 3대 세부 추진과제로 Korea Plaza 설립, '한(韓) 브랜드' 세계화 지원, 그리고 아시아 문화동반자 1만 명 확보를 설정하였다(문화관광부, 2006: 25-27). 또한 경기도는 한류의 지속적 확산을 위해 일산 지역에 '한류우드' 건설을 추진하였다.

료시킬 수 없었을 것이다. 1990년대 들어와 중국의 경제성장과 개방이 없었더라면, 또는 중국 정부당국의 협조 내지 묵인이 없었더라면, 아무리 한국 대중문화의 매력이 크다고 하더라도 혹은 한국 정부가 아무리 적극적으로 지원한다고 해도 별다른 성과를 거둘 수 없었을 것이다. 또한 다른 모든 상황이 무르익었다고 해도 시장개척을 위해 전력을 다하는 엔터테인먼트 비즈니스 기업가가 없었더라면 한류 바람이 시작되지도 않았을 것이다. 마찬가지로 한국 정부의 계속적인 관심과 후원이 없었더라면 한류라는 불씨가 그렇게 빨리 또 넓게 퍼지지는 않았을 것이다. 요컨대 내적, 외적, 개인적, 그리고 정책적 요인들이 우연히도 비슷한 시기에 하나로 합류하게 되면서 한류라는 거대한 '성공의 창'(Success Window)이 열리게 된 것이다.

## 2. 혼종문화(Hybrid Culture)

한국인들에게 문화적 자부심과 경제적 기대감을 동시에 안겨준 한류는 과연 한국적 문화인가? 박기수(2006: 317)는 한류에 대해 "한국문화의 정체성이 반영된 대중문화 콘텐츠"라기보다는 "한국에서 생산된 대중문화 콘텐츠"라는 의미가 더 강하게 내포된 개념이라고 주장한다. 한국에서 생산된 문화상품이라면 물론 'Made in Korea'라는 표식을 붙일 수 있을 것이다. 또한 한류의 주역들이 대부분 한국 국적을 가지고 있으니 한류의 국적 또한 당연히 한국이라고 할 수도 있을 것이다. 그러나 그렇다고 해서 과연 한류를 '한국의 문화'라고 주저 없이 칭할 수 있을까?

문화적 콘텐츠의 특성 면에서 볼 때 한류는 본질적으로 혼종문화(Hybrid culture)이다(강철근, 2006: 115; Shim, 2006). 대중음악 연구자 신현준은 한류가 "일본문화도 한국문화도 아니고 한·일 공동문화도 아닌 성립과 기원부터 잡종적 문화"라고 주장한다(이기형, 2006: 222). 사실 한국의 대중문화가 본래 서양(특히 미국)의 대중문화가 유입되어 형성된 것이라는 점은 부인할 수 없다.[19]

아울러 역사적으로나 지리적으로 인접해있으면서 우리보다 앞섰던 일본의 대중문화가 알게 모르게 큰 영향을 미쳐왔던 것도 사실이다. 요컨대 한국의 대중문화는 여러 나라에서 유입된 외래문화가 한국적 정서로 걸러져서 변용된 혼종문화인 것이다.

신한류의 선봉장이라고 할 수 있는 댄스뮤직은 혼종문화로서의 한류의 특성을 잘 보여주고 있다. 예컨대 중국에서 최초로 한류 붐을 일으켰던 아이돌 그룹 H.O.T는 일본의 아이돌 보이밴드 스타일의 외모를 가지고 미국식 힙합 스타일의 음악을 선보였다. 그러나 그들의 노랫말은 대개 전형적인 한국식 사랑가였다. H.O.T를 선보였던 SM엔터테인먼트는 실제로 세계 각국 수백여 명의 작곡가들과 협력관계를 유지하며 다양한 곡들을 제공받고 있다. 그래서 유럽 작곡가의 곡에 한국 작사가가 가사를 붙이고 미국이나 일본의 안무가가 댄스동작을 구상하면 한국식 훈련 시스템을 거쳐 매력적인 글로벌 문화상품을 내놓는 것이다. 이처럼 K-Pop은 서양음악과 동양적 요소를 잘 융합시켰기에 다양하고 독특한 '맛'을 내는 것으로 평가된다(삼성경제연구소, 2011: 4).

영화의 경우도 마찬가지이다. 한국 최초의 블록버스터이자 일본에서도 큰 반향을 불러일으켰던 영화 '쉬리'는 분단이라는 한반도만의 상황을 한국적 정서로 담아내었으나 그 형식은 전형적인 할리우드 액션물이었다. 이처럼 한류의 문화적 본질은 동서양의 여러 대중문화들이 혼합되어 만들어진 퓨전 문화이다. 그리고 이러한 혼종문화라는 특성이야말로 한류가 인종과 국경을 초월하여 사랑 받고 있는 글로벌 경쟁력의 근원인 것이다.

---

**19** 한류가 미국문화의 보세수출에 불과하다는 비판도 이런 측면에서 제기된 것이었다(한국문화정책개발원, 2001: 42~47; 김태만, 2006: 374).

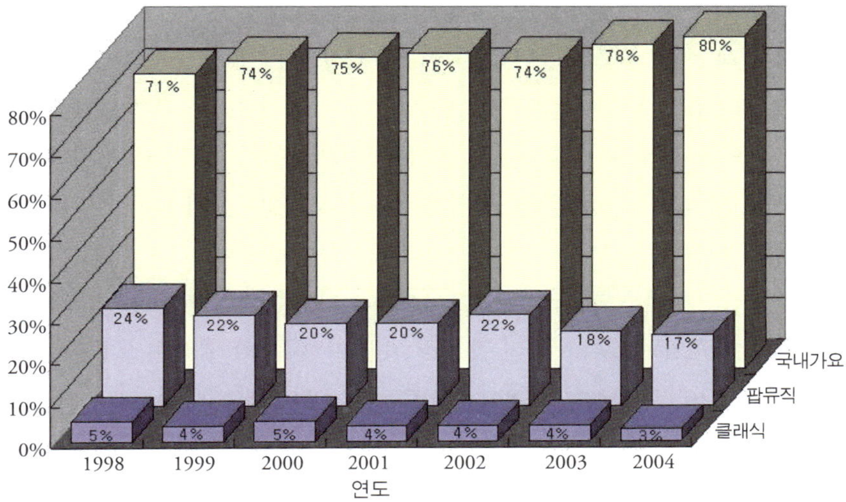


자료: "한국음반산업협회 홈페이지(http://www.miak.or.kr)".

**그림 12-2 한국 음반시장의 종류별 점유율 비교**

## 3. 한류의 선두주자 대중가요

한류 바람의 선봉에 섰던 주역은 대중음악이었다. 사실 한국의 문화산업 가운데 특별히 경쟁력이 높은 분야가 바로 대중음악이다. 한국의 대중가요, 그중에서도 특히 댄스뮤직의 시장경쟁력은 세계무대에서 전혀 뒤떨어지지 않을 정도로 상당한 수준이라고 평가된다. 그런데 사실 1980년대까지만 해도 우리나라 가요의 음악적 수준이나 시장점유율은 대단히 저조했었다. 젊은 층이 즐겨 듣는 라디오 프로그램들의 경우 외국 팝송이 차지하는 비중이 거의 절대적이었다. 하지만 80년대를 지나면서 가요가 서양의 팝뮤직을 누르고 한국 음반시장에서 압도적인 주도권을 장악하게 되었다(양성희, 1998). 〈그림 12-2〉에서 보듯이 90년대 이후 우리나라 음반시장은 대중가요가 거의 압도적으로 장악하고 있다. 2004년도 음반판매 통계자료에 의하면 팝뮤직의 시장점유율은 17%

밖에 안 되는 반면 가요의 시장점유율은 무려 다섯 배에 가까운 80%나 된다.

1980년대 이후 한국 대중가요의 이러한 급성장의 견인차 역할을 했던 것은 바로 댄스뮤직이었다. 물론 현재 댄스뮤직의 비중이 지나치게 비대하여 음반시장을 왜곡시킨다는 비판도 없지 않다. 하지만 중요한 것은 댄스뮤직의 주도 하에 한국 가요가 국내음반시장을 확실하게 석권했다는 사실이며, 또한 한류 열풍의 핵심 주역 역시 댄스 가수들이라는 사실이다.[20]

그런데 특기할만한 점은 한국 대중가요의 놀라운 성장이 정부의 정책적 배려나 지원에 힘입은 것이 아니라 생존을 위한 자력투쟁의 결과로 성취된 것이라는 사실이다(김정수, 1999). 해방 이후로부터 1990년대 중반까지만 해도 대중음악은 정책적으로 규제의 대상인 적은 있어도 결코 발전・육성의 대상인 적은 없었다. 영화산업의 경우, 그동안 정부로부터 각종 지원과 특혜를 받아왔으며 또한 외화수입쿼터제나 스크린쿼터제 같은 정책을 통해 외국 영화와의 경쟁으로부터도 보호되어 왔었다. 반면 대중음악의 경우 이미 1950년대부터 AFKN 방송과 불법복제음반(일명 '백판') 등을 통하여 외국의 팝음악이 아무런 제재 없이 국내에 소개되었다. 1980년대까지만 해도 라디오 방송, 음악 다방, 디스코텍, 나이트클럽 등 대중음악이 흘러나오는 곳에서는 거의 대부분 외국 팝송 일색이었지만 한 번도 정책문제로 논의된 적이 없을 정도로 정부는 무관심 일변도였다. 이런 척박한 상황에서 한국 대중음악의 도약을 이룩한 것은 조용필과 서태지 같은 뛰어난 아티스트들과(강헌, 1998; 임연철, 1998) 그 뒤를 이어 시장과 방송을 점령한 댄스가수들이었다.

그렇다면 왜 한국 가요계에서는 하필 댄스뮤직이 그토록 강세를 보이고 있

---

20 국내시장에서 한국 댄스뮤직의 경쟁력을 극명하게 보여주는 사례가 있다. 지난 1996년과 1999년 두 차례에 걸쳐 미국의 세계적인 팝스타 마이클 잭슨이 내한공연을 가진 바 있다. 전 세계를 무대로 순회공연을 하며 인기를 과시하던 그였지만 한국에서는 두 번 모두 입장권이 다 팔리지 않는 수모를 겪었다. 심지어 그의 공연을 유치했던 기획사가 부도가 나기도 했다. 반면 H.O.T의 세종문화회관 공연 때에는 3만 5천여 장의 표가 불과 10분 만에 모두 매진되는 기록을 세웠다.

는가? 여기에 대해서는 여러 가지 설명이 가능하지만 그 근본적인 뿌리는 과거 한국 정부의 규제정책에서 비롯되었다. 1970, 1980년대 당시 권위주의 정부는 사전심의와 검열이라는 무기를 들고 대중음악을 통제하였다. 정권의 입장에서 조금이라도 불순해 보이는 부분이 있으면 가차 없이 규제하였고 수백곡의 노래들을 금지곡이나 방송불가라는 낙인을 찍어 사장시켰다. 이러한 살벌한 분위기 속에서 규제의 속박을 피할 수 있는 것이 바로 댄스뮤직이었다. 댄스뮤직은 본질상 신나게 놀기 위한 음악이기 때문에 권위주의 정부로서도 굳이 감시하고 규제할 필요가 아예 없었던 것이다. 결국 과거 권위주의 정부의 규제정책으로 다른 장르의 음악활동은 심하게 위축되었던 반면 댄스뮤직부문은 방해받지 않고 마음껏 도약할 수 있었다. 그리고 이제는 해외로까지 진출하여 동아시아 젊은이들을 사로잡게 된 것이다.

## 7절 한류의 미래

한류가 사전에 미리 설계되지 않은 성공이었다면 앞으로 한류의 미래는 어떻게 될 것인가?

### 1. 한류의 추세

현재까지 한류의 추세를 거시적으로 조망해 보면 적어도 두 가지 뚜렷한 흐름을 발견할 수 있다.[21] 하나는 한류를 구성하는 콘텐츠의 내용적 측면에서

**21** 본서의 논지와 유사한 차원에서 김화섭(2005)은 한류의 확산을 수용층의 확대, 내용의 확대, 공간의 확대 등으로 파악하고 있다.

표 12-6 **콘텐츠 산업 지역별 수출액 현황** (단위: 천 달러)

| 구분 | 중국 | 일본 | 동남아 | 북미 | 유럽 | 기타 | 합계 |
|---|---|---|---|---|---|---|---|
| 2013년 | 1,305,799 | 1,455,837 | 931,281 | 519,103 | 348,840 | 189,433 | 4,750,293 |
| 2014년 | 1,341,225 | 1,597,467 | 957,428 | 511,420 | 311,340 | 398,489 | 5,117,369 |
| 2015년 | 1,450,707 | 1,398,492 | 799,987 | 884,395 | 553,289 | 375,588 | 5,462,458 |
| 비중(%) | 27 | 26 | 15 | 16 | 10 | 7 | 100 |
| 전년대비 증감율(%) | 8 | -12.5 | -16.4 | 72.9 | 77.7 | -5.7 | 6.7 |
| 연평균 증감율(%) | 5 | 2 | -7.3 | 30.5 | 25.9 | 40.8 | 7.2 |

출처: 한국콘텐츠진흥원, 『2016 콘텐츠산업 통계조사』, 2017.

의 다양화이다. 드라마 '사랑이 뭐길래'와 보이밴드 H.O.T가 중국시장에서 거두었던 얘기치 못한 성공은 한류의 시발점으로 꼽힌다. 그 후 수많은 TV 드라마와 가수 및 그룹들이 앞다투어 한류 열풍을 증폭시켰다. 그리고 드라마와 음악에 뒤이어 게임, 영화, 캐릭터, 패션 등 다양한 '선수'들이 한류 대열에 합류하였다.

한편 또 하나의 추세는 지역적 범위 측면에서 영향권의 확대이다. 불과 몇 년 전만 해도 한류 바람이 부는 지역으로 중국, 대만, 홍콩 등 중화권만이 꼽혔었다.[22] 그런데 그 후 일본을 비롯하여 베트남, 몽골, 싱가포르, 태국, 그리고 필리핀 등으로 확산되었다(신윤환 · 이한우, 2006; Kwon, 2006). 그리고 중동, 남미, 아프리카, 유럽 지역 등으로 한류의 영향권이 점점 더 확산되었다. 최근에는 미국 시장에까지 한류 스타들의 진출이 성공적으로 이루어지고 있다. 〈표 12-6〉에서 보듯이 이제 한류 문화 콘텐츠는 세계 각 지역에 비교적 고르게 수출되고 있다고 할 수 있다.

22 예컨대 조한혜정(2003: 2)은 한류의 개념을 "중국을 위시하여 대만, 홍콩, 베트남 등의 주민, 특히 청소년 사이에서 번지고 있는 … 한국 대중문화를 향유/소비하는 경향"이라는 식으로 정의했었다.

한류의 앞날에 관한 지금까지의 연구들을 일람해보면 낙관적인 전망과 비관적인 전망이 뒤섞여 있다. 그런데 어느 쪽 시각이든 '새롭고 참신한 콘텐츠가 계속 공급될 수 있느냐'가 한류의 미래를 좌우할 결정적 관건이라는 데에는 별다른 이견이 없는 듯하다. 그렇다면 과연 지금까지의 한류 열풍을 앞으로도 이어갈 새로운 문화콘텐츠가 계속 출현할 수 있을까?

## 2. 한류의 미래 전망

앞에서도 강조하였듯이 한류는 '설계되지 않은 성공'이다. 한류의 발생 원인으로 네 가지 요인을 지적하였지만 이들이 언제 어떻게 합류하게 될지 미리 예측하는 것은 사실상 불가능하다. 왜냐하면 성공의 창이 열리고 닫히는 것은 인위적인 기획이나 설계가 아니라 우연에 의해 이루어지기 때문이다.

예를 들어 한국 대중음악 발전의 견인차였던 조용필이나 서태지 같은 아티스트는 결코 인위적으로 만들어낼 수 없을 뿐만 아니라 언제 어디서 어떻게 나타날지 알 수도 없다. 중국의 정치 분위기나 정책기조가 언제 어떻게 바뀔지 정확히 예측하기는 어렵다. 그리고 아시아 각국 젊은이들의 문화적 기호와 취향이 또 언제 어떻게 변할지 아무도 자신 있게 말할 수 없다. 사실 〈사랑이 뭐길래〉 같은 드라마가 중국에서 대단한 인기를 끌게 될 줄은 아무도 몰랐다. 노랗게 머리를 염색하고 노래와 춤에 빠져 살던 '문제아'들이 아시아 소녀 팬들을 사로잡은 멋진 보이밴드로 변신하여 한류의 선봉에 서리라고 기대했던 이는 아무도 없었다. 또한 중국과 베트남 등지에서 시작된 한류 열풍이 '욘사마'로 인해 일본까지 뜨겁게 달구게 되리라고는 아무도 미리 예견하지 못했다.

또한 나이 어린 소녀그룹인 원더걸스가 한국 가수로는 최초로 2009년 10월 세계적으로 권위 있는 〈Billboard Hot 100〉 차트에 오르리라고는 누구도 생각하지 못했었다. 1988년의 외화수입쿼터제 철폐 및 외화직배 허용 이후 시장점유율이 급락하던 한국영화가 90년대 후반 이후 국내시장을 제패하면서 한류의 새로운 주역으로 부상하게 될 것이라고 예측했던 사람은 없었다. 한식을 주제로 한 드라마 〈대장금〉이 동아시아를 넘어 중동지역과 유럽에서도 선풍적인 인기를 끌 것이라 기대했던 사람도 없었다. 가수 싸이의 장난기 섞인 '강남스타일'이 유투브 조회수 약 30억 회의 경이로운 기록을 세우는 메가 히트곡이 되리라고는 아무도 예상하지 못했다. 애당초 한류 붐을 기획하거나 예측한 사람은 아무도 없었지만 한류는 발생했다. 마찬가지로 어느 누가 어떤 의도를 가지고 어떤 조치를 취하든 그에 따라 또 다시 성공의 창이 열릴 것이라는 보장은 전혀 없는 것이다.[23]

한류의 미래를 시사해주는 좋은 사례로서 최근 새로운 한류 파워로 떠오르고 있는 '비보이'(B-boy)를 들 수 있다. 비보이는 힙합댄스 중에서도 거의 묘기에 가까운 고난이도의 기술을 구사하는 브레이크댄스를 추는 사람을 뜻한다. 비보이라는 용어는 1960년대 말 미국의 댄스클럽에서 시작되었다고 한다. 국내에 브레이크댄스가 알려진 것은 80년대부터인데, 주한미군방송, 해외에서 유입된 음반과 비디오테이프, 해외거주 경험자 등에 의해 전파되었다. 우리나라의 비보이는 세계적인 비보이 대회에서 두각을 나타냄으로써 해외에서 먼저 인정받고 그 여세를 몰아 국내에서 붐을 일으킨 독특한 경우다.[24]

예컨대 국내 연합팀 '비주얼 쇼크'는 2001년 독일에서 열린 세계적인 비보이 대회 'Battle of the Year(BOTY)'에서 베스트쇼상을 차지했다. BOTY는 비보이 월드컵이라고 불릴 정도로 권위 있는 대회인데 2002년에는 한국의 '익스프레션'팀이 이 대회에서 또 1위를 차지하면서 전 세계 비보이들을 놀라게 했었다. 같은 해 영국에서 열린 'U.K. B-Boy Championship' 대회에서는 아시아 팀 최초로 '프로젝트 코리아'가 우승했다. 2003년 독일 'BOTY'에서 한

---

**23** 1999년 문화관광부가 우리 가요의 해외홍보를 위해 중국어 버전의 '한류' CD를 제작했을 때 영어 및 일본어 버전 CD들도 같이 제작·배포되었다. 그러나 중국어 버전 CD가 한류 붐 조성에 크게 일조한 반면 영어 및 일본어 CD는 별다른 반응도 없이 그냥 잊혀버리고 말았다.

**24** "대한민국 B-boy 성공배경과 미래", 『경향신문』, 2006. 8. 23.

국팀은 2등과 3등에 올랐으며, 2004년 대회에서는 '갬블러'가, 2005년에는 '라스트포원'이 연거푸 우승하면서 세계무대에 한국 비보이들의 역량을 보여줬다.[25] 2006년에는 미국에서 열린 세계대회 'BBoy Hodown'에서 '갬블러'가, 프랑스에서 열린 세계 비보이 대회 'Battle Olympic Toulouse'에서는 '슈퍼코리아'팀이 우승하였다. 2007년에는 영국 UK BBoy 세계대회에서 'T.I.P'팀이, 2009년에는 독일 BOTY의 20주년 대회에서 '갬블러'가 또 다시 우승을 차지하였다.[26] 또한 '진조'는 2012년 세계 최초로 비보이 5대 메이저대회인 영국의 'UK비보이 챔피언십', 미국의 '프리스타 세션', 한국의 'R16 월드파이널', 독일의 '배틀 오브 더 이어', 그리고 프랑스의 '레드불 BC1'에서 우승을 휩쓸며 그랜드슬램을 달성했다. 이는 비보이 40여 년 역사상 세계 최다 기록이다.[27] 비보잉은 언어와 문화의 차이를 초월하여 세계 젊은이들에게 어필하기 때문에 한국관광공사도 비보이를 차세대 한류 재목으로 지목하고 적극 지원하고 있다.[28]

비보이의 부상은 앞에서 지적한 한류의 두 가지 확대 추세를 그대로 반영한다. 즉, 브레이크댄스라는 새로운 '선수'가 한류의 새로운 주역으로 추가되었을 뿐 아니라, 한류의 영향권을 기존의 진원지인 아시아 지역에서 유럽으로까지 확장시킨 것이다. 한편 비보이는 문화예술 세계의 예측불가능성을 보여주는 전형적인 사례라고 할 수 있다. 왜냐하면 그저 헐렁한 티셔츠에 구겨진 힙합바지를 입고 길거리에서 시끄러운 음악에 맞춰 춤이나 추던 "불량 소년들"[29]이 태극기를 휘날리며 세계 젊은이들을 열광시키리라고는 아무도 상상하지 못했기 때문이다. 그야말로 '미운 오리 새끼'에서 '아름다운 백조'로, 지저분한 '잡초'에서 우아한 '난초'로 탈바꿈한 셈이다.

---

25 "90년대 중반 등장… 세계대회 석권", 『한경비즈니스』, 2006. 8. 29.
26 백승도, "한국 비보이 세계를 날다!", 국민권익위원회 블로그, 2009. 11. 20.
27 "한류 대열에 오른 비보이 더 키울 것" 비보이 세계 1위 '진조'", 『경향신문』, 2016. 6. 13.
28 "'난타' 이후 차세대 한류 주역, 이젠 비보이!", 『세계일보』, 2006. 7. 24.
29 "비보이, 공연예술 블루칩 되나… 한국 문화상품 급부상", 『국민일보』, 2006. 8. 8.

## 8절 한류의 문화정책적 함의

한류의 특성, 원인, 추세에 대한 분석을 통해 얻을 수 있는 문화정책 차원의 함의는 무엇인가? 여기서는 다음과 같은 세 가지 시사점에 대해 논의한다.

### 1. 잠재적 재능의 극대화를 위한 창작 · 표현의 자유 보장

한류 성공을 가능케 한 가장 기본적 요소는 매력적인 콘텐츠를 창조해내는 '끼' 있는 인재들이다(김정수, 2002a: 15~16). '끼'를 타고난 인재들이 자신의 잠재된 능력을 극대화하기 위해 반드시 필요한 것은 표현과 창작의 자유가 최대한 보장되는 것이다. 물론 창작의 자유가 보장된다고 해서 자동적으로 모든 예술가들이 불후의 명작을 남기는 것은 아니다. 그러나 표현과 창작의 자유가 심히 제한되는 상황에서는 창의성이 자라날 여지가 없다는 것은 확실하다. 새롭고 다양한 매력적인 인재와 콘텐츠가 계속 공급되기 위해서는 창의성이 반드시 필요하다. 창의성이란 지시, 명령, 규제에 의해 인위적으로 만들어지는 것이 아니다. 자유란 창의성이 싹트기 위한 필수 전제조건인 것이다.

과거 1970~1980년대에 우리나라 대중음악이나 영화가 크게 발전하지 못했던 가장 큰 이유는 정부의 규제와 간섭이 극심했기 때문이었다(김정수, 1999). 1990년대에 영화나 음반에 대한 검열 혹은 사전심의와 같은 규제가 철폐되었기에 다양한 시도들이 나올 수 있었다. 그리고 그 가운데 한류의 주역들이 출현했던 것이다. 만약 그룹 명칭에 외국어를 쓴다고, 가사에 영어가 섞여 있다고, 머리를 염색했다고, 노출이 심하다고, 정부가 규제의 칼날을 마구 휘둘렀다면 오늘날 한류의 주인공들은 존재하지도 않았을 것이다. 창의성이 최대한 발휘되어 예전에 보지 못했던 새로운 문화예술이 탄생하기 위해서는 색다른 것을 용인하고 자유로운 표현을 보장하는 사회적 분위기가 반드시 필요하다.[30]

## 2. 시장개방의 필요성

세계화의 폐해를 우려하는 시각 중 하나는 문화제국주의론(cultural imperialism)이다(톰린슨, 1999; Canclini, 2000; Crane, 2002; 김정수, 2010: 135~138). 미국 같은 강대국의 문화가 전 세계를 지배하며 여타 지역의 고유문화를 모두 파괴시키고 문화적 획일화와 종속을 초래한다는 것이다. 그리고 세계 각국의 문화 정체성과 문화주권을 보존하고 지구차원의 문화다양성(cultural diversity)을 보전하기 위해서는 국제무역관계에서 문화적 예외(cultural exception)가 반드시 인정되어야 한다고 주장한다(정홍익, 1994; 정갑영, 1994; 김혜준, 1999; 김성곤, 2001; 영화진흥위원회, 2003; 강내희, 2003; Braman, 2003; 최영제, 2005; 전국민중연대, 2006). 즉, 문화란 교역의 대상이 아니라 교류의 대상이어야 하므로 자유무역을 인정하기보다는 일정한 수입규제가 필요하다는 것이다.

그러나 오늘날과 같은 상황에서 이러한 주장은 다음과 같은 이유에서 그 타당성이 희박하다(김정수, 2006). 첫째, 세계화 추세 속에 문화적 혼종화가 일상화됨에 따라 순수하게 우리 것인 문화와 전적으로 남의 것인 문화를 구별하기가 쉽지 않다. 그럼에도 불구하고 문화주권을 구실로 수입규제를 주장한다면 '위장된 보호주의'(disguised protectionism)의 발현일 가능성이 크다. 둘째, 한류와 같은 멋진 혼종문화가 태어나기 위해서는 다양한 외래문화의 체험을 통해 새로운 문화 혼합을 실험할 수 있는 기회가 있어야 한다. 문화수입에 대한 규제는 문화교류를 방해함으로써 자칫 문화적 침체를 초래하기 쉬우므로 문화시장의 적극적 개방이 필요하다.

셋째, 시장개방은 우리 대중문화산업의 경쟁력을 배양할 수 있는 효과적인

---

30 최근 청소년보호위원회에서 노래 가사에 술, 담배라는 단어가 들어간 대중가요들을 일률적으로 청소년유해매체로 지정했다가 논란이 되기도 했었다. 오늘날의 사회적 분위기를 감안할 때 이러한 조치는 사실상 실효성 면에서도 의문이 될뿐더러 예술창작에 대한 지나친 통제라는 점에서 마땅히 지양되어야 할 것이다(「조선닷컴」, 2011. 8. 25).

모판이 된다(김정수, 1999). 먼저 경쟁력을 갖춘 후 개방하자는 논리도 그럴듯하지만 그 뒤에는 인간은 본성적으로 죽을 위험이 없는 한 사력을 다하지 않는다는 함정이 숨어 있다. 즉 보호막이 쳐져있는 한 경쟁력은 결코 자동적으로 향상되지 않으며, 결국 개방의 전제조건은 영원히 충족되지 않는 것이다. 넷째, 시장개방을 통해 우수하고 다양한 문화상품·서비스가 수입되면 소비자 입장에서는 선택의 폭이 넓어지므로 효용이 증대된다. 아울러 수입문화는 문화적 향수를 위한 소비재인 동시에 미래의 창작을 위한 중간재 역할도 한다. 따라서 문화적 소비와 생산의 발전과 다양성을 위해 시장개방은 필수적이다.

## 3. 문화적 순혈주의의 탈피: 다국적 문화생산과 문화적 혼종주의

한류는 "'한국산 문화'인 것은 사실이지만, '한국적인 문화'는 아니다"(전봉관, 2007). K-Pop은 한국 가수가 부르는 대중음악이지만 그렇다고 해서 한국의 고유한 전통문화라고는 할 수 없다. 앞에서도 지적했듯이 한류는 여러 외래 요소들이 뒤섞인 혼종문화적 특성을 갖고 있기 때문이다. 그리고 바로 이 점이 한류가 글로벌 소비자들에게 매력적으로 다가서게 된 원천이기도 하다.[31]

세계화로 인한 사람, 물자, 정보의 월경이동이 활발해짐에 따라 대중문화의 혼종화는 더욱 가속화될 것으로 전망된다. 문화적 접촉과 교류의 증가로 인해 문화의 변용과 혼합이 일상화될수록 특정 지역의 고유한 문화적 정체성을 고수하기가 어렵게 된다. 특히 대중문화산업의 경우 이윤극대화가 추구되면서 문화생산의 다국적화 혹은 글로벌화가 점차 심화되는 양상을 보이고 있다. 시장경쟁력이 높은 문화상품의 생산을 위해서는 국적을 불문하고 최상의 생산요

31 2011년 6월 프랑스 K-Pop 콘서트 후의 인터뷰에서 슈퍼주니어의 리더 이특은 자신들의 음악이 "한국적이라기보다는 세계적이기 때문에 세계인들에게 인정받을 수 있었을 것"이라 자평했다. 이는 한류의 성공 이유 및 향후 지향점에 대한 정확한 지적이라 할 수 있다.

소들을 결합할 필요가 있기 때문이다. 이러한 상황에서는 문화의 국적 혹은 정체성을 판정하는 것 자체가 불가능해질 수 있다(김정수, 2008). 과거와 달리 세계화가 심화되면서 이제는 무엇이 과연 '우리의 문화'이고 또 무엇이 '남의 문화'인지 명확히 구별하기가 매우 힘들어지고 있는 것이다.

이러한 상황에서 문화적 순혈주의에 대한 집착은 앞으로 발전을 가로막는 족쇄가 될 가능성이 크다. 우리의 전통문화는 소중한 것이며 이를 존중하고 보호하는 것은 필요하다. 하지만 문화정체성을 고정불변의 것으로 고착화하여 이해하는 것은 바람직하지 않다. 외부와 완전히 절연된 순수한 고유문화 또는 완전히 통합되어 완결된 문화정체성이란 "이데올로기 또는 근대주의적 환상"에 불과하기 때문이다(현택수, 2007: 20). 현재 우리의 고유문화라고 여겨지는 것들도 실상 오래 전에 외부로부터 유입되었던 문화들이 시간이 지나면서 우리 것으로 체화된 것이다. 문화는 고착되어 있는 것이 아니라 마치 생명체와도 같이 환경과 끊임없이 교류하며 변화해왔고 앞으로는 더욱 그러할 것이다. 그렇다면 자문화중심주의적 이데올로기에서 탈피하여 "글로컬적 융합"을 지향해야 한다(김성수, 2010: 328). 즉 특정 양상의 문화정체성을 고집하기보다는 다양한 문화를 섭취하고 새로운 문화를 창출하도록 장려해야 한다는 것이다.

오늘날처럼 세계화가 심화되고 있는 상황에서 민족주의 과잉은 국가발전에 도움이 되기는커녕 오히려 독이 될 수 있다. 신한류 돌풍의 최전방에 서있는 SM엔터테인먼트의 이수만과 JYP의 박진영(2007) 두 사람이 공통적으로 경계하는 것도 '한류는 한국적 문화이어야 한다'는 집착이다. "한류의 본질은 질 좋은 한국산 문화상품에 대한 열광 그 이상도 이하도 아니"라는 전봉관(2007)의 지적은 정확한 현실진단이다. '한국'에 대한 집착에서 자유로워야 비로소 한류의 문화적·경제적 성과는 계속 커질 수 있다. 한류가 '한국적 문화'인지 따지기보다는 '얼마나 매력적인' 문화인가에 초점을 맞추어야 한다. "우리 것은 좋은 것" 혹은 "한국적인 것이 세계적인 것"이라는 막연한 구호가 문화정책을 인도하는 맹목적 도그마가 되어서는 안 될 것이다(김정수, 2008).

참고자료

## 한류 연대표

(출처: 김덕중 · 남상현 외 엮음, 『한류 메이커스』, 한국문화산업교류재단, 2017)

▲ 방송 ■ 음악 ● 영화

1993 ▲ <질투> 중국 수출

1996 ▲ <파일럿>, <화려한 휴가>, <질투> 일본 TVQ 방송. 시청률 1~2%

1997 ▲ <별은 내 가슴에> 중국, 대만, 홍콩 Phonix TV 방영

▲ <사랑은 뭐길래> 중국 CCTV 방영, 역대 수입외화 사상 시청률 2위 기록 4.3%

■ <김완선> 대만 호라동, 앨범 10주 연속 1위 기록

1998 — '한류' 용어 중국 《북경청보》에서 '한국의 유행이 밀려온다'는 의미로 처음 언급

▲ <느낌>, <첫사랑> 등 베트남 인기리 방영

■ <클론> 대만 공연 성공리 개최

■ <H.O.T>중국 내 한국음반 '행복' 앨범 5만 장 이상 판매

1999 ■ <클론> 중국 베이징 단독 콘서트

2000 — 문화예산 첫 1조원 돌파 (전체 정부 예산 중 1% 차지)

▲ <대장금> 대만 GTV방영

■ <H.O.T>중국 베이징 단독 콘서트 개최

● <쉬리> 일본 개봉(1월), 120만 명 관람(18.5억 엔 흥행수입) 및 비디오 출시(15억 엔 수익)

2001 — 개인 · 문화 · 여가 서비스 첫 흑자 기록(1,980만 달러)

■ <보아> 일본 진출(5월) 싱글 앨범 'ID:Peace B' 발매 및 오리콘주간 싱글차트 20위권 진입

● <엽기적인 그녀> 중국 내 DVD 출시 및 선풍적 인기

2002 — 개인 · 문화 · 여가 서비스 2년 연속 흑자 달성(4,240만 달러)

▲ 한일 합작 드라마 <프렌즈(원빈 주연)> 일본 TBS 방영(2월)

■ <보아> 일본 첫 정규 음반, "Listen to My Heart' 오리콘 앨범차트 1위 100만 장 판매 기록 달성(3월)

2003 — 한류진흥 전문기관 '한국문화산업교류재단' 설립
▲ <겨울연가(배용준, 최지우 주연)> 일본 위성방송 NHK-BS2 첫 방영(4월~9월), 재방송(12월)
2004 — 일본 인터넷 커뮤니티를 중심으로 혐한류 담론 가시화
▲ <겨울연가> 일본 지상파 방송 NHK-2TV 방영(4월), 시청률 관동지역 20.6%, 관서지역 23.8% 기록
▲ <대장금> 일본 NHK 방영
● <올드보이> 칸영화제 심사위원 대상 수상
2005 — 콘텐츠산업 수출액 첫 10억 돌파
— 중국배우 성룡의 발언(중국인이 뭉쳐 한류에 대항해야 한다)이후 항한류 촉발
▲ <대장금> 홍콩 TVB 방영, 최고 시청률 47% 기록
▲ <대장금> 중국 후난위성TV 방영, 외국 드라마 최초로 평균 시청률 14% 돌파 및 중국 31개 도시 시청률 1위 기록
▲ <풀하우스(비, 송혜교 주연)> 태국 방영, 최종회 시청률 74% 기록
■ <동방신기> 일본 데뷔(4월)
■ <보아> 베스트앨범 일본 밀리언셀러 기록
■ <장나라> 중국음반협회 주관, 골든디스크상 수상
● <내 머리 속의 지우개(정우성, 손예진 주연)> 일본 상영 30억 엔 흥행수입
● <봄 여름 가을 겨울 그리고 봄> 폴란드 영화인협회 최우수작 수상
2006 ▲ <대장금> 이란 국영TV IRIB Ch2 방영(10월), 최고 시청률 90% 기록
■ <비> 《타임지》 발표 '세계에서 가장 영향력 있는 100인' 선정
● <왕의 남자> 프랑스 도빌아시아영화제 심사위원상 수상
● <괴물> 프랑스 전역 223개 상영관 개봉 및 약 65만 달러 흥행 수입
2007 ● <괴물> 미국 116개 극장 개봉 및 220만 달러 흥행 수입
● <밀양>의 전도연, 한국배우 최초 칸영화제 여우주연상 수상
2008 ▲ <아내의 유혹(장서희 주연)> 몽골 방영 시청률 80% 기록
▲ <대장금> 헝가리 국영 MTV 방영 시청률 30~37% 기록
■ <동방신기> 일본 오리콘차트 싱글1위 최다 기록
■ <보아> 미국 진출 선언(10월), 'Eat You Up' 디지털 싱글 발매

(미국 음악사이트 아이튠스 댄스부문 2위 기록)

2009 ▲ <주몽(송일국 주연)> 이란 방영 최고 시청률 85% 기록

■ <빅뱅> 일본 데뷔(6월) ‘My Heaven’ 첫 주 2주 6천 장 판매 (오리콘 주간 3위 기록)

■ <동방신기> ‘라이브DVD’ 일본 오리콘 영상부문 종합차트 1위 기록

■ <원더걸스> 미국 진출 및 ‘노바디’ 빌보드 싱글차트 ‘핫 100’ 76위 기록

● <과속 스캔들> 홍콩 개봉 첫 주 박스오피스 4위 기록

2010 ▲ <아이리스(이병헌, 김태희 주연)> 일본 지상파 TBS황금시간대 방영(21시)

▲ <미남이시네요(장근석 주연)> 일본 후지TV 방영, 동시간 시청률 1위 기록

■ <소녀시대>, <카라> 일본 데뷔

● <시> 칸영화제 각본상 수상

2011 ■ <슈퍼주니어> 대만 KKBOX 차트 최장기간 1위 기록(63주)

■ <SM타운 월드 투어 라이브 인 파리> 개최(6월 10~11일, 관객수 1만 4천명)

2012 — 한국 방문 외래관광객 수 사상 첫 1천만 명 돌파(1,113명)

— 이명박 대통령 독도 방문 후 일본 내 혐한 분위기 고조

■ <싸이> 정규 앨범 6집 ‘강남스타일’ 미국 빌보드 싱글차트 ‘핫 100’ 7주 연속 2위 기록 및 세계 최초 유튜브 조회수 10억 건 달성(12월 22일)

■ 세계 최대 K-Culture 페스티벌 <KCON>개최(미국)

● <피에타> 베니스영화제 황금사자상 수상

2013 — 전 세계 한류 동호회 회원수 900만 명(2013년 7월 기준)

▲ <대장금> 10주년, 전 세계 87개국 수출

■ <싸이> ‘젠틀맨’ 뮤직비디오 2013년 유튜브 최다 조회 동영상 기록(6억 뷰 돌파)

■ <EXO> 정규 1집 앨범 ‘XOXO(Kiss&Hug)’ 100만 장 판매 돌파

● <설국열차> 전 세계 167개국 수출 및 약 2천만 달러 흥행 수입

2014 — 콘텐츠 산업 수출액 50억 달러 돌파

— 개인·문화·여가서비스 수지 12년 만에 흑자 기록(4,750만 달러)
— 전 세계 한류 동호회 회원수 2,182만 명
▲ <별에서 온 그대(전지현, 김수현 주연)> 중국 온라인 동영상 사이트 아이치이(iQiyi) 조회수 34억 뷰 돌파
▲ <런닝맨>, <나는 가수다>, <아빠! 어디가?> 등 예능 프로그램 포맷 중국 수출 확대
■ <싸이> '강남스타일' 유튜브 최대 조회수(21억) 돌파(5월31일)

2015 — 외래관광객 3년 연속 1,000만 명 기록
— 전 세계 한류 동호회 회원수 3,559만 명
■ <EXO> 미국 빌보드 '2015년 연말 결산 차트(2015 YEAR END CHARTS)' 내 한국 가수 유일 TOP10 진입(7위)
● <국제시장> 북미 43개 극장 상영 및 229만 달러 흥행 기록

2016 — 외래관광객 역대 최대 1,700만 명 돌파
— 콘텐츠산업 총 매출 100조 원(105조 원 기록)
— 전 세계 한류동호회 회원수 5,900만 명 달성(전년 대비 68% 증가)
— 사드 배치에 따른 중국 한한령 발발
▲ <태양의 후예(송중기, 송혜교 주연)> 중국 온라인 동영상 사이트 아이치이 조회수 26억 7,000뷰 돌파 및 전 세계 34개국 판권 수출
▲ <꽃보다 할배> 한국 예능 프로그램 최초 미국 수출 및 리메이크판 <베터 레이트 댄 네버(Better Late than Never)> 미국 NBC 동시간대 시청률 1위 달성
■ <방탄소년단> 미국 빌보드 앨범차트 '빌보드 200' 내 한국 가수 최고 순위(26위) 달성
● <부산행> 30개국 개봉 및 4,500만 달러 매출 달성
● <아가씨> 한국 영화 최다 수출 기록(176개국)
● <수상한 그녀>의 중국판 <20세여 다시 한번> 역대 한중 공동제작 영화 최고 흥행(1,200만 명, 1억 3천만 위안) 기록 및 2018년까지 총 8개 언어로 제작 예정

제 13 장

# 스크린쿼터제

# 제 13 장 ▌ 스크린쿼터제[1]

"한국영화의 붕괴는 단순한 산업논리로서의 몰락뿐만 아니라 한국문화주권의 붕괴를 의미하고 우리 문화의식의 상실을 의미한다"
–김희진, 영화감독

"문화주권과 문화다양성은 영화만을 위해 존재하느냐"
–이대영, 극단 '그리고' 대표

흔히 영화는 종합예술이라고 일컬어진다. 왜냐하면 한 편의 영화가 완성되기 위해서는 연기, 영상, 음악, 미술, 문학, 조명, 음향, 의상 등 각종 다양한 문화요소들이 총체적으로 결합되어야 하기 때문이다. 뿐만 아니라 오늘날의 영화는 각종 최첨단 기술들이 집약적으로 총동원되어 만들어진다. 이 때문에 영화는 문화산업의 백미라고 할 수 있다. 영화는 이미 오래전부터 가장 대중적인 문화상품의 하나로 많은 관객들의 사랑을 받아왔으며, 우리나라에서도 정부수립 초기부터 영화산업 발전을 위한 각종 다양한 정책들이 시행되어 왔었다. 우리나라의 영화정책 중 가장 널리 알려진 스크린쿼터제는 1990년대 후반 이후 축소 여부를 둘러싸고 사회적으로 대단히 민감한 이슈로 논란의 대상이 되었던 제도이다.

---

**1** 이 장은 김정수(2004a, 2004b)와 중앙공무원교육원(2008)의 내용을 기초로 하여 재정리한 것이다.

## 1절 스크린쿼터제 개요

스크린쿼터(Screen Quota)란 영화관에서 영화를 상영할 때 자국의 영화를 일정 기간 이상 의무적으로 상영하도록 규제하는 조치를 말한다. 우리나라에서 영화를 상영하는 모든 극장은 연간 일정한 일수 이상의 한국영화를 반드시 상영하여야만 한다. 이 제도의 정확한 명칭은 '한국영화 의무상영 제도'이며 '스크린쿼터제'는 관행적으로 불리는 용어이다.

쿼터란 국제통상법상으로는 보통 '수입쿼터'(Import Quota)를 의미한다. 이는 어떤 외국 상품을 수입할 때 일정한 양만을 수입하도록 제한하는 보호무역주의(Protectionism)적 정책수단이다. 스크린쿼터제 역시 국내 영화관에서 외국영화의 자유로운 상영을 허용하지 않는 반면 국산영화는 일정 기준 이상의 상영일수가 보장되도록 차별적으로 대우한다는 점에서 보호주의 정책의 일종이다. 즉, 국내 영화시장에서 수입외화와의 경쟁을 제한함으로써 외국영화에 의한 무차별 시장잠식을 견제하고 자국의 영화산업을 보호하려는 정책인 것이다. 이러한 점에서 스크린쿼터제는 국내차원의 문화정책이라는 측면과 국제관계차원의 통상정책이라는 측면을 동시에 가지고 있는 독특한 정책이라고 할 수 있다.

스크린쿼터제는 1947년에 제정된 '관세 및 무역에 관한 일반협정'(General Agreement on Tariffs and Trade)에 의해 최초로 국제법상의 법조문으로 명문화되었다(참고자료 13-2 참조) GATT법 제4조 '영화에 관한 특별규정'(Special Provisions relating to Cinematograph Films)에서는 내국민대우 원칙에 대한 예외로 회원국들이 자국영화에 대한 특혜로 스크린쿼터를 시행할 수 있다고 허용하고 있다. 그러나 영화의 원산지 결정방법이나 구체적인 스크린쿼터 적용방식 등에 대한 명확한 규정은 없다. 그럼에도 불구하고 문화정책 차원에서 중요한 것은 스크린쿼터제가 국제무역법인 GATT법에 의해 명백히 인정된 합법적인 제도라는 사실이다. 다만 제4조 (d)항은 스크린쿼터의 제한, 자유화, 또는 폐지를 위한

**표 13-1 전 세계 스크린쿼터 실시 현황(2006년)**

| 국 가 | 자국영화 의무 상영일수 |
|---|---|
| 대한민국 | 연간 73일 |
| 그리스 | 연간 28일(분기별 1주, 1편) |
| 브라질 | 연간 49일 |
| 스페인 | 연간 유럽연합 영화 20% 이상 상영 |
| 이탈리아 | 8개월간 최저 25일, 연간 100일 이상 |
| 파키스탄 | 연간 외화상영관 15%, 자국영화상영관 85% |
| 베네수엘라 | 연간 126일(18주)(권장사항) |
| 아르헨티나 | 연간 28일(분기별 1편) |
| 멕시코 | 93년 이전 연간 182일, 93년 30% 이후 연차적 감소, 98년 10% 이후 2001년까지 30%로 연차적 확대(권장사항) |
| 콜럼비아 | 연간 30일 |
| 스리랑카 | 연간 84일 |
| 인 도 | 수입편수, 상영시간 조정 |

출처: 한국문화관광연구원, 『반한류 현황분석 및 대응방안 연구』, 2009.

협상 역시 가능하다고 규정하고 있다.

스크린쿼터제를 최초로 시행했던 국가는 영국이었다. 1927년, 영국 의회는 〈영화 헌장〉(Cinematograph Act)을 제정하여 영국영화의 상영을 의무화하였다. 즉 영국 내의 모든 극장은 영국영화를 30% 이상 반드시 상영해야 한다는 의무 규정을 마련했던 것이다. 1차 세계대전 이후 유럽의 영화시장은 미국 할리우드 영화에 의해 거의 점령당하다시피 하였다. 영국의 경우도 당시 장편영화 중 국내제작편수는 5%에도 미치지 못하는 수준이었다. 이러한 상황에서 스크린쿼터제는 영국영화의 생존과 성장을 지원하기 위한 정책으로 법제화되었던 것이다.[2] 한편 한국문화관광연구원(2009)의 자료에 의하면 2006년 기준 전 세계적으로 우리나라를 비롯해서 12개국에서 스크린쿼터가 시행되었다(표 13-1 참조).

2 스크린쿼터제로 인하여 영국영화는 적어도 양적으로는 어느 정도 성장을 이룩하였다. 그러나 이때 제작된 영화의 상당수는 쿼터를 충족시키기 위한 소위 "쿼터채우기 날림영화"(Quota Quickies)들이었다. Thompson and Bordwell(1999: 118). 강철근(2004: 115)에서 재인용.

## 2절 우리나라 스크린쿼터제의 변천사

우리나라에서 본격적인 영화산업정책이 태동된 것은 1961년 박정희 군사정권이 집권한 직후였다.[3] 1962년 1월 20일 국가재건최고회의는 전문 22조 부칙 3개항으로 된 법률 제995호 '영화법'을 공포하고 3월 20일 동법 시행령을 공포하였다. 영화법 제1조는 "영화사업의 육성발전을 촉진하고 영화문화의 질적향상을 도모하며 민족예술의 진흥에 기여한다"고 그 목적을 명시하였다. 당시 영세한 수공업 수준에 머물러 있던 우리나라 영화계를 국가의 주도하에 기업화·합리화하려는 시도였던 것이다. 이 법은 비록 불완전하기는 했지만 제작, 배급, 상영, 외국영화 수출입 등 영화에 관한 전반적인 사항을 법적으로 규정함으로써 "'영화행정'이 처음으로 시작"되는 계기가 되었다(박지연, 2001: 175).

「영화법」 제정 당시부터 한국 정부는 차별적인 보호를 통해 한국영화를 육성·발전시키려는 정책적 노력을 부단히 기울여왔다(황현탁, 1995: 68). 기본적으로 제작지를 기준으로 국내에서 내국인 또는 외국인에 의하여 제작된 영화는 '국산영화'로, 외국에서 내국인 또는 외국인에 의하여 제작된 영화는 '외국영화'로 구분하여 다루어졌다. 그리고 외국영화의 수입과 상영을 정부가 엄격히 통제함으로써 국산영화에 대한 보호막이 제공되었고 국내 영화시장에서의 자유로운 경쟁은 제약되었다. 우선 외국영화 수입업의 등록과 외국영화 수입시 공보부장관의 추천이 의무화되었다. 또한 1963년 3월 12일 단행된 제1차 「영화법」 개정을 통해 '외국영화 수입쿼터제'가 실시되었다. 이것은 정부에 등

---

3 "제3공화국이 출범하여 국가에 의한 적극적인 시장의 조정과 육성이 정책목표로서 수립되고, 이를 집행하기 위하여 다양한 문화 관련법이 제정되기 시작하였다. 이러한 것이 가장 상징적으로 나타난 법률이 1962년에 제정된 「영화법」과 1967년에 제정된 「음반에 관한 법률」이다. … 이 시기에 제정된 문화관련 법령의 주안점은 국가의 경제제일주의 정책에 입각하여 국가가 문화의 경제적·산업적 측면을 중시하여 이를 규제하고자 하는 것이었다."(강철근, 2004: 138-139).

록된 국산영화 제작업자에 한하여 제한적인 조건하에 외국영화를 수입할 수 있도록 허용하는 조치였다.[4]

민정이양 후 출범한 제3공화국 정부는 1966년 8월 3일 제2차 「영화법」 개정을 단행하고 영화에 대한 국가의 개입과 규제를 더 한층 강화하게 된다.[5] 스크린쿼터제가 최초로 도입된 것은 바로 이때였는데 실제 시행은 1967년 1월 1일부터 본격적으로 이루어졌다. 개정된 「영화법」 제19조는 영화사업의 조성을 위해 다음과 같은 4개항을 규정하였다.[6]

(1) 정부는 우수한 국산영화의 제작과 영화문화의 발전향상 및 국제교류를 위하여 필요한 조성 방안을 강구, 실시하여야 한다.
(2) 정부는 영화제작자 또는 국산영화의 수출자에 대하여 대통령령이 정하는 바에 의하여 보조할 수 있다.
(3) 영화를 상영하는 공연장의 경영자는 대통령령이 정하는 외국영화와의 상영비율에 따라 국산영화를 상영하여야 한다.
(4) 외국영화의 수입편수는 당해 연도의 국산영화의 상영편수의 3분의 1을 초과할 수 없다.

앞의 제19조 제3항이 바로 한국영화 의무상영제도, 즉 스크린쿼터제인 것이다. 이것이 우리나라에서 스크린쿼터제가 처음 실시되었을 때의 규정인데, 이때 국산영화의 의무 상영일수는 일 년 중 90일 이상이었다. 한편 같은 해 12월에 7차로 개정된 영화법시행령은 국산영화의 상영편수를 연간 6편 이상으로 하고 총 상영일수는 90일 이상으로 하되 공보부장관이 지역별 및 영화

4 외화수입쿼터제는 국산영화 제작업자에게 외화수입권을 줌으로써 일종의 국산영화 보상제도 성격을 띠었다. 그러나 국산영화의 보호·육성이라는 원래의 정책의도와는 달리 외화수입쿼터를 따내기 위한 방편으로 국산영화가 졸속 제작되는 폐해를 낳게 되었다(박지연, 2001: 190).

5 제1차 「영화법」 개정이 산업화·기업화를 강조한 것이었다면 제2차 개정은 검열의 강화에 정책적 초점을 맞춘 것으로 평가된다(박지연, 2001: 202).

6 한국영상자료원(http://www.koreafilm.or.kr/lab/W_FAHF_lab32.asp).

상영상황에 따라 총 상영일수를 조절할 수 있도록 규정하였다(정경석, 2004: 409).

당시 한국영화는 적어도 제작편수 면에서는 사상 최고의 전성기를 맞고 있었다. 1955년에 고작 15편이 제작되었던 국산 극영화는 1961년에는 86편, 63년에는 144편, 65년에는 189편으로 크게 늘어났다. 2차 「영화법」 개정이 이루어졌던 1966년에는 136편으로 잠시 주춤하였으나, 그 이듬해에는 172편, 68년에는 212편, 69년에는 229편으로 제작편수가 급증가하였다. 그러나 그렇게 많이 쏟아져 나왔던 국산영화는 정작 국내 관객들에게는 그다지 인기를 얻지 못하였다. 극장가에서 인기를 모았던 영화는 한국영화보다는 수입 외국영화였는데, 특히 미국영화가 압도적이었다. 따라서 국산영화의 제작편수 증가와는 상관없이 영화배급 시장은 외국영화가 주도하는 현상이 계속됐다. 자연히 극장주나 외국영화 수입업자들은 주로 외국영화의 흥행으로 수익을 올리고 있었다. 이러한 상황에서 스크린쿼터제가 실시되자 이들은 현실을 무시한 조치라며 크게 반발하면서 날짜를 줄여달라고 정부에 요청했다.

이들의 요구는 1970년 8월 6일 「영화법」 제3차 개정이 이루어지면서 일부 반영되었다. 그해 12월, 10차로 개정된 「영화법시행령」에서는 국산영화의 상영기준을 국산 극영화 및 이에 준하여 상영할 수 있는 문화영화로 정하였다. 또한 국산영화의 의무상영을 연간 3편 이상, 4개월마다 1편 이상, 그리고 연간 총 상영일수 30일 이상으로 크게 완화했다. 적어도 2개월에 1편 이상 국산영화를 상영하되 연간 6편 이상이 되어야 하며 연간 상영일수가 90일 이상이어야 하던 것에서 하향조정된 것이다.

그러나 1973년 2월 16일 단행된 제4차 「영화법」 개정과 함께 스크린쿼터제는 다시금 강화되게 된다. 제3차 개정 「영화법」 제25조의 '국산영화 상영의무 조항'은 4차 개정에서 '외국영화의 상영제한' 조항으로 바뀌게 된다. 동법 제26조는 "공연장의 경영자는 연간 영화상영일수의 3분의 2를 초과하여 외국영화를 상영할 수 없다"고 규정한 것이다. 이는 실질적으로 한국영화의 연간 총 상영일수를 30일 이상에서 121일(1년의 1/3) 이상으로 대폭 늘린 것이었다.

한편 제4차 개정「영화법」제3조의 규정에 따라 1973년부터 정부는 매년 초〈영화시책〉을 고시하여 왔다.[7] 1973년도〈영화시책〉에 발표된 스크린쿼터제 항목을 보면 "모든 공연장의 경영자는 연간 영화상영일수의 1/3(4개월) 이상을 우리 영화를 상영하여야" 하며 또한 그 기간은 "반드시 전 기간을 4등분하여 분기별로 1개월 이상씩 균배상영하여야 한다"고 구체적으로 규정하였다. 1974년도〈영화시책〉에서는 영화상영 일수를 "외국영화 상영일수 2에 대하여 국산영화 상영일수 1의 비율로 순차적(교호상영)으로 상영하여야 한다"고 더욱 까다로운 규제를 가하였다. 이처럼 스크린쿼터제는 거의 매년〈영화시책〉에서 매우 중요한 제도로서 그 엄격한 준수가 강조되었었다.

제5공화국의 출범 직후 고시된 1981년도〈영화시책〉에서는 외국영화의 상영제한이 더욱 강화된다. 즉 극장에서 연간 상영일수의 200일을 초과하여 외국영화를 상영할 수 없도록 규제한 것이다. 이는 곧 국산영화의 의무 상영일수를 1년 중 121일 이상에서 165일 이상으로 크게 확대한 것이었다. 이 조치는「영화법」제5차 개정이 이루어진 1984년까지 매년 영화시책에 의해 시행되었다.

1984년 12월 31일「영화법」은 다섯 번째로 개정되었고 이에 따라「영화법시행령」또한 1985년 7월에 개정되었다. '외국영화의 상영제한' 조항은 이때 다시 '국산영화의 상영의무' 조항으로 환원되었다.「영화법」제26조는 "공연장의 경영자는 연간 대통령령이 정하는 일수 이상 국산영화를 상영하여야 한다"고 규정한 것이다. 그리고 개정「영화법시행령」은 모든 공연장(영화관)은 국산영화를 연간 상영일수의 5분의 2, 즉 146일 이상 상영해야 한다고 규정하였다.[8] 다만 필요하다고 인정되는 경우 의무 상영일수를 20일까지 경감해줄

---

7 1973년부터 고시되기 시작한〈영화시책〉은 1989년까지 발표되었으며, 1990년부터는 정부가 별도의〈영화시책〉을 발표하는 대신 영화진흥공사를 통하여 지원사업을 추진하였다(김홍동, 1994: 189).

8 이 수치는 국산영화의 국내시장점유율 목표 40%를 기준으로 결정된 것이었다(문화관광부,

수 있도록 하였다. 아울러 서울특별시, 직할시, 그리고 인구 30만 이상의 시 지역 안에 있는 공연장은 외국영화를 상영한 다음에는 반드시 국산영화를 상영하도록 하는 이른바 교호상영제가 의무화됨으로써 그 내용이 더욱 강화되었다.

한편 1993년에는 스크린쿼터제 시행과 관련하여 특기할 만한 일이 생겼다. 1월 29일 영화인들을 중심으로 순수 민간단체인 스크린쿼터 감시단(위원장 정지영)이 발족되었던 것이다. 스크린쿼터 정착을 위한 현장에서의 감시활동 및 영화산업 관련 각종 통계자료의 수집이 주목적이었던 이 단체는 그 후 2003년 3월 스크린쿼터 문화연대로 이름을 변경하여 현재까지 활동하고 있다. 이들의 활동 중에서 특히 주목할 만한 부분은 영화상영관 현장에서 의무 상영일수가 제대로 준수되는지 직접 감시하는 것이었다. 실제로 창단 첫 해인 1993년 전국 149개 극장을 대상으로 스크린쿼터 이행 여부를 조사하여 이들이 평균 약 55.17일의 허위상영을 했음을 적발하였다(스크린쿼터 경제효과 프로젝트팀, 2004: 14). 재정문제로 인해 잠시 중단된 적도 있었으나 1996년 말부터 활동을 재개하여 1997년에는 전국 121개 극장을 조사하여 평균 약 26일의 허위 상영일수가 있었음을 적발해내기도 했다.[9] 이러한 감시활동 덕분에 1993년부터 의무 상영일수가 보다 철저하게 지켜지기 시작했다고 평가된다(세계문화기구를 위한 연대회의, 2003).

1996년에는 기존의 「영화법」이 폐지되고 그 대신 진흥을 위한 「영화진흥법」이 제정되었다. 1995년 12월 30일 법률 제5129호로 제정되어 1996년 7월 1일부터 시행된 「영화진흥법」 제28조 역시 한국영화 의무 상영제도를 그대로 승계하여 "영화상영관의 경영자는 연간 대통령령이 정하는 일수 이상 한국영

---

2003b: 146). 1998년 미국과의 양자 간 투자협정 협상과정에서 스크린쿼터의 축소 및 폐지 논란이 일었을 때 한국영화계는 국산영화의 시장점유율이 바로 이 40%가 될 때까지 스크린쿼터의 축소는 절대 불가하다고 주장했었다.

9 이와는 대조적으로 2003년의 경우 전국 1,017개 극장을 조사한 결과 스크린쿼터를 준수한 극장이 99%에 이르고 허위 공연일수는 1일 미만으로 나타났다.

화를 상영하여야 한다"고 규정하였다.[10] 그리고 1996년 6월 29일 대통령령 제15085호로 제정된 「영화진흥법시행령」은 한국영화의 의무 상영일수를 이전과 마찬가지로 1년의 2/5 이상으로 하였다. 하지만 문화관광부장관과 지방자치단체장의 재량으로 최대 40일까지 감경이 가능했기 때문에 실제 한국영화 의무 상영일수는 106일 이상인 셈이었다.[11]

그런데 1998년 김대중 정부는 당시 IMF 외환위기를 극복하기 위한 방안의 하나로 미국과의 양자 간 투자협정(Bilateral Investment Treaty, BIT) 체결을 추진하였는데, 협상과정에서 미국 측의 요구로 인한 스크린쿼터 축소 문제가 큰 논란이 되었다. 그 후 약 7년간 논쟁이 계속된 끝에 2006년 한미 자유무역협정(Free Trade Agreement, FTA) 체결을 위한 전제조건의 하나로 마침내 스크린쿼터의 축소가 단행되었다. 2006년 3월 6일 국무회의에서는 스크린쿼터 일수를 기존의 50% 수준인 73일로 축소하고 대신 감경조항을 삭제하는 내용의 「영화진흥법시행령」 개정안이 의결되었고 7월 1일을 기해 발효되었다. 그리고 2006년 10월 29일 기존의 「영화진흥법」이 폐지되고 대신 법률 제7943호로 「영화 및 비디오물의 진흥에 관한 법률」 및 시행령이 제정되어 시행되고 있다. 이상으로 살펴본 스크린쿼터제의 변천사를 간단히 정리하면 〈표 13-2〉와 같다. 〈표 13-3〉은 현행 법률상 규정되어 있는 스크린쿼터제 조항이다.

---

**10** 1999년 2월 8일 영화진흥법이 개정되면서 "영화를 상영하는 공연장"은 "영화상영관"이라는 용어로 변경되었다.

**11** 당시 영화진흥법시행령 제19조 2항의 규정에 의하면 "한국영화의 수급상황 등을 고려하여 특히 필요하다고 인정되는 경우에는 군(광역시의 군을 제외한다)지역 및 시(전년도 말 기준 주민등록인구수 10만 명 이하의 시를 말한다)지역의 공연장에 대하여는 40일의 범위 내에서, 그 외 지역의 공연장에 대하여는 20일의 범위 내에서 한국영화의 연간 상영일수를 단축"할 수 있었다.

**표 13-2 우리나라 스크린쿼터제의 변천사**

| 연 도 | 내 용 |
|---|---|
| 1966 | ○ 한국영화 의무 상영제도 도입(영화법 제19조 제3항)<br>- 영화를 상영하는 공연장의 경영자는 대통령령이 정하는 외국영화와의 상영비율에 따라 국산영화를 상영하여야 한다.<br>○ 영화법 제19조 제4항<br>- 외국영화의 수입편수는 당해연도의 국산영화 상영편수의 1/3을 초과할 수 없다.<br>○ 동법시행령 제25조<br>- 국산영화의 상영기준을 "연간 6편 이상으로 하되 2개월마다 1편 이상으로 하고 총 상영일수는 90일 이상이어야 한다"로 규정 |
| 1970 | ○ 국산영화의 상영기준을 "국산 극영화 및 이에 준하여 상영할 수 있는 문화영화로 하며 연간 3편 이상, 4개월마다 1편 이상으로 하고 총 상영일수는 30일 이상이어야 한다"로 규정 |
| 1973~1984 | ○ 연간 상영일수는 1/3 이상(121일) 국산영화 상영의무 |
| 1985~<br>1996. 6 | ○ 연간 상영일수의 2/5 이상(146일) 국산영화 상영의무, 필요시 20일 단축<br>○ 인구 30만 명 이상 시 지역 공연장은 교대상영제 |
| 1996. 7~<br>2006. 6 | ○ 연간 상영일수의 2/5 이상(146일) 국산영화 상영의무,<br>필요시 문화관광부장관이 20일 단축(군 및 10만 이하 시는 40일)<br>시 · 군 · 구에서 각각 20일 감경(성수기 한국영화상영, 영화관입장권통합전산망 참여 시) |
| 2006. 7~<br>현재 | ○ 의무 상영일수: 연간 상영일수의 1/5 이상(73일 이상)<br>○ 의무 상영일수 단축규정 삭제함<br>○ 조정안을 반영한 영화진흥법시행령 및 시행규칙 개정(2006. 7. 1 시행) |

출처: 문화관광부, 『영상정책자료』, 2003의 자료 수정.

**표 13-3 현행 스크린쿼터제 규정**

| | |
|---|---|
| 영화 및 비디오물의 진흥에 관한 법률 〔제정 2006. 4. 28, 법률 제7943호, 시행일 2006. 10. 29〕 | 제40조 (한국영화의 상영의무)영화상영관 경영자는 연간 대통령령이 정하는 일수 이상 한국영화를 상영하여야 한다. |
| 영화 및 비디오물의 진흥에 관한 법률 시행령 〔제정 2006. 10. 26, 대통령령 제19714호, 시행일 2006. 10. 29〕 | 제19조(한국영화의 상영의무)<br>① 법 제40조에 따라 영화상영관 경영자는 해마다 1월 1일부터 12월 31일까지 연간 상영일 수의 5분의 1 이상 한국영화를 상영하여야 한다.<br>② 제1항에 따른 한국영화상영일 수에 다음 각 호의 어느 하나에 해당하는 경우의 상영일 수는 포함하지 아니한다.<br>1. 한국영화상영일에 외국영화의 유료시사회를 개최하는 경우의 그 상영일 수<br>2. 한국영화상영일에 2회 이상 외국영화의 무료시사회를 개최하는 경우의 그 상영일 수<br>3. 한국영화상영일에 외국영화를 상영하는 경우의 그 상영일 수 |

# 3절 스크린쿼터를 둘러싼 갈등

## 1. 영화 제작업자 vs. 영화 상영업자

스크린쿼터제는 한국영화산업, 보다 정확히는 영화 제작업을 보호하기 위해 영화 상영업자들의 영업의 자유를 제한하는 규제정책이다. 따라서 스크린쿼터를 둘러싼 두 집단 간의 이해관계는 서로 상반된 것으로 갈등의 소지는 항상 잠재되어 있는 것이다. 그러나 한국영화 의무상영제에 대한 극장주들의 반발은 이 제도가 시행된 지 약 30년이 지난 1994년이 되어서야 처음으로 표면화되었다.

1994년 6월 23일 서울 다복예술소극장의 경영주와 충주 오스카소극장의 경영주는 「영화법」 제26조 및 같은 법 시행령 제20조 제3항에 규정된 한국영화 의무상영제에 대하여 헌법소원심판을 청구하였다.[12] 스크린쿼터제는 공연장 경영자들에게 국산영화를 상영하도록 강제적으로 의무를 지우는 것으로서 헌법에 보장된 직업의 자유와 평등권을 침해하는 규정이라는 것이었다. 청구인들의 주장을 요약하면 다음과 같다.

첫째, 헌법에 의하여 보장된 직업선택의 자유는 그 선택한 직업을 자유롭게 수행할 권리를 포함한다. 따라서 영화 상영을 목적으로 하는 공연장의 영업을 하면서 어떠한 종류의 영화를 상영할 것인가 하는 것을 자율적으로 결정하지 못하도록 제한하는 것은 헌법상의 권리인 직업선택의 자유에 대한 침해이다. 둘째, 설령 스크린쿼터제가 국산영화의 진흥이라는 정책목적을 달성하기 위하여 필요한 것이라 하더라도, 타 분야의 영상산업경영자들에 비하여 유독 공연장의 경영자에게만 과도하게 불리한 의무를 지우고 있다. 셋째, 「영화법」 제

12 헌법재판소 1995. 7. 21, 94헌마125. 판결문의 내용은 참고자료 13-3 참조.

26조는 연간 국산영화 의무 상영일수를 전적으로 대통령령에 일임하는 백지위임은 헌법에 위반된다. 넷째, 스크린쿼터제 관련 규정들은 개인과 기업의 경제상의 자유와 창의를 존중하고 행복추구권을 보장하는 헌법에 위배된다.

이러한 주장에 대해 당시 문화체육부와 사단법인 한국영화인협회는 다음과 같은 요지의 의견을 제출하였다. 영화는 문화적 상품으로 민족문화의 중요한 구성부분을 이루고, 다른 한편으로 최대 부가가치산업인 영상산업의 가장 기초적인 분야이기도 하다. 스크린쿼터제는 한국영화의 존립을 보호하는 한편, 외국영화, 보다 구체적으로 미국영화가 한국영화시장을 독점적으로 지배하게 되는 것을 방지하기 위한 것이다. 따라서 국산영화 의무상영제는 민족문화의 창달의무 및 시장의 지배를 방지하기 위한 경제의 규제와 조정 필요성 차원에서 그 헌법적 정당성을 찾을 수 있다. 스크린쿼터제가 국산영화의 존립 자체의 보호를 위한 사실상의 유일한 제도적 장치라는 점을 감안하면 공연장 경영자의 직업수행의 자유를 제한하는 것은 헌법이 허용한, 공공복리를 위해 필요한 최소한도의 제한인 것이다.

이 사건을 심리한 헌법재판소는 1995년 7월 21일 관여재판관 전원의 일치된 의견으로 한국영화 의무상영제 관련 조항들은 모두 헌법에 위반되지 않는다고 판시하였다. 이러한 결정의 이유에 대해 판결문의 일부를 인용하면 다음과 같다.

> 국산영화의무상영제로 말미암아 〔…〕 공연장의 경영자에게 가해지는 직업선택의 자유에 대한 제한은 국산영화의 존립과 진흥의 발판을 확보하여 장래의 발전을 도모하려는 입법목적의 달성을 위한 필요한 최소한도의 제한이라 아니할 수 없고, 이러한 제한으로 인하여 입게 되는 손해는 그 대가로서 기대되는 민족공동체 전체의 이익과 합리적인 비례의 관계에 있다고 할 수 있어 과잉금지의 원칙에 반한다고는 볼 수 없다.

…… 중략 ……

> 헌법 제119조 제2항 규정이 대한민국의 경제질서가 개인과 기업의 창의를 존중함을 기본으로 하고 있으나, 그것이 자유방임적 시장경제질서를 의미하는 것이 아님은 물론이다. 따라서 입법권자가 국내의 영화시장을 수요와 공급의 법칙만에 의하여 방치할 경우 외국영화에 의한 국내영화시장의 독점이 초래되고, 국내 영화의 제작업은 황폐하여진 상태에서 외국영화의 수입업과 이를 상영하는 소비시장만이 과도히 비대하여질 우려가 있다는 판단하에서, 이를 방지하고 균형 있는 영화산업의 발전을 위하여 국산영화 의무상영제를 둔 것이므로, 이를 들어 우리 헌법의 경제질서에 반한다고는 볼 수 없으며, 헌법이 보장하는 행복추구권이 공동체의 이익과 무관하게 무제한의 경제적 이익의 도모를 보장하는 것이라고는 볼 수 없으므로, 위와 같은 경제적 고려와 공동체의 이익을 위한 목적에서 비롯된 국산영화 의무상영제가 바로 청구인들의 행복추구권을 침해한 것이라고 보기 어렵다.

이러한 결정이 내려지게 된 기본 전제는 '영화는 문화적으로나 산업적으로나 매우 중요한데 외국영화의 자유로운 수입·상영이 허용된다면 우리나라의 영화산업은 곧 궤멸될 것'이라는 판단이었다. 이와 관련된 판결문의 일부를 인용하면 다음과 같다.

> 영화는 민족공동체의 문화적 창작력의 중요한 표현양식일 뿐 아니라 〔…〕 관련 영상산업분야〔…〕의 기반이 되는 고부가가치산업이라 할 것이다. 그러나 우리 영화계의 실정을 살피면, 국산영화의 창작기반은 극도로 열악한 반면에 대중적 흥행성이 높은 외국산 영화는 무제한적으로 수입되어 일정한 통제가 가하여지지 아니하면 우리의 공연장을 독점할 위험이 지대하여 국산영화의 존립자체가 극도로 위태로운 지경에 이르고 있음을 충분히 알 수 있다. 〔…〕 만약에 국산영화에 대한 의무상영제가 폐지될 경우에는 질과 양에 있어 압도적인 경쟁력이 있는 외국영화(특히 미국영화)에 의하여 우리의 영화시장이 독점되고, 국산영화는 그 제작이 포기됨으로써 그 존립 자체가 위협받을 것이 앞서 본 바와 같이 국내 영화시장의 실정이다.

1995년의 헌법재판소 판결로 인하여 영화제작자·정부와 극장주 간의 스크린쿼터제를 둘러싼 처음이자 마지막 법정 대결은 영화제작자·정부의 압도적 완승으로 끝나버렸다.[13] 객관적으로 보자면 스크린쿼터제는 한국영화의 보호라는 큰 명분에도 불구하고 논란의 여지가 큰 것도 사실이다. 왜냐하면 모든 극장에 대해서 스크린쿼터 준수를 의무적으로 강제하면서도 그에 따른 적절한 보상은 제공되지 않기 때문이다. 앞으로도 이 문제가 적절하게 보완되지 않는다면 한국영화 제작자와 극장 운영자 사이의 대립적 마찰관계는 계속 상존할 것으로 예상된다.[14]

## 2. 영화업계 vs. 관객

스크린쿼터제는 본질적으로 경쟁력이 취약한 국내산업을 보호하기 위한 수입규제정책이다. 한국영화 의무상영 혹은 외국영화 상영제한이라는 규제로 인하여 발생하는 이익과 부담은 각기 그 귀속주체가 다르다. 먼저 스크린쿼터제로 인해 이익을 누리는 주체는 한국영화산업, 보다 정확히는 한국영화 제작에 관여하는 사람들이다. 자신들이 제작한 국산영화의 판로가 일정 수준 보장되어 있기 때문이다. 반면, 우리나라의 일반 관객들 및 영화를 상영하는 극장주, 그리고 외국영화업자들은 그 비용을 부담하게 된다. 일반 관객들의 경우 영화 관람 시 선택의 폭이 제한되기 때문이며, 극장주들의 경우 관객이 많건 적건 국산영화를 일정일수 이상 의무적으로 상영해야 하므로 영업상의 손해를 감수해야 하기 때문이다. 또한 외국영화업자들은 자신들이 제작한 영화를 한국 시장에서 판매할 수 있는 기회가 그만큼 제약되기 때문이다. 따라서 스크린쿼터

---

**13** 몇 년 후 미국과의 양자간투자협정 협상과정에서 스크린쿼터 축소·폐지 문제가 대두되었을 때 이 판결은 스크린쿼터 옹호론자들이 내세웠던 중요한 방패막이의 하나가 되었다.

**14** 한국영상자료원(http://www.koreafilm.or.kr/lab/W_FAHF_lab32.asp).

**표 13-4 규제의 성격에 따른 정치적 상황의 분류**

| 비용 \ 이익 | 넓게 분산 | 좁게 집중 |
|---|---|---|
| 넓게 분산 | 대중적 정치 | 고객 정치 |
| 좁게 집중 | 기업가적 정치 | 이익집단 정치 |

제로 인해 이익을 보는 한국영화제작업계와 비용을 부담하는 일반 관객, 극장 경영주, 그리고 외국영화업계 각각의 관계에서 갈등이 발생할 소지가 상존한다.

그런데 한국영화 의무상영제가 처음 시행된 1966년 이후 일반 관객들이 공개적으로 스크린쿼터의 축소 혹은 폐지를 주장한 적은 거의 없었다. 미국과의 통상마찰로 인해 스크린쿼터의 축소 문제가 논란거리가 되었을 때 각종 인터넷 게시판 등에 개인적으로 불만을 표출하는 경우는 종종 있었다. 그러나 적어도 우리나라의 일반 영화관객들이 집단적으로 스크린쿼터제에 대한 반대 의견을 주장한 경우는 한 번도 없었다. 왜 그럴까?

이 질문에 대해서는 James Wilson(1980)의 규제정치(politics of regulation) 이론으로 간결한 설명이 가능하다. Wilson은 규제정책으로 발생하는 이익과 비용이 각각 소수에게 집중되느냐 아니면 다수에게 분산되느냐를 기준으로 네 가지 상황으로 구분하였다. 그리고 각 경우에 서로 상이한 양상의 정치행태가 나타난다고 보았다.

〈표 13-4〉에서 규제로 인한 이익은 소수의 사람들에게 집중되는 반면 그 비용은 많은 사람들에게 널리 분산되는 경우를 '고객정치'(client politics) 상황이라고 한다. 이때 수혜자들은 자신들이 누리는 '지대'(rent)를 계속 확보하기 위해 단합하게 되는데, 수적으로는 소수이면서도 받는 이익은 크기 때문에 강력히 결속하게 되고 정치적으로 막강한 영향력을 행사하게 된다. 반면 규제로 인한 비용은 다수의 사람들에게 넓게 분산되기 때문에 각 개인 입장에서는 비용을 부담한다는 인식조차 희미하다. 따라서 이들로서는 규제가 계속되거나 말거나 별 관심을 기울이지 않게 된다. 이 때문에 설령 정부가 이러한 규제를

개정 혹은 폐지하려 할 때, 수혜그룹은 신속히 조직화되어 강력한 반대운동을 전개하는 반면 비용부담그룹은 수적으로는 월등히 많으면서도 굳이 조직적인 대응행동을 취할 만한 유인이 없으므로 그냥 방관하게 된다. 설령 보다 큰 국익 차원에서 규제를 철폐하려는 정부의 의지가 있다고 해도 그에 대한 반대만 거세게 일어날 뿐 찬성의견은 거의 들리지 않는다. 결국 그 규제는 그대로 존속하게 되는 것이다.

우리나라에서 스크린쿼터제라는 규제정책은 바로 이와 같은 고객정치 성격을 그대로 띠고 있다. 한국영화 의무상영 제도로 인해 한국영화를 제작하는 소수의 사람들은 큰 이익을 부여받는다. 반면 일반 관객들로서는 분명히 영화 선택의 자유가 제한 당하는 비용부담이 있음에도 불구하고 각 개인 입장에서는 영화를 1년에 평균 1회 정도 관람하는 만큼 스크린쿼터라는 규제가 그렇게 큰 불편함으로 인식되지는 않는다. 따라서 스크린쿼터제의 축소·철폐 문제가 사회적으로 민감한 논란거리로 떠오르는 상황에서도 일반 관객들은 별다른 조직적 행동을 취하지 않게 된다. 이와는 대조적으로 영화업계에서는 그때마다 신속하게 조직화되어 강력한 스크린쿼터 수호투쟁을 전개하곤 하였다. 결국 한국 영화업계의 집요한 지대추구행위(rent seeking behavior)와 일반 관객들의 무관심은 스크린쿼터제가 여러 차례 위기를 겪으면서도 오랫동안 그대로 유지될 수 있었던 이유의 하나인 것이다.

실제로 스크린쿼터 축소에 관한 여론조사는 여러 차례 있었으나 그 결과는 일정하지 않았다. 2004년 6월 영화 주간지 『필름2.0』과 포털사이트 〈다음〉이 네티즌 849명을 대상으로 인터넷 설문조사를 실시한 결과 스크린쿼터 축소에 찬성한다는 응답자는 모두 63.84%였다. 또한 온·오프라인 신문 『씽굿』과 취업사이트 『파워잡』이 같은 해 9월 대학생 706명을 대상으로 조사한 결과 69.4%가 스크린쿼터 폐지에 찬성의견을 표하였다. 반면 맥스무비가 9월 12~19일 이용자 1,780명을 대상으로 온라인 설문조사를 벌인 결과, 전체 응답자의 51.6%가 현행대로 연간 146일이 유지돼야 한다고 답했고 5.6%는 오히려

**표 13-5 스크린쿼터 관련 여론조사(2006년)**

| 조사기관 | 스크린쿼터 축소 | | | 조사대상(명) | 기 간 |
|---|---|---|---|---|---|
| | 찬성(%) | 반대(%) | 유보(%) | | |
| 다음(Daum) | 65.6 | 31.7 | 2.6 | 3,490 | 1. 4~ |
| 한국일보 인터넷 | 82.7 | 17.3 | - | 7,914 | 1. 26~ |
| 한겨레 인터넷 | 65.1 | 34.9 | - | 2,442 | 1. 26~ |
| 야후(Yahoo) | 64.0 | 31.0 | 5.0 | 5,138 | 1. 26~ |
| MBC 인터넷 | 68.0 | 30.0 | 2.0 | 1,149 | 2. 2~2. 7 |
| KBS 인터넷 | 56.4 | 32.5 | 11.1 | 1,245 | 1. 27~2. 4 |
| TNS 코리아[1)] | 42.1 | 54.1 | 3.8 | 500 | 2. 2 |
| 네이트(Nate) | 84.3 | 15 | 0.7 | 2,735 | 1. 26~2. 3 |

주: 1) SBS 토론 시시비비에서 의뢰, 전화조사.
출처: 대한민국 정책포털, "〔특별기획 '출발점에 선 한·미 FTA'〕 ② 스크린쿼터 축소, 새로운 시작", 2006. 3. 10.

더 강화해야 한다고 밝혔다. 축소 내지 폐지해도 된다는 의견은 39%였다. 그리고 한국사회여론연구소가 9월 21일 발표한 설문조사 결과에 따르면 전체 응답자 1,000명 중 82.1%가 스크린쿼터제를 계속 혹은 당분간 유지해야 한다고 응답했다. 그런데 흥미롭게도 73.6%의 응답자가 '스크린쿼터가 완화되어 미국영화와 경쟁하면 우리 영화의 경쟁력도 커진다'는 데 동의하였다. 한편 2006년 1월 스크린쿼터를 절반으로 축소하겠다는 정부 발표 이후의 여론조사들을 보면 스크린쿼터 축소에 찬성하는 의견이 반대 의견보다 대체로 월등히 높은 것으로 나타났다(표 13-5 참조).

## 3. 한국과 미국 간의 통상마찰

스크린쿼터제처럼 한국영화를 보호하려는 제도들은 외국 영화산업 입장에서 보면 수출 기회를 제약하는 무역장벽이다. 특히 미국의 영화산업은 80년대 이후 자국시장에서의 수익 비중이 크게 줄어드는 추세이기 때문에 해외시장의 확대에 주력하게 되었다. 더구나 미국은 1980년대 들어와 엄청난 규모의 무역적자를 기록하고 있었고, 이를 해소하기 위해 교역상대국들에 대한 무차별적인 시장개방 압력을 가하기 시작했다. 당시 한국은 미국과의 쌍무교역에서 흑자를 기록하던 상황이었던 만큼 미국은 여러 부문에서 강력하게 시장개방을 요구하였다.

1985년 9월 10일의 제1차 한·미 영화협상의 결과 외국영화사의 국내 영화업 허용, 수입편수 쿼터제 및 외화수입가액 상한제 폐지, 외화수입편당 1억원이었던 국산영화진흥자금 납부제 폐지 등이 합의되었다(문화관광부, 2002). 이로 인해 외화수입쿼터제가 사라지게 되고 미국 영화사에 의한 미국영화 직배가 허용되었다. 이 협상의 결과는 1986년 12월의 제6차 「영화법」 개정에 그대로 반영되었다. 또한 1988년 12월에는 제2차 한·미 영화협상이 개최되어 외국영화 수입심의용 영화프린트 통관추천제도 폐지, 외국영화 수입 프린트 벌수의 제한 완화(1989: 12벌, '90: 13벌, '91: 14벌, '92: 15벌, '93 : 16벌, '94: 제한폐지), 공연윤리위원회 영화심의 신청편수 완화(1사 2편) 및 심의기간 단축, 공연윤리위원회의 외국영화 심의절차 간소화 등이 합의되었다. 이처럼 두 차례의 한·미 영화협상을 거치면서 한국의 영화시장은 대폭적으로 개방되었으나 유독 스크린쿼터만큼은 건재하였다.

한편 IMF 외환위기 직후 출범한 김대중 행정부는 1998년 미국과의 양자간 투자협정(BIT) 체결을 제안하였다. 미국 측은 협상 시작부터 스크린쿼터의 철폐 혹은 대폭 축소를 강력히 요구하였다. 이에 대해 한국대표단은 수용의사를 밝혔으나 문화관광부와 국내 영화계는 국내 영화산업 및 문화 정체성의 보호를 위해 스크린쿼터 폐지는 불가하다는 입장을 고수하였다. 그 이후 스크린쿼터 축소를 둘러싼 치열한 공방은 계속되었다. 미국의 정재계에서는 기회 있을 때마다 한미 BIT의 체결을 위해 걸림돌이 되고 있는 스크린쿼터 문제가 하루 빨리 해결되어야 한다고 촉구하였다. 한국 정부 내에서도 주로 경제관료들을 중심으로 스크린쿼터 축소가 불가피하다는 견해가 피력되곤 하였다. 그러나 스크린쿼터 문화연대를 포함한 수십여 개의 시민단체들은 문화주권 수호 차원에서 스크린쿼터의 축소는 절대 불가하다고 강력히 저항하였다. 수년간의 지루한 공방전 끝에 마침내 2006년 1월 한국 정부는 스크린쿼터 일수를 기존의 50% 수준으로 축소할 것을 결정하였다. 이는 BIT가 아닌 한미 FTA 협상을 위한 정지작업 차원에서 이루어진 일이었다.

## 4절 스크린쿼터 축소 논란

1966년에 처음 도입되었던 스크린쿼터제의 축소 및 폐지 문제가 심각한 정책문제로 떠올랐던 것은 1998년 한미 BIT 협상이 시작되면서였다. 스크린쿼터를 대폭 축소하라는 미국 측의 강력한 요구와 절대로 수용할 수 없다는 한국 영화계의 사수투쟁이 맞붙으면서 이 문제는 정치적으로 대단히 민감한 사안이 되었다. 양측의 강경한 입장 사이에 끼었던 한국 정부는 7년이 넘는 세월 동안 이러지도 저러지도 못하면서 협상은 표류하게 되었었다. 스크린쿼터 문제가 어떻게 해서 그토록 '뜨거운 감자'가 되었고 또 어떻게 해서 반토막 나게 되었는지 그 과정에 대해 살펴보자.

### 1. 한미 BIT 협상과 한국 영화계의 반발

IMF 외환위기 사태를 떠안고 취임했던 김대중 대통령은 1998년 6월 9일 미국 클린턴 대통령과의 정상회담에서 BIT 체결을 제안하였다. "한국 경제정책의 대외신인도를 높이고 국제경쟁력 강화를 위한 외국기업과의 전략적 제휴를 촉진하기" 위해서였다(외교통상부, 2002: 3). 양국 정상은 연내에 협정을 체결하기로 합의하였고 이에 따라 7월 21~22일 워싱턴에서 첫 번째 실무회의가 개최되어 협정안의 골격에 대한 합의가 이루어졌다. 이때 미국 측은 한국의 스크린쿼터제가 현지생산품 사용의무를 금지한 양자 간 투자협정 표준문안 제6조 A항에 위배된다고 지적하며 철폐를 요구하였다.[15] 한국 측은 농업과 같은 일부 민감한 업종을 제외하고는 한국 내 투자시장을 전면 개방하는 등 미국의 요구를 전향적으로 수용하겠다는 뜻을 밝혔다.

그러나 미국정부의 스크린쿼터 철폐 요구는 즉각적으로 한국 내에서 강력한 저항에 부딪치게 되었다. 한덕수 통상교섭본부장은 스크린쿼터의 철폐가 바람직하다는 견해를 피력하였으나 문화관광부는 "국내 영화산업 및 문화 정체성의 보호를 위해 스크린쿼터의 폐지는 불가하다"는 방침을 밝혔다. 영화인들 역시 대규모 반대시위를 개최하며 강력하게 반발하였다. 이러한 한국 내 움직임에 대해 미국 측은 "스크린쿼터를 없애지 않으면 양국 정상이 합의한 투자협정이 무산될 수밖에 없다"고 강조하였다. 그 후 두 차례에 걸친 실무회의가 열렸지만 스크린쿼터 폐지와 관련된 양국의 입장차가 현저하여 결국 협정문 합의에 실패하였다.

이때부터 한국 영화계는 본격적인 스크린쿼터 사수투쟁을 전개하기 시작한다. 12월 1일에는 스크린쿼터 사수 비상대책위원회 주최로 광화문에서 '한국영화 죽이기 음모 규탄대회'를 열고 명동성당에서 '한국영화 장례식'까지 거행하였다. 하지만 정부는 스크린쿼터의 축소가 불가피하다는 쪽으로 입장을 정리하려 하였다. 12월 3일 문화관광부는 문화적 예외를 인정받기 위해서는 현행 의무 상영일수의 축소조정이 불가피하기 때문에 2002년부터 92일로 축소하고 대신 현재의 40일 경감조항을 폐지하는 안을 제시했다. 그러자 영화계는 22개 시민사회들이 연대하여 가두시위를 벌였다. 이렇게 되자 문화관광부는

15 양자 간 투자협정 표준안 제6조 (A)항의 규정은 다음과 같다(이해영, 1999: 159).
"각 체약국은 적용투자의 창설, 취득, 경영, 관리 운용의 조건으로서 다음과 같은 어떤 조건(정부의 허가 혹은 인가를 받는 것과 관련된 의무 혹은 약속도 포함)도 명령하거나 강제해서는 안 된다.
(A) 어떠한 수준 혹은 비율의 내국 생산량을 달성하도록 하거나 혹은 국내에서 생산되거나 어떠한 형태로든지 국내에서 비롯된 상품 또는 용역을 구매하거나 사용하거나 다른 형태로 특혜를 주도록 하는 조건"

입장을 다시 바꿔 스크린쿼터 현행 제도를 그대로 유지한다는 최종방침을 확정지었다. 12월 17일 신낙균 문화관광부 장관은 외교통상부 장관 앞으로 공문을 보내 한국영화의 국내시장 점유율이 40%를 넘을 때까지 현행제도를 유지해야 하며 투자협정 체결 시 어떤 형태로든 스크린쿼터를 금지·규제하는 조항을 두어서는 안 된다고 피력하였다. 이에 대해 한덕수 통상교섭본부장은 "현행 스크린쿼터 유지만이 유일한 해결책이라는 주장은 무리"라고 밝혔다. 한편 12월 29일 국회 문화관광위원회는 한국영화의 시장점유율이 40%가 될 때까지 스크린쿼터를 현행대로 유지할 것을 촉구하는 결의안을 채택하였다. 그리고 다음해 1월 5일에는 국회 본회의에서 같은 내용의 '한국영화 의무상영제 유지촉구 결의안'이 통과되었다. 1999년에는 피셔 USTR 부대표, 윌리엄 데일리 상무장관, 잭 발렌티 미국영화협회 회장 등이 잇달아 한국을 방문하여 통상현안을 논의하며 스크린쿼터의 대폭축소를 요구하였다. 4월에는 워싱턴에서 비공식 협의가 열렸으나 합의도출에는 실패하였다.

## 2. '뜨거운 감자'가 되어버린 스크린쿼터

문화관광부의 입장은 김대중 대통령의 최측근이었던 박지원 장관이 스크린쿼터 문제를 해결하라는 '지령'을 받고 취임하면서 다시 반대편으로 선회하게 된다. 김대중 대통령의 두 번째 방미를 앞두고 문화관광부가 "투자협정 타결을 위해 2002년부터 스크린쿼터를 단계적 축소하는 협상안을 적극 검토 중"이라고 밝힌 것이다. 6월 21일 박지원 문화관광부 장관은 경제사정이 어렵기 때문에 신축적 대응이 불가피하다며 스크린쿼터 축소가능성을 공식적으로 발표하였다. 이와 동시에 한국영화 지원방안도 발표되었는데, 복합상영관에 한국영화 전용관 설치, 연내 400억 원 등 2001년까지 총 1천억 원의 지원기금 조성 등이 주된 내용이었다.

그러나 영화계는 그 어떤 지원책도 스크린쿼터를 대신할 수 없고 다른 지원책은 필요 없으니 스크린쿼터를 현행대로 유지시켜 달라고 요구하였다. 비대위 및 34개 시민단체들로 구성된 공동대책위원회는 광화문에서 '스크린쿼터 축소 결사저지와 굴욕적 한미투자협정 반대를 위한 범국민 보고대회'를 열고 강력히 항의하였다. 결국 문화관광부는 "김대중 대통령의 7월 방미 시 투자협정이 확정되지 않을 것"이라고 한발 물러서게 되었다. 이때부터 수년간 문화관광부는 스크린쿼터 축소 문제에 대해서는 영화계에 맞서지 못하고 그저 원론적인 공식입장만을 되풀이하는 어정쩡한 태도로 일관하게 되었다.

이처럼 스크린쿼터를 축소·철폐할 것이냐 아니면 현행 그대로 유지할 것이냐 하는 이슈는 문화정책적 고려 차원이 아닌 한·미 통상교섭이라는 누구도 예기치 못했던 곳에서 엄청난 파장을 일으키며 터져 나왔다. 영화인들의 격렬한 항의시위 덕분에 그전에는 스크린쿼터라는 말을 들어보지도 못했던 많은 일반 시민들도 큰 관심을 갖게 되었다. 그리고 초기에는 상당히 많은 일반 국민들도 '문화주권 수호'라는 영화인들의 구호에 동감하였다. 간혹 일부 학자, 경제인, 언론, 경제관료들이 스크린쿼터에 대해 비판적 견해를 표명하면 즉각 영화계로부터 융단폭격과도 같은 비난이 쏟아졌다. 이 때문에 수년 동안 스크린쿼터 축소 문제는 적어도 공개석상에서는 함부로 말하기 어려운 그야말로 '뜨거운 감자'가 되어버렸다. 그럼에도 불구하고 경제계, 경제부처, 그리고 전문가들 사이에는 우리나라 영화산업을 위해서라도 스크린쿼터 축소가 필요하다는 인식이 자리 잡아 갔다. 그리고 이들 중 일부는 과감하게 자신의 소신을 공개적으로 밝히면서 뜨거운 논란을 일으키기도 하였다. 한편 미국 측에서는 한국 영화계의 반발에도 아랑곳하지 않고 기회 닿는 대로 스크린쿼터가 축소되어야 한다는 주장을 피력하였다.

## 3. 스크린쿼터 축소를 둘러싼 공방전

2003년 취임한 노무현 대통령은 자신의 강력한 정치적 지지세력의 하나였던 영화계의 추천을 받아 이창동 감독을 첫 문화관광부 장관으로 임명하였다. 그는 1993년에 출범했던 스크린쿼터 감시단이 2000년 3월 '스크린쿼터 문화연대'로 확대·재편될 때 정책위원장을 맡았던 인물이다. 이 장관은 취임 후 "한국정부는 현재 시행 중인 스크린쿼터 제도를 바꿀 계획이 전혀 없다"고 못 박았다. 스크린쿼터는 '생태계를 파괴하는 정글의 공룡과도 같은 미국영화'로부터 '문화적 다양성'을 지키기 위한 정당한 수단이며 영화는 무역협상에서 예외적 대상으로 다뤄져야 한다는 것이다. 그러나 스크린쿼터에 관한 공방은 계속되었다. 미국과 한국의 몇몇 정재계 인사들이 스크린쿼터의 축소 필요성을 주장했었고 그때마다 이 장관은 스크린쿼터를 계속 유지할 뜻을 확실히 천명하였다.[16]

2003년 6월 한미정상회담 후 귀국한 노무현 대통령은 "BIT 협정에 걸림돌이 되는 스크린쿼터 문제의 해결방안을 마련하라"고 지시하였다. 하지만 이창동 장관은 "한미투자협정의 효과가 미지수고, 투자협정 체결을 위해 스크린쿼터를 축소할 생각이 없다"며 입장을 굽히지 않았다. 또한 스크린쿼터 문화연대를 포함한 42개 시민단체 역시 한미투자협정의 망령에서 벗어나라며 거세게 반발하였다. 그럼에도 불구하고 김진표 부총리와 이정우 청와대 정책실장은 한미 BIT를 위해 스크린쿼터 축소는 필요하다고 주장하였다. 그러나 '한미투자협정 저지와 스크린쿼터 지키기 영화인 대책위원회'가 7월에 결성되고 강력한 반발이 이어지자 결국 노무현 대통령도 "영화인들이 반대한다면 일방적으로 처리하지는 않겠다"며 물러섰다.

2004년이 시작되면서 정초부터 스크린쿼터제에 대한 공격이 시작되었다. 1월에는 토머스 허버드 주한 미국대사가 스크린쿼터 문제를 먼저 해결하여 BIT를 체결한 다음 한미 자유무역협정 협상을 시작하겠다는 게 미국 정부의 방침

16 스크린쿼터 축소에 대한 찬성과 반대론의 입장에 대해서는 참고자료 13-4 참조.

이라고 강조했다. 또한 강철규 공정거래위원장은 "경쟁 촉진을 통한 투자 활성화와 일자리 창출을 위해 경쟁제한적이고 불합리한 정부규제를 개혁할 계획"이라며 스크린쿼터 축소 의향을 밝혔다. 영화인들의 반발에도 불구하고 강 위원장은 한국영화의 점유율이 50%를 넘은 상황이므로 보다 경쟁적이 되도록 스크린쿼터제를 완화할 필요가 있다고 주장했다. 4월 13일에는 고건 대통령 권한 대행이 문화관광부 업무보고 자리에서 "스크린쿼터는 영화산업의 소극적 보호라는 측면에서 벗어나 적극적 발전 지원정책으로 전환해야 한다"면서 스크린쿼터 축소가능성을 시사하기도 하였다.

## 4. 예봉이 꺾인 스크린쿼터 사수진영

한국정부의 스크린쿼터 축소 결정은 실질적으로 2004년 6월에 이루어졌다. 결정의 물꼬를 튼 것은 아이러니컬하게도 그동안 줄기차게 스크린쿼터를 옹호해오던 이창동 문화관광부 장관이었다. 6월 11일 오후 5시 이 장관과 스크린쿼터 지키기 영화인 대책위원회 대표 6명과의 면담이 있었다. 이 자리에서 이 장관은 "한국영화산업의 미래를 위하여 스크린쿼터 일수의 축소 조정 및 변화에 대하여 검토할 시점에 왔다"며 문화관광부의 이러한 입장변화는 "최근 한국영화의 활황과 관객점유율, 세계시장에서의 높아진 위상 등을 고려해" 결정된 것이라고 밝혔다. 이에 대하여 대책위 측은 문화관광부의 입장 변화에 대하여 강력히 항의하고 스크린쿼터의 현행 유지를 주장하며 문화주권과 국가의 미래를 위해 끝까지 투쟁할 것이라고 밝혔다. 김찬 공보관은 이에 대해 "이 장관의 발언은 문화부의 공식 견해로 최근 국산 영화의 활황과 관객 점유율 증가, 국제시장에서의 약진 등 여러 상황을 고려해 오랜 기간 내부 검토를 한 끝에 나왔다"고 설명했다.

이창동 장관의 결정은 그야말로 '고뇌에 찬 결단'이었다. 사실 영화인으로서 그리고 문화정책의 수장으로서 스크린쿼터의 정책적 효과와 필요성에 대한 그의 개인적 입장에는 전혀 변화가 없었다. 그러나 당시 정부 내부에서는 대체로 '스크린쿼터 하나 때문에 다른 중요한 국정들이 마비되고 손해를 보는 것은 곤란하지 않은가' 하는 것이 지배적인 인식이었기 때문이다. 경제부처 관료들이 경제논리와 각종 구체적인 자료들로 무장하고 공격을 계속하는데 '문화주권'과 같은 추상적인 명분과 문화논리만 가지고 토론에서 방어하는 데는 근본적인 한계가 있었다. 뿐만 아니라 이창동 장관 자신이 영화감독이라는 사실 때문에 주변으로부터 '제 밥그릇 챙기기' 아니냐는 의심 어린 눈총을 받는 것도 심리적으로 큰 부담이 되었다. 더구나 경제활성화에 노심초사하던 노무현 대통령이 한미 FTA를 추진해야 한다는 경제부처의 손을 들어준 것 또한 이창동 장관에게는 더 이상 버티기 힘든 압력이 되었던 것이다. 결국 스크린쿼터 축소가 피할 수 없는 대세임을 깨달은 이 장관은 자신의 손으로 직접 '고양이 목에 방울'을 달아버리고 문화관광부를 떠나게 된다.[17]

한편 노무현 대통령은 7월 3일 한 · 미 양국 기업인들과의 청와대 오찬에서 "스크린쿼터 문제를 해결해야 할 시점이라고 생각한다"고 말했다. 그러자 영화인들은 '스크린쿼터 문화주권 사수와 한미투자협정 저지 범국민대책위원회'를 출범시키고 대대적인 반대투쟁을 벌였다. 스크린쿼터 문화연대의 양기환 사무처장은 "스크린쿼터 축소주장은 재계, 보수언론, 학계, 정계의 친미네트워크가 미국 영화업계의 배를 불리기 위해 벌인 대국민 사기극"이라고 규탄하고 "새로운 경제식민조약인 한미투자협정을 저지, 스크린쿼터 현행유지를 지켜내기 위해 투쟁할 것"을 주장했다. 그러나 정동채 신임 문화관광부 장관은 8월 10일 "스크린쿼터제도가 그동안 한국영화 발전에 큰 역할을 했던 것은 사실이

17 대략 이 시점을 전후해서 영화계 내에서 상당한 영향력을 가지고 있던 영화배우 명계남과 문성근이라는 두 '맹장'이 스크린쿼터 수호투쟁의 전면에서 물러나게 된다. 노무현 대통령의 정치적 후원자인 동시에 이창동 감독과도 개인적으로 상당한 친분이 있었던 두 사람은 그동안 스크린쿼터 축소 반대운동을 이끌었던 대표적인 강경파 지도자들이었다. 그런데 스크린쿼터 축소에 대한 노무현 대통령의 의지가 확고하고 또한 이창동 장관마저 항복한 마당에 대정부 항쟁을 계속한다는 것은 이들을 향해 창을 들이대어야 하는 일이었기 때문이다.

나 현재의 제도를 유지하는 것이 한국영화산업의 안정적 발전에 꼭 바람직한 것만은 아니다"라고 천명했다. 정 장관은 김대중 정부 당시의 박지원 장관과 비슷하게 스크린쿼터 문제를 마무리해야 한다는 특명을 받아 문화관광부에 부임한 것이었다. 이로써 적어도 정부 내부적으로는 스크린쿼터 축소에 대한 사실상의 합의가 형성되게 되었다. 그리하여 그해 12월 8일 개최된 총리주재 국정현안 정책조정회의에서는 스크린쿼터 일수를 축소하기로 관계부처 간에 합의가 이루어졌던 것이다.

다음 해인 2005년 8월에는 한덕수 경제부총리 겸 재정경제부 장관과 '한미투자협정 저지와 스크린쿼터 지키기 영화인 대책위원회'가 비공개 회동을 갖고 스크린쿼터 문제를 논의하기로 했다. 그러나 스크린쿼터 조정과 관련하여 구체적인 합의가 이루어지지는 않았다. 한편 9월 12일 개최된 제5차 대외경제위원회에서 한미 FTA 협상을 추진하기 위하여 그동안 미국 측이 요구해오던 소위 '4대 선결조건'을 수용하기로 결정되었다.[18] 9월 21일에는 주한미국상공회의소(AMCHAM)와 미한재계회의가 『2005년 한미경제현황 정책보고서』를 통해 "스크린쿼터를 축소해 한국 정부의 개방의지를 천명해야 한다"고 주장했다. 웨인 첨리 AMCHAM 회장은 "한국이 스크린쿼터 문제 해결을 통해 정치적 의지를 증명하지 않으면 미국 의회의 지지를 받기 어려울지도 모른다"고 경고했다.

## 5. 스크린쿼터 축소논쟁의 종지부

2006년 1월 18일 노무현 대통령은 신년연설을 통해 "우리 경제의 미래를 위해서도 미국과 자유무역협정을 맺어야 한다"고 강조하였다. 그동안 정부차원

---

**18** 4대 선결조건이란 미국산 자동차에 대한 배출가스 기준 적용 유예, 미국산 쇠고기 수입 재개, 의약품 약가 산정 기준 개선, 그리고 스크린쿼터 축소였다.

에서 물밑작업을 해오던 한미 FTA 협상을 본격적으로 추진하겠다고 밝힌 것이다. 이어 1월 20일 김현종 외교통상부 통상교섭본부장은 한미 FTA 관련 브리핑에서 "8년 된 스크린쿼터 문제는 풀고 가야 한다"고 밝혔다. 한편 문화관광부 유진룡 정책홍보관리실장은 스크린쿼터 조정과 관련하여 "현행 146일을 106일이나 92일 수준으로 조정할 용의는 있되, 별도의 보존대책을 마련해야 한다는 게 문화부 입장"이라고 말했다. "영화계 내부에서도 몇몇 사람들만 하루도 못 깎는다는 입장이고, 나머지 많은 사람들은 문화부 입장에 동의하고 있다"는 것이 유 실장의 상황판단이었다. 한편 권태신 재정경제부 차관은 "김대중 대통령 시절 국산영화 점유율이 40%를 넘으면 스크린쿼터를 줄이겠다고 했었는데, 지금 시장점유율이 59%까지 올라간 상황"임에도 불구하고 "자기 것만 안 잃으려고" 하는 영화계를 향해 '집단 이기주의'라고 비판하였다.

그리고 1월 26일 한덕수 부총리 겸 재정경제부 장관은 정례브리핑에서 "7월 1일부터 스크린쿼터 일수를 73일로 축소하기로 결정했다"고 발표했다. "한국영화의 국내 시장점유율이 50%를 넘는 상황에서 현행 스크린쿼터를 계속 유지할 이유가 없다"는 것이었다. 스크린쿼터가 국제통상 규범상 인정되는 제도임을 감안해 제도 자체는 유지하되 쿼터 일수는 절반으로 줄이기로 한 것이었다. 그리고 1월 27일에는 정동채 문화관광부 장관이 스크린쿼터 일수 축소라는 정부의 결정에 따라 한국영화산업을 지원하기 위한 대책을 발표하였다. 한국영화가 체질개선을 통하여 다시 한번 큰 도약을 할 수 있도록 문화관광부에서는 영화진흥정책을 적극 추진할 것이며 특히 향후 5년간 총 4,000억 원 규모의 한국영화발전기금을 신설하여 영화산업을 적극 지원하겠다고 약속하였다.

이러한 정부 측 발표가 나오자마자 그동안 스크린쿼터 축소 절대불가 입장을 고수해오던 영화계는 연일 격렬한 비난성명을 발표하였다. 영화인들은 〈1·26 발표〉를 두고 '국치일'이니 '반문화적 쿠데타'니 하는 등의 거친 표현을 쓰며 정권퇴진 운동도 불사하겠다고 격한 분노를 쏟아내었다. 영화인대책위는 철야농성과 146일간의 릴레이 1인 시위를 통해 항의하였다. 그러나 이와 같은 영화계의 강력한 반발에도 불구하고 정부는 태도를 바꾸지 않았다. 3월 6일에 열렸던 국무회의에서는 〈1·26 발표〉를 그대로 수용하는 내용의 「영화진흥법시행령 개정안」을 의결하였다. 이렇게 개정된 시행령은 같은 해 7월 1일을 기하여 발효되었다. 이로써 1998년 말부터 불붙기 시작한 스크린쿼터 문제는 약 7년 반의 시간이 지난 후에야 결국 50% 축소하는 것으로 최종 확정되게 되었다.[19]

## 5절 스크린쿼터 축소 그 이후[20]

그렇다면 스크린쿼터 50% 축소는 과연 한국 영화산업에 어떠한 변화를 초래했을까? 2006년 정부가 스크린쿼터를 줄이겠다고 했을 때 수많은 영화인들이 마치 하늘이 무너질 것처럼 염려하고 불안해하였다. 영화인대책위는 "할리우드의 독과점 견제장치를 풀어버린 한국영화는 이제 몰락의 길을 걷게 될 것"이라고 한탄했다.[21] 수년간에 걸친 영화계의 격렬한 반대 시위는 실상 그들

19 이 결정에 대해 경제부처의 한 관계자는 "73일 축소안은 영화인들의 스크린쿼터 투쟁으로 DJ 정부가 추진했던 미국과의 BIT 협상이 무산됐기 때문에 FTA에 앞서 사전에 미국쪽에 협상 의지를 보여주기 위한 것"이라고 말했다. 이번 결정과정은 사실상 경제·통상 관료들이 주축이 되어 축소방침을 관철시킨 것이었으며, 스크린쿼터 주무부서인 문화관광부는 'FTA 대세론'에 밀려서 주도적인 역할을 수행하지 못하였다. 스크린쿼터 문화연대의 양기환 집행위원장은 "문화부가 1월 27일 내놓은 허술한 후속 지원책을 보면 이번 정책 결정 과정에서 문화관광부는 아예 배제된 것처럼 보인다"고 말했다. 이러한 시각에 대해 문화관광부의 한 관계자는 "고위 정부 관계자들 사이에 협의가 있었던 것으로 안다"며 "1월 26일 오전에 열렸던 관계 장관 회의에서 스크린쿼터 축소에 관한 최종 결정이 내려졌는데, 불가피하게 스크린쿼터를 축소해야 한다는 의견이 지배적이었던 것으로 알고 있다"고 전했다.

20 제4절의 내용은 김정수, 『스크린쿼터의 추억: 한국영화 의무상영제도 변천사』, 2013 제10장의 내용 일부를 수정·보완한 것이다.

21 『중앙일보』, 2006. 1. 27.

의 절박한 불안감의 발로였다. 과연 수많은 영화인들이 우려했듯이 그 후 한국 영화산업은 밀려드는 외화에 밀려 도태위기에 처하게 되었을까? 다행히도 현실은 그 반대로 나타났다. 스크린쿼터가 축소되면 한국 영화는 몰락할 것이라는 영화계의 우려는 그야말로 '기우'에 불과하였다. 그들의 걱정과는 정반대로 한국 영화산업은 발전에 발전을 거듭하고 있기 때문이다. 이제 "스크린쿼터 축소를 반대하는 목소리는 찾을 수 없을 뿐더러 오히려 한국영화가 너무 극장을 집어삼켰다며 문제점을 진단하는 시선"까지 나오고 있는 형편이다"(최나영, 2013). 최근 한국 영화의 약진을 볼 때 영화계의 암울한 예측은 완전히 빗나간, 그래도 기분은 좋은 '유쾌한 판단착오'였던 것이다.

## 1. 양적 성장

한국 영화의 발전상을 보여주는 대표적인 지표는 시장점유율이다. 〈그림 13-1〉에서 보듯이 1993년 15.9%까지 추락했던 한국 영화의 시장점유율은 그 후 2006년까지 지속적으로 상승하였다. 한미 BIT 협상이 시작된 직후인 1999년에는 250만 명의 관객을 동원했던 〈쉬리〉의 흥행성공에 힘입어 39.7%까지 높아졌다. 2000년에는 35.1%로 잠시 하락했으나, 그 후 다시 상승하여 2006년에는 무려 63.8%라는 높은 수치를 기록하였다. 그런데 스크린쿼터 절반 축소가 단행된 직후인 2007년 한국 영화 시장점유율은 50.0%로 줄어들었고 2008년에는 42.1%로 더 내려갔다. 이 두 해의 수치만 보면 스크린쿼터 축소 결정이 잘나가던 한국 영화산업을 위축시킨 것처럼 보인다. 하지만 그 후 한국 영화의 시장점유율은 다시 상승 추세를 보여 2012년에는 58.8%까지 높아졌다.[22] 특히 2013년 2월 통계에 의하면 극장 총 관객수 2,182만 4,393명

**22** 2012년 한국 영화의 개봉편수가 175편이었음에 비해 외화 상영편수는 2011년의 289편에서 2012년에 무려 456편으로 크게 늘어났다. 하지만 극장에서 상영된 외국 영화의 물량이 엄청나

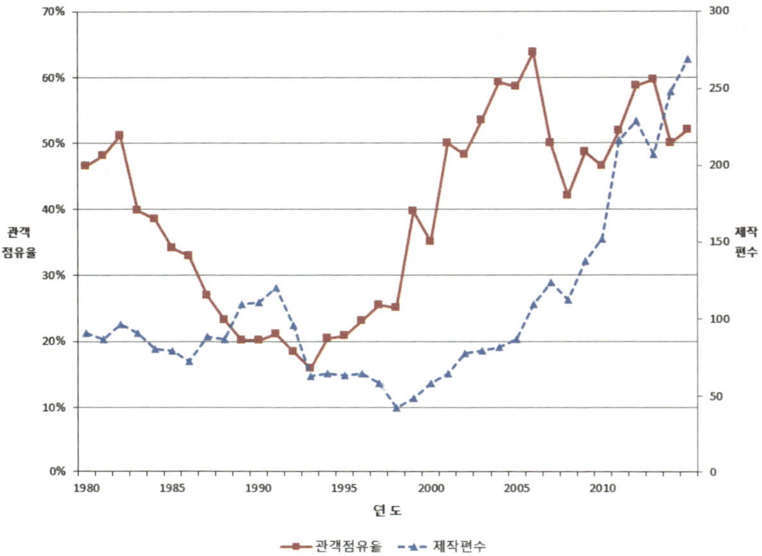


그림 13-1 **한국영화 점유율 및 제작편수 추세**

중 한국 영화 관객은 1,809만 6,430명으로 무려 82.9%라는 엄청난 점유율을 기록하였다.[23]

관객점유율 뿐만 아니라 제작편수 역시 1990년대 후반 이후부터 지속적인 증가추세가 계속되고 있다. 2005년에 87편에 불과했던 한국 영화 제작편수는 스크린쿼터가 축소되자마자 오히려 계속 증가하였다. 2006년에 110편, 2010년에 152편으로 늘어나더니 2012년에는 무려 229편으로 급증했던 것이다. 이 또한 스크린쿼터 축소 반대론자들의 예상과는 완전히 반대되는 결과이다.

그런데 〈그림 13-1〉을 보면 한국 영화산업의 시장개방과 점유율 사이에

게 증가했음에도 불구하고 전체 외화의 시장점유율은 오히려 감소하였다.

23 세계 각국의 영화시장을 비교할 때 이는 실로 대단한 기록이 아닐 수 없다. 지구상에서 제대로 된 자국 영화산업을 가지고 있는 나라는 많지 않다. 그중에서도 자국 영화의 점유율이 우리나라처럼 50% 수준을 상회하는 국가는 미국과 인도를 제외하면 찾아보기 어려운 것이 사실이다.

흥미로운 패턴을 발견할 수 있다. 즉, 시장개방 직후에는 한국 영화 시장점유율이 잠시 하락하는 듯싶었지만 얼마 지나지 않아 반전되고 계속적인 상승 추세를 나타냈다는 사실이다. 1980년대 1,2차 한미 영화협상을 통해 대폭적인 시장개방이 이루어졌을 때 한국 영화의 시장점유율은 몇 년간 계속 추락하였다. 2006년 스크린쿼터가 절반으로 축소되었을 때도 그 후 2년간은 점유율이 하락하였다. 그러나 두 경우 모두 곧 바닥을 치고 다시금 상승하였던 것이다.[24] 외화직배가 본격화된 이후 몇 년간 감소 추세에 있던 한국 영화 제작편수도 한미 BIT가 시작된 1998년 이후 계속적으로 증가해오고 있다. 이러한 현상은 시장개방을 통해 외국 영화와의 경쟁이 치열해지면 일정 기간 적응기를 거치게 되지만 그 과정에서 한국 영화의 경쟁력이 더 한층 업그레이드되었음을 의미한다.

특히 2006년 이후 한국 영화의 점유율이 비록 낮아지기는 했어도 과거 영화인들이 스크린쿼터 146일(1년의 40%) 고수의 명분으로 내세웠던 임계점인 40% 밑으로는 내려가지 않았다는 사실을 주목할 필요가 있다. 이는 한국 영화산업이 1980년대의 대대적인 시장개방 이후 한층 격화된 경쟁구도 속에서 살아남기 위해 발버둥치는 과정에서 상당한 내공을 쌓아왔기 때문에 가능한 일이었다고 생각된다. 다시 말해서 한국 영화계의 축적된 역량을 고려한다면 스크린쿼터 절반 축소 정도는 사실 그다지 큰 충격이 아니었다는 것이다. 스크린쿼터를 지키고자 절박하게 투쟁에 나섰던 한국 영화인들은 결과적으로 지나치게 엄살을 떨었던 셈이다.

**24** 이런 현상은 한국 영화에 대한 투자수익률 측면에서도 동일하게 나타난다. 2006년 -24.5%로 감소되었던 투자수익률은 2008년에는 -43.5%까지 떨어졌다. 그러나 그 후 매년 증가하여 2012년에는 마이너스 대를 벗어나 13% 수준으로 크게 향상되었던 것이다.

## 2. 질적 성장

우리나라 영화시장의 이러한 상황은 잘 만든 한국 영화들이 많아졌다는 사실이 그대로 반영된 것이다. 예를 들어 2006년부터 2016년까지 11년 동안 각 연도별로 최다 관객을 동원했던 박스오피스 1위 기록을 보면 〈괴물〉(2006), 〈디워〉(2007), 〈좋은 놈, 나쁜 놈, 이상한 놈〉(2008), 〈해운대〉(2009), 〈도둑들〉(2012), 〈7번방의 선물〉(2013), 〈명량〉(2014), 〈베테랑〉(2015), 〈부산행〉(2016) 등 8편이 한국 영화였다. 헐리우드 영화는 〈아바타〉(2010)와 〈트랜스포머 3〉(2011) 단 2편에 그쳤다. 그리고 이 기간에 관객수 1,000만 명을 넘긴 흥행대작은 모두 14편이었는데, 이 중 〈괴물〉(2006), 〈왕의 남자〉(2006), 〈해운대〉(2009), 〈도둑들〉(2012), 〈광해〉(2012), 〈7번방의 선물〉(2013), 〈명량〉(2014), 〈베테랑〉(2015), 〈암살〉(2015), 〈부산행〉(2016) 등 10편이 한국 영화였다. 반면 미국 영화는 〈아바타〉(2009), 〈겨울왕국〉(2014), 〈인터스텔라〉(2014), 〈어벤져스〉(2015) 네 편에 불과했다. 특히 2013년 1월 13일에 개봉된 이환경 감독의 〈7번방의 선물〉은 불과 한 달 반도 안 되는 짧은 시간에 천만 관객을 돌파하기도 했다.

한국 영화의 높아진 수준은 해외 영화제에서도 인정받고 있다. 세계 3대 영화제(칸, 베니스, 베를린)를 비롯하여 국제적으로 권위 있는 영화제에서 한국 영화의 수상 사례가 계속 이어지고 있는 것이다. 스크린쿼터 축소가 단행된 직후인 2007년에는 배우 전도연이 칸 영화제에서 〈밀양〉으로 여우주연상을, 그리고 박찬욱 감독이 베를린 영화제에서 〈싸이보그지만 괜찮아〉로 알프레드 바우어상을 수상하였다. 2008년에는 칸 영화제에서 박찬욱 감독이 〈박쥐〉로 심사위원상을 받았고, 2009년에는 역시 칸 영화제에서 이창동 감독이 〈시〉로 각본상을 수상했다. 그리고 2012년에는 김기덕 감독의 〈피에타〉가 베니스 영화제에서 최고상인 황금사자상을 수상하였다. 한국 영화가 세계 3대 영화제에서 최고상을 수상한 것은 이번이 최초였다. 이러한 기록들은 스크린쿼터 축소 이후 한국 영화산업이 양적인 측면 뿐 아니라 내용과 질적인 측면에서도 크게 성장했음을 보여주는 또 다른 증거라고 할 수 있다.

## 3. 배급망 장악

한국 영화계가 스크린쿼터에 집착했었던 이유 중의 하나는 국내 배급망의 취약성에 대한 우려 때문이었다. 즉, 미국 직배사가 배급망을 장악하는 상황에서는 아무리 좋은 한국 영화라 한들 극장에서 상영될 기회를 갖지 못하게 되리라는 것이었다. 그래서 '스크린쿼터가 없어도 영화만 잘 만들면 된다'라는 식의 주장은 전혀 타당성이 없다고 비판했었다. 아래 두 개의 인용문은 스크린쿼터의 필요성을 배급망 문제와 연결시켜 강조했던 주장들이다.

> 건전한 체제에는 '독과점 방지제도'가 있게 마련이다. 미국 영화는 전 세계 영화시장의 80% 이상을 장악하고 있는 실질적 독점기업이다. 따라서 한국시장을 아무런 규제조처 없이 내주면, 미국은 유통(극장 배급)을 독점해서 부당한 이득을 챙기고 우리 국민은 한국영화를 보고 싶어도 못 보게 될 것이다. 스크린쿼터는 미국 영화의 이런 횡포를 막기 위한 최소한의 견제장치다. … 문제는 배급력, 즉 유통에서의 힘이다. 소설은 작가가 써내면 그것으로 완성된다. 그러나 영화는 완성된 필름이라도 그것은 그냥 깡통에 담긴 필름일 뿐, 극장에서 상영될 때에야 완성된다. 따라서 제작자와 극장을 연결하는 배급이 핵심이다. 단 며칠이라도 줄여서 한국영화의 배급력을 떨어뜨리면, 작품 수가 점차 줄어들고 이에 따라 배급력이 더 떨어지면서 종국에는 제작이 불가능해지는 상황이 오게 된다. (문성근, "스크린쿼터, 문제는 배급이다", 『한겨레신문』, 1998.12.04., 6면)

> 우리 영화는 지난 4년간 지속적인 시장 점유율의 증가(25.5%)를 통해 이제는 세계적으로 미국을 제외하면 일본(41%), 프랑스(34.5%)와 함께 자국영화 시장점유율이 25%를 넘는 3개 국가 중의 하나로 부상하고 있다. 그러나 문제는 제작에서의 경쟁력이 향상된다 하더라도 배급망을 상실할 경우 영화산업 전체는 약화, 붕괴된다는 점이다. 97년에 제작된 영국영화의 절반 이상이 40% 이상의 영국 극

> 장배급망을 장악한 헐리우드에 밀려 상영되지 못한 사례가 바로 그것이다(우리의 경우는 흥행가도를 달리던 <여고괴담>이 <고질라> 상영을 위해 급히 막을 내렸던 사례가 그것이다). 이점이 바로 일반 상품경제와는 다른 영화산업의 특수성인데, 거시적으로 보면 이렇게 유통과 배급이 산업의 중추를 차기하게 된다는 점이야말로 새로운 지식경제의 요체이기도 하다. 여기에 스크린쿼터가 없어도 한국영화를 잘 만들면 될 것이 아니냐는 주장의 허구성이 있다. 한국영화가 존속하려면 작품이 좋아야 할 뿐 아니라 안정적인 배급망이 구축되지 않으면 안된다. 아무리 좋은 컨텐츠웨어를 가지고 있어도 통신강/방송망이 없이는 이를 보여줄 수 없는 것과 같은 이치다. (심광현, 스크린쿼터 유지·축소·폐지에 관한 공개토론회, 1998.12.11.)

물론 배급망의 중요성에 관한 지적은 지극히 타당한 주장이다. 그런데 국내 영화시장의 배급망을 헐리우드 직배사들이 장악할 것이라는 걱정 또한 상상 속 두려움으로 증명되었다. 2000년대 이후 우리나라 영화시장의 배급망은 국내 배급사들이 절대적으로 지배적인 위치를 점하고 있기 때문이다. 실제로 배급사별 관객점유율 자료를 보면 2001년 이후 2015년까지 국내 배급사가 늘 1위를 차지하였다.[25] 2위도 2010년도만 제외하고는 줄곧 국내 배급사가 자리를 지켜왔다. 1, 2위 배급사의 관객점유율을 합하면 대략 40~45% 정도의 수준이었다. 특히 2012, 2013년에는 1위부터 4위까지가 전부 국내 배급사(CJ, 쇼박스, 롯데, NEW)였는데, 이들 관객점유율을 합하면 약 65% 정도가 되었다.

이처럼 오늘날 한국 영화시장에서는 할리우드 직배사들이 맥을 못추는 반면 국내 배급사들이 오히려 독과점적 지위를 차지하고 있는 실정이다. 따라서 국내 배급망이 취약하여 한국 영화가 상영기회를 얻지 못할 것이라는 우려 역시 기우에 불과했던 것이다.

---

**25** 2001년과 2002년은 시네마서비스, 그리고 2003년부터 2015년까지는 CJ엔터테인먼트

## 참고자료 스크린쿼터와 외제 자가용

영화인들의 스크린쿼터 축소 반대시위

영화인들의 스크린쿼터 수호투쟁을 비판하는 카툰

한미 BIT 협상과정에서 스크린쿼터 축소 문제가 불거진 이후 수많은 영화인들이 스타 배우들을 앞세우고 스크린쿼터 축소·철폐를 반대하는 거리 시위를 벌이곤 하였다. 그런데 한국의 문화주권 수호를 위해 스크린쿼터는 반드시 사수해야 한다고 목청을 높였던 많은 스타들이 시위가 끝나고 돌아갈 때는 '외제 자가용'을 타고 가 가십거리가 되기도 하였다.

## 6절 스크린쿼터 논란의 정책적 함의

### 1. 정책논변: 문화논리 vs. 경제논리

정책과정에서는 흔히 여러 가지 상이한 주장들이 제기되어 경합되기 마련이다. 각종 공식적 및 비공식적 참여자들은 정책논변을 통해 각자 자기 주장의 타당성을 강조하며 경합을 벌이게 된다. 여기서 가장 중요한 것은 그럴듯한 논리와 이를 뒷받침할 수 있는 확실한 증거자료이다. 통상적으로 정책논변의 공통언어는 경제논리라고 할 수 있다. 상이한 사안들 간의 비교를 위해서는 공통된 단위로 환산되어야 하는데, 화폐단위(경제가치)로 나타내는 것이 가장 객관적인 비교방식으로 통용되기 때문이다. 따라서 스크린쿼터를 '문화주권'이라는 무형의 가치로 강조하는 식의 주장만으로는 BIT나 FTA의 경제적 효과를 구체적인 수치들로 내세우는 주장에 비해 설득력이 떨어질 가능성이 크다. 그러므로 경제 외적 가치를 다루거나 계량화하기 어려운 문화정책의 경우에도 문화논리 일변도의 주장보다는 경제논리로 잘 번역된 문화논리를 함께 구비할 필요도 있다.

그런데 정책과정에서 반드시 염두에 두어야 할 것은 정책이란 궁극적으로 '공익'(public interest)의 증진을 목표로 삼아야 한다는 당위성이다. '공익의 추구'야말로 공공행정의 존재의의이자 이윤극대화를 꾀하는 기업과 근본적으로 다른, 그리고 반드시 달라야만 하는 근거가 된다. 공익이란 여러 가지 다양한 종류의 가치들을 포함한다. 즉, 경제적 가치뿐만 아니라 돈으로는 계산할 수 없는 각종 경제 외적 가치들도 공익의 중요한 구성요소가 된다. 따라서 정책논변 과정에서도 경제논리 일변도의 비교·평가는 바람직하지 않으며 문화논리, 환경논리, 복지논리 등 다양한 가치들이 함께 고려되어야 할 것이다.

## 2. 정치과정으로서의 정책과정

현실의 정책과정은 합리적 계산과정이라기보다는 사실상 정치과정(political process)인 경우가 많다. 특히 이해당사자들이 첨예하게 대립하고 있는 갈등상황에서는 더욱 그러하다. 이런 의미에서 정책은 정치게임의 산물이라고도 할 수 있다. 문화논리를 주장하는 문화관광부와 경제논리로 일관하는 경제부처의 입장 차이는 비용편익분석과 같은 합리적 계산에 의해 조정된 것이 아니다. 미국과의 안보·통상 관계를 고려한 국제정치적 맥락과 문화가치와 경제가치의 갈등이 빚어내는 국내정치적 맥락 속에서 이루어졌던 것이다.

우선 경제부처 관료들은 국익을 위해서는 한미 FTA 체결이 필수적이라고 계속해서 노 대통령을 설득했다. 그리고 국민들의 지지를 염두에 둘 수밖에 없었던 노무현 대통령으로서는 경제성장이 시급한 과제가 아닐 수 없었다. 그래서 그의 정치적 판단은 미국과의 갈등보다는 협력체제 구축을 통한 경제발전이 더 바람직하며 이를 위해서 스크린쿼터 문제에서 양보하는 결단을 내릴 필요가 있다는 방향으로 변하였다. 또한 시종일관 스크린쿼터 축소 절대불가를 부르짖던 이창동 문화관광부 장관 역시 대한민국 국무위원의 한 사람임에도 불구하고 나라 전체의 국익을 무시한다는 따가운 눈총 속에 언제까지나 자기 고집만 내세울 수 있는 형편이 못되었다. 이처럼 스크린쿼터 축소 결정은 최고위급 정책결정자들에 의한 정치적 차원의 결단이었다. 물론 그 과정에서 각 부처 실무진들이 작성한 구체적인 보고자료들이 참고되기는 했었다. 그러나 스크린쿼터 일수 축소 여부와 관련된 핵심결정은 순수한 경제 혹은 문화논리보다는 다분히 정치논리에 의해 좌우되었던 것이다.

## 3. 요란한 소수 vs. 조용한 다수

스크린쿼터제 축소결정 과정에서 나타나는 중요한 특징의 하나는 목소리 큰 소수(한국 영화인들)의 주장이 오랜 시간 거의 일방적으로 정책과정을 지배했었다는 점이다. 스크린쿼터제는 전형적인 '고객정치' 상황, 즉 비용은 다수에게 분산되고 이익은 소수에게 집중되는 상황이다. 어떠한 계기에서건 기존 정책의 변화가 시도되는 경우, '조용한 다수'(silent majority)의 입장은 목소리 큰 '요란한 소수'(noisy minority)의 주장에 파묻혀버리기 쉬운 것이다.

그런데 사실 이러한 상황이야말로 행정관료들의 객관적이고 공정한 판단 능력이 절실히 요청되는 때라고 할 수 있다. 정부는 일부 특정한 계층이 아니라 국민 모두를 위한 공익을 추구해야 한다. 따라서 요란한 잡음 속에서도 과연 무엇이 공익에 보탬이 되는 길인지 냉철하게 판별할 수 있어야 한다. 또한 요란한 다수의 목소리에 파묻혀 잘 들리지 않는 조용한 다수의 생각이 무엇인지 판별해낼 수 있어야 한다. 그런데 아쉽게도 현실적으로는 '시끄러운 놈에게 떡 하나 더 주는' 식의 정책결정이 자주 일어나는 것이 사실이다. 그러나 적어도 바람직한 관료상은 일부 '떼쓰는' 혹은 '악쓰는' 소수에 '포획'(capture)되지 않기 위해 공익에 대한 확고한 기준을 가지고 소신 있는 결정을 내리는 것이다.

## 4. '뜨거운 감자' 다루기

### 1) 이슈선점의 중요성

스크린쿼터 축소문제가 시작되자마자 한국 영화계는 즉각 이 사안을 '문화주권' 문제로 규정하였다. 일단 영화인들이 '스크린쿼터 = 문화주권'이라고 문제 정의를 선점하게 되자 이 사안을 경쟁정책이나 통상정책 혹은 산업정책 차원에서 접근해야 한다는 주장은 수용되기 힘들었다. 그러다보니 스크린쿼터 일수 축소는 곧 문화주권의 포기로 여겨졌지 시장경쟁을 촉진시켜 영화산업의 발전을 꾀하려는 진흥정책으로 받아들여지지는 않았던 것이다. 만약 스크린쿼터 문제가 처음부터 문화주권이 아닌 산업정책 문제로 정의되었더라면 그렇게까지 '뜨거운' 감자가 되지는 않았을 수도 있다. 이것은 어떤 문제상황이 처음에 어떤 식으로 정의되느냐가 이후 정책대안의 탐색 및 비교평가 작업에 결정적인 영향을 미친다는 점을 잘 보여주고 있다.

### 2) 감성적 접근의 중요성

스크린쿼터 문제는 곧 문화주권의 문제라는 영화계의 규정이 쉽게 대중들에게 수용될 수 있었던 중요한 이유는 매우 감성적인 용어들이 많이 동원되었다는 점이다. 어떤 문제사안에 대해 정확한 지식을 충분히 가지고 있지 않은 경우에는 딱딱한 전문용어나 복잡한 통계수치보다는 사람의 감정을 자극하는 짧은 두세 마디 표현이 훨씬 더 설득력 있게 다가가게 된다. 물론 감성적인 접근이 실제 문제해결을 위한 실질적 대안을 모색하는 데 있어서는 그다지 효과적이지 못할 수 있다. 그러나 적어도 문제의 성격을 규정하는 단계에 있어서는 감성적인 접근이 보다 강렬한 인상을 심어줌으로써 문제정의를 선점하기 쉽다는 것이다.

**참고자료 13-1 GATT법 중 스크린쿼터 관련 조항**

『관세 및 무역에 관한 일반협정』(GATT 1947)

제4조: 영화에 관한 특별규정

– 체약국이 영화상영과 관련된 국내의 물량규제를 신설하거나 유지하려면, 그 규제는 다음과 같은 필요조건을 따르는 스크린쿼터 형태를 취해야 한다.

(a) 스크린쿼터는 적어도 1년의 특정기간에 모든 국가의 상업영화가 실제로 상영된 총 시간 중 자국영화상영이 최소한의 비율로 운영되어야 하며, 각 극장별 1년 단위(또는 그에 준한 기간)의 상영기간에 기초하여 계산되어야 한다.

(b) 스크린쿼터제하의 자국영화상영시간의 예외에도 불구하고, 자국영화상영에 유보된 상영시간과 행정조치로 면제된 시간(외화상영시간)을 포함한 총 상영시간이 공식적으로나 실질적으로 공급원을 할당〔제약〕받아서는 안 된다.

© (b)항의 규정에도 불구하고 체약국은 스크린쿼터를 부과하는 체약국의 영화

(자국영화)가 아닌 특정국가의 영화상영시간에 최소한의 비율을 규정함으로써 (a)항의 필요조건을 충족하는 스크린쿼터를 유지할 수 있다. 단, 그러한 최소한의 비율이 1947년 4월 10일에 발효한 수준 이상으로 늘어나서는 안 된다.

(d) 스크린쿼터는 제한범위, 자유화 및 배제를 위한 협상에 따라야 한다.

『General Agreement on Tariffs and Trade』

Article IV. Special Provisions relating to Cinematograph Films

If any contracting party establishes or maintains internal quantitative regulations relating to exposed cinematograph films, such regulations shall take the form of screen quotas which shall conform to the following requirements :

(a) Screen qoutas may require the exhibition of cinematograph films of national origin during a specified minimum proportion of the total screen time actually utilized, over a specified period of not less than one year, in the commercial exhibition of all films of whatever origin, and shall be computed on the basis of screen time per theatre per year or the equivalent thereof ;

(b) With the exception of screen time reserved for films of national origin under a screen quota, screen time including that released by administrative action from screen time reserved for films of national origin, shall not be allocated formally of in effect among sources of supply ;

(c) Notwithstanding the provisions of sup-paragraph (b) of this Article, and contracting-party may maintain screen quotas conforming to the requirements of subparagraph (a) of this Article which reserve a minimum proportion of screen time for films of a specified origin other than that of the contracting party imposing such screen quotas ; Provided that no such minimum proportion of screen time shall be increased above the level in effect on April 10, 1947;

(d) Screen quotas shall be subject to negotiation for their limitation, liberalization or elimination

## 참고자료 13-2 헌법재판소 스크린쿼터 합헌 판결

〔전원재판부 1995. 07. 21. 94헌마125〕〔기각〕〔판례집 7-2, 155~168〕
(극장연합회의 '스크린쿼터제 위헌심판 청구'에 대해 전원일치 기각 결정)

### 영화법 제26조 등 위헌확인
(전원재판부 1995. 7. 21. 94헌마125)

【판시 사항】

가. 영화법(映畵法) 제26조에 의한 국산영화의무상영제(國産映畵義務上映制)가 직업(職業)의 자유(自由)와 평등권(平等權)을 침해하는지 여부

나. 영화법(映畵法) 제26조에서 의무상영일수의 상한을 대통령령에 위임한 것이 위임입법(委任立法)의 한계(限界)를 일탈한 것인지 여부

다. 위 국산영화의무상영제가 헌법의 경제질서에 반하거나 공연장 경영자의 행복추구권을 침해하는 것인지 여부

【청구 이유】

연간 146일 이상 국산영화를 의무적으로 상영하도록 규정하고 있는 영화법 제26조, 같은 법 시행령 제20조의 3은 공연장 경영자인 청구인들에게 보장된 헌법 제15조의 직업선택의 자유, 제11조 제1항의 평등권의 각 본질적 내용을 침해하는 것일 뿐만 아니라 경제질서의 기본원칙을 선언한 헌법 제119조 제1항, 모든 국민의 행복추구권을 규정한 헌법 제10조에도 위배된다 하겠으며 특히 연간 국산영화 의무상영일수를 대통령에 포괄적으로 위임하고 있는 영화법 제26조는 위임입법의 범위의 한계를 정한 헌법 제75조에도 위배되므로 이 사건 심판대상규정에 대하여 마땅히 위헌선언을 하여야 하리라고 본다.

【결정 요지】

가. 영화법(映畵法) 제26조는 개봉관의 확보를 통하여 국산영화(國産映畵)의 제작(製作)과 상영(上映)의 기회를 보장하여 국산영화의 존립과 발전의 터전을 마련하여 주기 위한 것으로 공연장(公演場)의 경영자(經營者)에 대하여 직업의 자유를 제한하고 있는 것이기는 하나, 그 제한(制限) 목적

(目的)의 정당성(正當性)과 방법(方法)의 적정성(適正性)이 인정될 뿐 아니라, 연간상영일수의 5분의 2에 한정하여 직업수행(職業遂行)의 자유(自由)를 제한하고 있으므로, 과잉금지(過剩禁止)의 원칙(原則)에 반하여 직업(職業)의 자유(自由)의 본질적(本質的) 내용(內容)을 침해한 것이라 할 수 없고, 위와 같은 제한이 공연장의 경영자에게 주어진 것은 영상상품을 최종적으로 공급하는 위치에 있다는 점에 기인한 것이므로 영화인, 영화업자 혹은 영화수입업자와 비교하여 합리적(合理的)인 이유(理由) 없이 자의로 공연장의 경영자만을 차별(差別)한 것이라고 할 수도 없다.

나. 영화법(映畵法) 제26조는 공연장의 경영자가 일정한 기간 국산영화를 상영할 것을 전제로 하여 다만 국산영화의무상영일수(國産映畵義務上映日數)라고 하는 구체적(具體的) 사항(事項)을 특정(特定)하여 연간상영일수를 기준으로 이를 대통령령에 정할 것을 위임하고 있는바, 비록 위 규정이 의무상영일수(義務上映日數)의 상한(上限)이나 하한(下限)을 명시적(明示的)으로 설정하고 있지는 않지만, 법률규정의 취지에서 볼 때 대통령령에 규정될 내용이 연간상영일수의 일부를 대상으로 한다는 점에서 그 대강(大綱)을 충분히 예측(豫測)할 수 있으므로 위임입법(委任立法)의 한계(限界)를 벗어난 것이라 할 수 없다.

다. (1) 헌법 제119조 제2항의 규정은 대한민국의 경제질서가 개인과 기업의 창의를 존중함을 기본으로 하도록 하고 있으나, 그것이 자유방임적 시장경제질서를 의미하는 것은 아니다. 따라서 입법자가 외국영화에 의한 국내 영화시장의 독점이 초래되고, 국내 영화의 제작업은 황폐하여진 상태에서 외국영화의 수입업과 이를 상영하는 소비시장만이 과도히 비대하여질 우려가 있다는 판단하에서, 이를 방지하고 균형 있는 영화산업의 발전을 위하여 국산영화의무상영제를 둔 것이므로, 이를 들어 헌법상 경제질서에 반한다고는 볼 수 없다.

(2) 헌법이 보장하는 행복추구권이 공동체의 이익과 무관하게 무제한의 경제적 이익의 도모를 보장하는 것이라고 볼 수 없으므로, 위와 같은 경제적 고려와 공동체의 이익을 위한 목적에서 비롯된 국산영화의무상영제가 공연장 경영자의 행복추구권을 침해한 것이라고 보기 어렵다.

【심판대상조문】

영화법(映畵法) 제26조(국산영화(國産映畵)의 상영의무(上映義務))

공연장(公演場)의 경영자(經營者)는 연간 대통령령(大統領令)이 정하는 일수 이상 국산영화(國産映畵)를 상영(上映)하여야 한다.

영화법시행령(映畵法施行令) 제20조의 3(국산영화(國産映畵)의 상영의무(上映義務))

① 공연장의 경영자는 법 제26조의 규정에 의하여 국산영화를 연간상영일수의 5분의 2이상 상영하여야 한다. 다만, 문화체육부장관은 특히 필요하다고 인정되는 경우에는 국산영화의 연간상영일수를 20일의 범위 안에서 단축할 수 있다.

② 서울특별시・직할시 기타 문화체육부령이 정하는 시의 지역 안에 있는 공연장의 경영자는 외국영화를 상영한 다음에는 반드시 국산영화를 상영하여야 한다.

…… 중략 ……

【당사자】

청구인 유영근 외 1인

청구인들 대리인 변호사 이석연

【주 문】

이 사건 심판청구를 기각한다.

## 참고자료 13-3 스크린쿼터의 축소·폐지에 대한 찬반 논리 비교

| | |
|---|---|
| 스크린쿼터 유지: 문화관광부 기본입장 | ○ 영화는 모든 장르의 예술이 결집된 종합예술로서 한 나라의 문화역량을 나타내는 문화적 요소 외에, 멀티미디어 디지털산업사회에서 무한한 부가가치를 생산해 낼 수 있는 고부가가치 산업의 특성 공유<br>○ 스크린쿼터는 GATT, UR서비스협상, OECD 협정 등 국제협정에서도 문화적 예외로 인정받는 제도로서 문화주권 및 문화정체성 차원에서 현행대로 유지<br>○ 경제적 측면에서 영화산업은 그 규모가 크고, 성장 속도가 빠르며, 부가가치 창출효과가 큰 핵심 문화산업인바, 스크린쿼터제도는 한국영화의 상영기회 보장과 창작 활성화를 위하여 반드시 필요한 제도<br>○ 스크린쿼터 축소 내지 폐지에 대하여는 영화인들을 비롯한 사회문화 단체에서 지속적으로 반대입장을 유지하고 있으며, 국회에서도 두 차례에 걸쳐 현행유지 결의를 했었고, 대통령직 인수위원회에서도 현행유지를 한다는 입장 표명<br>○ BIT는 한국의 대외신인도를 높이고 외국인 국내투자를 촉진하기 위한 것이나, 스크린쿼터 축소 내지 감축과 연계될 경우 오히려 커다란 사회적 파장 우려<br>○ 스크린쿼터는 문화주권, 문화적 다양성, 미래 문화산업을 고려, 현행대로 유지되어야 하며 BIT는 스크린쿼터문제와 분리하여 추진해야 |
| 스크린쿼터 축소: 경제부처 입장 | ○ 기본입장<br>- 한미투자협정 체결은 참여정부의 개방정책에 대한 분명한 메시지를 대내외에 전달함으로써 대외 신인도 제고에 기여<br>- 스크린쿼터 문제의 해결 없이는 BIT 체결이 불가능<br>- 문화관광부에서 스크린쿼터의 단계적 축소방안 마련, 영화업계 설득<br>○ 세부주장 논리<br>- 스크린쿼터는 BIT 체결의 걸림돌이므로 스크린쿼터 축소 불가피<br>- 2억 달러 규모 영화산업을 위하여 대미수출 330억 달러를 포기하는 것은 부당<br>- 스크린쿼터는 소비자 선택권을 제한하는 제도이며, 영화만 좋으면 극장에서 상영 가능<br>- 외국영화의 끼워팔기 횡포는 스크린쿼터로 막을 것이 아니라 공정거래위원회에서 다루어야 할 사안<br>- 시장경제원리 도입을 통한 경쟁력 강화 필요<br>- 다른 나라와 비교 시 과다한 의무상영제로 통상압력 초래<br>- 직접적 규제보다는 보조금 등 간접적 지원제도로의 전환이 바람직<br>- 스크린쿼터제 폐지를 주장하는 것이 아니라 적정 수준으로 조정하자는 것<br>- 최근 한국영화의 시장점유율이 40%를 상회하는 상황에서 축소 검토 필요<br>- BIT의 투자유치효과로 40억 달러 예상 |

출처: 문화관광부, 『영상정책자료』, 2003.

# 제 4 부

## 한국의 문화행정

우리나라의 문화행정은 1948년 정부수립 이후 지금까지 실로 장족의 발전을 거듭하였다. 초기에는 문화 그 자체를 중시했다기보다는 정치적 목적을 위한 수단으로 취급되기도 하였고 또한 예술 창작활동에 대한 극심한 행정 규제가 오랫동안 가해지기도 했었다. 그러나 한국경제의 급속한 발전과 우리 사회의 성숙한 민주화 속에서 문화의 가치에 대한 새로운 인식과 함께 문화행정의 위상과 비중도 높아지게 되었다. 제4부에서는 우리나라 문화행정이 역사적으로 어떻게 변화되어왔는지 살펴본다.

제 14 장

# 우리나라 문화행정의 역사적 변천(1): 제1공화국~제6공화국

1절 미군정과 제1 · 2공화국

2절 제3공화국

3절 제4공화국

4절 제5공화국

5절 제6공화국

# 제 14 장 ▮ 우리나라 문화행정의 역사적 변천(1): 제1공화국~제6공화국

우리나라 문화행정의 역사적 변천과정을 살펴보기 위해 시기를 구분하는 방식은 세 가지가 있다(오양열, 1995: 33). 첫째는 정권(공화국)별 구분, 둘째는 연대(주로 10년 단위)별 구분, 그리고 셋째는 복합적 요인들을 고려하여 시기마다 특징적 명칭을 붙여 구분하는 방식이다.[1] 다른 많은 경우와 마찬가지로 문화행정의 경우에도 역사적 변천과정은 단절적 변화라기보다는 점진적 변화의 연속과정이었다. 어떤 특정한 시점을 기준으로 하여 그 전후 시기들이 마치 단층처럼 뚜렷한 대조적 특징을 나타냈던 것은 아니다. 실제로는 다양한 종류의 변화들이 시시때때로, 조금씩 누적되어간 것이다. 장기적인 관점에서 보면 커다란 변화의 흐름을 볼 수 있지만 그렇다고 특정 시기별로 독특한 특징들이 딱 부러지게 정리되는 것은 아니었다. 따라서 여기서는 인위적으로 시기를 구

---

**1** 정철현(2004), 구광모(1999)는 50년대, 60년대, … 90년대식으로 구분하여 우리나라 문화행정의 변화과정을 파악한다. 특정한 명칭과 함께 문화행정의 시기를 구분한 기존 연구들은 다음과 같다. 임학순(2003)은 문화정책의 생성기(1948~1972), 문화정책의 추진체계 정립기(1973~1980), 예술정책의 확대기(1981~1989), 문화정책의 발전 및 지역문화정책의 성장기(1990~1997), 문화정책의 발전 및 문화산업정책의 성장기(1998~2003)로 구분한다. 강철근(2004)은 문화정책의 태동기(제1공화국), 문화정책의 체제정비기(제3공화국–제4공화국), 문화정책의 도약기(제5공화국–1990년 문화부 발족), 문화정책의 성숙기(1990년 이후)로 구분한다. 한편 최재승(2001)은 각 시기를 상징하는 명칭은 붙이지 않고 단순히 제1시기(1948~1960), 제2시기(1961~1972), 제3시기(1973~1980), 제4시기(1981~1997), 제5시기(1998~)로 구분한다.

분하고 명칭을 붙이는 대신 그냥 각 정권별로 나누어서 문화행정 조직 및 법・정책의 변화양상에 대해 살펴보기로 한다.

# 1절 미군정과 제1・2공화국(1948. 8～1961. 5)

## 1. 미(美)군정 시대

해방 직후의 미군정 시대는 아직 문화행정이라 불릴 만한 틀이 잡히지 않은 시기였다. 직제상으로는 학무국 문화과(예술계, 종교계)에서 문화행정을 담당하도록 되어 있었다. 그리고 각 시・도에는 학무국 밑의 사회교육과에 문화재보호담당이 있었다. 문화 관련 법령으로는 1945년의 출판등록제와 〈영화의 검열〉이라는 이름의 미군정청법령만 있었다.

## 2. 정부수립 이후

### 1) 문화행정 조직

1948년 8월에 대한민국 정부가 수립되면서 문화행정 업무는 문교부와 공보처가 나눠 맡게 되었다. 공보처에서는 영화검열 및 단행본 출판 관련 업무를 담당하였고, 문교부 문화국(예술과, 교도과)에서 나머지 대부분의 문화행정 업무를 관장했었다. 1952년 7월 대통령중심제 개헌과 1955년 2월의 「정부조직법」 개정에 따라 문화행정 조직도 변하였다. 공보처는 공보실(대통령직속)로 축소되어 선전영화 제작을 담당하였으며, 문교부 문화국의 교도과는 문화보존과로 개편되었다. 그리고 공보처의 모든 문화행정 업무가 문교부로 이관됨으로써 최초로 문화행정 업무의 일원화가 이루어지게 되었다.

### 2) 문화관련 법과 정책

먼저 일제 강점기의 제도 및 기관을 개선하는 작업이 진행되었다. 1949년 9월 鮮展(조선미술전람회)을 國展(대한민국미술전람회)으로 바꾸었고, 1950년 1월에는 李王職 雅樂部를 국립국악원으로, 1950년 5월에는 京城府民館을 국립극장으로 개편・설치하였다. 전쟁 중이었던 1952년 8월에는 문화보호법이 제정되어 1954년 7월 학술원과 예술원이 개원하였다. 1955년 6월에는 미군정 시대 구왕궁사무청의 후신인 구황실재산사무총국이 설치되었는데 1961년 설립된 문화재관리국의 전신이었다. 1954년에는 국산영화 육성을 위한 최초의 정책으로서 「입장세법」이 개정되었다. 이로 인해 국산영화 입장세에 대한 전액 면세조치가 이루어졌다. 뒤를 이어 1958년 4월에는 〈국산영화 제작 장려 및 영화오락 순화를 위한 보상 특혜조치〉가 발표되었다. 1959년부터는 우수 국산영화 제작자 등에게 일정편수의 외화수입권을 보상으로 제공하는 〈외화수입 쿼터제〉가 실시되었다. 1957년에는 「저작권법」이 제정되었다.

### 3) 문화행정의 특징

이 시기는 국가적으로 반공 이데올로기가 최고의 국시로 떠받들어지던 때였다. 반공이 모든 것에 앞섰으며, 문화는 전 국민의 반공 의식화를 위한 하나의 수단에 불과하였다. 반면 문화의 발전과 창달을 위한 정책적 관심이나 지원은 대단히 빈약했다. 사실 이 당시는 전쟁으로 인한 경제적 피폐, 정치적 혼란, 사회적 불안 때문에 대부분의 일반 국민들은 문화적 욕구를 느낄 겨를도 없었다.

## 2절 제3공화국(1961. 5∼1972. 9)

### 1. 문화행정 조직

1961년의 5.16 군사 쿠데타 이후 정부조직 개편 때 공보부가 발족됨으로써 문화행정 조직체계는 다시 이원화되었다. 공보부는 문화선전국(문화과, 출판과)과 공보국(영화과, 등록과)으로 편성되었으며, 문교부의 업무 중 동적 예술문화 부문이 공보부로 이관되었다. 그리하여 영화, 연극, 무용, 음악, 연예, 정기간행물, 국립극장, 국립국악원, 국립영화제작소 등이 공보부 관할로 되었다. 1962년 1월에는 문화예술 관련 10개 단위협회의 통합체인 연합한국예술문화단체총연합회(藝總)가 발족하여 공보부의 지도 관리를 받게 되었다. 한편 문교부는 문예국(문화교류과, 예술과)에서 문학, 미술, 문화재, 도서(단행본), 박물관, 종무행정 등을 관장하였다. 그리고 1961년 10월에는 구황실재산사무총국을 外局인 문화재관리국으로 신설 개편하였다. 그러다가 1968년 7월에는 문화공보부가 발족함으로써 문화행정의 재통합이 이루어지게 되었다.

### 2. 문화관련 법과 정책

제3공화국 때에는 문화행정과 관련된 각종 기본 법규들이 대거 제정되었다. 「공연법」(61.12)을 필두로 하여 「문화재보호법」(62.1), 「영화법」(62.1), 「향교재산법」(62.1), 「불교재산관리법」(62.5), 「지방문화사업조성법」(65.7), 「음반에관한법률」(67.3), 「문화예술진흥법」(72.8) 등이 제정되었다. 「영화법」은 1963년에 1차 개정되면서 외화수입쿼터제가 실시되었으며 1966년 2차 개정을 통해 스크린쿼터제, 즉 국산영화 의무상영제가 도입되었다.

문화와 관련된 여러 가지 사업들도 시행되었다. 전통문화 전승사업의 일환으로 국학 개발, 한국학도서 발간, 고전국역, 국악사 양성 등이 이루어졌고, 1964년에는 문화재보수 5개년계획이 입안되었다. 또한 대한민국문화예술상 제정, 국전, 민속예술경연대회, 지방문화제 개최 등 각종 문화행사가 열렸으며, 문화재애호운동, 독서운동과 같은 계몽사업도 전개되었다. 국제문화교류사업으로는 민속예술단 해외파견, 국제문화행사 참여·유치 등이 추진되었다. 한편 국악사양성소(1967), 현충사관리사무소(1968), 국립현대미술관(1969, 경복궁 내) 세종대왕기념관(1970), 중앙국립극장(1973) 등과 같은 문화시설들도 이 시기에 세워졌다.

## 3. 문화행정의 특징

### 1) 공보행정 우위의 예산편성

이 시기 문화행정의 예산편성은 문화·예술의 발전보다는 정부입장을 알리는 공보 분야에 집중되었다. 일반회계 평균 예산비율을 보면 공보(홍보·방송관리)가 81.5%였음에 비해 문화(문화예술·문화재)는 고작 18.5%에 지나지 않았다. 특별회계를 포함하는 경우, 문화예산의 비율이 40%로 더 크지만 그중 문화재관리가 31.1%를 차지하고 문화·예술을 위한 예산은 나머지 8.9%에 불과하였다.

### 2) 문화입법: 문화행정의 기본적인 법체계의 확립

제3공화국 때에는 「문화예술진흥법」을 비롯하여 「공연법」, 「문화재보호법」, 「영화법」, 「음반에관한법률」, 등 향후 우리나라 문화행정의 근간이 되는 중요한 법률들이 제정되었다.

### 3) 문화·예술의 진흥·장려보다는 규제·통제에 치중

이 시기의 문화행정은 문화·예술의 발전을 장려하는 것보다는 정치적 이데올로기를 수호하기 위한 정권 차원의 규제와 통제가 주를 이루었다. 1966년에는 한국예술문화윤리위원회가 발족하여 사전심의의 효시가 되었다.[2] 「음반법」 제정 직후인 1968년부터 음반 제작 시 가사, 악보 등 일체에 대해 검열을 가하는 사전승인제가 시행되었다. 1970년부터는 영화대본에 대한 사전심사제도가 도입되어 문화 활동에 대한 정부의 통제가 본격화되어갔다.

## 3절 제4공화국(1972. 10～1981. 3)

### 1. 문화행정 조직

1973년 3월 직제개편을 통하여 KBS가 공사화되었고 한국문화예술진흥원과 영화진흥공사가 발족되었다. 1979년 4월에는 종무기능과 국제교류기능이 확대된 직제개편이 이루어졌다. 문화국 내의 종무과가 종무국으로 승격하였고, 대외문화홍보 및 교류를 위한 국제교류국이 신설되었으며 해외공보관에도 문화부를 신설하였다. 한편 문화국(문화과, 종무과, 출판과)과 예술국(예술과, 영화과, 공연과)이 문화예술국(문화과, 예술과, 공연과)으로 축소·통합되었다.

### 2. 문화관련 법과 정책

유신헌법에 의한 제4공화국이 출범하기 직전 1972년 8월에 제정된 「문화예술진흥법」은 그 후 우리나라 문화·예술행정의 중요한 뼈대가 되었다. 이 법에 의거하여 1973년 7월부터 문예 진흥기금의 모금이 시작되었고, 1973년

2 한국예술문화윤리위원회는 1975년의 공연법 개정으로 공연윤리위원회(공윤)로 대체되었다.

10월에는 문예 진흥 지원업무를 담당할 특수법인인 한국문화예술진흥원이, 1973년 4월 문예 진흥정책 심의기관인 문화예술진흥위원회(위원장: 국무총리)가 신설되었다. 또한 문화예술에 대한 민간투자를 유도하기 위해 문예활동수입 및 문예진흥원에 대한 면세조치와 문예 진흥기부금에 대한 조세감면조치가 실시되었다. 그리고 1972년부터 문화의 달(10월), 1973년부터는 문화의 날(10월 20일) 행사가 시작되었다. 그 밖에 문예 진흥 사업·활동·시설에 대한 국고보조, 학교·직장 내의 문예단체 구성 권장, 문화예술용품 생산 장려, 건축물 건축 시 미술장식 권장 등의 근거가 마련되었다.

한편 10월유신 1주년이 되는 1973년 10월에는 우리나라 최초의 문화발전 종합계획인 〈문예중흥 5개년계획(1974~78)〉이 발표되었다. 정책의 기본방향으로는 "전통문화의 계승과 이를 바탕으로 한 새로운 민족문화의 창조"를 표방하였으며, 정책목표로 올바른 민족사관의 정립, 새로운 민족예술의 창조, 국민의 문화수준 향상, 문화한국의 국위선양을 제시하였다. 이 계획기간 동안 무려 485억 4,240만 원의 자금이 투자되었다.[3] 이처럼 막대한 지원금의 부문별 할당 내역을 보면 민족사관 정립이 70.2%(문화재 63.1%, 전통예능 3.8%, 국학 3.3%)로 가장 많았다. 예술진흥에는 12.2%(연극 4.0%, 음악 3.0%, 무용 2.0%, 문학 1.5%, 미술 1.5%), 대중문화 창달에는 8.9%(영화 7.7%, 출판 1.2%)만이 배정되었다.

## 3. 문화행정의 특징

### 1) 자주적 민족문화 창달과 민족주체성의 확립 강조

제4공화국 당시는 모든 국정이 '한국적 민주주의의 구현'을 내세운 '10월

3 제2차 문예중흥 5개년계획(1979~83)은 '건전 자주적인 정신문화의 개발'이라는 정책기조와 1,315억 2,300만 원의 투자계획과 함께 수립되었었다. 그러나 1979년 10.26 사태 이후 제5공화국이 출범하면서 무산되고 말았다.

유신'과 밀접하게 연계되어 이루어졌다. 문화행정에 있어서도 국가시정목표였던 자립경제·자주국방을 뒷받침하는 자주적 민족문화 창달이 정책의 기본방향이 되었다. 그리고 민족주체성을 확립하기 위해 전통문화의 계발과 문화유산의 보존·계승이 강조되었다.[4]

### 2) 문화통제정책

유신시대에는 문화·예술도 국가 목표달성을 위한 하나의 수단으로 이용되었다. 사전심의와 검열, 그리고 선별적 지원을 통해 문화·예술 활동에 대한 철저한 국가 통제가 이루어졌다. 대중문화에 대한 통제도 극심해졌는데, 예컨대 수많은 대중가요들이 반체제적, 퇴폐적, 왜색, 불신풍조 조장, 저속한 창법 등의 이유로 방송금지곡이라는 낙인이 찍혀졌다. 그리고 모든 음반에는 정부가 지정한 소위 건전가요가 반드시 삽입되어야만 했다. 또한 영화의 경우도 대본에 대한 사전검열 및 완성된 필름에 대한 사후검열(소위 '가위질')로 인해 창작의 자유가 크게 위축되었다. 큰 수익이 보장되었던 외화수입권을 배당받으려면 '우수영화'로 선정되어야 했는데, 정부가 제시한 우수영화의 18개 기준 중 첫 번째가 '10월 유신의 정신을 잘 구현하는 내용'이었고 '영화의 예술적 우수성'은 맨 마지막이었다.

### 3) 문화부문 예산비중 증가

문화공보부의 예산에서 문화부문이 차지하는 비중이 높아졌다. 공보(홍보, 방송관리)와 문화(문화예술, 문화재) 부문 예산의 비율이 54.0% : 45.5%였다.

4 당시 대중가수들 중에는 외국어로 된 예명을 사용하는 경우가 종종 있었다. 그런데 정부의 국어순화운동 차원에서 모두 한국어로 개칭하도록 강제되었다. 예컨대 남성 듀엣 '어니언스'와 '투코리안스'는 각기 '양파들'과 '두 한국인'으로, 쌍둥이 여성 듀엣 '바니 걸스'는 '토끼 소녀'로 바꿔 불리기도 했다.

## 4절 제5공화국(1981. 3～1988. 2)

### 1. 문화행정 조직

1981년 11월 문화예술국이 다시 문화국(진흥과, 문화과, 출판과)과 예술국(예술1과, 예술2과, 국제교류과)으로 분리되었다. 이듬해 12월에는 매체국이 신설되어 문화국의 출판과를 흡수하고 문화국과 예술국은 문화예술국(진흥과, 문화과, 예술1과, 예술2과)으로 재통합되었다. 그러나 1987년 12월에 또다시 문화국(문화과, 출판1과, 출판2과, 저작권과)과 예술국(진흥과, 예술1과, 예술2과)으로 재분리되었다.

### 2. 문화관련 법과 정책

제5공화국의 문화행정은 '민족문화의 주체성'과 '문화시설의 확충'을 강조하였다. 그리고 문화부문의 중장기 계획수립이 이때부터 본격적으로 추진되기 시작하였다. 1983년 〈제5차 경제사회발전 5개년수정계획〉에 문화부문이 포함됨으로써 국가발전전략 차원에서 문화의 위상이 공식적으로 인정되었다. 1984년에는 〈지방문화중흥 5개년계획〉이 수립되었고, 1985년에는 〈문화발전 장기정책구상 (1986～2000)〉이 발표되었다. 이어 1986년에 수립된 〈제6차 경제사회발전 5개년계획〉에도 문화부문이 포함되었다.

한편 문화 관련 법령들도 상당수 개정되었다. 1981년에는 「공연법」 개정으로 공연자 등록요건 완화, 공연장 허가대상 축소, 공연장 관람표 한도액 및 인가제도가 폐지되었다. 같은 해 「조세감면규제법」을 개정하여 문화예술진흥기금으로 출연하는 금액을 손금으로 인정해줌으로써 개인·기업의 기부금 출연을 유도하였다. 1982년에는 「문화예술진흥법」이 개정되어 건축물미술장식제도가 권장사항으로 도입되었고,[5] 「한국방송공사법」을 개정하여 공익자금을 문화예술 진흥사업에 투자할 수 있게 하였으며, 「문화재보호법」도 개정되었다. 1984년에는 「영화법」 제5차 개정을 통해 영화업이 허가제에서 등록제로 바뀌었다. 특히 그 동안 문화공보부 장관 소관의 영화검열제도가 공연윤리위원회의 사전심의제로 전환되어 적어도 외형적으로는 정부의 사전검열이 철폐되었다(1987년 9월에는 영화 각본에 대한 사전심의가 폐지되었다). 1986년 12월에는 한미 영화협상의 결과를 반영하여 「영화법」 제6차 개정이 이루어졌는데, 이때 외화수입쿼터제가 폐지되고 외국영화사의 직배가 허용되었다. 또한 「저작권법」도 이때 개정되어 저작인접권과 저작권 위탁관리제도가 신설되었으며, 1987년 7월에는 세계저작권협약(UCC)에도 가입하였다.

그리고 「전통건조건물보존법」(1984), 「박물관법」(1985), 「유선방송관리법」(1986) 등이 새로 제정되었다. 아울러 민간부문의 자율성 제고 차원에서 연극제, 무용제, 국악제 등 전국규모 문화예술행사 개최를 민간에 이관하였다.

## 3. 문화행정의 특징

제5공화국 문화정책의 기조는 문화적 주체성 확립, 문화복지(문화민주주의)의 구현, 문화창조능력의 활성화, 문화의 국제화(문화발전을 위한 지원체계 강화), 문화의 국가발전 동력화(문화시설의 사회교육역할 제고) 등이었다(문화관광부, 『2001 문화정책백서』). 이 시기 문화행정의 특징은 다음과 같다.

---

5 1988년에는 건축법과 시행령을 통하여 건축물의 미술장식품 규정이 신설되었다. 이에 따라 연면적 7,000m$^2$ 이상 또는 6층 이상 건축물 중 당해 지방자치단체의 조례에 따라 회화, 조각 등 미술장식품을 설치하도록 권장되었다.

### 1) 문화의 법적 지위 향상과 문화적 주체성 · 자율성 강조

우리나라에서 처음으로 제5공화국 헌법은 문화발전이 국가의 의무임을 공식선언하였다. 헌법 제8조는 "국가는 전통문화의 발전과 문화의 창달에 노력해야 한다"라고 규정하였다. 이는 문화향수권이 국민의 기본권으로 인정되었음을 의미한다.

### 2) 문화투자 확대와 대규모 문화시설의 조성

이 시기에는 대대적인 물량투입을 통한 대규모 문화시설 조성작업이 추진되었다. 국립현대미술관, 예술의전당, 독립기념관, 국립국악당 등이 이 당시 건립되었고 5대宮 개보수 작업도 이루어졌다. 이에 대해서는 단기간에 걸친 실적 위주의 추진이라는 비판과 문화향수를 위한 기반시설의 확충이라는 긍정적 평가가 공존한다.

### 3) 문화적 민주주의와 지방문화 육성의 강조

그동안의 문화정책은 주로 생산계층인 문화 · 예술인들을 주요 대상으로 삼았었다. 제5공화국 문화행정은 '문화 민주화'를 표방하면서 소비계층인 국민 전체를 아우르도록 문화정책의 대상을 확대하려 했다. 그리고 지방의 문화 활동 및 행사에 대한 지원도 늘렸다.

### 4) 문화부문 예산비중 증가

1981년 당시 정부세출예산 중 문화부문의 비율은 고작 0.18%에 불과하였으나, 1987년에는 0.3%까지 증가하였다. 한편 그동안 문화재 관련 예산의 비중이 가장 높았으나 1984년에 처음으로 문화예술분야 예산이 문화재예산보다 많아지게 되었다(정홍익, 1992).

# 5절 제6공화국(1988. 2～1993. 2)

## 1. 문화행정 조직

1989년 3월의 직제개편으로 문화정책연구실이 신설되었는데 후일 문화정책국의 전신이었다. 1990년 1월에는 21여 년간 지속되었던 문화공보부 체제가 막을 내렸다. 그 대신 문화 분야 업무를 전담하는 독립행정부처인 문화부가 발족되었으며 장관의 서열도 7위로 격상되었다. 문화부는 문화정책국(총괄과, 조사과, 국제교류과), 생활문화국(생활문화과, 지역문화과, 박물관과, 문화시설과), 예술진흥국(예술1과, 예술2과, 영화진흥과, 영상음반과), 어문출판국(어문과, 도서관정책과) 편제로 구성되었다. 한편 공보업무 담당은 공보처로 분리 독립되었다.

## 2. 문화관련 법과 정책

1990년에는 '모든 국민에게 문화를'이라는 정책 슬로건을 내세운 〈문화발전 10개년계획 1990～1999〉이 발표되었다. 이 계획은 문화행정의 중심을 문화예술의 진흥과 창조역량의 제고라는 생산자 위주의 정책에서 수용자인 국민의 문화향수를 강조하는 정책으로 완전히 전환한다는 의미를 지녔었다. 문화복지국가의 실현을 위해서 ① 마음의 풍요를 지향하는 복지문화의 틀, ② 갈등구조를 푸는 화합문화의 틀, ③ 환태평양시대를 주도하는 민족문화의 틀, ④ 후기산업시대에 적응하는 개방문화의 틀, ⑤ 남북한 협력시대를 준비하는 통일문화의 틀을 다섯 가지 기본방향으로 제시하였다. 그리고 핵심 정책과제로서 국민의 문화향수 확대, 문화매개기능의 확충, 문화 창조력의 제고, 국제문화교류의 증진을 제시하였다. 그러나 문민정부가 출범하면서 〈제7차 경제사회발전 5개년계획 문화부문계획 1992～1996〉과 〈문화창달 5개년계획 1993～

1997〉으로 흡수·연계되었다.

이 시기에는 국민들의 문화향수를 신장하기 위한 다양한 프로그램들이 개발되었다. 예를 들어, 이동문화사업, 문화가족운동, 예술의 해 지정, 이달의 문화인물 선정, 문화달력, 문화의 거리 조성, 쌈지마당 조성, 문화사랑방운동, 까치소리전화 등이 시행되었다. 특히 1991년에 시작한 사랑티켓 사업은 국민문화향수권 신장을 위한 대표적 사업으로 자리매김하고 있다. 사랑티켓은 연극, 음악, 무용, 전통예술 등의 순수공연예술 작품을 관객이 저렴한 가격에 볼 수 있도록 문예진흥원이 입장권 값의 일부를 보조하는 제도이다.[6]

또한 공산권 국가들과의 교류 및 남북 문화교류도 추진되었다. 그 일환으로 미수교국 예술작품 국내개방(1988), 납·월북 작가 해방 전 문학작품 출판허용(1988), 북한/공산권자료 공개 확대(1988), 북한 미술품 및 서적 수입(1989) 등이 이루어졌다. 그리고 예술창작 지원사업의 규모가 확대되고 한국예술종합학교가 설립되었다.

한편 1991년에는 「음반에 관한 법률」이 폐지되고 대신 「음반 및 비디오물에 관한 법률」이 새로 제정되었다. 그리고 도서관법 대신 「도서관진흥법」, 박물관법 대신 「박물관 및 미술관진흥법」이 새로 제정되었으며, 1994년에는 「지방문화원진흥법」이 제정되었다.

## 3. 문화행정의 특징

제6공화국 문화행정의 가장 큰 특징은 문화복지국가를 지향하며 문화의 생활화를 강조하였다는 점이다. '문화주의'를 새로운 문화전략으로 표방하면서 관리, 통제, 규제보다는 참여, 진흥, 조장에 초점을 두었다(문화체육관광부, 『2001

6 처음에는 서울에서만 시행되다가 2001년부터는 지방으로도 확대 실시되었다. 한국문화예술진흥원, "2004년 지역 사랑티켓 추진계획", 2004.

문화정책백서』). 지역 간, 계층 간, 세대 간의 문화 격차를 해소하고 문화향수권을 확보하기 위한 다양한 프로그램들이 개발 · 시행되었다. 남북의 문화적 동질성 회복을 위해 남북문화교류가 추진되었으며 국제문화교류에 있어서도 양적인 확대와 다변화 노력이 이루어졌다. 문화재정도 꾸준히 증가하여 1992년 정부세출예산 중 문화부문 예산은 0.43%까지 올라갔다.

제 15 장

# 우리나라 문화행정의 역사적 변천(2): 문민정부~박근혜 정부

1절 문민정부

2절 국민의 정부

3절 참여정부

4절 이명박 정부

5절 박근혜 정부

# 제 15 장 ▌ 우리나라 문화행정의 역사적 변천(2): 문민정부~박근혜 정부

## 1절 문민정부(1993. 2~1998. 2)

### 1. 문화행정 조직

1993년 2월 김영삼 대통령이 이끄는 문민정부가 출범하였다. 1990년 독립된 문화전담부서로 출범했던 문화부는 3년 만인 1993년 3월에 체육청소년부와 통합되어 문화체육부(문화정책국, 생활문화국, 예술진흥국, 어문출판국, 체육정책국, 체육지원국, 국제체육국)로 개편되었다. 1994년 5월에는 어문출판국이 폐지되고 대신 문화산업국(문화산업기획과, 영화진흥과, 영상음반과, 출판진흥과)이 신설되었다. 이는 부가가치가 높은 문화산업을 육성하라는 대통령 지시사항을 반영한 직제개편이었다. 한편 같은 해 12월에는 예술진흥국에 전통예술과를 신설하고 예술1과와 예술2과를 예술진흥과와 공연예술과로 개칭하는 한편 영화진흥과와 영상음반과를 문화산업국으로 이관하였다. 그리고 생활문화국을 문화정책국(문화정책과, 언문과, 문화진흥과, 도서관박물관과, 문화교류과)으로 통합하고 교통부로부터 관광국(관광기획과, 국제관광과, 관광시설과)을 이관받았다.

## 2. 문화관련 법과 정책

문민정부는 1993년 7월 '곁에 있고 함께 하는 문화, 누구나 즐기고 신명나는 문화'를 모토로 내세우면서 〈문화창달 5개년계획(1993~1997)〉을 발표하였다. 문화체육의 창달을 신경제건설과 함께 국가발전의 두 수레바퀴 중의 하나라고 강조한 이 계획은 "문화창달을 통해 국민들의 삶의 질을 향상시켜 선진문화복지국가로 진입"하는 것을 정책목표로 강조하였다. 그리고 5대 정책기조(① 자율화: 규제에서 자율로, ② 분산화: 중앙에서 지역으로, ③ 대중화: 창조계층에서 향수계층으로, ④ 일체화: 분단에서 통일로, ⑤ 세계화: 보다 넓은 세계로)와 함께 5대 정책과제(① 민족정기의 확립, ② 지역문화의 활성화와 문화복지의 균점화, ③ 문화창조력 제고와 문화 환경 개선, ④ 문화산업 개발과 기업문화 활성화 지원, ⑤ 한겨레문화의 조성과 우리 문화의 세계화)를 제시하였다.

1995년 12월에는 영상문화 및 영상산업 육성을 위한 모법으로서 「영상진흥기본법」이 제정·공포되었다(1996년 7월 시행). 이에 따라 기존의 영화법이 폐지되고 새로이 「영화진흥법」이 제정되었다. 그런데 1996년 10월 헌법재판소가 구 「영화법」의 사전심의제도에 대해 위헌판결을 내림에 따라 1997년 4월 「영화진흥법」이 개정되어 영화의 제한·삭제·심의 조항이 삭제되고 대신 상영등급부여제도가 신설되었다. 이와 함께 「공연법」도 개정되어 기존의 공연윤리위원회(공윤) 대신 한국공연예술진흥협의회(공진협)가 발족되어 등급부여 업무를 담당하게 되었다. 또한 헌법재판소는 1996년 10월에 음반에 대한 사전심의제도에 대해서도 위헌판결을 내렸다. 이에 따라 「음반 및 비디오물에 관한 법률」을 개정하여 음반 사전심의제를 폐지하고 음반제작업자 등록 제도를 개선하였다. 그리고 「문화예술진흥법」의 개정으로 건축물에 대한 미술장식제도가 권장사항에서 의무사항으로 변경되었다.

1996년에는 〈21세기를 향한 한국문화의 비전과 전략〉, 〈문화복지 중장기 실천계획〉, 〈삶의 질 세계화를 위한 문화복지 기본구상〉 등이 발표되었다. 그리고 문화복지정책의 일환으로 생활권 단위의 소규모 복합문화공간인 '문화의 집'이 조성되기 시작했다. 또한 1996년에는 범정부 차원의 정보화추진위원회가 구성되었는데 그 산하에 설치된 문화정보화추진위원회에서 〈문화정보화 기본계획 1997~2000〉을 수립하였다.

한편 1997년에는 〈문화비전 2000〉 계획이 발표되었다. 이 계획에서는 문화의 새로운 패러다임으로 다양성과 통합의 문화, 풍요로운 삶과 민주주의적 문화, 문화산업과 산업의 문화화, 통일 지향의 민족문화, 문화의 세계화와 문화적 보편성이 제시되었다. 그리고 정책과제로는 창조적 인간을 위한 문화교육, 문화예술 창작에 대한 지원확대, 문화산업을 육성하고 산업의 문화화 추진, 지역문화 활성화, 통일을 지향하는 민족문화 확립, 한국문화의 세계화 등이 제시되었다.

## 3. 문화행정의 특징

이 시기 문화행정의 특징은 문화복지와 문화산업에 대한 강조로 요약될 수 있다. 문화복지 정책의 목표는 모든 국민의 문화향수 기회 확대와 모든 국민이 자발적으로 참여하는 문화 환경의 조성이었다. 추진 방향은 전문예술인 중심에서 일반인 중심으로, 중심계층 위주에서 취약계층 위주로, 정부 주도에서 민간 주도로 전환하는 것이다. 그리고 문화·예술의 산업경제적 잠재력을 인식하고 유망한 고부가가치산업으로 육성하기 위해 노력하기 시작했다. 일례로 통상산업부가 1997년 제정한 「벤처기업 육성을 위한 특별조치법」에 영상산업도 포함되도록 하여 창업 시 금융, 세제, 인력 등의 지원을 받을 수 있도록 하였다. 하지만 부가가치 창출원으로서의 도구적 문화관에 집착하여 감성개발 기제로서의 문화 본연의 기능을 외면했다는 비판도 거세었다. 한편 정부예산 중 문화부문 예산도 꾸준히 확대되어 1993년 0.61%에서 1997년 0.91%로 증가하였다.

# 2절 국민의 정부(1998. 2～2003. 2)

## 1. 문화행정 조직

1998년 김대중 대통령이 이끄는 국민의 정부 출범과 함께 정부조직 개편이 단행되었다. 이때 문화체육부의 명칭을 문화관광부로 변경하고 2실(기획관리실, 종무실) 6국(문화정책국, 예술진흥국, 문화산업국, 관광국, 체육국, 청소년국) 29과 체제로 출범하였다. 문화정책국은 4과(문화정책과, 국어정책과, 도서관박물관과, 저작권과) 체제, 예술진흥국은 4과(예술진흥과, 공연예술과, 전통지역문화과, 문화교류과) 체제, 그리고 문화산업국은 5과(문화산업정책과, 출판신문과, 방송광고과, 영상진흥과, 게임음반과) 체제였다.

1999년에는 문화재관리국이 문화재청으로 승격·독립하였으며, 영화진흥공사가 영화진흥위원회로 전환하였고, 공연예술진흥협의회 대신 영상물등급위원회가 발족되었다. 또한 문화산업 육성지원의 일환으로 한국게임산업개발원(1999. 7), 한국문화콘텐츠진흥원(2001. 8)이 설립되는 동시에 한국문학번역원(2001. 3)도 신설되었다. 그리고 문화산업 분야별 인력양성을 위한 애니메이션 아카데미(1999. 3) 및 게임 아카데미(2000. 12)가 개설되었다. 한편 2001년 5월에는 문화산업국 내에 문화콘텐츠진흥과가 설치되었다.

## 2. 문화관련 법과 정책

국민의 정부 문화정책의 골자는 1998년 발표된 〈새문화관광정책〉에 담겨져 있다. 새문화정책의 핵심은 “지원은 하되 간섭은 않는다”는 팔길이 원칙하에 ‘문화의 힘’으로 제2의 건국을 이루고, ‘문화가 중심가치’가 되는 지식정보사회를 추구하며, 문화주의를 통한 ‘성숙한 민족공동체’를 형성하고, 문화정체성과 보편성의 조화로 ‘열린 문화’를 구현한다는 것이었다. 그리고 10대 중점

과제로 ① 21세기 문화국가 실현을 위한 정책기반 구축, ② 문화기반시설의 확충과 운영 개선, ③ 지식정보사회에 대비한 기반 조성, ④ 창조적 예술 활동을 위한 여건 조성, ⑤ 문화복지의 실질적 구현을 통한 삶의 질 향상, ⑥ 문화유산의 체계적인 보호·계승·발전, ⑦ 문화산업의 획기적 발전체계 구축, ⑧ 문화를 기반으로 지역 간 균형발전 및 사회통합 추구, ⑨ 문화를 통한 민족통합 지향, ⑩ 문화정체성을 바탕으로 한 보편적 세계주의 지향을 제시하였다.

1999년에는 〈문화산업발전 5개년 계획 1999~2003〉이 수립되었고, 2000년에 이를 보완하여 〈문화산업 비전21〉이 입안되었으며, 콘텐츠산업 분야를 보완하여 2001년에 〈콘텐츠코리아 비전21〉이 발표되었다. 이 계획에서는 '21세기 문화대국·지식경제강국 구현'이 정책비전으로 제시되었으며, 고품질 문화콘텐츠 개발 지원, 문화콘텐츠산업 간 시너지효과 극대화, 전략 콘텐츠산업분야 집중 육성이 추진전략으로 설정되었다. 그리고 주요 정책과제로 디지털시대에 부응하는 법령 및 제도 정비, 문화콘텐츠 창작역량 확충, 산업발전 기반 조성을 위한 인프라 구축, 지식기반경제를 선도할 전문 인력 양성, 전략적 마케팅으로 세계시장 진출 확대 등이 제시되었다.

이 시기에는 주로 문화산업 육성을 위한 법령의 재개정이 이루어졌다. 1999년 2월에는 문화산업 발전의 기반 조성과 경쟁력 강화를 목적으로 「문화산업진흥기본법」이 제정되었다. 그리고 게임산업의 급성장 추세를 반영하기 위하여 같은 날 「음반 및 비디오물에 관한 법률」이 「음반·비디오물 및 게임물에 관한 법률」로 개정되었으며, 아울러 「영화진흥법」 제2차 개정도 이루어졌다. 이 개정으로 인해 공연예술진흥협의회 대신 영상물등급위원회(영등위)가 영화, 음반, 비디오, 게임 등의 등급분류업무를 담당하게 되었다. 그런데 2001년 8월 헌법재판소는 「영화진흥법」 제21조 제4항의 '상영등급분류보류' 조항이 헌법 제21조에서 엄격히 금지하고 있는 '사전검열'에 해당되므로 위헌이라는 판결을 내렸다. 이 때문에 2002년 「영화진흥법」이 다시 개정되어 등급분류보류 규정이 폐지되고 대신 제한상영가 등급이 신설되었다. 한편 1999년에는 영상·게임 관련 기업을 벤처 기업에 포함시키도록 했고, 전자출판물에 대한 부가세 면제 조치가 시행되었다. 2002년 8월에는 전자출판물, 만화산업 등을 포괄하는 「출판 및 인쇄진흥법」이 제정되었다.

## 3. 문화행정의 특징

### 1) '팔길이 원칙'의 도입

국민의 정부는 과거와는 달리 "지원은 하되 간섭은 않는다"는 소위 '팔길이 원칙'을 문화정책의 새로운 기조로 확립하였다. 그리하여 통제위주 정책에서 진흥위주 정책으로의 전환을 적극적으로 표방하였고, 문화·예술활동에 대한 여러 규제를 철폐·완화하였다.

### 2) 문화산업 강조

국민의 정부 문화정책의 화두는 "철저하게 경제마인드에 입각한 문화산업 정책의 진흥"이었다(박양우, 1999). 문화가 국가경쟁력 향상에 주요한 동력이 된다는 점을 정부 정책 전체의 주요 방향으로 설정하고 문화산업을 새로운 국부를 창출하는 국가 기간산업으로 중점 육성하고자 하였다. 실제로 국민의 정부 출범 원년인 1998년 168억 원이었던 문화산업국 예산이 이듬해에는 무려 1,000억 원으로 약 여섯 배 가까이 증액되었다.

### 3) 문화예산 확대

이 시기 문화예산은 계속 증액되어 2000년에는 처음으로 문화부문 예산이 정부 전체 세출예산의 1.0%를 넘어섰고, 2001년에는 문화예산 총액이 1조 원을 돌파하였다. "문화예산 1%"는 김대중 대통령의 선거공약이자 우리나라 문화예술인들의 오랜 숙원이기도 했었다. 이는 정부 내에서 문화의 위상 및 문화정책의 중요성이 크게 높아졌음을 나타내는 징표라고 할 수 있다.

# 3절 참여정부(2003. 2～2008. 2)

## 1. 문화행정 조직

2003년 노무현 대통령의 참여정부 출범 후 2004년 11월 문화관광부는 2실 7국 4관 27과 6담당관 체제로 개편되었다(문화관광부, 『2004 문화정책백서』). 급변하는 디지털 환경에 대응하기 위해 문화미디어국이 새로이 설립되었는데, 문화산업국 소속이었던 방송광고과와 출판산업과가 이관되었고 추가로 문화미디어산업진흥과가 신설되었다. 문화산업국은 문화산업정책과, 영상산업진흥과, 게임음악산업과, 콘텐츠진흥과로 구성되었다. 또한 예술국에 문화예술교육과가 신설되었다. 2005년 8월에는 한국문화예술교육진흥원이 설립되어 본격적인 문화예술교육정책이 추진되기 시작하였다. 그리고 문화정책국에는 새로이 지역문화과와 국제문화협력과가 신설되었다.

## 2. 문화행정의 기조

참여정부 출범 직후 문화관광부는 1년여 준비기간을 거쳐 문화행정의 전체적인 프레임워크를 상세하게 정리한 두 권의 보고서를 발표하였다. 2004년 6월에 발간된 『창의한국: 21세기 새로운 문화의 비전』과 『새예술정책』이 그것이다.

### 1) 『창의한국』

『창의한국』은 우리나라 문화행정 역사상 보기 드물게 다양한 영역의 많은 전문가들이 참여하여 오랜 기간 토론회와 공청회 등을 거쳐 완성한 계획서였다. 이 보고서는 문화행정의 근본적인 비전부터 구체적인 추진과제까지 광범위하게 총망라하여 집대성한 역작이라고 평가된다. 『창의한국』은 “영혼 없는

**표 15-1 『창의한국』 5대 기본방향 및 27대 추진과제**

| 5대 기본방향 | 27대 추진과제 |
|---|---|
| 1. 문화와 개인:<br>문화 참여를 통한 창의성 제고 | ① 문화예술교육을 통한 문화역량 강화<br>② 학교체육 활성화를 통한 심신의 조화 발달<br>③ 문화활동 증진을 통한 여가문화의 질 향상<br>④ 생활체육 활성화를 통한 국민건강 증진<br>⑤ 창의적인 청소년 문화의 육성<br>⑥ 양성평등 문화 확립<br>⑦ 문화적인 노후생활 보장<br>⑧ 사회적 취약계층의 문화권 신장 |
| 2. 문화와 사회:<br>문화의 정체성과 창조적 다양성 제고 | ⑨ 새 언어문화의 형성<br>⑩ 열린 민족문화로 다가서는 문화정체성<br>⑪ 문화유산의 보존과 전통의 현대적 계승<br>⑫ 예술의 창조적 다양성 확대<br>⑬ 스포츠시스템의 개편과 지속적인 경기력 향상 |
| 3. 문화와 경제:<br>문화를 국가발전의 신성장 동력화 | ⑭ 문화산업의 고도화<br>⑮ 관광산업의 전략적 육성<br>⑯ 스포츠산업을 신성장 동력으로 육성 |
| 4. 문화와 지역:<br>국가균형발전의 문화적 토대 구축 | ⑰ 지역의 문화역량 제고<br>⑱ 쾌적하고 아름다운 공간환경 조성<br>⑲ 문화시설의 균형적 확충과 운영 활성화<br>⑳ 국민에게 다가가는 문화정보체계 구축<br>㉑ 지역문화의 역동적 특성화<br>㉒ 농어촌의 문화환경 조성<br>㉓ 신행정수도 문화기획 |
| 5. 문화와 세계:<br>평화와 번영을 위한 문화교류협력 증진 | ㉔ 국가의 문화적 이미지 향상<br>㉕ 국제교류 확대를 통한 문화 다양성 증진<br>㉖ 동북아 문화협력 강화<br>㉗ 남북 문화교류 확대 |

발전"에 대한 문화적 성찰을 제안하며, 더 나은 미래를 창조하기 위한 국가발전전략으로서 "창의성"을 강조하고, 이 창의성을 길러주는 인큐베이터로서의 "문화"의 필요성을 역설하였다. 이 보고서는 ① 창의적인 문화시민, ② 다원적인 문화사회, ③ 역동적인 문화국가를 문화행정의 3대 목표로 천명하였다. 그리고 〈표 15-1〉과 같이 5대 기본방향 및 27대 추진과제를 상세히 제시하였다.

**표 15-2 예술정책의 새 방향**

| | 〈이전의 예술정책〉 | | 〈새 예술정책〉 |
|---|---|---|---|
| 예술정책 대상과 범위 | · 전통적 기존 장르 중심 | ⇒ | · 탈장르 및 실험적, 대안적 예술 중시 등 대상범위 확대 |
| 중앙정부 역할 | · 집행 · 규제 · 감독자 | ⇒ | · 기획 · 조정 · 평가자 |
| 정책방향 | · 창작활동 중심 지원<br>· 주류, 기성작가 위주 지원 | ⇒ | · 창작, 매개, 향유부문 균형발전 정책<br>· 비주류, 신진작가 지원 강화 |
| 추진체계 | · 관 주도의 정책결정<br>· 중앙(정책결정)과 지방정부 (정책집행)의 서열화 | ⇒ | · 민간의 정책결정 역할 강화<br>· 중앙, 지방정부 및 민간과 분권 및 협력 |
| 정책수단 | · 국고, 기금에 과도한 의존<br>· 현행법 · 제도의 예술환경 변화 수용 한계 | ⇒ | · 민간기부 등 재원 다각화<br>· 예술 환경변화에 맞게 법 · 제도의 지속적 정비 |

**표 15-3 『새예술정책』의 4대 기본방향과 14대 추진과제**

| 4대 기본방향 | 14대 역점추진과제 |
|---|---|
| 1. 향유자 중심의 예술활동 강화 | ① 예술교육을 통한 문화향유능력 개발<br>② 생활 속의 예술참여 활성화<br>③ 예술의 공공성 제고 |
| 2. 예술의 창조성 증진 | ④ 장르별 예술 창작활동 지원 확대<br>⑤ 새롭고 실험적인 예술활동 지원<br>⑥ 남북 및 국제예술교류를 통한 예술의 지평 확대<br>⑦ 국립예술시설 · 단체의 기능 활성화 및 특화된 예술환경 조성 |
| 3. 예술의 자생력 신장 | ⑧ 예술인에 대한 사회적 예우 강화<br>⑨ 예술전문인력의 체계적 양성 및 재교육<br>⑩ 예술의 산업적 발전 지원<br>⑪ 개성 있는 지역문화 진흥 |
| 4. 열린 예술행정체계 구축 | ⑫ 예술지원 시스템을 현장 중심으로 전환<br>⑬ 예술재원의 안정적 확충과 효과적 활용<br>⑭ 예술진흥을 위한 법과 제도 개선 |

### 2) 『새예술정책』

그동안 문화 · 예술에 대한 정부지원이 늘어났음에도 불구하고 실질적 수혜자는 문화산업과 대중문화 분야에 집중되어 예술은 상대적으로 정책적 관심에서 소외되었다는 불만이 많이 제기되었다. 『새예술정책』은 기초예술의 위기에 대한 우려와 반성 위에서 '예술의 힘, 미래를 창조합니다'라는 중장기 예술진흥 비전을 설정하고 〈표 15-2〉와 같이 예술정책의 새로운 방향을 제시하였다. 보다 구체적인 정책 내용은 〈표 15-3〉과 같이 4대 기본방향과 14대 역점추진과제로 정리하였다.

## 3. 문화관련 법과 정책

참여정부의 문화행정의 기본 방향은 자율, 참여, 분권, 연계통합이라고 할 수 있다(박광무, 2010: 279). 그리고 문화행정의 범주가 보다 다양한 영역들로 확대되었다(문화체육관광부, 『2008 문화정책백서). 예를 들면 공간문화 · 공공디자인 정책, 학교 등에서의 문화예술교육, 장애인 등 사회적 취약계층에 대한 지원 등이 새롭게 문화정책의 대상으로 강조되었다. 그리고 문화바우처 등 사회취약계층을 대상으로 한 문화나눔사업이 광범위하게 추진되었다. 또한 예술지원 행정에 있어서 팔길이 원칙을 구현하는 차원에서 기존의 한국문화예술진흥원을 한국문화예술위원회로 개편하였다. 한편 지역균형발전 기조에 따라 광주, 전주, 경주, 부산 등 지역거점 문화도시 조성사업이 추진되었다. 다른 한편으로 국민의 삶의 질 향상을 위한 국민여가진흥 중장기 계획이 2008년에 수립되었다. 그리고 아시아 각 국가들과의 문화교류를 위한 문화동반자 사업이 시행되었다.

문화예술교육의 체계적 지원을 위해 2005년 「문화예술교육지원법」이 제정되고 한국문화예술교육진흥원이 설립되었다. 2006년에는 문화 관련 주요 법률들이 다수 제정되었다. 우선 「아시아문화중심도시조성에 관한 특별법」과 「독서문화진흥법」이 제정되었다. 그리고 기존의 「영화진흥법」과 「음반 · 비디오물 및 게임물에 관한 법률」을 장르별로 재정리하여 「영화 및 비디오물의 진흥에 관한 법률」, 「게임산업진흥에 관한 법률」, 「음악산업진흥에 관한 법률」이 각기 제정되었다. 또한 영화진흥법 시행령을 개정하여 기존 146일이었던 스크린쿼터일수를 73일로 축소하였다. 2007년에는 「인쇄문화산업진흥법」이 제정되었다.

## 4. 문화행정의 특징

### 1) 사회적 취약계층의 문화향유 기회 증진

참여정부는 소외계층의 삶의 질 개선을 위한 문화향수 지원 정책의 필요성을 강조하였다. 2003년도부터 분야별로 전문 TF를 만들어 계층별로 특화된 지원방안을 마련하기 위한 노력을 기울였다. 그리고 사회적 취약계층의 문화향수권 신장을 위한 다양한 사업들, 예컨대 객석 기부제, 찾아가는 문화활동 지원, 문화적인 교정시설 운영모델 개발, 외국인 노동자를 위한 문화의 집 조성 등을 지원하였다. 2006년부터는 문화양극화 해소를 위해 노인, 장애인, 아동복지시설의 아동, 국제결혼 이주여성, 외국인 이주노동자 등 사회 취약계층을 대상으로 다양한 문화복지 사업을 중점 추진하였다.

문화 소외계층 지원을 위한 대표적인 정책은 문화바우처 사업이라 할 수 있다. 문화바우처는 2005년 당시 문화관광부가 국고 4억 원을 투입하여 시범사업으로 최초로 시행하였다. 2006년부터 한국문화예술위원회가 추진해 오고 있으며, 2006년 26억 원(국고 20억 원, 기금 6억 원), 2007년 20억 원(기금), 2008년 27억 원(기금)이 지원되었다. 이 사업을 통해 경제적 여건 등으로 인해 문화활동에 제약을 받고 있는 저소득층의 문화향수 기회 확대를 위하여 공연·전시 등 문화예술 관람비용을 지원하였다. 노인, 장애인 등 거동이 불편한 참여자에게는 보조인력 지원, 티켓수령, 좌석안내, 휠체어, 수화통역 등 부가서비스를 제공하고 있다. 또한 작품에 대한 선택권을 보장하기 위하여 연극, 뮤지컬, 음악, 전시, 영화 등 다양한 프로그램을 선정하는 등 지속적 사업운영 개선을 통해 사업성과를 제고하였다.

### 2) 문화산업 육성

참여정부는 이전 문민정부와 국민의 정부에 이어 계속해서 문화산업 육성에 심혈을 기울였다. 2003년 8월 청와대에서 열린 차세대 성장 동력 보고회에서 문화콘텐츠산업이 10대 국가적 미래전략산업의 하나로 선정되었다. 같은 해 12월에는 〈문화산업 5대 강국 실현을 위한 문화산업 정책비전〉이 발표되었는데, 우리나라 문화산업의 국제경쟁력을 확보하기 위해 전문인력 양성, 문화산업기술(CT) 개발, 투자 및 유통환경 개선, 지역문화산업 육성 등이 주요 정책과제로 제시되었다.

2005년 3월에는 문화관광부 업무보고를 통해 '문화 · 관광 · 레저스포츠산업 육성전략'이 발표되었다. 이 계획의 핵심은 차세대 성장 동력인 문화 · 관광 · 레저스포츠산업을 전략적으로 육성하여 국내 산업경쟁력 및 국가이미지 제고를 통해 아시아 문화중심국가로 도약한다는 구상이다(문화관광부, "2005년 문화관광부 업무보고", 2005). 한편 같은 해 7월에는 보다 상세한 청사진이 〈문화강국 C-KOREA 2010〉 육성 전략으로 발표되었다. 콘텐츠(Contents), 창의성(Creativity), 문화(Culture)의 3C를 바탕으로, 차세대 성장 동력인 문화 · 관광 · 레저스포츠산업을 전략적으로 육성하여 국민소득 3만 달러 시대를 이끌어 내고 지역불균형 및 사회 양극화를 해소한다는 것이 핵심이었다. 이 계획은 "C-KOREA, 문화로 부강하고 행복한 대한민국"이라는 비전하에 3대 정책목표(① 세계 5대 문화산업 강국 실현, ② 동북아시아 관광허브 도약, ③ 세계 10대 레저스포츠 선진국 진입)와 10대 핵심과제를 제시하였다. 2006년 문화관광부는 '지적재산 강국을 위한 콘텐츠산업 진흥 비전'을 발표하였다. "콘텐츠로 부강하고 행복한 나라"를 비전으로, 그리고 "2010년 세계 5대 문화콘텐츠 강국 실현"을 정책목표로 제시하였다.

### 3) 국제문화교류

우리나라의 문화적 위상을 확보하고 국가 이미지를 개선하기 위해 아시아 문화동반자사업을 추진하게 되었다. 2005년 9월 시범사업이 실시되었고 2006년부터 본격적으로 추진되었다. 문화동반자사업은 아시아, 남미 아프리카의 유망 문화예술인들을 초청하여 실무연수 및 공동창작, 문화체험 등을 실시하는 문화연수 사업이다. 분야는 문화정책, 전통・현대예술, 문화산업, 미디어, 관광, 체육 등 문화 전반에 걸쳐 있다. 대상국가는 그동안 우리나라와 교류가 비교적 많았던 중국과 일본을 제외한 아시아, 남미, 아프리카 각국이다. 젊고 유망한 신진 문화・관광・체육인사들을 우리나라에 초청하여 6개월 이상 체류하며 국립문화시설, 산하・유관단체, 지방자치단체 등에서 분야별 실무연수 등을 실시하게 된다.

### 4) 지역문화 진흥

"지방분권과 국가 균형발전"은 참여정부의 핵심 국정과제 중의 하나이다. 문화관광부는 '지역문화 활성화 대책'을 수립하고 2004년 5월 국무회의에서 보고하였다. 여기서 제시된 주요 대책들로는 인력과 프로그램 지원을 통한 문화기반시설의 운영 활성화, 문화예술교육의 확대를 통한 지역의 문화적 활력 제고, 민・관・학 연계를 통한 지역문화 발전체계 정립, 지방문화원을 지역문화진흥의 구심체로 육성, 주민생활과 밀접한 생활 친화적 문화공간 조성 운영, 문화・관광을 통한 기초단위마을 살리기 운동 추진 등이다(문화관광부, "지역문화 활성화대책", 2004).

## 4절 이명박 정부(2008. 2～2013. 2)

### 1. 문화행정 조직

이명박 정부 출범 직후인 2008년 2월 29일 정부조직 개편에 따라 국정홍보처의 국정홍보 및 정부발표 업무와 정보통신부의 디지털콘텐츠 업무가 문화관광부로 이관되면서 부서 명칭도 문화체육관광부로 변경되었다(문화체육관광부,

『2013 문화예술정책백서』). 그리고 복수차관제가 도입되어 2차관, 3실, 5국, 2단, 11관, 62과(팀), 11개 소속기관 체제가 되었다. 2009년 5월 4일에는 작은정부를 지향하는 정부방침에 따라 대국대과제를 실시하여 본부 62과(팀)를 54과(팀)로 축소하였다. 2010년 7월 2일 홍보정책관이 폐지되고 문화정책관이 신설되었다. 2012년 2월 1일에는 국무총리실의 홍보기획 및 홍보정책의 총괄・조정기능을 문화체육관광부로 일원화하여 국민소통실을 신설하였다. 2012년 9월 7일 박물관 정책을 보다 체계적으로 추진하기 위해 문화예술국에 박물관 전담부서인 박물관정책과가 신설되었다.

## 2. 문화관련 법과 정책

이명박 정부 시기에 시행된 주요 문화정책은 다음과 같다(문화체육관광부, 『2012 문화예술정책백서』). 우선 국가대표 문화공간 조성사업의 일환으로 대한민국역사박물관, 국립현대미술관 서울관, 한글박물관, 남한강예술특구 등이 건립되었다. 지역문화시설로는 국립나주박물관과 통영국제음악당 건립이 추진되었다. 2009년에는 명동극장을 재개관하였고, 2010년에는 대학로에 '예술가의 집'을 개관하는 한편 서계동 기무사터에 열린문화공간을 조성하였다. 소외계층의 문화향유권 제고를 위해 문화복지 예산이 확대되고 수혜범위도 저소득층 위주에서 장애인, 노인, 복지시설 및 다문화 가정 등으로 확대되었다. 2008년 5월 1일부터는 국립중앙박물관 및 지방 국립박물관, 국립현대미술관에서 무료관람이 시행되었다. 예술재원 확충방안의 일환으로 2010년에는 경륜경정 수익금의 일부를 문화예술진흥기금에 출연하도록 하였다.

한편 문화예술부문의 일자리 창출 및 복지를 위한 다양한 프로그램들이 시행되었다. 특히 예술인들의 복지 및 안정적 창작활동을 보장하기 위해 2011년 11월 17일 「예술인 복지법」이 제정되었다. 2012년 11월에는 예술인의 사회보장 확대와 직업안정・고용창출 지원 등을 수행할 한국예술인복지재단이 출범하였다. 또한 예술지원정책에 있어서는 '선택과 집중', '간접지원', '사후 지원' 및 '생활 속 예술'이라는 4대원칙을 정립하였다. 그리고 2009년에는 국립극단을 재단법인화하였고 2010년에는 국립현대무용단과 국립어린이인형극단을 신설하였다. 한편 프랑스 외규장각 도서와 일본 궁내청 소장 조선왕조도서 등 해외에 소장된 우리 문화재의 환수작업이 이루어졌다.

그밖에 이명박 정부 시기에 새로 제정된 문화관련 법률은 다음과 같다. 2008년 6월 5일 「잡지 등 정기간행물의 진흥에 관한 법률」이, 2009년 6월 9일 「문화재보호기금법」이 제정되었다. 그리고 저작권보호 정책의 일관성 유지와 효율적 집행을 위하여 2009년 4월 22일 「컴퓨터프로그램법」을 「저작권법」에 통합하였다. 2010년 2월 4일에는 「문화재수리 등에 관한 법률」과 「매장문화재 보호 및 조사에 관한 법률」이 제정되었다. 그리고 2010년에는 기존의 「온라인 디지털콘텐츠산업 발전법」을 「콘텐츠산업 진흥법」으로 전부 개정하여 콘텐츠산업의 발전을 위한 각종 행정적 · 재정적 지원의 근거를 마련하였다.

## 3. 문화행정의 특징

이명박 정부가 출범하면서 내세웠던 문화행정의 기조는 '공공성의 원칙'과 '효율적인 운영'이었다(문화체육관광부, 『2008 문화정책백서』). '공공성의 원칙'에서 가장 중요한 것은 공적 지원에 따르는 책임과 의무였다. 즉 문화예술을 위한 지원은 공공적 필요성에 근거해야 하며 또한 국민 세금이 사용되는 만큼 이에 따른 책임과 의무가 명확해야 한다는 것이다. '효율적인 운영'과 관련해서는 '경쟁력 제고'와 '맞춤형 서비스'를 두 가지 방향으로 설정하였다. 이러한 문화정책 기조는 '선택과 집중', '사후지원', '간접지원'이라는 지원방식으로 구체화되어 정책 및 사업 수립에 적용되었다.

이와 같은 기본원칙과 방향에 따라 이명박 정부의 〈문화비전〉이 발표되었다. "품격 있는 문화국가, 대한민국"라는 문화정책의 비전 아래 '문화가 펼쳐

지는 나라', '콘텐츠로 부유한 나라', '브랜드가 있는 관광의 나라', '스포츠로 신명나는 나라'를 4대 목표로 설정하였다. 그리고 문화행정의 기본 방향으로 문화예술 본연의 가치 강조, 예술지원 체계 개선, 사회적 취약계층의 문화향유 기회 확대, 예술인 복지 및 창작 역량 제고, 녹색생활문화 기반 조성, 고유문화자원의 활용 및 콘텐츠구성 활성화를 제시하였다(문화체육관광부, 『2012 문화예술정책백서』).

## 5절 박근혜 정부(2013. 2～2017. 5)

### 1. 문화행정 조직

2013년 3월 23일 박근혜 정부가 출범하면서 신설된 미래창조과학부에 기존 문화체육관광부가 담당하던 디지털콘텐츠 사무가 이관되었다. 문화체육관광부의 자체 조직개편이 시행되었다. 그리고 문화예술국을 문화정책국과 예술국으로 분리하고, 관광산업국을 관광국으로 개편하는 한편, 도서관정보정책기획단을 도서관·박물관정책기획기획단으로 개편하였다. 2013년 12월 12일에는 문화체육관광부의 정부세종청사 이전에 따라 인사과와 운영지원과를 운영지원과로 통합하는 한편 스포츠산업과를 신설하였다. 2014년 2월 17일에는 인문정신문화 진흥을 위하여 도서관박물관정책기획단을 문화기반국으로 개편하였다. 같은 해 10월 23일에는 정책 분야별 융합행정의 성과 제고를 위하여 문화예술정책실(문화정책관, 예술정책관, 문화기반정책관) 및 관광체육레저정책실(관광정책관, 체육정책관, 관광레저정책관)을 각각 신설하였다. 그리고 미디어정책국을 문화콘텐츠산업실 소관의 미디어정책관으로 개편하였다. 2015년 3월 23일에는 국정홍보 기능 강화를 위하여 차관보를 신설하고, 2018 평창 동계올림픽 지원체계 구축을 위하여 체육협력관과 평창동계올림픽지원과를 신설하였다. 2017년 5월 31일 현재 문화체육관광부는 2차관, 1차관보, 7실, 17관, 52과, 18개 소속기관을 두고 있다.

## 2. 문화관련 법과 정책

박근혜 정부는 “경제부흥”, “국민행복”, “평화통일 기반 구축”과 함께 “문화융성”을 4대 국정기조로 제시하며 임기 내 문화재정 2% 달성을 약속하였다. 정부가 문화를 핵심 정책기조로 내세운 것은 유례가 없던 일이었다. 2013년 7월 25일 문화융성의 구현을 총괄지휘할 기관으로 문화융성위원회가 출범하였다. 동 위원회는 문화융성 8대 정책과제로 ① 문화융성을 이끌 인문가치 정립, ② 전통문화의 생활화, ③ 생활속 문화 확산, ④ 지역문화 자생력 강화, ⑤ 예술계 자율적 창작생태계 조성, ⑥ 문화융합 모델 발굴 및 육성 지원, ⑦ 문화가치의 국내외 확산, 그리고 ⑧ 아리랑의 재해석과 국민축제화를 제시하였다(문화융성위원회, 2013). 한편 문화체육관광부는 〈표 15-4〉와 같이 문화융성의 3대 전략으로 ‘문화참여 확대’, ‘문화 · 예술 진흥’, ‘문화와 산업의 융합’을 설정하고 이를 실현하기 위한 10대 과제도 발표하였다.

문화융성의 대표적인 정책은 2014년 1월부터 실시된 〈문화가 있는 날〉 사업이라 할 수 있다. “일상 속에서 문화로 행복한 삶”을 구현하기 위한 이 사업은 매월 마지막 주 수요일을 “문화가 있는 날”로 지정하고 이와 연계하여 전 국민이 주요 문화시설에서 무료 또는 할인된 가격으로 문화예술을 향유할 수 있도록 하는 것이다(양혜원, 2015). 〈문화가 있는 날〉 사업은 다음과 같이 몇 가지 성과를 거두고 있는 것으로 평가된다(한승준, 2017: 355). 첫째, 문화시설과 단체의 참여가 점차 확대되었다. 2014년 1월 883개의 기관에서 출발하여 2016년 1월 현재 1,570개의 기관으로 확대되었다. 참여 프로그램은 2014년 1월 883건에서 2015년 4월에 1,816건으로 확대되었다. 둘째, 사업에

**표 15-4 문화융성 3대 전략과 10개 과제**

| 3대 전략 | 10개 과제 | 내용 |
|---|---|---|
| 문화참여 확대 | 문화재정 2% 달성 및 문화기본법 제정 | - 국민의 문화향유 기회 확대, 문화예술 창작 기반 마련, 콘텐츠 및 관광산업 육성을 도모하기 위하여 문화재정의 비중을 2%로 확대<br>- 문화융성과 문화국가 실현의 토대인 문화기본법 제정 추진 |
| | 문화참여기회확대와 문화격차 해소 | - 생애주기에 따른 문화 향유의 지원체계 구축<br>- 지역사회와 연계된 각종 문화예술교육의 활성화<br>- 지역 특성에 맞는 문화도시 및 문화마을 조성<br>- 장애인의 문화향유 권리 보장을 위한 제도적 장치 마련 |
| | 문화다양성 증진과 문화교류·협력 확대 | - 지구촌 시대에 걸맞은 다양한 국제 문화교류 고무<br>- 남북한의 문화교류 및 협력 확대를 위한 전략 추진<br>- 한국문화의 전문적인 해외 홍보 강화 |
| | 생태휴식공간 확대 등 행복한 생활문화 공간 조성 | - 도심 생태휴식공간 조성 및 생태공간의 생태적 건강성 복원 추진<br>- 산책로, 휴식 문화공간, 놀이터, 도서관 등 기초 생활인프라에 대한 지원 추진<br>- 도심지 주거 생활환경의 불편함을 해소하기 위한 방안 마련 |
| 문화·예술 진흥 | 예술인 창작안전망 구축 및 지원 강화 | - 예술인 복지 확충 및 문화예술단체에 대한 지원 강화<br>- 순수예술 및 비주류 문화예술분야에 대한 창작 지원 시행<br>- 문화법인의 설립과 관련한 제도의 도입 유도 |
| | 문화유산 보존 강화 및 활용 확대 | - 문화유산 관리체계 강화, 전통문화 향유 기획 확대를 위한 새로운 제도적 조치 추진<br>- 국립한글박물관 조성 및 '아리랑의 날'제정 |
| | 인문·정신문화의 진흥 | - 한국형 인문정신문화 진작 및 한국의 정신적 가치 진흥을 위한종합 지원체계 구축<br>- '정신문화포럼' 설치 및 정례화 등 정신문화 진흥기반 구축을 위한 정부관련 부처 간의 노력 |
| 문화와 산업의 융합 | 한국 스타일 콘텐츠 산업 육성 | - 킬러콘텐츠 집중 육성 지원 및 콘텐츠코리아랩 설치<br>- 창의인재 멘토링 프로그램 설치 및 문화콘텐츠 투자·융자 확대<br>- 문화기술(CT) 연구개발 예산 확대 및 문화기술 기획평가시스템 제도강화 |
| | 고부가가치 융·복합 관광 산업 육성 | - 마이스(MICE)산업 및 다양한 관광산업의 개발과 운영 지원<br>- 국제 관광협력 강화 및 ODA 확대 도모<br>- 외국인관광객 출입국 편의 지원 실시 계획 |
| | 스포츠 활성화로 건강한 삶 구현 | - 생애주기별 스포츠 활동 지원시스템 구축<br>- 공공스포츠클럽의 문화법인화 도모<br>- 체육인 복지 강화 및 안정적인 스포츠 일자리 창출 |

참여한 문화시설・단체의 이미지 제고, 매출 증대, 사회공헌 활동 등의 긍정적 효과가 발생하였다. 문화가 있는 날은 문화 소비 금액이 일반 수요일 대비 23~61%가 늘어났으며, 문화시설 이용건수도 2013년 대비 2014년에는 23.8% 늘어났다. 셋째, 참여 국민들의 만족도 및 재참여 의향도 매우 높은 수준으로 조사되었다.

한편 「문화기본법」 제5조 제4항에 의거하여 2014년 〈문화영향평가제〉가 도입되었다. 문화영향평가제는 "국가나 지방자치단체가 각종 계획과 정책을 수립할 때에 문화적 관점에서 국민의 삶의 질에 미치는 영향을 평가하여 긍정적 영향을 강화・확산시키고 부정적 영향을 최소화할 수 있는 방안을 제시함으로써 문화적 가치가 사회적으로 널리 확산될 수 있도록 하기 위한 제도"이다(한국문화관광연구원, 2017: 1). 이 제도는 정책집행 사후의 성과평가가 아니라 해당 정책의 문화적 영향을 사전에 분석하고 정책이 문화적 가치를 반영할 수 있도록 권고하는 정책분석의 한 유형이라 할 수 있다. 2014년과 2015년에 1차 및 2차 시범평가가 시행되었고 2016년부터 매년 본평가가 실시되고 있다.

박근혜 정부 시기에 제정된 가장 중요한 문화 관련법은 2013년 12월 20일 제정된 「문화기본법」이다. 이 법은 문화에 관한 국민의 권리와 이를 보장하기 위한 국가 및 지방자치단체의 책임을 정하고 문화정책의 방향과 추진 사항을 명시하였다. 그리고 「문화예술진흥법」이 개정되어 문화예술의 정의에 '만화'가 포함되게 되었다. 2014년 1월 28일에는 지역 간의 문화격차를 해소하고 문화발전을 도모하기 위한 「지역문화진흥법」, 문화예술에 대한 민간 후원을 촉진하기 위한 「문화예술후원 활성화에 관한 법률」, 문화적 다양성과 문화공존의식을 높이기 위한 「문화다양성의 보호와 증진에 관한 법률」이 제정되었다. 그리고 2015년에는 「국민여가활성화 기본법」과 「공예문화산업 진흥법」이 제정되었다.

## 3. 문화행정의 특징

박근혜 정부는 최초로 '문화융성'을 극정기조의 하나로 설정할 만큼 문화의 중요성을 강조하였다. 이 때문에 문화예술계는 물론 일반 국민들도 문화발전에 대한 큰 기대감을 가졌었다. 그러나 2016년 10월에 터져나온 소위 '최순실 국정농단' 사건은 엄청난 국민적 분노를 불러일으켰고 마침내 헌정사상 초유의 임기 중 대통령 탄핵으로까지 이어졌다. 박근혜 대통령의 비선실세 최순실과 그 주변 인사들의 전횡은 주로 문화체육관광부 업무와 많이 연관되어 있었다. 특히 정권에 비판적인 예술인들을 각종 정부지원 사업으로부터 배제시키기 위한 블랙리스트 작성 혐의로 문화체육관광부 장·차관과 대통령 비서실장까지 구속되기에 이르렀다. 정권 차원의 블랙리스트 작성은 표현의 자유에 대한 심각한 침해이자 비민주적 적폐라는 비판을 면치 못하였다(김재엽, 2017; 박소현 2017). 아울러 정부와 예술의 올바른 관계를 되돌아보게 하는 반면교사가 되었다.

## 참고자료 역대 정부 문화행정의 이념과 특징

| 시 기 | 이 념 | 특 징 |
|---|---|---|
| 제1 · 2공화국<br>(1948~1961) | 반공주의 | - 문화에 대한 정책적 관심과 지원 미약<br>- 무위방임시기 |
| 제3공화국<br>(1961~1972) | 민족문화의 창달 | - 문화행정 추진을 위한 법체제 확립<br>- 공보행정 우위의 문화행정<br>- 규제 · 통제 중심의 문화행정 |
| 제4공화국<br>(1972~1981) | 자주적 민족문화 | - 전통문화 계승과 새로운 민족문화 창조<br>- 올바른 민족사관의 정립<br>- 대국민 홍보용 문화사업 |
| 제5공화국<br>(1981~1988) | 문화의 민주화 | - 민족문화의 주체성 확립<br>- 문화시설 확충 및 재정 확대<br>- 지역문화의 균형적 발전 |
| 제6공화국<br>(1988~1993) | 문화주의 | - 생활문화 및 문화 균점화<br>- 문화복지 및 문화향수권 강조<br>- 통일문화 기반 조성 노력 |
| 문민정부<br>(1993~1998) | 세계화와 민주화 | - 민족정기의 확립 강조<br>- 우리 문화의 세계화 강조<br>- 문화산업 육성 시작 |
| 국민정부<br>(1998~2003) | 창의적 문화국가 | - 진흥 위주 문화행정으로 전환<br>- 문화산업의 본격적인 육성<br>- 문화예산 1% 및 1조 원 달성 |
| 참여정부<br>(2003~2008) | 참여 · 자율 · 분권 | - 새로운 문화행정시스템과 민간 자율성 강화<br>- 수요자 중심의 문화행정<br>- 문화행정의 영역과 대상 확대<br>- 문화 분권 정책 실시 |
| 이명박 정부<br>(2008~2013) | 품격 있는<br>문화국가 | - 예술 자체의 완성도와 가치 제고<br>- 사회적 약자의 문화향유 기회 확대<br>- 정부 · 지자체 · 민간 간 역할 분담<br>- 선택과 집중 등 지원방식의 개편 |
| 박근혜 정부<br>(2013~2017) | 문화융성 | - 문화의 융성<br>- 문화를 통한 융성<br>- 창조경제 진흥 |

출처: 오양열(2015), <표 1>.

제 16 장

# 우리나라 문화행정의 변화 추세

1절 영역의 확대

2절 재정의 확대

3절 규제 · 통제에서 자율 · 진흥으로

4절 문화산업의 급부상

5절 소속기관 및 법령의 확대

6절 지역문화재단의 확산

# 제 16 장 ▮ 우리나라 문화행정의 변화 추세

이상으로 해방 이후 우리나라 문화행정의 흐름을 정권별로 살펴보았다. 앞에서도 언급했듯이 우리나라 문화행정의 변화는 단절적인 변화라기보다는 점진적인 변화였다. 물론 중요한 의미를 지닌 혁신적 변화가 도입된 경우도 종종 있었다. 그러나 그러한 경우라도 문화행정 전반에 걸쳐 즉각적으로 가시적인 변화가 나타난 것은 아니었다. 거시적인 관점에서 우리나라 문화행정의 변화를 조망해보면 다음과 같은 몇 가지 특징을 발견할 수 있다.

## 1절 영역의 확대

### 1. 문화행정 영역의 확대

제1공화국 이후 지금까지 우리나라 문화행정의 영역은 꾸준히 확대되어 왔다. 처음에는 주로 전통문화의 보존과 순수예술 창작활동에 대한 지원이 문화행정의 중심 과제였다. 그러나 문화적 삶의 영역이 점차 다양해지고 넓어짐에 따라 문화행정의 영역과 대상도 같이 확대되었다. 다양한 대중문화의 팽창, 전통문화와 현대문화 간의 다채로운 교류, 인터넷 보급에 따른 온라인이라는 새로운 차원의 문화 공간 등장, 문화와 산업의 광범위한 결합, 관광과 문화 및 스포츠 간의 상호연계 등은 모두 문화적 지형이 확대되었음을 보여준다(문화관광부, 『개방과 소통의 국제문화교류: 국제문화교류 중기계획』, 2004). 이에 따라 문화행정의 영역도 과거 고급예술 위주에서 민속 및 대중문화까지 포괄하도록, 창작자·예술가 위주에서 소비자·시민 위주로, 문화의 생활화에서 일상생활의 문화화까지, 그리고 소비 위주에서 생산(문화산업)까지 포함하도록 확대되어 왔다(정홍익, 1997). 뿐만 아니라 사회·경제적 환경의 변화에 부응하여 디지털 문화콘텐츠 활성화, 지역문화의 균형적 발전, 소외 계층·지역의 문화접근 확대, 문화·예술 교육의 진작 등으로 정책적 관심 대상이 확대되어 왔다.

## 2. 문화행정 조직체계의 변천

문화행정의 영역확대를 보여주는 객관적 지표 중의 하나는 문화행정을 담당하는 중앙 행정기관 조직편제의 변화상이다. 〈표 16-1〉에서 보듯이 1948년 공보처가 처음 출범하던 당시에는 4국 체제였으며, 1968년 처음으로 '문화'라는 단어를 부서 명칭으로 사용한 문화공보부로 개편될 때에는 1실 4국 체제였다. 그 이후 약 20여 년간 큰 변화 없이 지속되다가 1990년 문화부로 독립되면서 2실 4국 11담당관 18과 체제로 확대되었다. 1993년에는 체육부와 통합되면서 3실 7국 12담당관 34과 체제로 커졌다가 1998년 문화관광부로 명칭이 변경되면서 2실 6국 5관 5담당관 29과 체제로 잠시 축소되었다.

문화관광부의 조직체계는 노무현 정부 출범 이듬해인 2004년 말에 다시 2실 7국 4관 6담당관 27과 체제로 확대 개편되었다. 2006년 7월 25일에는 전면적인 팀제가 도입되었으며, 2007년 9월 18일에는 본부제가 도입되어 문화산업본부 및 관광산업본부가 신설되었다. 이명박 정부 출범 직후인 2008년 3월 6일에는 부서 명칭이 문화체육관광부로 변경되면서 2차관 3실 5국 2단 11관

**표 16-1 우리나라 문화행정 조직체계의 변천**

| 날 짜 | 주요 개편 내용 | 명 칭 |
|---|---|---|
| 1948. 11. 4 | ○공보처 신설<br>–4국: 공보국, 출판국, 통계국, 방송국 | 공보처 |
| 1956. 2. 9 | ○공보처 폐지. 대통령 소속하에 공보실 신설<br>–3국: 공보국, 선전국, 방송관리국 | |
| 1961. 6. 22 | ○공보부 신설: 4국<br>–4국: 조정국, 공보국, 문화선전국, 방송관리국 | 공보부 |
| 1968. 7. 24 | ○공보부를 문화공보부로 개편: 1실 4국<br>–문화선전국을 문화국으로 개편<br>–조정국 폐지, 예술국 신설 | 문화공보부 |
| 1979. 4. 13 | ○문화국과 예술국을 통합하여 문화예술국으로 개편<br>○보도국 폐지<br>○종무국과 국제교류국 신설 | |
| 1990. 1. 3 | ○문화부 신설: 2실 4국 11담당관 18과<br>–문화공보부에서 문화부와 공보처로 분리 개편<br>–4국: 문화정책국, 생활문화국, 예술진흥국, 어문출판국 | 문화부 |
| 1993. 3. 6 | ○문화체육부로 개편: 1차관보 3실 7국 12담당관 34과<br>–문화부와 체육청소년부 통합<br>–7국: 문화정책국, 생활문화국, 예술진흥국, 어문출판국, 체육정책국, 체육지원국, 국제체육국 | 문화체육부 |
| 1994. 5. 4 | ○어문출판국 폐지<br>○문화산업국 신설: 문화산업기획과, 출판진흥과, 영화진흥과, 영상음반과 | |
| 1994. 12. 23 | ○예술진흥국에 전통예술과 신설. 예술1과를 예술진흥과로, 예술2과를 공연예술과로 개칭<br>○영화진흥과와 영상음반과를 문화산업국으로 이관<br>○생활문화국을 문화정책국에 통합: 문화정책과, 언문과, 문화진흥과, 도서관박물관과, 문화교류과<br>○교통부의 관광국을 문화체육부로 이관: 관광기획과, 국제관광과, 관광시설과체육지원국을 체육정책국에 통합 | |
| 1996. 6. 29 | ○문화정책국의 문화진흥과를 지역문화예술과로 명칭 변경하여 예술진흥국으로 이관<br>○예술진흥국의 저작권과를 문화산업국으로 이관 | |
| 1998. 2. 28 | ○문화관광부로 개편<br>○1차관보 2실 6국 5관 5담당관 29과 16개 소속기관<br>–공보처 폐지에 따른 일부 기능 흡수<br>–6국: 문화정책국, 예술진흥국, 문화산업국, 관광국, 체육국, 청소년국 | 문화관광부 |
| 2001. 5. 10 | ○문화산업국 내에 문화 콘텐츠진흥과 신설 | |
| 2004. 11. 11 | ○2실 7국 27과 4관 6담당관<br>○문화미디어국 신설: 방송광고과, 출판산업과, 문화미디어산업진흥과(신설)<br>○예술국에 문화예술교육과 신설<br>○문화정책국에 지역문화과와 국제문화협력과 신설 | |
| 2005. 3. 31 | ○정책홍보관리실, 관광레저도시추진기획단 설치 | |

| | | |
|---|---|---|
| 2005. 12. 9 | ㅇ장애인체육과 신설 | |
| 2006. 7. 25 | ㅇ전면적인 팀제 도입 | |
| 2007. 5. 2 | ㅇ아시아문화중심도시추진단, 도서관정보정책기획단 신설 | |
| 2007. 9. 18 | ㅇ본부제 도입: 문화산업본부, 관광산업본부 신설 | |
| 2008. 3. 6 | ㅇ문화체육관광부로 명칭 변경<br>ㅇ2차관 3실 5국 2단 11관 62과(팀) 11개 소속기관<br>- 국정홍보처의 국정홍보 및 정부발표 기능 이관<br>- 정보통신부의 디지털콘텐츠산업 기능 이관 | 문화체육관광부 |
| 2009. 5. 4 | ㅇ조직 간소화를 위한 대국대과제 실시: 본부 62과(팀)를 54과(팀)로 축소, 개편 | |
| 2010. 7. 2 | ㅇ홍보정책관 폐지, 문화정책관 신설<br>ㅇ국제문화과를 해외문화홍보원으로 이관 | |
| 2010. 12. 8 | ㅇ홍보지원국에 온라인홍보협력과 신설 | |
| 2012. 2. 1 | ㅇ2차관, 4실, 4국, 2단, 12관, 55과, 16개 소속기관<br>ㅇ국민소통실 신설: 국무총리실에서 수행하던 홍보기획 및 홍보정책의 총괄·조정기능을 문화체육관광부로 일원화 | |
| 2012. 9. 7 | ㅇ문화예술국에 박물관정책과 신설 | |
| 2013. 3. 23 | ㅇ디지털콘텐츠 사무를 신설 미래창조과학부로 이관<br>ㅇ문화예술국을 문화정책국과 예술국으로 분리<br>ㅇ관광산업국을 관광국으로 개편<br>ㅇ도서관정보정책기획단을 도서관·박물관정책기획기획단으로 개편 | |
| 2014. 2. 17 | ㅇ도서관박물관정책기획단을 문화기반국으로 개편 | |
| 2014. 10.23 | ㅇ문화예술정책실 신설: 문화정책관, 예술정책관, 화기반정책관<br>ㅇ관광체육레저정책실 신설: 관광정책관, 체육정책관, 관광레저정책관<br>ㅇ미디어정책국을 문화콘텐츠산업실 소관 미디어정책관으로 개편 | |
| 2015. 3. 23 | ㅇ제2차관 산하에 국정홍보 기능 차관보 신설<br>ㅇ체육협력관, 평창동계올림픽지원과 신설 | |
| 2015. 12.31 | ㅇ2차관, 6실, 16관, 52과, 18개 소속기관 | |

출처: 문화체육관광부, 『문화예술정책백서』, 각년도.

62과/팀 11개 소속기관 체제가 되었다. 또한 기존 국정홍보처의 국정홍보 및 정부발표 기능과 정보통신부의 디지털콘텐츠산업 기능이 이관되었다. 그 후 2009년 5월 4일에는 대국대과체제로 전환하면서 본부 62과/팀이 52과/팀으로 다소 축소되었다. 그러나 2012년 2월1일 국민소통실이 신설되면서 2차관 4실 4국 2단 12관 55과 16개 소속기관 체제로 다시 확대되었다. 2015년 3월 23일에는 국정홍보 기능 강화를 위하여 차관보를 신설하였다. 2017년 5월 31일 현재 문화체육관광부는 2차관, 1차관보, 7실, 17관, 52과, 18개 소속기관을 두고 있으며 조직체계는 〈그림 16-1〉과 같다.

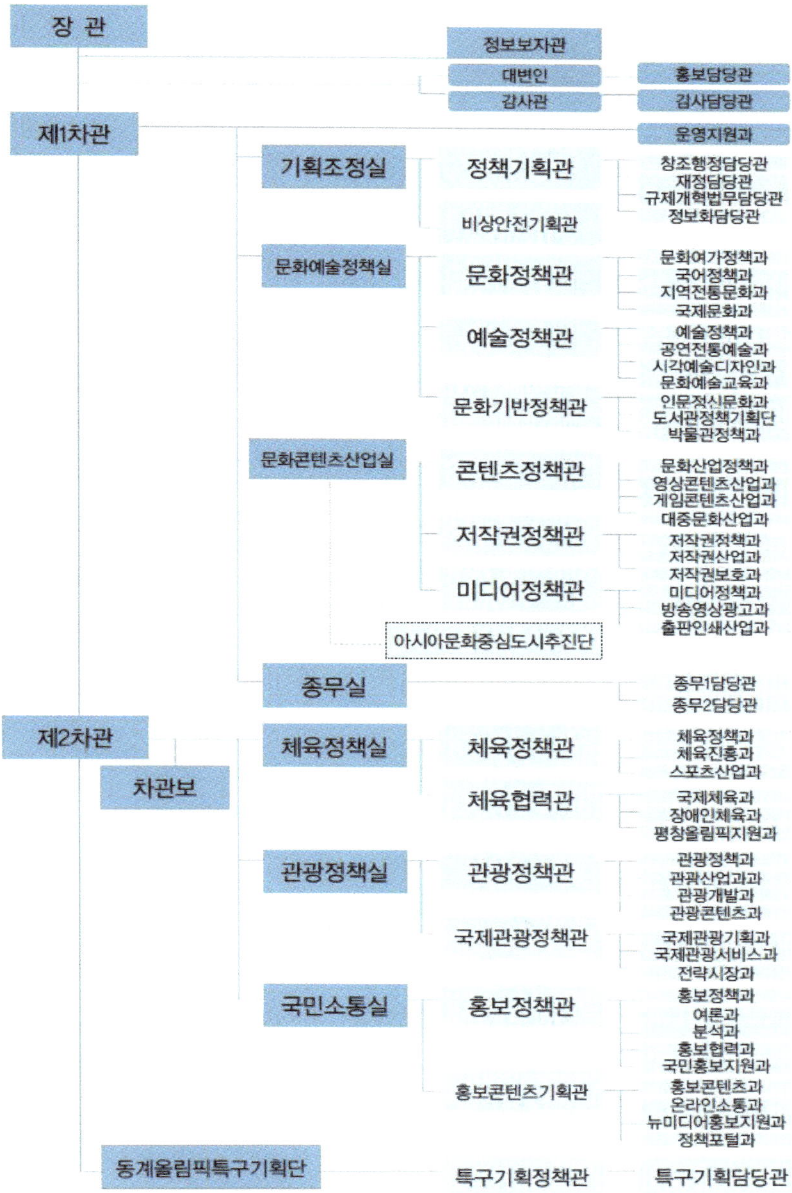


그림 16-1 문화체육관광부 본부 조직도(2017년)

## 2절 재정의 확대

### 1. 문화부문 정부예산

문화행정의 영역뿐만 아니라 문화부문에 배정된 예산도 크게 확대되어 왔다. 1962년 공보부의 예산 총액은 5억 8,400만 원이었으며, 그중 문화부문(문화재 포함) 예산은 고작 3,300만 원 수준이었다. 문화공보부로 개편된 직후인 1969년의 예산은 약 20억 원이었는데, 이 중 문화부문(문화재 포함) 예산은 4억 7,600만 원(정부 전체예산의 0.13%)이었고 나머지는 공보부문에 배정되었다. 1977년까지는 문화공보부 예산 중 문화부문보다는 공보부문에 배정된 예산액이 더 많았다. 1978~1979년에는 문화부문 예산이 공보부문 예산보다 약간 높았으나 곧 다시 역전되었으며, 1983년부터 본격적으로 문화부문 예산이 추월하기 시작했다. 1983년의 경우 문공부의 예산은 약 389억 원이었는데 당시 정부 전체예산 10조 4천억 원의 약 0.33%에 불과했다. 이때 문화부문 예산은 정부 전체예산의 0.2% 수준인 약 210억 원으로 공보부문 예산 180억 원을 상회하였다.

〈표 16-2〉에서 보듯이, 문화행정 예산 규모는 90년대에 들어와서 총액수는 물론 전체 정부예산 대비 점유율 면에서도 꾸준히 증가하기 시작했다. 문화부 체제로 출범한 1990년의 문화부문 예산은 874억 원 규모였으며 이는 정부 전체예산 27조 4,557억 원의 0.32% 수준이었다. 문화체육부로 개편된 다음 해인 1994년 부서 예산은 정부 전체예산의 0.63%인 3,012억 원, 문화부문 예산은 전체예산의 0.5%인 2,361억 원으로 증가하였다. 이후 문화부의 예산은 꾸준히 증가하여 2000년에는 최초로 정부예산 대비 1%대를 넘게 되었다.[1]

---

**1** 오양열(1995)은 1981년부터 1995년까지의 추세가 계속된다면 2019년에 가서야 정부예산 대

**표 16-2 정부예산 대비 문화예산 연도별 추이** (단위: 억 원, %)

| 연도 | 정부예산 | 문화관광부 | | 문화부문 | | 비 고 |
|---|---|---|---|---|---|---|
| | | 예산 | 점유율 | 예산 | 점유율 | |
| 1990 | 274,557 | 874 | 0.32 | 874 | 0.32 | 문화부 |
| 1991 | 313,823 | 1,268 | 0.40 | 1,218 | 0.39 | |
| 1992 | 335,017 | 1,657 | 0.49 | 1,437 | 0.43 | |
| 1993 | 407,645 | 2,377 | 0.58 | 1,680 | 0.41 | 문화체육부 |
| 1994 | 476,262 | 3,012 | 0.63 | 2,361 | 0.50 | |
| 1995 | 567,173 | 3,838 | 0.68 | 2,993 | 0.53 | |
| 1996 | 629,626 | 4,591 | 0.73 | 3,508 | 0.56 | |
| 1997 | 714,006 | 6,531 | 0.91 | 4,423 | 0.62 | |
| 1998 | 807,629 | 7,574 | 0.94 | 4,848 | 0.60 | 문화관광부 |
| 1999 | 884,850 | 8,563 | 0.97 | 6,647 | 0.75 | |
| 2000 | 949,199 | 11,707 | 1.23 | 9,639 | 1.02 | |
| 2001 | 1,060,963 | 12,431 | 1.17 | 10,458 | 0.99 | |
| 2002 | 1,161,198 | 13,985 | 1.20 | 12,115 | 1.04 | |
| 2003 | 1,151,323 | 14,864 | 1.29 | 13,182 | 1.14 | |
| 2004 | 1,201,394 | 15,675 | 1.30 | 14,342 | 1.19 | |

출처: 문화관광부, 『문화예술정책백서』 각년호; 오양열(1995); 최재승(2001); 임학순(2003).

2004년 이후에는 「국가재정법」에 의하여 예산과 기금을 통합한 재정지출 규모가 적용되고 있다. 2005년에 2조 1,016억 원이었던 문화체육관광부 재정(예산+기금)은 2010년에는 3조 1,747억 원으로 증가했고 2015년에는 4조 9,959억 원으로 증가했다. 〈표 16-3〉에서 보듯이, 전체 정부재정에서 문화체육관광부 재정(예산+기금)이 차지하는 비중은 2005년 1%를 기록한 이후 큰 변화가 없다가 2010년 이후 계속 증가하는 추세에 있다. 2011년부터 2015년

---

비 문화예산 1%가 달성될 것으로 추정하였다. 그러나 다행히도(?) 그의 예측은 크게 빗나갔다. 그의 논문이 발표된 지 불과 5년 만에 문화예산 1%가 실현된 것이다. 이렇게 된 배경에는 1998년에 집권한 김대중 대통령의 의지가 크게 작용했던 것으로 보인다. 왜냐하면 당시 김대중 대통령의 최측근 실세였던 박지원 장관이 문화관광부의 수장으로 임명되었고, 그의 재임기간에 문화예산 점유율 1%, 총액 1조 원 시대가 열렸기 때문이다.

**표 16-3 문화체육관광부 재정 추이: 국가재정운용계획에 의한 지출규모 기준**

(단위: 억 원, %)

| 연도 | 정부재정 | 문화체육관광부 | | | | 문화예술 부문* | 비 고 |
|---|---|---|---|---|---|---|---|
| | | 합계 (지출규모) | 점유율 | 예산 | 기금 | | |
| 2005 | 2,095,980 | 21,016 | 1.00 | 11,665 | 9,351 | 9,479 | |
| 2006 | 2,347,066 | 23,073 | 0.98 | 12,948 | 10,125 | 10,552 | |
| 2007 | 2,336,745 | 22,660 | 0.97 | 12,681 | 9,979 | 9,440 | |
| 2008 | 2,571,658 | 26,354 | 1.02 | 15,136 | 11,218 | 10,709 | 문화체육관광부 |
| 2009 | 3,017,527 | 28,746 | 0.95 | 16,665 | 11,826 | 11,271 | |
| 2010 | 2,928,159 | 31,747 | 1.08 | 18,167 | 13,580 | 13,266 | |
| 2011 | 3,090,566 | 34,557 | 1.12 | 19,604 | 14,954 | 14,552 | |
| 2012 | 3,254,076 | 37,194 | 1.14 | 20,933 | 16,261 | 16,225 | |
| 2013 | 3,425,060 | 41,048 | 1.20 | 22,201 | 18,847 | 16,793 | |
| 2014 | 3,558,051 | 44,224 | 1.24 | 23,208 | 21,016 | 18,782 | |
| 2015 | 3,754,000 | 49,959 | 1.33 | 26,126 | 23,833 | 19,868 | |

※ 문화예술부문은 문화정책, 예술, 문화산업, 미디어, 종무, 홍보, 국립문화예술기관을 포괄함.
출처: 문화체육관광부, 『문화예술정책백서』, 각년도.

까지 5년간 전체 정부재정은 연평균 5% 증가한 반면 문화체육관광부 재정은 거의 두 배에 가까운 연평균 9.7% 증가하였다.

예산 점유율은 국가행정에 있어서 각 항목들의 정책적 우선순위를 가장 잘 나타내는 지표라고 할 수 있다. 정부예산 대비 문화예산의 비율이 증가해 왔다는 것은 곧 국정 운영에 있어서 문화에 대한 관심이 그만큼 커졌다는 것을 의미한다. 정부 총예산에서 차지하는 문화부문 예산의 비율은 1969년에 고작 0.13%에 불과하였으나, 1990년에는 0.32%로 증가하였고 2000년에는 1%를 넘어섰다. 그리고 2015년에는 정부재정 대비 문화체육관광부 재정이 1.33%를 기록하였다. 이는 1969년에 비해 10배 이상 증가된 수준이다. 좀 단순화시켜 말하자면, 국가적인 차원에서 문화행정의 비중과 위상이 50년 전에 비해 10배나 높아졌음을 의미한다고 할 수 있다.

한편 중앙정부 뿐 아니라 지방자치단체들의 문화예산 역시 크게 증가해왔

**표 16-4 지방자치단체들의 문화예산 현황** (단위: 억 원, %)

| 연도별 | 지자체 전체예산 | 문화예산 | 점유율 | 분야별 예산 | | | |
|---|---|---|---|---|---|---|---|
| | | | | 문예진흥 | 문화산업 | 관 광 | 문화재 |
| 2000 | 625,252 | 14,567 | 2.3 | 7,526 | 619 | 3,048 | 3,374 |
| 2001 | 732,001 | 16,765 | 2.3 | 8,032 | 812 | 4,074 | 3,847 |
| 2002 | 855,501 | 17,427 | 2.0 | 8,547 | 685 | 4,510 | 3,684 |
| 2003 | 973,503 | 18,508 | 1.9 | 8,880 | 816 | 5,124 | 3,688 |
| 2004 | 971,778 | 22,782 | 2.3 | 11,518 | 838 | 6,213 | 4,213 |
| 2005 | 1,058,547 | 25,066 | 2.4 | 12,540 | 1,669 | 6,285 | 4,572 |
| 2006 | 1,177,253 | 24,568 | 2.1 | 13,397 | 1,756 | 5,902 | 3,513 |
| 2007 | 1,265,371 | 25,991 | 2.1 | 14,349 | 1,517 | 6,513 | 3,612 |
| 2008 | 1,493,892 | 34,541 | 2.3 | 17,192 | 2,456 | 9,580 | 5,313 |
| 2009 | 1,664,268 | 60,724 | 3.6 | 19,606 | 2,788 | 10,297 | 5,167 |
| 2010 | 1,723,293 | 56,660 | 3.3 | 17,142 | 2,814 | 9,004 | 5,048 |

출처: 문화체육관광부, 『문화예술정책백서』, 각 연도.

다. 〈표 16-4〉에서 보듯이 지방자치단체 전체 문화예산은 2000년 1조 4,567억 원에서 2010년 5조 6,660억 원으로 약 네 배 정도 증가하였다. 전체 지방자치단체 예산에서 문화예산이 차지하는 비중은 2000년 2.3%에서 2010년 3.3%로 크게 높아졌다. 이는 중앙정부의 문화예산 비중보다 약 두 배 이상 높은 수준이다. 이러한 현상은 지방자치제 실시 이후 주민들의 문화향수 욕구가 과거보다 크게 늘어난 상황에서 주민선거에 의해 선출된 자치단체장들이 주민들의 요구를 적극 수용하였음을 보여준다. 아울러 최근 지방자치단체의 재정자율권이 확대된 것과 지역홍보 및 소득증대를 위해 지역별 문화관광자원을 발굴하는 데 적극 투자하게 된 것도 요인으로 작용하였다.

## 2. 문화예술진흥기금

문화예술진흥기금은 1972년 제정된 「문화예술진흥법」 제16조에 의거하여 '문화예술 진흥을 위한 사업이나 활동의 지원'을 위해 조성되었다. 재원 마련을 위해서는 공연장 등을 통해 기금 도금을 할 수 있도록 했다. 문화예술진흥기금의 관리·운영 및 사업추진 담당 기관으로 한국문화예술진흥원이 1973년 설립되었는데, 2005년에는 한국문화예술위원회로 개편되었다. 이 기금의 용도는 문화예술의 창작과 보급, 민족고유문화의 발전을 위한 조사·연구·저작·보급, 문화예술인의 후생 복지 증진을 위한 사업, 지방 문화예술진흥기금에의 출연, 한국문화예술진흥원의 운영에 필요한 경비 등이다. 기금의 수혜자 선정은 예술창작활동 우선 지원, 동일조건 다수혜택 우선 지원, 문화격차 해소 및 문화복지의 실현을 위한 균형 지원, 소요경비 일부 지원, 사업비중심 지원 등을 원칙으로 하고 있다.

문예진흥기금은 1973년 6월 22일 문화공보부장관의 모금승인을 받아 같은 해 7월 22일부터 전국 627개 극장에서 모금을 시작하여 고궁(1975), 박물관(1976), 능·사적지·미술관(1983), 국가지정문화재(1994)로 모금 대상처를 계속 확대시켜 왔다. 그러나 정부의 준조세정비 방침에 따라 2001년 12월 제정된 「부담금관리기본법」에 의해 2003년 12월 31일로 기금 모금이 중단되었다.

문예진흥기금 설치 이후 2014년 12월까지 모금한 총액은 4,186억 원이었으며, 여기에 공익자금, 국고출연금, 복권기금 등을 합쳐 전체 2조 5,307억 원이 조성되었다. 이 중 2조 3,797억 원을 문예진흥사업에 사용하였고, 자산평가에 의한 조정 등 400억 원이 차감되어 2015년 12월말 현재 1,110억 원이 적립되어 있다. 모금이 폐지된 이후로는 이자수입이 총 6,384억 원으로 가장 큰 몫을 차지하고 있다. 그리고 복권기금 5,505억 원, 국고 출연금이 2,152억 원, 공익자금 1,673억 원, 경륜경정수익전입금 1,264억 원이 지원되었다.[2] 문예진흥기금의 연도별 조성내역 및 운용실적은 〈표 16-5〉과 〈그림 16-2〉에

2 공익자금은 한국방송광고공사에서 광고 수수료 중의 일부를 문화예술진흥을 위한 자금으로 지원한 것이고, 복권기금과 경륜경정수익전입금은 2004년 모금폐지 이후 대체재원으로 전입된 사업자금이다.

**표 16-5 문화예술진흥기금 조성 및 운용실적**

(단위: 백만 원)

| 구 분 | 1973~2000년 | 2001년 | 2002년 | 2003년 | 2004년 | 2005년 | 2006년 | 2007년 | 2008년 |
|---|---|---|---|---|---|---|---|---|---|
| 조성액 | 1,158,525 | 84,425 | 98,263 | 96,524 | 95,761 | 96,670 | 98,410 | 98,568 | 64,932 |
| 운용액 | 504,804 | 41,190 | 33,634 | 35,988 | 84,090 | 118,960 | 117,865 | 104,762 | 96,186 |

출처: 문화체육관광부, 『2008년 문화정책백서』.

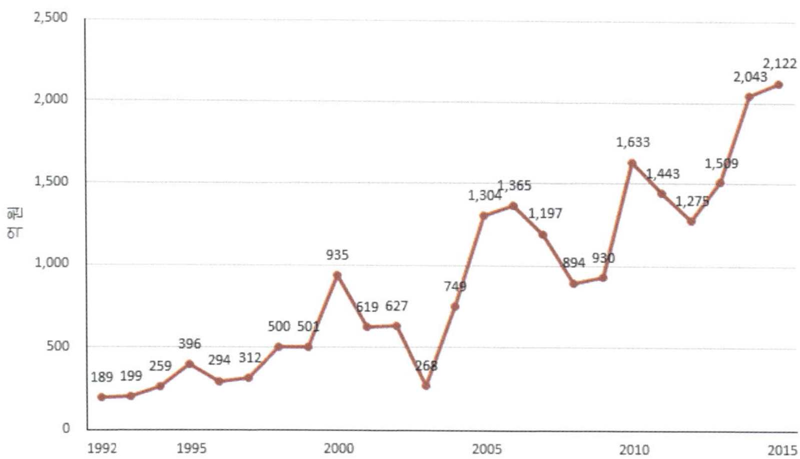


**그림 16-2 문화예술진흥기금 연도별 운용 실적**

정리되어 있다.

우리나라 문화행정에 있어서 문화예술진흥기금은 두 가지 중요한 의미를 갖는다(임학순, 2001). 첫째, 문예진흥기금의 설치는 문화·예술 부문에 대한 적극적이고 체계적인 공공지원 사업의 개시를 알리는 신호탄과도 같았다. 모금이 시작된 1973년은 우리나라 최초의 〈제1차 문예중흥 5개년 계획: 1974~1978〉이 수립되었다. 당시 문화부문 정부예산이 턱없이 부족했던 점을 감안하면 문예진흥기금은 문화·예술 지원정책이 구호로만 그치는 것이 아니라 실질적으로 추진될 수 있도록 하였다. 둘째, 문예진흥기금의 사업추진을 위해 특수비영리법인으로 설립된 한국문화예술진흥원은 문화공보부와 함께 이중적 지

**표 16-6 문화예술진흥기금 재원별 조성 실적** (단위: 백만 원, %)

| 구분 | 1973~2003 | 2004 | 2005 | 2006 | 2007 | 2008 | 2009 | 2010 |
|---|---|---|---|---|---|---|---|---|
| 모금수입 | 410,252 | 7,943 | 268 | 70 | 27 | - | - | 31 |
| 이자수입 | 413,914 | 28,376 | 28,909 | 25,972 | 34,201 | 25,922 | 17,306 | 20,069 |
| 민간 출연금 | 9,906 | 4,709 | 6,509 | 9,057 | 7,854 | 10,542 | 10,403 | 13,497 |
| 복권기금 | - | 44,584 | 50,406 | 53,770 | 48,527 | 19,800 | 21,800 | 23,700 |
| 국고 | 184,722 | - | - | - | - | - | - | - |
| 방송발전기금 | 164,490 | 1,700 | 1,100 | - | - | - | - | - |
| 경륜경정 수익전입 | - | - | - | - | - | - | - | 24,264 |
| 사업수입·기타 | 95,799 | 9,039 | 8,848 | 9,540 | 7,959 | 8,642 | 8,315 | 6,554 |
| 합계 | 1,279,083 | 96,351 | 96,040 | 98,409 | 98,568 | 64,906 | 57,824 | 88,115 |

| 구분 | 2011 | 2012 | 2013 | 2014 | 2015 | 계 | 비율 |
|---|---|---|---|---|---|---|---|
| 모금수입 | - | - | - | 5 | - | 418,596 | 16.5 |
| 이자수입 | 14,402 | 10,793 | 6,836 | 6,947 | 4,795 | 638,442 | 25.2 |
| 민간 출연금 | 14,275 | 14,725 | 19,454 | 21,630 | 26,905 | 169,466 | 6.7 |
| 복권기금 | 48,000 | 57,400 | 58,121 | 61,300 | 63,121 | 550,529 | 21.8 |
| 국고 | - | - | - | - | 30,500 | 215,222 | 8.5 |
| 방송발전기금 | - | - | - | - | - | 167,290 | 6.6 |
| 경륜경정 수익전입 | 25,387 | 27,712 | 21,102 | 15,882 | 12,018 | 126,365 | 5.0 |
| 사업수입·기타 | 6,483 | 6,080 | 32,655 | 13,754 | 31,168 | 244,836 | 9.7 |
| 합계 | 108,547 | 116,710 | 138,168 | 107,778 | 137,339 | 2,487,838 | 100 |

기타 내역: 설립출연금, 올림픽잉여금(100억 원), 건물대여료, 기타경상이전수입, 골프장수입금, 입장료수입, 잡수입, 융자금회수 등

출처: 문화체육관광부, 『2015년 문화예술정책백서』.

원체계를 형성하게 되었다. 물론 그동안 문예진흥기금 지원에 있어서 정치적 개입과 자율성 논란이 계속 제기되기는 했었다. 하지만 적어도 공식적으로는 예술부문의 자율성과 전문성을 존중하여 정부는 지원하되 간섭하지 않는다는 '팔길이 원칙'을 구현하려 했다는 점에서는 그 의의가 인정된다.

## 3절 규제 · 통제에서 자율 · 진흥으로

내용적인 면에서 볼 때, 우리나라 문화행정의 가장 두드러진 변화양상은 문화 활동에 대한 규제와 통제 위주에서 점차 자율과 진흥 위주로 전환되었다는 점이다. 특히 반공 이데올로기는 한국전쟁 이후 오랜 세월 동안 누구도 감히 건드릴 수 없는 국시로 자리 잡으면서 문화행정을 비롯한 국정 전반에 걸쳐 지대한 그림자를 드리웠었다. 또한 10월 유신 이후 1970～1980년대에는 정권 유지를 위해 체제비판적인 일체의 활동(문예창작을 포함한)에 대한 철저한 탄압이 이루어졌었다. 이에 더하여 대중문화 영역에 있어서는 '엄숙주의'에 근거하여 미풍양속을 보호한다는 명분하에 창작과 표현의 자유가 심각하게 제한되었었다. 특히 영화 및 음반에 대한 정부당국의 검열과 심의는 문화 · 예술 창작활동에 대한 정부 통제의 가장 대표적인 케이스였다. 정부 규제가 대폭 완화되고 진흥 · 지원정책이 본격화되기 시작한 것은 1990년대 중반 이후부터라고 할 수 있다(심광현, 2003: 173). 그러나 창작활동에 대한 규제 완화는 정부의 주도하에 이루어진 것이 아니라 민간 문화 · 예술인들의 계속된 투쟁과 헌법재판소의 사법적 판결로 인해 이루어진 것이었다.

### 1. 영화에 대한 규제완화

#### 1) 검열

일제 강점기에 식민지 사회에 대한 통치수단의 하나로 도입된 영화 통제제도는 해방과 한국 정부의 수립 이후 오랫동안 유지되면서 우리 영화정책의 중요한 근간을 이루었다(이병량, 2001: 64). 해방 이후에도 1956년 7월 문교부 고시 제24호 〈공연물 검열세칙〉이 공포되어 영화에 대한 검열은 계속해서 시행되었다(김화, 2003: 144). 사실 "초기의 영화정책은 규제행정이 전부"라고 해도

과언이 아니었다(김홍동, 1994: 196)

1962년 1월에 공포된「영화법」은 영화산업에 대한 우리나라 최초의 본격적인 법령이었는데 영화에 대한 엄격한 통제장치는 그대로 잔존하였다.「영화법」제정의 명분은 '보호와 육성을 통한 한국 영화산업의 근대화'였으나 실제 의도는 정부에 의한 '통제와 관리'였다(김종원 · 정중헌, 2001: 263).「영화법」의 주요 내용은 크게 두 가지로 구분된다. 하나는 문화영화의 의무상영제 및 영화 검열제도 등을 통해 영화의 내용을 직접 규제하는 것이며, 다른 하나는 영화 제작사에 대한 기업화 정책을 통해 영화산업을 규제하는 것이었다(박지연, 2001: 172). 1966년 8월의 제2차「영화법」개정은 정부의 사전통제를 한층 강화하였다. 영화제작을 하기 전에 미리 공보부 장관에게 신고하여 각본에 대한 사전심의를 받도록 했으며, 완성된 필름에 대해서는 상영 전에 반드시 검열을 거쳐 공보부 장관의 허가를 받도록 규정하였다.

한편 1972년 10월 유신체제의 출범으로 국민의 기본권 제약이 심화되면서 영화에 대한 통제 역시 더욱 강화되었다. 1973년 2월에 제4차「영화법」개정이 이루어졌고 이때부터 1989년까지 매년 구체적인 시행세칙을 담은〈영화시책〉이 고시되었다. 이 개정으로 인해 영화 제작 · 수출입업자 등록제가 허가제로 변경되었고, 영화의 검열에 관한 규정 역시 더욱 엄격해졌으며 이를 뒷받침하기 위해 공연장에 대한 영업정지처분권도 신설되었다(김홍동, 1994: 151). 또한 '우수영화 제작 및 수입 방침'이 발표되고〈문화공보부 선정 우수영화 및 국책영화〉수상제도가 시행되었다. 우수영화의 선정 기준은 한마디로 말해 박정희 정부의 통치 이데올로기에 얼마나 부합하느냐 하는 것이었다.[3] 우수영화

---

3 1970년대 우수영화 선정의 지침은 다음과 같았다.

1. 10월 유신을 구현하는 내용
2. 민족의 주체성을 확립하고 애국애족의 국민성을 고무 · 진작시킬 수 있는 내용
4. 새마을운동에 적극 참여케 하는 내용
6. 농어민에게 꿈과 신념을 주고 향토문화 발전에 기여할 수 있는 내용
7. 성실 · 근면 · 검소한 생활 자세를 가진 인간상을 그린 내용

로 선정되면 막대한 수익이 보장되는 외국영화의 수입쿼터가 배정되었기 때문에 이 제도는 영화의 내용을 정부가 실질적으로 좌우하는 것이나 다름없었다.

### 2) 사전심의제

1980년대를 지나면서 영화산업에 대한 정부 규제는 적어도 외형적으로는 일부 완화되었다. 1984년 12월 제5차 「영화법」 개정이 단행되면서 영화제작·수입업자의 허가기준 및 시설기준조항이 폐지되어 허가제가 다시 등록제로 환원되었고, 영화제작업자로 등록하지 않고도 영화 제작이 가능한 독립영화 제작제도가 도입되었다. 이 개정에서 무엇보다도 중요한 변화는 문화공보부 장관 소관이었던 영화검열제도가 공연윤리위원회의 사전심의제로 바뀐 것이었다. 이로써 공식적으로는 정부에 의한 검열제도는 폐지되었다. 그러나 실제로 공연윤리위원회의 심의과정에 안기부, 국방부(보안사), 내무부(치안본부) 및 문화공보부 관련 공무원들이 참석하여 영화에 대한 금지, 삭제, 수정 등의 조치가 계속되었다(이병량, 2001: 86). 1987년 9월에는 영화 각본에 대한 사전심의가 폐지되고, 1989년 12월에는 공연윤리위원회의 회칙개정으로 정부 관련부처 공무원들이 심의과정에서 배제되었다. 반면 심의기준이 강화됨으로써 영화 내용 통제는 여전히 이루어졌다. 이러한 규제체제는 90년대 들어와서도 지속되었다. 1995년 12월에는 「영화법」을 대체하여 새로이 「영화진흥법」이 제정되었지만, '모든 영화의 상영 전 공연윤리위원회의 심의를 의무화'한 제12조는 그대로 존속하였다.

---

8. 조국 근대화를 위하여 헌신·노력하는 산업 전사를 소재로 한 내용
9. 국난극복의 길은 국민의 총화된 단결에 있음을 보여주는 내용
11. 민족수난을 거울삼아 국민의 각성을 촉구하는 내용
12. 수출증대를 소재로 하거나 전 국민의 과학화를 촉진하는 내용
13. 국가와 민족을 위하여 헌신하는 공무원상을 부각시킨 내용
14. 우리의 미풍양속과 국민정서 순화에 기여할 수 있는 내용
15. 건전한 국민오락을 계발·보급하여 생활의 명랑화를 기할 수 있는 내용
17. 고유문화의 전승·발전과 민족예술의 선양에 기여할 수 있는 내용
18. 창작에 의한 순수 예술물로서 예술성을 높인 내용

### 3) 등급부여제

1996년 10월 4일에는 우리나라 영화계에 가히 혁명적이라고 할 만한 사건이 일어났다(호현찬, 2000: 285). 헌법재판소가 "영화에 대한 공연윤리위원회의 심의는 사전검열에 해당하는 위헌"이라고 전원일치로 결정한 것이다(김종원·정중헌, 2001: 418-420). 이 위헌결정은 사전심의에 대한 영화인들의 계속된 저항의 산물이었다. 1989년 1월, 광주민주화운동을 소재로 제작된 〈오! 꿈의 나라〉가 사전심의를 받지 않고 상영되자 정부는 즉시 영화제작자 장산곶매의 대표와 예술극장 한마당의 대표를 고발하였다.[4] 「영화법」 위반으로 유죄판결을 받은 이들은 1991년 5월 「영화법」의 사전심의조항의 위헌 여부에 대한 헌법소원을 제기하였다. 한편 1991년 전교조 문제를 다루었던 16mm 영화 〈닫힌 교문을 열며〉 역시 사전심의 없이 상영되었는데, 이 때문에 불구속 기소된 당시 장산곶매의 대표 강헌은 1993년 헌법재판소에 위헌 제청신청을 하였다. 사전심의규정에 대한 헌법재판소의 위헌결정은 이 두 사건에 대한 판결로 내려진 것이었다. 당시 공연윤리위원회의 위원장을 문화체육부장관이 임명하고 업무내용을 보고하도록 한 것은 사실상 행정권에 의한 영화검열행위이며 사전심의 위반 시 형사처벌까지 규정한 것은 헌법 정신에 위배된다는 결정이었다.

헌법재판소의 이 위헌결정에 따라 1997년 4월 제1차 「영화진흥법」 개정이 이루어졌다. 공연윤리위원회가 폐지되고 자율성과 독립성이 강화된 한국공연예술진흥협의회(공진협)가 설치되었으며, 영화심의도 삭제나 수정하는 조치가 금지되었다. 그런데 이 조치로 영화에 대한 정부의 간섭이 완전히 사라진 것은 아니었다. 왜냐하면 사전심의의 대안으로 영화 내용에 따라 관람 허용 연령을 제한하는 등급심의제가 신설되었기 때문이다. 이는 헌법재판소가 결정문에서 "영화의 상영으로 인한 실정법 위반의 가능성을 사전에 막고, 청소년 등에 대

4 장산곶매는 1990년 노동자들의 파업을 그린 영화 〈파업전야〉를 제작하였으나 상영되자마자 정부의 압수소동이 벌어지기도 했다.

한 상영이 부적절할 경우 이를 유통단계에서 효과적으로 관리할 수 있도록 미리 등급을 심사하는 것은 사전 검열이 아니"라고 명시하였기 때문이다. 결국 등급부여가 보류되면 영화 상영 자체가 불가능했었다.[5]

1999년 헌법재판소는 옛 「음비법」과 관련한 위헌심판청구에 대해 "공진협은 그 구성, 심의 결과의 보고 등에서 약간의 차이는 있으나, 「공연법」에 의하여 행정권이 심의기관의 구성에 지속적인 영향을 끼칠 수 있고 행정권이 주체가 되어 검열절차를 형성하고 있다는 점에서 큰 차이가 없으므로, 공진협도 검열기관으로 보는 것이 타당하다"라는 결정을 내렸다. 그리하여 그해 6월 7일 「공연법」 개정이 이루어지면서 한국공연예술진흥협의회를 대신하여 영상물등급위원회(영등위)가 설립되었다. 그러나 영화 〈거짓말〉에 대한 등급보류판정으로 영화계가 거세게 반발한 데 이어서 영화 〈둘 하나 섹스〉에 대해 또다시 등급보류판정이 내려지자 이 영화의 프로듀서인 곽용수는 행정소송을 제기하였다. 서울행정법원은 이 사안을 다루면서 헌법재판소에 「영화진흥법」의 관련 조항이 헌법에 위배되는지를 판단해 달라는 취지로 위헌심판을 제청했다. 이에 헌법재판소는 2001년 8월 「영화진흥법」 제21조 제4항의 상영등급분류보류 조항은 헌법 제21조에서 엄격히 금지하고 있는 사전검열에 해당되므로 위헌이라는 결정을 내렸다(헌법재판소 결정 2001. 8. 30. 2000헌가9). 이로 인해 2002년 1월 「영화진흥법」이 네 번째로 개정되게 되었으며, 이로써 적어도 영화의 내용에 대해 정부가 규제를 가할 수 있는 여지는 사라지게 되었다.[6] 〈표 16-7〉

---

5 당시 「영화진흥법」 제21조에 의하면 ① 헌법의 민주적 기본질서에 위배되거나 국가의 권위를 손상할 우려가 있을 때 ② 폭력·음란 등의 과도한 묘사로 미풍양속을 해치거나 사회질서를 문란하게 할 우려가 있을 때 ③ 셋째 "국제적 외교관계, 민족의 문화적 주체성 등을 훼손하여 국익을 해할 우려가 있을 때에 한해 3개월 '이내'의 기간을 정하여 등급 분류를 보류할 수 있도록 하였다. 이 조항으로 인해 영화 〈그는 나에게 지타를 아느냐고 물었다〉(1996)는 대통령을 농담 소재로 삼았다는 이유로, 〈나쁜 영화〉(1996)와 〈노랑머리〉(1998)는 과도한 성묘사를 이유로 각각 등급보류 판정을 받았었다.

6 한편 2005년 2월에는 외국 비디오물을 수입할 때 영상물 등급위원회가 수입을 추천하는 것 역시 위헌이라는 헌법재판소의 판결이 내려졌다. 외국영화 수입추천제는 2001년 음비법이 개정되

**표 16-7 영화 심의제도의 변천내용**

| 연 도 | 1926~1945 | 1945~1948 | 1948~1950 | 1950~1952 | 1952~1955 | 1955~1961 |
|---|---|---|---|---|---|---|
| 담당기관 | 조선총독부 경무국 고등경찰과 도서실 | 미군정청 공보부 | 공보처 영화과 | 국방부 보도과 | 국방부 공보처 합동 | 문교부 예술부 |
| 심의방법 | 검열 | 검열 | 검열 | 검열 | 검열 | 검열 |
| 연 도 | 1961~1968 | 1968~1979 | 1979~1984 | 1984~1997 | 1997~1999 | 1999~ |
| 담당기관 | 공보부 영화과 | 문화공보부 영화과 | 공연윤리 위원회 | 공연윤리 위원회 | 공연예술 진흥협의회 | 영상물등급 위원회 |
| 심의방법 | 검열 | 검열 | 검열 | 사전심의 | 상영등급 부여 | 상영등급 부여 |

출처: 문화관광부, "영상정책자료", 2002.

은 이상의 논의를 정리한 것이다.

## 2. 대중음악에 대한 규제완화 및 진흥정책

### 1) 음반 사전심의제

1990년대 중반까지만 해도 음반산업 및 대중음악에 대한 정부의 태도는 규제 일변도였다. 한 대중음악평론가는 "한국의 대중음악 정책은, 한마디로, 없다. 온갖 규제의 대상이 된 적은 많고 거개가 지금도 온존해 있지만 진흥정책의 대상이 된 적은 건국 이래 단 한 번도 없다"고 푸념하기도 했다(강헌, 1998). 영화산업이 정부의 규제를 받으면서도 동시에 각종 정책적 지원과 보호의 대상이었던 반면 음반산업은 오로지 통제의 대상일 뿐이었다.

우리나라에서 음반산업이 처음으로 정책의 대상이 되었던 것은 1967년 「음

---

면서 그 규정이 삭제됐지만, 같은 해 「영화진흥법」이 개정되면서 제6조에 같은 취지의 규정이 신설되었다. 이 규정에 대해 헌법재판소는 "외국 비디오물 수입, 배포 시 행정기관의 성격을 가진 영상물등급위원회가 허용 여부를 결정토록 하고 이를 준수하지 않을 경우 형사 처벌 등 강제조치를 규정한 것은, 헌법이 절대적으로 금지한 사전검열에 해당된다"고 결정한 것이다.

반에 관한 법률」이 제정되면서부터였다. 그러나 이 법의 제정 취지는 음반산업의 진흥과 발전을 꾀하려는 것이 아니라 외국 음악의 불법복제판이나 표절 그리고 저속한 내용의 노래를 규제하는 데 있었다. 이 법 이후 가사와 악보 등 일체에 대한 정부의 사전 승인을 받아야만 음반을 제작할 수 있게 되었다. 이에 따라 '동백아가씨', '미인', '아름다운 강산', '친구', '거짓말이야', '아침 이슬', '돌아와요 부산항에' 등 많은 대중가요들이 외색, 퇴폐적, 반체제적, 혹은 대마초 가수의 노래라는 낙인이 찍혀 80년대까지 금지곡으로 묶이기도 하였다. 또한 가요음반에 의무적으로 소위 '건전가요'를 한 곡씩 삽입하도록 강제되기도 하였었다.

1993년 10월 가수 정태춘은 공연윤리위원회의 사전심의를 받지 않고 〈92년 장마, 종로에서〉라는 음반을 제작・배포하였다. 그러자 문화체육부는 서울지검에 「음반 및 비디오물에 관한 법률」 위반으로 고발조치하였다. 이에 정태춘은 음반에 대한 사전심의제는 헌법위반이라고 주장하여 위헌제청신청을 하였고 서울형사지방법원이 이를 받아들여 헌법재판소에 위헌제청을 하였다. 그리고 1996년 10월 31일 헌법재판소는 앞서 영화 사전심의에 대한 위헌판결에 이어 음반 사전심의에 대해서도 동일한 이유로 위헌결정을 선고하였다. 그리하여 「음비법」이 개정되어 음반 사전심의제가 폐지되었다.

### 2) 라이브클럽 합법화

한편 1990년대 들어와 서울 홍익대 근처의 라이브 카페들을 중심으로 재즈 또는 락 음악을 연주하는 인디 밴드들이 많이 늘어나게 되었다. 그런데 당시만 해도 카페에서 밴드가 연주하는 것은 불법행위였기 때문에 단속의 대상이었다. 왜냐하면 당시 「식품위생법 시행령」은 가수 및 연주자를 '유흥종사자'로 분류하였는데 2인 이상의 유흥종사자가 가무(歌舞)를 하려면 반드시 '유흥업소'로 허가를 받아야만 했기 때문이었다. 라이브 카페들은 세금을 많이 내야 하는 유흥업소가 아닌 일반음식점으로 영업을 하고 있었기 때문에 그곳에서

솔로 가수가 아닌 밴드(당연히 2인 이상)가 연주를 하는 것은 불법영업행위가 되었던 것이다.

구청 및 경찰과의 잦은 단속 시비에 분개한 라이브 클럽 업주들은 1997년 초 '개방적 클럽 연대'(개클련)를 결성하였다. 개클련은 이름 그대로 홍대 앞에 산재해 있던 라이브 클럽들을 연계하여 보다 자유로운 분위기에서 본격적인 인디펜던트 뮤직을 추구하기 위해 만들어진 조직이었다. 이들은 재즈·락 밴드를 뮤지션으로 인정하지 않고 요식업소의 접대부와 같은 유흥종사자로 취급하는 법령에 대해 분노하였다. 또한 한 명이 노래하면 합법이고 두 명 이상이 노래·연주하면 불법이라는 우스꽝스런 법 규정에 대해서도 반발하였다. 개클련은 문화관광부는 물론 「식품위생법」 주무부서인 보건복지부에 시행령 개정을 계속 요구하였다. 보건복지부는 '퇴폐 조장 가능성'을 이유로 개클련의 요구를 묵살하다가 문화관광부와의 협의를 거쳐 마침내 1999년 11월 「식품위생법 시행령」을 개정하여 라이브 클럽에서의 밴드 공연을 합법화시켰다. 이 개정으로 인해 가수 및 연주자는 유흥종사자의 범주에서 제외되었으며 또한 일반음식점에서 2인 이상의 가창 또는 연주의 금지 규정도 삭제되었다.

### 3) 음악산업 진흥정책

한국 정부가 처음으로 우리 음반산업을 위한 지원책을 마련하게 된 것은 1990년대 후반부터였다. 1996년 문화관광부 게임음반과에서는 먼저 국제음반박람회에 관한 정보를 수집하고 이듬해 5월 홍콩에서 열린 MIDEM ASIA에 참가할 음반업체들을 모집하여 후원하였다. 이때 처음으로 4,200만 원의 예산을 들여 한국음반을 소개하는 공동부스를 마련해주고 해외 바이어들을 위한 홍보용 CD와 안내책자의 제작도 지원해주었다. 1999년 12월에는 게임음반과의 예산 지원으로 한국 대중가요를 영어, 일본어, 그리고 중국어로 취입한 세 가지 종류의 홍보용 CD가 제작되어 해외로 배포되었다. 그 후로도 국내 음반업체들의 해외시장 정보수집 및 음반 판촉활동 전개를 장려하기 위하여 MIDEM,

**표 16-8 음악산업진흥 5개년 계획 분야별 추진과제**

| | |
|---|---|
| 유통구조 선진화 | · 불법복제 단속강화 및 음악사랑 캠페인<br>· 온라인 음악시장 양성화<br>· 음반 유통 · 물류 현대화 지속 추진 |
| 음악산업 인프라 조성 | · 음악산업 포럼 개최 및 지원체계 구축<br>· 음악산업정보 · 기술 인프라 조성<br>· 공연문화 활성화 지원<br>· 지방음악문화 활성화 지원 |
| 음악산업 전문인력 양성 | · 음악산업 전문과정 운영<br>· 산 · 학 · 연 협력체제 구축<br>· 대중음악 교육과정 연구개발 및 보급 |
| 음악 콘텐츠 제작 활성화 지원 | · 창작활성화 지원확대<br>· 기획 · 제작 시스템 선진화<br>· 수출용 음악 콘텐츠 제작지원 확대<br>· 투 · 융자지원 확대 |
| 대중음악의 접근성 확대 및 선진 마케팅시스템 구축 | · 마케팅 창구의 다양화 및 선진형 시스템 구축<br>· 해외시장 마케팅 강화 및 네트워크 확대 |
| 남북음악 산업교류 추진 | · 남북한 음악 콘텐츠 공동제작 지원<br>· 남북한 음악교류 지원 |

출처: 문화관광부.

POPKOMM, WOMEX 등 각종 국제음반박람회 참가지원은 계속되고 있다.

2003년 3월에는 〈음악산업진흥 5개년 계획〉이 발표되었다. 5년 동안 총 투자액 4,043억 원(국고 및 기금 2,049억 원, 지방비 1,050억 원, 민자 944억 원)을 투입하여 우리나라 음악산업을 본격적으로 육성한다는 취지였다. 이 계획은 '21세기 아시아 음악콘텐츠 강국 구현'을 비전으로, '2007년 음반산업 매출 1.6조 원, 세계 7위권 내 진입'을 목표로 설정하고, 〈표 16-8〉과 같이 6개 분야로 나누어 추진과제들을 제시하였다.

# 4절 문화산업의 급부상

## 1. 문화산업 육성을 위한 정책 수립

우리나라에서 문화산업에 대한 정부 차원의 육성 노력이 시작된 것은 1990년대 중반부터였다(김기현, 2012). 1994년 1월 25일 문화체육부의 청와대 업무보고에서 당시 김영삼 대통령은 부가가치가 높은 문화산업을 육성시키고 일반 공산품에 문화의 옷을 입혀 국제경쟁력을 제고하라는 지시를 내렸다. 그리하여 그해 5월 4일 문화체육부 내에 문화산업국(문화산업기획과, 출판진흥과, 영화진흥과, 영상진흥과, 저작권과)이 신설되어 본격적인 문화산업정책이 수립되는 계기가 되었다.

1999년 2월에는 우리나라 문화산업정책의 법적 기반인 「문화산업진흥기본법」이 발효되었다. 이 법은 "문화산업의 지원 및 육성에 필요한 사항을 정하여 문화산업 발전의 기반을 조성하고 경정력을 강화함으로써 국민의 문화적 삶의 질 향상과 국민경제의 발전에 이바지함"(제1조)을 목적으로 제정되었다. 그리고 "국가와 지방자치단체는 문화산업 진흥을 위하여 기술의 개발과 조사·연구사업의 지원, 외국 및 문화산업 관련 국제기구와의 협력체제 구축 등 필요한 노력을 하여야 한다"(제3조 2항)라고 선언하였다. 제2조에서는 문화산업을 "문화상품의 생산·유통·소비와 관련된 산업"으로, 문화상품은 "문화적 요소가 체화되어 경제적 부가가치를 창출하는 유·무형의 재화와 서비스 및 이들의 복합체"라고 정의하고 있다. 이 법에 근거하여 문화산업진흥기금이 설치되었고 아울러 문화산업 장기발전계획의 수립과 시행이 이루어지게 되었다. 그리고 2002년 개정을 통해 디지털 콘텐츠 관련 규정이 추가되었다.

문화산업의 육성과 지원을 위해 우리나라 최초로 본격적인 정책이 수립된 것은 1999년에 발표된 〈문화산업발전 5개년 계획〉이었다. 이 계획을 보완·발전시켜서 2000년에 〈문화산업비전 21〉이 발표되었고, 2001년에는 다시 디지털 콘텐츠 부분을 보완하여 〈콘텐츠코리아 비전 21: 문화콘텐츠산업 발전 추진계획〉이 발표되었다. 이 계획의 핵심사업의 하나로 한국문화콘텐츠진흥원이 설립되었다(2001. 6. 25). 한국문화콘텐츠진흥원은 "국제적 경쟁력을 가진 고품질의 문화콘텐츠를 제작 · 공급할 수 있는 성장기반을 조성하고, 문화콘텐츠산업을 총괄 지원하는 업무를 통합함으로써 취약한 콘텐츠 제작 · 유통업계에 대한 효율적인 투자 · 지원 및 시너지 효과 창출을 통한 산업 육성을 도모할 목적"으로 설립되었다(문화관광부, 『2001 문화산업백서』).

한편 「문화산업진흥기본법」에 근거하여 첨단문화산업단지 조성정책이 시행되었다. 〈CT 클러스터 정책〉이라고도 불리던 이 계획은 문화산업 발전가능성이 큰 지역을 첨단디지털문화산업의 전략적 기지로 조성하여 문화산업 육성과 지역발전의 연계를 도모하기 위한 것이다. 그리하여 2001년에 대전, 춘천, 부천, 청주, 광주, 전주, 경주 등 7개 지역이 첨단문화산업단지로 지정되었다.

2003년에는 문화콘텐츠산업이 한국의 미래를 이끌어갈 차세대 성장 동력산업의 하나로 선정되었고, 이어서 〈문화산업 5대 강국 실현을 위한 문화산업 정책비전〉이 발표되었다. 또한 2005년 7월에는 ① 세계 5대 문화산업 강국 실현, ② 동북아시아 관광허브 도약, ③ 세계 10대 레저스포츠 선진국 진입을 3대 목표로 설정한 〈문화강국(C-KOREA) 2010〉계획이 발표되었다.

이처럼 문화산업 발전을 위한 체계적인 계획들이 수립 · 시행되어 오면서 과거 그다지 주목받지 못한 분야들이 새로운 문화산업의 장르로 정착하게 되었다. 특히 게임, 캐릭터, 만화, 공연 등을 대표 사례로 꼽을 수 있다(문화관광부, 『2004 문화산업백서』). 예를 들어 게임산업의 경우, 2003년 기준 국내 게임시장의 규모는 3조 9,387억 원으로 영화(1조 4,561억 원)와 음악(3,683억 원)시장을 합한 것보다 두 배도 넘는 수준이었다. 또한 전체 엔터테인먼트 산업에서 게임이 차지하는 비중도 68%에 이르러 전통적인 연예오락업종을 압도하게 되었다.[7]

---

7 "엔터테인먼트 산업 게임이 王", 『한국일보』, 2005. 2. 21.

표 16-9 **문화산업관련 법률 현황(2015년 6월 기준)**

| 법률 이름 | 제정 연도 | 구법(제정 연도) | 소관부서 |
|---|---|---|---|
| 저작권법 | 1957 | - | 저작권정책과 |
| 공연법 | 1961 | - | 공연전통예술과 |
| 영상진흥기본법 | 1995 | - | 영상콘텐츠산업과 |
| 문화산업진흥기본법 | 1999 | - | 문화산업정책과 |
| 뉴스통신 진흥에 관한 법률 | 2003 | - | 미디어정책과 |
| 영화 및 비디오물의 진흥에 관한 법률 | 2006 | 영화법(1962), 영화진흥법(1995)<br>음반 및 비디오데 관한 법률(1991) | 영상콘텐츠산업과 |
| 게임산업 진흥에 관한 법률 | 2006 | 음반 · 비디오물 및 게임물에 관한 법률(1999) | 게임콘텐츠산업과 |
| 음악산업 진흥에 관한 법률 | 2006 | 음반에 관한 법률(1967)<br>음반 및 비디오물에 관한 법률(1991) | 대중문화산업과 |
| 독서문화진흥법 | 2006 | 도서관 및 독서진흥법(1994) | 출판인쇄산업과 |
| 인쇄문화산업진흥법 | 2007 | 출판사 및 인쇄소의 등록에 관한 법률(1961)<br>출판 및 인쇄진흥법(2002) | 출판인쇄산업과 |
| 출판문화산업진흥법 | 2007 | 출판사 및 인쇄소의 등록에 관한 법률(1961)<br>출판 및 인쇄진흥법(2002) | 출판인쇄산업과 |
| 잡지 등 정기간행물 진흥에 관한 법률 | 2008 | 정기간행물등록 등에 관한 법률(1987) | 미디어정책과 |
| 신문 등의 진흥에 관한 법률 | 2009 | 정기간행물등록 등에 관한 법률(1987)<br>신문 등의 자유와 기능보장에 관한 법률(2005) | 미디어정책과 |
| 콘텐츠산업진흥법 | 2010 | 온라인디지털콘텐츠산업발전법(2002) | 문화산업정책과 |
| 이스포츠 진흥에 관한 법률 | 2012 | - | 게임콘텐츠산업과 |
| 만화진흥에 관한 법률 | 2012 | - | 인문정신문화과 |
| 대중문화예술산업발전법 | 2014 | - | 대중문화산업과 |
| 공예문화산업진흥법 | 2015 | - | 시각예술디자인과 |

출처: 정상철(2015), 표 1.

한편 2008년 문화체육관광부는 "소프트 파워가 강한 창조문화국가"라는 슬로건하에 문화산업분야에서는 "세계 5대 콘텐츠산업 강국 도약"이라는 비전을 설정하였다. 그리고 이 비전을 성취하기 위해 "2012년 매출규모 100조 원 달성, 수출규모 78억 달러 달성, 고용규모 100만 명 달성, 세계시장 점유율 5% 달성"이라는 정책목표를 수립하였다. 아울러 중점과제로서 ① 융합환경변화에 대비한 통합 콘텐츠 정책 추진체계의 정비, ② 건전한 시장형성을 위한 불법

복제의 근절 및 저작권 보호, ③ 콘텐츠산업의 핵심인 창작역량의 강화, ④ 콘텐츠 기업의 해외시장 진출 지원, ⑤ 콘텐츠 기업들의 창의성을 최대한 발현할 수 있도록 하기 위한 최적의 시장환경 조성을 제시하였다.

2008년 3월 정부조직 개편 당시 정보통신부가 폐지되면서 디지털 콘텐츠 관련 정책은 문화체육관광부로 이관되었다. 이로써 문화콘텐츠산업에 대한 총괄·조정 기능이 문화체육관광부로 일원화되었다. 그리고 2002년 제정되었던 옛 정보통신부의 「온라인 디지털콘텐츠산업 발전법」은 2010년 6월 10일 「콘텐츠산업 진흥법」으로 전면 개정되었다. 곧 이어 11월에는 콘텐츠산업진흥위원회가 구성되고 〈제1차 콘텐츠산업 진흥 기본계획〉이 발표되었다. 이 계획은 '스마트콘텐츠코리아 구현'을 정책목표로 제시하고 ① 범국가적 콘텐츠산업 육성체계 마련, ② 국가창조력 제고를 위한 청년일자리 창출, ③ 글로벌시장 진출확대, ④ 동반성장 생태계 조성, ⑤ 제작·유통·기술 등 핵심기반 강화를 5대 핵심추진전략으로 제시하였다.

〈표 16-9〉는 2015년 6월 기준 우리나라 문화산업 관련 법률 현황을 정리한 것이다.

## 2. 문화산업에 대한 재정지원 확대

국가 전략적 차원에서 문화산업의 비중이 높아진 것은 문화산업에 대한 재정 지원이 대폭 증가한 데에서도 잘 드러난다.

### 1) 문화산업 정부예산

문화체육관광부 전체 예산 중 문화콘텐츠산업에 배정된 예산은 매년 증가되어 왔다. 〈표 16-10〉은 문화산업 부문의 연도별 예산 추이를 정리한 것이다. 특히 1999년 문화산업 예산은 전년도 168억 원의 여섯 배에 달하는 1,000억

**표 16-10 문화산업 부문의 예산 변화 추이** (단위: 억 원)

| 연도별 | 정부예산 총액 | 문화체육관광부 예산 | | 문화산업 부문 예산 | | 미디어정책 부문 예산 | |
|---|---|---|---|---|---|---|---|
| | | 예산총액 | 정부 예산 대비 점유비율 | 예산총액 | 소속부 예산 대비 점유비율 | 예산총액 | 소속부 예산 대비 점유비율 |
| 1994 | 476,262 | 3,012 | 0.63% | 54 | 1.8% | – | – |
| 1995 | 567,173 | 3,838 | 0.68% | 152 | 4.0% | – | – |
| 1996 | 629,626 | 4,591 | 0.73% | 189 | 4.1% | – | – |
| 1997 | 714,006 | 6,531 | 0.91% | 132 | 2.0% | – | – |
| 1998 | 807,629 | 7,574 | 0.94% | 168 | 2.2% | – | – |
| 1999 | 884,850 | 8,563 | 0.97% | 1,000 | 11.7% | – | – |
| 2000 | 949,199 | 11,707 | 1.23% | 1,787 | 15.3% | – | – |
| 2001 | 1,060,963 | 12,431 | 1.17% | 1,474 | 11.9% | – | – |
| 2002 | 1,161,198 | 13,985 | 1.20% | 1,958 | 14.0% | – | – |
| 2003 | 1,151,323 | 14,864 | 1.29% | 1,890 | 12.7% | – | – |
| 2004 | 1,201,394 | 15,675 | 1.30% | 1,725 | 11.0% | – | – |
| 2005 | 1,352,156 | 15,856 | 1.17% | 1,911 | 12.1% | – | – |
| 2006 | 1,469,625 | 17,385 | 1.18% | 1,363 | 7.8% | 890 | 5.1% |
| 2007 | 1,565,177 | 14,250 | 0.91% | 1,284 | 9.0% | 693 | 4.9% |
| 2008 | 1,749,852 | 15,136 | 0.86% | 1,508 | 9.9% | 558 | 3.7% |
| 2009 | 1,968,712 | 17,350 | 0.88% | 2,422 | 14.0% | 56.2 | 3.2% |
| 2010 | 2,012,834 | 18,762 | 0.93% | 2,561 | 13.6% | 83.6 | 4.4% |
| 2011 | 2,099,302 | 19,603 | 0.93% | 2,491 | 12.7% | 113.6 | 5.8% |
| 2012 | 2,231,383 | 20,933 | 0.94% | 2,798 | 13.0% | 118.8 | 5.0% |
| 2013 | 2,362,253 | 22,876 | 0.97% | 2,849 | 12.5% | 125.6 | 5.5% |
| 2014 | 2,472,032 | 23,208 | 0.93% | 3,057 | 13.2% | 102.7 | 4.4% |
| 2015 | 2,585,856 | 25,546 | 0.99% | 3,738 | 14.6% | 126.9 | 5.0% |

* 정부예산총액은 각 연도 나라살림(기획재정부)의 일반회계 예산금액임.
** 2015년 문화체육관광부 예산은 문화체육관광부 일반회계와 특별회계 금액을 합한 것이며, 기금은 제외한 금액임.
*** 2015년 콘텐츠산업 부문 예산은 문화콘텐츠산업실(콘텐츠정책관+저작권정책관))의 일반회계 예산 규모임.
출처: 문화체육관광부, 『2015 콘텐츠산업백서』, 2016.

원으로 급증하였다. 문화산업 예산이 증가함에 따라 문예진흥 예산은 상대적으로 감소되어 왔다. 물론 문예진흥 예산 총액은 여전히 문화산업 예산보다 월등히 높은 수준이다. 그러나 문화부 예산 대비 점유비율을 비교해보면 문화산업 예산이 1997년 2.0%에서 2005년에는 그 여섯 배인 12.1%로 증가한

**표 16-11 문화산업진흥기금 조성 및 운용 현황** (단위: 백만 원)

| 구분 | | | 1999년 | 2000년 | 2001년 | 2002년 | 2003년 | 2004년 | 2005년 | 2006년 |
|---|---|---|---|---|---|---|---|---|---|---|
| 조성액 | | | 54,922 | 121,033 | 179,022 | 222,854 | 265,037 | 274,404 | 286,883 | 287,088 |
| 운용액 | 계 | | 7,367 | 29,574 | 49,912 | 67,266 | 29,063 | 39,030 | 27,974 | 94,221 |
| | 융자 | 문화상품 개발 | 1,997 | 9,518 | 13,210 | 22,231 | 17,118 | 21,240 | 21,437 | 25,856 |
| | | 유통구조 및 시설현대화 | 5,370 | 15,056 | 21,702 | 15,535 | 11,945 | 12,790 | 6,537 | 18,365 |
| | 투자 | | - | 5,000 | 15,000 | 29,500 | - | 5,000 | - | 50,000 |

출처: 문화관광부, 『2006년 문화정책백서』.

반면 문예진흥 예산은 63.6%에서 3/4 수준인 49.2%로 줄어들었다.

한편 2015년 문화콘텐츠산업실 예산은 3,738억 원, 미디어정책국 예산은 1,269억 원으로 문화체육관광부 전체 예산의 14.6%와 5.0%를 차지하였다. 두 부문을 합치면 문화산업 관련 진흥 예산은 5,007억 원으로 문화체육관광부 전체 예산의 19.6%에 해당한다.

### 2) 문화산업 지원을 위한 기금

#### ① 문화산업진흥기금

1998년 12월에 개최된 경제정책조정회의에서는 문화산업의 경쟁력 강화를 위한 정책자금으로서 1999년부터 2003년까지 5년간 국고에서 매년 500억 원씩 총 2,500억 원을 출연하여 문화산업진흥기금을 조성하기로 결정하였다. 1999년 2월에 제정된 「문화산업진흥기본법」에 근거하여 설치된 이 기금은 문화산업계의 자생력 강화 및 차세대성장산업으로의 종잣돈을 마련하기 위한 것이었다. 실제로 2003년까지 국고에서 총 2,200억 원이 출연되었고 조성된 기금 총액은 2,650억 원이었다. 1999년부터 2006년까지의 문화산업진흥기금 조성 및 운용 현황을 보면 〈표 16-11〉과 같다.

문화산업진흥기금은 2006년 말 폐지되었는데 보유잔액 및 투·융자회수금은 모태펀드(Fund of Funds)에 출자되어 운용되도록 하였다. 모태펀드는 콘텐츠 기업에 직접 투자하는 것이 아니라 투자자(출자자)로부터 출자금을 받아 하나의 펀드(母펀드)를 조성하여 개별 투자 펀드(子펀드)에 출자하는 펀드를 말한다. 모태펀드의 운용은 한국벤처투자(주)가 담당하고 있으며, 문화산업 분야의 투자를 위한 계정은 문화계정과 영화계정이다. 2006년부터 2015년까지 문화계정 4,661억 원, 영화계정 520억 원이 조성되었다(문화체육관광부, 『2015 문화콘텐츠산업백서』, 2016, 210쪽).

② 영화발전기금

영화사업 분야에 대한 안정적이고 지속적인 재정 지원을 위해 1994년 영화진흥금고가 설치되었다. 1998년까지 문예진흥기금의 출연 및 기타 과실금을 포함하여 170억 원이 조성되었으며, 각종 지원사업 확대를 위하여 1999년부터 2003년까지 5년간 국고에서 연간 100억 원씩 총 500억 원을 지원하기로 결정하였다. 그리고 1999년에는 경제장관회의에서 500억 원 조성과는 별도로 영화산업 재원확충, 영상산업 인프라 구축 등을 위하여 1,000억 원(2000년 400억 원, 2001년 300억 원, 2002년 300억 원)을 추가로 조성하기로 결정했다. 그리하여 〈표 16-12〉에서 보듯이 2003년까지 총 1,670억 원이 조성되었다.

영화진흥금고는 2007년에 한국 영화예술의 질적 향상 및 한국 영화산업의 진흥을 위한 '영화발전기금'으로 대체되었다. 2007년 1월 그동안 연간 146일이었던 스크린쿼터 일수가 절반인 73일로 축소되었다. 정부는 그 대안으로 영화산업을 위한 4,000억 원 규모의 영화발전기금 설치안을 제시하였다. 그리하여 「영화 및 비디오물 진흥에 관한 법률」 개정이 이루어졌고 이에 따라 영화발전기금이 조성되기 시작했다. 2008년 당시 총 조성금액은 3,665억 원(영화진흥금고 이전금 970억 원, 정부출연금 2,063억 원 포함)이었는데, 〈표 16-13〉에서 보듯이 2016년에는 1조 509억 원 규모로 크게 늘어났다. 한편 영화산업을 지원하기 위한 경상사업비는 2014년에 840억 원이었으나 2015년에는 절반 수준인 427억 원으로 줄었다가 2016년에는 624억 원으로 다시 증가하였다.

**표 16-12 영화진흥금고 조성 현황** (단위: 억 원)

| 구 분 | 1994~1998 | 1999 | 2000 | 2001 | 2002 | 2003 | 계 |
|---|---|---|---|---|---|---|---|
| 정부출연금 | – | 100 | 500 | 400 | 300 | 200 | 1,500 |
| 문예진흥기금 | 147 | – | – | – | – | – | 147 |
| 기타(과실금) | 23 | – | – | – | – | – | 23 |
| 계 | 170 | 100 | 500 | 400 | 300 | 200 | 1,670 |

출처: 문화관광부, 『2004년 문화정책백서』.

**표 16-13 영화진흥기금 조성 현황 및 계획** (단위: 억 원)

| | | 2014 (누계) | 2015년 실적 | | 2016년 계획 | |
|---|---|---|---|---|---|---|
| | | | 당년 | 누계 | 당년 | 누계 |
| 총조성액 | 정부출연금 | 3,163 | - | 3,163 | - | 3,163 |
| | 부담금 | 2,606 | 501 | 3,107 | 473 | 3,580 |
| | 운영수입 | 2,732 | 282 | 3,013 | 753 | 3,766 |
| | 소계 | 8,501 | 782 | 9,283 | 1,226 | 10,509 |
| 사용액 | 사업비 | 4,674 | 527 | 5,201 | 724 | 5,925 |
| | 기금운영비 | 629 | 91 | 720 | 101 | 821 |
| | 소계 | 5,303 | 612 | 5,921 | 825 | 6,746 |
| 순조성액 | | 3,198 | 164 | 3,362 | 401 | 3,763 |

출처: 기획재정부, 『2016 기금현황』.

## 5절 소속기관 및 법령의 확대

### 1. 문화관광부 소속 기관 및 단체

문화관광부와 같은 정부조직은 아니지만 외곽에서 문화·예술 진흥 과업을 직·간접적으로 수행하는 다양한 종류의 공공기관 및 단체들이 있다. 문화관광부 소속 문화예술 기관 및 단체의 수는 1999년 30개에서 2005년 37개,

2010년 39개, 그리고 2017년 5월 현재 총 41개로 증가해 왔다. 이들을 〈표 16-14〉와 같이 크게 세 가지 유형으로 분류할 수 있다.

첫째, '국립문화예술기관'은 문화관광부장관의 관장사무를 지원하기 위한 문화관광부장관 소속하의 기관이다. 소속 기관장은 문화관광부장관의 명을 받아 소관업무를 총괄하며, 소속 공무원을 지휘·감독한다. 국립중앙극장과 국립현대미술관은 「책임운영기관의 설치·운영에 관한 법률」 제4조 제1항의 규정에 의해 문화관광부장관 소속하에 책임운영기관으로 운영되고 있다. 2017년 5월 현재 총 16개의 기관이 있다.

둘째, '특수법인 형식의 문화예술기관 및 문화행정기관'이란 개별 법률에 근거하여 설립된 조직으로서 정부의 재정적 지원하에 운영되는 기관을 말한다. 개별법에 규정된 경우를 제외하고는 보통 민법 중 법인에 관한 규정이 준용된다. 예술의 전당, 한국문학번역원, 한국문화예술교육진흥원, 그리고 한국문화예술회관연합회는 원래 민법에 근거하여 설립되었다가 후에 다른 개별법상 특수법인으로 전환되었다. 2017년 5월 현재 총 8개의 기관이 있다.

그리고 셋째, '민법상 법인형식의 정부 재정지원 문화기관'은 민법 제32조(비영리법인의 설립과 허가)에 의해 주무부처인 문화관광부장관의 허가에 따라 설치된 문화기관으로 정부의 재정지원하에 운영된다. 1950년에 설립된 국립극단은 2010년 6월에 독립법인으로 전환되었다. 1962년에 설립된 국립발레단과 국립오페라단 그리고 1973년에 설립된 국립합창단은 모두 1999년 12월 독립법인으로 전환되었다. 2017년 5월 현재 총 17개의 기관이 있다.

## 2. 문화관련 법률 현황

우리나라 문화행정의 영역이 확대되면서 문화 관련 법률 역시 여러 가지 다양한 주제를 포괄하며 증가되어 왔다. 문화 관련 법률은 문화행정의 기본이 되는 「문화기본법」 외에 문화예술 활동 및 시설에 관한 법률, 문화유산에 관

**표 16-14** 문화관광부 소속 기관 및 단체 현황

| 유형 | 기관 및 단체 |
|---|---|
| 국립문화예술기관 | 1) 한국예술종합학교<br>2) 국립국악중 · 고등학교<br>3) 국립전통예술중·고등학교<br>4) 국립중앙박물관<br>5) 국립국어원<br>6) 국립중앙도서관<br>7) 해외문화홍보원<br>8) 국립중앙극장 (2000.01. 책임운영기관으로 전환)<br>9) 국립현대미술관 (2006.01. 책임운영기관으로 전환)<br>10) 국립국악원<br>11) 국립민속박물관<br>12) 대한민국역사박물관<br>13) 국립한글박물관<br>14) 예술원사무국<br>15) 한국정책방송원<br>16) 국립아시아문화전당 |
| 특수법인 형식의 문화예술기관 및 문화행정기관 | 1) 예술의 전당 (2000. 특수법인으로 전환)<br>2) 한국문학번역원 (2005.09. 특수법인으로 전환)<br>3) 한국문화예술교육진흥원 (2006.08. 특수법인으로 전환)<br>4) 한국문화예술위원회 (한국문화예술진흥원에서 2005.08. 전환)<br>5) 세종학당재단<br>6) 한국예술인복지재단<br>7) 한국문화예술회관연합회 (2012.08. 특수법인으로 전환)<br>8) 한국출판문화산업진흥원 |
| 민법상 법인형식의 정부 재정지원 문화예술기관 | 1) 국립극단 (2010.06. 독립법인으로 전환)<br>2) 국립발레단 (1999.12. 독립법인으로 전환)<br>3) 국립오페라단 (1999.12. 독립법인으로 전환)<br>4) 한국문화예술위원회 예술자료원<br>5) 국립합창단 (1999.12. 독립법인으로 전환)<br>6) 국립현대무용단<br>7) 명동 · 정동극장<br>8) 서울예술단<br>9) 예술경영지원센터<br>10) 코리안심포니오케스트라 (2001.02. 독립법인으로 전환)<br>11) 한국공연예술센터<br>12) 한국문화관광연구원 (2002.12. 한국문화정책개발원과 한국관광연구원을 통합)<br>13) 국악방송<br>14) (재)전통공연예술진흥재단<br>15) 한국공예 · 디자인문화진흥원 (2011.01. 기타공공기관 지정)<br>16) 국립박물관문화재단<br>17) 한국문화정보원 |

출처: 문화체육관광부, 『2015 문화예술정책백서』, 2016.

한 법률, 그리고 문화산업에 관한 법률로 구분해 볼 수 있다.[8]

### 1) 문화기본법

「문화기본법」은 우리나라 문화행정의 목적과 방향에 관해 가장 포괄적으로 규정하고 있는 법률이다. 이 법은 문화정책의 방향과 그 추진에 필요한 기본적인 사항을 규정함으로써 문화의 가치와 위상을 높여 문화가 삶의 질을 향상시키고 국가사회의 발전에 중요한 역할을 할 수 있도록 하는 것을 목적으로 한다. 이 법은 문화에 관한 국민의 권리, 즉 '문화권'을 명시하고 있다. 문화권이란 모든 국민이 성별, 종교, 인종, 세대, 지역, 사회적 신분, 경제적 지위, 신체적 조건 등에 관계없이 자유롭게 문화를 창조하고 문화 활동에 참여하며 문화를 향유할 권리를 말한다. 「문화기본법」은 국가 및 지방자치단체가 국민의 문화권을 보장해야 할 책임이 있음을 천명하고 있다. 보다 구체적으로는 '문화정책 수립・시행상의 기본원칙', '문화진흥 기본계획의 수립', '문화 진흥을 위한 분야별 문화정책의 추진', '문화 인력 양성', '문화 진흥을 위한 조사·연구와 개발', '문화의 달과 문화의 날', '문화진흥 사업에 대한 재정 지원' 등에 대한 조항이 제시되어 있다.

### 2) 문화예술 활동 및 문화시설에 관한 법률

① 「문화예술진흥법」: 문화예술공간설치, 문화예슬복지증진, 문화예술진흥기금조성, 문화예술기관 운영 체계 등 문화예술 활동에 대한 기본적인 사항을 규정

② 「국어기본법」: 국어의 사용을 촉진하고 국어의 보전과 발전 기반 마련

③ 「공연법」: 음악・무용・연극・연예・국악・곡예 등 예술적 관람물을 공

8 문화체육관광부, 『2015년 문화예술 정책백서』, 2016, 75-84쪽. 문화산업 관련 법률에 대해서는 앞의 4절의 〈표 16-9〉 참조.

중에게 관람하게 하는 공연활동과 공연장의 설치·운영 및 무대예술 전문 인력에 관한 사항을 규정

④ 「문화예술교육지원법」: 문화예술교육의 지원에 필요한 사항을 정함으로써 문화예술교육을 활성화

⑤ 「예술인복지법」: 예술인의 직업적 지위와 권리를 법으로 보호하고, 예술인 복지 지원을 통하여 예술인들의 창작활동을 증진 도모

⑥ 「아시아문화중심도시조성에 관한 특별법」: 아시아 문화와 자원의 상호 교류 및 연구·창조·활용을 통하여 국가경쟁력을 확보하는 아시아문화중심도시를 광주광역시에 조성하여 문화와 세계문화를 발전시키고 국가균형발전과 국민의 문화예술 향유 및 창조적 함양에 이바지함

⑦ 「대한민국예술원법」: 예술창작에 현저한 공적이 있는 예술가 및 그들의 창작활동을 우대·지원하기 위해 설치된 대한민국예술원에 대한 사항을 규정

⑧ 「동학농민혁명 참여자 등의 명예회복에 관한 특별법」: 동학농민혁명 참여자의 애국애족정신을 기리고, 동학농민혁명참여자와 그 유족의 명예회복을 위한 규정

⑨ 「박물관 및 미술관 진흥법」: 박물관 및 미술관의 설립·운영에 관한 사항을 규정하여 박물관과 미술관을 건전하게 육성함으로써 문화·예술·학문의 발전과 일반 공중의 문화향유 증진에 이바지함

⑩ 「도서관법」: 국민의 정보접근권과 알 권리를 보장하기 위하여 도서관의 사회적 책임과 그 역할수행에 필요한 사항을 규정

⑪ 「작은도서관 진흥법」: 작은도서관의 진흥에 필요한 사항을 규정하여 생활 친화적 도서관문화를 향상

⑫ 「지방문화원진흥법」: 지역문화의 균형 있는 발전을 위하여 지방문화원의 설립·운영 및 지원에 관한 사항을 규정

⑬ 「지역문화진흥법」: 지역문화의 발전과 경쟁력 강화를 위한 규정

### 3) 문화유산에 관한 법률

① 「문화재보호법」: 문화재 보존 및 문화의 계승을 위한 문화재의 지정·관리·보호·공개·조사 등에 관한 규정

② 「고도(古都)보존에 관한 특별법」: 문화적 보고로 인정받고 있는 고도(古都)의 역사문화적 환경을 효율적으로 보존·육성하기 위한 사항을 규정

③ 「문화유산과 자연환경자산에 관한 국민신탁법」: 문화유산과 자연환경자산에 대한 민간의 자발적인 보전·관리 활동을 촉진하기 위하여 문화유산국민신탁 및 자연환경국민신탁의 설립 및 운영 등에 관한 사항과 이에 대한 국가 및 지방자치단체의 지원에 관한 사항을 규정

④ 「문화재보호기금법」: 문화재를 효율적으로 보존·관리하는 데 필요한 자금을 조성하기 위한 규정

⑤ 「문화재수리 등에 관한 법률」: 문화재수리·실측설계·감리와 문화재수리업의 등록 및 기술관리 등에 필요한 사항을 규정

⑥ 「매장문화재 보호 및 조사에 관한 법률」: 매장문화재를 보존하여 문화의 원형(原形)을 유지·계승하고, 매장문화재를 효율적으로 보호·조사 및 관리하기 위한 규정

⑦ 「한국전통문화대학교 설치법」: 전통문화의 창조적 계승·발전과 문화재의 보존·관리 및 활용에 관한 이론과 실제적인 응용력을 갖춘 전통문화전문인을 양성하고, 이를 통하여 한국문화의 보급과 창달에 이바지함

⑧ 「전통사찰의 보존 및 지원에 관한 법률」: 문화의 유산으로서 역사적 의의를 가진 전통사찰과 전통사찰에 속하는 문화유산을 보존 및 지원

⑨ 「향교재산법」: 향교재산에 대한 기본적인 사항을 정하여 향교재산을 적절하게 관리·운영하기 위한 규정

# 6절 지역문화재단의 확산

1995년 지방자치단체장 선거가 부활되면서 우리나라에서도 지방분권화 시대가 본격화되기 시작했다. 지방자치 활성화에 따라 문화행정에 있어서도 지역 주민들의 문화생활 향상에 대한 관심이 점차 높아졌다. 2015년에 제정된 「지역문화진흥법」 제2조에 의하면 '지역문화'란 "지방자치단체 행정구역 또는 공통의 역사적·문화적 정체성을 이루고 있는 지역을 기반으로 하는 문화유산, 문화예술, 생활문화, 문화산업 및 이와 관련된 유형·무형의 문화적 활동"을 의미한다. 그리고 '생활문화'란 "지역의 주민이 문화적 욕구 충족을 위하여 자발적이거나 일상적으로 참여하여 행하는 유형·무형의 문화적 활동"을 말한다. 지역문화재단은 지방자치 시대에 지역문화 및 생활문화 진흥을 위한 민관협력 거버넌스라고 할 수 있다.

## 1. 지역문화재단의 개념과 필요성

문화재단은 설립주체에 따라 기업문화재단, 지역문화재단, 특별법 문화재단으로 구분할 수 있다. 지역문화재단은 지방자치단체가 자체예산 또는 일부 기부금을 받아 기금을 조성하여 설립한 문화재단을 말한다. 기금에서 얻어지는 이자 등의 수익으로 문화예술관련 단체와 개인을 지원하고 재단 자체의 기획사업을 통해 지역문화예술의 발전을 견인하고자 하는 비영리 법인이다. 지역문화재단은 일반적으로 정부나 지방자치단체와 같이 공공기관의 재원을 통해 설립되기 때문에 공익적 성격이 강하다고 할 수 있다. 특히 「공직자 윤리법」의 제3조의2(공직유관단체) 제1항 제4호(「지방공기업법」에 따른 지방공사·지방공단 및 지방자치단체의 출자·출연·보조를 받는 기관·단체(재출자·재출연을 포함한다), 그 밖에 지방자치단체의 업무를 위탁받아 수행하는 기관·단체)에 따르면 지역

문화재단은 '공직유관단체'로 분류되고 있다. 따라서 지역문화재단은 '공익적 성격을 가진 재단법인이면서 공직 유관단체'로 분류할 수 있다(한양대학교 산학협력단, 2015).

문화예술 부문에 있어서 바람직한 정부의 역할은 '간접촉매자'라고 할 수 있다. 문화예술의 발전을 위해 정부의 보호와 지원이 필요하기는 하지만 관료들의 개입과 통제는 자칫 창의적인 문화예술의 발전에 오히려 지장을 줄 우려도 있다. 문화행정에서 '팔길이 원칙'이 중시되는 것도 이 때문이다. 따라서 원칙적으로 정부가 문화·예술 활동을 위한 재원을 지원해주되 관료들이 직접 간섭하지는 말고 '팔길이' 만큼의 독립성을 가진 민간기구가 운영을 담당토록 해야 한다는 당위론이 제기되는 것이다. 문화재단은 바로 이 팔길이 원칙에 입각한 문화 거버넌스 시스템이라 할 수 있다. 즉 지방정부가 문화예술에 대한 지원을 하되 행정 관료들에 의한 간섭을 최소화하기 위해 민간 전문가들에게 문화지원 사업운영상의 권한을 위임해주는 시스템인 것이다.

## 2. 지역문화재단의 배경과 설립 목적

지방자치단체들이 지역문화재단을 설립하는 주된 목적은 지역문화의 진흥이라고 할 수 있다. 지역주민의 소득수준 향상과 함께 문화예술에 대한 욕구 역시 증가하기 마련이다. 그런데 주민들의 문화적 욕구를 충실히 충족시키기에는 지방자치단체의 행정 역량에 적지 않은 한계가 있는 것이 사실이다. 이 때문에 지역의 문화예술 지원사업을 행정 공무원이 아닌 민간 전문가들이 주축이 되어 추진하는 체제가 요구되었던 것이다. 지역문화재단의 설립이 확산되는 또 다른 중요한 이유는 지역 홍보와 밀접하게 연관되어 있다. 지역의 문화발전이 성공적인 지방자치의 상징으로 떠오르면서 문화재단 설립이 지역 홍보의 주요 수단으로 활용될 수 있기 때문이다.

우리나라의 지역문화재단은 설립주체에 따라 광역문화재단과 기초문화재단으로 구분되는데 성격과 기능면에서 상당한 차이를 보이고 있다. 광역자치단체가 설립한 문화재단은 문예진흥 사업과 정책기능을 주로 하면서 부가적으로 문화기반시설을 운영하는 경우가 많다. 반면 기초자치단체가 설립한 문화재단은 대체로 문예회관 등 문화기반시설 운영을 중심으로 문화축제와 예술교육 등 문예프로그램을 부가적으로 수행하는 경우가 많다.

광역문화재단의 경우, 대체로 「문화예술진흥법」에 따라 해당 시도의 문화예술 진흥을 목적으로 설립되었다고 할 수 있다. 특히 중앙정부의 문화예산 및 문화예술위원회의 문예진흥기금으로부터 지원금을 확보하는 사업과 지역 내 문화·예술분야 사업 지원이 광역문화재단 설립의 주요 목적이라 할 수 있다. 광역문화재단의 문화예술진흥사업은 다시 전반적인 예술활동을 지원하는 예술진흥사업과 문화예술교육사업, 문화시설 운영 등으로 구분될 수 있다. 최근 중앙과 상위 정책기관의 사업을 단순히 집행하는 역할을 넘어 지역의 특징적인 자원을 발굴하고 이를 콘텐츠화하는 지역특성화 사업이 활발해지고 있는 추세이다.

기초지방자치단체의 경우, 지역의 문화기반시설을 운영하는 형태와 지역의 문화예술 진흥사업을 시행하는 형태로 구분될 수 있다. 초창기에는 대규모로 건립된 문화시설들을 효과적으로 운영해야 할 필요성 차원에서 기초문화재단이 설립된 경우가 많았다. 시설유지와 운영에 투입되는 인력을 공무원 정원 내에서 확보하기가 힘들고, 설령 인력을 확보한다고 하더라도 현재의 순환 보직체계 아래에서 문화시설 운영의 전문성을 확보하기는 어렵기 때문이다.

### 3. 지역문화재단의 사업 범위

「지역문화진흥법」 제19조 제1항은 "지방자치단체의 장은 지역문화진흥에 관한 중요 시책을 심의·지원하고 지역문화진흥 사업을 수행하기 위하여 지역문화재단 및 지역문화예술위원회를 설립·운영할 수 있다"고 규정하고 있다.

**표 16-15 지역문화재단이 집행하고 있는 사업들**

| 영역 | 지역문화진흥 | 예술창작지원 | 문화복지 | 문화예술교육 |
|---|---|---|---|---|
| 사업 사례 | -지역축제, 국제교류<br>-시민문화활동 지원<br>-지역문화자원 개발<br>-문화도시: 지역재생 등<br>-문화마을, 공동체만들기<br>-문화시설운영 등 | -예술창작 지원<br>-상주예술단체 육성지원<br>-신진예술가육성<br>-창작레지던스 등 | -문화예술카드바우처<br>-문화예술기획바우처<br>-지역특화프로그램 등 | -학교문화예술교육<br>-사회문화예술교육<br>-전문인력양성<br>-학교예술강사<br>-지원센터운영 등 |

출처: 한국문화관광연구원, 『지역문화 정책 분석 및 발전 방안』, 2012.

아울러 제22조는 지방자치단체가 "지역문화진흥을 위한 사업이나 활동을 지원하기 위하여 지역문화진흥기금을 설치할 수 있다"고 규정하고 있다.

지역문화재단들은 지자체에서 요구하는 고유목적사업으로서 지역문화진흥 업무뿐 아니라, 국비 매칭 지역협력형사업으로 진행되는 예술창작지원, 문화복지, 문화예술교육 등 국가 문화시책사업의 상당부분을 수행하는 사업주체가 되고 있다. 지역문화재단이 수행해야 할 사업의 범위는 「지역문화진흥법 시행령」 제21조 제2항에 다음과 같이 규정되어 있다.

① 지역문화진흥을 위한 사업의 개발, 추진 및 지원
② 지역문화 관련 정책 개발 지원과 자문
③ 지역문화전문인력의 양성 및 지원
④ 지역문화예술단체 지원 및 활성화 사업 추진
⑤ 지역문화 협력 및 연계·교류에 관한 업무
⑥ 그 밖에 지역문화진흥을 위하여 필요하다고 인정하는 사업

지역문화재단들이 수행하고 있는 주요 사업들과 지역별 특화된 사업들을 정리하면 〈표 16-15〉와 같다.

## 4. 지역문화재단의 설립 추세

우리나라 최초의 지역문화재단은 1997년에 설립된 경기문화재단이었다. 그 이후 서울, 인천 등 각 광역지방자치단체에서 문화재단을 설립하여 활발한 활동을 벌이고 있다. 특히 국가 균형발전 전략 차원에서 지방의 자체적 혁신역량 강화 및 내생적 발전을 추구하는 자립형 지방화를 강조한 참여정부 이후로 지역문화재단의 수가 지속적으로 설립이 확산되고 있는 추세이다.

**표 16-16 연도별 지역문화재단 설립 현황(2016년 1월 기준)**

| 설립연도 | 광역 | 기초 | 개수 | 누적 |
|---|---|---|---|---|
| 1997 | 경기 | | 1 | 1 |
| 1998 | | 강릉 | 1 | 2 |
| 1999 | 강원 | | 1 | 3 |
| 2000 | 제주 | | 1 | 4 |
| 2001 | | 부천, 청주, 구미 | 3 | 7 |
| 2002 | | | | |
| 2003 | | 거제 | 1 | 8 |
| 2004 | 서울, 인천 | 고양, (서울)중구, 성남, 대구(동구) | 6 | 14 |
| 2005 | | 김해, 전주 | 2 | 16 |
| 2006 | | (인천)부평, 목포, 하남, 충주 | 4 | 20 |
| 2007 | | 안산, 의정부, (서울)마포, (서울)구로 | 4 | 24 |
| 2008 | | (서울)강남, 화성, 아산, 춘천, 창원, (대구)중구, 정선 | 7 | 31 |
| 2009 | 부산, 대구, 전남, 대전 | 안양, 인제, 익산 | 7 | 38 |
| 2010 | 광주 | (대구)수성, 원주 | 3 | 41 |
| 2011 | 충북 | 경주, 수원, (대구)달성, 용인, 영암, 사천 | 7 | 48 |
| 2012 | | (울산)남구, 오산, 천안, 평창, (서울)성북, (서울)영등포 | 6 | 54 |
| 2013 | 경남, 충남 | 군포, 청도, 당진, (서울)종로, 청송 | 7 | 61 |
| 2014 | | 담양, 대구(달서) | 2 | 63 |
| 2015 | | 서울(성동), 서울(광진), 서울(서초), 김포, 강진, 완주, 영월 | 7 | 70 |
| 합계 | 13 | 57 | 70 | 70 |

**표 16-17 지역별 지역문화재단 설립 현황(2016년 1월 기준)**

| 권역구분 | | 지역 | 개수 | 설립 지역 |
|---|---|---|---|---|
| 광역권 | | 전국 | 13 | 서울, 부산, 대구, 인천, 광주, 대전, 경기, 강원, 충북, 충남, 전남, 경남, 제주 |
| 기초권 | 수도권 | 서울특별시 | 10 | 강남, 구로, 마포, 성북, 영등포, 종로, 중구, 성동, 광진, 서초 |
| | | 경기・인천 | 14 | 고양, 군포, 부천, 부평, 성남, 수원, 안양, 용인, 하남, 화성, 안산, 오산, 의정부, 김포 |
| | 강원권 | 강원도 | 7 | 강릉, 원주, 인제, 정선, 춘천, 평창, 영월 |
| | 경상권 | 경상북도 | 4 | 경주, 청송, 구미, 청도 |
| | | 경상남도 | 4 | 김해, 창원, 거제, 사천 |
| | | 대구광역시 | 5 | 달성, 중구, 수성, 동구, 달서 |
| | | 울산광역시 | 1 | 남구 |
| | 충청권 | 충청북도 | 2 | 청주, 충주 |
| | | 충청남도 | 3 | 아산, 당진, 천안 |
| | 전라권 | 전라북도 | 3 | 익산, 전주, 완주 |
| | | 전라남도 | 4 | 목포, 영암, 담양, 강진 |
| 합계 | | | 70 | |

2016년 1월 현재 우리나라에는 13개의 광역문화재단과 57개의 기초지역 문화재단, 총 70개의 지역문화재단이 설립되어 운영되고 있다.[9] 광역문화재단은 1997년에 설립된 경기문화재단을 필두로 하여 강원(1999), 제주(2001), 서울(2004), 인천(2004), 부산(2009), 대구(2009), 전남(2009), 대전(2009), 광주(2010), 충북(2011), 경남(2013), 충남(2013)까지 총 13개가 설립되어 있다. 기초문화재단의 경우, 1998년에 강릉문화재단이 최초로 설립되었으며 그 후 많은 기초자치단체들이 문화재단을 설립하여 2016년 1월 현재 총 57개의 기초지역 문화재단이 설립되어 있다. 〈표 16-16〉과 〈16-17〉은 연도별 및 지역별로 지역문화재단 설립 현황을 정리한 것이다.

9 전국의 모든 광역 및 기초문화재단에 관한 현황은 문화체육관광부, 『2016 전국 문화기반시설 총람』, 2016 참조.

제 17 장

# 우리나라의 종교행정

# 제 17 장 ▮ 우리나라의 종교행정

종교는 문화를 구성하는 중요한 요소 중 하나다. "종교는 문화의 실체이고 문화는 종교의 형식"이라고 P. Tillech가 지적했듯이 종교와 문화를 서로 단절된 것으로 분리시키는 것은 불가능하다(안국진 · 유요한, 2012: 189). 문화와 예술은 오랜 역사를 통하여 신앙과 밀접한 연관관계를 맺어왔다. 종교적 문화예술 가운데는 오늘날 종교적 성질이 퇴색되고 보편화된 문화의 일부로서 우리 삶 속에 녹아 있는 경우도 많다(문화체육관광부, 2009: 7). 이런 관점에서 보면 종교행정은 문화행정의 하위 영역이라고도 할 수 있다. 우리나라의 경우, 문화행정을 총괄하는 정부기관인 문화체육관광부에 종교 관련 행정 업무를 담당하는 종무실이 있는 것도 이런 맥락에서 이해할 수 있다.

우리나라 헌법에는 종교와 관련하여 세 가지 기본 원칙이 선언되어 있다. 종교로 인한 차별 금지(제11조 1항), 종교의 자유(제20조 1항), 그리고 국교의 불인정 및 종교와 정치의 분리(제20조 2항)가 그것이다. 이 세 가지 원칙은 우리나라 종교행정이 반드시 준수해야 할 근본정신이라고 할 수 있다.

# 1절 종교와 국가

## 1. 종교정책과 종무행정

종교와 관련된 국가의 개입활동을 지칭하는 용어로는 '종교행정' 혹은 '종무정책'이라는 단어가 사용된다.[1] 강돈구(2008: 3)는 종교정책은 "헌법을 포함해서 법률적 근거에 의해 확립되는 것"이고 종무행정은 "그러한 종교정책 기반 아래 정부가 종교단체들을 지원, 관리하는 행위"라고 정의한다. 고병철(2011: 3)은 종무행정을 "이미 발생한 또는 발생 가능한 다양한 종교문제에 대한 국가의 공익(목적)적 활동"으로 정의한다.

우리나라 행정 현장에서는 과거 '종교행정/종교정책'이라는 용어가 사용되었는데 2007년 이후로는 '종무행정'이라는 용어로 변경되어 사용되고 있다.[2] 사실 한국 사회에서는 종교행정이라는 말 자체가 대단히 부자연스러운 용어일 수 있다. 헌법이 정교분리를 천명하고 국교를 인정하지 않을 뿐만 아니라 특정 종교가 주류를 이루고 있지도 않기 때문이다(강돈구, 2003: 71; 고병철, 2011: 1). 그러나 종교와 직간접적으로 연관된 많은 사안에 대하여 국가가 다양한

---

1 종교정책(종무행정)에 관한 행정학 분야의 연구는 거의 전무한 실정이다. 이는 우리 사회의 종교적 실태 및 종교관련 정책·법·제도를 감안할 때 의아스러운 일이다. 다양하고 광범위한 종교정책이 막대한 국가예산으로 시행되고 있고 중앙 및 지방정부에 종교전담 행정부서가 버젓이 존재하는 것이 우리나라의 현실이다. 그럼에도 불구하고 지금까지 우리나라 행정학계에서 종교정책 문제를 중요한 연구주제로 다루었던 경우는 거의 없었다. 말하자면 종교정책은 행정 현장에는 엄연히 존재함에도 불구하고 행정학계에서는 전혀 인지되지 않았던 '맹점'과 같은 분야라고 할 수 있다.

2 이는 행정·정책 앞에 '종교'라는 단어를 노골적으로 붙이는 것이 부담스러웠기 때문인 것으로 보인다. 그런데 '종무행정'이라는 단어는 불교계에서 자체적인 종단내부 행정관리를 뜻하는 용어로 사용되고 있다. 따라서 종교와 관련된 공공행정은 '종교행정'으로 표현하는 것이 더 타당할 것이다. 그러나 이 책에서는 용어에 얽매이지 않고 종교정책과 종무행정을 동일한 의미로 사용하기로 한다.

방법으로 개입해온 것이 우리나라의 역사적 현실이다. 따라서 종교행정 혹은 종무정책은, 정당성이 있건 없건, "국가와 종교와의 관계를 실질적으로 규정하는 매개수단"(박수호, 2009: 173)으로서 중요한 의미를 갖는다.

하지만 우리나라에서 종교정책에 관한 연구는 종교계 이외의 학계에서는 크게 주목받지 못했었다. 특히 행정학·정책학 분야에서 종교정책과 관련된 주제를 본격적으로 다룬 연구는 김정수(2013; 2015)를 제외하고는 찾아보기 어렵다.[3] 역대 정권의 종교관련 정부조직 및 법규를 기술한 박종주(1994), 기독교와 민주주의의 관계를 분석한 백완기(1999), 종교와 지역축제 및 지역문화 개발의 관계를 다룬 서순복(2005), 종교와 정부신뢰와의 관계에 대한 이승종(2010), 대규모 종교문화 행사에 대한 지방자치단체의 지원에 관한 정명희(2012) 등의 연구가 있기는 하나 종교정책 자체를 정면으로 논의한 것은 아니었다. 한국문화정책개발원(1997)과 고병철(2011)의 연구는 한국의 종교행정체계를 다루었지만 주로 종무실의 조직구조와 기능 및 관련 법령에 대한 기술적 소개와 연대기적 서술에 그치고 있다. 한편 법학 분야에서는 김종서(1992), 최종고(1999), 최우정(2005), 송기춘(2003; 2006), 김상겸(2006), 이부하(2008), 전훈(2013) 등의 연구들이 있다. 이들은 주로 정교분리에 관한 법 해석 등 당위론적 시각에서 논의를 전개하고 있다.

## 2. 정교분리 원칙

국가와 종교의 관계는 크게 두 가지 유형으로 구분해볼 수 있다. 특정 종교가 법적으로 혹은 사실상의 국교로 자리 잡고 있는 종교국가에서는 종교가

3 미국 행정학계에는 종교와 행정에 관한 연구들이 다소 있기는 하다(Houston, Freeman and Feldman, 2008; Houston and Cartwright, 2007; King, 2007; Zinkie, 1999; Chandler, 1999; Bruce, 1999; Nederman, 1998). 그러나 미국은 기본적으로 기독교를 바탕으로 세워진 사회라는 점에서 우리나라 행정에의 적용가능성은 제한적이다.

개인들의 삶은 물론 정치를 포함한 모든 사회적 영역을 지배하는 것이 당연시된다. 오늘날 대부분의 이슬람권 국가들과 몇몇 불교 및 힌두교 국가들이 여기에 해당된다. 반면 세속국가에서는 정치영역과 종교영역의 분리 그리고 종교 선택의 자유가 제도적으로 보장되어 있다. 오늘날 법치주의와 민주주의 정치체제를 채택한 대부분의 국가들이 이에 해당된다. 이 두 가지 유형 중 어느 것이 더 바람직한지 선험적으로 단정 짓기는 어렵다. 실제로 어떤 체제를 채택하느냐 하는 것은 각 나라가 밟아온 역사적 궤적에 의해 좌우되기 때문이다.

'정교분리' 원칙은 기독교가 역사의 중심이었던 서구에서 형성된 개념이다. 서양에서는 로마제국의 기독교 공인 이후 오랫동안 종교가 사회의 모든 영역을 지배했었다. 그러나 중세 암흑시대를 지나 절대왕조시대와 르네상스, 종교개혁, 미국의 독립 등을 거치면서 치열한 갈등 속에 종교와 국가(정치)의 분리가 제도화되었다(지규철, 2009). 정교분리 원칙은 종교의 간섭으로부터 국가의 자율성을 확보하는 동시에 국가의 권력으로부터 종교의 자유를 지키기 위한, 영적 권력과 세속 권력 간의 일종의 휴전협정이었다고 할 수 있다. 국가와 종교가 결합되거나 혹은 어느 한 쪽이 우월적 지위를 가지고 군림할 때의 폐해가 너무나 컸기 때문에 만들어진 해결책이었던 것이다(김상겸, 2006: 143).

그런데 서구에서도 정교분리 원칙은 각 국의 역사적 배경에 따라 약간씩 다른 형태로 전개되어 왔다(김상겸, 2006; 정상우, 2014). 우선 유럽의 경우, 정교분리는 "종교가 지배하던 중세의 사회질서를 해체하고 정치영역에서 종교의 영향력을 제한하는 수단"으로 채택되었다(박수호, 2009: 190). 반면 종교적 박해를 피해 이주한 사람들에 의해 세워진 미국에서는 종교의 자유를 확보하기 위한 전제로 정교분리 원칙이 채택되었다. 그리고 자유가 보장된 여러 종교들 간의 각축 과정에서 발생할 수 있는 갈등을 방지하기 위해 국가의 종교적 중립성과 차별금지가 특히 강조되었다(강휘원, 2006). 한편 정교분리 원칙의 운영실태 역시 국가별로 조금씩 차이가 있다(김상겸, 2006: 143). 영국과 스페인의 경우, 국교가 지정되어 있지만 동시에 종교적 관용정책을 통하여 종교의 자유를 보장하고 있다. 독일과 이탈리아의 경우, 국교는 인정되지 않지만 종교단체에 대해서는 국가에 준하는 공법인으로 인정해주고 고유한 사항은 독자적으로 처리할 수 있는 권한도 부여한다. 이에 비해 미국과 프랑스에서는 국가와 종교를 완전히 분리시키는 방향으로 운영된다.

## 3. 정교분리 원칙의 해석과 적용 기준

정교분리 원칙의 구체적 해석과 적용에 관해서는 몇 가지 상이한 시각들이 존재한다(송기춘, 2006: 120). 첫째, 엄격분리론은 정부와 종교는 최대한 분리되어야 한다는 입장이다. 즉, 종교와 국가 사이에 엄격한 분리의 장벽(wall of separation)을 세우고 정부는 세속적 영역, 종교는 완전히 사적인 영역에 머물러야 한다는 것이다. 둘째, 원조금지론은 국가가 종교를 위해 원조(aid)를 제공해서는 안 된다는 입장이다. 다만 지원의 의미나 범위 등에 대해서는 논란의 여지가 있을 수 있다. 셋째, 중립론은 종교에 대한 국가의 재정적·행정적 지원을 부분적으로 인정한다. 종교의 자유를 위해 필요하거나 혹은 세속적 목적을 위한 경우에 정부 지원이 허용된다는 것이다. 다만 예산 지원에 있어서 종교들 간에 차별이 있어서는 안 되며 중립적이어야 한다.

현실적으로 종교와 국가의 완전한 분리는 쉽지 않다. 예컨대 종교가 시민사회운동과 결합되거나 혹은 사회공동체의 문화적 현상으로 관습화되어버린 경우, 국가의 지원이나 개입의 정당성 여부는 판단하기 어렵다. 이와 관련하여 미국 연방대법원의 Lemon v. Kurtzman(1971) 판결은 비교적 구체적이고 합리적인 기준을 제시해주고 있다(강휘원, 2006: 124; 송기춘, 2006: 122). 즉 국가의 어떤 조치가 정교분리 원칙에 위배되지 않기 위해서는 ① 세속적인 목적(secular purpose)을 가져야 하고, ② 그 주된 효과가 종교를 진흥 혹은 억제하는 것이어서는 안 되며, ③ 종교와 국가의 과도한 유착(excessive entanglement)을 조장하지 않아야 한다는 것이다.

## 4. 우리나라의 정교분리와 종교정책

1948년 제정된 제헌헌법은 종교의 자유, 국교의 부인과 함께 종교와 정치의 분리를 헌법의 대원리로 규정하였다. 그런데 당시 제헌국회는 미군정의 연장선에서 충분한 심사숙고 없이 그저 "하나의 장식적인 규정"으로 정교분리 원칙을 헌법에 도입하였다(최우정, 2005: 146). 정교분리 원칙이 본질적으로 무엇을 의미하는지, 국가행정 현장에서 구체적으로 어떻게 해석되고 구현되어야 하는지 등에 대한 명확한 인식과 고민 자체가 결여되었던 것이다. 이는 서양 역사에서와 같은 치열한 종교전쟁이나 정교분리 논쟁의 경험이 우리나라에는 없었기 때문이다.

이 때문에 정교분리라는 헌법 원칙은 우리나라 종교정책의 실제 운영에 있어서 중요한 기준이나 지침으로 작용된 적이 거의 없다고 할 수 있다. 해방 이후 일상화되었던 종교에 대한 권위주의적 국가 통제, 특정 종교들에 대한 사실상의 공인제도, 주류 종교를 위한 특혜성 정책지원 등은 정교분리 원칙에 위배되는 것들이다(정상우, 2014: 242-248). 헌법에 명시된 원칙이 무시되다 보니 우리나라의 종교정책은 확고한 기준도 없이 그때그때의 정치적 상황과 사회적 분위기에 따라 표류되어 왔던 것이 사실이다.

우리나라 종교정책의 무원칙성은 법해석적 관점보다는 역사적 제도주의 관점에서 더 잘 이해될 수 있다. 우리나라 종무행정의 대표적 특성인 공인교주의는 오래 전 일제강점기에 이미 그 제도적 씨앗이 뿌려졌다.[4] 조선총독부의 식민지 통치라는 필요성 차원에서 시작되었던 공인교 정책은 미군정과 제1공화국에 의해 그대로 상속되어 오늘날까지 이어져오고 있다(박종주, 1994; 고병철, 2008; 조성수, 2008). 국가가 인증한 몇몇 종교들에 대한 집중적 지원은 정교분리와 종교적 중립성을 정면으로 부인하는 조치이다. 또한 종교와 국가 간

4 일제의 공인교 정책에 대해서는 김재득(2003), 최혜경(2004), 윤선자(2006), 조성수(2008) 참조

의 긴밀한 밀착관계 역시 이미 해방 직후부터 제도화되기 시작하였다. 미군정과 이승만 대통령의 각종 기독교 편향적 정책들은 정교분리 원칙을 무력화시킴으로써 명목적으로는 세속국가이면서 실제로는 기독교 국가를 지향하는 국정운영을 초래하는 결과를 낳았다.[5] 그 후 군사정부들은 정치적 정당성 확보를 위해 종교에 대한 강력한 통제와 동시에 다양한 회유책을 병행하였다. 이 과정에서 미군정 및 이승만 정권 당시 소외되었던 불교와 전통종교들에 대한 정부 지원이 확대되었다. 그리고 민주화 이후에는 종교에 대한 공권력의 탄압은 소멸된 반면 각종 특혜적 지원은 그대로 유지되고 있다. 이처럼 우리나라의 종교정책레짐은 헌법 규정과는 별 상관없이 역사적으로 정치적 상황에 따라 진화해온 결과라고 이해할 수 있다(김정수, 2013).

## 2절 우리나라의 종교적 상황

### 1. 우리나라의 종교지형

우리나라 종교지형의 첫 번째 특징은 전형적인 다종교 사회라는 점이다. 우리 헌법은 국교를 인정하지 않으며 종교의 자유를 보장하고 있다. 2009년 현재 우리나라에는 약 50여 개 종교, 500여 개 종파, 그리고 630여 개 종교법인이 혼재해 있다(문화체육관광부, 2010: 11).

둘째, 종교인구의 비율이 계속 증가해왔다. 1918년 무종교인은 전체 인구

---

5 미군정기 및 제1공화국 당시 종교관련 제도의 정립에 관한 논의는 최신덕 · 노길명(1979), 강돈구(1993), 강인철(1995), 박승길(1998), 노길명(2002), 송기춘(2003), 김재득(2004), 허명섭(2004), 김수찬(2005), 김범준(2007), 강인철(2009), 박명수(2009), 박수호(2009), 이덕주 · 장규식(2009), 이재헌(2010), 김광식(2011) 참조.

표 17-1 **종교별 인구변화 추이** (단위: 천 명)

| 구분 | 인구 | | | | 구성비 | | | |
|---|---|---|---|---|---|---|---|---|
| | 1985년 | 1995년 | 2005년 | 2015년 | 1985년 | 1995년 | 2005년 | 2015년 |
| 총인구 | 40,420 | 43,834 | 46,352 | 49 052 | 100.0% | 100.0% | 100.0% | 100.0% |
| 종교인구 | 17,203 | 22,100 | 24,526 | 21,554 | 42.6% | 50.4% | 52.9% | 43.9% |
| 불교 | 8,060 | 10,154 | 10,588 | 7,619 | 19.9% | 23.2% | 22.8% | 15.5% |
| 개신교 | 6,489 | 8,505 | 8,446 | 9,676 | 16.1% | 19.4% | 18.2% | 19.7% |
| 천주교 | 1,865 | 2,885 | 5,015 | 3,890 | 4.6% | 6.6% | 10.8% | 7.9% |
| 원불교 | 92 | 86 | 129 | 84 | 0.2% | 0.2% | 0.3% | 0.2% |
| 유교 | 483 | 210 | 104 | 76 | 1.2% | 0.5% | 0.2% | 0.2% |
| 천도교 | 27 | 28 | 45 | 66 | 0.1% | 0.1% | 0.1% | 0.1% |
| 대종교 | 11 | 7 | 4 | 3 | 0.0% | 0.0% | 0.0% | 0.0% |
| 기타 | 175 | 225 | 196 | 139 | 0.4% | 0.5% | 0.4% | 0.3% |
| 종교없음 | 23,216 | 21,735 | 21,826 | 27,499 | 57.4% | 49.6% | 47.1% | 56.1% |

출처: 통계청 국가통계포털(http://www.kosis.kr).

의 무려 95.8%였으나, 1960년대 초 80%대로 줄어들었으며, 1970년대에는 60% 이하로 감소했다(강인철, 2006: 136). 그리고 〈표 17-1〉에서 보듯이, 2015년 현재 우리나라 국민 중 종교를 가지고 있는 사람은 전체 인구의 약 44%에 달한다.

셋째, 전통 민족종교들이 거의 쇠퇴했다. 1915년 천도교를 비롯하여 각종 민족종교의 신자 수는 14만 9876명이나 되었다. 이는 당시 천주교인의 약 두 배에 해당하며, 불교 및 개신교와는 비슷한 수준의 교세였다(윤선자, 2006: 83). 한국전쟁 이전만 해도 불교·개신교·유교·천도교·대종교가 이른바 '5대 종교'로 병존했다. 그러나 그 후 유교를 비롯해 전통 민족종교들의 교세는 현저하게 위축되어 지금은 자취를 감추었거나 극히 미미한 수준에 머물러 있다.[6]

6 대종교는 이미 1950년대 초반에 소수종교로 전락했고, 1960년경 천주교가 유교를 추월하고 천도교와 거의 비슷한 신도 수를 확보하면서 4대 종교의 병립 구도로 전환되었다. 그리고 1960년대 말 무렵 천도교 역시 소수종교로 전락하고 말았다(강인철, 2006: 134).

넷째, 불교 · 개신교 · 천주교 3대 종교의 독과점적 구도가 확고하게 고착되어 있다. 조선 시대 후기부터 전통종교, 외래종교, 신흥 민족종교 등이 다원적 경쟁 구도를 형성했지만 해방 이후에는 기독교가 급성장했다. 특히 개신교는 이미 1952년 천도교 · 유교 · 대종교를 추월하며 불교 다음의 제2종교로 급부상했다. 여기에는 미군정과 이승만 대통령의 개신교 편향적 정책이 큰 몫을 했다(박종주, 1994: 203; 박수호, 2009: 176-179). 한편 1960년대 들어 천주교가 제3종교의 교세를 확보했고(강인철, 2003a: 139-140), 1960년대 말에 이르면 불교 · 개신교 · 천주교가 "종교적 중심부"를 이루는 독과점 체제가 확립된다(강인철, 2001: 159). 그리고 오늘날에는 이 세 종교가 전체 종교인 중 98.3%를 차지할 정도로 압도적 강세를 보이고 있다.[7]

## 2. 한국사회의 종교 갈등

우리나라는 다양한 종교들이 비교적 평화롭게 공존하는 모범적인 다종교사회로 여겨졌다. 2000년대 이전까지만 해도 종교가 심각한 사회문제로 부각된 적이 별로 없으며 종교 갈등 역시 그리 심하지 않은 것으로 평가되었다(한국문화정책개발원, 1997; 전성표, 2001). 하지만 한국사회와 같은 "다종교 상황에서 특정 종교의 비약적 성장은 여타 종교에게 소외감과 박탈감을 불러일으키게 마련이고, 그것은 결과적으로 평화적 공존의 지형에 균열을 일으킬 소지가 다분"하다(최우영, 2009: 315). 따라서 해방 이후 급성장한 개신교가 정치사회적 영향력 차원에서 헤게모니를 장악했다는 사실은 종교 갈등의 가능성이 항상 잠재되어 있었음을 의미한다(최우영, 2009; 신재식, 2011).

7 우리나라의 7대 종교라 하면 여기에 원불교 · 천도교 · 대종교 · 유교가 포함되지만, 이들은 기껏해야 '종교적 반주변부'에 위치할 뿐이다. 그리고 이슬람교 · 통일교 · 여호와의 증인 등과 같이 중심부 종교에서 파생된 분파들과 증산도 · 대순진리회 등의 민족종교, 그 외에 각종 무속 및 민속신앙 등은 '종교적 주변부'에 불과하다(강인철, 2001).

한국사회에서 종교 갈등이 대규모 반정부 시위로 터져 나온 최초의 사건은 2008년 8월 27일의 '헌법파괴 · 종교차별 이명박 정부 규탄을 위한 범불교도대회'였다(박수호, 2009: 167). 당시 1만 명 이상의 승려와 20여만 명의 불교신도가 서울시청 광장에 운집하여 정부의 종교차별에 대해 격렬히 항의했던 것이다(정웅기, 2010). 범불교도대회의 직접적 발단은 이명박 정부의 개신교 편향성에 대한 불교인들의 분노였다.[8] 하지만 그 기저에는 해방 이후 누적된 정부와 기독교에 대한 불교계의 뿌리 깊은 소외감과 피해 의식이 놓여 있었다.[9] 뒤에서 살펴보겠지만, 우리나라 국가 형성기였던 미군정기와 제1공화국 때부터 유독 개신교가 정부와 밀접한 관계를 맺으며 헤게모니를 장악했고, 각종 정책 · 제도 형성 과정에서도 큰 영향력을 행사했다(박종주, 1994). 이는 타종교, 특히 불교 입장에서는 용인하기 어려운 차별로 인식되었다. 최대 신도 수와 한국 전통종교임을 자부하는 불교가 외래 종교에 밀려났다는 불만이 자존감에 큰 상처를 준 것이었다. 그러므로 불교가 국가 공권력으로부터 소외 · 배척되었다는 좌절감과 함께 자신의 위상을 회복하고 그에 걸맞은 대우를 정부로부터 받아내야 한다는 강박관념을 갖게 된 것은 자연스러운 반응이었다(김광식, 2000b: 370).

물론 이때까지 한국사회에서 종교적 갈등이 전혀 없었던 것은 아니다. 그런데 과거 군사정권 시기에 발생했던 종교 갈등은 대부분 사적 영역의 차원이었다. 그에 비해 정치적 민주화 이후의 종교 갈등은 국가(공직자 및 정책)를 매개

8 당시 조계사에 피신해 있던 광우병 촛불시위 주동자들을 검거하려던 경찰이 7월 29일 조계종 지관 총무원장이 탑승한 승용차의 트렁크까지 강제로 뒤진 일이 사건의 도화선이 되었다. 불교계에서는 이 사건을 불교 최고 지도자에 대한 있을 수 없는 결례요 불교계 전체를 무시한 공권력의 도발이라며 격분했다(박재율, 2009: 276). 또한 1945년부터 2011년까지 조사된 총 271건의 정교 분리 위배행위 중 42%인 115건이 이명박 정부 때 집중되어 있다며 비난했다(대한불교조계종 자성과쇄신결사추진본부 종교평화위원회, 2011: 7).

9 서동석(1994)은 불교계의 불만을 '탄압'과 '훼불'이라는 두 단어로 요약한다. '탄압'은 정부에 의한, 그리고 '훼불'은 기독교에 의한 괴롭힘을 의미한다.

로 하는 공적 영역으로까지 확산·심화되고 있다. 범불교도대회는 단순히 불교와 기독교 간의 사적 갈등이 아니라 정부가 핵심에 위치했던 공적 영역의 갈등 사건이었다. 아울러 이제 한국사회에서도 종교 갈등이 심각한 사회적 분열과 대립으로 비화될 수 있음을 여실히 보여주는 실제 사례였다.

## 3절 우리나라 종교행정의 역사적 전개

앞서 간략하게 언급했듯이, 역사적으로 볼 때 우리나라의 종교지형 및 종교갈등은 종교정책과 밀접하게 연관되어 있다. 여기서는 일제강점기 이후 종교행정이 어떻게 전개되어왔는지 살펴본다.

### 1. 종교행정의 효시: 일제강점기

우리나라 최초의 종교정책은 일제강점기에 시작되었다. 당시 종교정책의 목적은 효율적인 식민통치를 위해 종교를 통제하고 이용하는 것이었다(김재득, 2003). 조선총독부는 1911년 「경학원규정(經學院規程)」을 반포하여 망국의 종교인 유교를 종교가 아닌 사회교육체제로 격하시켰다. 그리고 조선정부의 불교억압책이던 도성 출입금지를 폐지시키는 대신 「사찰령(寺刹令)」을 제정하여 불교계에 대한 통제 및 회유 체제를 구축했다. 특히 조선 불교의 친일화 작업으로 인해 일본식 대처승들이 압도적 다수를 차지하고 전통적 비구승은 소수만 남게 되었다(류승주, 2008). 반면 서양 선교사들에 의해 유입된 천주교와 개신교에 대해서는 적어도 공식적으로는 선교의 자유를 인정해주었다.

1915년에는 교파신도(教派神道)·불교·기독교만을 종교로 인정하는 「포교규칙(布教規則)」이 제정되었다(장병길, 1985; 최혜경, 2004; 윤선자, 2006; 조성수,

2008). 이는 일본의 〈공인교(公認教) 정책〉을 식민지 조선에 이식한 것이었다. 이에 따라 조선의 전통민족종교 및 신종교들은 종교가 아닌 '유사종교'로 취급되며 철저한 탄압의 대상으로 전락했다(김순석, 2010). 이는 일제가 식민통치에 저항하는 민족주의 세력을 억압하기 위한 방편이었다. 아울러 무당, 굿, 점술 등의 민간 토속신앙은 비합리적인 미신으로 치부되었다(윤승용, 1997: 22).

일제의 이러한 '종교공인' 정책은 그 이후 우리나라 종교지형 및 종교정책의 중요한 근간을 이루는 제도적 기초가 되었다. 한국사회의 종교적 중심부가 불교・개신교・천주교의 3강 구도로 형성된 것도, 또한 이 세 종교만이 '진짜 종교'이며 나머지는 '사이비 종교', 혹은 아예 '종교가 아닌 것'이라는 보편적 인식도 결국 일제의 공인교 정책에 뿌리를 두고 있는 것이다.

## 2. 개신교 편향적 종교행정의 제도화: 미군정기 및 이승만 정권

우리나라 종교행정의 기본 틀은 국가 형성기였던 미군정과 제1공화국 당시에 제도화되었다. 미군정은 일제의 공인교 정책을 그대로 유지하는 한편 특별히 개신교 정신에 입각한 건국을 시도했다(박종주, 1994: 203; 조성수, 2008: 251-253).[10] 미군정은 불교계의 요청에도 불구하고 「사찰령」을 그대로 유지했으며 전통종교 및 신흥종교에 대해서도 일제강점기와 마찬가지로 부정적 태도를 견지했다. 반면, 크리스마스를 공휴일로 지정한 조치가 상징하듯 기독교에 대해서는 폭넓은 자유와 다양한 특혜를 제공하는 등 사실상 유일한 공인교 지위를 부여했다(최신덕・노길명, 1979; 강돈구, 1993; 강인철, 1995; 박승길, 1998; 김재득, 2004; 허명섭, 2004; 김수찬, 2005; 김범준, 2007; 강인철, 2009; 박명수,

10 이는 맥아더 사령관을 비롯하여 대부분의 미군정 관리가 독실한 기독교인이었다는 점, 많은 미국인 선교사들이 미군정에 직간접적으로 관여했다는 사실, 그리고 타 종교에 비해 국내 기독교 인사들 중 미국 유학파 출신이 많았던 사실과 깊은 연관이 있다.

2009; 이재헌, 2010a; 김광식, 2011). 요컨대 미군정기 종교정책은 일제의 공인교 정책 기조를 그대로 이어받는 동시에 기독교에 대한 편향성이라는 새로운 기조를 추가했다. 그리고 이것이 그 이후 기독교에 대한 정부의 편파적 우대와 종교차별 시비라는 사회적 갈등의 씨앗이 되었던 것이다(박수호, 2009: 177).[11]

한편 1948년 대한민국 제헌국회는 종교정책의 근본 원리로 '종교의 자유'와 '정교분리'라는 대원칙을 헌법에 명기했다. 그럼에도 제1공화국 종교정책의 근간에는 공인교주의에 입각한 종교/유사종교의 양분법이 그대로 유지되었다(고병철, 2008: 192). 특히 개신교 장로였던 이승만 대통령은 미군정의 기독교 편향적 종교정책을 계승하여 더욱 공고히 했다(강인철, 2009; 박수호, 2009: 178; 이덕주 · 장규식, 2009). 예를 들면 개신교와 천주교만 참여한 군종제도를 도입했으며, 기존 승려들이 담당하던 교도소의 형목을 개신교 목사들이 맡도록 바꾸었다. 또한 정부 인사에 있어서도 타 종교에 비해 기독교인의 비율이 매우 높았다. 이 때문에 이승만 대통령이 "개신교를 '사실상의 국가종교'로 만들어 갔다"는 비난도 제기된다(노길명, 2002: 9).

제1공화국의 종교행정은 "기독교를 우대하는 수준을 넘어 다른 종교들에 대해서는 종교의 자유를 인정하지 않았다"는 비판까지도 받는다(강돈구, 1993; 박수호, 2009: 178). 대표적인 사례가 불교에 대한 국가의 개입이었다. 이승만 정부는 일제강점기에 만들어진 「사찰령」을 그대로 유지하면서 불교에 대한 통제를 강화했다. 특히 1954년 5월 이승만 대통령은 왜색불교 청산을 주문하는 소위 〈정화유시(淨化諭示)〉를 발표했다. 이는 당시 불교계 소수세력이었던 비구승들의 요청으로 말미암은 것이었으나 향후 정부가 불교계 내부 분쟁에 깊숙이 개입하는 계기가 되었다(강인철, 2000; 김광식, 2000a; 강석주 · 박경훈, 2002; 이재헌, 2010b). 해방 후 우리나라 불교계는 일제 때 이식된 일본 불교의 유산

**11** 우리나라 개신교가 1950년대 이후 빠른 속도로 성장한 이면에는 이 당시 기독교 편향적 정책들에 힘입은 바가 크다는 것이 종교학자들의 대체적인 평가다(박승길, 1998; 강돈구, 2003).

인 대처승이 절대다수를 점하고 있었다. 그런데 200여 명에 불과했던 비구측이 7000여 명의 주류 대처측을 내몰고 불교계 종권을 장악할 수 있었던 데는 정부의 도움이 결정적이었다. 이때 촉발된 비구-대처 분쟁은 그 후 조계종과 태고종이 공식적으로 결별하는 1970년까지 극심하게 지속되었다(대한불교조계종 포교원, 2011).

### 3. 종교에 대한 통제와 회유의 병행: 제3공화국 이후 군사정권 시기

제3공화국 이후 군사정권은 종교를 복속시키기 위하여 강력한 통제와 회유책을 병행했다(노길명, 2002; 박수호, 2009: 179). 예컨대 1962년 「사찰령」을 폐지하는 대신 「불교재산관리법」을 제정하는 한편 향교재산법을 제정하여 불교·유교계의 재산권 행사에 대한 정부 개입을 강화했다. 이와 동시에 군사정권은 자신들의 취약한 정통성을 보완하기 위해 종교에 대한 회유를 계속했다. 이에 따라 각 종교계 주류는 정부에 순복·협력하면서 이득을 챙겼다. 예컨대 기독교의 경우, 대통령을 위한 국가조찬기도회를 매년 개최하는 한편 새마을운동 등 정부시책에 적극 호응했다. 불교의 경우, 1964년부터 정부의 재정 지원을 바탕으로 역경사업이 시작되었고, 1968년에는 베트남 파병을 계기로 불교계의 군종 참여가 이루어졌으며, 1975년에는 석가탄신일이 공휴일로 지정되었다(박종주, 1994: 205).

박정희 정권은 미군정과 이승만 정권으로부터 소외당하던 불교에 대하여 공인교적 대우를 강화해주었다. 반면 기독교의 헤게모니는 상대적으로 줄어든 것으로 평가된다(박수호, 2009: 179). 박정희 정권은 민족적 주체성과 전통을 강조하면서도 무속 및 전통종교에 대해서는 근대화에 반하는 미신으로 계속 통제했다. 이는 결국 주류 종교들의 공인교적 지위는 그대로 유지되었음을 의미한다. 반면 전두환 정권은 헌법 개정을 통해 민족문화의 계승·발전을 강조하면서 무속과 전통종교의 회복을 시도했다(박명수, 2010: 106). 그럼에도 무속이나 전통종교들이 결코 주류 종교들과 같은 지위를 획득한 것은 아니었다.

## 4. 종교에 대한 통제에서 지원으로: 민주화 이후

김영삼 정부 이후 민간 부문에 대한 국가의 권위주의적 통제와 억압은 점차 희석되었다. 국가-종교 관계에 있어서도 "이전까지는 정치가 교회에 '협조'를 구하고 '동참'을 요구했다면, 이제는 교회의 필요와 요구가 무엇인지 정치가 눈치를 살피게" 되었다(김지방, 2007: 62-63). 국가의 통제에서 벗어난 종교계는 각자 자기 종교집단의 이해관계에 따라 각종 현안에 큰 목소리를 내기 시작했다.[12] 종교의 상징적 권위, 방대한 신자 규모, 그리고 사회 각 분야 상층부에 포진된 신도들로 인해 오늘날 한국 사회에서 종교는 "어떤 권력자도 쉽사리 통제할 수 없는 강력한 권력"으로 성장했다(강인철, 2006: 138).

이러한 추세를 반영하듯 민주화 이후 종교정책에 있어서는 각종 '지원' 업무가 대부분을 차지하게 되었다(고병철, 2008: 213; 고병철, 2011: 11; 심장섭, 2015). 예컨대 1962년의 「불교재산관리법」은 1987년 「전통사찰보존법」으로 바뀌었다가 2009년 3월에는 「전통사찰의 보존 및 지원에 관한 법률」로 개정되었다. 또한 2002년 월드컵 대회를 계기로 시작된 템플스테이에 대한 정부 지원은 현재까지도 계속되고 있다. 최근에는 지역 문화관광 자원 개발이라는 차원에서 대규모 종교행사에 대한 중앙 및 지방정부의 지원도 많아지고 있다(정명희, 2012).

12 민주화의 진전에 따라 6공화국 이후 각 정부는 종무실 조직을 군사독재 시절의 산물로 여기고 이제는 불필요하다는 인식을 가지고 있었다. 그러나 종무실 축소를 골자로 하는 조직개편안은 정부와의 대화 창구 강화를 요구하는 종교계의 반대 주장에 부딪쳐 번번이 무산되곤 했다(고병철, 2011: 27-28). 군사정권 시절에 종교 통제를 목적으로 만들어졌던 종무실 조직이 민주화 이후 오히려 확대되어온 것은 정부에 대한 종교계의 요구와 영향력이 그만큼 커졌음을 보여준다.

## 5. 갈등의 폭발과 종교정책의 변화: 2008 범불교도대회 이후

2008년 범불교도대회는 종교차별과 종교편향이라는 새로운 이슈의 공론화를 촉발시켰다(박수호, 2009: 167). 불교계가 정부에 던진 메시지의 핵심은 "헌법의 정교분리 원칙을 파괴하는 종교차별을 중지하라"는 것이었다(정웅기, 2010). 종무실 자료를 보면, 2008년 이전까지는 종교정책이 "종교의 자유와 그 한계를 규정하는 헌법정신에 충실해야" 함을 강조했다. 이때까지만 해도 우리나라 종교정책은 종교에 관한 헌법의 2대 원리 중 '종교의 자유'만 강조했을 뿐 '정교분리'에 대해서는 별다른 언급이 없었다. 그러나 범불교도대회를 계기로 정교분리 원칙에 입각한 종교중립 의무가 종교정책의 최대 화두로 부각되었다.

자칫 심각한 사회분열로 치달을 수도 있는 종교 갈등을 진정시키기 위해 정부는 매우 신속하게 대응했다. 극도로 성난 불심을 달래기 위해 불교계의 요구를 즉각 수용했던 것이다. 당시 광우병 파동으로 정부에 대한 국민적 반감이 극심한 상황에서 불교계와의 갈등마저 그대로 둔다면 걷잡을 수 없는 혼란이 일어날 것을 우려했기 때문이다.

범불교도대회 직후 공직자의 종교차별금지 및 종교중립 의무를 제도화하기 위한 일련의 조치들이 일사천리로 진행되었다. 〈표 17-2〉에서 보듯이 9월에 '국가공무원복무규정'이 개정되어 종교차별 없는 공정한 직무수행 의무가 명시되었고, 11월에는 공무원행동강령에 종교차별 금지조항이 신설되었다. 이듬해인 2009년 2월에는 「국가공무원법」과 「지방공무원법」에 각각 '종교중립의 의무' 조항이 신설되었다. 한편 2008년 10월에는 문화체육관광부에 공직자 종교차별 신고센터가 설치되었다. 아울러 공직자 종교중립을 위한 예방교육을 매년 실시하도록 하기 위해 『공직자 종교중립 교육』, 『공직자 종교차별 예방업무 편람』 등 관련 교재와 동영상이 제작·배포되었다. 2010년 12월 문화체육관광부 종무실이 발간한 『종무행정백서』에는 종무행정의 첫 번째 기본 방향으로 "종교 간 이해·협력을 통한 국민통합의 실현"이 천명되었다. 요컨대 "종

**표 17-2 공직자 종교차별 예방을 위한 법 규정 개정 내용**

| 법령 | 법령내용 | 개선사항 |
| --- | --- | --- |
| 국가공무원 복무규정 | 제4조(친절 · 공정) ① 공무원은 공사를 분별하고 인권을 존중하며 친절하고 신속 · 정확하게 업무를 처리해야 한다.<br>② 공무원은 직무를 수행함에 있어 종교 등에 따른 차별 없이 공정하게 업무를 처리해야 한다. | 4조 2항 종교차별 금지조항 신설(대통령령 제21021호, 2008. 09. 18.) |
| 공무원행동강령 | 제6조(특혜의 배제) 공무원은 직무를 수행할 때 지연 · 혈연 · 학연 · 종교 등을 이유로 특정인에게 특혜를 주거나 특정인을 차별하여서는 아니된다. | 6조 종교차별 금지조항 신설(대통령령 제21107호, 2008. 11. 05.) |
| 국가인권위원회법 | 제2조(정의) ① “평등권 침해의 차별행위”라 함은 합리적인 이유 없이 성별, 종교, 나이, 사회적 신분, 출신지역… (이하 생략) | 제2조1항 문구에 '종교' 추가 (대통령령 2009. 02. 03.) |
| 국가공무원법 | 제59조의 2(종교중립의 의무) ① 공무원은 종교에 따른 차별 없이 직무를 수행해야 한다.<br>② 공무원은 소속 상관이 제1항에 위배되는 직무상 명령을 한 경우에는 이에 따르지 아니할 수 있다. | 제59조의 2 종교중립의 의무 신설(국가공무원법 제9419호, 2009. 02. 06. 일부 개정) |
| 지방공무원법 | 제51조의 2(종교중립의 의무)<br>① 공무원은 종교에 따른 차별 없이 직무를 수행하여야 한다.<br>② 공무원은 소속 상관이 제1항에 위배되는 직무상 명령을 한 경우에는 이에 따르지 아니할 수 있다. | 제51조의 2 종교중립의 의무 신설(지방공무원법 제9420호, 2009. 02. 06. 일부 개정) |

* 출처: 문화체육관광부(2010: 47).

교에 대해 지원하되 엄정 중립을 지킨다”는 것이 범불교도대회 이후 변화된 우리나라 종교정책의 핵심 원리이자 가장 중요한 실천규범이라 할 수 있다.

## 4절 종무실의 조직과 예산

### 1. 종무실의 구성 및 기능

우리나라 중앙정부기관 중 공식적으로 종교 관련 행정업무를 전담하는 부

**표 17-3 종무실 업무분장 내용**

| 직제 | 분장 업무 |
|---|---|
| 종무실장 | 1. 종무행정에 관한 종합계획의 수립 및 추진<br>2. 종교단체 · 법인의 업무 및 활동의 지원<br>3. 종교 교류 및 협력지원<br>4. 종교활동 실태에 관한 조사·연구<br>5. 전통사찰 및 향교재산의 보존·관리 |
| 종무1담당관 | 1. 종무행정에 관한 종합계획의 수립 및 시행<br>2. 종교간 협력 및 연합활동 지원<br>3. 불교 관련 단체 · 법인의 업무 및 활동 지원<br>4. 불교문화활동 지원<br>5. 불교 관련 남북 및 국제교류의 지원<br>6. 전통사찰 지정 · 지원 · 보존 및 관리에 관한 사항<br>7. 종교활동 실태에 관한 조사 및 연구<br>8. 종교문화콘텐츠 개발 관련 업무<br>9. 그 밖에 실내 다른 담당관의 주관에 속하지 아니하는 사항 |
| 종무2담당관 | 1. 기독교, 천주교 등 외래종교 관련 단체 · 법인의 업무 및 활동 지원<br>2. 유교, 민족종교 관련 단체 · 법인의 업무 및 활동 지원<br>3. 기독교, 천주교, 유교, 민족종교 등과 관련된 남북 및 국제교류 지원<br>4. 향교재산의 보존 · 관리에 관한 사항<br>5. 종교시설의 문화공간화 지원에 관한 사항<br>6. 공직자 종교차별 예방 관련 업무 |

* 문화체육관광부와 그 소속기관 직제(대통령령 제25567호), 문화체육관광부와 그 소속기관 직제 시행규칙(문화체육관광부령 제179호).

서는 문화체육관광부의 종무실이다. 정부수립 직후에는 문교부 문화국 교도과에서 종교 업무를 담당하였으며, 1968년 문화공보부 문화국 산하에 종무과가 정식으로 설치되었고 1979년에 종무국으로 승격되었다가 1982년에 종무실로 확대 개편되었다. 현재 종무실장 밑에 2명의 종무담당관과 1명의 종무관이 있다. 종무실장은 고위공무원단에 속하는 일반직공무원(가등급), 종무담당관은 부이사관 또는 서기관, 그리고 종무관은 고위공무원간에 속하는 일반직공무원(나등급)으로 보하게 되어 있다. 종무실의 업무분장 내용은 〈표 17-3〉과 같다.

종무행정의 목표 및 종무실의 기능에 대해서는 일관된 규정이 없었다. 아래에서 보듯이 발간자료에 따라 다르게 기술되어 있다. 이는 종무실의 존재 자체가 애당초 국가행정의 정당한 필요성과 뚜렷한 목표의식에서 비롯된 것이 아니기 때문이라고 이해할 수 있다.

○ "종교인들간의 화합과 갈등 해소를 통해 종교가 우리 사회에 건전한 영향을 미치도록 하는 업무를 수행"(문화관광부, 2001: 31)
○ "건전한 종교문화를 정착시키고 종교가 지니는 본연의 사회적 역할을 다하도록 하여 종교의 긍정적 기능을 극대화하고 부정적 작용을 최소화하는 것 … 종교 간 갈등을 사전에 예방하고 종교 간 화합을 이루도록 여건을 조성하여 국민통합에 이바지하는 것이 무엇보다 중요한 종교행정의 역할"(문화관광부, 2002: 289)
○ "신앙의 자유를 보장하고, 사회 공익에 맞는 건강한 종교문화를 창달하며, 종교자원을 국가의 발전전략과 조화시키고, 정체성을 가진 전통문화를 보존하는데 기여하는 것"(문화체육관광부, 2010a: 11)
○ "종교간 화합과 나눔 문화의 확산을 통한 상생의 종교문화 창달"(문화체육관광부, 2012: 239)
○ "종교 간 협력 및 연합활동 지원, 종교문화콘텐츠 개발, 종교시설의 문화공간화 지원 등을 통해 종교 간 화합에 기여하는 것"(문화체육관광부 홈페이지, 2017년 6월 현재)

그런데 우리나라에서 실제 시행되고 있는 종교 관련 정책과 제도는 사실 종무실의 종무행정의 범위보다 훨씬 더 넓고 다양하다(강돈구, 2007: 152; 고병철, 2011: 11-18). 종교와 관련된 법령들을 살펴보면 〈표 17-4〉에서 보듯이 군부대, 교정, 공무, 문화(재), 방송, 관세, 근로・생계, 세금 등 다양한 분야에서 종교가 연관되어 있다. 이는 우리나라 종교정책이 단지 종무실뿐 아니라 여러 유관 부서에서 다양한 모습으로 시행되고 있음을 의미한다. 즉, 종교가 다양한 국정 영역에서 정책수립 및 집행에 연관되어 있다는 것이다.

표 17-4 **우리나라의 종교 관련 법령**

| 영역 | 법령 |
| --- | --- |
| 군부대 | <병역법 시행령> <육군본부 직제> <해군본부 직제> <공군본부 직제> <해병대사령부 직제> <군에서의 형의 집행 및 군수용자의 처우에 관한 법률>과 <同 시행규칙> <군인복무규율> <군종장교 등의 선발에 관한 규칙> 등 |
| 교정 | <교도관직무규칙> <보호소년 등의 처우에 관한 법률 시행령>과 <同 시행규칙> <형의 집행 및 수용자의 처우에 관한 법률>과 <同 시행규칙> 등 |
| 공무 | <국가공무원법> <지방공무원법> 등 |
| 문화 | <문화재보호법> <문화체육관광부와 그 소속기관 직제 시행규칙> <전통사찰의 보존 및 지원에 관한 법률> <향교재산법>과 <同 시행령> 등 |
| 방송 | <방송법 시행령> 등 |
| 관세 | <관세법>과 <同 시행규칙> 등 |
| 근로 · 생계 | <고용정책 기본법> <국민기초생활 보장법> <근로복지기본법> <근로자직업능력 개발법> 등 |
| 세금 | <부가가치세법 시행령>과 <同 시행규칙> <부동산실권리자명의 등기에 관한 법률 시행령> <조세특례제한법>과 <同 시행령> <지방세특례제한법>과 <同 시행령> 등 |
| 기타 | <10 · 27법난 피해자의 명예회복 등에 과한 법률> <건전가정의례준칙> <자연공원법>과 <同 시행령> <산림문화 · 휴양에 관한 법률 시행령> 등 |

출처: 고병철(2011: 12).

## 2. 종무실의 예산 및 국고지원사업 개요

현재 종무실의 업무는 주로 종교계에 대한 지원 위주로 진행되고 있다. 종무실에서 발표한 〈예산운용계획〉을 보면, 종무행정의 방향으로 세 가지가 제시되어 있다. 첫째 '다종교 사회의 종교간 화합 및 이해 증진', 둘째 '종교자원을 활용한 국민여가문화 확대', 셋째 '전통 종교문화자원의 보존 및 계승'이 그것이다. 그리고 종무실의 국고지원사업은 크게 세 가지 유형, 즉 ① 종교문화활동지원, ② 전통종교문화유산 보존, ③ 종교문화시설 건립으로 분류된다.

종무실의 예산 규모는 〈그림 17-1〉에서 보듯이 1999년 27억 원에서 2016년에는 무려 1,192억 원으로 44배 이상 큰 폭으로 증가하였다. 문화체육관광부 전체 예산에서 종무실 예산이 차지하는 비중 역시 1999년에는 0.3%

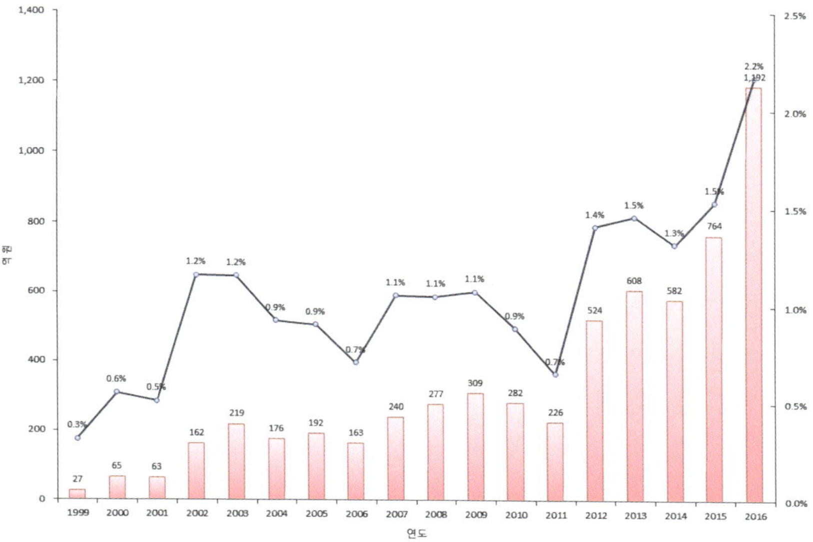


출처: 문화체육관광부. 『예산 · 기금운용계획 개요』. 각년도.

**그림 17-1 종무실 예산(총액 및 문화부 예산대비)의 변화 추이**

에 불과한 수준이었으나 2016년에는 2.2%로 크게 증가하였다. 이는 앞에서도 지적했듯이 민주화 이후 우리나라 종교행정이 종교계에 대한 지원 위주로 재편되었음을 단적으로 보여주는 자료이기도 하다.

종무실 예산이 전년도에 비해 갑자기 매우 큰 폭으로 급증했던 시기는 네 차례 있었다. 먼저 2000년에는 전년도보다 두 배 이상 증가한 65억 원이었다. 그 주된 이유는 '성균관 유도연수원' 건립 및 호놀룰루 한인기독교회 광화문 누각복원사업을 지원하기 위해 20억 원과 7억 원이 각각 신규 배정되었기 때문이다. 둘째, 2002년에는 전년도 대비 약 250% 증가한 162억 원이었다. 그 주된 이유는 '한국불교역사문화기념관' 건립 지원을 위해 70억 원이 신규 책정되었고, 아울러 '전통사찰 정비 및 보존'을 위한 예산지원액이 전년도보다 31억 원 증가한 51억 원으로 책정되었기 때문이다. 셋째로 2012년에는 전년도 대비 두 배 이상 증가한 524억 원이었다. 그 주된 이유는 '전통사찰 방재시스템'

구축지원 예산 100억 원이 신규 편성되었을 뿐 아니라 종교시설 건립지원을 위한 예산이 전년도 21억 원의 약 8배 정도인 178억 원으로 폭증했기 때문이다('원불교 국제마음훈련원' 건립지원 54억 원을 비롯하여 9건 신규 책정).

넷째, 2016년도 종무실 예산은 전년도 대비 약 두 배 가량 증가하였다. 이는 '10·27법난기념관' 건립지원을 위한 643억 원이 책정되었기 때문이다.[13] 이는 종무실의 다른 모든 사업예산의 총합(549억 원)보다도 거의 100억 원 가량이나 더 많은 수준이었다.

〈표 17-5〉는 2008년부터 2017년까지 10년 간 종무실의 '종교문화시설건립 지원사업'의 구체적인 내역을 정리한 것이다(법난기념관 제외).

## 5절 우리나라 종교행정의 특성

### 1. 공인교주의

우리나라 종교행정의 근본적 특성은 '공인교주의'라고 할 수 있다(고병철, 2011: 23~25). 공인교주의란 국가가 사실상 종교와 종교 아닌 것을 구분하고 공인된 종교에 대해서는 국가의 관리 아래 정책적 혜택을 지원하는 것을 말한다. 이와 관련하여 종무실에서도 "종교에 대한 양분법적 시각"과 이를 근간으로 하는 "양분법적 지원"이 문제임을 인정하고 있다(문화체육관광부, 2010: 10).

---

13 사실 2016년까지만 해도 10·27법난기념관 관련 예산은 종무실에서 매년 발표했던 〈종무실 예산현황〉 자료에는 포함되어 있지 않았다. 반면 문화체육관광부의 공식적인 「예산·기금운용계획 개요」 자료에서는 종무실 예산에 포함시켜 집계하였다.

**표 17-5 종무실 종교문화시설건립 지원사업** (단위: 백만 원)

| 사업명 | 2008 | 2009 | 2010 | 2011 | 2012 | 2013 | 2014 | 2015 | 2016 | 2017 |
|---|---|---|---|---|---|---|---|---|---|---|
| 대한불교 진각문화 전승원 조성 | 4,000 | | | | | | | | | |
| 한국선교역사기념관 건립 | 1,500 | | | | | | | | | |
| 정읍 선비문화체험 교육센터 건립 | | 1,000 | | | | | | | | |
| 도산서원 선비문화 체험관 건립 | | 1,500 | 1,000 | | | | | | | |
| 경북 유교문화회관 건립 | | 2,500 | 1,000 | | | | | | | |
| 천태종 국제선원 건립 | | 1,500 | 1,500 | | | | | | | |
| 총화종 문화교육전승관 건립 | | 2,000 | 1,000 | | | | | | | |
| 천태종한마음체험센터건립 | | | 300 | 1,100 | 1,100 | | | | | |
| 산청 선비문화연구원 건립 | | | 2,000 | 1,000 | 2,800 | 2,030 | | | | |
| 천호성지 종교문화시설 건립 | | | | | 650 | | | | | |
| 천태종 전통 명상수련센터 | | | | | 2,000 | | | | | |
| 겨레얼살리기 연수회관 조성 | | | | | 1,000 | 1,000 | | | | |
| 오죽헌 선비문화체험관 건립 | | | | | 1,000 | 1,750 | 1,750 | | | |
| 진각문화 국제체험관 건립 | | | | | 1,000 | 1,000 | 1,000 | 1,000 | | |
| 원불교 국제마음훈련원 건립 | | | | | 5,400 | 5,400 | 3,529 | 2,200 | | |
| 안동 종교타운 건립 | | | | | 1,000 | 700 | 300 | 850 | | |
| 김수환 추기경 '사랑과 나눔' 공원 조성 | | | | | 300 | 1,100 | 2,400 | 1,100 | 1,150 | |
| 배티 세계순례성지 조성 사업 | | | | | 1,500 | 250 | 250 | 250 | 250 | |
| 천안 유도연수원 완공 지원 | | | | | | 4,000 | | | | |
| 한국근대불교문화 기념관 건립 | | | | | | 2,900 | | | | |
| 도산서원 선비문화수련원 제2원사 건립 | | | | | | 300 | 1,850 | 1,850 | | |
| 이승훈역사기념관 건립(인천) | | | | | | | 400 | | | |
| 한국기독교 역사문화관 건립 | | | | | | | 480 | 3,000 | | |
| 레지오마리애 나눔봉사 기념관 건립(목포) | | | | | | | 1,250 | 1,300 | | |

| | | | | | | | | | | |
|---|---|---|---|---|---|---|---|---|---|---|
| 호국불교<br>의승군기념관 건립 | | | | | | | 300 | 300 | 300 | |
| 충청유교문화원<br>건립(논산) | | | | | | | 1,000 | 200 | 200 | 1,000 |
| 천태종 전통문화<br>유산전승센터 건립 | | | | | | | 500 | | 1,500 | 4,500 |
| 세계불교센터 건립 | | | | | | | | 500 | | |
| 순천 선비문화체험관 건립 | | | | | | | | 400 | 500 | |
| 프란치스코 교황 성하<br>한국 방문기념<br>문화전시관 건립 | | | | | | | | | 1,000 | |
| 마곡사 전통문화<br>체험관 건립 | | | | | | | | | 900 | |
| 원불교 역사문화<br>기념관 건립 | | | | | | | | | 1,380 | 2,760 |
| 전주 치명자성지<br>세계평화의 전당 건립 | | | | | | | | | 500 | 1,000 |
| 한국불교문화<br>홍보 · 체험관 건립 | | | | | | | | | | 500 |
| 증도 기독교체험관 건립 | | | | | | | | | | 900 |
| 세계성모순례성지 및<br>평화문화나눔센터 건립 | | | | | | | | | | 800 |
| 내포-해미<br>세계청년문화센터 건립 | | | | | | | | | | 800 |
| 전주 기독교<br>근대역사기념관 건립 | | | | | | | | | | 300 |
| 합 계 | 5,500 | 8,500 | 6,800 | 2,100 | 17,750 | 20,430 | 15,009 | 12,950 | 7,680 | 12,560 |

강인철(2010)은 공인교주의에 입각한 우리나라 종교정책의 특성을 '특혜격차(privilege gap)'라는 개념을 통해 해석한다. 특혜격차란 특정 집단이 사회 내 다른 집단들에 비해 상대적으로 많은 특혜 혹은 의무면제를 제공받는 상황을 의미한다. 한국 사회에서 종교정책과 관련된 특혜격차를 보여주는 몇 가지 대표적 사례를 살펴보면 다음과 같다.

○ 납세는 국민의 4대 의무의 하나임에도 정부수립 이후부터 지금까지 종교 성직자들에 대해서는 과세가 이루어지지 않고 있다.

○ 국교는 인정되지 않는다는 헌법규정임에도 크리스마스와 석가탄신일이라는 기독교와 불교의 종교적 기념일이 국정 공휴일로 지정되어 있다.
○ 법무부는 재소자의 교정·교화를 명분으로, 그리고 국방부는 장병의 정서안정·인성함양을 명분으로 '1인 1종교 갖기 운동'을 시행해오고 있다.
○ 군대에는 특정 종교(개신교·천주교·불교·원불교)만을 위한 군종제도가 있다.[14]
○ 국장(國葬)을 거행할 때는 불교, 개신교, 천주교 성직자들이 차례로 각자의 종교적 장례의식을 집행한다.
○ 불교 경전의 한글 국역을 위해 국가 예산이 지원되었는가 하면 수많은 전통사찰의 유지·보수를 위한 비용 역시 국가 예산으로 지원해주고 있다.
○ 교회, 성당, 사찰 등 종교단체에 대해서는 세법상 다양한 혜택이 부여되어 있다.[15]

## 2. 이중특혜격차

공인교주의에 근거한 특혜격차는 이중적 차원에서 존재한다. 첫 번째는 종교와 세속 집단 사이에 존재하는 차별적 대우이며, 두 번째는 종교집단 간에 존재하는 권력과 특혜의 격차다. 즉, 종교가 비종교에 비해, 그리고 종교 내부적으로는 3대 주류 종교가 비주류 종교들에 비해 월등히 큰 혜택을 누리고 있다는 것이다. 건국 이후 현재까지 아무런 법적 근거도 없이 성직자의 소득에 대해 과세하지 않는 관행은 첫 번째 특혜격차의 대표적인 사례다.[16] 또한 정

---

**14** 군종제도는 제1공화국 당시 개신교와 천주교를 대상으로 군종장교를 선발하면서 시작되었고 제3공화국 때 불교도 참여하게 되었다. 1970년부터 군종 참여를 요구해온 원불교는 소수종교 군내 진입을 명분으로 2007년에 최초로 군종장교 1명을 배정받았으며, 2011년에 또 한 명이 추가되었다(국방부, 2008).

**15** 재산압류 금지, 법인세 감면, 고유목적사업 준비금의 손금산입, 기부금의 손비처리, 이자소득의 과세표준신고특례 및 납부, 부가가치세 면제, 특별소비세 면제, 주세 면제, 관세 감면, 상속세 면제, 취득세 비과세, 등록세 비과세, 면허세 비과세, 주민세 비과세, 재산세 비과세, 농지세 비과세, 사업소세 비과세(문화관광부, 2006: 331).

**16** 종교인 과세 문제에 관하여 1992년 국세청은 "성직자의 자율에 맡긴다"며 강제 징수할 의사가 없음을 천명한 바 있다. 이 문제로 국세청장이 직무유기와 직권남용으로 고발되었으나 당시 검찰은 "종교인에 대한 과세가 명문화되어 있지 않고, 건국 이후 성직자에게 과세하지 않은 관행

교분리 국가임에도 중앙 및 지방정부에 종무 담당부서가 존재하는 것 자체가 종교에 대한 특별대우가 아닐 수 없다. 종교가 기득권 세력으로서 "과도하리만큼 많은 혜택을 누려왔다"는 것은 여러 종교학자들이 누차 지적한 바다(강돈구, 2008: 18).

두 번째, 종교집단 간의 특혜격차는 다시 두 가지로 구분할 수 있다. 하나는 종교적 중심부를 구성하는 불교 · 개신교 · 천주교와 나머지 주변부 종교들 사이의 엄청난 특혜격차다. 이는 사실상 국가가 인정한 종교만 정식 종교로 대우해주는 '공인교 정책'이 아닐 수 없다(고병철, 2011: 23). 예컨대 크리스마스와 석가탄신일이 국가 공휴일로 지정되어 있는 것, 국장(國葬) 때 3대 종교만 제의를 집전하는 것, 군종장교 파송이 불교 · 개신교 · 천주교 · 원불교에게만 허용되어 있는 것 등을 들 수 있다. 또한 2005~2008년 종교별 문화 활동에 대한 정부의 지원 건수를 보면 불교가 약 40%, 개신교가 약 21%를 차지한 반면 민족종교는 10%, 유교는 3%에 불과하다(정명희, 2012: 250).[17]

다른 하나는 종교시장을 독과점하는 중심부 종교들 사이의 특혜 격차다. 예를 들어 종교별 군종장교 분포를 보면 2010년의 경우 총 502명 중 개신교가 절반이 넘는 267명(53.2%)이었고, 불교 138명(27.5%), 천주교 92명, 그리고 원불교는 1명이었다.[18] 반면 2006~2010년 사이에 이루어진 지원 예산을 보면 기독교는 약 52억 원이었음에 비해 불교는 무려 965억 원으로 거의 스무 배나 많은 수준이었다(신재식, 2011).

---

등에 비추어 비과세한 것을 국세청장의 고의적 직무태만으로 볼 수 없다"며 무혐의 처리했다(허원, 2012).

17 종교 문화 활동에 대한 정부지원의 불균형은 근본적으로 종교별 교세의 현저한 차이에서 비롯된다고도 할 수 있다.

18 『국민일보』, 2010. 8. 13.

## 3. 종교와 국가의 밀회

한국사회에서 종교와 국가는 위험스러운 밀회(密會)를 계속해왔다. '정교분리'라는 헌법 원칙에도 불구하고 해방 이후로 국가와 종교는 정책적 특혜와 정치적 지지를 서로 주고받는 은밀한 유착관계를 계속 이어가고 있다. 그 이유로 세 가지 요인을 꼽을 수 있다.

### 1) 대중의 무관심: 비판의 사각지대

종교와 국가의 밀회가 계속되고 있는 원인으로 먼저 일반대중 및 행정전문가들의 무지와 무관심을 꼽을 수 있다. 대부분의 국민들은 우리나라 정부에 종무실이라는 부서가 있다는 사실 자체도 잘 모르고 있다. 그리고 종무실에서 시행하고 있는 사업들에 대해서는 일반대중들 뿐 아니라 문화정책 전문가들도 잘 모르는 것이 현실이다. 또한 공공행정을 전문적으로 연구하는 학자들도 종교정책에 대해서는 관심 자체가 아예 없다. 결국 대다수 국민들과 행정전문가들이 정부의 종교지원사업에 대해 관심도 없고 아는 바도 별로 없기 때문에 정책적 정당성에 대한 의문과 비판 자체가 제기되지 않는 것이다.

### 2) 샤일록의 딜레마: 종교지원정책의 다면성

둘째, 종교에 대한 지원은 위장이 용이하기 때문이다. 문화, 예술, 역사, 관광, 복지, 교육, 의료, 산업 등 소위 세속적인 영역과 종교가 서로 얽혀있는 경우는 드물지 않다. "이른바 '순수 종교활동'과 사회문화적 의미가 있는 '종교문화 활동'을 구분하기가 쉽지 않다"는 것은 종무실도 인정하는 바이다(문화체육관광부, 2009: 95). 실제로 종교와 관련된 각종 정책적 지원은 대개 종교 자체에 대한 지원이라고 명시되지는 않는다. 그 대신 문화, 전통, 문화재, 관광, 교육, 복지 등의 이름으로 지원사업이 이루어지는 경우가 대부분이다. 종무실의 모든 사업 역시 '종교문화' 혹은 '전통문화' 지원이라는 명분으로 포장된다.

사실 이러한 명분이 전혀 터무니없는 것은 아니다. 불교와 유교는 오랜 역사를 통해 우리 민족의 삶 깊숙이 녹아들어와 있다. 우리나라 국보 가운데 56.4%, 보물 중 65.3%가 불교 문화재이다. 대장경, 전통사찰, 서원, 향교 등은 우리나라의 역사적 전통과 문화의 일부분이다. 템플스테이가 훌륭한 관광자원이라는 사실은 부인할 수 없다. 박원순 서울시장도 견지동 역사문화관광자원 조성사업과 관련하여 "불교는 하나의 종교이자 전통문화이며 역사이기도 하다"라고 언급했었다.[19] 기독교의 경우 상대적으로 짧은 전래역사에도 불구하고 우리나라 근현대사에서 빼놓을 수 없는 핵심적인 비중을 차지하고 있다. 특히 교육, 복지, 의료 등의 부문에서 기독교는 사실상 공공부문의 기능을 수행해왔다고 해도 과언이 아니다. 이처럼 종교는 우리 사회 여러 부문과 매우 밀접한 관계를 형성하여 왔다.

그러하기에 종교와 문화, 종교와 전통, 종교와 관광, 종교와 복지, 종교와 교육을 완벽하게 분리해내는 것은 "근본적으로 해소하기 어려운 문제"(문화체육관광부, 2009: 95)이다. 종무실의 종교문화지원사업에서 종교와 문화를 완전히 분리하여 종교가 아닌 문화를 위해서단 정책지원을 한다는 것은 사실상 불가능한 일이다. 이는 마치 셰익스피어의 희곡 『베니스의 상인』에서 피를 한 방울도 흘리지 않고 살 1파운드를 베어내야 했던 샤일록의 딜레마와도 같은 상황이다. 종교와 문화 · 전통 · 관광 등이 혼합되어 있는 사업에서 종교적 요소를 철저히 배재시키고 나머지 세속적 사안에 대해서만 예산지원을 한다는 것은 불가능하기 때문이다.

### 3) 종교의 권력화

셋째, 종교의 정치적 영향력 증대는 국가와 종교의 위험스러운 밀회가 심화되어 온 가장 중요한 이유이다(김정수, 2013). 우리나라에서 종교에 대한 특혜

19 『불교신문』, 2015. 11. 16.

성 정책지원이 시작된 것은 미군정과 이승만 정부로까지 거슬러 올라간다. 미군정은 맥아더 장군을 비롯하여 다수의 장교들이 독실한 크리스천들이었고, 이승만 대통령 역시 개신교 장로였다. 건국 초기에 기독교 편향적 정책들이 제도화된 것도 이 때문이라는 분석이 많다(강인철, 2009; 이덕주 · 장규식, 2009). 군사정부 시기에는 종교에 대한 강압적 통제와 동시에 정권의 정당성 확보 차원의 회유책이 병행되었다(노길명, 2002; 박수호, 2009). 그런데 민주화 이후 국가와 종교의 힘의 관계는 역전되었다. "이전까지는 정치가 교회에 '협조'를 구하고 '동참'을 요구했다면, 이제는 교회의 필요와 요구가 무엇인지 정치가 눈치를 살피게" 된 것이다(김지방, 2007: 62-63).

앞에서도 강조했듯이 한국 사회에서 이제 종교는 엄청난 권력을 휘두르는 거대한 이익집단이 되어버렸다. 오늘날 전체 국민의 절반 정도가 종교인일 정도로 종교의 비중은 매우 커졌다. 선거철마다 정치인들이 교회나 사찰을 순례하며 표를 간청하는 모습은 뉴스거리도 못될 정도로 익숙한 광경이다. 민주화의 진전에 따라 6공화국 이후 각 정부는 종무실 조직을 군사독재 시절의 산물로 여기고 이제는 불필요하다는 인식을 가지고 있었다. 그러나 종무실 축소를 골자로 하는 조직개편안은 정부와의 대화 창구 강화를 요구하는 종교계의 반대 주장에 부딪쳐 번번이 무산되곤 했었다(고병철, 2011: 27-28). 과거 종교 통제를 목적으로 만들어졌던 종무실의 조직과 예산이 민주화 이후 오히려 확대되어온 것은 정부에 대한 종교계의 요구와 영향력이 그만큼 커졌음을 보여준다. 건국 초기에는 정권의 애완견으로, 군사정부 시절에는 정권의 사냥견으로 다루어졌던 종교가 민주화 이후에는 누구도 손대기 어려운 사나운 도사견이 되어 버렸다. 이제 국가로서는 그동안 주던 '먹이'를 더 늘리면 늘렸지 줄이거나 끊기는 어려워지게 된 것이다(김정수, 2015).

# 6절 우리나라 종교지원정책의 문제점

## 1. 행정의 본질 관점에서

### 1) 합법성 차원: 헌법의 정교분리 원칙 위배

한국 정부의 각종 종교지원정책은 우리나라 최상위 규범인 헌법에 명시된 정교분리 규정에 어긋난다는 점에서 정당성이 희박하다. 앞서 소개한 미국 연방대법원의 Lemon 기준 3요소에 비추어볼 때 종무실의 국고지원사업 대부분은 정교분리 원칙에 위배된다고 할 수 있다. 물론 이들 사업이 표면적으로는 '국민의 문화 향유권 증진'과 같은 세속적 목적을 내세우고 있다. 그러나 정책의 실질적 목표 및 성과가 해당 종교의 진흥이라는 종교적 효과임을 부인할 수는 없다. 더구나 이를 통해 종교와 국가 사이에 과도한 유착관계가 형성·유지되고 있다는 것 역시 부인하기 어려운 사실이다.

### 2) 효과성 차원: 정책의 공언된 목표와 실제 성과의 괴리

종무실의 예산지원 사업들은 많은 경우, 공식적으로 명시된 정책목표와 실제 결과 사이에 심각한 괴리가 존재한다. 종무실의 〈예산현황〉 자료에 의하면 '종교문화시설 건립'의 사업 목적은 "전통종교문화 체험시설, 종교화합을 위한 인프라 구축 등 종교문화시설 건립 지원으로 국민의 문화향수 기회 확대"이다. 또한 문화체육관광부의 〈성과관리시행계획〉에 의하면 종무실 국고지원 사업의 수혜자는 "일반 국민"이며 그 목적은 "국민의 문화 활동 기회 확대"와 "국민의 여가향수 기회 확대"라고 명시되어 있다. 하지만 개별 지원사업들의 구체적 내용을 하나하나 검토해보면 그 실제 효과는 대부분 "일반 국민"보다는 특정 종교 혹은 종교단체의 이익임을 알 수 있다.

예컨대 10·27법난기념관, 원불교 국제마음훈련원, 기독교체험관, 세계불교센터, 천태종 전통문화유산전승센터, 대한불교 진각문화 전승원, 유도연수원 등은 명백한 종교건물들이다. 그럼에도 불구하고 이를 '종교문화시설'이라고 하면서 건립예산 지원을 "국민의 문화향수 기회(를) 확대"하기 위한 사업이라 강변하는 것은 납득하기 어렵다. 시설건립뿐 아니라 '종교문화활동지원' 및 '전통종교문화유산보존' 사업의 경우도 마찬가지이다. 예컨대 불경의 한글 번역 및 디지털화 작업을 위해, 혹은 세계교회협의회(WCC)같은 기독교단체의 종교적 회동을 위해 정부예산이 지원되는 것은 명백하게 특정 종교만을 위한 특혜이다. 특히 '7대종단지도자 이웃종교체험 해외 성지순례' 같은 사업은 국민의 혈세로 몇몇 종교지도자들에게 공짜 해외여행 기회를 선물해준 것이나 다름없다. 이러한 지원사업들이 '일반 국민'을 위한 것이라고 강변하는 것은 너무나 비합리적인 주장이 아닐 수 없다.

### 3) 형평성 차원: 정부지원의 불균형

종교국가가 아닌 세속국가에서 종교에 대한 각종 지원정책은 종교에 대한 특혜부여라는 점에서 비종교부문과의 형평성 시비를 일으킬 수 있다. 예컨대 2013년 보건복지부 사업 중 '저소득 장애인 지원' 예산이 127억 원, '장애인 재활지원' 예산이 187억 원이었다. 그런데 같은 해 종무실의 종교시설 건립지원금만 무려 204억 원 이상이었고, 불교계를 위한 관광국의 템플스테이 지원 예산만 해도 124억 원 이상이었다. 이는 특정 종교의 홍보와 진흥을 위한 특혜 성격이 강하다.

한편 종교인(성직자)에 대한 과세 면제 역시 종교에 대한 초법적 특혜가 아닐 수 없다. 해방 이후 지금까지 종교인들에게 세금을 징수하지 않고 있는 것은 단지 오래된 관행이라는 황당한 이유 말고는 아무런 법적 근거도 없다. 물론 종교인(성직자)들 중에는 과세기준 미만의 저소득층도 상당히 많은 것이 사실이며, 따라서 종교인 과세를 통해 예상되는 세수증가는 미미할 것이다. 그렇지만 종교인 비과세문제는 세수확대보다는 과세형평성 차원에서 더 심각한 문

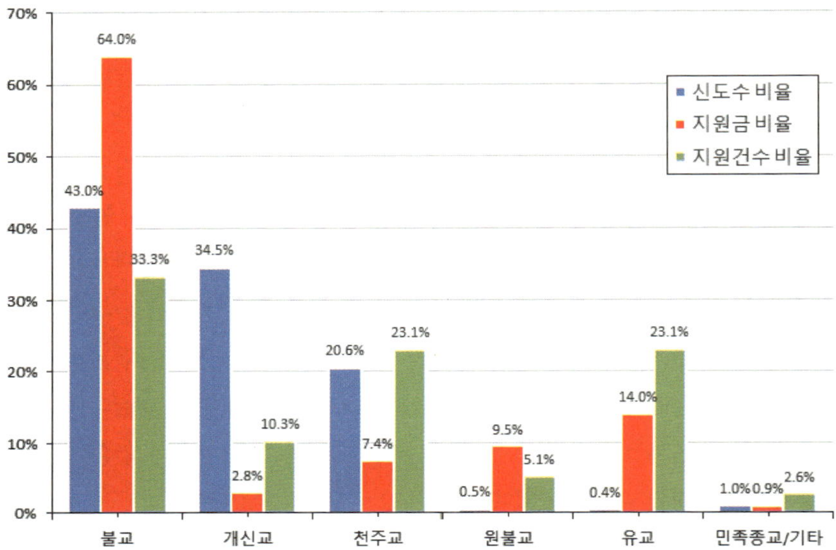


그림 17-2 종교별 신도수, 시설건립지원금, 지원건수 비율

제가 된다. 이 문제와 관련하여 국세청장이 시민단체에 의해 직무유기와 직권남용으로 고발된 적도 있었다. 그러나 검찰은 "종교인에 대한 과세가 명문화되어 있지 않고, 건국 이후 성직자에게 과세하지 않은 관행"을 핑계로 무혐의 처리했었다(허원, 2012).

종교관련 사업에 대한 종무실의 예산지원은 종교간 형평성 차원에서도 문제의 소지가 많다. 종교별 신도수와 지원예산 규모가 전혀 비례적이지 않다는 것이 그 단적인 예이다. 종교시설 건립을 위한 국고지원은 종교간 형평성 차원에서도 문제의 소지가 많다. 종교별 신도수와 지원예산 규모가 전혀 비례적이지 않다는 것이 그 단적인 예이다. 지난 2008년부터 2017년까지 10년 동안 법난기념관을 포함하면 총 39곳의 종교문화시설 건립사업에 종무실 예산이 지원되었다. 〈그림 17-2〉는 종교별 신도수[20], 지원금, 지원건수의 비율을 비

20 2005년 통계청 인구조사 자료 기준.

교한 것이다. 먼저 각 종교별 신도수 비율과 시설건립 지원금 비율을 비교해 보면 상당한 불균형이 존재한다. 종교인구의 43%를 차지하는 불교, 0.5%인 원불교, 0.4%인 유교가 각각 총지원금의 64%, 9.5%, 14%를 차지한 반면, 신도수 34.5%인 개신교와 20.6%인 천주교에 배정된 예산은 총지원금의 2.8%와 7.4%에 불과하였다. 한편 종교별 지원건수 비율을 비교해보아도 역시 상당한 불균형이 존재한다. 각 종교별 신도수에 정확히 비례하게 예산지원액을 설정하는 것이 현실적으로 어려움을 감안한다고 해도 대단히 불균형적이고 형평에 어긋나는 예산배분이 아닐 수 없다.

#### 4) 투명성 차원: 위장된 종교지원

종교에 대한 국가의 재정지원은 종무실 예산사업에만 국한된 것이 아니다. 예컨대 제1공화국 때 도입된 군종장교 제도는 종무실과는 상관없는 국방부 주관 정책이다. 하지만 실제로는 명백한 종교지원 정책이다. 국방부 예산으로 특정 종교 사역자들로 하여금 군대 내에서 선교·포교활동을 할 수 있도록 지원해주는 제도이기 때문이다. 2010년의 경우 총 502명의 군종장교가 있었는데, 개신교가 절반이 넘는 267명(53.2%), 불교 138명(27.5%), 천주교 92명, 그리고 원불교가 1명이었다.[21] 또한 종교인들에게 세금을 징수하지 않는 조세관행 역시 종무실이 아닌 국세청에서 관할하고 있는 종교우대 정책의 하나이다.

국립공원 내 사찰들이 징수하는 문화재관람료 역시 불교계를 위한 사실상의 정부 보조금이다(강인철, 2012: 51-71). 60년대부터 특별한 법적 근거도 없이 국가가 국립공원입장료와 문화재관람료를 강제로 통합징수하고 공원 내 사찰에 관람료를 제공하였다. 이는 국립공원에 입장하되 사찰은 방문하지 않는 사람들에게도 무조건 사찰을 위한 관람료를 부과한다는 점에서 시민사회의 큰

21 "[그래픽 뉴스] 군종장교 현황", 「국민일보」, 2010. 8. 13.

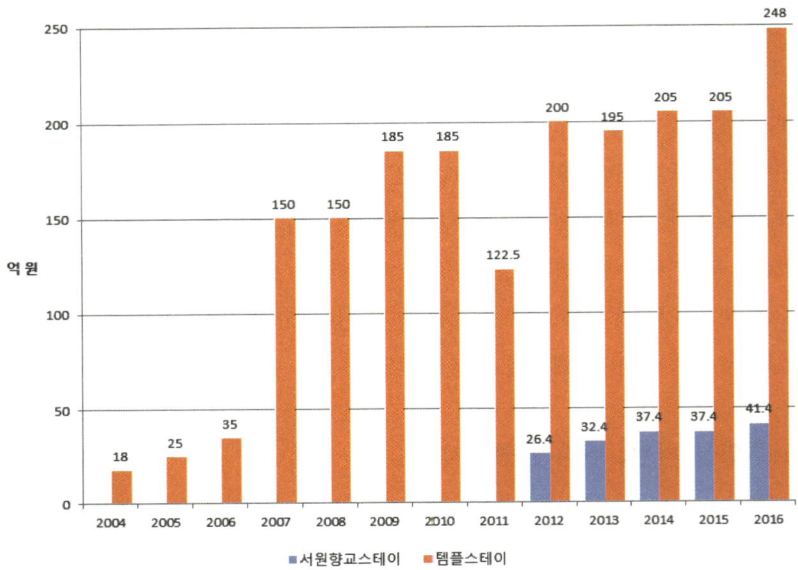


그림 17-3 템플스테이 및 서원향교스테이 지원예산

불만요소가 되었다. 2007년 1월 국립공원입장료는 폐지되었고 대법원의 징수 금지 판결도 있었다. 하지만 지금도 여전히 많은 사찰들이 당국의 묵인 하에 문화재관람료를 사실상 강제징수하고 있는 실정이다. 1990년대 이후 조계종 사찰 문화재관람료 수입의 58%는 각 사찰의 운영비로 사용되고 12%는 종단 분담금으로 총무원에 납부된 반면 단지 30%만이 원래 취지대로 문화재 보존 관리를 위해 예치되었다. 1995년의 경우 조계종 총무원 예산의 약 30% 정도가 문화재관람료로 충당되었다.

또한 불교 사찰을 대상으로 하는 템플스테이 사업은 관광정책으로 위장된 종교지원정책의 대표적 사례라고 할 수 있다. 이 사업은 원래 2002년 월드컵 당시 해외 관광객 유치를 위해 시범실시 되었다. 처음에는 국고(종무실 예산)와 관광진흥개발기금에서 나누어 지원되다가 2006년부터는 전액 관광기금에서 재원을 충당하고 있다. 또한 종무실 종무1담당관이 담당하던 템플스테이 지원

업무는 2011년 6월부터는 관광국 관광진흥과로 이관되었다. 그리고 2012년부터는 불교 사찰 이외에 서원과 향교를 관광자원으로 활용하는 사업에도 보조금이 지원되고 있다. 〈그림 17-3〉에서 보듯이, 2004년 18억 원이었던 템플스테이 지원예산의 규모는 그 이후 급속히 커졌다. 2006년 35억 원에서 2007년에는 무려 150억 원으로 급증하였고 2016년에는 248억 원으로까지 증가했다. 템플스테이 및 서원스테이 사업의 표면적 명분은 전통문화를 활용한 관광진흥정책이다. 하지만 그 실상은 공공 보조금으로 불교와 유교의 선전·포교활동을 도와주는 명백한 종교지원정책이다. 그럼에도 불구하고 종무실 사업목록에서 빠져있다 보니 종교정책이 아니라 관광정책인 것처럼 위장되어 숨겨져 있는 형국이다.

### 5) 민주성 차원: 국민적 동의 결여

민주주의 정치체제에서 국민의 동의는 정책의 정당성을 확보하기 위한 기본 요건이다. 국민 다수가 그 필요성을 인정하지 않는 정책사업이라면 민주성 차원에서 심각한 결격사유가 있는 것이다. 한 여론조사에 의하면 헌법의 정교분리 원칙에 대해 응답자의 67.2%가 찬성한 반면 반대는 12.9%에 그쳤다. 이는 정교분리 제도에 대한 민주적인 정당성이 확보되었음을 의미한다. 하지만 종교행사에 정부가 예산을 지원하는 것에 대해서는 바람직하지 않다는 응답이 52.9%로 바람직하다는 응답 30.9%보다 훨씬 더 많았다(더 플랜, 2012). 김정수(2015)의 설문조사에 의하면 응답자의 약 76%가 종무실 예산 규모가 너무 많다고 답하였으며, 종무실 각 사업들에 대해서도 예산지원 사실을 몰랐다는 응답비율이 평균 약 90% 정도나 되었다. 한편 각 사업별로 국고지원의 타당성을 묻는 질문에 대해서는 타당하지 않다는 응답이 평균 약 60%나 되었다. 특히 '종교문화 시설건립'에 해당되는 사업들에 대해서는 타당성이 없다는 응답이 평균 약 70%에 달하였다.

개별 종교지원사업 중에서도 국가적 필요성과 국민의 동의를 확보했다고 인정될만한 경우 역시 그리 많지 않다. 예를 들어 템플스테이 사업의 경우 막대한 공공 보조금이 투입되고 있음에도 불구하고 국민들의 인식 수준은 매우 저조하다. 2014년 8월 대한불교조계종 불교사회연구소가 일반 시민 1,500명을 대상으로 실시했던 여론조사에 의하던 템플스테이에 대해 '알고 있다'는 응답자는 고작 27.3%에 불과하였다. 30.1%는 그저 들어본 수준이라고 답했다. 더구나 템플스테이에 참여할 의향이 있다는 응답자는 겨우 30.9%였고 절반이 넘는 58.2%는 참여할 의향조차 없었다.[22] 국민 다수의 지지가 결여되어 있다는 것은 곧 행정의 민주성이 심각하게 훼손되었음을 의미한다.

## 2. 종교의 본질 관점에서

### 1) 보조금 중독

종교에 대한 국가의 예산지원은 행정의 핵심 가치들을 훼손할 뿐 아니라 근본적으로 종교의 "보조금 중독"(강인철, 2012: 51)이라는 보다 심각한 문제를 초래한다. 2008년 당시 이명박 정부의 기독교 편향성을 비난하며 대규모 항의시위에 나섰던 불교계는 정교분리 원칙의 준수를 부르짖었다. 그리고 공식 자료를 통해 "종교단체에 대한 재정지원 금지"를 정교분리 원칙의 핵심으로 지적하였다(헌법파괴 · 종교편향 종식 범불교대책위원회, 2009: 13). 하지만 실제로 불교계가 보조금의 중단을 주장했던 적은 단 한 번도 없었다. 오히려 불교가 차별받고 있다며 더 많은 지원을 요구하는 식이었다. 불교계의 이런 자기모순적 행태는 이미 오랫동안 정부 지원금에 의존해왔기 때문이다.

22 "[하도겸 칼럼] 조계종, 왜 그리 시끄럽나⑩ 사찰 문화재 관람료 사용처 공개해야", 〈뉴시스〉, 2014. 10. 1.

### 2) 보조금 스캔들

종교의 정부 보조금 의존성이 높아지게 되면 거의 필연적으로 각종 '보조금 스캔들'을 야기하게 된다. 즉 정부 보조금 획득을 둘러싼 정교유착, 보조금 사용과 관련된 대형 경제범죄들의 발생, 보조금 수혜 여부 및 규모에 따른 사찰 재정의 양극화 등의 문제가 따르게 된다(강인철, 2012: 31).

### 3) 종교갈등의 불씨

정부 보조금을 둘러싼 종교간 경쟁은 자칫 심각한 종교갈등으로 비화될 가능성이 높다.[23] 템플스테이 지원이 그 대표적 사례이다. 불교에 대한 지원예산이 매년 증가하게 되자 유교계의 요구로 서원스테이 프로그램에 대한 예산이 새로 배정되기 시작했다. 그리고 2010년 국회 예산심의 과정에서 템플스테이 예산 증액과 관련된 논란이 불거진 후 한국기독교총연합회 회장으로 당선된 길자연 목사는 '처치스테이'를 위해 3천억 원의 문화부 기금을 주장하기도 했다.[24] 정부의 재정지원을 거의 받지 않았던 기독교도 "불교를 비롯한 전통종교가 막대한 정부 지원을 받는 것을 보면서 정부의 지원에 대한 관심이 생기고" 있는 것이다(박명수, 2010: 103). 특정 종교가 절대적 우위를 점하지 않고 불교, 개신교, 천주교가 과점체제를 형성하고 있는 한국 종교지형에서는 보조금 배분을 둘러싼 종교간 아귀다툼이 자칫 더 큰 사회적 분열과 갈등으로 비화될 우려가 큰 것이다.[25]

---

**23** "교회 · 절 갈등, '종교 전쟁' 치닫나". 「시사저널」, 1099호, 2010. 11. 10.

**24** "개신교, 템플스테이 욕하더니 처치스테이 추진", 「법보신문」, 2010. 12. 23.

**25** 실제로 종교차별 논란이 거세었던 2008년 이후 불교와 개신교는 서로 상대방이 정부로부터 더 많은 지원금을 받고 있다고 공방전을 벌이고 있다. 화엄광장 · 불교미래사회연구소(2013), 한국교회언론회(2010), 신재식(2011) 참고.

#### 4) 종교의 정치적 종속

종교계가 자신들의 비자립적 재정구조를 국가의 재정지원 방식으로 해결하다 보면 국가에 대한 정치적 종속성이 심화될 수 있다. 예컨대 낙산사 화재 이후 전통사찰의 방재시설 지원예산을 위해 관련법을 개정한 것은, 한 불교인사가 지적했듯이, "불교가 스스로 자생력을 갖지 못하고 친정부적 종교로, 정부의 우산 아래 보호받아야 하는 종교라는 것을 자인한 것"이다.[26] 강인철(2003)은 이를 권위주의 정부 시대의 '경성통제(hard control)'와는 다른 방식의, 돈을 무기로 하는 '연성통제(soft control)'라고 정의한다. 2010년 템플스테이 지원금 증액과 봉은사 주지 명진 스님의 퇴진과 관련하여 자승 조계종 총무원장과 한나라당 안상수 대표의 밀담 논란이 그 대표적 사례이다.[27] 이는 정교분리 위배 판정에 관한 Lemon 기준의 제3요소인 '종교-국가의 과도한 유착'에 해당되는 것이다.

## 7절 바람직한 종교행정을 위한 제언

### 1. 종교 문제에 관한 사회적 공론의 활성화

한국 종교행정의 공인교주의 및 이중특혜격차의 근본적인 문제는 우리 사

26 "국가예산 목 말라하면서 웬 불교자주화?", 「불교닷컴」, 2014. 4. 2.

27 자승 원장의 주도로 봉은사가 총무원 직영사찰로 전환되면서 당시 이명박 정부에 비판적 입장이었던 명진 스님이 주지 임기 중에 물러나게 되었다. 명진 스님은 한 인터뷰에서 "권력으로부터 독립하겠다는 의지도 포함된 1994년 종단개혁의 흐름이 권력의 하수인 노릇을 톡톡히 하는 총무원장 탓에 멸절의 위기에 놓이게 됐다"고 비판하였다. "명진 스님 '서이독경'서 '자승 원장 MB하수인 자인'", 「서울의 소리」, 2011. 12. 4.

회에서 그에 관한 공개적이고 명시적인 논의 자체가 부재하다는 데 있다. 사실 종교와 관련된 각종 정책들은 우리나라 헌법 정신에 비추어볼 때 합리적 명분도 약하며 그렇다고 사회적 공론화를 거쳐 합의된 것도 아니다(송기춘, 2006; 문화체육관광부, 2010: 12). 정부 역시 이에 대한 명확한 근거를 밝힌 적이 없다.

우리나라 행정에서 종교적 특혜 격차는 분명 존재하지만 그 정당성과 필요성에 대한 논리적 설명이 제시된 적은 없다. 애당초 종교정책 자체가 그 필요성, 목적, 범위, 한계 등에 대한 치열한 고민 없이 "근본적으로 정치에 종교를 어떻게 하면 이용할 것인가"(강돈구, 2003: 78)라는 정치적 필요에 의해 출발했기 때문이다. 그리고 "종교 자체에 대한 논의를 금기시하는 [한국사회의] 경향" 때문에 종교행정이 "공공의 토론 영역에서 벗어나" 있었던 것도 사실이다(한국문화정책개발원, 1997: 8). 즉, 공적 담론의 부재 속에서 그저 묵인된 채 지속되고 있는 것이다.

따라서 향후 바람직한 종교행정의 모색을 위해서는 소수 종교계 인사들만이 아니라 사회 각 분야 전문가들이 폭넓게 참여하는 정책토론회의 활성화가 무엇보다도 필요하다. 특히 종교 갈등을 예방하기 위해서는 무엇보다도 종교에 대한 특권적 혜택의 정당성에 대한 근본적인 논의가 필요하다(박명수, 2009).

## 2. 종교행정의 투명성과 중립성

종교 편향 시비로 인한 갈등을 사전에 예방하려면 정부의 철저한 중립적 자세가 필요하다. 정부의 종교 중립을 대외적으로 확인시켜줄 수 있는 길은 절차적 투명성을 확보하는 것이다. 고병철(2011: 26)은 우리나라 종교정책이 공인교정책에서 탈피하여 종교에 대한 정책적 평등을 실현하기 위해서는 정부 차원에서 '투명성과 개방성'이 제고되어야 한다고 주장한다. 종교정책의 수립과 집행 과정에서 투명성과 개방성이 결여된다면 자칫 의도치 않게 종교편향·종교차별 시비를 불러일으킬 수 있기 때문이다.

또한 특혜 배분과 관련된 종교 갈등을 방지하기 위해서는 정부지원사업의 선정에 있어 종교라는 요소를 분리하여 배제시킬 필요가 있다. 종교계에 대한 수많은 지원사업 중에서 순수한 종교활동적 성격이 강한 것들은 당연히 정부의 지원 대상에서 제외시켜야 한다.[28] 국가의 예산 지원사업이라면 마땅히 '일정한 사회문화적 효과와 의미를 갖는 활동인지'를 최우선적 기준으로 고려해야 하기 때문이다(문화체육관광부, 2010: 95).

하지만 이른바 '순수 종교 활동'과 사회문화적 의미가 있는 '종교문화 활동'을 구분한다는 것은 결코 쉬운 일이 아니다. 예컨대 전통사찰의 유지·보수를 위한 국고지원사업의 경우, 문화재 보존을 위한 정당한 문화정책이라 할 수도 있지만 불교 재산에 대한 편파적 지원이라고 비판할 수도 있다. 또한 템플스테이 지원에 대해서도 기독교계에서는 불교에 대한 명백한 특혜라고 비판하는 반면, 정부와 불교계에서는 전통문화자원을 활용한 관광사업이라고 옹호한다(안국진·유요한, 2010: 200). 혹자의 관점에서는 종교문화사업이 다른 이의 시각에서는 순전히 종교 활동으로 보일 수도 있다. 따라서 결정 과정에서 아무리 투명성과 중립성을 강조한다고 해도 갈등의 소지는 여전히 남을 수밖에 없다(박명수, 2010; 백종구, 2010; 이은선, 2010).

## 3. 공인교주의의 철폐

우리나라 종교행정이 공인교주의와 이중특혜격차를 근간으로 삼고 있는 한 종교 갈등의 개연성은 상존할 수밖에 없다. 지원사업 위주의 종교정책은 필연

---

**28** 종무실 예산 중, 예컨대 2012년 세계불교도우의회(WFB) 한국대회 개최지원비 10억 원, 2013년 세계교회협의회(WCC) 제10차 총회개최 준비지원비 20억 원 등은 종교단체 내부 행사에 대한 국고 지원이라는 점에서 문제의 소지가 크다.

적으로 제도종교 위주로 이루어지는 한계가 있을 뿐 아니라 선정 기준의 객관성과 결과의 타당성을 확보하기도 매우 어렵다(문화체육관광부, 2010: 94). 그렇기 때문에 종교적 특혜가 존재하는 한 종교와 종교 간, 그리고 종교와 비종교 간 배분의 형평성을 둘러싼 갈등은 결코 피할 수 없다. 즉, 현재와 같은 종교 정행은 공익증진이라는 본연의 목적 달성은커녕 분쟁과 갈등의 소지만 제공할 뿐이라는 것이다.

그렇다면 공적 영역에서 종교 갈등의 여지를 최소화할 수 있는 방법은 무엇일까? 종교적 차별금지 및 정책과정의 투명성도 물론 중요하지만 그것만으로는 부족하다. 사실 가장 효과적인 방안은 지극히 단순하다. 특혜 배분을 둘러싼 차별 시비와 갈등을 예방하는 근본적인 해결책은 특혜 자체를 없애는 것이다. 즉, 공인교주의를 완전히 철폐하고 한국사회에 현존하는 모든 종교적 이중특혜격차를 제거하는 것이다. 어떤 종교는 다른 종교보다 더 많은 특혜를 제공받는 식의 종교행정에서는 갈등이 발생할 수밖에 없다. 특혜 배분의 형평성과 차별이 종교 갈등의 단초가 된다면 '배분 꺼리' 자체를 없애는 것이 종교 갈등의 근원을 차단하는 길이 될 수 있다.

물론 건국 이후 오랜 세월에 걸쳐 고착된 종교에 대한 지원체계를 단번에 철폐한다는 것은 현실적으로 쉽지 않을 것이다. 또한 종교가 우리 사회와 개인에게 미친 긍정적 기능들도 분명 인정할 필요가 있다. 더 나아가 일부 논자들은 문화예술이나 교육과 같이 '가치재(merit good)' 관점에서 종교에 대한 국가의 적극적 지원을 요구하기도 한다. 예컨대 김종서(1986: 141)는 종교가 그저 개인적 여가선용이나 불안해소책 정도가 아닌 "국민적 자본(national capital)으로서 적극적 정책의 대상"이 되어야 한다고 피력했다. 하지만 종교의 사회적 공헌과 순기능을 인정한다고 해도 종교가 모든 사람들에게 본질적으로 유익한 가치재라는 주장을 전면 수용하기는 어려울 것이다. 그뿐 아니라 정부의 종교계 지원은 "소위 '종교와 정치' 유착의 제도적 고리가 될 위험성"이 높다(강돈구, 2008: 14). 국가의 지원이 자칫 종교의 세속화와 타락을 부채질하는 유혹으로 작용할 수 있다는 말이다. 따라서 종교의 타락을 막고 건강한 성장을 돕기 위해서라도 세속적인 지원과 특혜는 철폐되는 것이 바람직하다.

# 제 5 부

# 멋진 문화한국을 위하여

제5부에서는 문화행정의 목표를 추구함에 있어서 야기되는 몇 가지 중요한 정책적 딜레마에 대해 살펴보고 아울러 문화행정의 본질적 한계에 대해 고찰한다. 마지막으로 멋진 문화한국을 이룩하기 위해 문화행정이 나아가야 할 방향은 어떤 것인지 논의한다.

제 18 장

# 문화행정의 주요 딜레마

1절 엘리트주의 vs. 민중주의

2절 창작자의 권리 보호 vs. 소비자의 접근기회 확대

3절 고유문화 vs. 혼종문화

4절 표현의 자유 vs. 사회적 법익의 보호

5절 가치재 vs. 소비자 주권

# 제 18 장 ▌ 문화행정의 주요 딜레마

문화행정에서 중시되는 가치들은 대개 추상적인 용어들로 표현된다. 추상적 차원의 목표들을 현실의 세계에서 구현하려고 하다 보면 중요한 가치들끼리 서로 충돌하는 경우가 종종 발생하게 된다. 각각의 가치 하나하나를 보면 다 좋은 것들이지만 서로 조화되지 못하고 상호 갈등이 빚어지는 경우가 있는 것이다. 문화행정에서 고민해야 할 주요 정책적 딜레마에 대해 살펴보자.

## 1절 엘리트주의 vs. 민중주의

### 1. 소수 엘리트와 다수 시민

2차 세계대전 이후 세계 각국 문화정책의 공통된 변화 중의 하나는 엘리트주의적 성향이 상대적으로 약화되고 대신 일반 시민들의 문화적 참여가 강조되고 있다는 점이다(고토 카즈코, 2004: 47; Throsby, 2001: Ch.8). 이러한 경향은 우리나라도 예외는 아니다. 90년대 이후 문화행정의 지향점으로 문화향수권, 문화적 민주주의, 문화복지 등이 부각되어 왔다. 그런데 문화향수는 필연적으로 문화창조를 전제로 한다. 뭔가를 소비하려면 당연히 먼저 생산되어 있어야만 하는 것이다. 그렇다고 문화창조(생산)만 되면 자동적으로 충분한 문화향수(소비)가 이루어지는 것도 아니다. 여기서 문화·예술에 대한 공공지원에 있어 심각한 딜레마가 제기된다. 즉, 소수의 예술 엘리트들의 창작활동 지원과 다수 시민들의 문화생활 지원 사이의 갈등이 야기되는 것이다.

문화행정에 있어서 일반 시민들의 문화향수권 확대에 대한 관심이 높아진 것은 일단 바람직한 변화라고 할 수 있다. 전반적인 교육 및 소득 수준의 향상에 따라 시민들의 문화적 욕구 또한 높아지고 있으며, 단순히 수동적인 문화소비뿐만 아니라 창조활동에 직접 참여하고픈 욕망도 커지기 때문이다. 따라서 다수 국민의 행복 증진을 위하여 문화행정의 방향이 문화복지 쪽으로 선회하는 것 자체는 결코 탓할 일이 아니다. 오히려 국민들의 요구에 민감하게 대응한다는 점에서 높이 평가해줄 만하다.

그런데 문제는 문화부문을 위해 사용할 수 있는 자원(재정, 시설, 인력 등)이 제한되어 있다는 사실이다. 일반 시민의 문화활동에 대한 공공지원을 늘리게 되면 필연적으로 전문 예술인의 창작활동에 대한 지원은 줄어들 수밖에 없다. 물론 전체 예산규모가 커지면 둘 다 증액될 수는 있다. 그렇지만 지원총액에 상관없이 양자 간에 얼마씩 배분해줄 것인가라는 측면에서 보면(적어도 단기적으로는) 항상 제로섬 게임일 수밖에 없는 것이다.[1] 그렇다면 우수한 문화·예술 창조를 위한 소수 정예 지원이 더 중요한가, 아니면 다수의 문화향수를 확대하기 위한 대중적 지원이 더 중요한가?

이러한 딜레마는 정책이념 측면에서 볼 때 엘리트주의(Elitism)와 민중주의(Populism) 간의 대립이라고 할 수 있다. Wyszomirski(1982)는 이와 같은 갈

1 장기적으로는 전문창작인 지원과 문화소비자 지원은 상호 보완적이라고 할 수 있다. 소비자들이 수준 높은 작품을 접하다 보면 점차 예술적 안목이 높아지게 될 것이다. 그렇게 되면 일반 대중들의 문화적 욕구도 양적으로 증가하고 질적으로 높아지게 된다. 문화수요의 팽창과 고급화는 결국 예술창작의 확대와 수준향상을 촉발하는 자극제가 될 것이다.

등이 기본적으로 Gardner가 '민주주의의 딜레마'(democratic dilemma)라고 불렀던 수월성(excellence)과 평등성(equality) 간의 갈등이라고 지적하였다. 우리에게 깊은 감동을 주고 인류의 빛나는 유산으로 기록되는 훌륭한 예술작품들은 분명 소수의 예술적 거장들에 의해 창조되었다. 그러기에 재능이 뛰어난 천재를 발굴 · 육성 · 지원하는 일은 매우 중요한 정책적 과제가 아닐 수 없다. 그러나 동시에 일반 대중들의 문화적 욕구충족 기회를 확대하는 일 역시 국민의 행복증진이라는 측면에서 중대한 과제이다. 그렇다면 탁월한 업적을 남길 소수의 영재와 문화향수를 통해 행복을 느낄 대다수의 범재, 사회 전체를 위해서는 이 둘 중 어느 편에 더 많은 정책적 지원이 제공되어야 하는가?

## 2. 딜레마

엘리트주의자들은 근본적으로 예술적 수월성(artistic excellence)이 문화행정의 기준이 되어야 한다고 주장한다. 정부의 공금 지원은 마땅히 탁월한 수준의 문화 · 예술을 창조해내는 데 기여해야만 한다. 질적 수준과는 상관없이, 그저 '아무' 작품이나 많이 제작되는 것은 의미가 없다. 중요한 것은 예술적으로 뛰어난 경지의 창작이 활성화되는 것이다. 그런데 '명작'(masterpiece)의 탄생에 꼭 필요한 탁월한 예술성, 뛰어난 재능, 비범한 감성을 갖춘 예술적 천재들은 그리 흔하지 않다. 그리고 천재 한 사람이 창조해낸 '명작' 하나의 예술적 가치는 범재 백 사람이 만들어낸 평범한 작품 백 개의 가치를 합한 것보다 훨씬 더 크다고 할 수 있다.[2]

이런 점에서 문화 · 예술 창조의 세계에는 본질적으로 민주주의가 있을 수

---

**2** 예를 들어 베토벤의 '운명' 교향곡, 레오나르도 다빈치의 '모나리자', 백남준의 '비디오아트' 작품의 예술적 수준과 사회적 가치는 평범한 예술가 수천, 수만 명의 작품 모두를 합한 것보다 더 탁월하다고 할 수 있다.

없다. 다수의 '그저 그런' 예술가들보다 소수의 재능 있는 천재가 훨씬 더 큰 몫을 한다. 다수의 평범한 창작물보다 소수의 탁월한 창작물이 훨씬 더 귀중하다. 따라서 문화·예술에 대한 정부의 지원은 마땅히 예술적 수준을 기준으로 삼아 문화적 엘리트들의 창작활동을 돕는 방향으로 이루어져야 한다. 이런 시각에서 보면 문화정책의 패러다임이 "창작자 중심에서 소비자 중심으로" 바뀌는 것은 "(심미안이 낮은) 소비자가 (심미안이 높은) 생산자보다 주도력을 행사"한다는 점에서 심각한 오류인 것이다(김형수, 2003).

반면 민중주의적 입장에서는 가능한 최대다수의 사람들이 문화·예술을 향유할 수 있도록 돕는 것이 문화행정의 핵심이라고 주장한다. 엘리트주의가 전문 예술가에 의한 창작을 강조하는 생산자 지향적 시각이라면, 민중주의는 일반 시민의 참여와 체험을 중시하는 소비자 지향적 시각이다. 창작행위 그 자체는 창작자 한 사람만 만족시킬 뿐이지만 그 작품의 감상(소비)행위는 다른 많은 사람들을 행복하게 만들어준다. 수준 높은 명작이 아무리 많이 생산되어도 소비자들에 의해 향유되지 않으면 사회적으로 아무런 가치를 발휘할 수 없다. 또한 소비자 스스로 창작에 참여해보는 것도 소중한 경험이 된다. 행복은 뛰어난 예술작품의 감상을 통해서도 오지만 다른 한편으로는 수준은 낮아도 자신의 직접적인 창작체험을 통해서도 오기 때문이다.

엘리트주의자들이 현재 존재하는 작가·작품의 예술성에 초점을 맞추는 반면, 민중주의자들은 미래에 빛을 발할 '그 누군가'의 잠재성에 기대를 건다. 엘리트주의자들이 주로 기존의 관행에 의해 '격조 높은 고급 예술'로 인정받는 장르에 초점을 맞추는 데 비해 민중주의자들은 다양한 문화적 장르들 각자의 고유한 가치를 인정한다.

그렇다면 이 상반된 입장들 사이의 최적 균형은 어디인가? 미국 NEA의 전 의장 L. Biddle(1978)은 NEA의 예술지원의 목적이 "최고에의 접근(Access to the Best)"을 확보하는 것이라고 했다. 영국의 문화부 장관 T. Jowell(2004)은 문화정책의 궁극적인 목표를 "국민에게 최고의 것을 제공하라(Offer them the Best)"는 말로 요약했다. 이 책의 제1부 제4장에서는 문화행정의 목표를 "최고수준의 최대다양한 문화예술을 최대다수의 국민들이 누리게 하는 것"이라고 했다. 결국 문화행정의 지향점은 '최고수준'이 생산되어 '최대다수'에 의해 소비되는 것이라고 간략히 말할 수 있다.[3]

그러나 이와 같은 원론적인 명제가 엘리트주의－민중주의 딜레마에 대한 명쾌한 즉답을 주지는 못한다. 문화·예술에 대한 지원의 용처와 규모를 어떤 식으로든 구체적으로 결정해야만 하는 현실의 문화행정에서는 여전히 어려운 딜레마로 남게 된다. 다만 이러한 딜레마의 본질을 분명히 인지하고 고민을 거듭하면서 조금씩 보다 현명한 결정이 이루어질 것을 기대할 따름이다.

## 2절 창작자의 권리 보호 vs. 소비자의 접근기회 확대

### 1. 저작권의 양면

최근의 저작권법 개정은 변화된 디지털 환경에 맞춰 창작자의 권리 보호를 강화하는 데 초점을 맞추고 있다. 디지털 기술을 응용한 불법복제의 가능성과 유혹이 더욱 커졌다는 사실에 비추어 보아 저작권을 한층 더 보호하려는 취지 자체는 이해가 된다. 그러나 저작권의 강화에는 소비 제약이라는 무시할 수 없는 반대급부가 필연적으로 따른다. 일반적인 산업생산품과는 달리 문화상품은 많은 사람들에 의해 사용될수록 그 가치는 증가한다(Venturelli, 2001). 문화상품은 소비횟수가 많을수록 사회적으로도 유익하다고 할 수 있다. 창작자

3 사실 예술적 재능이나 수준에 대한 평가 자체도 쉽지 않은 난제이다. 과연 누가 '예술적 천재'인지, 어떤 작품이 진짜 '명작'인지를 누가, 어떤 기준으로, 무슨 권위로 판정할 것인가?

의 권리 보호가 강화되면 될수록 그 저작물의 소비행위에 대한 제한과 불편함도 커지기 마련이다(Towse, 2002). 따라서 문화 콘텐츠에 대한 저작권 보호가 강하면 강할수록 그 콘텐츠의 사용에는 그만큼 많은 제약이 붙게 되고, 그렇게 되면 결국 그 문화 콘텐츠의 실제 소비횟수는 그만큼 줄어들게 될 것이다.

애당초 저작권을 보호하는 근본 취지가 무엇인가? 그것은 창작자들의 수고에 대한 정당한 대가가 지불되게 함으로써 그들의 창작의욕을 고취시키고, 그로 인해 사회 전체적으로 훌륭한 창작물이 더욱 많이 생산·축적되도록 유도하자는 것이다. 그렇게 되면 궁극적으로 더 많은 사회 구성원들이 더 많은 문화 콘텐츠를 소비함으로써 사회적 행복지수도 높아지게 된다는 것이다. 사실 정부가 창작활동을 지원하는 목적 자체가 “수혜를 받는 예술가들 개인에게 혜택을 주기 위한 것이 아니라 문화예술을 발전시키고 문화예술적 경험을 통해서 국민의 삶의 질을 고양”하는 것이다(정홍익, 2001). 그렇다면 저작권 보호는 그 자체가 지고지선의 목적일 수 없다. 창작자의 권리 보호는 그 자체가 최고 목적이 아니기 때문이다. 창작자를 보호하고 의욕을 북돋아주려는 것은 결국 그로 인해 그 사회의 문화적 부가 풍성해지기를 바라기 때문이다. 저작권에 관한 미국의 한 판례는 이 점을 분명히 밝히고 있다(National Research Council, 2000).

> “(저작권) 독점을 부여하는 데 대한 미국의 유일한 이익과 일차적인 목적은 저작자의 노동으로부터 공중이 누릴 일반적 편익에 있다. … 저작자 또는 예술가에 대한 보상은 그의 창조적인 재능의 산물을 공중에게 공개하도록 유인하는 것이다.”

## 2. 딜레마

바로 여기서 문화행정의 딜레마가 발생한다. 정부 입장에서 창작자의 저작권 보호를 소홀히 해도 안 되고 그렇다고 너무 강화해도 안 된다는 것이다. 저작권 보호가 제대로 되지 않고 불법복제가 횡행한다면 창작자들의 창작의욕이 저하될 것이며 그렇게 되면 우수한 문화・예술의 개화를 기대하기는 어렵다. 그렇다고 반대로 저작권을 너무 과도하게 보호하면 일반 공중의 문화소비 및 다른 창작자들의 재활용・재창조가 크게 위축될 것이다.

또한 창작자에 대한 과도한 보호는 소비자뿐만 아니라 다음 세대 창작자들의 희생으로 지불될 것이다(Aoki, Boyle and Jenkins, 2006). 현재의 문화 소비자는 미래의 문화 창작자가 될 수 있다. 현재의 문화 소비는 미래의 창작 행위를 위해 씨앗을 뿌리는 것과도 같다. '모방은 창조의 어머니'란 말이 있듯이 새로운 창작을 위해서는 그 전에 충분한 문화소비가 필수단계이기 때문이다. 따라서 현 시대 창작자의 저작권 보호 강화는 다음 세대 창작자들의 창작 전 학습(소비)을 제약하게 되며, 결과적으로 미래의 왕성한 문화・예술 창조 가능성을 사전에 차단해버리게 되는 것이다.

그렇다면 창작자의 권리 보호가 우선인가, 아니면 저작물에 대한 공중의 접근권이 우선인가? 창작활동에 대한 보상・유인 제공이 먼저인가, 아니면 사회 전체의 편익 증대가 먼저인가? 문화・예술의 왕성한 창작이 더 시급한가, 아니면 폭넓은 소비와 창의적 재활용이 더 시급한가? 현 시대 창작자의 보호가 더 중요한가, 아니면 다음 세대 창작자의 육성이 더 중요한가?

지적 재산의 보호와 관련된 이러한 딜레마는 사실 매우 오래된 고민거리이다. 1785년 영국의 한 판례는 양자 사이에 균형을 맞춰야 한다는 취지로 다음과 같이 선언한 바 있다(National Research Council, 2000).

> "우리는 편파적인 양 극단을 똑같이 경계해야 한다. 하나는 공동체에 기여하기 위해 그들의 시간을 할애한 능력 있는 사람이 그들의 정당한 공적 및 창의성과 노동의 대가를 박탈당해서는 안 된다는 것이고, 다른 하나는 이 세계가 발전을 박탈당하거나 예술의 진보가 늦어져서도 안 된다는 것이다."

창작자와 소비자의 상반된 이익 간의 균형을 맞추기 위해 '공정이용'(fair use)라는 개념이 자주 인용된다. 저작권 보호가 너무 지나쳐서 소비자들의 공정한 사용까지 저해해서는 안 된다는 취지이다. 미국의 1976년 저작권법 제 107조는 저작권자의 권리와 공익 사이의 균형을 꾀하기 위해 저작권 보호의 예외로 '공정이용 원칙'을 인정하였다. 공정한 사용 여부를 결정하기 위해서는 다음 4가지 사항이 고려되어야 한다. ① 사용의 목적과 성격, ② 저작물의 성격, ③ 저작물 전체와 비교하여 사용된 것의 양과 질, ④ 사용된 것이 저작물의 잠재적 시장 또는 가치에 미치는 효과 등이다(강준만, 2001: 342-353). 그러나 사실 공정이용의 범위를 어떻게 정할 것인지 자체도 결코 쉬운 일은 아니다. 특히 오늘날과 같이 디지털 기술이 발전한 환경에서는 두 이익 간의 균형을 찾기가 더욱 어렵게 되었다.

예를 들어서 좋아하는 가수의 CD를 구입했다고 가정해보자. 집에서 혼자 음악을 감상하다가 친구들이 놀러오면 당연히 같이 음악감상을 할 것이다. 이때 친구들은 내가 산 CD의 음악을 공짜로 감상하게 되지만 그렇다고 저작권 위반이 되지는 않는다. 이제 이 CD 중에서 특별히 좋아하는 노래 한 곡을 MP3로 변환시켜 내 PC에 저장시켰다고 가정하자. 이 행위 자체는 사적인 사용을 위한 복제로서 저작권 위반이 되지 않는다. 그러나 만약 인터넷의 내 홈페이지를 방문한 친구들에게 온라인으로 이 MP3 노래를 들려주게 된다면 현행법상 저작권 중 전송권을 위반하는 행위가 된다. 즉, 내 방에 찾아온 친구들에게 CD 노래를 들려주는 것은 위법이 아니지만 인터넷 홈페이지로 찾아온 친구들에게 같은 노래를 들려주는 것은 위법이라는 말이다. 그렇다면 멀리 있는 친구에게 전화상으로 CD 음악을 들려주는 것은 괜찮은가? 과연 개인 홈페이지에서 몇 곡의 음악을 온라인으로 듣게 하는 것까지 저작권 위반으로 금지해야 하는가? 이런 경우까지 전부 단속하려면 사실상 비용이 더 커서 실익이 없을 것이다. 그렇다면 이 정도는 '공정이용'에 해당한다고 봐줘야 하는가? 만약 개인 홈페이지라도 수백 곡의 음악을 들려주는 정도라면 어떠한가? 대체 어느 정도가 되면 '공정이용'을 벗어났다고 할 것인가? 결코 쉽지 않은 질문이다.

## 참고자료 '컴백홈'과 '컴배콤'

2001년 7월 '음치 가수' 이재수는 서태지의 1995년도 히트곡 '컴백홈'을 패러디하여 '컴배콤'으로 바꿔 부르고 뮤직비디오도 제작했다. 이에 대해 서태지 측은 이재수의 음반 '이난'과 '컴배콤' 뮤직비디오에 대해 판매, 방송 및 상연 등의 금지 가처분신청을 내고 형사고소까지 했었다. 원저작자인 서태지의 허락을 받지 않았고, 서태지의 인격을 심하게 훼손했으며, 원작물의 특성을 유지해야 한다는 '동일성 유지권'에도 저촉된다는 것이었다. 이에 대해 이재수 측은 패러디의 경우 원작자의 허락을 받을 필요는 없다며 서태지 같은 음악인이 그저 웃어보자고 음반을 만든 한 신인 가수에게 감당하기 힘든 잣대를 들이댄다고 반박했다. 당시 저작권협회는 서태지의 허락 없이 이재수 측에게 '컴백홈'의 패러디에 필요한 사후 승인을 해주었다. 그해 11월 서울지법 민사합의50부는 "이씨가 원곡의 독특한 음악적 특징을 흉내 내 단순히 웃음을 자아내는 정도에 그쳤을 뿐 비평적 내용을 부가해 새로운 가치를 창출한 것으로 보이지 않으므로 저작권 침해에 해당한다"며 서태지의 가처분신청을 받아들였다. 그런데 저작인격권 중 동일성유지권 침해에 대해서만 서태지 쪽의 손을 들어주었을 뿐 저작재산권 침해, 인격권 침해, 저작인격권 중 성명표시권 침해 등의 3가지 주장은 기각되었다. 이후 서태지 측은 저작권 보호와 제대로 된 패러디 문화를 다시 인식하는 계기가 되었으므로 형사고소는 취하한다고 밝혔다. 한편 1994년 미국 연방대법원은 패러디는 저작권 침해가 아니라고 확인하면서 패러디가 '공정이용'이 되기 위해선 단지 코믹한 효과 이상의 사회적 가치를 추구해야 한다고 판결했다.

※ 사건개요 및 판결문은 정경석(2004: 231-237) 참조.

## 참고자료 저작권과 공정이용

### 아이가 유행가를 따라 부른 것도 저작권법 위반인가요?
### 법원 "'미쳤어' UCC, 저작권침해 아니다"

2009년 6월 22일 우 모씨는 자신의 5살 난 딸이 당시 한창 인기곡이었던 가수 손담비의 '미쳤어'를 따라 흥얼거린 모습을 UCC로 제작하여 자신의 네이버 블로그에 올렸다. 한국음악저작권협회는 이것이 저작권법 위반이라며 삭제를 요청하였고 네이버는 해당 UCC를 삭제하였다. 그러자 참여연대 공익법센터는 네이버가 공정이용 권리와 표현의 자유를 침해했다며 손해배상청구 소송을 제기하였다.

소송을 담당한 정연순 변호사의 지적에 따르면 저작권은 본래 천부적, 절대적 권리가 아니라 인류 역사에 따라 형성 발생되어온 권리이다. 따라서 "창작자의 권리를 존중하면서 동시에 그와 같은 창작물을 가능하게 한 인류공동의 지적 유산에 대해 공중의 권리를 함께 고려하고 조화롭게 해석"해야 한다. 현행 저작권법 제1조도 이 같은 원리를 존중하여 "저작자의 권리와 이에 인접하는 권리를 보호하고 저작물의 공정한 이용을 도모함"을 명시적으로 천명하고 있다. 또한 저작권법 제28조는 정당한 범위 안에서 공정한 관행에 합치되게 인용할 수 있도록 하고 있다. 이번 문제가 된 UCC의 경우는 비상업적인 블로그에 음원을 사용하지도 않았고 원 저작물의 곡조나 음정, 박자 등과 무관하게 전체 가사 31줄 중 후렴구 3줄 가량을 어린아이의 몸짓과 음성으로 반복하여 흉내낸 것에 불과하였다. 이는 일반 대중들이 일상적으로 행하고 있는 유명 가수의 노래를 따라 부르거나 흉내내는 행위에 불과하다. 정연순 변호사는 이를 인류사회 수천년 역사 속에서 되풀이되어온 '공정한 관행'이라고 주장하였다. 즉, 저작권법에서 허용하고 있는 '정당한 범위'의 '인용'이자, 공중의 '공정한 이용'에 해당한다는 것이다.

2010년 2월 서울남부지법은 "저작권 협회는 우씨에게 20만원을 지급하라"며 원고 일부 승소를 판결했다. 재판부는 "이 게시물은 우씨의 딸이 손담비의 '미쳤어'의 일부를 따라 부르는 것을 촬영한 것"이라며 "우씨는 가족여행 중 딸의 귀엽고 깜찍한 행동을 기록하고 이에 관련된 감상 및 대중문화가 어린 아이에게 미친 영향 등에 대한 비평 등을 담아 게시물을 작성, 공개한 것이므로 해당 노래의 상업가치를 도용해 영리목적을 달성코자 한 정황은 없다"고 밝혔다. 이어 "해당 UCC가 '미쳤어'의 상업적 가치를 침해하거나 대체, 이에 대한 시장 수요를 대체한다고 볼 수 없다"며 "오히려 해당 노래의 인지도를 높이는 방향으로 기여한 점 등에 비춰 해당 가요를 정당한 범위 안에서 인용한 것"이라고 덧붙였다. (출처: NEWSIS, 2010. 2. 18.)

# 3절 고유문화 vs. 혼종문화

## 1. 문화주권론의 전제

세계화라는 거친 풍랑 속에서 문화주권을 강조하는 것은 얼핏 대단히 고매한 이상처럼 들린다. 그러나 '우리의 문화'를 지나치게 배타적으로 강조하다보면 문화적 국수주의에 빠질 위험이 있다. 문화적 정체성을 유지하자는 주장이 나쁜 것은 아니지만 '우리는 우리의 고유한 문화를 가져야만 한다'는 강박관념에 빠지는 것은 곤란하다. 세계화 추세 속에서 문화주권에 대한 집착은 곧 '문화적 예외' 및 '문화다양성' 주장으로 이어진다.

문화적 예외 및 문화다양성 논리는 두 가지 중요한 전제하에서만 비로소 그 타당성이 인정된다. 첫째는 문화란 다른 영역과는 분명히 차별되는 특별한 영역이라는 것이다. 문화적 예외론자들은 문화상품·서비스는 문화적 요소가 체화되었다는 점에서 다른 재화들과는 근본적으로 성격이 다르다고 주장한다. 그런데 과연 그러한가? 국제무역의 대상이 되는 문화상품·서비스는 일단 시장논리 하에 산업적 메커니즘 속에서 생산되고 거래된다. 따라서 그 본래 근원이 무엇이든 일단 산업의 영역에 들어왔으면 다른 모든 재화—예컨대 농산물—들과 마찬가지로 모두 동일한 취급을 받는 것이 당연하다고도 할 수 있다. 사회를 구성하는 무수히 많은 요소들 중에 왜 꼭 문화는 그렇게 따로 특별한 대우를 받아야만 하는가? 혹시 자신들의 경제적 이익을 지키기 위한 '위장된 보호무역주의'(disguised protectionism)는 아닌가? 문화는 한 사회의 가치관과 의식에 중대한 영향을 미친다는 것이 과연 충분한 논거가 되는가? '금강산도 식후경'이라는 옛말도 있듯이, 문화가 그렇게 특별한 것이라면 '먹거리'(농산물)는 그보다 더 근원적이고 중요한 것이 아닌가? 문화적 예외론자들은 혹시 문화는 다른 어떤 것보다도 더 우월한 것이라고 믿는 유아독존식 오만함에 젖

어있는 것은 아닌가?

두 번째 전제는 자국의 고유문화라는 것이 존재하며 식별 가능하다는 것이다. 문화주권이나 문화정체성을 논하기 위해서는 먼저 고유문화의 존재가 선행되어야 한다. 지구적 차원에서 문화다양성을 말하려면 그전에 먼저 각 국가·지역의 고유한 문화가 존재해야만 한다. 그런데 오늘날과 같이 국제적 교류가 빈번한 세계화 시대에 과연 '고유문화'라는 것이 의미 있는 것일까? 특히 문화산업의 경우, 다른 여타 산업들과 마찬가지로 다국적·글로벌 생산이 이루어지는 경우가 흔하다. 이런 경우에는 문화의 국적을 따지기가 쉽지 않다.

## 2. 다국적 문화생산의 사례들

실제로 최근 영화산업에서는 글로벌 생산이 매우 광범위하게 이루어지고 있다(김정수, 2008b). 예를 들어, 일본의 전통적 기생의 삶을 소재로 한 헐리우드 영화 〈게이샤의 추억〉(2005)의 경우, 미국인 소설가 Arthur Golden의 원작을 바탕으로 미국인 Rob Marshall이 감독한 작품이다. 주연으로는 중국 여배우 장쯔이, 공리, 양자경과 일본의 와타나베 켄이 캐스팅되었으며, 대사는 전부 영어이며 일본과 미국에서 촬영되었다. 미국인 John Williams가 음악감독을 맡아 작곡한 영화음악은 서양의 오케스트라와 일본의 전통 악기들이 동원되었고, 프랑스 국적의 중국계 첼리스트 요요마와 미국인 바이올리니스트 Itzhak Perlman이 연주에 참여하였다. 특히 250벌에 달하는 각종 기모노 의상은 모두 미국의 Colleen Atwood에 의해 디자인되었다. 그렇다면 이 영화의 국적은 어디라고 해야 할까?[4]

중국의 춘추전국 시대를 그린 영화 〈묵공〉(2006)은 한국의 보람영화사, 홍

4 미국 할리우드에서 중국 감독이 중국어로 중국인 배우들로만 제작한 영화 〈와호장룡〉 역시 이러한 유형에 해당된다. 이에 대해서는 Wang and Yeh(2005) 참조.

콩의 콤스탁, 일본의 NDF, 그리고 중국의 화이브러더스가 공동 출자해 제작한 영화이다. 일본의 사케이 켄이치가 그렸던 만화가 원작인 이 영화는 홍콩의 장지량이 각본과 감독을 맡았고 일본의 사카모토 요시타카가 촬영감독을 맡았다. 주연배우로는 홍콩의 유덕화, 중국의 판빙빙, 한국의 안성기, 대만의 오기륭 등이었고, 홍콩, 일본, 중국인 스탭들이 참여했다. 촬영이 이루어진 곳은 중국 허베이성의 이시엔 TV필름 스튜디오였는데 이곳은 일본의 이세키 사토루 PD의 소유였다.

이와 같은 다국적 영화제작은 우리나라에서도 쉽게 찾아볼 수 있다. 〈내 여자친구를 소개합니다〉(2004)는 홍콩 자본이 제작비 전액을 대고 배우 전지현을 캐스팅해서 홍콩 관객들 취향에 맞춰 주문제작된 영화였다. 영화 〈무사〉(2001)는 중국 배우를 여자 주인공으로 기용하고 10여 명의 한국 배우들보다 몇 배 더 많은 중국 배우들을 동원해서 중국 현지에서 모든 장면을 촬영했는데 미술팀은 중국인들이었고 음악 담당은 일본인이었다. 한국전쟁을 배경으로 따스한 인간애를 그려냈던 영화 〈웰컴 투 동막골〉(2005)의 경우, 제목의 절반이 영어인 점은 제쳐두고라도, 모든 영화음악을 아예 일본 음악가 히사이시 조에게 의뢰하여 제작하였다. 〈원령공주〉, 〈하울의 움직이는 성〉 등과 같은 일본의 유명 애니메이션의 음악을 담당하기도 했던 그는 한류스타 배용준이 주연을 맡았던 MBC 대하드라마 〈태왕사신기〉의 음악감독을 맡기도 했다.

2004년 칸 영화제에서 심사위원대상을 받은 박찬욱 감독의 〈올드 보이〉는 일본의 쓰치야 가론이 글을 쓰고 미네기시 노부아키가 그린 동명의 인기 만화를 각색하여 만든 영화였다. 한국의 쇼박스 및 일본의 해피넷 등이 투자하고 청어람이 제작한 봉준호 감독의 〈괴물〉(2006)은 〈반지의 제왕〉의 Weta Workshop(호주)이 괴물의 모델링 작업을, 〈해리 포터〉의 Orphnage(미국)가 CG 작업을, 그리고 〈쥬라기 공원〉의 Kevin Rafferty가 특수시각효과 총괄을 맡았다. 그런데 총제작비 110억원의 약 절반에 가까운 4~50억원이 괴물 캐릭터의 컴퓨터그래픽 작업에 투입되었다. 2007년에 개봉되어 '애국심 마케팅' 논란을 자아내었던 심형래 감독의 〈디 워〉의 경우, 제작사는 영구아트이지만 모든 대사가 영어일 뿐만 아니라 주요 등장인물도 모두 미국 배우이고 미국 현지에서 모든 촬영이 진행되었다. 또한 영화의 CG 작업은 모두 국내기술로 이루어졌다지만, 촬영은 미국의 Hubert Taczanowski, 음악 역시 미국의 Steve Jablonsky가 담당하였다.

2008년에 제작된 〈나는 비와 함께 간다〉는 베트남 출신의 프랑스 국적 트란 안 훙 감독의 영화로 한국의 이병헌, 미국의 Josh Hartnett, 일본의 기무라 타쿠야가 주연을 맡았었다. 기획 및 제작은 프랑스 영화사였고 촬영지는 홍콩이었다. 2013년 제작된 봉준호 감독의 〈설국열차〉는 프랑스 만화가 자크 로브, 뱅자맹 르그랑, 장마르크 로셰트의 만화를 원작으로 하여 체코의 프라하 바란도프 스튜디오에서 촬영되었다. 주연배우로는 미국의 Chris Evans와 Ed Harris, 영국의 John Hurt와 Tilda Swinton, 한국의 송강호 등이 출연하였다. 〈설국열차〉의 제작과정을 잘 모르는 일반 관객들은 이 영화를 할리우드 영화라고 착각하기도 했다.[5]

미국 영화사가 직접 한국에서 영화를 제작한 사례도 다수 있다. 20세기폭스는 2010년 〈황해〉의 제작비 20%를 부분 투자한 이후 〈런닝맨〉(2013), 〈슬로우 비디오〉(2014), 〈나의 절친 악당들〉(2105) 등을 연달아 제작했다. 2016년에는 제69회 칸 국제영화제에 진출하기도 했던 히트작 〈곡성〉을 제작하기도 했다. 한편 2016년 개봉된 김지운 감독, 송강호 주연의 〈밀정〉은 워너브러더스가 한국에서 직접 투자·제작한 첫 번째 영화였다. 한편 온라인 콘텐츠 배급의 새로운 강자로 떠오른 넷플릭스는 2017년 약 5천만 달러의 제작비를 투

5 아르헨티나는 1997년 자국 영화의 중흥기를 맞이했었다. 보통 할리우드 영화의 점유율이 80% 이상이었으나 그 해 〈Comodines〉를 비롯한 4편의 자국 영화가 약 5백만 이상의 관객을 동원했던 것이다. 그러나 그런 성공적인 블록버스터 영화들이 스페인어가 사용되었다는 점을 제외하면 사실상 헐리우드 영화와 전혀 다른 게 없지 않느냐는 비판 속에 과연 얼마나 '아르헨티나的'인가 하는 심각한 의문도 제기되었다. 겉으로는 아르헨티나 영화임을 내세우지만 실제로는 수익을 위해 할리우드 스타일을 베낀 것에 불과하다는 것이다(Falicov, 2000).

자해서 봉준호 감독의 〈옥자〉를 제작하였다. 제70회 칸 국제영화제에도 출품되었던 〈옥자〉는 미국의 Jake Gyllenhaal, 영국의 Tilda Swinton, 한국의 안서현 등이 출연했고, 이란의 다리우스 콘쥐가 촬영감독을 맡았다.

이러한 영화들은 과연 한국의 '고유문화'로 인정해야 하는가? 70% 정도 한국영화라고 해야 하는가? 영화 〈호텔 비너스〉(2004)는 일본의 영화감독이 일본 자본으로 일본의 배우들을 기용해서 한글 대사로 만든 영화이다. 이 영화는 몇 퍼센트 한국영화인가?

대중음악의 경우에도 이런 류의 사례는 많이 찾아볼 수 있다. 우선 노래의 제목과 가사에 외국어가 사용된 경우를 보자. 2003년에 발간된 『최신가요 대백과』에 수록된 244곡 중 제목 또는 가사에 영어를 쓴 곡은 43%인 105곡이었으며, 제목과 가사에 모두 영어를 쓴 노래도 61곡이나 되었다.[6] 우리나라 아이돌 그룹의 이름을 살펴보면 거의 대다수가 영어로 된 명칭을 사용하고 있다. 또한 노래 제목이 전부 영어로 표기되거나 노래 가사의 상당 부분이 영어로 되어 있는 경우도 너무나 많다.

사실 최근에는 우리나라 가수들이 외국 음악가들과의 협업으로 곡을 만드는 사례가 아주 빈번해지고 있다. 예를 들어 원조 아이돌그룹 신화의 11집 타이틀곡 'This Love'는 영국의 Andrew Jackson 팀의 곡이었다. 소녀시대의 히트곡 '소원을 말해봐'와 'I Got a Boy'는 유럽의 Design Music이라는 팀이 작곡한 노래였다. 그런데 이 팀은 노르웨이 국적의 음악인들과 보스니아 국적의 음악인으로 구성되었다. 또한 이 노래의 춤은 일본인 안무가의 작품이었다고 한다. 국민가수 조용필의 19집 앨범에 수록된 타이틀 히트곡 'Bounce'는 미국의 Dodson Marty, 스웨덴의 Holmgren Alexander와 Carl Utbult가 공동작곡하였고, 'Hello'는 미국의 Scott Krippayne이 작곡하였다. 이 때문에

6 "사랑이 엔드? 모든 게 오버?", 『조선일보』, 2003. 3. 28.

"국민가수가 외국작곡가의 곡을 받는다면 그것이 한국의 음악인가"라는 비판이 제기되기도 했다.[7]

한편 1999년 네 명의 일본인들로 구성된 '곱창전골'이란 밴드는 한국에서 신중현 등의 한국 가요를 한국어로 노래한 음반 〈안녕하시므니까?〉를 발표했다. 일본의 유명한 그룹사운드 SMAP의 멤버이자 영화 〈호텔 비너스〉에도 출연했던 쿠사나기 쯔요시는 한국에서는 '초난강'이라는 한글 이름을 쓰며 한국어 노래로 음반도 발표하고 한국인 가수와 듀엣으로 노래를 취입하기도 하였다. 이런 음악들은 과연 한국 문화인가 아닌가?

2006년 10월 28일 한국 최초의 뮤지컬 전용극장 샤롯데가 문을 열었다. 개관기념작으로는 일본의 뮤지컬 극단 「시키」의 〈라이온 킹〉이 선정되었다. 이 작품은 미국 디즈니사의 원작을 「시키」가 수입·각색하고 「시키」 소속의 한국인 배우들이 한국어 가사로 공연한 것이었다. 일본의 아사리 게이타와 한국의 김효경이 공동연출을 맡았었다. 당시 한국 뮤지컬협회는 "일본의 자본력으로 본인들 창작극이 아닌 디즈니의 뮤지컬을 저렴한 가격으로 장기공연하는 것은 문화침략"이라고 반발하기도 했다.[8] 과연 이 공연은 한국의 문화인가 아니면 일본의 문화인가 아니면 미국문화를 수입한 것인가?

## 3. 딜레마

오늘날과 같은 세계화 시대에 과연 우리 문화, 고유문화를 어떻게 정의 내려야 하는가? 문화의 '국적'을 무엇을 기준으로 어떻게 판정해야 하는가? 문화상품의 생산지? 생산자? 내용이나 주제? 생산도구 혹은 재료의 제작지? 이런 요소들이 여러 나라 것으로 같이 혼합되어 있다면 어떻게 판정해야 하는가? 과연

7 "외국작곡가와 협업, 이제는 직거래", 『텐아시아』, 2013. 6. 14.
8 "일본 극단 시키의 뮤지컬 '라이온 킹' 제작발표회", 『부천타임즈』, 2006. 6. 8.

오늘날에도 문화의 '순혈주의'를 고집해야 하는가?[9] 만약 어차피 모든 문화는 다 '혼종문화'라면 문화다양성 개념은 무슨 의미를 갖게 되는가? 오늘날 결혼이주자 및 이주노동자들의 증가에 따른 우리 사회의 다문화 사회화가 피할 수 없는 추세라면 '우리의 문화'는 무엇이며 '우리'는 과연 누구라고 정의해야 하는가?

문화의 세계화는 이처럼 쉽게 대답할 수 없는 질문들을 던져준다. 오늘날과 같이 세계화가 심화될수록 공동체의 정체성 확립과 사회적 통합의 필요성은 더욱 커진다. 이를 위해서는 문화주권의 확립과 고유문화의 수호가 국가적으로 매우 중요한 과제라고 할 수 있다. 하지만 '우리 것'을 강조하다 보면 자칫 문화적 국수주의와 문화적 근친교배의 위험도 커지기 마련이다.

사실 국제적 교류가 빈번해지고 글로벌 생산이 보편화되어가는 시대에 고유문화 혹은 문화정체성이란 마치 사막의 신기루와 같다. 뭔가 있는 것 같지만 막상 자세히 들여다보면 그 실체를 확인하기가 어렵기 때문이다. 우리 문화만의 독특한 고유성과 차별적 특수성을 확인하기가 어렵다면 문화적 예외 및 문화다양성 주장도 그만큼 설득력이 떨어질 수밖에 없다. 만일 고유문화라는 것이 허상이라면 자국의 문화정체성을 수호해야 한다는 주장은 기껏해야 공허한 우려에서 비롯된 착각일 뿐이다. 그러나 명확히 정의하고 확인하기 어렵다고 해서 당연히 존재하지 않는다고 결론지을 수는 없다. 사랑이 무엇인지 눈으로 볼 수도 없고 또 명확히 정의내리기 어렵기는 하지만 그렇다고 사랑이란 존재하지 않는다고 우길 수 없는 것과 같은 이치이다.

그렇다면 우리의 문화정체성을 확인하고 지키려면 어떻게 해야 하는가? 혹시 오늘날 문화주권을 지키려 애쓰는 것은 사막에서 신기루를 쫓아가는 것과 같지는 않을까? 그렇다고 문화주권을 완전히 무시하고 순박하게 사해동포주의

---

9 Chaney(2002)는 문화적 다양성 및 이질성의 심화로 인해 이제 더 이상 '민족'(nation)과 '문화'를 동일 개념으로 당연시할 수 없다고 주장한다. 법적 시민권과는 달리 '문화적 시민권'(cultural citizenship)은 그 경계가 매우 모호하기 때문이다.

를 부르짖어야 할까? 그러기에는 국제사회의 정치・경제・군사적 현실이 너무나 냉엄하다. 외래문화에 대한 개방적 자세를 강조하다가 자칫 '거죽만 한국인'으로 남는 것도 결코 바람직하지는 않은 것 같다. 그렇다면 과연 균형점은 어디인가? 이 역시 쉽지 않은 질문이다.

## 4절 표현의 자유 vs. 사회적 법익의 보호[10]

### 1. 표현의 자유와 사회적 법익

문화・예술의 발전에 있어서 가장 근본이 되는 핵심은 창의성(creativity)에 있다고들 한다. 창의성이란 '기존의 것과는 다른 새로운 것을 고안해내는 능력'을 말한다.[11] 창의성이 십분 발휘되기 위해서는 지금까지 존재하지 않은 새로운 예술적 실험을 자유롭게 시도할 수 있어야 한다. 기존의 것만 고수하고 반복한다면 혹은 '이런 건 되고 저런 건 안 되고' 하는 식의 제한이 가해진다면 그만큼 새롭고 창조적인 문화・예술이 만개할 가능성은 줄어들게 된다. 잠재되어 있는 모든 가능성을 이끌어내기 위해서는 무엇이든 자유롭게 시도해볼 수 있는 여건이 전제되어야 한다. 물론 새로운 시도라고 해서 모두 다 아름다운 열매를 맺으리라는 보장은 없다. 그러나 새로운 실험이 없이는 변화와 진

10 '사회적 법익'이란 인간이 사회적 존재라는 특성으로부터 추출되는 "사회적 실존조건에 필요한 법익"을 의미한다(김일수, 2001).

11 Madden(2004)는 창의성의 개념을 두 가지로 구분한다. 하나는 오늘날 마치 유행병처럼 남용되고 있는, 주로 새로운 '발명'(invention)과 '아이디어'(idea)를 의미하는 일반적 개념이다. 다른 하나는 발명과 아이디어뿐만 아니라 '전통'(tradition)과 '감정'(affect/emotion)까지 포함하는 '예술적 창의성'(artistic creativity) 개념이다. Madden은 문화정책을 입안할 때는 예술적 창의성에 초점을 맞추어야 한다고 주장한다.

보도 있을 수 없다.[12] 따라서 표현의 자유는 문화・예술이 발전하기 위한 절대적 전제조건이라고 할 수 있다.[13]

그렇다면 표현의 자유란 과연 무제한적으로 보장되어야 하는가? 표현의 자유는 마치 '양날의 검'과도 같다. 왜냐하면 문화적 혁신을 가져오는 보검이 될 수 있는가 하면 동시에 사회의 안녕과 질서를 해치는 흉검이 될 가능성도 크기 때문이다. 문화・예술의 본질은 상징적 표현을 통해 인간의 감정과 의식에 영향을 미치는 것이다. 그러기에 예술은 집단적 의식화를 위한 가장 효과적인 수단이기도 하다. 그런데 어떤 표현은 사람들에게 마음의 감동과 기쁨을 주는 반면 또 어떤 표현은 반대로 심적인 혼란과 불쾌감을 줄 수도 있다. 예컨대 극도로 난잡하고 선정적인 성적 표현이나 지나치게 잔인하고 엽기적인 폭력물, 또는 사회질서의 근본을 뒤엎으려는 선동적 내용 등은 마음의 감동과 안식이라는 문화의 본질적 가치와는 거리가 멀다. 만약 어떤 작가가 창의적으로 시도한 표현이 대다수 사회 구성원이 소중하게 여기는 가치와 질서를 심하게 훼손시킨다면 그러한 표현에 대해서는 당연히 사회적인 제재가 가해져야 할 것이다.[14] 예술가도 사회의 한 구성원인 이상 자신의 예술적 욕망을 분출한답시고 전체 사회에 해를 끼칠 자유는 허용될 수 없다. 특히 대중문화의 경우, 상업적 이윤 추구라는 본심을 예술 창작의 자유라는 가면으로 위장할 개연성은 얼마든지 있다. 따라서 사회적 법익의 보호를 위해서는 표현의 자유도 일정 부분 제약되어야 마땅하다고 할 수 있다.

여기서 문화행정의 또 다른 딜레마가 발생한다. 분명히 문화・예술의 발전을 위해서는 표현의 자유, 창작의 자유가 최대한 보장될 필요가 있다. 그러나

---

**12** 19세기 후반~20세기 초반 세계적인 발레리나로 유명했던 미국의 이사도라 던칸은 흔히 '맨발의 이사도라'라는 별칭으로 더 알려져 있다. 그녀가 처음 아무것도 신지 않은 맨발로 춤을 추었을 때 너무나 선정적이라는 이유로 세간에 논란거리가 되었다고 한다.

**13** '표현의 자유'라 함은 표현할 내용, 소재, 방식 등의 자유로운 선택을 모두 포함하는 개념이다.

**14** 가장 대표적인 제재방식은 '검열'(censorship)이다. 그 도덕적 당위성에도 불구하고 사실 '검열'은 대단히 민감한 단어가 되었다(McGuigan, 1996: 154).

아무런 제약도 없이 방임해두면 자칫 사회적 법익에 심각한 위해가 초래될 가능성이 있다. 따라서 정부는 공익수호 차원에서 표현의 자유에 대한 일정한 규제 틀을 마련할 책무가 있다. 그렇다고 사회적 법익의 보호라는 명분으로 국가가 표현의 자유를 속박하다 보면 자칫 위대한 예술의 꽃봉오리를 채 피기도 전에 짓밟아버리는 야만스러운 탄압이 될 가능성도 얼마든지 있다. 공익의 수호자와 야만적인 탄압자는 사실 종이 한 장 차이일 수 있는 것이다.

## 2. 음란물에 대한 규제

사회적 법익의 보호를 위한 표현의 자유 제한의 가장 대표적인 사례는 소위 음란물에 대한 법적 규제이다. '음란'(obscenity)이란 용어는 본래 '오물'이라는 뜻의 라틴어에서 유래되었다고 하는데 '외설'(pornography)의 의미로도 사용된다. 음란물은 "보통 사람의 정상적인 성적 수치심을 해치거나 선량한 성적 도덕관념에 반하는" 표현물로서, 어느 나라나 정도의 차이는 있어도 제작·유통상의 제한을 두고 있다. 특히 미성년자를 과도한 성적 표현으로부터 보호하기 위한 제도적 장치에 대해서는 각별한 주의가 기울여지고 있다.

음란한 표현물에 대한 제재가 정당한가에 대해서는 찬반 논란이 치열하다. 찬성론자들은 음란 자체가 이미 헌법이 보장하는 표현의 자유 범주에 포함되지 않는다고 본다. 말하자면 음란물은 헌법상 보호되는 표현이 아니라는 것이다(이인호, 1997). 따라서 사회적 법익의 브호를 위해서 얼마든지 음란물 규제가 가능하며 또한 마땅히 규제되어야 한다고 주장한다. 반면 반대론자들은 표현의 자유에는 음란물을 만들고 수용할 권리도 포함된다고 주장한다. 음란물의 유해성 여부는 소비자 스스로 알아서 판단할 일이지 제3자가, 특히 공권력이 나서서 제재를 가해서는 안 된다는 것이다(강내희, 2001; 이동연, 2002).

그렇다면 도대체 무엇이 음란물인가? 물론 성적 표현이 들어간다고 해서 죄다 음란물 취급을 받는 것은 아니다. 사실 예술이냐 외설이냐 하는 시비는

**표 18-1 한국 법원의 음란성 판단기준**

| 「반노」(叛奴) 판례(1969년 7월) | 「즐거운 사라」 판례(1992년 12월) | 「꿈꾸는 열쇠」 판례(1995 2월) | 「내게 거짓말을 해봐」 판례 (2000년 10월) |
|---|---|---|---|
| ▸ 대법원<br>작품의 음란성 여부는 작품의 어느 한 부분만을 떼어 놓고 논할 수 없으며 작품 전체와 관련시켜 판단<br><br>▸ 서울지검<br>'외설출판물단속 3대 원칙'<br>① 성욕을 흥분 또는 자극하고 정상적인 성적 수치심을 해하거나 성도덕 관념에 위해되는지의 여부를 사회통념에 의해 판단<br>② 예술작품이라도 법적인 면에서 음란성이 있다면 외설로 인정<br>③ 작품이 발표되는 때와 장소에 따라 음란성을 판별<br>※ 예술에 대한 소양이 적은 소인의 육감으로서 음란성을 독단하는 위험성을 배제하기 위해 전문적인 비평가와 감정인의 의견을 음란성 기준의 주요 자료로 삼음 | ▸ 서울형사지방법원<br>음란이란 성적인 자극과 만족을 위하여 인간의 성행동을 문자 · 그림 등 일정한 매체를 통하여 외부적으로 표출된 성표현물<br>- 성에 관한 묘사 또는 서술이 노골적이고 상세하거나 그것이 탈선과 변태적인 것을 미화시키는 것<br>- 묘사와 서술이 작품 전체에서 주된 비중을 차지<br>- 전체의 흐름에 비추어 문학 · 예술 · 정치 · 사회적인 가치를 결여한 것<br>- 그 시대의 정상적인 성인으로 하여금 호색적인 흥미를 불러일으켜 성적 수치심을 해하거나 혐오감 · 불쾌감을 유발하게 하는 것<br>- 형법이 보호하고자 하는 건전한 성풍속이나 선량한 성적 도의관념에 반하는 것 | ▸ 대법원<br>음란이란 개념은 시대의 풍속 · 문화에 따라 변하므로 그에 대한 법적인 판단도 당시 사회통념을 기준으로 판사가 내릴 수밖에 없다<br>- 일반인의 정서를 기준으로 판사가 판단하면 족한 것이지 일일이 일반인의 의견을 묻는 절차를 거쳐야 되는 것은 아니다 | ▸ 대법원<br>음란성은 문학성 내지 예술성과 차원을 달리하는 관념이고 문학성이나 예술성이 있어도 그 작품의 음란성이 당연히 부정되는 것은 아니다 |

출처: 영화진흥위원회, 『제한상영관 도입에 관한 연구』, 2000.

끊임없이 제기되어 왔었다.[15] 음란성에 관한 외국의 주요한 판례들을 종합해보면 다음과 같은 네 가지 기준으로 정리될 수 있다.[16] 첫째, 성에 관한 묘사나

15 예컨대 지금은 고전으로 대접받고 있는 D. H. 로랜스의 소설 〈채털리 부인의 사랑〉은 1927년 처음 출간되었을 때는 과감한 성행위 묘사로 심한 외설시비에 휘말렸었다.

16 한국형사정책연구원, 『음란물의 법적 규제 및 대책에 관한 연구』, 1992, 96-97쪽. 한편 미국, 독일, 일본에서의 음란물에 관한 형법규정의 변화와 대표적인 판례는 영화진흥위원회(2000)을

표현 등이 노골적인 불쾌감을 띨 것. 둘째, 전체로서의 내용을 고찰할 때 그 중심적인 경향이 독자로 하여금 호색적인 흥미를 자아내게 할 것. 셋째, 그것을 읽거나 보고 듣는 자가 그에 대해 혐오감을 가질 것. 넷째, 문학적, 예술적 가치 등과 같은 '보상할 만한 사회적 가치가 전혀 없을 것' 등이다. 음란성 문제에 대한 우리나라 사법부의 판결은 시대에 따라 조금씩 변해왔는데, 〈표 18-1〉은 네 개의 대표적인 판례를 비교한 것이다. 한편 1998년 헌법재판소는 "'음란'이란 인간존엄 내지 인간성을 왜곡하는 노골적이고 적나라한 성표현으로써 오로지 성적 흥미에만 호소할 뿐 전체적으로 보아 하등의 문학적, 예술적, 과학적 또는 정치적 가치를 지니지 않은 것"이라고 정리하였다.[17]

그렇다면 음란물은 표현의 자유에 대한 예외로 규제되어야 하는가? 이 질문에 답하기 위해서는 먼저 다음 두 가지 질문에 대해 생각해봐야만 한다. 첫째, 음란과 음란이 아닌 것을 명쾌하게 구분할 수 있는가? 정부는 과연 그런 판단능력을 가지고 있는가? 음란물에 관한 국내외의 사법적 판례들을 보면 사실 음란물에 대한 절대적이고 구체적인 기준은 없다고 할 수 있다. 이 점은 우리나라 법원도 인정한 바 있다. 마광수의 『즐거운 사라』 사건에서 재판부는 "…음란의 개념이나 정의에 관하여는 형법상 이에 관한 명시적인 규정이 없을 뿐 아니라 … 그 내용이 애매모호하고 추상적이어서 명확성을 결여하고 있으므로…"라고 밝히면서 "음란성 여부는 한 시대의 정상적인 평균인의 수준과 의식을 기준으로 사회통념에 따라 판단되어야" 한다고 판결했다(영화진흥위원회, 2000: 11). 음란한 표현물과 그렇지 않은 것을 제대로 구별해낼 수 없다면 음란물에 대한 규제는 자칫 정치적 혹은 문화적 권력의 자의적인 횡포로 변질될 수 있다.

둘째, 음란물은 과연 사회적으로 악영향을 미치는가? 〈표 18-2〉에서 보듯

---

참고할 것.

17 헌재 1998. 4. 30. 95헌가16.

**표 18-2 주요국의 영화 등급 심의제도**

| 구분 | 민간기구 | | 정부주도 | | 정부검열 | |
|---|---|---|---|---|---|---|
| | 미국 | 일본 | 프랑스 | 호주 | 스웨덴 | 싱가포르 |
| 등급 구분 | G, PG<br>부모주의 | 일반영화<br>제한부<br>(12세 미만<br>관람불가) | T.P<br>(Total Public) | G, PG<br>15세 미만 | G<br>(연소자영화) | 연소자<br>관람가만<br>가능 |
| | PG-13<br>13세 미만<br>부모동반 | | 12<br>(12세 미만 불가) | M15+<br>15세 이상 | | |
| | R<br>17세 미만<br>부모동반 | 15세 관람가 | 16<br>(16세 미만 불가) | MA15+<br>15세 이하<br>부모동반 | 7<br>(7세 미만 불가) | |
| | NC-17<br>17세 미만<br>관람불가 | 18세 관람가 | X<br>(18세 미만 불가) | R18+<br>18세 이상 | 11<br>(11세 미만 불가) | |
| | | | T.B(Total Ban)<br>전면금지 | X18+<br>상영금지 | 15<br>(15세 미만 불가) | |
| 성인영화 규제 현황 | NC-17등급은 "소프트코어" 포함<br><br>포르노 영화는 특정 장소 섹스숍, 픽숍 등에서만 사회적 관용으로 상영 허용 | 성인영화 등급에 해당하는 영화는 전용영화관에서 제한적으로 상영 | 1975년부터 X 등급에 노골적 성 표현까지 허용. 그러나 인간의 존엄성에 심각한 영향을 끼치는 경우는 전면금지 대상 | 사실적인 성행위 묘사는 비디오만 허용 | | |

이 대부분의 국가에서 음란물이나 폭력물에 대한 청소년들의 접근을 제한하고 있다. 왜냐하면 아직 인격이 성숙되지 않고 감수성이 예민한 청소년들을 도덕적으로 타락시킬 뿐만 아니라 모방범죄를 부추길 가능성이 크다는 이유에서이다. 12세~17세의 아이들을 대상으로 한 미국의 최근 연구결과에 따르면 성적으로 외설적인 프로그램에 많이 노출된 집단은 적게 노출된 집단보다 이 나이에 성관계를 시작할 가능성이 두 배나 높게 나타났다.[18] 우리나라에서도 실제로 수년 전 중학생들이 일본 포르노 영화를 흉내 내어 자신들의 성관계 장

---

**18** "캐주얼 섹스 권하는 프로그램 홍수", 마이데일리, 2005. 3. 16.

**표 18-3 전체 범죄자 중 소년범 현황** (단위: 명, %)

| 구분 | | '94 | '95 | '96 | '97 | '98 | '99 | '00 | '01 | '02 | '03 |
|---|---|---|---|---|---|---|---|---|---|---|---|
| 살인 | 전체 범죄자 | 737 | 723 | 776 | 857 | 1,095 | 1,126 | 1,058 | 1,171 | 10,90 | 1,089 |
| | 소년범 | 76<br>(10.3) | 84<br>(11.6) | 61<br>(7.9) | 66<br>(7.7) | 76<br>(6.9) | 68<br>(6.0) | 54<br>(5.1) | 50<br>(4.3) | 53<br>(5.0) | 28<br>(2.5) |
| 강도 | 전체 범죄자 | 7,054 | 5,326 | 5,098 | 6,394 | 8,333 | 6,967 | 6,337 | 5,547 | 5,452 | 6,966 |
| | 소년범 | 4,017<br>(56.9) | 2,965<br>(55.7) | 2,634<br>(51.7) | 3,412<br>(53.5) | 4,132<br>(49.6) | 3,117<br>(44.7) | 2,619<br>(41.3) | 1,922<br>(34.6) | 1,618<br>(29.7) | 1,836<br>(26.3) |
| 강간 | 전체 범죄자 | 6,648 | 4,821 | 5,373 | 5,353 | 5,732 | 6,194 | 5,920 | 5,584 | 5,136 | 5,425 |
| | 소년범 | 1,355<br>(20.4) | 665<br>(13.8) | 602<br>(11.2) | 581<br>(10.8) | 584<br>(10.2) | 565<br>(9.2) | 511<br>(8.6) | 391<br>(7.0) | 317<br>(6.2) | 299<br>(5.5) |
| 방화 | 전체 범죄자 | 687 | 596 | 685 | 750 | 1,142 | 1,018 | 1,087 | 1,220 | 1,135 | 1,417 |
| | 소년범 | 62<br>(9.0) | 66<br>(11.1) | 37<br>(5.4) | 59<br>(7.9) | 78<br>(6.8) | 76<br>(7.5) | 84<br>(7.7) | 91<br>(7.5) | 53<br>(4.7) | 58<br>(4.1) |
| 절도 | 전체 범죄자 | 53,371 | 52,027 | 52,032 | 56,290 | 73,194 | 66,817 | 66,082 | 59,472 | 63,644 | 61,651 |
| | 소년범 | 29,225<br>(54.8) | 30,181<br>(58.0) | 31,392<br>(60.3) | 34,201<br>(60.7) | 41,063<br>(56.1) | 32,899<br>(49.2) | 32,668<br>(49.4) | 25,188<br>(42.4) | 26,345<br>(41.4) | 24,208<br>(39.2) |
| 폭력 | 전체 범죄자 | 332,758 | 325,080 | 336,107 | 350,021 | 387,278 | 475,067 | 517,621 | 516,935 | 436,915 | 435,664 |
| | 소년범 | 40,611<br>(12.2) | 47,317<br>(14.6) | 47,735<br>(14.2) | 56,746<br>(16.2) | 52,111<br>(13.5) | 52,207<br>(11.0) | 54,178<br>(10.5) | 49,410<br>(9.6) | 37,375<br>(8.6) | 31,510<br>(7.2) |

주: 소년범죄는 12세 이상 20세 미만 소년에 의한 범죄를 말함.
출처: 경찰청, 『2004 경찰백서』.

면을 촬영한 비디오가 유포되어 큰 파문을 일으켰던 적이 있었다. 〈주유소 습격사건〉(1999)이라는 영화를 보고 그 주인공들처럼 아무 이유 없이 편의점에서 강도짓을 하려던 청소년들도 있었다. 조직폭력배들의 잔혹한 살인 장면을 담은 영화 〈친구〉(2001)를 인터넷으로 수십 번 봤던 한 고등학생이 평소 자기를 괴롭히던 친구를 수업시간에 교실에서 칼로 여러 차례 난도질해서 살해했던 사건도 있었다.

얼핏 생각하면 과도하게 자극적인 표현물이 특히 청소년들에게 정서적으로 유해한 영향을 미친다는 것은 상식 같다. 그러나 음란물과 사회적 폐해 사이에 진짜 인과관계가 존재하는지 여부는 불명확한 것이 사실이다. 미국에서 1967년에 구성된 '음란물과 외설물에 관한 위원회'(Commission on Obscenity and Pornography)에서 2년간 연구 끝에 발표한 『외설에 얽힌 수수께끼』(Puzzle of Pornography)라는 보고서는 "외설물이 사람들에게 위해한 영향을 미친다는 증거가 없기 때문에 외설물에 관한 모든 법규는 미국 성인들의 동의를 얻어 폐지되어야 한다"고 권고한 바 있다(영화진흥위원회, 2000: 15). 우리나라 청소년 범죄에 관한 경찰청의 통계는 이 보고서의 내용을 뒷받침하는 것으로 해석될 수 있다. 〈표 18-3〉에서 보듯이 살인, 강도, 강간 등 중범죄에 있어서 소년범(12~20세)의 숫자 및 전체에서 차지하는 비율은 지난 10년간 크게 줄어드는 추세에 있다. 인터넷의 급속한 보급과 함께 범람하는 음란물에 청소년들이 사실상 거의 무방비 상태로 노출되고 있음은 부인할 수 없는 현실이다. 이 점을 감안한다면 청소년범죄에 관한 이 통계자료는 음란물의 악영향에 대한 우리의 상식이 사실은 전혀 근거 없는 미신에 불과할 수도 있음을 시사한다.

## 3. 딜레마

이 두 가지 질문에 대해 깊이 생각하다 보면 사회적 법익의 보호를 위해 국가가 표현의 자유를 제약하는 것은 가급적 최소한도로 그치는 편이 바람직하다는 결론에 도달한다. 그러나 적어도 다음 두 가지 근거에서 표현의 자유에 대한 적절한 유보는 반드시 필요하다는 반론에도 귀를 기울일 필요가 있다.

첫째, (절대 다수의 청소년들은 그렇지 않을지 몰라도) 음란물이나 폭력물의 영향으로 진짜 범죄를 저지르는 청소년들이 비록 아주 소수라도 있을 수 있다는 점이다. 수많은 사례를 통한 통계적 분석으로는 음란물과 사회적 범죄 사이에 유의미한 관계가 없다고 나올 수 있다. 그러나 단 몇 명의 청소년만이라도 음란물・폭력물의 영향을 받아 정말로 악한 길에 빠지게 된다면 그래도 예술을 위해 표현의 자유가 최대한 보장되어야 한다고 주장할 수 있을까? 과연 문화・예술의 발전을 위해서 그 정도 희생은 감내할 각오를 해야 하는 것일까? 혹시나 그것은 인간보다 예술을 더 우위에 두려는 예술지상주의자의 독선과 아집이 아닐까?

둘째, 설령 음란물이나 폭력물이 실제 물리적인 범죄사건을 야기시키지는 않는다고 해도 사람들의 가치관과 도덕의식을 점점 타락시킬 가능성은 상존한다. 물론 시대의 변화에 따라 사회적인 가치관도 변하기 마련이다. 선악의 절대적인 기준이 있는지, 있다면 무엇인지에 대한 문제는 인류의 역사만큼이나 오래된 철학적・종교적 주제이기에 여기서 다루기에는 적절치 않다. 하지만 적어도 "섹스와 폭력은 〔마약처럼〕 쾌감을 주기 때문에 경험하면 경험할수록 내성이 생겨 더 자주, 더 강한 자극을 추구하게 되기 쉽다"(민성길, 2005)는 주장에는 동의하지 않을 수 없다. 영화나 TV 등을 보다가 가끔 너무 심하다 싶은 장면에 곤혹스러워지다가도 시간이 조금 지나면 금방 익숙해져서 아무런 불편함을 느끼지 못하게 된다. 살아있는 개구리를 끓는 물에 넣으면 뜨거워서 금방 튀어나오지만 찬 물에 넣고 천천히 끓이면 뜨거움을 느끼지 못하고 가만히 있다가 마침내 죽게 된다는 이야기가 있다. 혹시 우리의 도덕과 윤리는 지금 서서히 끓고 있는 탕 속에서 아무것도 모른 채 죽어가고 있는 것은 아닐까? "마약 중독뿐 아니라 쾌락을 위한 모든 중독 행동들, 즉 인터넷 중독, 도박 중독, 섹스 중독 등에는 내성과 금단현상이 있으며 그 결과는 모두 파멸"이라는 경고(민성길, 2005)에도 귀를 기울여야 하지는 않을까?

# 5절 가치재 vs. 소비자 주권[19]

## 1. 우리나라 예술시장의 현황

### 1) 예술의 공급 · 생산

우리나라 예술시장은 예술가 및 예술단체의 규모 면에서 매우 빠르게 성장하였다. 먼저 전문 예술가의 수를 추정할 수 있는 방법 중의 하나는 예술단체 및 협회에 소속된 회원 수를 측정하는 것이다. 문화부의 문화예술인 실태조사에 의하면 1990년 4만 4,728명이었던 예술가의 수가 2010년에는 무려 10배인 44만 5,670명으로 크게 늘어났다.[20] 같은 기간 우리나라 총 인구 수가 약 12% 증가한 것에 비하면 실로 엄청난 증가가 아닐 수 없다. 한편 통계청 조사에 의하면 문화예술사업체 수는 2009년 기준 전국 총 10만 1,824개소였다(한국문화예술위원회, 2011). 특히 공연예술의 경우 "1990년대 들어 가속화된 인프라의 확대는 유례가 없는 것"이었다고 평가된다(한국노동연구원, 2008: 33).

예술 장르 중 연극, 무용, 음악 등 공연예술의 경우 주로 단체를 통해 예술활동이 이루어지며 또한 공연할 수 있는 시설이 필요하다. 문화체육관광부의 『2013 공연예술실태조사』에 의하면 2012년 기준으로 우리나라의 공연단체는 총 2,108개이며 이 중 약 85%인 1,797개가 민간단체이다. 또한 공연시설은 총 944개이며 이 중 민간시설은 약 절반에 해당되는 501개이다. 장르별로 보면 서양음악이 32.2%인 678개로 가장 많고 그 다음이 연극(573개, 27.2%), 국악(419개, 19.9%), 무용(336개, 15.9%) 순이다. 한편 2014년 7월 현재 '전문

---

19 이 주제에 대한 보다 상세한 논의는 김정수(2016a; 2016b) 참조.

20 1990년 자료는 한국예술문화단체 총연합회(예총) 산하 10개 협회의 회원 총수이며, 2010년 자료는 예총과 민예총 회원 수를 합한 수치이다.

예술법인 · 단체'로 지정받은 단체는 총 711개이다.[21] 공연예술분야가 전체의 83.8%를 차지하며, 그중에서도 특히 음악 분야가 192개(27%)로 가장 많다.[22]

2012년 공연예술단체의 전체 공연건수는 3만 9,042건, 공연횟수는 11만 7,853회이며, 단체 당 평균 19건, 55.9회를 공연하였다. 총 관객수는 약 3천 8백만 명 정도이며, 단체 당 평균 관객수는 1만 8천 명 수준이다. 장르별로 보면 공연건수의 경우, 국악이 1만 3,894건으로 가장 많고 그 다음이 서양음악(13,002건), 연극(5,872건), 무용(3,398건) 순이다. 반면 공연 횟수의 경우, 연극이 압도적으로 많은 6만 796회이고 그 다음이 국악(23,360회), 서양음악(19,838회), 무용(5,810회) 순이다. 연극은 공연건수는 적지만 공연일수 및 횟수 그리고 관객수는 많은 특징을 보이고 있다. 반면 무용의 경우 모든 면에서 상당히 저조한 실적을 보이고 있다. 서양음악은 공연건수, 일수 및 횟수에 있어 국악과 비슷한 수준이지만 평균 관객수 면에서는 국악의 절반도 되지 않는 수준이었다.

### 2) 예술의 수요 · 소비

그러나 시장에 공급되는 예술은 충분히 다 소비되지 못하는 실정이다. 문체부의 『공연예술실태조사』에 따르면 2000년 공연장의 객석 점유율은 고작 50.8%였고 그중 실제로 티켓을 구매한 유료관객의 비율은 평균 44.6%에 불과하였다. 2007년 조사에서도 상황은 거의 비슷하다. 유료관객의 비율이 공연시설의 경우 평균 37.5%, 공연단체의 경우 평균 58.2% 수준이었다. 그리고 문체부의 『문화예술인실태조사』에 의하면 대개 예술가 3~4명 중 1명은 예술활동으로 벌어들이는 수입이 전혀 없는 것으로 나타났다. 이것은 우리나라 예술인력 시장에 심각한 공급초과 현상이 있음을 단적으로 시사한다. 최근 공연

---

21 '전문예술법인 · 단체 지정 · 육성제도'는 수준 있는 민간의 직업예술법인 · 단체, 공연(장) · 전시(시설)운영 법인 · 단체 등을 국가가 전문예술법인 또는 전문예술단체로 지정하여 기부금 모집 및 세제 등의 제도적 지원을 받게 하는 정책으로 2000년부터 시행되고 있다(문화체육관광부, 2014: 3).

22 오페라, 합창, 오케스트라 등 서양 클래식 음악.

**표 18-4 예술행사 관람률 변화추이(복수응답)** (단위: %)

| 예술행사 | 1997 | 2000 | 2003 | 2006 | 2008 | 2010 | 2012 | 2014 | 2016 |
|---|---|---|---|---|---|---|---|---|---|
| 전체 | 66.8 | 54.8 | 62.4 | 65.8 | 67.3 | 67.2 | 69.6 | 71.3 | 78.3 |
| 문학행사 | 13.5 | 5.1 | 4.0 | 4.4 | 4.0 | 3.8 | 6.1 | 6.2 | 5.8 |
| 미술전시회 | 27.3 | 11.6 | 10.4 | 6.8 | 8.4 | 9.5 | 10.2 | 10.6 | 12.8 |
| 서양음악/오페라 | 13.3 | 6.7 | 6.3 | 3.6 | 4.9 | 4.4 | 4.8 | 4.9 | 4.5 |
| 전통예술 | 15.4 | 7.7 | 5.2 | 4.4 | 4.4 | 5.7 | 6.5 | 5.7 | 7.6 |
| 연극 | 20.2 | 10.9 | 11.1 | 8.1 | 11.0 | 11.2 | 11.8 | 12.6 | 13 |
| 뮤지컬 | | | | | | | 11.5 | 11.5 | 10.2 |
| 무용 | 4.1 | 2.0 | 1.1 | 0.7 | 0.9 | 1.4 | 2.0 | 2.4 | 1.3 |
| 영화 | 53.1 | 40.0 | 53.3 | 58.9 | 61.5 | 60.3 | 64.4 | 65.8 | 73.3 |
| 대중음악/연예 | 15.3 | 8.6 | 10.3 | 10.0 | 8.2 | 7.6 | 13.5 | 14.4 | 14.6 |

출처: 문화체육관광부, 「문화향수실태조사」, 2003, 2014, 2016.

예술계의 극심한 경기불황도 결국은 "그동안의 과다경쟁, 공급과잉으로 공연예술 시장이 포화상태에 이른 결과 구조조정을 겪고 있는 것"이다.[23]

한편 문체부의 『문화향수실태조사』에 의하면 우리나라 국민들의 예술행사 관람률은 대략 70% 정도 수준이다.[24] 〈표 18-4〉에서 보듯이 1997년 66.8%였던 관람률은 2000년에는 54.8%로 크게 낮아졌다가 그 후 2006년에는 65.8%, 2016년에는 78.3%로 점차 회복되었다. 예술행사 관람률이 70% 정도라는 것은 우리나라 사람 3명 중 1명은 1년 동안 예술행사를 단 한 차례도 관람한 적이 없음을 의미한다.

예술행사 관람률이 그나마 3명 중 2명꼴로 나온 이유는 대중예술 특히 영화 관람률이 60~70%나 될 정도로 절대적 비중을 차지하기 때문이다. 〈표 18-4〉에서 보듯이 문학행사, 서양음악, 전통예술의 관람률은 약 5% 내외에 불과하며 특히 무용은 고작 1~2%의 미미한 수준이다. 즉 우리나라 사람

23 "상반기 공연예술 경기 사상 '최악'… 214개 단체 '지난해 비해 반토막'", 『경향신문』, 2014. 9. 17.
24 관람률: 전체 조사 대상자 중 1년에 예술행사를 1회 이상 관람한 응답자의 비율.

**표 18-5 예술행사 연평균 관람횟수 변화추이(복수응답)** (단위: 회)

<table>
<tr><th>예술행사</th><th>1997</th><th>2000</th><th>2003</th><th>2006</th><th>2008</th><th>2010</th><th>2012</th><th>2014</th><th>2016</th></tr>
<tr><td>문학행사</td><td>0.1</td><td>0.1</td><td>0.1</td><td>0.1</td><td>0.1</td><td>0.1</td><td>0.1</td><td>0.1</td><td>0.1</td></tr>
<tr><td>미술전시회</td><td>0.2</td><td>0.3</td><td>0.2</td><td>0.2</td><td>0.2</td><td>0.2</td><td>0.2</td><td>0.2</td><td>0.3</td></tr>
<tr><td>서양음악/오페라</td><td>0.1</td><td>0.2</td><td>0.1</td><td>0.1</td><td>0.1</td><td>0.1</td><td>0.1</td><td>0.1</td><td>0.1</td></tr>
<tr><td>전통예술</td><td>0.1</td><td>0.1</td><td>0.1</td><td>0.1</td><td>0.1</td><td>0.1</td><td>0.1</td><td>0.1</td><td>0.1</td></tr>
<tr><td>연극</td><td rowspan="2">0.2</td><td rowspan="2">0.2</td><td rowspan="2">0.2</td><td rowspan="2">0.2</td><td rowspan="2">0.2</td><td rowspan="2">0.2</td><td>0.2</td><td>0.2</td><td>0.2</td></tr>
<tr><td>뮤지컬</td><td>0.2</td><td>0.2</td><td>0.2</td></tr>
<tr><td>무용</td><td>0.01</td><td>0.03</td><td>0.01</td><td>0.01</td><td>0.03</td><td>0.04</td><td>0.04</td><td>0.05</td><td>0.04</td></tr>
<tr><td>영화</td><td>3.5</td><td>2.2</td><td>3.5</td><td>3.9</td><td>4.0</td><td>3.3</td><td>3.6</td><td>3.6</td><td>3.7</td></tr>
<tr><td>대중음악/연예</td><td>0.2</td><td>0.2</td><td>0.2</td><td>0.2</td><td>0.1</td><td>0.1</td><td>0.3</td><td>0.5</td><td>0.5</td></tr>
</table>

* 자료: 「문화향수실태조사」, 2003, 2014, 2016.

100명 중 1년에 무용 공연을 관람한 사람은 겨우 한두 명, 클래식 음악 공연에 참석한 사람은 5명 밖에 되지 않지만 영화를 관람한 사람은 60~70명 정도나 된다는 것이다. 영화와 대중음악을 제외하면 순수예술의 관람률 평균은 고작 6~7% 수준밖에 되지 않는다.

이러한 경향은 연평균 관람횟수에도 그대로 나타난다. 〈표 18-5〉에서 보듯이 우리나라 국민들의 연평균 영화 관람횟수는 대략 4회 정도이다. 그에 비해 소위 순수예술 분야는 고작 연평균 0.1~0.2회 정도이며 특히 무용은 0.01~0.04회 정도밖에 되지 않을 정도로 낮은 수준이다.

우리나라 국민들의 예술 소비 정도를 가늠할 수 있는 또 다른 방법은 여가시간에 어떤 활동을 하는지 살펴보는 것이다. 문화체육관광부에서 실시한 여가활동 조사에 따르면 2012년의 경우, 전체 응답자 중 가장 많은 약 60%가 휴식을 꼽았고 그 다음이 취미・오락활동(20.9%), 스포츠 참여활동(8.6%) 순이었다. 문화예술 관람활동(대중문화 포함)은 2.9%, 문화예술 참여활동은 고작 0.5%에 불과하였다. 좀 더 구체적으로 브면 응답자들이 가장 만족하는 여가활동은 TV시청(40.1%)이고 그 다음으로 산책(21.0%), 친구만남/동호회모임(20.9%)의 순이었다. 영화보기를 제외하면 문화예술 관련활동은 여가활동 상위 10위권에도 들지 못하였다.

## 2. 문제는 무엇인가? 예술결핍 vs. 공급과잉

이상의 여러 통계자료를 통해 우리나라 예술시장은 수요와 공급 사이에 상당한 불균형이 존재한다고 정리할 수 있다. 즉 공급되는 예술의 규모에 비해 실제 소비되는 수준은 상당히 낮다는 것이다. 예술시장의 이와 같은 불균형은 바람직하지 않은 상황이라고 할 수 있다. 그런데 문제의 본질은 과연 무엇일까? 우리나라 국민들의 예술향유 수준이 너무 저조한 것, 다시 말해 예술결핍(artistic deficit)이 문제인가? 아니면 예술공급이 적정 규모 이상으로 넘쳐나는 공급과잉이 문제인가?

어떤 사회현상이 문제인가 아닌가는 객관적이고 선험적으로 정해지는 것이 아니라 주관적 인식의 산물이다. 사회적 구성주의(social constructionism)식으로 말하자면, 문제란 주관적 인식이 다른 수많은 사람들의 상호작용과 공중담론 과정을 통해 형성되는 사회적 구성물인 것이다(윤견수, 2014).

문제란 현재 상태가 바라는 바에 미치지 못하는 상황이라고 할 수 있다. 객관적인 상황조건 자체가 자동적으로 문제가 되는 것이 아니라 바라는 바(균형 혹은 최적수준)에 미치지 못할 때 문제로 인식되는 것이다. 앞에서 보았듯이 공급 측면에서는 예술가의 수적 증가와 예술단체의 장르별 불균형, 그리고 수요 측면에서는 일반 국민들의 저조한 예술적 욕구·소비수준이 우리나라 예술의 현황이다. 그런데 이러한 객관적 상황을 바람직하지 않은 사회문제로 간주해야 할 필연성은 없다. 오히려 예술가·단체의 양적 규모는 현 상태가 가장 적절한 수준이라고 볼 수 있다. 혹은 적정수준을 초과하여 너무 많은 게 오히려 문제라고 할 수도 있다. 설령 우리나라 국민들의 예술소비수준이 다른 활동들에 비해 낮은 것이 객관적 사실이라고 해도 그것이 필연적으로 바람직하지 않은 사회문제가 되는 것은 아니다. 지금 상황이 최적의 소비수준일 수도 있기 때문이다. 그렇다면 문제 여부의 판단 기준이 될 우리나라 예술(생산/소비)의 적정규모는 어떻게 파악해야 하는가?

## 3. 딜레마

한 사회의 예술의 적정규모를 판정하는 데 있어서 두 가지 준거가 있을 수 있다. 하나는 가치재(merit good) 관점이고 다른 하나는 소비자 주권(consumer sovereignty) 관점이다.

먼저 가치재 관점이란 예술의 본질적 가치에 근거하여 규범적으로 적정규모를 도출하는 방식이다(헤일브런 · 그레이, 2000: 178). 이 관점에 의하면 예술이란 본질적으로 매우 중요한 가치가 있는 것이라 전제한다. 그런데 많은 사람들이 정보가 부족하여, 즉 무지하거나 경험이 없어서 예술이 그렇게 좋은 것인지 모르기 때문에 충분한 소비가 이루어지지 않는다고 본다. 그렇다면 예술의 본질적 가치와 적정규모는 무엇이며 어떻게 알 수 있는가? 예술을 잘 아는 현명한 전문가 혹은 국가가 마치 어버이가 자녀에게 무엇이 좋은지를 결정하듯 무지한 대중을 대신하여 필요한 바를 결정해준다는 것이다. 이런 식의 주장은 전형적인 '어버이주의'(paternalism)적 시각이라고 할 수 있다.

그렇다면 가치재 관점에서 예술의 본질적 가치 및 최적수준은 어떤 것일까? 우리나라 예술지원정책의 주무기관인 한국문화예술위원회는 "훌륭한 예술이 우리 모두의 삶을 변화시키는 힘을 가지고 있다"는 신념을 강조한다.[25] 그리고 문화예술진흥정책의 궁극적 목적은 "모든 이가 창조의 기쁨을 공유하고 가치 있는 삶을 누리는 것"이라고 천명하고 있다(필자 강조). 쉽게 말하자면 예술이란 엄청나게 좋은 것이며 모든 국민이 예술의 행복을 누려야 한다는 것이다.

25 한국문화예술위원회 홈페이지. http://arko.or.kr/arkoinfo/page1_1.jsp

이런 관점에서 보자면 우리나라 문화예술의 소비활동(예컨대 예술 관람률)은 적정수준보다 한참 못 미친다고 할 수 있다. 그리고 이러한 심각한 예술결핍 상황은 정책지원을 통해 해결되어야 할 중요한 사회문제가 아닐 수 없다.

한편 예술의 적정규모를 추정하는 다른 방법은 시민 개개인의 자유로운 선택에 초점을 맞추는 소비자 주권 관점이다. 소비자 주권 개념에 의하면 개인의 효용과 복지에 관한 선택은 오직 그 자신만이 결정할 수 있다. 다른 그 어느 누구도 이를 대신해줄 수는 없다. 자신의 취향과 선호에 대한 "최고의 판단자(the best judge of his own interest)"는 바로 자기 자신이라는 것이다(Peacock, 1991: 3). 무엇이 자신에게 가장 좋은 것인지는 누구보다도 자기 스스로가 제일 잘 알고 있기 때문이다. 따라서 예술의 최적 소비수준 역시 국가가 아니라 오직 그 자신만이 결정할 권리를 가지고 있다. 소수의 예술 전문가나 고위 관료들의 취향이 일반 국민들의 선호보다 더 고상하고 우월하다는 생각은 "현대적으로 위장된 귀족주의(aristocracy in a modern disguise)"(Dayton-Johnson, 2000: 14)이며 "비민주적인 편견"(박광량, 2002)에 불과하다. 이러한 주장은 개인의 자유로운 선택을 중시한다는 점에서 자유주의(liberalism)적 입장이라 할 수 있다.

소비자 주권 관점에서 보면 현재의 예술향유 수준이 곧 최적의 소비수준이 된다. 물론 소비자의 자유로운 선택을 제한하는 외부제약조건들이 없다는 전제하에서이다. 예술행사를 관람하고 싶어도, 예컨대, 돈이 없거나 혹은 여유시간이 없어서 향유활동이 이루어지지 않는다면 실제 소비수준이 최적수준이라고 볼 수 없다. 그러나 2012년 조사에 의하면 예술행사를 관람하지 않는 가장 큰 이유는 관심 가는 프로그램이 없기 때문이며(31.7%), 그 다음이 시간부족(21.6%) 그리고 경제적 부담(19.1%)이다. 사실 관람의향과 실제 관람률은 거의 같은 수치로 조사되고 있으며, 또한 여가시간에 희망하는 활동에 있어서도 예술관람은 매우 낮은 순위이다. 이를 종합하면 현재 우리나라의 예술향유 수준은 소비자 개인의 선호체계를 왜곡 없이 그대로 반영하고 있다고 할 수 있다. 따라서 국민 개개인의 선택에 따라 시장에 표출된 소비수준이 곧 우리 사회의 최적 소비수준이 된다. 그렇다면 우리나라에는 예술결핍이라는 문제 자체가 아예 존재하지 않는 것이다. 오히려 예술의 과잉공급이야말로 불필요한 자원 낭비라는 점에서 심각한 문제가 된다.

소비자 주권 개념은 개인의 권리와 자유를 존중한다는 점에서 가치재 관점보다 민주적이라고 할 수 있다. 하지만 한계도 없지 있다. 우선 소비자 개인의 현재 취향이 진정으로 최적 수준이 아닐 가능성이 있다. 개인의 무지 혹은 경험 부족으로 인하여 예술적 취향이 발달하지 못했을 수도 있다. 이러한 상황에서 소비자 주권만 강조하다가는 잠재적 취향의 개발 가능성까지 포기하게 된다. 만약 교육이나 정책 개입을 통해 개인의 잠재적인 예술 취향이 개발된다면 그로 인해 예술소비와 문화향유가 증가하여 결국 개인의 행복도 더 증가할 수 있는 것이다.

제 19 장

# 문화행정의 환상과 실상

1절 문화행정에 대한 환상: ‘왕자 패러다임’

2절 문화행정의 본질적 한계

3절 문화행정의 실상: ‘야수 패러다임’

# 제 19 장 ▮ 문화행정의 환상과 실상

이 책의 제2장에서는 문화에 대한 국가개입이 정당화되는 네 가지 전제 중에서 두 가지만 살펴보았다. 즉 ① 문화란 귀한 가치가 있는 것이며 ② 그대로 두면 문화부문의 민간실패가 발생하기 때문에 정부가 어떤 식으로든 개입하여 보다 바람직한 방향으로 이끌어야 한다는 것이다. 그러나 이러한 논거에 기반한 정부개입론은 단지 부분적으로만 타당하다고 할 수 있다. 왜냐하면 전제3("정부가 개입하면 문화의 민간실패를 방지 혹은 교정할 수 있다")과 전제4("문화의 보호·발전을 위해서는 민간부문보다 정부개입이 더 효과적·효율적이다")가 충족되는지에 대해서도 검토해야하기 때문이다.

## 1절 문화행정에 대한 환상: '왕자 패러다임'

### 1. 기존의 시각: 세련되고 유능한 문제해결자로서의 정부

문화발전을 위한 정부개입을 당연시하는 대부분의 기존 연구들은 대개 정부를 매우 세련되고 유능한 문제해결자로 바라보거나 혹은 그렇게 될 것을 요구하고 있다. 이러한 시각은 특히 정책적 처방을 제시할 때 확연히 드러난다. 예컨대 바람직한 문화행정에 관한 다음의 주장들을 살펴보자.

- ▶"문화정책의 목적을 정리하면, 국민의 정서적 욕구의 충족, 민족의식의 배양, 가치관의 계도, 그리고 예술의 발전 네 가지로 들 수 있다."(정홍익, 1997: 130)
- ▶"문화창조의 첩경은 국가적 필요에 따른 필수적 규제를 존중하면서 창작에 있어서의 자율성을 최대한으로 확보하는 데 있다. … 문화정책에 있어서 중요한 것은 문화가치와 목표에 대한 결정이 국민들 개개인의 문화적 욕구와 이념을 수렴함으로써 이루어져야 한다."(김여수, 1988: 29-30)
- ▶"새 시대의 문화정책에는 개방성, 신속성, 유연성 등이 요청되며, 외래문화를 보다 적극 수용하고 거기에 우리 전통문화의 독창적 요소를 융합하여 보편성과 특수성을 겸비한 세계수준의 민족문화를 재구성하는 작업을 촉진시킬 수 있는 여건조성을 위한 정책개발의 필요성이 요구되고 있다."(안병선, 2000: 169)
- ▶"문화계획은 먼저 목표에 대한 가치측정이 있어야 한다. 이를 위해서는 문화행위와 수단의 양적인 측정에서부터 착수되어야 한다. … 이렇게 해서 소요량을 측정하고 공급과 수요 간에 취할 수 있는 목적을 확인한 다음 단계로 문화행정의 활동영역과 기능, 조정의 수준과 수단을 구분해서 설정해 나가는 계획이 뒤따르게 되는 것이다."(이종인, 1988: 17)
- ▶"관료기구의 경직성이 문화의 창의적 발전을 방해해서는 안 된다. 효율성만을 추구하는 관료제와는 달리 문화는 창의성과 다양성의 자양을 먹고 자라는 것이다. 그러므로 문화담당 부서는 정부의 어느 부서보다도 더욱 과감하게 새로운 것에 대한 지원과 수용태세를 갖추지 않으면 안 된다."(최협, 1996: 24)
- ▶"문화행정으로 얻고자 하는 최종 귀결은 국민의 창의력 확산이며 … 그렇기 때문에 문화행정 담당자들은 조정능력을 탁월하게 발휘하여야 한다. … 문화행정을 시대적 요구와 사회적 수요에 적합하게 운용하려면 그 일을 담당하는 사람들이 깨어 있어야 한다."(김영평, 2000: 15)

이러한 당위론적 주장들은 얼핏 듣기에는 다 그럴듯하고 멋진 말들이다. 이렇게 될 수만 있다면 정부는, 비유컨대, '백마 탄 왕자'와 같은 존재가 될 것이다. 마치 '잠자는 숲속의 공주'를 깨우기 위해, 독사과를 먹은 '백설공주'를 구하기 위해 백마를 타고 달려오는 '왕자'의 이미지를 연상시키는 이러한 시각을 '왕자 패러다임'이라고 부른다(김정수, 2000a).

## 2. '왕자 패러다임'의 환상들

왕자 패러다임에서는 화려한 수사를 통해 암묵적으로 정부를 매우 합리적이고 전지전능한 존재로 격상시키고 있다. 그런데 그것이 진짜 실상일까? 왕자 패러다임에서 그리는 정부는 문화부문의 민간실패를 완벽하게 치유할 수 있고 바람직한 문화발전을 이끌 수 있는 멋진 왕자님과도 같다. 그러나 그 왕자는 환상 속의 그림에 불과하다.

### 1) 환상 ① : "행정은 만능 해결사"

민간부문의 자율적 역량만으로는 제대로 해결되지 않는 사회문제가 발생할 때 사람들은 대개 국가의 개입을 요구한다. 그러한 요구 뒤에는 '국가는 대단히 유능한 해결사'라는 믿음 혹은 기대가 암묵적으로 깔려 있다. 문화행정의 필요성을 논증하는 학자들이나 국가의 개입과 지원을 요구하는 문화예술인들의 주장 역시 마찬가지이다. 그런데 과연 그러한 전제는 타당한 것인가? 문화와 관련된 공공문제의 해결에 있어서 과연 행정은 충분히 신뢰할 만한 시스템인가?

행정은 결코 전지전능한 존재가 아니며 만능 문제해결사도 아니다. 정부가 마음만 먹으면 어떤 사회문제든지 잘 해결할 수 있으리라는 생각은 비현실적인 환상에 불과하다. 이 점은 이미 정부실패 혹은 정책실패에 관한 여러 논의들을 통해 잘 지적된 바 있다. H. Simon(1945)이 '제약된 합리성'(bounded rationality)이란 개념을 통해 이미 오래전에 간파했듯이 인간의 합리성은 불완전하며 관료조직 내의 의사결정 역시 경영학 교과서 속의 합리성과는 거리가 멀다. 따라서 민간부문의 자율적 선택에 기초한 시장이 완벽한 문제해결기구가 아니듯 국가 공권력에 기초한 행정 역시 결코 완전한 문제해결기구가 아니다. 시장이 실패했다고 해서 국가가 개입하면 항상 더 나은 결과가 보장되는 것은 아니다. '정부실패'(government failure)도 얼마든지 발생하기 때문이다(Wolf, Jr., 1988).

물론 많은 경우 국가의 정책적 개입에 의해 민간실패가 예방·치료된다는 것은 현실적으로 부인할 수 없는 사실이다. 정부 관료제의 특성상 매우 효과적으로 일을 처리할 수 있는 영역이 있는가 하면 그렇지 못한 영역도 있을 수 있다. 분명한 것은 행정이 모든 공공문제에 대한 만능해결사라고 기대하거나 혹은 그리 되어야 한다고 요구하는 것은 무리라는 점이다.

### 2) 환상 ②: "행정은 문화의 마술사"

행정은 특히 문화에 관한 한 그다지 신통한 문제해결사가 아니다. 정부가 성의만 있으면, 열의만 있으면 얼마든지 문화·예술의 발전을 북돋울 수 있으리라는 생각은 또 하나의 비현실적인 환상이다. 왜냐하면 행정 메커니즘의 구조·기능적 특성 자체가 문화발전이라는 과제에는 그리 적합하지 않기 때문이다.

관료제를 기반으로 한 행정시스템의 작동 방식은 기본적으로 예측 가능하고 규격화된 질서와 상명하복의 규율을 바탕으로 한다. 그것이 효율적인 업무수행을 위한 관료제의 문제해결능력의 원천이다. 그러나 규정과 명령으로 사람들의 외적 행동을 강제할 수는 있어도 내적인 감정까지 좌우할 수는 없다. 사람의 마음에 기쁜 감흥을 주는 것은 문화의 가장 본원적인 기능이다. 그런데 사람의 마음이란 본래 변덕스럽고 변화무쌍한 것이며, 마음을 감동시키는 데에는 어떤 정형화된 공식이나 규칙이 있을 수 없다. 정부가 문화적 창의성을 의도적으로 기획할 수 있다는 것은 허황된 신화에 불과하다. 세계적인 비디오 아티스트 백남준은 "예술이란 불확실한 선택과 도박"이라고 정의한 바 있다. 사실 문화란 그 예상효과가 대단히 불명확하기 때문에 지극히 "모험적"일 수밖에 없다(김문조, 1998: 28). 따라서 문화와 예술의 세계는 고정된 틀 속에 가두어 둘 수 없는 자유로움과 예측 불가능한 창의성이 그 생명이요 본질적인 속성인 것이다.

이처럼 행정과 문화는 본질상 서로 어울리기 힘든 관계일 수밖에 없다. 조금 과장되게 말하면, "관료주의는 문화 발전과 도저히 양립할 수 없다."[1] 물론 문화가 아닌 다른 영역, 예컨대 국방, 경제, 치안, 건설, 보건 등의 문제라면 정부개입을 통해 상당한 정도의 문제해결이 가능하다. 그러나 적어도 문화라는 문제를 다루는 데 있어서는 행정은 그다지 효과적인 메커니즘이 아닐 수 있다.

### 3) 환상 ③ : "국가의 적극적 지원은 문화발전의 촉매"

국가가 공공문제해결을 위해 사용하는 수단은 크게 두 가지이다. 하나는 특정한 행위를 제도적으로 강요 혹은 금지하는 규제이며, 다른 하나는 경제적 지원을 포함한 각종 혜택을 부여하는 방식이다. 문화발전을 촉진하기 위한 정부의 노력 역시 마찬가지이다. 불리한 환경으로부터 보호하기 위해 제도적 틀을 세우거나 혹은 더 큰 도약을 위해 행·재정적 지원을 제공하는 것이 문화행정의 전형적인 모습이다. 정부의 제도적·재정적 지원에 대한 문화·예술계의 요구는 그러한 도움으로 문화발전이 크게 촉진된다는 전제하에서만 타당성이 인정된다.[2] 하지만 과연 그러할까?

문화의 발전은 매우 다양한 요인들에 의해 이루어진다. 무엇을 어떻게 하면 문화발전이 촉진된다는 식의 엄격한 인과관계법칙은 존재하지 않는다. 예를 들어 돈이 없으면 새로운 창작활동이나 예술감상이 불편해지고 따라서 문화발전이 지체될 수도 있다. 그러나 돈이 넉넉하다고 해서 꼭 훌륭한 예술작품이

---

**1** 이영미, "정부의 잘못된 문화정책 3가지". 조헌영(2003)에서 재인용.

**2** 실제로 우리나라 문화예술인들은 '정책지원의 미비'를 창작활동의 가장 큰 장애요인으로 인식하고 있는 것으로 조사되었다(문화부·한국문화예술진흥원, 『문화예술통계』, 1992, 62쪽).

탄생하고 문화소비가 활성화되는 것도 아니다. 혹자는 예술계가 처한 위기를 극복하기 위해 무엇보다 먼저 예술가들이 창조작업에 전념할 수 있도록 직접적인 재정지원을 해주어야 한다고 주장한다(최재오, 2001). 그러나 정부가 문화부문을 위한 자금을 충분히 확보하고 지원액을 늘리면 반드시 좋은 성과가 있을 것이라는 생각은 장밋빛 환상이나 다름없다(정홍익, 2001). 문화활동에 대한 정부의 자금 지원은 기껏해야 불확실한 주식투자와도 같다. 어쩌다 대박을 터뜨리는 경우도 있지만 그렇지 못한 경우도 많다. 결국 국가가 적극적으로 지원하면 문화가 발전하리라는 기대나 반대로 정부의 지원이 없으면 문화가 쇠퇴하리라는 염려 모두 환상에 불과하다.

#### 4) 환상 ④: "이상적인 문화행정은 지원은 하되 간섭은 하지 않는 것"

문화행정에 관한 대부분의 논자들은 소위 '팔길이 원칙'이야말로 가장 바람직한 정책 원리라고 주장한다. 즉, 국가가 문화활동에 대해 적극 지원해주면서도 자율성을 침해해서는 안 된다는 것이다. 그런데 이것 역시 듣기에는 매우 멋진 구호일지 몰라도 실제 그 실현 가능성은 거의 없는 또 하나의 환상이다. 애당초 예술계에 대한 지원과정에서 정치와 관료의 비전문적 영향력을 배제하기 위해 이 원칙을 채택했던 영국에서도 실제 적용과정에서는 잘 지켜지지 않는다. 이 때문에 팔길이가 아닌 '손뼘길이 원칙'(palm's length)이라는 조소적인 비판도 제기된다(김경욱, 2002).

정부가 문화예술의 생산자나 소비자들에게 재정적 지원을 하면서 전혀 간섭하지 않는다는 것은 사실상 있을 수 없는 일이다. 정부로부터 재정적 도움을 받으려면 사실 신청단계에서부터 정부가 정해놓은 특정한 요건들을 모두 충족시켜야 한다. 요건과 기준을 정하는 것 자체가 이미 민간의 문화활동에 대한 간섭이다. 또한 민간문화재단과는 달리 정부가 나눠주는 지원금은 국민들로부터 거두어들인 공금이다. 정부가 공금을 지출하면서 아무런 지시나 통제 없이 그냥 내버려둔다는 것은 사실 책임행정(accountability)이란 면에서 문제가 될 수밖에 없다. 또한 정부의 모든 결정과 정책은 집행된 이후 어떤 식으로든 평가를 받게 된다. 정부가 특정한 개인・단체들에게 특정한 목적으로 돈을 주었다면 사후적으로 그 성과에 대한 평가가 없을 수 없다. 평가는 하면서 간섭은 없다고 말하는 것은 '눈 가리고 아웅'하는 식의 모순이다.

## 2절 문화행정의 본질적 한계

현실의 세계에 '백마 탄 왕자'는 결코 존재하지 않듯이 현실의 정부는 그처럼 환상적인 문제해결 시스템이 아니다. 시장이 불완전한 문제해결기구이듯이 정부 역시 결코 완벽한 문제해결기구가 아니다. 국가의 정책적 개입 역시 얼마든지 실패할 수 있기 때문에(Peirce, 1981) 시장실패는 정부개입의 필요조건일 수는 있어도 충분조건일 수는 없다(Wolf, Jr., 1988: 17). 민간부문이 실패한 문제를 정부가 맡으면 항상 더 합리적이고 효율적으로 해결하리라는 보장이 전혀 없는 것이다(물론 그 역도 마찬가지이다). 그렇다면 문화행정의 본질적 한계는 어떤 것들인가?

### 1. 정책목표 설정에 있어서의 한계

문화행정의 목표를 '문화발전'이라는 포괄적 용어로 제시한다면 이의를 제기할 사람이 거의 없을 것이다. 문화발전이란 말 자체가 누구도 반대하기 어려운 '좋은' 말이기 때문이다. 그러나 문화의 '발전'이라는 것이 구체적으로 어떤 상태인지, '좋은' 문화란 과연 어떤 것인지 등에 대한 객관적인 판단은 사실 불가능하다. 물론 각 단위 사업들의 경우 비교적 구체적인 정책목표들이 표방될 수는 있다. 그렇다고는 해도 부분들이 합해져서 전체적으로 추구되는

비전이 무엇인지는 여전히 애매모호하고 불명확하다.[3]

실제로 정부에서 발표하는 문화정책의 목표는 매우 추상적인 수준에서 제시된다(임학순, 2003: 70). 이 때문에 정부가 발표한 문화계획들은 '발전', '중흥', '창달', '비전', '구상', '청사진' 등의 "백일몽 같은 용어"들로 포장되어 있다고 비판되곤 한다(구광모, 1999: 473-475). 이러한 비판은 정확한 관찰이다. 그러나 이는 꼭 정부관료의 무사안일이나 무능함 때문이라기보다는 문화행정의 본질적 한계 때문에 어쩔 수 없는 현상으로 이해되어야 한다.

문화란 본래 계량적인 측정이나 비교가 곤란한 가치의 영역이다. 경제문제의 경우, 예컨대 경제발전이라는 정책목표를 '100억불 수출, 1,000불 개인소득'과 같은 식으로 명쾌하게 나타내는 것이 얼마든지 가능하다. 그러나 문화행정의 목표를 그런 방식으로 제시하는 것은 불가능하다. 문화의 여러 하위영역들 중에서 어떤 특정한 부분이 특별히 더 중요하다고 말하기 어려울 뿐만 아니라 문화의 세계에서는 양적으로, 수적으로 증가한 것이 곧 질적인 발전이라고 볼 수 없기 때문이다.

또한 문화발전과 관련된 가치들 자체가 상호 충돌하는 경우가 많다. 예컨대 앞에서 논의하였던 정책적 딜레마들의 경우 어느 쪽이 더 중요한지 판가름하기 어렵다. 각각의 가치는 문화발전에 직결되어 있지만 상호 간에는 직접적인 갈등관계에 있기 때문이다. 이러한 상충되는 가치들 가운데서 최적의 균형점을 찾아 목표를 설정한다는 것은 거의 불가능한 일이다.

---

3 이와 같은 맥락에서 나카가와(2003: 162)는 문화라는 단어 자체가 다양한 해석이 가능하기 때문에 "소위 '무엇이든지'가 문화행정이 되고, 그 때문에 '무엇을' 기본으로 하고 중점으로 해야 하는가, 무엇에 책무를 갖고 있는가가 선명하지 않은 상태에" 빠질 수 있다고 경고한다.

## 2. 정책수단 선택에 있어서의 한계

문화정책의 목표 설정도 쉽지 않지만 이를 달성하기 위한 정확한 정책수단의 선택은 훨씬 더 어려운 작업이다. 멋진 목표가 명확하게 제시되었다고 해서 자동적으로 성취되는 것은 결코 아니다. 물론 어떤 정책문제이건 효과적인 해결책을 찾는다는 것은 결코 쉬운 일이 아니다. 그러나 문화행정의 경우는 그 어려움의 정도가 다른 분야에 비해 훨씬 더 심하다. 왜냐하면 문화・예술의 근본은 결국 사람 마음의 작용인데 사람의 마음이란 것이 참으로 변화무쌍하고 예측 불가능하기 때문이다. 또한 창조적 예술작업에는 그 과정이나 동기에 있어서 어떤 체계적인 인과관계 패턴을 발견하기 어렵다(Throsby, 2001: Ch.6). 따라서 문화행정에 있어서 정책의 효과성에 대한 불확실성은 대단히 높을 수밖에 없다. 아무리 그럴듯해 보이는 정책수단을 선택했다고 해도 그 결과는 매우 실망스럽게 나타날 가능성이 얼마든지 있다.[4] 때로는 정부개입으로 인하여 오히려 원치 않았던 정반대의 결과가 초래될 수도 있는 것이다.[5]

문화정책수단의 선택이 불완전할 수밖에 없는 또 다른 이유는 문화행정을 담당하는 관료들이 '행정의 전문가'인 동시에 '문화의 전문가'일 가능성은 희박하기 때문이다. 문제해결은 곧 지식의 함수이다. 어떤 사안이건 무지한 비전문가보다는 지식으로 무장한 전문가가 문제를 더 잘 해결할 가능성이 크다. 하

4 우리나라 영화산업 진흥정책 수립에 여러 차례 참여했었던 강한섭 교수는 "정부개입은 반드시 실패한다"고까지 단언하고 있다. 그 실례로 무려 533억 원의 예산을 투입해 남양주에 건설한 서울종합촬영소가 "영화인들의 꿈의 요람"이 되리라는 당초 기대와는 달리 오히려 "지금까지보다도 더욱 부적절한 영화제작환경"을 만들고 말았다고 비판하기도 했다(http://my.dreamwiz.com/khshope/contents/cul10.htm).

5 그 대표적 사례로 마광수 교수의 소설 『즐거운 사라』에 대한 검찰의 고소나 영화 〈거짓말〉에 대한 영상물등급위원회의 두 차례 등급보류판정을 들 수 있다. 두 경우 모두 정부개입의 의도는 음란물로부터 사회를 보호한다는 것이었다. 그러나 실제로는 정부개입 자체가 『즐거운 사라』나 〈거짓말〉에 대한 사람들의 관심을 증폭시켜 오히려 더 유명세를 타게 만들었다. 결과적으로 음란물을 차단하려는 시도가 역으로 엄청난 홍보효과를 안겨주었던 것이다. "'거짓말' 키우는 검찰?", 『조선일보』, 2000. 1. 14.

지만 현실적으로 행정관료가 되기 위한 준비과정은 문화적 감수성을 키우는 훈련과는 전혀 상관이 없다. 물론 우연히도 문화적 안목이 뛰어난 인재가 행정관료로 등용될 수도 있다. 그러나 문화관련 공무원들 전부가 항상 문화의 전문가일 가능성은 희박하다. 문화의 비전문가가 내리는 판단과 선택이 문제에 대한 최선의 해결책이 되리라고 기대할 수는 없는 것이다.

이러한 한계를 극복하기 위해 정책결정과정에서 외부 전문가들의 자문을 구하곤 한다. 예컨대 문화예술인 위주로 심의위원회를 구성한다든가 혹은 아예 민간 전문가를 계약직으로 채용하기도 한다. 최근에는 지방자치단체 차원에서 문화재단을 설립하는 시도도 점차 늘어나고 있다. 이러한 제도 자체는 물론 바람직한 시도라고 볼 수 있다. 그러나 문제는 이들이 일단 공식적으로 행정과 연결되게 되면 관료제 시스템에 함몰되어 전문가로서의 창의성을 발휘하기 어렵게 된다는 점이다. 사실 민간인들로 구성된 위원회라고 해도 정부가 인사권을 가지고 재정 지원을 하는 한 정부의 영향력에서 자유로울 수는 없다.[6]

뿐만 아니라 문화행정은 문화부만의 행정이 아니라 다양한 행정영역을 포괄하는 '종합행정'이다(김영평, 2000: 6). 따라서 설령 문화부 관료들은 전문가 수준의 식견을 갖추고 있다고 해도 실제로 문화에 영향을 미치는 다른 많은 부서들까지 문화적 안목을 가지고 일할 것을 요구하는 것은 불가능하다.

## 3. 정책집행에 있어서의 한계

설령 문화정책의 목표와 수단 모두 제대로 결정된다고 해도 집행 과정에서 또 다른 한계에 부딪히게 된다. 우선 정책집행의 주체인 관료제 자체와 관련

---

6 민간 전문가들의 식견을 활용한다는 차원에서 설립된 문예진흥원이나 영상물등급위원회의 경우도 정부의 간섭을 배제한다는 본래의 취지에도 불구하고 예산지원이나 인사개입 등을 통해 정부가 실질적으로 지대한 영향력을 행사한다(정홍익, 1992: 244).

된 한계들이 있다. 예를 들어 법규에 대한 지나친 집착으로 인한 목적과 수단의 도치현상은 관료제의 대표적 병폐의 하나로 흔히 지적된다. 특히 집행을 담당하는 일선 현장의 공무원들로서는 문화행정의 궁극적 목표인 문화발전이라는 원대한 취지보다는 하루하루 일상적인 업무처리에 더 신경을 쓰게 된다. 따라서 융통성 있는 집행보다는 기계적이고 획일화된 집행이 이루어지는 경우가 많다. 그렇게 되면 문화의 창작과 소비 활동을 지원하려는 본래 정책의도가 무색하게 행정이 오히려 방해가 되고 좌절시키는 걸림돌이 되고 마는 것이다.

또한 우리나라 인사행정의 근본 원칙인 순환보직제로 인해 집행의 일관성이 심각하게 저해될 우려가 크다. 어떤 특정한 정책이나 제도를 입안하고 시행해야 할 실무 책임자가 보직이 바뀌게 되면 그 후임자는 해당 정책의 제정동기 및 취지에 대한 정보나 관심이 부족할 가능성이 높다. 따라서 동일한 정책·제도라고 해도 실무 책임자의 교체에 따라 그 실제 집행은 상이한 양상을 띨 수 있는 것이다.

## 4. 정책평가에 있어서의 한계

어느 분야의 정책이건 그 성과에 대한 정확한 평가를 내린다는 것은 쉬운 일이 아니다. 문화행정의 경우 객관적인 정책평가의 어려움은 타 분야에 비해 훨씬 더 심각하다(정홍익, 2001: 8). 왜냐하면 무엇보다도 문화 그 자체가 엄밀한 측정과 비교가 곤란한 주관적 가치의 영역이기 때문이다. 예를 들어 문화산업의 활성화는 문화발전의 한 부분이라고 할 수도 있지만 반대로 상업자본주의에 의한 문화의 오염·쇠락이라고 비판할 수도 있는 것이다. 따라서 통상적인 비용편익분석과 같은 식의 정책평가는 문화의 세계에서는 적합하지 않다.[7]

7 문화정책의 평가에 관한 연구로는 Hodsoll(1998), Stevens(1998), Wyszomirski(1998), Nielsen (2003) 참조.

물론 계량적인 측정이 가능한 부분도 있기는 하다. 예컨대 문화산업의 경우, 우리나라 음반, 영화, 애니메이션, 게임 등의 매출액, 수출액, 시장점유율, 성장률 등은 구체적인 수치의 통계자료로 제시된다. 최근 우리나라 대중가요의 음반시장점유율은 팝뮤직을 현저한 격차로 압도하고 있으며, 한국 영화 역시 지난 수년간 50~60%라는 높은 수준의 관객점유율을 기록하고 있다. 산업이라는 경제적 차원에서만 보면 이는 분명 우리나라 문화산업의 경이로운 성장이다. 그러나 그렇다고 해서 문화적 관점에서도 역시 큰 성공이라고 확언할 수는 없다. 실제로 영화계 내부에서는 최근의 높은 시장점유율에도 불구하고 한국영화의 질적 수준에 대한 부정적인 시각도 만만치 않다.

또한 문화예술단체에 대한 재정적 지원의 경우도 사업별 지출금액 등의 수치는 상세하게 계산될 수 있다. 그러나 지원정책의 결과로 과연 문화적 발전이 이루어졌는지, 이루어졌다면 어느 정도인지를 객관적으로 측량하는 것은 불가능한 일이다. 예컨대 문화예술진흥기금의 경우, 1973년에 시행된 이래 2015년까지 약 2조 6천억 원이 사업비로 지출되었다. 그런데 과연 그로 인해 우리나라 문화예술이 얼마나 '진흥'되었을까? 예술진흥, 문화복지, 문화기반조성을 위해 수백, 수천억 원이 쓰였는데 이것이 과연 정말 의미 있는 지원이었는지 아니면 엄청난 낭비에 불과하였는지 어떻게 확인할 수 있겠는가? 물론 문예진흥기금 관리기관인 문화예술위원회(구 문화예술진흥원)에서는 그로 인해 이런저런 가시적 성과들이 있었다고 자평했었다. 그러나 그러한 결과물들이 진정한 문화발전, 문화복지 향상이라는 것을 어떻게 확인할 수 있는가? 예술가들의 전문적 평가를 그냥 수용해야 하는가? 아니면 일반 국민들이 실제로 체감하는 반응을 더 중시해야 하는가? 이러한 질문들에 명확히 답할 수 없는 한 문화정책의 평가는 불완전할 수밖에 없다.

문화정책의 사후적 평가를 어렵게 만드는 또 하나의 요인은 문화는 본질적으로 그 회임기간이 상당히 길다는 사실이다(소병희, 2001). 문화는 결코 無에서 有를 창조하는 것이 아니라 시간이 걸리더라도 '감상→모방→창작'의 순서를 필연적으로 밟아야 한다. 새로운 문화예술이 창조되기 위해서는, 혹은 충분한 감상능력이 터득되려면 먼저 오랜 시간 동안 문화적 경험의 축적이 선행되어야만 한다. 그러한 회임기간 동안에는 비록 내적으로는 숙성이 진행되고 있다고 해도 겉으로는 별다른 변화나 발전이 눈에 띄지 않을 수 있다. 뿐만 아니라 내적인 숙성과정이 언제 끝나고 가시적인 성과가 나타날지도 극히 불확실하다.[8] 따라서 문화정책의 효과는 장기적 관점에서 파악될 필요가 있다. 그러나 현실적으로는 정권교체나 장관임기 등의 이유로 인해 매우 근시안적인 문화행정이 이루어질 가능성이 높다.[9] 그러다 보면 단기적 차원에서 가시적인 성과를 추구하는 데 집착할 가능성이 크다(이중한, 2000: 5; 이종인, 1988: 30).

문화정책의 성과에 대한 객관적인 측정과 비교가 불가능함에도 불구하고 좌우간 어떤 식으로든 평가는 이루어진다. 관료제의 속성상 공적 자금이 소요된 정책사업에 대해 평가를 생략한다는 것은 상상하기 힘들기 때문이다. 세상일이 모두 그렇듯이 안 되는 것을 억지로 하려다 보면 무리가 생기고 결과적으로 누구도 원치 않는 엉뚱한 상황을 초래할 수 있다. 문화정책의 평가 역시 표면적으로는 객관성을 띠는 것처럼 보여도 실상은 정치적 흥정이나 조작의 결과에 불과한 것일 가능성이 다분하다. 아니면 문화발전이라는 본질과는 별

---

**8** 90년대 이후 우리나라 대중음악계가 부흥하면서 다양한 음악적 시도들이 전개되었다. 그중 하나가 라이브클럽 및 인디밴드들의 등장이었는데, 당시 식품위생법 시행령 규정에 의해 라이브클럽에서의 밴드연주는 불법 단속대상으로 규제되었었다. 1999년 11월 16일 마침내 '요식업소에서의 공연자유화'를 골자로 하는 식품위생법 시행령 개정이 이루어짐으로써 자유로운 라이브 공연을 위한 제도적 기반이 마련되었다(심재권, 2000: 21). 그런데 그 이후 라이브클럽의 수는 전국적으로 오히려 감소하였으며 라이브클럽을 무대로 활동하는 인디밴드의 수도 줄어들었다. 이 사실만 놓고 보면 라이브클럽 합법화 정책은 실패작으로 평가될 수도 있다. 그러나 이 조치로 인해 장기적으로 우리나라 대중음악의 발전을 위한 중요한 토양이 마련되었다는 사실은 부인할 수 없다. 사실 영국의 세계적 그룹 비틀즈나 일본 젊은이들의 우상이었던 그룹 X-Japan도 처음에는 작은 라이브클럽에서 연주활동을 시작했었다. 따라서 라이브 공연 자유화 조치도 이제 씨앗을 뿌린 것에 불과하며 그 효과를 조급히 따지기 보다는 장기적인 안목을 가지고 기다려 보아야 할 것이다.

**9** 우리나라의 경우 그동안 중장기 문화발전계획들이 여러 차례 입안되기는 하였으나 정권이 바뀔 때마다 매번 새로운 중장기 계획이 발표되는 현상이 되풀이되고 있다(이제, 1999).

관련이 없지만 계량화가 가능한 부분이나 혹은 법규정 준수 여부와 같은 지엽적인 사안에만 초점이 맞추어질 가능성이 크다. 이처럼 제대로 된 정책평가가 이루어지지 않으면 정책개선을 위한 적절한 피드백이 이루어지기 어렵다(강철근, 2004: 221). 오히려 문화발전에 방해가 되는 왜곡된 정보가 될 뿐이다.

## 5. 몇 가지 사례들

문화행정은 과연 원하는 바를 잘 달성할 수 있을까? 국가의 정책적 지원과 문화발전 사이에 과연 긴밀한 인과관계가 존재하는가? 아쉽게도 문화에 대한 국가의 개입과 실제 성과 사이에는 별다른 관계가 없는 경우가 많다. 그런데 사실 문화발전에 대한 정량적 측정·평가는 대단히 애매하고 어려운 작업이다. 따라서 문화적 측면과 함께 경제·산업적 측면이 동시에 공존하는 문화산업과 관련된 몇 가지 사례를 간략히 살펴보도록 한다.

예를 들어 세계 문화산업 시장의 급성장을 주도하는 분야의 하나인 애니메이션을 보자. 우리나라 애니메이션 산업은 아직 경쟁력이 취약한 상황이지만 최근 들어 독자적인 극장용 장편 애니메이션을 제작하는 시도들이 늘고 있다. 정부도 애니메이션 산업의 발전을 위하여 각종 제도적·재정적 지원책을 마련하여 시행하고 있다. 예컨대 국산 애니메이션 〈오세암〉(2003)과 〈원더풀 데이즈〉(2003)는 정부의 지원을 받으며 기대를 모았던 유망주였다. 〈오세암〉은 2001년 문화산업지원센터 주관의 우수문화콘텐츠 사전제작지원작으로 선정되었으며, 또한 영화진흥위원회 극영화제작지원사업의 일환인 저예산영화제작지원작으로도 선정되어 2억 원의 지원금을 받았었다. 〈원더풀 데이즈〉 역시 한국문화콘텐츠진흥원의 스타프로젝트로 선정되어 3억 원의 제작지원금을 받았었다. 그러나 두 작품 모두 많은 기대에도 불구하고 결과적으로 흥행에서는 크게 참패하고 말았다.

한편 영화산업의 경우 한국 정부는 건국초기부터 차별적 대우를 통해 국산영화를 발전시키기 위해 부단히 노력하여 왔다. 스크린쿼터를 비롯해서 "한국 영화의 진흥을 위해 도입이 가능한 거의 모든 제도를 도입·시행"하였던 것이다(황현탁, 1995: 60). 그러나 특혜에 가까운 정책적 지원에도 불구하고 한국 영화의 질적·양적 성장은 영화시장 개방이 가속화된 1990년대 들어와서, 그것도 정부의 지원보다는 다른 요인들에 의해 이루어졌다.

이와는 대조적으로 정부로부터 아무런 지원도 받지 못했음에도 불구하고 큰 성공을 거둔 경우들도 많다. 가장 대표적인 케이스가 음반산업이다. 1980년대 중반까지만 해도 국내 음반시장과 대중음악계는 팝뮤직이 장악하고 있었다. 그러나 1990년대를 지나면서 상황은 극적으로 반전되어 대중가요가 팝뮤직을 압도적인 격차로 누르고 시장을 장악하게 되었다(양성희, 1998). 2000년도 국내 음반시장의 점유율을 보면 팝뮤직은 20%에 불과한 반면 대중가요는 그 3.5배인 75%를 기록하였다. 오늘날 한국 대중가요가 신한류를 이끄는 K-Pop으로 극적인 성장을 한 것은 정부의 정책적 배려나 지원에 힘입은 것이 아니라 생존을 위한 자력투쟁의 결과로 성취된 것이었다(김정수, 1999).

제12장에서 살펴보았듯이 '한류'라는 엄청난 열풍도 정부의 지원으로 이루어진 정책성과가 아니라 '설계되지 않은 성공'이었다. 한류가 주로 아시아권의 대중문화시장 공략에 성공한 사례라면 서구 시장에 진출하여 크게 성공한 케이스는 넌버벌 퍼포먼스극인 〈난타〉라고 할 수 있다. 난타는 국내는 물론 이미 외국 시장에서도 상당한 호평을 받았던 작품이다. 연극과 뮤지컬의 메카인 미국의 브로드웨이에서 상설공연이 이루어지기도 하였다. 난타가 이렇게 세계 시장에서 널리 호평을 받는 성공적인 문화상품이 될 수 있었던 데에는 여러 요인들이 복합적으로 작용하였다. 그러나 분명한 사실은 정부의 정책적인 지원은 전혀 없었다는 점이다. 지원은커녕 초창기에는 극단 측의 자금지원 요청마저 거절당하기도 했었다.

# 3절 문화행정의 실상: '야수 패러다임'

## 1. 불완전한 문제해결 시스템으로서의 문화행정

문화부문에서의 정부실패 인식은 자연히 기존의 '왕자 패러다임'에 대한 재검토로 이어진다. 관료조직은 구체적으로 설정된 목표를 향해 돌진하는 데는 효과적인 도구가 될 수 있다. 그러나 문화행정의 한계에 관한 논의에서 알 수 있듯이 정부조직은 본질적으로 문화처럼 비계량적이고 심미적인 가치를 다루기에는 그리 적합하지 않은 시스템이다. 정부에게 문화발전을 책임지라고 요구하는 것은 마치 체구가 육중한 곰에게 날씬한 발레리나의 섬세한 춤동작을 기대하는 것과 같다. 한마디로 불가능한 것을 무리하게 요구하는 것이다.

그렇다면 정부는 과연 문화를 위해서는 전혀 쓸모없는 무능하고 무익한 존재인가? 그렇지는 않다. 마치 합리적 의사결정모형을 비판한다고 해서 인간의 합리성을 전면 부정하지는 않는 것과 같은 이치이다. 중요한 것은 가능한 것과 그렇지 않은 것의 한계를 분명히 하는 일이다. 행정은 많은 경우 상당히 쓸만한 문제해결기구임에는 틀림없다. 그러나 왕자 패러다임에서 전제하는 바와는 달리 여러모로 불완전한 존재라는 것 또한 분명한 사실이다. 기존의 비현실적인 왕자 패러다임 대신 보다 현실적인 대안으로서 필자는 정부의 제한된 능력과 책임을 전제로 하는 '야수 패러다임'을 제시한 바 있다(김정수, 2002a).

## 2. '야수 패러다임'의 전제: 제한된 능력, 제한된 책임

야수 패러다임 시각에서 보는 행정은 매우 불완전한 문제해결 시스템이다. 문화행정에 있어서 정부라는 존재는 마치 『미녀와 야수』 이야기에 나오는 야수와도 같다. 이야기 속의 야수는 자기 성에 감금된 미녀에게 먹을 것과 입을 것을 주고 또 거처할 공간도 제공한다. 그러나 야수는 결코 왕자처럼 세련된 매너를 갖춘 존재는 될 수 없다. 비록 힘은 세지만 투박하고 거칠며 예의와 미적 감각은 전혀 기대할 수 없는 것이 야수의 특징이다. 이런 정부에게서 기대할 수 있는 것은 과연 무엇인가?

이야기를 빌려 비유하자면 다음과 같다. 야수는 아름다운 미녀를 만들어낼 재주는 없다. 미녀의 기준이 무엇인지 알지도 못하고 예쁘게 치장하려면 어떻게 해야 하는지 가르칠만한 심미안도 없다. 야수가 할 수 있는 일은 이런 저런 옷가지나 장신구 및 화장품 등을 가져다주는 게 전부다. 그러나 그것이 곧 아름다운 미녀를 보장하는 것은 결코 아니다. 그것은 옷을 골라 입고 치장하는 여자의 책임이다. 하지만 야수는 치장에 필요한 물품들을 하나도 주지 않거나 혹은 다 부숴버림으로써 미녀가 되지 못하도록 만들 완력은 있다. 이 경우 아름다운 미녀로 변신하지 못하는 것은 여자의 책임이 아니라 순전히 야수의 탓이다.

왕자 패러다임과는 달리 야수 패러다임에서는 정부의 '제한된 능력과 제한된 책임'을 전제로 문화행정에 접근한다. 기본적으로 정부는 바람직한 혹은 좋은 문화가 어떤 것인지 판정할 수 있는 능력이 없는 존재로 이해된다. 문화란 가치의 영역이고 가치판단은 근본적으로 개개인의 주관적 평가의 대상이다. 따라서 정부가 모든 시민을 대표하여 바람직한 문화의 지향점을 설정하는 것은 불가능할 뿐만 아니라 그러할 권한도 없다. 문화적 창의력을 촉진시키기 위해서는 오히려 민간부문에게 더 많은 역할을 위임하는 불간섭정책(hands-off policy)이 필요하다(Frey, 1999).

또한 정부는 문화를 발전시킬 수 있는 방법도 잘 알지 못한다. 즉, 무엇이 문화발전이고 그를 위해서는 어떻게 해야 하는지 충분한 지식이 없다는 것이다. 반면에 정부가 보유하고 있는 권력은 문화발전을 억누르고 저해하기에 충분할 정도로 막강하다. 비유하자면 야수는 어떤 씨앗이 어떤 예쁜 꽃이 되는지도 모르고 또 어떻게 하면 꽃이 잘 자라나는지 알지 못하지만 발로 짓밟거나 바위를 던짐으로써 꽃을 죽일 수는 있다는 말이다. 따라서 야수 패러다임에서는 무엇이 문화 '파괴'이고 어떻게 하면 문화가 '쇠퇴'될 수 있는가에 더 초점을 맞춘다. 다시 말해서 아름다운 문화의 꽃을 피우기 위해 정부가 노력한다는 적극적인 자세보다 꽃이 피는 것을 방해하는 장애물을 치워준다는 다소 소극적인 자세를 강조하는 것이다.

이처럼 야수 패러다임에서는 문화행정의 목표로 직접적인 문화발전 추구보다는 문화발전을 저해하는 요인들의 제거를 더 강조한다. 그렇다면 만약 정부가 그러한 장애물들을 치워주면 과연 문화발전이 이루어질 것인가? 그러리라는 보장은 사실 전혀 없다.[10] 그리고 그것은 정부 입장에서 책임질 문제도 아니고 또 그럴만한 능력도 없다. 게다가 모든 사회문제의 해결이 다 정부의 책임인 것도 아니다. 적어도 문화행정의 경우, 정부는 쓸데없는 훼방만 놓지 않으면, 그리고 멍석만 깔아주면 그로써 할 일은 다한 것이다. 그 다음에 과연 어떤 일이 벌어질 것인가는 문화의 생산자와 소비자들의 몫이다. 정부는 책임질 필요도 없고, 책임질 수도 없으며, 또 책임지라고 요구할 수도 없는 것이다.

야수 패러다임은 특히 문화정책의 집행과 평가에 있어서 기존 시각과 크게 다르다. 문화란 매우 주관적인 가치의 문제이며, 문화에 대한 투자는 결과가 매우 불확실한 모험과도 같다. 또한 투자한 후 구체적인 효과가 나타나기까지의 회임기간이 매우 길며 보통 그동안에는 별다른 가시적 성과가 나타나지 않는다. 따라서 문화정책의 집행은 항상 먼 앞날을 내다보며 씨를 뿌리는 장기적 투자행위로 이해되어야 한다.[11] 그리고 극단적으로 말한다면 문화정책의 평

---

10 과거 우리나라의 대중문화정책은 주로 체제유지 및 정권홍보 목적을 위한 수단으로 사용되었다. 문화 그 자체를 염두에 두지 않은 각종 규제와 제약들이 버거운 족쇄였던 것은 사실이지만 그것을 걷어준다고 해서 곧 문화가 발전하리라는 보장은 없다. 문화발전의 걸림돌을 제거하는 것은 물론 정부의 당연한 역할이며 거기까지가 정부책임의 한계이다. 그 이상은 아니다.

11 지난 2000년 문화관광부 게임음반과에서는 신인 뮤직비디오 감독을 발굴하는 차원에서 당시 10개 팀의 대중가수를 선정하여 뮤직비디오 제작예산을 지원한 바 있다. 그러나 그렇게 해서 제작된 뮤직비디오는 별다른 호응을 얻지 못하였다. 그렇다고 해서 이 프로그램이 실패작이라

가는 아예 하지 않는 편이 나을 수도 있다. 어설픈 평가를 무리하게 하려다 보면 자칫 뿌린 씨앗을 도로 파헤쳐 버리거나 아니면 다음부터는 아예 씨를 뿌리지도 않는 우를 범할 가능성이 크기 때문이다. 물론 평가가 없으면 정책 실패의 연속이 초래될 가능성도 있다. 그러나 문화행정을 '벤처 투자'로 이해한다면 설령 몇 건의 정책실패가 있다고 해도 다른 성공적인 정책의 열매로 충분히 상쇄되고도 남는다고 할 수 있다.[12]

## 3. 정부의 적극적인 역할이 요청되는 경우

정부가 전면에 직접 나서지 말아야 한다고 해서 문화발전을 위해 국가가 할 일은 아무것도 없다는 것은 물론 아니다. 앞에서는 한류의 긍정적인 면들만 소개했지만 실상 한류의 이면에는 보완되어야 할 점도 있음을 부인할 수 없다. 공익의 최후 수호자로서 정부의 적극적인 정책개입이 요청되는 대표적인 경우는 다음과 같다.

첫째는 공정한 룰메이커 및 심판관으로서의 역할이다. 경쟁은 문화의 세계에서도 꼭 필요하다. 정부는 문화예술시장에서 자유롭고도 공정한 경쟁이 이루어지도록 게임의 룰을 만들고 엄정한 심판관의 역할을 수행해야 한다. 예컨대, 창작자의 권리를 보호하기 위해 저작권 체계를 확립하고 국내외를 막론한 표절행위 혹은 불법 디지털 다운로드는 철저하게 단속해야 한다. 동시에 창작

고 단언할 수는 없다. 왜냐하면 그 10개의 뮤직비디오가 제작되는 과정 자체가 해당 가수나 감독으로서는 귀중한 경험이 된 것이기 때문이다. 결국 문화관광부의 지원금은 우리나라 대중음악인들의 공부를 위한 수업료로 이해되어야 한다. 주식투자로 돈을 날려버린 것과는 근본적으로 그 성격이 다른 것이다.

12 실제로 어느 나라든 무수히 쏟아져 나오는 신인가수들 중에 성공을 거두는 확률은 매우 적다. 미국음반산업협회(RIAA) 회원사들이 발매한 음반 중 85% 이상이 손익분기점에 이르지 못하고 실패한다고 한다. 그럼에도 불구하고 계속 신인가수들의 음반을 제작하는 이유는 그중에 몇 건의 '대박'만 터지면 나머지 손해를 벌충하고도 남기 때문이다. 요컨대 누가 성공할 지 미리 알 수 없기 때문에 계속해서 많은 신인들의 음반을 발표한다는 것이다.

자의 이익과 일반 공중의 접근권이 조화될 수 있도록 저작물의 공정이용 범위를 명확하게 설정해주어야 한다(National Research Council, 2000).

둘째는 약자에 대한 든든한 보호자로서의 역할이다. 앞에서 개방과 경쟁의 필요성에 대해 강조하였다. 대중문화의 세계에서는 경쟁의 승자가 모든 것을 독식하는 소위 '슈퍼스타의 경제학'(Rosen, 1981)이 보편적이다. 이 말을 뒤집으면, 막대한 성공을 성취한 극소수를 제외한 절대다수는 경쟁에서 뒤지고 탈락한 패자들이라는 것이다. 한국선수들 간의 경쟁이건 외래문화와의 경쟁이건 시장은 약자와 패자를 보살펴야 할 의무가 없다. 그러나 정부는 이들에게 사회적 안정망을 제공하고 나아가 다시금 경쟁에 나설 수 있는 여건을 제공해줄 책임이 있다. 또한 대형 기획사가 소속 연예인들을 부당하게 착취·혹사하는 소위 '노예계약'을 방지하고 투명하고 공정한 계약시스템이 정착되게끔 유도해야 한다. 아울러 시장경쟁력은 약하지만 사회적 가치가 막대한 전통문화 및 순수예술에 대한 보호와 지원 역시 경제논리를 초월한 공익 차원에서 정부가 마땅히 담당해야 할 것이다.

셋째는 균형자로서의 역할이다. 많은 논자들이 한류 열풍에 대한 반작용으로 반한류(反韓流), 항한류(抗韓流), 혹은 혐한류(嫌韓流) 현상이 나타났다는 점을 지적한다(윤경우, 2006; 김범송, 2008; 대통령실, 2009). 반한류란 "한류 소비국에서 나타나고 있는 한류에 대한 부정적 인식 및 감정으로 혐오와 저항의 측면을 모두 포함"한다(한국문화산업교류재단, 2010: 204). 반한류의 가장 중요한 원인은 일방적인 혹은 불균형적인 한류 전파에 있다. 그러므로 반한류에 대한 가장 효과적인 대응방안은 결국 균형 잡힌 쌍방향적 문화교류라고 할 수 있다(박상현, 2007; 김범송, 2008; 고정민, 2009; 한국문화관광연구원, 2009; 조형근·김휘정, 2011). 그런데 다양한 해외문화를 수입하고 소개하는 일은 단순히 시장논리로는 해결되기 어려운 과제이다. 이윤극대화를 추구하는 연예기획사들에게 돈 안 되는 일을 강요할 수는 없다. 결국 균형적인 상호간 문화교류의 확대는 수익성 여부를 떠나서 공익을 추구해야 하는 정부가 마땅히 담당해야 할 과제인 것이다.

제 20 장

# 문화·예술로 행복한 국가를 꿈꾸며

# 제 20 장 ▮ 문화·예술로 행복한 국가를 꿈꾸며

## 1절 문화의 소중함

인간은 어떤 존재이며 또한 어떤 존재이어야 하는가? 이 질문은 인간의 본질에 관한 근본적인 물음이라는 점에서 인류 역사가 시작된 이래 가장 오래된 질문이라 할 수 있다. 지금까지 수많은 철학자, 사상가, 종교인들이 이 문제를 두고 고민해오면서 나름 현명한 명언들을 남기기도 하였다. 대중들 사이에 구전되어 내려오는 속담들 중에도 인간의 본성을 꿰뚫어보는 지혜가 담겨있기도 하다.

우리 옛 속담에 '금강산 구경도 식후경'이라는 말이 있다. 인간은 춥고 배고프면 다른 어떤 것도 신경 쓰지 않는 존재라는 것이다. 이러한 시각을 좀 더 고상하게 표현한 대표적인 예가 Abraham Maslow라는 학자가 주장했던 욕구단계론이다. 이 이론에 의하면 인간의 마음 가장 깊은 곳에는 먹고 자고 입는 것과 같은 동물적인 하위욕구가 있고, 그 위에 사랑과 존경을 받고자 하는 욕구, 나아가 아름다움에 대한 갈망 및 자아실현 등과 같은 상위욕구들이 계층제를 이루고 있다고 한다. 얼핏 들으면 과히 틀린 것 같지는 않은, 그래서 많은 경우 당연한 상식으로 통용되는 사회적 통념이기도 하다.

사진 20-1 탈레반 정권 축출 직후 아프가니스탄의 수도 카불

이렇게 '배고픈 소크라테스보다 배부른 돼지가 낫다'는 식의 인간관을 가지고 바라보면 문화와 예술은 문자 그대로 '사치재'일 수밖에 없다. 있으면 좋지만 없다고 해서 꼭 큰일 날 것도 아니라는 것이다. 경제학에서는 보통 쌀이나 옷은 '필수품'이라 하는 반면 문화・예술은 '사치재'라고 부른다. 소득이 감소한다고 해도 의식주를 위한 지출은 큰 변화가 없지만 문화・예술 소비를 위한 지출은 큰 폭으로 줄어든다는 것이다. 왜냐하면 의식주는 인간의 생존을 위해 꼭 필요한 것이지만 문화・예술을 누리지 못한다고 해서 사람이 곧 죽는 것은 아니기 때문이다. 말하자면 춥고 배고픈 사람에게 문화와 예술은 한낱 불필요한 사치라는 것이다.

그런데 과연 그러할까? 문화와 예술은 '사치재'라는 일반적 인식이 과연 틀림없는 사실일까? 〈사진 20-1〉을 한번 보자.

이 사진은 아프가니스탄을 통치했던 탈레반 정권이 2001년 미국에 의해 축출된 직후에 수도 카불에서 있었던 소동을 찍은 것이다. 이 사진을 보고 과연 어떤 상황인지 짐작할 수 있겠는가? 아무런 설명 없이 그저 사진만 보고 추측한다면 아마도 굶주린 주민들이 식량배급을 서로 먼저 받기 위해 창고에 한꺼번에 몰려들어 아우성치는 모습이 아닐까 생각할 수도 있다. 하지만 이 사진 속의 사람들은 식량이나 생필품을 배급받기 위해 몰려드는 난민들이 아니다. 실은 영화를 보기 위해 극장에 서로 먼저 들어가려고 애쓰는 사람들이다. 과도할 정도로 엄격한 회교율법주의를 강요했던 탈레반 정권은 집권 기간 내내 아프가니스탄에서 일체의 오락을 금지했었다. 탈레반 정권이 무너지고 5년 만에 영화관이 다시 문을 열자 그동안 문화생활에 굶주렸던 수많은 사람들이 영화를 보기 위해 구름떼처럼 몰려든 것이다. 경찰은 출입구에서 과도하게 흥분한 관중을 통제했으며 이 과정에서 2명이 체포되기도 했다.

얼핏 생각하면 참으로 어처구니없는 것 같은 이 사진을 다시 한 번 진지하게 들여다보자. 사진 속 사람들의 표정과 몸짓에는 기필코 영화관에 들어가고야 말겠다는 강열한 의지가 드러나 보인다. 이것이 무엇을 말해주는가? 이 사진은 사실 '문화적 굶주림'이 얼마나 참기 어려운 고통인가를 그 어떤 이론들보다 더 극명하게 보여주고 있다. 먹을 것을 먹지 못한 배고픔이나 마실 것을 마시지 못한 목마름 못지않게 문화적인 허기짐과 갈증 또한 인간의 근원적 욕망 중의 하나이다. 문화 · 예술에 대한 욕구는 '배부르고 등 따스운' 한량들이나 즐기는 사치라는 생각은 잘못된 착각이다. 아프가니스탄의 경제수준은 우리나라와는 비교가 안 될 정도로 열악하다. 만약 문화 · 예술에 대한 일반적 인식이 참이라면 그토록 가난한 나라의 가난한 주민들이 식량도 아니고 한낱 영화 한 편을 보기 위해 아귀다툼하듯 소동을 벌이는 일은 있을 수 없다. 그러나 그들에게는 한 끼 식사만큼이나 영화 한 편도 소중했던 것이다. 따라서 경제발전이나 의식주 수준이 낮으면 문화생활에 대한 갈망도 약하리라는 생각은 근거 없는 착각이라고 할 수 있다. 신체적 만족을 주는 의식주와 정신적 만족을 주는 문화 · 예술은 인간에게 똑같이 중요하고 근본적인 욕망인 것이다.

그렇다면 문화와 예술이 '있으면 좋고 없어도 그만'인 '사치재'라는 잘못된 인식은 왜 그렇게 보편적으로 퍼져있는 것일까? 우선 사람들의 소비지출 패턴에 대한 통계자료를 보면 사실 욕구단계론적 시각이 맞는 것처럼 보이기도 한다. 실제로 IMF 사태 직후인 1998년의 통계에 의하면 평균 소득이 전년도 대비 6.7% 감소되었을 때, 주거비는 8%, 주식비는 8.8% 줄어든 반면 교양오락비는 약 세 배 가까운 22.6%나 줄어들었다. 이는 문화생활에 대한 지출이 소득탄력성이 매우 큰, 전형적인 '사치재'의 특성을 가지고 있음을 보여준다. 그런데 문제는 소비지출이라는 외부로 드러나는 행태로부터 사람들의 내면에 있는 생각을 유추하는 데 있어 심각한 왜곡이 있을 수 있다는 사실이다. 문화·예술에 대한 소비지출이 줄었다고 해서 반드시 문화·예술에 대한 관심이 줄었다고는 할 수 없다. 오히려 문화소비가 줄어들었기 때문에 문화에 대한 갈급함은 더욱 심해졌을 가능성이 크다. 또한 개인적으로 비용을 지불하지 않더라도 문화·예술을 향유할 수 있는 길은 얼마든지 널려 있다. 따라서 소비지출에 대한 통계자료에 근거해서 문화·예술을 '사치재'라고 정의하는 것은 사실 불완전한 해석이라고 할 수 있다.

더욱 심각한 문제는 '현실은 A이다'라는 실재론적 명제로부터 '그러니까 현실은 A여야 한다'라는 당위론적 명제를 도출하려는 시도이다. 백번 양보해서 문화·예술이 사치재적 특성을 지닌 것이 정확한 현실이라고 하자. 그러나 현실이 그렇기 때문에 마땅히 문화·예술을 사치재로(특히 정책적 차원에서) 취급해야 한다고 주장하는 것은 심각한 비약이 아닐 수 없다. 이런 식의 주장은, 비유컨대, 마치 관료사회에서 부정부패가 종종 발생하는 것이 현실이니까 마땅히 관료사회에는 부정부패가 있도록 만들어야 한다는 주장이나 다름없다. 물론 이와 같은 주장은 일고의 가치도 없는 엉터리이다. 현실의 실재로부터 그대로 당위를 도출해서는 안 된다. 우리 사회에 필요한 정책이나 앞으로의 행동방침을 수립함에 있어서는 현실을 참고하되 무엇이 옳은 것인지, 무엇이 바람직한 것인지에 대한 철학적 사고가 근간이 되어야 한다.

부처님 눈에는 부처님만 보이고 돼지의 눈에는 돼지만 보인다는 말이 있다. 세상이 지금 이 모양인 것은 결코 필연적인 것이 아니다. 인간이 어떤 존재이고 또한 어떤 존재이어야 하느냐에 대해서도 어떤 필연적인 정답이 있을 수 없다. 현실은 우리의 생각에 의해 빚어지는 것이기 때문이다. 어떤 눈으로 인간을, 세상을 볼 것인지는 우리가 선택하는 것이다. 그리고 우리가 사는 세상이 어떤 모습이 되느냐는 결국 우리가 스스로를 어떤 존재로 인식하느냐에 의해 좌우되기 마련이다.

우리가 우리 자신을 '돼지'의 눈으로 보면 우리는 돼지가 되는 것이고 '인간'의 눈으로 보면 인간이 되는 것이다. '돼지'의 눈으로 보면 그저 배부른 것이 최고이다. 그리고 밥 많이 먹여주지 않는 문화와 예술은 문자 그대로 '돼지 목에 진주 목걸이'처럼 그저 있으나 마나한 '사치재'에 불과하다. 하지만 '인간'의 눈으로 보면, 밥을 먹지 못하고 물을 마시지 못한 육체적 굶주림과 갈증 못지않게 문화적 굶주림과 갈증 역시 똑같은 고통이다. 진부 목걸이는 배부른 사람에게나 배고픈 사람에게나 다 똑같이 예쁘고 귀하게 보인다.

인간에게는 의식주에 대한 욕구만큼이나 문화 · 예술에 대한 욕구 역시 똑같이 소중한 욕망이다. 우리가 사는 세상을 돼지우리로 만들 것인가 아니면 사람 사는 곳으로 만들 것인가는 결국 우리의 선택에 달려 있다. 그리고 우리가 어떤 선택을 해야 할 것인지는 너무나 자명하지 않을까.

이상의 논의를 정리하면 다음과 같이 요약할 수 있다. 첫째, 문화와 예술은 인간이 인간으로 존재하기 위한 근본적인 필수요소이다. 둘째, 문화 · 예술에 대한 갈망은 인간 내면의 깊은 심연에 있는 근본적인 욕망이다. 셋째, 문화 · 예술에 대한 사람들의 갈망은 경제적 상황이 악화된다고 해서 그에 비례하여 줄어드는 것이 아니다. 문화와 예술이란 인간에게 이렇게 소중한 것이기 때문에 국민의 행복한 삶을 추구하는 데 있어 문화행정의 중요성 또한 지대할 수밖에 없다.

## 2절 문화와 행정이 만날 때

개인이나 국가나 그저 돈만 많다고 행복해지는 것은 아니다. 품격 있는 사회를 이루어나가기 위해서는 문화와 예술이 활짝 꽃피우도록 가꾸어나가는 것이 필요하다. 경제성장이나 국가안보가 국가적으로 중대 과제이긴 하지만 균형 잡힌 진정한 사회발전을 위해서는 문화와 예술이 도외시되어서는 안 된다. 따라서 문화・예술에 대한 공적 지원은 선택사항이 아니라 국가적 차원의 필수 과제라고 할 수 있다. 그렇다면 문화・예술로 풍요로운 사회를 지향함에 있어서 염두에 두어야 할 것은 무엇일까?

### 1. 문화・예술에 대한 인간의 본능적 갈구

첫째, 앞에서도 강조되었듯이 문화와 예술은 인간이 인간으로 살아가기 위해 꼭 필요한 필수요소라는 사실을 잊지 말아야 한다. 모든 인간은 '아름다움'(美)과 즐거움을 갈구하는 본능적 욕구를 가지고 있다. 그리고 예술은 바로 이 아름다움과 감동에 대한 욕구를 충족시켜주는 가장 대표적인 활동이다. 음식이나 물이 없으면 인간의 생명이 위태로워지지만 예술이 없다고 해서 곧 목숨이 끊어지는 것은 물론 아니다. 하지만 인간이 문화와 예술 없이 살아간다면 그것은 그저 좀비와 같은 존재에 불과하다. 인간은 본질적으로 심미적 존재이다. 아름다움과 즐거움을 추구하는 것은 모든 인간에게 보편적으로 해당되는 특질이다. 인간은 동물과는 달리 단순한 생물학적 생존 이상의 무언가 의미 있는 삶을 갈구하는 존재이다. 사람들은 각자 그 정도는 달라도 누구나 아름다움과 감동을 누리려고 하는 욕망을 가지고 있다. 아프가니스탄의 한 극장에 몰려든 인파 사진에서 보듯이 예술에 대한 목마름과 배고픔은 신체적 갈증과 기근만큼이나 심각한 고통이다. 경제불황 속에서도, 심지어 전쟁터 한 가운데서도 사람들의 마음속에는 문화 · 예술에 대한 갈망과 욕구가 꺼지지 않고 있는 것이다.

## 2. 돈의 중요성

둘째, 문화 · 예술은 돈과 밀접한 관계에 있다는 사실을 인정해야 한다. 문화 · 예술에 대한 공적 지원 중에서 특히 재정지원이 중요한 이유는 다음과 같다. 첫 번째는 상징적 차원이다. 상당한 규모의 자금이 문화 · 예술 부문에 투입된다는 사실 그 자체가 우리 사회와 국가가 문화 · 예술을 소중하고 가치 있는 것이라 인정한다는 상징이자 메시지가 된다. 두 번째는 사회적 관심을 측정하는 지표가 되기 때문이다. 개인이건 국가이건 예산이 많이 배정된다는 것은 곧 그만큼 관심이 크다는 것을 의미한다. 따라서 문화 · 예술 지원자금의 규모는 우리 사회가 문화 · 예술에 쏟는 관심의 크기를 반영한다. 마지막으로 문화 · 예술의 창작 및 향수 활동에는 분명히 적잖은 비용이 소요되기 때문이다. 비록 돈이 예술 욕구를 불러일으키는 인센티브가 될 수는 없다고 해도 제한을 가하는 제약요건이 되기는 한다. 문화활동을 위해 현실적으로 발생하는 경비를 충당하려면 돈이 필요하다. 이 명백한 사실을 부인할 수도 없고, 부인할 필요도 없으며, 또 부인해서도 안 된다.

인간이 돈의 노예가 되는 것은 분명 비극이다. 하지만 예술활동과 문화생활은 돈을 필요로 한다. 예술작품의 창작이나 감상을 위해서는 많든 적든 돈이 필요한 것이 사실이다. 예술가가 창작활동을 하려면 우선 먹고 살아야 하므로 생계유지를 위한 돈도 필요하다. 한편 예술은 종종 큰 돈을 벌어주기도 한다. 최근 시장규모가 급팽창하고 있는 문화산업이 잘 보여주듯이 예술은 때로 엄청난 대박 장사가 되기도 한다. 예술이 돈을 필요로 하고 또한 돈벌이가 되기도 한다는 사실은 전혀 부끄러워하거나 숨기려 애쓸 필요도 없는 지극히 자연스러운 현실이다. 굴뚝 없는 산업인 문화산업은 오늘날 전 세계적으로 새로운 성장동력원으로 각광 받고 있다. 문화와 예술을 통해 사람들에게 감동을 주면서 동시에 돈도 많이 벌 수 있다는 것은 얼마나 좋은 일인가. 이는 마치 노래 잘 부르고 모양도 예쁜 카나리아가 황금알까지 낳는 것과도 같다.

## 3. 공적 지원의 필요성

셋째, 펌프 작동을 위해서는 먼저 마중물을 붓는 게 필요하듯 문화 · 예술에 대한 수요를 창출함에 있어서도 공적 지원이 필요할 수 있다. 우리 사회에 다양한 문화적 취향을 갖춘 시민들이 많으면 많을수록 예술에 대한 충분한 시장수요가 존재할 것이다. 또한 경제가 호황일수록 개인이나 기업의 후원도 비교적 넉넉할 것이라 기대할 수 있다. 그러나 국민들의 문화적 취향이 약하거나 경제사정이 악화된 상황에서는 예술 및 예술가에 대한 돈줄이 마르게 되고 아울러 감상 기회도 줄어든다. 그런데 문화 · 예술에 대한 인간의 본능적 갈망을 고려할 때 이러한 상황은 사회공동체의 행복이 크게 위축됨을 의미한다.

정부의 책임이 발생하는 것이 바로 이 지점이다. 공익의 수호자요 국민의 머슴인 정부는 마땅히 국민의 문화적 행복 증진을 위해 노력할 의무가 있다. 정부가 공금 지원이나 문화 · 예술 교육을 통해 저변을 확대한다면 자생적인 문화 발전의 단초가 될 수 있다. 예컨대 공적 지원을 통해 생산된 공공예술은 시민들의 일상생활을 다양한 예술에 둘러싸이게 만들며 부지불식간에 사람들의 예술적 취향을 다양하게 형성 · 발전시킬 것이다. 그리고 어린 시절부터 다양한 예술 교육의 경험이 쌓일수록 문화향수에 대한 자발적 수요가 커질 것이다. 그리되면 정부의 공적 지원에 크게 기대지 않고도 문화 · 예술의 수요와 공급이 선순환하며 발전할 수 있을 것이다.

그런데 과연 문화 · 예술에 대한 행정의 개입과 지원은 정말로 우리가 원하는 결과를 낳을까? 사실 지원금을 배분해 주는 공공기관 입장에서는 막대한 공금이 투입됨에 비해 정작 구체적이고 가시적인 효과가 있는지에 대해 사뭇

회의가 들 때도 있다.[1] 문화 · 예술의 공공재적 성격을 인정하여 어렵사리 마련된 "공적기금이 과연 문화예술단체의 자생성과 경쟁력 강화 측면에서 '독(毒)'인가 '약(藥)'인가 라는 극단적 평가"까지 나오기도 한다(경기문화재단, 2005). 물론 정부의 재정적 지원이 정말 문화 · 예술을 진흥시켰는지, 그리고 주민들의 문화적 삶의 질은 정확히 얼마만큼 증진되었는지에 대한 백퍼센트 객관적인 평가는 불가능하다. 하지만 그렇다고 공적인 자금 지원이 없어야 더 나은 결과가 나오리라는 확실한 보장 역시 없다. 문예진흥기금과 같은 공적 지원금이 있었기에 그렇지 않았다면 불가능했었을 수많은 예술창작 및 발표 활동이 좌우간 이루어졌던 것은 사실이다.

예술의 세계에 있어서 양적인 발전이 곧 질적인 발전이라고 할 수는 없다. 그러나 확실한 것은 예술작품이 많이 생산되면 될수록 그중에 뛰어난 명작이 섞여 있을 가능성도 따라서 커진다는 사실이다. 실제로 예술사를 훑어보면 처음에는 혹평에 시달리다가 오랜 시간을 거치면서 불후의 '명작'(masterpiece)으로 평가받게 되는 사례들이 숱하게 많다. 이런 관점에서 보면 비록 지금 당장은 문화 · 예술 지원사업의 성과에 대한 진정한 평가가 불가능하다고 해도 공적 지원으로 인한 창작이 많이 누적될수록 예술의 질적 발전 가능성 또한 높아진다고 할 수 있다. 그러므로 우리가 문화 · 예술의 가치를 인정하는 한 문화 · 예술을 위한 공적 지원의 필요성 또한 인정해야만 할 것이다.

---

**1** 최춘일(2007)은 지금까지 지역 문화재단의 지원이 과연 제 역할을 제대로 수행했는지 자문할 필요가 있다고 하면서 지원방법과 지원결과의 실효성 그리고 특히 '지원'의 의미에 대한 재검토가 필요하다고 피력하였다. "이 분야의 실무자들은 지원을 통해서 기금을 타기 위한 전문가들을 양산하는 것이 아니냐는 반문을 한다. 그리고 지원으로 추진된 사업들이 현장에서 어떻게 개개인의 삶에 기여하는지 회의적인 시선을 보내기도 한다. 이러한 문제점은 지역에서 지원을 실시하고 일정한 시간이 경과한 뒤에 나타나는 지역 예술의 정체화와 지원자들의 지역 이기주의, 또는 토호라고 부를 만한 지역 선점자들의 경쟁의 회피와 독점적 행태들에서 나타난다. 예술인들의 지역에 대한 정체성이 독특한 방식으로 왜곡되어 지원제도의 의미를 훼손하는 양상으로 나타나는 것이다."

## 4. 예술가의 사회적 책임

넷째, 공적 지원을 받는 예술가들은 자신들이 사회공동체의 일원으로서 공동체 전체를 위한 사회적 책임이 있음을 명심해야 한다. 문화예술에 대한 공적 지원을 통해 우리가 궁극적으로 얻고자 하는 바는 '문화적 공공의 부(cultural common wealth)의 극대화'이다. 정홍익(2001)이 강조하듯이 "정부가 문화예술을 지원하는 목적은 수혜를 받는 예술가들 개인에게 혜택을 주기 위한 것이 아니라 문화예술을 발전시키고 문화예술적 경험을 통해서 궁극적으로는 국민의 삶의 질을 고양하는 것"이다. 정부에서 제공하는 공적 지원금은 결국 국민들이 지불하는 것이며 이는 결코 '공짜 점심'(free lunch)이 아니다. '국민 모두의 공금'을 받기로 작정한 이상, 공동체는 안중에도 없이 그저 자유로운 예술가로 남겠다고 고집부려서는 안 된다. 공금으로 지원받는 예술가는 마땅히 '공동체를 위한 예술'을 지향해야지 자기 혼자서만 도취하는 '예술을 위한 예술'을 고집해서는 안 된다. 좀 못마땅하더라도 때로는 예술가 자신의 눈높이를 일반 시민들의 눈높이에 맞추기도 해야 한다.

물론 예술가 개개인 입장에서는 예술 창작 그 자체가 목적일 수 있다. 그러나 적어도 공적 지원을 받는 창작활동이라면 주민들의 문화향수의 대상이 될 때 비로소 의미를 갖게 된다. 이는 결코 예술 창작과 표현의 자유가 억압되어도 좋다는 뜻이 아니다. 순전히 자기 마음대로 자유롭게 창작활동을 하고 싶다면 공적 지원을 받지 않으면 된다. 정부가 제공하는 각종 문화·예술 지원프로그램은 결코 강요가 아니라 본인 스스로 신청하기로 선택한 예술가만을 대상으로 제공되는 것이다. 요컨대 공적 지원을 받는 예술가들의 창작활동은 그 자체로서 지고지순의 목적이 아니라 어디까지나 시민들의 문화복지를 증진시키기 위한 수단인 것이다.

## 5. 아름다운 낭비

마지막으로 문화와 예술에 대한 투자는 '아름다운 낭비'일 수 있음을 인정해야 한다. 공적 자금이 투입되는 사업에는 반드시 사회적 공익 실현이라는 정당성이 있어야 한다고 했다. 그렇다면 과연 예술에 대한 공적 지원은 그만한 효과가 있는 것일까? 문화정책의 효과에는 새로이 창출된 일자리 수와 같이 가시적이고 계량화가 가능한 효과도 있지만 비가시적, 비계량적, 비경제적 효과들도 있다. 공공미술을 통해 아름답게 꾸며진 거리를 거닐면서 느끼는 기쁨, 예술 교육을 통해 발굴된 아이들의 예술적 소양과 취향, 찾아가는 예술을 통해 소외 계층 주민들이 받는 감동과 즐거움 등은 눈에 보이지도 않고 돈으로 환산할 수도 없다. 하지만 매우 중요한 공공의 이익이 아닐 수 없다. 그럼에도 불구하고 모든 공적 지원사업의 결과를 경제적 효율성이라는 잣대로만 평가하려 든다면 자칫 문화정책의 대부분이 심각한 낭비로 비칠 우려가 있다.

문화와 예술에 대한 투자는 지금 당장 눈앞에 보이는 효과가 없다고 해서 곧 실패작이라고 단정해서는 안 된다. 성급한 판정은 자칫 싹이 트기도 전에 씨앗을 파헤쳐버리는 우를 범하는 것일 수 있다. 예술은 창의성이 핵심이기 때문에 본질적으로 예측 가능성이나 규격성과는 거리가 멀 수밖에 없다. 사실 예술에 대한 지원과 투자는 그 효과가 눈에 잘 안보이기도 하고 장래의 성과도 불확실하기 때문에 자칫 불필요한 '낭비'로 여겨질 수 있다. 하지만 장애인이나 노약자에 대한 복지사업처럼 경제적 효율성 관점에서는 낭비처럼 보일 수 있지만 사회적으로 반드시 필요한 지출이 있다. 사회적 약자들에 대한 복지비 지출이 '거룩한 낭비'라면, 문화와 예술에 대한 공적 지원은 '아름다운 낭비'라고 부를 수 있다. 이러한 낭비는 헛되이 버리는 돈이 아니라 사람들을 즐겁게 해주는 '朗費'인 것이다.

# 3절 이상한 나라의 뮤즈

영국의 작가 루이스 캐럴이 쓴 『이상한 나라의 앨리스(Alice's Adventures in Wonderland)』에는 각종 희한한 캐릭터들이 요상한 장소에서 기묘한 일들을 벌이는 환상적인 에피소드가 가득하다. 거기서는 우리에게 익숙한 현실의 일상적인 규칙과 패턴은 무시되기 일쑤다. 그런데 사회과학도로서 문화정책을 연구하는 필자의 눈에는 문화예술의 세계 역시 대단히 '이상한 나라'로 보인다. 사회과학도는 사회 현상들에 대한 과학적 탐구를 통해 객관적 인과관계와 법칙을 발견하고 나아가 그러한 과학적 지식을 근거로 합리적인 정책제언을 제시하는 것이 주된 임무라고 배운다. 하지만 문화예술의 세계에는 'X를 하면 반드시 Y가 된다'는 식의 법칙 따위는 존재하지 않는 것 같다. 그래서 명색이 문화정책 전문가라는 소리를 들으면서도 막상 정책 현장에서 분석, 평가, 자문 등을 하다보면 마치 '이상한 나라'에 떨어져 혼란스러워하는 앨리스처럼 당혹감을 느낄 때가 많다.

## 1. 이상한 문화예술의 나라

문화예술의 세계는 불규칙성과 불확실성으로 가득 찬 경이로운 세상이다. 문화와 예술은 기본적으로 사람의 마음에 부딪혀 호소하는 것이며 감정의 공명이 발생할 때 비로소 의미를 갖게 된다. 그런데 사람의 마음은 참으로 변덕스럽기 이를 데 없고 언제 어떻게 바뀔지 알 수 없는, 그야말로 요지경 속이다. 남의 마음도 알기 어렵지만 내 마음이라고 늘 정확히 알 수 있는 것은 아니다. 사람의 마음이 언제 어떤 이유로 감동을 받게 되는지 예측한다는 것은 불가능한 일이다. 하루에도 열두 번 바뀌는 것이 사람의 마음이며, 좋아서 죽을 것 같다가도 또 언제 그랬냐는 듯 시들해지는 것이 사람의 마음이다. 무언가 일정한 법칙이 존재하고 예측이 가능하려면 반드시 논리성이 있어야 한다. 하지만 인간의 감정은 논리적으로 설명될 수가 없는 경우가 대부분이다.

불규칙성과 불확실성은 문화예술의 생산(창작)에 있어서도 마찬가지이다. 새로운 예술작품이 창조되기 위해서는 먼저 오랜 시간동안 많은 문화예술 작품을 소비(감상)하는 경험이 절대적으로 필요하다. 그런데 도대체 얼마만큼 문화적 경험이 축적되어야 새로운 창작이 가능한지에 대해서는 일반화된 법칙이 있을 수 없다. 훌륭한 예술이 무엇인지 정의 내리기도 쉽지 않지만 어떻게 하면 훌륭한 예술이 탄생되는지에 대한 객관적 법칙이나 규칙을 찾는 것은 거의 불가능에 가깝다. 동서양의 예술사를 아무리 들여다보아도 수학적 공식 같은 것은 찾아볼 수 없다. 타의 추종을 불허할 정도의 탁월한 예술적 대가 혹은 역사에 길이 남을 불후의 명작을 탄생시킬 수 있는 특정한 공식 따위는 없다는 것이다. 이는 순수예술 뿐 아니라 대중문화에 있어서도 마찬가지이다. 전 세계적으로 공전의 히트작이었던 싸이의 '강남 스타일'이 어떻게 해서 그런 대성공을 거두게 되었는지 사후적인 분석은 어느 정도 가능하다. 그러나 그 길을 다시 그대로 밟는다고 해서 반드시 그와 똑같은 히트작이 다시 나온다는 보장은 없다. 그럴 수도 있고 아닐 수도 있다.

이처럼 문화정책이 타겟으로 하는 세계는 논리와 이성이 아닌 감정과 마음이 지배하는, 불규칙성과 불확실성이 가득한 '이상한 나라'이다. 여기에는 어떤 정책을 어떤 조건 하에 실시하면 어떤 성과를 거둘 수 있다는 식의 멋진 인과관계 법칙은 전혀 통용되지 못한다. 문화정책은 기본적으로 기계나 자연이 아닌, 변화무쌍한 사람의 마음을 상대로 하기 때문이다. 문화정책을 수립하고 시행하는 정책결정자들은 철저한 분석과 기획을 통해 세상을 통제할 수 있으리라는 기계론적 세계관은 포기하는 것이 좋다. 물론 정부가 문화융성과 창의성 제고를 위해 나름대로 각종 전략을 기획하고 제도를 수립할 수는 있다. 그리고 충분한 예산을 지원해주고 규정대로 잘 집행하면 성공적인 결과가 나올 수 있을 거라는 희망도 가질 수 있다. 그러나 정말 그렇게 믿는다면 이는 마치 성탄절에 산타 할아버지의 선물을 기다리는 어린 아이처럼 천진난만한 기대가 아닐 수 없다. 문화정책의 세계에서는 마치 '이상한 나라의 앨리스'처럼 전혀 예기치 못했던 당혹스럽고 희한한 일들이 언제라도 터져 나올 수 있기 때문이다.

## 2. 벤처투자로서의 문화정책

문화예술의 세계가 '이상한 나라'와 같다면 문화정책의 본질은 '벤처 투자'라고 할 수 있다. 문화정책의 씨앗이 언제 어디서 어떤 모양으로 싹을 틔울지 미리 예측하는 것은 거의 불가능하다. 이것은 물론 정책담당자의 능력상의 한계 때문이기도 하지만 그보다는 문화예술의 본질적인 특성에 더 기인한다. 문화정책이라는 씨앗을 뿌린 후에는 싹이 트는 것을 그저 기다리며 지켜 볼 도리밖에 없는 것이다. 정책 담담자의 책임은 거기까지로 제한된다. 문화예술의 세계와 같이 '이상한 나라'에서 정책의 효과에 대해 너무 많은 기대를 하는 것 자체가 어쩌면 이상한 일이다. 물론 그렇다고 해서 문화발전을 위한 정책적 지원이 아무 소용이 없다는 말은 아니다. 중요한 것은 정책의 미래 성과에 대해 지나친 기대를 하지는 말자는 것이다. 아무리 많은 문화예술 전문가들이 머리를 맞대고 근사한 정책을 수립한다고 해도 그것이 장차 어떤 성과를 가져다줄지는 지극히 불확실하다. 기대했던 것을 얻지 못할 수도 있고 반대로 전혀 기대하지 않았던 것을 거둘 수도 있다는 것이다.

벤처투자가 대부분 그러하듯이 무수히 많은 정책시도들이 다 수포로 돌아갈 것까지도 각오해야 한다. 그렇다고 실패를 두려워해서 정책적 지원과 투자를 중지하는 것은 어리석은 일이다. 왜냐하면 숱하게 뿌려둔 씨앗 중에서 운 좋게 대박이 한번 터지게 되면 그동안의 그 수많은 헛발질로 인한 손실을 벌충하고도 남기 때문이다. 하지만 도대체 그 대박이 과연 누구인지를 미리 알아내기란 불가능하다. 그렇다면 결국 여기저기에 많은 씨앗을 계속 뿌리는 것이 최선의 방책일 것이다.

이런 관점에서 보면 문화정책의 세계에서는 어쩌면 정책실패(policy failure)란 있을 수 없다고도 할 수 있다. 모든 문화정책 하나하나는, 그 단기적 효과가 무엇이든, 그 나름대로 다 의미 있는 '참 잘했어요(nice try)'로 이해될 수 있다. 비록 특정한 정책 혹은 지원이 어떤 구체적인 성과를 거두지 못하였다고 해도 그 자체가 문화 · 예술 세계에서는 나름 소중한 경험이 될 수 있기 때문이다. 그리고 이러한 경험들은 예술가 개인 혹은 커뮤니티 속에 다른 방법으로는 얻을 수 없는 문화자본의 축적을 가능케 한다. 그리되면 언젠가 그 속에서 예전에는 감히 꿈도 꾸지 못했던 엄청난 대박이 터져 나올 수 있다. 최근 신한류 붐을 이끌고 있는 K-Pop이 그 생생한 증거이다. 거시적 시각으로 보면 K-Pop의 엄청난 성공은 결코 몇몇 대중음악가들이 잘나서 이루어진 것이 아니다. 오랜 세월동안 우리나라 문화예술계가 이런저런 일들을 겪으며 쌓아왔던 각종 문화자본이 있었기에 가능한 일이었다. 그리고 그러한 문화자본의 축적 과정에서 정부의 문화정책이, 의도했든 안했든 혹은 좋든 나쁘든, 많은 영향을 끼쳤음을 부인할 수 없는 것이다.

## 3. 실망할 준비 그리고 놀랄 준비

그렇다면 문화예술이라는 '이상한 나라'에서 살아가는 우리는 도대체 무엇을 기대할 수 있을까? 필자의 생각으로는 '실망할 준비 그리고 놀랄 준비'가 필요하다고 본다.

문화정책이라는 씨앗이 언제 어떻게 어떤 결과를 낳을 것인지는 불확실하다. 이런저런 정책적 시도를 통해 문화자본이 축적되는 것은 같은데 그렇다고 매번 괜찮은 성과가 나오는 것도 아니다. 어떤 정책결정자도 결코 전지전능할 수는 없겠지만 문화정책의 세계에서는 그 능력이 더욱 더 제약될 수밖에 없다. 그렇다면 문화정책에 관한 한 어쩔 수 없는 한계를 인정하고 우리의 기대수준도 낮출 필요가 있다. 아무리 최선을 다해 문화정책을 수립한다 해도 당초 목표로 했던 멋진 결과를 낳기는커녕 오히려 형편없이 망쳐버릴 수도 있음을 각오해야 한다. 아무리 그럴듯해 보이는 정책이라고 해도 늘 실망할 준비를 하고 살자는 것이다.

그런데 미래의 불확실성이란 결코 두려운 것만은 아니다. 미래가 확실하지 않다는 것은 곧 무엇이든 가능하다는 것을 의미하기도 하기 때문이다. 예컨대 K-Pop으로 상징되는 한류 붐은 과거 그 누구도 기대하지 못했던 가운데 발생한 뜻밖의 기적이었다. 문화예술이라는 '이상한 나라'에서는 정부의 투자나 정책지원이 장차 어떠한 성과를 거둘지 아무도 미리 알 수 없다. 하지만 한류와 같이 누구도 예상하지 못했던 '설계되지 않은 성공'이 얼마든지 가능하기도 하다. 이 때문에 미래를 알 수 없다는 것은 두려운 일인 동시에 가슴 설레는 일이기도 한 것이다. 따라서 어떤 정책을 시행하든 조급한 마음에 가시적이고 단기적인 성과에 연연하기보다는 여유를 가지고 기다려보는 것이 필요하다.

동화 속 앨리스가 흥미진진한 모험을 겪었던 '이상한 나라'(Wonderland)는 사실 알고 보면 흥미진진한 모험거리들로 가득한 '기막히게 멋진 나라'(Wonderful Land)였다. 문화예술이라는 세계는 과학적 법칙과 수학적 공식이 잘 통하지 않는 'Wonderland'일 수도 있다. 하지만 바로 그렇기 때문에 합리적 기대를 넘어 깜짝 놀랄 만큼 경이로운 일이 일어날 수 있는 'Wonderful Land'인 것이다.

## 4절 미녀와 야수의 사랑 만들기

서커스단에서 두 발로 뒤뚱거리는 곰에게 관객들이 박수치는 것은 '백조의 호수' 발레를 완벽하게 소화해서가 아니다. 곰이 음악에 따라 몸을 좀 흔든다고 해서 '맨발의 이사도라'처럼 우아하게 춤출 수 있다고 생각한다면 어리석은 환상이다. 그 곰이 이사도라와 같은 훌륭한 발레리나가 아니라고 말하는 것은 결코 곰에 대한 모욕도 아니고 비난도 아니다. 그저 사실을 있는 그대로 진술한 것뿐이다. 곰은 신체구조상 애당초 발레 동작에는 적합하지 않기 때문이다. 때린다고 되는 것도 아니고 훈계한다고 되는 것도 아니고 최면을 건다고 되는 것도 아니다. 할 수 없는 것을 무리하게 시키려고 한다면 곰이 다치거나 아니면 미쳐버릴지도 모르며 무대 바닥이 부서져버릴 수도 있다.

이 비유는 문화행정에 대해서도 그대로 적용된다. 환상 속에서 현실의 해결책을 찾을 수는 없다. 그 대신 문화행정의 한계를 분명히 인정하고 가능한 범위 내에서 가급적 더 나은 정책대안을 모색해야 할 것이다. 그러나 이러한 접근이 최선의 정책을 보장하지는 못한다. H. Simon이 이미 오래 전에 말했던 '만족스러운'(satisficing) 수준의 정책결정이라도 나온다면 그나마 다행이다. 이것은 관료제를 기반으로 하는 행정 시스템의 본질적인 한계, 더 나아가 인간이라는 피조물의 유한성 때문에 어쩔 수 없는 일이다. 실망스럽겠지만 기대수준을 낮추어야 한다. 슈퍼맨 영화를 본 어린 아이가 자신도 하늘을 날 수 있다는 착각 속에 망토를 걸치고 지붕에서 뛰어내린다면 그야말로 철없고 어리석은 행동이다. 영화와는 달리 본래 인간은 날 수 없는 존재임을 깨닫는 것은 실망스러운 일일 수도 있다. 그러나 적어도 슈퍼맨 흉내를 내다가 코가 깨지거나 다리가 부러지는 고통은 없을 것이다.

이러한 비유는 문화행정에 대한 그저 단순한 비판이라기보다는 어쩔 수 없는 본질적인 한계를 지적한 것이다. 문화행정을 마치 완벽한 문제해결사로 바라보는 소위 '왕자 패러다임' 시각은 환상이나 다름없다. 문화에 관한 한 행정 시스템은 결코 세련된 왕자일 수 없으며 오히려 무지막지하게 힘만 센 야수에 가깝다. '야수 패러다임'의 근본취지는 왕자와 공주 같은 동화 속 환상에서 깨어나 불완전한 현실, 즉 문화행정의 본질적 한계를 있는 그대로 인정하자는 것이다.

문화행정에 대한 비현실적 환상을 포기하지 않으면 딜레마에 빠질 수밖에 없다. 왕자 패러다임식의 문화행정관에서는 정부에 대한 과다한 요구가 제기될 수밖에 없다. 만약 정부가 그저 방관자적 태도로 일관하든지 혹은 민간에 전적으로 위임해버리면 무책임하다는 비난에서 벗어나기 어렵게 된다. 그렇다고 문화의 전문가가 아닌 행정관료들이 적극적으로 개입하게 되면 문화를 발전시키기는커녕 오히려 방해만 하기 쉽다. 행정에 대한 과도한 기대는 관료들에게 지나친 책임을 부담시키게 된다. 그리되면 잘 할 수도 없는 일을 억지로 하게 될 것이고 그러다 오히려 망쳐버릴 가능성이 클 것이다.

야수 패러다임에서 바라보는 문화행정의 본질은 '미녀와 야수의 사랑 만들기'라는 은유로 표현할 수 있다. 본래 서로 어울릴 수가 없는 존재들이 상호 원만한 관계를 유지하려면 어떻게 해야 하는가? 무엇보다도 야수(행정)의 생래적 특성상 미녀(문화)의 아름다움을 한층 더 가꾸어주는 일은 애당초 불가능하다는 사실을 인정해야만 한다. 설령 그러한 열망이 있다고 해도 필요한 안목과 능력이 결여되어 있다. 야수의 이러한 본질적 한계를 그 자신도 명확히 인식해야 하며 미녀도 항상 기억하고 있어야 한다. 야수에게서 왕자의 품위를 기대하는 한 야수는 야수대로 절망감만 쌓이게 되고 미녀는 미녀대로 상처와 원망만 남게 될 것이다. 야수가 할 수 있고 또 해야 할 일은 그녀가 마음껏 치장할 수 있도록 봉사하는 것이다.

## 5절 멋진 문화한국을 향하여, 더불어 함께

그렇다면 과연 문화행정을 통해 문화예술의 발전과 문화적 복지가 이룩될 수 있는 것일까? 문화행정은 우리 모두를 진정 행복하게 할 수 있을까? 그럴 수도 있고 아닐 수도 있다. 사실 이러한 질문은 모든 책임을 남에게 떠넘기려는 유아적 발상에서 비롯된다고 할 수 있다. 분명 행정은 국민의 행복을 위해 봉사해야 하는 존재이다. 그러나 행정만이 국민의 행복을 위해 노력해야 하는 것은 아니다. 국민 스스로도 노력해야 한다. 행복을 추구하는 것은 정부만의 책임이 아니라 우리 모두의 책임이다. 또한 멋진 문화한국을 건설하는 것은 정부만의 책임이 아니다. 이 역시 우리 모두의 공동책임인 것이다.[2]

소프라노 조수미, 지휘자 정명훈, 비디오 아티스트 백남준, 한국화가 운보 김기창. 이들은 한국을 대표하는 세계적인 예술가들이다. 영국의 전설적 그룹 Beatles, 미국의 팝 황제 Michael Jackson, 스웨덴이 Bolvo 자동차와 함께 세계에 자랑하던 혼성보컬그룹 Abba. 이들은 모두 뛰어난 음악성과 대중성으로 엄청난 성공을 거둔 세계적인 대중음악인들이다. 〈쉬리〉, 〈JSA 공동경비구역〉, 〈태극기 휘날리며〉, 〈왕의 남자〉, 〈괴물〉, 〈광해〉, 〈부산행〉, 〈암살〉, 〈명량〉. 이들은 작품성과 재미를 고루 갖추고 한국영화 흥행신기록을 연달아 갱신했던 영화들이다. 이들을 위하여 정부가 무엇을 하였는가? 또 무엇을 할 수 있는가?

정부는, 예를 들면, 라이브 클럽 연주를 합법화함으로써 Beatles 같은 세계적 밴드가 탄생할 수 있는 여건을 조성할 수 있다. 반대로 라이브 클럽을 불법으로 규제하고 단속함으로써 락 밴드는 아예 발도 붙이지 못하도록 원천봉쇄할 수도 있다. 정부는 또한 남북문제 표현에 대한 정치적 검열을 해제함으로써 〈쉬리〉같은 영화가 제작될 수 있는 분위기를 만들 수 있다. 혹은 반대로 반공 이데올로기를 철저히 강화하여 그러한 영화는 시나리오 구상조차 꿈도 꾸지 못하게 할 수 있다.

그러나 Beatles나 〈쉬리〉는 절대로 정부가 원한다고 해서 만들어지지는 않는다. 문화적 창의성이란 무슨 5개년 계획 같은 식의 정책에 의해 만들어지는 것이 아니다. 과거 산업화 시대의 급속한 경제성장을 가능케 했던 정부주도의 정책모델, 즉 강력한 정부의 주도하에 자본과 인력을 동원하는 방식은 문화의

---

**2** 미국의 경우 예술 · 인문분야에 대한 민간기부(1994년) 중 기업체는 고작 7%인 반면 개인적 기부의 비율은 무려 80%나 되었다. President's Committee on the Arts and the Humanities, *Creative America: A Report to the President*, 1997.

시대에는 더 이상 적합하지 않다.[3] 뛰어난 문화·예술의 관건인 창의성은 결코 풍족한 재정지원이나 인위적인 지시 따위만으로 길러지는 것이 아니기 때문이다. 물론 문화창조를 위하여 정부가 무언가 적극적인 도움을 주는 것도 필요할 경우가 있다. 하지만 정부의 지원이 항상 훌륭한 결과를 보장하는 것은 아니다. 체력강화를 위한 보약이기를 바랐는데 오히려 이빨을 썩게 하는 사탕이 될 수도 있는 것이다.[4]

문화·예술에 대한 지원은 마치 농사짓는 것에 비유할 수 있다(김정수, 2008c). 씨앗을 파종하자마자 곧 열매를 따려고 한다면 어리석은 일이다. 싹이 나고 열매를 맺기 위해서는 충분한 시간 동안 햇볕과 양분을 넉넉히 공급받아야하기 때문이다. 문화·예술의 세계도 마찬가지이다. 공적 지원으로 인해 무언가 좋은 결과가 나타나려면 충분한 숙성기간이 필요하다. 물론 모든 씨앗이 탐스러운 열매를 맺는 것은 아니듯이 모든 지원 수혜자들이 문화·예술의 진흥에 기여하리라 기대할 수는 없다. 또한 과연 얼마나 시간이 흘러야 결실을 보게 될 것인지, 그리고 과연 어떤 씨앗이 훌륭한 열매로 자라날지 미리 알기도 어렵다. 사실 문화·예술의 발전이란 정책적으로 "기획"(plan)될 수 있는 성질의 것이 아니다(Frey, 1999). 결국 문화행정은 언제가 될지 알 수 없는 먼 앞날을 내다보며 씨를 뿌리고 거름을 주는 장기적 투자로 이해할 필요가 있다. 그 후에는 싹이 트기만을 그저 기다리며 지켜볼 도리밖에 없다. 그것이 문화행정의 본질적인 한계이다. 그렇다고 미래의 성과가 불확실하다고 현재의

---

**3** 문화인프라는 고속도로나 철강공장 같은 것이 아니라 생활문화 그 자체이며 사람과 창의성이 가장 중요한 요소이기 때문이다(김용호, 1996: 43-47).

**4** 우리나라 영화산업은 정부수립 이래로 갖가지 정책적 보호와 특혜를 받아왔음에도 불구하고 경쟁력이 취약하다. 이와 반대로 그동안 정부로부터 아무런 정책적 지원도 받아 보지 못한 대중가요는 국내시장의 70~80% 정도나 차지할 정도로 막강한 경쟁력을 갖게 되었다(김정수, 1999). 서유럽 영화산업의 경우 정부지원이 거의 없었던 50년대에는 세계적으로 상당한 경쟁력을 가지고 있었으나 "문화보호정책의 우산 밑으로 들어간" 60년대 중반 이후에는 오히려 낙후되어 할리우드에 일방적으로 밀리게 되었다(강한섭, 앞의 글). 이러한 사례는 정부지원의 효과에 관해 시사하는 바가 크다.

지원을 중단하는 것은 결코 현명한 대응책이 아니다. 열매를 수확하기 원한다면 장래가 불투명하다고 해서 아예 씨 뿌리고 거름 주는 일 자체를 포기할 수는 없는 것이다.

그렇다면 정부가 할 수 있는, 또 마땅히 해야 할 일은 무엇인가? 그것은 각종 장애물들을 제거해주고 다양한 창작활동의 씨앗이 뿌려질 수 있도록 도와주는 일이다. 그리고 각종 문화적 씨앗들이 자유롭게 싹트고 자랄 수 있는 틀을 만들어 주면 된다(Lewis, 2002). 정부의 책임은 거기까지이다. 그 다음에는 그저 지켜보며 기다리는 것뿐이다.[5] 나머지 절반의 책임은 문화 · 예술인들을 포함한 국민 모두에게 있다. 우리가 꿈꾸는 멋진 문화한국은 정부와 국민이 더불어 함께 만들어나갈 책임이 있는 것이다.

---

5 이종인(1988: 29)은 "그동안 추진되어 온 행정주도형의 문화정책에 대하여 반성할 필요가 있다. 왜냐하면 문화는 만들어지는 것이 아니라 생성하는 것이기 때문에 정부나 국가가 문화를 창조할 수는 없는 것이다. 국가는 문화의 생성을 돕고 또 끊임없이 풍요하게 생성되는 오늘의 창작품들과 공동의 유산인 과거의 작품들을 통해서 전수보급되는 것을 돕는 것으로 족한 것이다."라고 주장한다.

# 부 록

1. 문화기본법
2. 문화예술진흥법
3. 유네스코 문화다양성 협약 전문

〈부록 1. 문화기본법〉

# 문화기본법

**제1조(목적)** 이 법은 문화에 관한 국민의 권리와 국가 및 지방자치단체의 책임을 정하고 문화정책의 방향과 그 추진에 필요한 기본적인 사항을 규정함으로써 문화의 가치와 위상을 높여 문화가 삶의 질을 향상시키고 국가사회의 발전에 중요한 역할을 할 수 있도록 하는 것을 목적으로 한다.

**제2조(기본이념)** 이 법은 문화가 민주국가의 발전과 국민 개개인의 삶의 질 향상을 위하여 가장 중요한 영역 중의 하나임을 인식하고, 문화의 가치가 교육, 환경, 인권, 복지, 정치, 경제, 여가 등 우리 사회 영역 전반에 확산될 수 있도록 국가와 지방자치단체가 그 역할을 다하며, 개인이 문화 표현과 활동에서 차별받지 아니하도록 하고, 문화의 다양성, 자율성과 창조성의 원리가 조화롭게 실현되도록 하는 것을 기본이념으로 한다.

**제3조(정의)** 이 법에서 "문화"란 문화예술, 생활 양식, 공동체적 삶의 방식, 가치 체계, 전통 및 신념 등을 포함하는 사회나 사회 구성원의 고유한 정신적 · 물질적 · 지적 · 감성적 특성의 총체를 말한다.

**제4조(국민의 권리)** 모든 국민은 성별, 종교, 인종, 세대, 지역, 사회적 신분, 경제적 지위나 신체적 조건 등에 관계없이 문화 표현과 활동에서 차별을 받지 아니하고 자유롭게 문화를 창조하고 문화 활동에 참여하며 문화를 향유할 권리(이하 "문화권"이라 한다)를 가진다.

**제5조(국가와 지방자치단체의 책무)** ① 국가는 국민의 문화권을 보장하기 위하여 문화진흥에 관한 정책을 수립 · 시행하고, 이를 위한 재원(財源)의 확충과 효율적인 운영을 위하여 노력하여야 한다.

② 국가는 지방자치단체의 문화 관련 계획, 시책과 자원을 존중하고, 지역 간 문화 격차의 해소를 통하여 균형 잡힌 문화 발전이 이루어지도록 노력하여야 한다.

③ 국가와 지방자치단체는 경제적 · 사회적 · 지리적 제약 등으로 문화를 향유하

지 못하는 문화소외 계층의 문화 향유 기회를 확대하고 문화 활동을 장려하기 위하여 필요한 시책을 강구하여야 한다.

④ 국가와 지방자치단체는 각종 계획과 정책을 수립할 때에 문화적 관점에서 국민의 삶의 질에 미치는 영향을 평가(이하 이 조에서 "문화영향평가"라 한다)하여 문화적 가치가 사회적으로 확산될 수 있도록 하여야 한다.

⑤ 문화영향평가의 대상, 절차 및 방법 등에 필요한 사항은 대통령령으로 정한다.

**제6조(다른 법률과의 관계)** ① 문화에 관한 다른 법률을 제정하거나 개정할 때에는 이 법의 목적과 기본이념에 맞도록 하여야 한다.

② 국가와 지방자치단체는 문화에 관한 정책을 수립·시행할 때에 다른 법률에 특별한 규정이 있는 경우를 제외하고는 이 법이 정하는 바에 따른다.

**제7조(문화정책 수립·시행상의 기본원칙)** 국가와 지방자치단체는 문화정책을 수립하고 시행할 때에는 다음 각 호의 사항을 충분히 고려하여야 한다.

1. 문화의 다양성과 자율성이 존중되고 문화의 창조성이 확산되도록 할 것
2. 국민과 국가의 문화 역량을 높이기 위한 지원을 하고 여건을 조성할 것
3. 문화 활동 참여와 문화 교육의 기회가 확대되고, 문화 창조의 자유가 보장되도록 할 것
4. 차별 없는 문화복지가 증진되도록 할 것
5. 문화의 가치를 존중하고 문화의 역동성을 높일 수 있을 것
6. 문화의 국제 교류·협력을 증진할 것

**제8조(문화진흥 기본계획의 수립 등)** ① 국가는 문화 진흥을 위하여 5년마다 문화진흥 기본계획(이하 이 조에서 "기본계획"이라 한다)을 수립하여야 한다.

② 기본계획은 대통령령으로 정하는 바에 따라 문화체육관광부장관이 관계 중앙행정기관의 장과 협의하여 수립한다.

③ 기본계획에는 다음 각 호의 사항이 포함되어야 한다.

1. 국가 문화 발전의 목표와 방향
2. 문화진흥을 위한 문화정책의 기본 방향
3. 문화진흥을 위한 법령·제도의 마련 등 기반 조성에 관한 사항

4. 제9조 각 호의 사항과 관련한 문화정책
5. 국민의 문화적 삶의 질 향상을 위한 시책에 관한 사항
6. 문화권의 신장에 관한 사항
7. 문화 · 여가 시설 등의 조성과 활용에 관한 사항
8. 문화 인력의 양성과 문화교육의 활성화에 관한 사항
9. 문화정책 관련 조사 · 연구와 개발에 관한 사항
10. 문화 진흥을 위한 재원 조달과 그 운용에 관한 사항
11. 그 밖에 문화 진흥을 위하여 필요한 사항으로서 대통령령으로 정하는 사항

④ 관계 중앙행정기관의 장은 기본계획에 따라 매년 문화 진흥을 위한 시행계획을 수립하여야 한다.

⑤ 제4항에 따른 시행계획의 수립에 필요한 사항은 대통령령으로 정한다.

**제9조(문화 진흥을 위한 분야별 문화정책의 추진)** 국가와 지방자치단체는 문화 진흥을 위하여 다음 각 호의 사항에 관한 문화정책을 수립하고 시행하기 위하여 노력하여야 한다.

1. 문화유산 · 전통문화의 보전과 활용
2. 국어의 발전과 보전
3. 문화예술의 진흥
4. 문화산업의 진흥
5. 문화자원의 개발과 활용
6. 문화복지의 증진
7. 여가문화의 활성화
8. 문화경관의 관리와 조성
9. 국제 문화 교류 · 협력의 활성화
10. 지역문화의 활성화
11. 남북 문화 교류의 활성화

**제10조(문화 인력의 양성 등)** ① 국가와 지방자치단체는 문화 인력의 양성을 위한 기반을 조성하고, 필요한 시책을 추진하여야 한다.

② 국가와 지방자치단체는 문화의 가치를 확산하고 문화를 진흥시키기 위한 교육을 실시하여야 한다.

**제11조(문화 진흥을 위한 조사 · 연구와 개발)** ① 국가와 지방자치단체는 국민의 삶의 질 향상과 지역 간 문화 격차의 해소를 통한 국민의 문화 향유권의 확대를 위하여 문화 향유와 관련한 실태조사와 관련 조사 · 연구를 시행하여야 한다.

② 국가와 지방자치단체는 문화 진흥을 위하여 문화정책의 조사 · 연구와 개발을 장려하고 그 지원 시책을 강구하여야 한다.

③ 국가와 지방자치단체는 대통령령으로 정하는 바에 따라 문화정책을 전문적으로 조사 · 연구 · 개발하는 전담기관과 이를 지원하는 문화정보화 전담기관을 지정하여 운영할 수 있다.

**제12조(문화의 달과 문화의 날)** ① 국민의 문화 의식과 이해를 높이고 문화 활동에의 적극적인 참여를 유도하기 위하여 매년 10월을 문화의 달로 하고, 매년 10월 셋째 주 토요일을 문화의 날로 한다.

② 문화의 달 및 문화의 날 행사에 관한 사항은 대통령령으로 정한다.

**제13조(문화 진흥 사업에 대한 재정 지원 등)** ① 국가와 지방자치단체는 문화 진흥 사업에 대하여 예산의 범위에서 필요한 재정 지원을 하여야 한다.

② 국가는 문화 진흥을 위한 민간의 재원 조성과 기부문화의 활성화를 위한 제도와 여건을 마련하기 위하여 노력하여야 한다.

**부칙**<제12134호, 2013.12.30.>

**제1조(시행일)** 이 법은 공포 후 3개월이 경과한 날부터 시행한다.

**제2조(다른 법률의 개정)** 문화예술진흥법 일부를 다음과 같이 개정한다.

제10조를 삭제한다.

〈부록 2. 문화예술진흥법〉

# 문화예술진흥법

## 제1장 총칙

**제1조(목적)** 이 법은 문화예술의 진흥을 위한 사업과 활동을 지원함으로써 전통문화예술을 계승하고 새로운 문화를 창조하여 민족문화 창달에 이바지함을 목적으로 한다.

**제2조(정의)** ①이 법에서 사용하는 용어의 뜻은 다음과 같다. 〈개정 2012.2.17., 2013.7.16.〉

1. "문화예술"이란 문학, 미술(응용미술을 포함한다), 음악, 무용, 연극, 영화, 연예(演藝), 국악, 사진, 건축, 어문(語文), 출판 및 만화를 말한다.
2. "문화산업"이란 문화예술의 창작물 또는 문화예술 용품을 산업 수단에 의하여 기획 · 제작 · 공연 · 전시 · 판매하는 것을 업(業)으로 하는 것을 말한다.
3. "문화시설"이란 문화예술 활동에 지속적으로 이용되는 다음 각 목의 시설을 말한다.
   가. 「공연법」 제2조제4호에 따른 공연장 등 공연시설
   나. 「박물관 및 미술관 진흥법」 제2조제1호 및 제2호에 따른 박물관 및 미술관 등 전시시설
   다. 「도서관법」 제2조제1호에 따른 도서관 등 도서시설
   라. 문화예술회관 등 공연시설과 다른 문화시설이 복합된 종합시설
   마. 그 밖에 대통령령으로 정하는 시설
4. "문화이용권"이란 문화소외계층이 공연 · 전시 · 영화 · 도서 · 음반 등 문화예술 프로그램을 관람 또는 이용할 수 있도록 금액이나 수량이 기재(전자적 또는 자기적 방법에 의한 기록을 포함한다. 이하 같다)된 증표를 말한다.

② 문화시설의 종류는 대통령령으로 정하는 바에 따라 세분할 수 있다. 〈개정 2012.2.17.〉

**제3조(시책과 권장)** ① 국가와 지방자치단체는 문화예술 진흥에 관한 시책(施策)을 강구하고, 국민의 문화예술 활동을 권장 · 보호 · 육성하며, 이에 필요한 재원을 적극 마련하여야 한다.

② 제1항에 따른 문화예술 진흥시책은 국민생활의 질적 향상을 위한 건전한 생활문화의 개발 · 보급에 관한 사항을 포함하여야 한다.

③ 국가와 지방자치단체는 제1항에 따른 시책을 수립하려면 미리 문화예술 기관 및 단체의 의견을 들어야 한다.

④ 제1항에 따른 문화예술 진흥에 관한 시책과 계획의 시행에 관하여 문화체육관광부장관 또는 지방자치단체의 장이 요청하면 관련 기관 및 단체는 이에 협조하여야 한다. 〈개정 2008.2.29.〉

**제4조** 삭제 〈2014.1.28.〉

**제2장 문화예술 공간의 설치**

**제5조(문화예술 공간의 설치 권장)** ① 국가와 지방자치단체는 문화예술 활동을 진흥시키고 국민의 문화 향수 기회를 확대하기 위하여 문화시설을 설치하고 그 문화시설이 이용되도록 시책을 강구하여야 한다.

② 국가와 지방자치단체는 대통령령으로 정하는 대형 건축물에는 문화시설을 설치하도록 권장하여야 한다.

③ 국가와 지방자치단체는 제1항에 따른 문화시설의 효율적인 관리와 이용을 촉진하기 위하여 필요하면 그 문화시설의 관리를 비영리 법인 · 단체 또는 개인에게 위탁할 수 있다.

**제6조(전문인력 양성)** 국가와 지방자치단체는 문화시설의 전문적 운영에 필요한 기획 · 관리 전문인력의 양성에 노력하여야 한다.

**제7조(전문예술법인 · 단체의 지정 · 육성)** ① 국가와 지방자치단체(시 · 도에 한정한다. 이하 이 조에서 같다)는 문화예술 진흥을 위하여 전문예술법인 또는 전문예술단체(이하 "전문예술법인 · 단체"라 한다)를 지정하여 지원 · 육성할 수 있다.

② 국가 또는 지방자치단체는 제1항에 따라 전문예술법인 · 단체를 지정하려면 다

음 각 호의 어느 하나에 해당하는 비영리법인 또는 단체 중에서 지정하여야 한다.

1. 국가 또는 지방자치단체가 설치하거나 설립한 공연장 또는 예술단의 운영을 주된 목적으로 하는 비영리법인 또는 단체
2. 미술, 음악, 무용, 연극, 국악, 사진과 관련된 전시, 공연, 기획 및 작품 제작을 주된 목적으로 하는 비영리법인 또는 단체
3. 공연 또는 전시시설의 운영을 주된 목적으로 하는 비영리법인 또는 단체
4. 문화예술 분야의 진흥을 위한 사업과 활동을 지원하기 위하여 국가 또는 지방자치단체가 설립한 비영리법인
5. 그 밖에 대통령령으로 정하는 기준에 적합한 문화예술 관련 비영리법인 또는 단체

③ 제1항에 따라 전문예술법인 · 단체로 지정을 받으려는 자는 지정신청서를 작성하여 문화체육관광부장관 또는 시 · 도지사에게 제출하여야 한다. 지정 내용을 변경하려는 경우에도 또한 같다.

④ 문화체육관광부장관 또는 시 · 도지사는 제1항에 따라 지정된 전문예술법인 · 단체가 다음 각 호의 어느 하나에 해당하는 경우에는 그 지정을 취소할 수 있다. 다만, 제1호에 해당하는 경우에는 그 지정을 취소하여야 한다.

1. 거짓이나 그 밖의 부정한 방법으로 지정을 받은 경우
2. 예술활동의 실적 저조 등 대통령령으로 정하는 기준에 미달하는 경우
3. 그 밖에 전시 · 공연 질서 문란 등 대통령령으로 정하는 행위에 해당하는 경우

⑤ 제1항에 따라 지정된 전문예술법인 · 단체는 「기부금품의 모집 및 사용에 관한 법률」에도 불구하고 기부금품을 모집할 수 있다.

⑥ 국가 또는 지방자치단체는 전문예술법인 · 단체의 지원을 위하여 필요한 경우 전문예술법인 · 단체에 자료의 제출을 요청할 수 있다. 이 경우 자료의 제출을 요청받은 전문예술법인 · 단체는 특별한 사유가 없는 한 이에 따라야 한다.

⑦ 제1항부터 제4항까지의 규정에 따른 전문예술법인 · 단체의 지정 및 지정 취소의 방법 · 절차 등에 필요한 사항은 대통령령으로 정한다.

[전문개정 2011.5.25.]

**제8조** 삭제 〈2014.1.28.〉

**제9조(건축물에 대한 미술작품의 설치 등)** ① 대통령령으로 정하는 종류 또는 규모 이상의 건축물을 건축하려는 자(이하 "건축주"라 한다)는 건축 비용의 일정 비율에 해당하는 금액을 회화 · 조각 · 공예 등 미술작품의 설치에 사용하여야 한다. 〈개정 2011.5.25.〉

② 건축주(국가 및 지방자치단체는 제외한다)는 제1항에 따라 건축 비용의 일정 비율에 해당하는 금액을 미술작품의 설치에 사용하는 대신에 제16조에 따른 문화예술진흥기금에 출연할 수 있다. 〈신설 2011.5.25.〉

③ 제1항 또는 제2항에 따라 미술작품의 설치 또는 문화예술진흥기금에 출연하는 금액은 건축비용의 100분의 1 이하의 범위에서 대통령령으로 정한다. 〈개정 2011.5.25.〉

④ 제1항에 따른 미술작품의 설치 절차 및 방법 등에 관하여 필요한 사항은 대통령령으로 정한다. 〈개정 2011.5.25.〉

[제목개정 2011.5.25.]

**제3장 문화예술복지의 증진**

**제10조** 삭제 〈2013.12.30.〉

**제11조(장려금 지급 등)** 국가는 문화예술 진흥에 뚜렷한 공적이 있는 자와 대통령령으로 정하는 국제경연대회에서 입상한 자에게 장려금을 지급하거나 시상할 수 있다.

**제12조(문화강좌 설치)** ① 국가와 지방자치단체는 국민이 높은 문화예술을 누릴 수 있도록 문화강좌 설치 기관 또는 단체를 지정하여 문화예술을 보급할 수 있다.

② 제1항에 따른 문화강좌를 설치할 대상 기관 또는 단체의 지정 및 그 절차는 대통령령으로 정한다.

③ 국가 및 지방자치단체는 문화강좌 설치 · 운영에 드는 경비를 지원할 수 있다.

제13조(학교 등의 문화예술 진흥) 국가와 지방자치단체는 학교 및 직장의 학생 · 직원, 그 밖의 종업원의 정서와 교양을 높이기 위하여 학교 및 직장에 학생 · 직원, 그 밖의 종업원으로 구성된 문화예술 활동 단체를 하나 이상 두도록

권장하여야 하며, 그 단체를 육성하기 위하여 그 활동비의 일부를 지원할 수 있다.

**제14조(문화산업의 육성 · 지원)** ① 국가와 지방자치단체는 문화예술 진흥을 위하여 문화산업의 육성시책과 융자의 알선, 기술 도입과 보급에 관한 지원 등 그 밖에 필요한 조치를 강구하여야 한다.

② 문화체육관광부장관은 제1항에 따른 문화산업 육성시책을 수립하기 전에 미리 관계 중앙행정기관의 장과 협의하여야 한다. 〈개정 2008.2.29.〉

**제15조(도서 · 문화 전용 상품권 인증제도)** ① 국가는 문화예술 창작 및 향유 활동을 활성화하기 위하여 도서(圖書)나 문화예술 재화 · 용역의 구입을 주된 사용 목적으로 하는 상품권을 인증(認證)하고, 그 사용을 촉진할 수 있는 방안을 강구할 수 있다.

② 제1항에 따른 상품권의 인증 기준 및 절차 등에 필요한 사항은 대통령령으로 정한다.

**제15조의2(장애인 문화예술 활동의 지원)** ① 국가 및 지방자치단체는 장애인의 문화예술 교육의 기회를 확대하고 장애인의 문화예술 활동을 장려 · 지원하기 위하여 관련 시설을 설치하는 등 필요한 시책을 강구하여야 한다.

② 국가 및 지방자치단체는 장애인의 문화적 권리를 증진하기 위하여 장애인의 문화예술 사업과 장애인 문화예술단체에 대하여 경비를 보조하는 등 필요한 지원을 할 수 있다.

[본조신설 2008.1.17.]

**제15조의3(문화소외계층의 문화예술복지 증진 시책 강구)** 국가 및 지방자치단체는 경제적 · 사회적 · 지리적 제약 등으로 문화예술을 향유하지 못하고 있는 문화소외계층의 문화예술 향유 기회를 확대하고 문화예술 활동을 장려하기 위하여 필요한 시책을 강구하여야 한다.

[본조신설 2012.2.17.]

**제15조의4(문화이용권의 지급 및 관리)** ① 국가 및 지방자치단체는 「국민기초생활 보장법」에 따른 수급권자, 그 밖에 소득수준이 낮은 저소득층 등 대통령령으로 정하는 문화소외계층에게 문화이용권을 지급할 수 있다.

② 국가 및 지방자치단체는 문화이용권의 수급자격 및 자격유지의 적정성을 확

인하기 위하여 필요한 가족관계증명 · 국세 · 지방세 · 토지 · 건물 · 건강보험 및 국민연금에 관한 자료 등 대통령령으로 정하는 자료를 관계 기관의 장에게 요청할 수 있고, 해당 기관의 장은 특별한 사유가 없으면 요청에 따라야 한다. 다만, 「전자정부법」 제36조제1항에 따른 행정정보 공동이용을 통하여 확인할 수 있는 사항은 예외로 한다.

③ 국가 및 지방자치단체는 제2항에 따른 자료의 확인을 위하여 「사회복지사업법」 제6조의2제2항에 따른 정보시스템을 연계하여 사용할 수 있다.

④ 국가 및 지방자치단체는 문화이용권의 발급, 정보시스템의 구축·운영 등 문화이용권 업무의 효율적 수행을 위하여 대통령령으로 정하는 바에 따라 전담기관을 지정할 수 있다.

⑤ 제1항부터 제4항까지에서 규정한 사항 외에 문화이용권의 지급 · 이용 등에 필요한 사항은 대통령령으로 정한다.

[본조신설 2012.2.17.]

## 제4장 문화예술진흥기금

**제16조(기금의 설치 등)** ① 문화예술 진흥을 위한 사업이나 활동을 지원하기 위하여 문화예술진흥기금을 설치한다.

② 문화예술진흥기금은 제20조에 따른 한국문화예술위원회가 운용 · 관리하되, 독립된 회계로 따로 관리하여야 한다.

③ 문화예술진흥기금의 운용 · 관리에 필요한 사항은 대통령령으로 정한다.

**제17조(문화예술진흥기금의 조성)** ①문화예술진흥기금은 다음 각 호의 재원으로 조성한다. 〈개정 2011.5.25.〉

1. 정부의 출연금
2. 개인 또는 법인의 기부금품
3. 문화예술진흥기금의 운용으로 생기는 수익금
4. 제9조제2항에 따른 건축주의 출연금
5. 그 밖에 대통령령으로 정하는 수입금

② 제20조에 따른 한국문화예술위원회는 제1항제2호에 따른 기부금품을 받을 수 있다.

③ 제1항제2호에 따라 기부하는 자는 특정 단체 또는 개인에 대한 지원 등 그 용도를 정하여 기부할 수 있다.

④ 제20조에 따른 한국문화예술위원회는 제2항에 따라 기부금품을 받으면 대통령령으로 정하는 바에 따라 그 가액(價額) 및 품명을 문화체육관광부장관에게 보고하여야 한다. 〈개정 2008.2.29.〉

**제18조(문화예술진흥기금의 용도)** 문화예술진흥기금은 다음 각 호의 사업 및 활동의 지원에 사용한다. 〈개정 2011.5.25., 2014.1.28.〉

1. 문화예술의 창작과 보급
2. 민족전통문화의 보존 · 계승 및 발전
3. 남북 문화예술 교류
4. 국제 문화예술 교류
5. 문화예술인의 후생복지 증진을 위한 사업
6. 「지역문화진흥법」 제22조에 따른 지역문화진흥기금으로의 출연
7. 제20조에 따른 한국문화예술위원회의 운영에 드는 경비
8. 장애인 등 소외계층의 문화예술 창작과 보급
9. 공공미술(대중에게 공개된 장소에 미술작품을 설치 · 전시하는 것을 말한다) 진흥을 위한 사업
10. 그 밖에 도서관의 지원 · 육성 등 문화예술의 진흥을 목적으로 하는 문화시설의 사업이나 활동

**제19조** 삭제 〈2014.1.28.〉

## 제5장 한국문화예술위원회 등

**제20조(한국문화예술위원회)** ① 문화예술 진흥을 위한 사업과 활동을 지원하기 위하여 한국문화예술위원회(이하 "위원회"라 한다)를 둔다.

② 위원회는 법인으로 하되, 이 법에 규정한 것 외에는 「민법」 중 재단법인에 관한 규정을 준용한다.

**제21조(설립등기 등)** ① 위원회는 주된 사무소의 소재지에서 설립등기를 함으로

써 성립한다.

② 위원회의 설립등기 등에 필요한 사항은 대통령령으로 정한다.

**제22조(정관)** ① 위원회의 정관에는 다음 각 호의 사항이 포함되어야 한다.

1. 목적
2. 명칭
3. 주된 사무소에 관한 사항
4. 위원에 관한 사항
5. 재산 및 회계에 관한 사항
6. 사무처의 조직 및 운영에 관한 사항
7. 정관의 변경에 관한 사항

② 위원회가 정관을 작성하거나 변경할 때에는 문화체육관광부장관의 인가를 받아야 한다. 〈개정 2008.2.29.〉

**제23조(위원회의 구성)** ① 위원회는 문화예술에 관하여 전문성과 경험이 풍부하고 덕망이 있는 자 중에서 문화체육관광부장관이 위촉하는 15명 이내(위원장 1명을 포함한다)의 위원으로 구성한다. 〈개정 2008.2.29., 2011.5.25.〉

② 문화체육관광부장관이 제1항에 따라 위원을 위촉할 때에는 문화체육관광부장관이 위촉하는 자로 구성하는 위원추천위원회가 복수로 추천하는 자 중에서 위촉하여야 한다. 이 경우 위원추천위원회에는 문학 · 미술 · 음악 · 무용 · 연극 · 전통예술 등 문화예술 각 분야 및 지역 인사가 고루 포함되어야 한다. 〈개정 2008.2.29., 2011.5.25.〉

③ 위원회의 위원은 위원회의 이사로 본다.

④ 제1항에 따른 위원회 및 제2항에 따른 위원추천위원회의 구성 방법과 구성 절차에 관하여 필요한 사항은 대통령령으로 정한다.

**제24조(위원장 등)** ① 위원회에 위원장 1명을 둔다.

② 위원장은 「공공기관의 운영에 관한 법률」 제29조제1항에 따른 임원추천위원회(이하 "임원추천위원회"라 한다)가 복수로 추천한 사람 중에서 문화체육관광부장관이 위촉한다. 〈개정 2011.5.25.〉

③ 위원장은 위원회를 대표하고, 그 업무를 총괄한다.

④ 위원장이 부득이한 사유로 직무를 수행할 수 없을 때에는 위원 중 연장자 순으로 그 직무를 대행한다.

⑤ 위원장 외의 위원은 비상임으로 한다.

**제25조(위원의 임기)** ① 위원장의 임기는 3년으로 하고 위원의 임기는 2년으로 하되, 1년을 단위로 연임될 수 있다. 〈개정 2011.5.25.〉

② 문화체육관광부장관은 위원장 또는 위원이 결원되면 결원된 날부터 30일 이내에 새 위원장 또는 위원을 위촉하여야 하며, 새 위원장 및 위원의 임기는 위촉된 날부터 새로 개시된다. 〈개정 2011.5.25.〉

③ 임기가 만료된 위원은 그 후임자가 임명될 때까지 그 직무를 행한다.

**제26조(위원의 대우 및 겸직 금지)** ① 위원장에게는 보수를 지급하며, 위원장이 아닌 위원은 명예직으로 하되, 위원회의 규정에 따라 직무 수행을 위한 경비 등 실제 비용을 지급할 수 있다.

② 위원장은 위원회의 규정이 정하는 경우 외에는 영리를 목적으로 하는 다른 직무를 겸직할 수 없다.

**제27조(위원의 결격사유)** 다음 각 호의 어느 하나에 해당하는 자는 위원회의 위원이 될 수 없다. 〈개정 2011.5.25.〉

1. 「국가공무원법」 및 「지방공무원법」에 따른 공무원(교육공무원은 제외한다)
2. 「정당법」에 따른 당원
3. 「국가공무원법」 제33조 각 호의 어느 하나에 해당하는 자
4. 「공공기관의 운영에 관한 법률」 제34조제1항제2호에 해당하는 사람

**제28조(관여 금지)** 위원회의 위원은 본인 또는 「민법」 제777조에 따른 친족관계인 자의 이해와 관련 있는 사항에 관하여는 심의 · 의결에 관여할 수 없다.

**제29조(위원의 직무상 독립 등)** ① 위원회의 위원은 임기 중 직무상 외부의 어떠한 지시나 간섭을 받지 아니한다.

② 위원회의 위원은 문화예술의 다양성과 균형적 발전을 위하여 성실하게 직무를 수행하여야 한다.

③ 위원회의 위원은 다음 각 호의 어느 하나에 해당하는 경우 외에는 그의 의사에 반하여 면직되지 아니한다.

1. 제27조에 따른 결격사유에 해당하는 경우
2. 심신상의 장애로 직무를 수행할 수 없게 된 경우

**제30조(위원회의 직무)** ① 위원회는 다음 각 호의 사항을 심의 · 의결한다.

1. 문화예술 진흥을 위한 사업과 활동을 지원하기 위한 기본계획 등의 수립 · 변경 및 집행에 관한 사항
2. 위원회 운영계획의 수립 · 시행에 관한 사항
3. 위원회의 정관 및 규정의 제정 · 개정 및 폐지에 관한 사항
4. 위원회가 소유하는 시설의 관리 · 운영에 관한 사항
5. 문화예술진흥기금의 관리 · 운용에 관한 사항
6. 문화예술 지원 사업의 효과적 수행을 위한 조사 · 연구 · 교육 · 연수에 관한 사항
7. 3명 이상의 위원이 심의 · 의결을 요구하는 사항
8. 그 밖에 위원회가 문화예술의 진흥을 위하여 필요하다고 인정하는 사항

② 위원회가 제1항제5호에 따라 문화예술진흥기금의 관리 · 운용에 관한 중요한 사항을 심의하는 경우에는 위원회를 「국가재정법」 제74조제1항에 따른 기금운용심의회로 본다.

**제31조(위원회의 회의 등)** ① 위원회의 회의는 위원장이나 재적 위원 3분의 1 이상의 요구로 소집한다. 〈개정 2011.5.25.〉

② 위원회의 회의는 재적 위원 과반수의 찬성으로 의결한다. 〈개정 2011.5.25.〉

③ 위원회(제32조에 따른 소위원회를 포함한다. 이하 이 조에서 같다)의 회의는 공개한다. 다만, 위원회가 필요하다고 인정하여 의결한 경우(문화예술진흥기금 지원을 위한 회의는 공개하면 제3자의 명예를 손상시킬 우려가 있다고 의결한 경우만을 말한다)에는 공개하지 아니한다.

④ 위원회는 위원회의 규정에 따라 회의록을 작성하여야 한다.

**제32조(소위원회)** ① 위원회는 제30조제1항 각 호에 규정된 직무를 수행하기 위하여 필요하면 소위원회를 구성하여 운영할 수 있다.

② 소위원회는 위원회의 위원장이 지명하는 1명 이상의 위원을 포함하여 해당 분야 전문가 중에서 위원장이 위원회의 동의를 받아 위촉하는 자로 구성한다.

③ 소위원회의 구성과 운영에 필요한 사항은 위원회의 규정으로 정한다.

**제33조(사무처)** ① 위원회의 사무를 보조하기 위하여 위원회에 사무처를 둔다.

② 사무처에 사무처장 1명을 두되, 사무처장은 위원회의 동의를 받아 위원장이 임명과 해임을 한다.

③ 사무처장의 임기는 3년으로 한다.

**제34조(감사)** ① 위원회의 직무 및 회계에 관한 사항을 감사하기 위하여 위원회에 감사 1명을 둔다.

② 감사는 임원추천위원회가 복수로 추천하여 「공공기관의 운영에 관한 법률」 제8조에 따른 공공기관운영위원회의 심의 · 의결을 거친 사람 중에서 기획재정부장관이 임명한다. 〈개정 2011.5.25.〉

③ 감사는 상임으로 하고, 임기는 2년으로 하되, 1년을 단위로 연임될 수 있다. 〈개정 2011.5.25.〉

**제35조(성과의 평가)** ① 문화체육관광부장관은 제18조 각 호의 사업 및 활동에 대한 문화예술진흥기금 지원의 성과를 측정 · 평가하여 그 결과를 다음 연도 3월 말까지 위원회에 통보하여야 한다. 〈개정 2008.2.29.〉

② 문화체육관광부장관은 제1항에 따른 성과 측정 · 평가를 위하여 위원회와 협의하여 성과 목표 및 평가 기준을 정하여야 한다. 〈개정 2008.2.29.〉

③ 문화체육관광부장관은 제1항에 따른 성과의 평가 결과에 따라 시정할 필요가 있는 사항이 있다고 인정하면 위원회에 시정을 요구할 수 있다. 〈개정 2008.2.29.〉

④ 성과의 평가 방법 및 절차 등에 관하여 필요한 사항은 대통령령으로 정한다.

**제36조(협의체의 구성)** 위원회, 「지역문화진흥법」 제19조에 따른 지역문화재단 및 지역문화예술위원회는 지역문화예술을 진흥하기 위한 협의 및 조정을 위하여 상호 협의체를 구성 · 운영할 수 있으며, 협의체의 구성 등에 관하여 필요한 사항은 대통령령으로 정한다. 〈개정 2014.1.28.〉

**제37조(예술의 전당)** ① 문화예술을 창달하고 국민의 문화 향유 기회를 확대하

며, 그 밖에 문화예술 진흥을 위한 사업을 추진하기 위하여 예술의 전당을 둔다.

② 예술의 전당은 법인으로 한다.

③ 예술의 전당에는 정관으로 정하는 바에 따라 임원과 필요한 직원을 둔다.

④ 국가는 예술의 전당의 원활한 운영을 위하여 필요하면 「국유재산법」에도 불구하고 대통령령으로 정하는 국유재산을 예술의 전당에 무상으로 양여(讓與)할 수 있다.

⑤ 예술의 전당에 대하여 이 법에서 규정한 것 외에는 「민법」 중 재단법인에 관한 규정을 준용한다.

**제38조(한국문화예술회관연합회)** ① 문화예술회관은 문화예술회관 상호간의 협력증진과 문화예술 진흥을 도모하기 위하여 문화체육관광부장관의 인가를 받아 한국문화예술회관연합회(이하 "연합회"라 한다)를 설립할 수 있다.

② 연합회는 법인으로 하며, 주된 사무소의 소재지에서 설립등기를 함으로써 성립한다.

③ 연합회에 관하여 이 법에서 규정되지 아니한 사항은 「민법」 중 사단법인에 관한 규정을 준용한다.

④ 연합회에는 정관으로 정하는 바에 따라 임원과 필요한 직원을 둔다.

⑤ 연합회는 제1항의 설립목적을 달성하기 위하여 다음 각 호의 사업을 할 수 있다.

1. 문화예술회관 상호간의 협력증진 지원
2. 문화예술회관 종사자의 자질향상을 위한 교육 및 연수
3. 문화예술회관 진흥을 위한 조사 · 연구 및 홍보
4. 문화예술회관의 운영 활성화를 위한 자문 및 지원
5. 문화예술회관 관련 국내외 교류
6. 문화예술회관을 활용한 소외계층 대상 공연활동 지원 등 국가, 지방자치단체 및 공공기관 등으로부터 위탁받은 사업
7. 그 밖에 연합회의 설립목적 달성을 위하여 필요한 사업

⑥ 연합회는 설립목적에 지장이 없는 범위에서 수익사업을 할 수 있다. 다만, 그 수익은 제5항의 사업 이외의 목적으로 사용할 수 없다.

⑦ 국가는 예산의 범위에서 연합회의 운영 및 활동에 소요되는 경비를 지원할 수 있다.

⑧ 개인 · 법인 또는 단체는 연합회의 설립 · 시설 · 운영 및 사업에 관한 지원을 하기 위하여 연합회에 금전이나 그 밖의 재산을 출연하거나 기부할 수 있다.
[본조신설 2012.2.17.]

## 제6장 보칙

**제39조(국고 보조)** 국가와 지방자치단체는 예산의 범위에서 문화예술 진흥을 목적으로 하는 사업 또는 활동이나 시설에 드는 경비의 일부를 보조할 수 있다.

**제40조(감독)** 문화체육관광부장관은 문화예술 진흥을 위하여 필요하면 이 법에 의하여 설립된 예술의 전당, 연합회의 업무 · 회계 및 재산에 관한 사항을 보고하게 하고 소속 공무원에게 검사하게 할 수 있다. 〈개정 2008.2.29., 2010.3.17., 2012.2.17.〉

**제41조(권한의 위임 · 위탁)** 문화체육관광부장관은 이 법에 따른 권한의 일부를 대통령령으로 정하는 바에 따라 시 · 도지사에게 위임하거나 위원회, 그 밖의 문화예술 단체에 위탁할 수 있다. 〈개정 2008.2.29.〉

**부칙**〈제12354호, 2014.1.28.〉 (지역문화진흥법)

**제1조**(시행일) 이 법은 공포 후 6개월이 경과한 날부터 시행한다.

**제2조** 생략

**제3조**(다른 법률의 개정) ① 문화예술진흥법 일부를 다음과 같이 개정한다.

제4조 및 제8조를 각각 삭제한다.

제18조제6호 중 "지방문화예술진흥기금"을 "「지역문화진흥법」 제22조에 따른 지역문화진흥기금"으로 한다.

제19조를 삭제한다.

제36조 중 "위원회 · 지방문화예술위원회 및 제4조제2항에 따른 재단법인은 지방문화예술을"을 "위원회, 「지역문화진흥법」 제19조에 따른 지역문화재단 및 지역문화예술위원회는 지역문화예술을"로 한다.

②부터 ④까지 생략

**제4조** 생략

〈부록 3. 유네스코 문화다양성 협약 전문〉

# 문화적 표현의 다양성 보호와 증진을 위한 협약

2005년 10월 3일부터 10월 21일까지 파리에서 개최된 국제 연합 교육 과학 문화 기구(이하 '유네스코'라 함) 제33차 총회는

1. 문화다양성이 인류의 고유한 특징임을 확인하며,
2. 문화다양성이 인류 공동의 유산이며, 모두의 이익을 위해 간직하고 보존되어야 함을 인식하고,
3. 문화다양성이 선택의 폭을 넓히고 인간의 역량과 가치를 육성하는 풍부하고 다양한 세계를 형성함에 따라 공동체, 민족, 국가의 지속 가능한 발전의 원동력임을 깨닫고,
4. 민주주의, 관용, 사회 정의, 국민과 문화 간의 상호 존중의 틀 안에서 꽃 피우는 문화 다양성은 지방, 국가, 국제적 차원의 평화와 안전에 필수불가결함을 상기하며,
5. 「세계인권선언」 및 기타 국제적으로 인정된 협약에서 강조하고 있는 인권과 기본적 자유를 완전히 실현하는 데 문화다양성이 갖는 중요성을 공표하며,
6. 빈곤퇴치에 특히 중점을 둔 「유엔밀레니엄선언(2000)」을 참작하여, 국가 및 국제 개발 정책 및 국제 개발 협력에서 전략적 요소로서 문화를 통합해야 할 필요성을 역설하고,
7. 문화는 시간과 공간을 가로질러 다양한 형태를 지니며 이러한 다양성은 인류를 형성하는 인간과 사회의 정체성 및 문화적 표현의 독특함과 복수성에 드러나 있음을 고려하며,
8. 무형 및 물질적 풍요의 원천인 전통지식, 특히 토착민 지식체계의 중요성과 지속 가능한 발전에 대한 기여, 그리고 그 전통지식을 적절히 보호하고 증진해야 할 필요성을 인식하고,
9. 특히 소멸과 심각한 훼손의 가능성으로 문화적 표현이 위협받는 상황에서 문

화콘텐츠를 포함한 문화적 표현의 다양성 보호를 위한 조치를 취해야 할 필요성을 인식하며,

10. 일반적으로 사회적 통합을 위한 문화의 중요성과 특히 여성의 사회적 지위와 역할을 강화하는 데 갖는 잠재력을 강조하며,
11. 문화다양성이 생각의 자유로운 이동으로 강화되며 문화 간의 지속적인 교류와 상호작용을 통해 육성됨을 인식하고,
12. 사상, 표현, 정보의 자유와 미디어의 다양성으로 문화적 표현이 사회 내에서 풍부해짐을 재확인하고,
13. 전통 문화적 표현을 포함한 문화적 표현의 다양성은 민족 및 개인이 아이디어와 가치를 표현하고 다른 사람들과 서로 공유할 수 있도록 하는 중요한 요소임을 깨닫고,
14. 언어의 다양성은 문화 다양성의 기본 요소임을 상기하며, 문화적 표현의 보호와 증진을 위해 교육이 갖는 기본적 역할을 재확인하며,
15. 전통적인 문화표현을 자유롭게 창조, 보급, 배포하고 활용하여 발전에 이익이 되도록 하는 데 있어서 특히 소수민족과 토착민을 포함한 모두에게 문화가 갖는 힘의 중요성을 고려하고,
16. 문화적 표현을 육성하고 새롭게 하며 사회 진보를 위한 문화 발전에 관련된 사람들의 역할을 강조하는 문화적 상호작용과 독창성의 중요한 역할을 강조하고,
17. 문화적 창조활동에 관련된 사람들을 지지하는 데 지적재산권이 갖는 중요성을 인식하며,
18. 문화 활동, 상품, 서비스는 정체성, 가치, 의미를 담고 있기 때문에 경제적이면서도 문화적인 성격을 동시에 갖고 있고 따라서 상업적 가치 측면에서만 다루어져서는 안 됨을 확인하며,
19. 정보 및 통신 기술의 급속한 발전을 통해 진행된 세계화를 통해 각 문화 간의 상호작용 강화를 위한 전례 없던 여건이 조성되었지만 부국과 빈국 간의 불균형을 야기한다는 점에서 문화다양성이 손상될 수 있음을 주목하며,
20. 유네스코는 문화다양성 존중을 보장해야 하고 언어와 이미지를 통한 자유로

운 아이디어의 교류를 촉진하기 위해 국제 협정을 권고할 필요가 있다는 점을 특별한 위임사항으로 깨달으며,

21. 문화다양성, 문화권의 행사와 관련하여 유네스코가 채택한 국제 협약의 조항, 특히 2001년 「세계문화다양성 선언」의 조항들을 참고하여,

본 협약을 채택한다.

# 참고문헌

가타야마 타이스케. (2002). “예술경영에 대한 경제학적 접근”. 이토스 야스오 외 지음. 이홍재 옮김. 『예술경영과 문화정책』. 역사넷.

강내희. (2001). “누가 음란을 두려워하랴”. 『문화과학』. 28(겨울).

강내희. (2003a). “문화와 정치”. 『한국의 문화변동과 문화정치』. 문화과학사.

강내희. (2003b). “세계화, 지역화, 정보화 시대의 민족문화”. 『한국의 문화변동과 문화정치』. 문화과학사.

강내희. (2003c). “문화정책의 이념과 방향”. 『한국의 문화변동과 문화정치』. 문화과학사.

강내희. (2003d). “문화다양성, 세계화 그리고 교역”. 『유네스코 세미나: 문화다양성 국제규약 제정의 가능성과 전망』.

강내희. “사회적 권리로서의 문화적 권리”. 문화연대・민족문학작가회의・한국민족예술인총연합. 『문화권 개념 정립과 기본권으로서 문화권 보장의 필요성』 토론회 자료집.

강돈구. (1993). “미군정의 종교정책”. 『종교학연구』. 12권.

강돈구. (2008). “현대 한국의 정치, 종교 그리고 국가”. 『종교연구』. 51권.

강돈구 외. (2010). 『현대 한국의 종교와 정치』. 한국학중앙연구원 문화와종교연구소.

강동구. (2003). “한국의 문화정체성과 종교정책”. 김복수 외. 『‘문화의 세기’ 한국의 문화정책』. 한국정신문화연구원 연구총서. 보고사.

강명구. (1987). “문화종속현상으로서의 대중문화”. 강현두 편. 『한국의 대중문화』. 나남출판.

강석주・박경훈. (2002). 『불교근세백년』. 민족사.

강영안 외. (1998). 『대중문화, 더 이상 침묵할 수 없다』. 예영커뮤니케이션.

강응선. (1998). “문화시장 개방의 경제적 접근”. 『문화정책논총』. 제9집.

강인철. (1992). “해방 후 한국 개신교회와 국가”. 시민사회(1945~1960). 『사회와 역사』. 35권.

강인철. (1995). “미 군정기의 국가와 교회”. 『사회와 역사』. 45권.

강인철. (2000). “해방 후 불교와 국가 1945-1962”. 『사회와 역사』. 57권.

강인철. (2001). “‘사회문제’로서의 한국 종교: 영향력과 공신력의 변증법”. 『종교문화연구』. 제3호.

강인철. (2002). “민주화 과정과 종교: 1980년대 이후의 한국 종교와 정치”. 『종교연구』. 27권.

강인철. (2003a). 『전쟁과 종교』. 한신대학교 출판부.
강인철. (2003b). “정부보조금과 종교: 민주화시대의 새로운 종교통제방식”. 『종교문화연구』. 제5호.
강인철. (2006). “한국사회와 종교권력: 비교역사적 접근”. 『역사비평』. 77호.
강인철. (2009). “대한민국 초대 정부의 기독교적 성격”. 『한국기독교와 역사』. 제30호.
강인철. (2010). “해방 후 한국 종교-정치 상황의 특성과 변동: 분석틀 구성을 위한 시론”. 『종교문화비평』. 제18호.
강인철. (2012). 『종교정치의 새로운 쟁점들』. 한신대학교출판부.
강준만 편저. (2001). 『대중매체 법과 윤리』. 인물과 사상사.
강철근. (2004). 『예술의 자유와 스크린쿼터제』. 사회교육연구회.
강철근. (2006). 『한류 전문가 강철근의 한류 이야기』. 도서출판 이채.
강한섭. (1999). “영화산업 지원정책, 장기적으로 독약이다”. 『씨네21』. 제199호.
강헌. (1998). “대중음악에 대한 극악한 편견속에 아무런 처방없는 불투명한 유통구조”. 『문화예술』. 7월호.
강현두 편. (1998). 『현대사회와 대중문화』. 나남출판.
경기문화재단. (2005). 『2005년도 경기문화재단 연감』.
고단단 · 장수현. (2004). “한류 수용자의 특성과 그 함의에 대한 고찰: 중국의 안재욱 팬클럽에 대한 사례연구”. 장수현 외. 『중국은 왜 한류를 수용하나』. 학고방.
고바야시 마리. (2002). “문화예술과 법”. 이토스 야스오 외 지음. 이홍재 옮김. 『예술경영과 문화정책』. 역사넷.
고병철. (2008). “한국 종무행정의 역사적 경향과 전망”. 『종교문화비평』. 제14호.
고병철. (2009). “공직자의 종교 편향 · 차별 예방 교육의 방향”. 『종교교육학연구』. 31권.
고병철. (2011). “한국 종교정책의 진단과 과제: 문화체육관광부의 종무실을 중심으로”. 『종교연구』. 제65집.
고욱성. (1994). “우리나라 문화산업발전을 위한 정책방향 고찰”. 연세대학교 행정대학원 석사논문.
고정민. (2009). “I. 프롤로그”. 『한류, 아시아를 넘어 세계로』. 한국문화산업교류재단.
고토 카즈코 엮음. 임상오 옮김. (2004). 『문화정책학: 법 · 경제 · 매니지먼트』. 시유시.
공용배. (1994). “멀티미디어 시대의 문화산업과 문화정책”. 『문화정책논총』. 제6집.
곽경택. (2001). “강신성일 의원의 ‘친구’ 비판에 답하여: 살벌한 세태 표현하려 실감나는 폭력 · 욕설 묘사”. 『조선일보』. 6. 14.
구광모. (1999a). 『문화정책과 예술진흥』. 중앙대학교 출판부.
구광모. (1999b). “문화재정과 자원배분: 한 · 미 · 불 · 서 비교연구.” 『중앙행정논집』. 13(1).

구문모・임상오・김재준. (2000).『문화산업의 발전방안』. 을유문화사.
국방부. (2008).『한국 군종제도의 도입과 변천』. 국방부.
권세기. (1998). “세계화와 문화적 정체(正體) 형성”.『입법조사연구』. 4월호.
권호영・김영수. (2009).『한류 확산을 위한 전략과 정책: 방송영상물을 중심으로』. 한국콘텐츠 진흥원. KOCCA 연구보고서 09-01.
길희성. (2009).『종교 간의 대화』. 현암사.
김경욱. (2000). “팔길이 원칙과 문화정책”.『민족예술』. 11월호.
김광식. (2011). “1945~1980년간의 불교와 국가권력”.『불교학보』. 57권.
김규태・한홍렬. (2004).『한・일 FTA의 원산지 규정에 관한 연구: 주요 품목별 원산지 판정기 준을 중심으로』. 산업연구원.
김기현. (2012). “문화산업 정책의 변동에 관한 소고”.『문화콘텐츠연구』. 제2호.
김덕중 외 엮음. (2017).『사드, 그 이후의 한류』. 한국문화산업교류재단.
김덕중・남상현 외 엮음. (2017).『한류 메이커스』. 한국문화산업교류재단.
김동현. (1997). “문화행정의 범위와 역할”. 한국문화정책개발원.『문화정책연구의 새로운 전망』.
김명섭. (1999). “한국 문화외교정책의 개선방안”. 유재건 편저.『21세기 한국의 외교정책』. 나남출판.
김문조. (1998). “문민정부의 문화정책 평가와 새로운 문화정책방향의 모색”. 문화정책학회 1998춘계세미나 발표논문.
김문환. (1995). “문화경제학 입문 1, 2, 3, 4”.『문화예술』. 통권 187~190호.
김문환. (1996).『미래를 사는 문화정책』. 나남출판.
김문환. (1997).『문화경제론』. 서울대학교출판부.
김문환・양건열. (1998).『한국 문화정책 연구의 동향』. 한국문화정책개발원.
김문환. (2004). “‘한류’로 본 동아시아 상호관계의 발전 전망”.『문화외교론』. 소학사.
김범송. (2008). “중국의 한류 열풍과 혐한류 현상에 대한 담론: 한중 언론의 한류 견해와 주장을 중심으로”.『한중인문학연구』. 제25집.
김범준. (2007). “해방공간 미군정의 불교정책 연구”.『선문화연구』. 3권.
김상겸. (2006). “종교의 자유와 정교분리원칙에 관한 연구”.『공법연구』. 35(2).
김성곤. (2001). “21세기 문화와 세계화의 과제”.『계간 사상』. 봄호.
김성수. (2010). “글로컬적 관점에서 본 한류에 대한 재평가”.『인문콘텐츠』. 제8호.
김성호. (1997).『한국의 문화산업 발전에 관한 연구: 영상오락산업의 환경변화를 중심으로』. 한국외국어대 세계경영대학원 석사학위논문.
김수이. (2006). “한류, 21세기 한국문화의 국가적 아젠다: 한류의 발전방향을 중심으로”. 김수이 편.『한류와 21세기 문화비전: 욘사마에서 문화정치까지』. 청동거울.

김수찬. (2005). "미군정과 제1공화국 하에서 한국교회와 정교분리 원칙". 『역사신학 논총』. 9집
김순석. (2008). "이승만정권의 불교정책, 대한불교조계종 교육원 불학연구소". 『불교정화운동의 재조명』. 조계종출판사.
김순석. (2010). "일제의 종교정책과 불교". 대한불교조계종 교육원 불학연구소・대한불교조계종 종교평화위원회. 『불교와 국가권력, 갈등과 상생』. 조계종출판사.
김승수. (2001). 『디지털 제국주의』. 나남출판.
김승현. (1994). "매스미디어와 세계문화: 이론적 고찰". 『현상과 인식』. 18(1).
김여수. (1988). "문화정책의 이념과 방향". 『문화예술논총』. 제1집.
김영수. (2001). 『종교 내부갈등과 정부정책대응 평가: 1994년과 1998년 조계종 분규사례 비교』. 서울대학교 행정대학원 석사학위논문.
김영평. (2000). "문화국가를 위한 문화행정의 방향". 『21세기 문화국가 실현을 위한 대토론회』. 문화관광정책연구협의회 발표논문집. 3. 15.
김용호. (1996). 『문화폭발과 문화전략』. 박영률출판사.
김윤권. (2005). "제도변화의 통합적 접근". 『한국정책학회보』. 14(1).
김일수. (2001). 『형법각론: 새로 쓴 제6판』. 박영사.
김재득. (2003). "일제의 종교정책과 가톨릭교회: 조선총독부의 법, 제도 및 행정을 중심으로". 『가톨릭社會科學研究』. 제14집.
김재득. (2004). "미군정기-장면정부, 종교정책 변동과 가톨릭교회: 법, 제도 및 정부개입을 중심으로". 『가톨릭社會科學研究』. 제16집.
김재엽. (2017). "박근혜 정부 문화예술 검열과 블랙리스트 정책의 실체". 『문화정책의 대안모색을 위한 연속토론회: 박근혜 정부 문화정책 진단, 무엇이 문제인가?』. 문화연대.
김정수. (1994). "장애인 복지를 위한 행정의 제기능". 이종범 외. 『협동사회의 정착과 정부의 역할』. 집문당.
김정수. (1995). "국제화・세계화 시대의 한국행정의 진로". 『한국행정연구』. 4(3).
김정수. (1999). "스크린쿼터와 딴따라: 대중문화에 대한 정부개입과 문화산업경쟁력에 관한 시론". 『한국행정학보』. 33(3).
김정수. (2000). 『한국의 정보통신혁명』. 나남.
김정수. (2002a). "'미녀와 야수': 문화행정의 새로운 패러다임 모색". 『한국행정연구』. 11(1).
김정수. (2002b). "한류 현상의 문화산업정책적 함의: 우리나라 문화산업의 해외진출과 정부의 정책지원". 『한국정책학회보』. 11(4).
김정수. (2003). "문화행정의 본질에 대한 재고찰". 『문화정책논총』. 15집.
김정수. (2004a). "스크린쿼터제: 한국영화 의무상영제도." 『한국정책학회보』. 13(5).
김정수. (2004b). "한미 투자협정과 스크린쿼터: 양면게임 모델을 응용한 협상 분석". 『국제통상

연구』. 9(1).
김정수. (2006). “문화산업, 문화교역, 그리고 문화다양성”. 『국제통상연구』. 11(2).
김정수. (2008a). “예술과 공공성: 행정학적 관점에서 본 예술과 공공성” 김세훈 외. 『공공성: 공공성에 대한 다양한 접근』. 미메시스.
김정수. (2008b). “문화생산의 글로벌화에 따른 새로운 문화정책 패러다임의 모색: 우리나라 영화산업의 사례를 중심으로”. 『한국행정학보』. 42(1).
김정수. (2008c). “문화예술 공적지원에 대한 검토와 재성찰: 경기문화재단의 문예진흥 지원사업을 중심으로”. 『문화정책논총』. 제20집.
김정수. (2011a). “(신)한류에서 배우는 문화정책의 교훈”. 『한국행정연구』. 20(3).
김정수. (2011b). “‘뜨거운 감자’ 반토막 내기: 스크린쿼터 축소 결정에 대한 사례 연구”. 『문화와 사회』. 제10권.
김정수. (2013). “우리나라 종교정책의 문제점과 개혁방향에 관한 고찰”. 『문화정책논총』. 27(2).
김정수. (2015). “종교와 국가의 위험한 밀회: 우리나라 종교지원정책에 대한 비판적 고찰”. 『한국행정학보』. 49(2)
김정수. (2016a). “좀비예술가와 벌거벗은 임금님: 우리나라 예술지원정책에 대한 비판”. 『문화정책논총』. 30(1).
김정수. (2016b). “‘문화융성’ 정책에 대한 비판적 검토”. 『국가정책연구』. 30(3).
김종서. (1992). “현대 종교법제의 이론적 연구”. 『정신문화연구』. 46권.
김종서. (1998). “매개구조로서의 종교: 적극적 종교정책을 위한 제언”. 『정신문화연구』. 29권.
김종서. (2005). 『종교사회학』. 서울대학교 출판부.
김종서. (2009). “동서 종교간 충돌과 현대 한국의 역동적 신앙”. 『종교와 문화』. 제16호.
김종원 · 정중헌. (2001). 『우리 영화 100년』. 현암사.
김주연. (2010). “한류 소비행동과 한류로 인한 국가이미지 변화”. 『2010 한류포럼 자료집』. 한국문화산업교류재단 · 문화체육관광부.
김지방. (2007). 『정치교회: 권력에 중독된 한국 기독교 내부 탐사』. 교양인.
김지방. (2008). “이명박 정부의 종교 편향”. 『황해문화』. 61권.
김지운 편저. (1991). 『국제정보유통과 문화지배』. 나남.
김진엽. (2007). 『예술에 대한 일곱 가지 답변의 역사』. 책세상.
김창남. (2003). 『대중문화의 이해』(전면개정판). 한울아카데미.
김천영. (2000). “문화패러다임의 관리적 전환”. 『정책학의 회고와 21세기를 향한 정책비전』. 한국정책학회 동계학술대회 발표논문집. 12. 2.
김태룡. (2010). 『행정이론: 행정사와 이론을 중심으로』. 대영문화사.

김태만. (2006). "한류: 관용의 문화학". 장수현 외. 『중국의 한류, 어떻게 이해할 것인가: 현실과 전망』. 학고방.

김해식. (1987). "대중문화의 생산과 소비". 강현두 편. 『한국의 대중문화』. 나남.

김형수. (2003). "예술진흥 정책 30년에 대한 자성적 성찰과 위원회 전환의 문화정책사적 의미". 한국문화예술진흥원. 『문예진흥원의 위원회 전환과 예술진흥정책의 발전 방향』. 10. 22.

김혜준. (1999). "스크린쿼터제. 인간 발전을 위한 정당한 요구". 한국영화연구소 자료실.

김화섭. (2003). 『새로 쓴 한국영화전사』. 다인미디어.

김화섭. (2005). "한류의 확대와 산업적 가치". 경제사회연구회. 『한류의 경제적 효과 극대화 방안』.

김휴종. (1998a). 『경제환경 변화와 한국 문화산업』. 삼성경제연구소.

김휴종. (1998b). 『스크린쿼터제와 한국 영화산업』. 삼성경제연구소.

김휴종. (1999a). "문화산업 윈도우 효과의 이론과 실증". 『문화정책논총』. 제11집.

김휴종. (1999b). 『한국 대중문화산업 발전전략』. 삼성경제연구소.

김홍동. (1994). "영화법규와 시책으로 본 정책의 흐름". 최진용 외. 『한국영화정책의 흐름과 새로운 전망』. 집문당.

나카가와 이쿠오. (2002). "지방자치단체 문화행정 이념의 점검". 이토스 야스오 외 지음. 이홍재 옮김. 『예술경영과 문화정책』. 역사넷.

나학진. (1990). "종교간의 갈등극복: 기독교와 타종교의 경우". 『종교학연구』. 9권.

내셔널 리서치 카운슬. (2001). 임원선 옮김. 『디지털 딜레마: 정보화 시대의 지적재산권』. 한울아카데미. (National Research Council. The Digital Dilemma: Intellectual Property in the Information Age. National Academy Press. 2000)

노길명. (2002). "광복 이후 한국 종교와 정치 간의 관계: 해방공간부터 유신시기까지를 중심으로". 『종교연구』. 27권.

노재봉. (2002). "문화산업개방의 필요성". 세계문화기구를 위한 연대회의. 『국제통상협정과 문화다양성』 세미나자료집. 2002. 5. 15.

다키야마 스무무. (2001). 곽해선 옮김. 『할리우드 거대 미디어의 세계전략』. 중심.

대외경제정책연구원. (2001). "한류의 경제적 효과와 정책 시사점에 관한 설문 조사". KIEP동향분석속보. 제01-38호.

대통령실. (2009). "'한류 재점화'로 국격을 높이겠습니다". 『청와대 정책소식』. 27.

대한불교조계종 교육원 불학연구소 · 대한불교조계종 종교평화위원회. (2010). 『불교와 국가권력, 갈등과 상생』. 조계종출판사.

대한불교조계종 자성과쇄신결사추진본부 종교평화위원회. (2011). 『대한민국 종교차별 사례집: 1945~2011』. 대한불교조계종 자성과쇄신결사추진본부 종교평화위원회.

대한불교조계종 포교원. (2011). 『한국 불교사: 조계종사를 중심으로』. 조계종출판사.

데이비드 트로스비. (2004). 성제환 옮김. 『문화경제학』. 한울아카데미. (David Throsby. Economics and Culture. Cambridge: Cambridge University Press. 2001)
도준호. (2001). "디지털 컨텐츠 유통과 저작권 보호 문제에 관한 연구". 『방송연구』. 52호.
류대영. (2009). 『한국 근현대사와 기독교』. 푸른역사.
류성민. (2008). "한 · 미 · 일 삼국의 종교정책과 종교교육 비교". 『종교교육학연구』. 26권.
류승주. (2008). "일제의 불교정책과 친일불교의 양상". 『불교학보』. 48권.
류정아. (2009). 『다문화지표 개발연구』. 한국문화관광연구원.
류정아. (2015). 『문화예술 지원정책의 진단과 방향 정립: '팔길이 원칙'의 개념을 중심으로』. 한국문화관광연구원.
매튜 키이란. (2010). 이해완 옮김. 『예술과 그 가치』. 북코리아.
문재완. (2009). "음란과 헌법상 표현의 자유의 보호영역: 헌재 2009. 5. 28. 2007헌바83결정을 중심으로", 『언론과 법』. 8(2).
문화개혁을 위한 시민연대. (2001). 『문화콘텐츠와 디지털 저작권의 문제』. 세미나 자료집.
문화개혁을 위한 시민연대. (2002a). 『'국민의 정부' 문화적 평가와 정책대안』.
문화개혁을 위한 시민연대. (2002b). 『음악저작권 개선을 위한 정책포럼』. 세미나 자료집.
문화관광부. 『영상정책자료』. 각년호.
문화관광부. (2003a). 『참여정부 문화산업 정책비전』.
문화관광부. (2003b). 『차세대 성장산업으로서의 문화산업과 지역균형발전』. 제1회 전국 문화산업 정책워크숍.
문화관광부. (2004a). 『창의 한국』.
문화관광부. (2004b). 『새예술정책』.
문화관광부. (2004c). 『지역문화 활성화대책』.
문화관광부. (2004d). 『개방과 소통의 국제문화교류: 국제문화교류 중기계획』.
문화관광부. (2005a). 『2005년 문화관광부 업무보고』.
문화관광부. (2005b). 『문화 · 관광 · 레저스포츠산업의 청사진』.
문화관광부. (2005c). 『저작권. 그 안에 무엇이 있길래』.
문화관광부. (2006). 『2006 종교행정편람』.
문화관광부 · 예술경영지원센터. (2008). 『2007 공연예술실태조사』.
문화관광부 · 저작권심의조정위원회. (2005). 『네티즌이 알아야 할 저작권 상식』.
문화부 · 한국문화예술진흥원. (1992). 『문화예술통계』.
문화융성위원회. (2013). 『문화융성시대를 열다: 문화가 있는 삶』.
문화체육관광부. (2009a). 『공직자 종교차별 예방교육 교재』.
문화체육관광부. (2009b). 『국내외 종교차별 사례 연구』.

문화체육관광부. (2010a). 『2009 종무행정백서』.

문화체육관광부. (2010b). 『종교문화육성 평가모형 개발 연구』.

문화체육관광부. (2012). 『한국의 종교현황』.

문화체육관광부. (2016). 『전국 문화기반시설 총람』.

문화체육관광부. 『문화산업백서』. 각년도.

문화체육관광부. 『문화정책백서』. 각년도.

문화체육관광부. 『공연예술실태조사』. 각년도.

문화체육관광부. 『문화향수실태조사』. 각년도.

문화체육관광부. 『문화예술인 실태조사』. 각년도.

문화체육관광부. 『문화산업백서』. 각년도..

문화체육관광부. 『콘텐츠산업백서』. 각년도.

문화체육관광부. 『예산 · 기금운용계획 개요』. 각년도.

문화체육관광부 · 한국저작권위원회. (2009). 『개정 저작권법 해설』.

문화체육관광부 · 한국저작권위원회. (2012). 『개정 저작권법 해설서』.

문화체육관광부 · 한국저작권위원회. (2016). 『2015년 저작권 백서』.

문화체육부. (1997). 『1997 문화산업백서』.

민성길. (2005). "[시론] 엽기 도발의 한계를 그어야 한다". 『조선일보』. 8. 5.

박경신. (2007). "FTA 및 국내법과의 상관관계". 국회 문화관광위원회 · 세계문화기구를 위한 연대회의 주최. 『문화다양성협약 발효 기념 토론회: 문화다양성 협약 발효의 의의와 한국의 적극적 참여를 위한 방안』. 3. 13.

박경춘. (2004). "한국 대중음악 산업의 현황과 당면과제". 국회 대중문화 · 미디어 연구회 기념 세미나. 9. 17.

박광무. (2010). 『한국 문화정책론』. 김영사.

박광무 외. (2015). 『문화정책의 역사적 변동과 전망』. 문우사.

박기수. (2006). "한류가 한류를 넘어서기 위한 인문학적 성찰". 김수이(편). 『한류와 21세기 문화비전: 욘사마에서 문화정치까지』. 청동거울.

박기홍 외. (2000). 『디지털 경제와 인터넷 혁명』. 을유문화사.

박동서. (1992). "한국행정의 과제와 행정학의 재정향." 『한국행정학보』. 26(4).

박명수. (2009). "갈등과 충돌: 다종교 사회에서의 한국 개신교와 국가권력". 『종교연구』. 54권.

박명수. (2010). "정부의 전통종교 문화정책 현황과 기독교의 대응방안". 『성결교회와 신학』. 24권.

박병진 · 유승무. (2009). "한국사회의 종교와 사회균열: 주요 쟁점 가치를 중심으로". 한국사회학회 전기 사회학대회 발표 자료집.

박상현. (2007). “한류의 재활성화 방안에 관한 연구”. 『CERI 엔터테인먼트연구』. 제7호.

박소현. (2017). “박근혜 문화융성정책의 실체와 문제점”. 『문화정책의 대안모색을 위한 연속토론회: 박근혜 정부 문화정책 진단. 무엇이 문제인가?』. 문화연대.

박수호. (2009). “종교정책을 통해 본 국가-종교간 관계: 한국 불교를 중심으로”. 『한국학논집』. 39권.

박승길. (1998). “미군정의 종교 정책과 기독교의 헤게머니 형성”. 『사회과학연구집』. 5권.

박양우. (1999). “[국민의 정부] 문화정책화두는 문화경제의 활성화”. 『문화예술』. 3월호.

박웅격. (2000). “문화예산 확충과 효과적 활용방안”. 한국문화정책개발원 학술세미나. 『문화재정과 문화정책』. 2. 1.

박인휘. (2007). “국가”. 이승철 외. 『글로벌 거버넌스와 한국』. 한양대학교 출판부.

박재복. (2005). “한류, 글로벌 시대의 문화경쟁력. 삼성경제연구소”. 『SERI 연구에세이』.

박재율. (2009). “한국 정치에서의 종교 갈등의 의미”. 『오늘의 문예비평』. 72권.

박정택. (1993). “‘새로운’ 국제행정 개념의 탐색”. 『한국행정학보』. 27(1).

박종주. (1994). “한국에서의 국가-종교관계 변화분석: 제1-6공화국의 종교정책을 중심으로”. 『한국사회와 행정연구』. 5(1).

박준석. (2012). “콘텐츠 산업에서의 저작권: 최근 1년간의 관련 판례들을 중심으로”. 『창작과 권리』. 제67호.

박지연. (2001). “박정희 근대화 체제의 영화정책: 영화법 개정과 기업화정책을 중심으로”. 주유신 외. 『한국영화와 근대성』. 도서출판 소도.

박진영. (2007). “[시론] 내가 애국자라고?”. 『조선일보』. 2. 13.

박헌준 · 김재환 · 이주환. (2004). “문화컨텐츠의 온라인 불법유통현황 및 개선방안: 영화산업을 중심으로”. 『문화경제연구』. 7(2).

배관표 · 이민아. (2013). “한국 문화정책의 대상과 전략의 변화: 1988~2012”. 『한국정책학회보』. 22(1).

백완기. (1992). 『행정학』. 박영사.

백완기. (1999). 『성경과 민주주의』. 예영커뮤니케이션.

백원담. (2005). 『동아시아의 문화선택 한류』. 펜타그램.

백종구. (2010). “한국 현대 종교문화정책의 역사화 전망”. 『성결교회와 신학』. 24권.

빅토리아 D. 알렉산더. (2010). 최샛별 외 옮김. 『예술사회학』. 살림.

산업연구원. (2005). 『한류의 통합적 경제효과 분석』.

산업자원부. (2003). 『WTO 통일원산지제도 해설』.

삼성경제연구소. (2002). “한국 문화산업 발전을 위한 긴급제언”. CEO Information. 제361호.

삼성경제연구소. (2010). 『아이돌 그룹이 이끄는 신한류시대』. SERI 경영노트. 제76호.

서동석. (1994). "탄압과 훼불로 점철된 현대 한국불교를 분석한다". 『승가』. 11권.
서병문. (2004). "문화콘텐츠 산업의 현황". 손대현 편저. 『문화를 비즈니스로 승화시킨 엔터테인먼트산업』. 김영사.
서순복. (2005). "지역문화행사와 종교신념에 따른 수용인지간 갈등에 관한 연구". 『한국사회와 행정연구』. 16(2).
서순복. (2007). "문화의 민주화와 문화민주주의의 정책적 함의". 『한국지방자치연구』. 8(3).
소병희. (2001). "예술에 대한 지원: 논리적 근거와 현황". 한국문화경제학회. 『문화경제학 만나기』. 김영사.
소프트웨어진흥원. (2002-2003). 『국내 디지털 콘텐츠 산업 시장 조사 보고서』.
손대현. (2004). "엔터테인먼트 산업의 발전과 한국문화와의 관계". 손대현 편저. 『문화를 비즈니스로 승화시킨 엔터테인먼트산업』. 김영사.
손대현 편저. (2004). 『문화를 비즈니스로 승화시킨 엔터테인먼트산업』. 김영사.
손봉호. (1985). "문화의 본질". 소흥렬 편. 『문화와 사상』. 이화여대 출판부.
손승혜. (2011). "전문가 심층 인터뷰를 통한 한류 정책의 이해와 평가". 『문화정책논총』. 25(1).
손호철. (2000). "한국의 신자유주의와 민주주의". 안병영 · 임혁백 편. 『세계화와 신자유주의: 이념, 현실, 대응』. 나남출판.
송기춘. (2003). "미군정기 및 대한민국 건국 초기의 종교관련제도의 정립과 관련한 헌법적 논의". 『사회』. 24.
송기춘. (2006). "종교 관련 제도의 헌법적 문제점과 그 개선방향". 『헌법학연구』. 12(5).
스크린쿼터 경제효과 프로젝트팀. (2004). 『스크린쿼터제의 경제적 효과와 한미투자협정(BIT)』. 스크린쿼터 문화연대 연구보고서.
신윤환 · 이한우. (2006). 『동아시아의 한류』. 전예원.
신재식. (2011). "한국사회의 종교 갈등의 현황과 구조 탐구: 한국 개신교 요인을 중심으로". 『종교연구』. 제63집.
신항우. (2002). "[칼럼] 수출용 앨범 제작으로 활로를 찾아라". 한국문화콘텐츠진흥원 웹진. 11. 25.
신현준. (2002). 『글로벌, 로컬, 한국의 음악 산업』. 한나래.
심광현. (2002). "신자유주의적인 문화산업개방론의 왜곡된 이분법 논리". 세계문화기구를 위한 연대회의. 『국제통상협정과 문화다양성』 세미나자료집. 5. 15.
심광현. (2003). 『문화사회와 문화정치』. 문화과학사.
심상민. (2001). 『미디어는 콘텐츠다』. 김영사.
심상민. (2002). 『문화시장 개방의 주요이슈와 대응전략』. 삼성경제연구소.
심장섭. (2015). "종무 행정". 박광무 외. 『문화정책의 역사적 변동과 전망』. 문우사.

심재권. (2000). 『한국대중음악 중흥을 위한 9가지 제안: 서태지 컴백열풍을 보며』. 제215회 정기국회 국정감사 정책자료집 ①.

심재권. (2003). "일본대중문화개방의 현황과 과제". 2003년 정기국회 국정감사 정책자료집 ④.

아시아문화산업교류재단. (2005). 『한류의 통합적 경제효과 분석 연구보고서』.

안경환. (2002). "中華와 韓流의 본질". 『조선일보』. 5. 11

안국진 · 유요한. (2010). "한국 내 종교 갈등 및 종교차별 상황 극복을 위한 제언". 『종교와 문화』. 제19호.

안병선. (2000). 『21세기 황금시장, 문화산업』. 매일경제신문사.

알베르 브르통. (1987). "문화경제학 서론: 자유주의적 접근." 유네스코. 『문화산업론』. 나남.

앨빈 토플러. (1989). 『제3물결』. 이규행 옮김. 한국경제신문사.

앨빈 토플러. (1990). 『권력이동』. 이규행 옮김. 한국경제신문사.

양성희. (1998). "가요에 밀려 해마다 음반매출 격감". 『문화일보』. 8. 4.

양종회 외. (2003). 『영국의 문화산업체계』. 지식마당.

양종회 외. (2004). 『미국의 문화산업체계』. 지식마당.

양현미. (2007). 『문화의 사회적 가치』. 한국문화관광연구원.

양혜원. (2015). "문화가 있는 날 제도적 개선방안". 한국문화관광연구원.

엔씨소프트. (2010). 『Never-Ending Change. 리니지 12주년』.

염신규. (2004). "문화부. 정보화 시대 대안적 문화예술 진흥 지원책 검토". 『컬쳐 뉴스』. 4. 12.

염재호. (2002). "한국 시민단체의 성장과 뉴 거버넌스의 가능성". 『아세아연구』. 45(3).

염찬희. (2009). "1990년대 이후 한국 문화정책의 '문화' 이해 변화 과정". 『민주사회와 정책연구』. 16호.

영화진흥위원회. (2000). 『제한상영관 도입에 관한 연구』.

영화진흥위원회. (2002). 『WTO 뉴라운드 시대 문화의 대응전략』.

영화진흥위원회. (2003). 『국제 문화다양성 협정 체결에 대한 연구』.

예술행정연구회 엮음. (1998). 『예술과 행정』. 평민사.

오경환. (1990). 『종교사회학: 개정판』. 서광사.

오만석. (2003). "21세기 한국 문화교육의 새 패러다임 탐색". 김복수 외. 『'문화의 세기' 한국의 문화정책』. 보고사.

오양열. (1995). "한국의 문화행정체계 50년: 구조 및 기능의 변천과정과 그 과제". 『문화정책논총』. 제7집.

오양열. (2015). "문화예술 정책". 박광무 외. 『문화정책의 역사적 변동과 전망』. 문우사.

오정일. (2003). "스크린쿼터제, 영화산업 사활을 쥔 열쇠인가". 산업연구원. 산업경제정보 제168호.

오토 마두로. (1988). 강인철 옮김. 『사회적 갈등과 종교』. 한국신학연구소.

외교안보연구원. (2001). 『미국 문화외교 정책의 역사적 전개과정 및 향후 전망』.

외교통상부. (2011). "한류의 글로벌 마케팅 활용". 『롯데그룹 한국문화 해외 확산을 위한 시위를 당기다 - 첨부자료 2』.

원광연. (1999). "디지털 문화 예술의 발전에 관하여". 최혜실 엮음. 『디지털 시대의 문화 예술』. 문학과 지성사.

원숙연. (2008). "다문화주의시대 소수자 정책의 차별적 포섭과 배제: 외국인 대상 정책을 중심으로 한 탐색적 접근". 『한국행정학보』. 42(3).

원숙연 · 박진경. (2009). "다문화사회와 외국인정책에 대한 정향성 분석: 중앙정부 공무원의 인식을 중심으로". 『행정논총』. 47(3).

원용진 외 편저. (1999). 『스크린쿼터와 문화주권』. 문화과학사.

윌리엄 D. 로마노프스키. (2001). 신국원 옮김. 『대중문화전쟁』. 예영커뮤니케이션.

유네스코. (2005). "문화적 표현의 다양성 보호와 증진을 위한 협약 초안". 문화다양성협약 마련을 위한 제3차 정부간회의. 5. 24~6. 3.

유네스코. (1987). 『문화산업론』. 도정일 역. 나남.(UNESCO. Cultural Industries: A Challenge for the Future of Culture. 1982.)

유상철 · 안혜리 · 정현목 · 김준술 · 정강현. (2005). 『한류 DNA의 비밀: 소프트 파워. 소프트 코리아의 현장을 찾아서』. 생각의 나무.

유승무. (2009). "2008년 범불교도대회를 통해서 본 한국사회의 종교 간 갈등: '총성 없는 전쟁'". 『동양사회사상』. 제19집.

유지나. (2004). "스크린쿼터제도 유지효과와 스크린쿼터제도를 둘러싼 관점의 충돌". 한국사회여론연구소. 『스크린쿼터제와 한국 영화산업 발전 방향』 심포지엄 자료집.

유진룡. (2001). "문화산업정책의 현황과 발전방향". 연세대학교 동서문제연구원 동북아포럼 학술세미나. 『한류의 정체와 지속가능성』.

유진룡 외 책임편집. (1993). 『예술경제란 무엇인가?』. 신구미디어.

유한성. (1997). "문화복지사회의 달성, 문화재정 확충에 달려 있어". 『문화예술』. 7월호.

윤경우. (2006). "중국의 한류 수용과 저항: 중국 문화정체성의 국제문화관계학적 함의". 『한국과 국제정치』. 22(3).

윤선자. (2002). 『한국 근대사와 종교』. 국학자료원.

윤선자. (2006). "일제의 종교정책과 新宗教". 『한국근현대사연구』. 제13집.

윤승용. (1997). "한국 근대 종교의 성립과 전개". 『사회와 역사』. 52집.

윤승용. (2009). "한국종교의 사회세력화 형태와 전망: 민주화 이후를 중심으로". 『종교문화비평』. 제15호.

윤영우. (2004). 『메가이벤트(Mega-event)를 통한 지역활성화 방안에 관한 연구』. 고려대학교 행정대학원 석사학위논문.

윤용복. (2009). "사회복지 영역에서의 국가와 종교". 강돈구 외. 『현대 한국의 종교와 정치』. 경기도: 한국학중앙연구원.

윤이흠. (1995). "세계문화사의 맥락에 비추어 본 한국의 종교와 문화". 『종교와 문화』. 1권.

윤이흠. (2007). 『일제의 한국 민족종교 말살책』. 모시는사람들.

이강수. (1987). 『한국대중문화론』. 법문사.

이강수 편. (1998). 『대중문화와 문화산업론』. 나남출판.

이경희. (1988). "가요 반세,. '독립만세'". 『국민일보』. 8. 17

이규환. (2009). "러시아의 한류문화와 그 미래에 대한 시론적 연구". 『동북아문화연구』. 제21집.

이기형. (2006). "탈지역적으로 수용되는 대중문화의 부상과 '한류현상'을 둘러싼 문화정치". 김수이(편). 『한류와 21세기 문화비전: 욘사마에서 문화정치까지』. 청동거울.

이덕주 · 장규식. (2009). "이승만의 기독교 신앙과 국가건설론". 『한국기독교와 역사』. 제30호.

이동연. (1997). 『문화연구의 새로운 토픽들』. 문화과학사.

이동연. (2002). "인터넷내용등급제와 표현의 자유". 『민교협 회보』. 47호. 2월호.

이동연. (2006). "한류 문화자본의 형성과 문화민족주의". 김수이 편저. 『한류와 21세기 문화비전: 욘사마에서 문화정치까지』. 청동거울.

이반 베르니에. (2002). "문화적 다양성에 기초한 새로운 기구 창설". 한국초청강연.

이반 베르니에. (2002). "국제 무역법과 문화적 다양성". 세계문화기구를 위한 연대회의. 『국제통상협정과 문화다양성』. 세미나자료집.

이병량. (2001). 『한국 영화검열제도 형성의 정치과정』. 고려대학교 행정학 박사학위논문.

이병량. (2006). "한국 문화정책의 논리에 관한 비판적 연구: 평가준거의 구성과 시론적 평가". 『행정논총』. 44(2).

이병량. (2016). "문화와 경제: 문화는 도시를 살리는가?" 『한국거버넌스학회보』. 23(1).

이보경. (2003). "문화산업 현황과 주요 정책과제". 『차세대 성장산업으로서의 문화산업과 지역균형발전』. 제1회 전국 문화산업 정책 워크숍 자료집.

이부하. (2008). "종교의 법적 개념과 국가의 종교적 중립성: 독일의 법이론을 중심으로". 『헌법학연구』. 14(2).

이성주. (1999). "한국 정신문화 비판: 황무지 기행". 『신동아』. 4월호.

이수안. (2007). "문화의 세계화와 '한류' 문화산업의 글로벌 경쟁력: 비언어(non-verbal) 공연을 중심으로". 『한 · 독 사회과학논총』. 17(3).

이승종. (2010). "정부신뢰에 대한 종교의 영향". 『한국행정학보』. 44(1).

이영두. (2000). 『문화산업 경영전략』. 삶과 꿈.

이용선・황형태・김승기. (2010). “중남미 지역의 한류 진출 현황과 전망”. 『중남미연구』. 8(2).
이원재. (2003). “새 정부 문화 정책 제안: 문화민주주의의 꿈!”. 『참여정부 문화정책의 개혁과제 및 대안정책 제시를 위한 공개토론회 자료집』.
이은경・황현숙. (2016). 『다문화정책 연구보고서: 새로운 모색과 현장의 목소리를 중심으로』. 희망제작소.
이은선. (2010). “정부의 민족종교 및 민속문화정책 현황과 기독교계의 대응”. 『성결교회와 신학』. 24권.
이인호. (1997). “표현의 자유와 검열금지의 원칙.” 『법과 사회』. 제15호.
이재헌. (2010a). “미군정의 종교정책과 불교계의 분열”. 『불교정화운동의 재조명』. 조계종출판사.
이재헌. (2010b). “이승만 정권의 종교정책과 불교정화”. 대한불교조계종 교육원 불학연구소・대한불교조계종 종교평화위원회. 『불교와 국가권력. 갈등과 상생』. 조계종출판사.
이제. (1999). “문화부문 계획과 집행의 연계에 관한 연구”. 『문화정책논총』. 제11집.
이종인. (1988). “문화행정과 국가발전”. 『예술과 행정』. 평민사.
이준웅. (2004). “한류의 커뮤니케이션 효과: 중국인의 한국 문화상품 이용이 한국에 대한 인식과 태도에 미치는 영향”. 장수현 외. 『중국은 왜 한류를 수용하나』. 학고방.
이중한. (1994). “문화유통시장 개방과 문화학교 운등”. 김태원 편. 『한국 문화・사회의 상황과 후기 현대』. 현대미학사.
이중한. (2000). “21세기 문화정책의 방향과 과제”. 『문화재정과 문화정책』. 한국문화정책개발원 학술세미나 발표논문집. 2. 1.
이케가미 준 지음. (1996). 강응선 옮김. 『문화경제학 입문』. 매일경제신문사.
이케가미 준 외. (1999). 황현탁 옮김. 『문화경제학』. 나남출판사.
이토스 야스오 외 지음. (2002). 이홍재 옮김. 『예술경영과 문화정책』. 역사넷.
이평식. (2004). “중국 문화산업의 발전배경 및 시장현황: 한류의 정치경제학적 접근”. 장수현 외. 『중국은 왜 한류를 수용하나』. 학고방.
이현승. (2001). “영화 ‘친구’의 폭력성 논쟁: ‘엘리트적 검열’은 또 다른 폭력. 관객과 호흡한 연출력에 ‘박수’”. 『조선일보』. 6. 16.
이형삼. (2000). “한류 비즈니스 주역 김윤호의 중국체험: 한류 대박? 중국인이 먼저 몸달게 하라.” 『신동아』. 10월호.
이홍재. (2004). 『문화예술정책론』. 박영사.
임병호. (2001). “문화는 인간의 정신적 가치”. 『문화예술』. 1월호.
임상오. (2001). “공연예술의 경제학”. 한국문화경제학회. 『문화경제학 만나기』. 김영사.
임진모. (2003). 『젊음의 코드, 록』. 북하우스.
임진모. (2003). “요즘 한류는 어떻게 된건가”. 한국문화콘텐츠진흥원. CT News.

임학순. (1996). “문화정책의 연구영역과 연구경향 분석”. 『문화정책논총』. 제8집.
임학순. (2003). 『창의적 문화사회와 문화정책』. 진한도서.
임희섭. (1995). “경제발전의 논리와 문화발전의 논리”. 『문화정책논총』. 제7집.
장미혜. (2008). “다문화사회의 미래와 정책적 대응방향”. 한국다문화센터 창립대회 세미나.
장수현 외. (2004). 『중국은 왜 한류를 수용하나: 한류의 중국적 토대에 대한 다학문적 접근』. 학고방.
장정진. (2002). “문화예술진흥기금 모금폐지와 그 대안”. 민예총 문화정책연구소. 문화정책포럼. 『우리나라 예술 진흥 정책의 세 가지 주요 현안』.
재정경제부・문화관광부・방송위원회. (2004). 『문화산업 경쟁력 강화방안』.
쟝-피에르 바르니에. (2000). 주형일 옮김. 『문화의 세계화』. 한울.
전국경제인연합회. (2003). 『문화산업강국 실현을 위한 정책개선과제』.
전국민중연대. (2006). 『한미 FTA 교양자료집』.
전봉관. (2007). “[삶과 문화] 한류를 넘어서”. 『한국일보』. 2. 27
전영한. (2007). “정책도구의 다양성: 도구유형분류의 쟁점과 평가”. 『정부학연구』. 13(4).
전찬일. (2001). “‘친구’ 곽경택 감독 주장을 비판한다: 관객몰이용 ‘선정적 폭력’일뿐”. 『조선일보』. 6. 15.
전택수. (2001a). “문화의 창의성 제고를 위한 경제학 기본 원리”. 한국문화경제학회. 『문화경제학 만나기』. 김영사.
전택수. (2001b). “지식 기반 사회에서의 문화와 경제”. 한국문화경제학회. 『문화경제학 만나기』. 김영사.
전훈. (2013). “종교적 중립성에 관한 고찰”. 『법학논고』. 제41집.
정갑영. (1994). “세계화의 의미와 문화정책의 기본방향”. 『문화정책논총』. 제6집.
정갑영. (2000). “우리나라 전통문화정책의 전개과정과 그 의미”. 『정신문화연구』. 81권.
정경석 편저. (2004). 『엔터네인먼트 비즈니스 분쟁사례집』. 청림출판.
정광호. (2003). 『중국, 중국인, 중국문화 이야기』. 시아.
정기문. (1999). “문화산업 논의의 전개”. 『문화정책논총』. 제11집.
정기문. (2001a). “문화유산의 경제학”. 한국문화경제학회. 『문화경제학 만나기』. 김영사.
정기문. (2001b). “예술가 시장의 경제학”. 한국문화경제학회. 『문화경제학 만나기』. 김영사.
정기문・문승래. (1996). “공연예술의 경제적 특성”. 『산업과 경제』. 제6집(통권 제10호).
정명희. (2012). “대규모 종교행사의 정책적 지원을 위한 쟁점과 방향”. 『문화정책논총』. 26(2).
정상우. (2014). “정교분리 원칙의 모델에 관한 비교헌법학적 연구”. 『헌법학연구』. 20(1).
정상철. (2002). “한류의 과제와 가능성.” 정진수 외. 『대중예술의 이해』. 집문당.
정상철. (2015). “문화산업 정책”. 박광무 외. 『문화정책의 역사적 변동과 전망』. 문우사.

정용덕. (2001). 『현대국가의 행정학』. 법문사.

정웅기. (2010). "범불교도대회의 배경과 성격". 대한불교조계종 교육원 불학연구소 · 대한불교조계종 종교평화위원회. 『불교와 국가권력. 갈등과 상생』. 조계종출판사.

정진영. (1996). "세계화와 주권국가의 변모". 한배호 편. 『세계화와 민주주의』. 세종연구소.

정철현. (2004). 『문화정책론』. 서울경제경영.

정태환 외. (1995). 『문화대국으로 가는 길』. 지식산업사.

정홍익. (1992). "문화행정연구: 개념틀과 분석". 『한국행정학보』. 25(4).

정홍익. (1993). "문화정책의 가치론적 접근". 한국문화예술진흥원 문화발전연구소. 『문화예술논총』. 제5집.

정홍익. (1994). "정책준거로서 세계화와 문화정책의 과제". 『문화정책논총』. 제6집.

정홍익. (1997). "문화정책 연구의 영역과 접근방법." 한국문화정책개발원. 『문화정책연구의 새로운 전망』.

정홍익. (2001). "문화정책의 정치경제학과 자가성찰적 비판: 정부와 문화예술의 관계". 『문화예술』. 8월호.

정홍익. (2004). "문화 세계화의 쟁점과 과제". 오연천 · 이달곤 외. 『세계화시대의 국가정책』. 박영사.

정홍익 · 이종열 · 박광국 · 효진. (2008). 『문화행정론』. 대영문화사.

제임스 헤일브런 · 찰스 그레이. (2000). 이홍재 옮김. 『문화예술경제학』. 살림출판사.

조성수. (2008). 『한국에서의 교회와 국가와의 관계에 관한 연구: 교회사적 측면에서 본 연구』. 연세대학교 대학원 신학박사학위 논문.

조제프 나이. (1991). 『21세기 미국 파워』. 한국경제신문사.

조한혜정. (2002). "글로벌 지각 변동의 징후로 읽는 '한류 열풍'". 조한혜정 외. 『'한류'와 아시아의 대중문화』. 연세대학교출판부

조현성. (2000). "소득증감과 문화비지출". 『문화정책개발원소식』. 통권 제22호.

조형근 · 김휘정. (2011). "신한류 현상의 특징과 향후 과제". 국회입법조사처. 『이슈와 논점』. 제254호.

조희문. (2004). "실익없는 한국영화 보호: 스크린쿼터". 한국사회여론연구소. 『스크린쿼터와 한국 영화산업 발전 방향』. 심포지엄 자료집.

존 톰린슨. (2004). 김승현 · 정영희 공역. 『세계화와 문화』. 나남출판. (John Tomlinson. Globalization and Culture. Polity Press. 1999)

지규철. (2009). "프랑스헌법에서의 라이시떼(laicite. 비종교성) 원칙에 관한 고찰". 『공법학연구』. 10(3).

지금종. (2003). "지역문화와 시민축제". 경기도 문화예술진흥방안과 지원정책수립을 위한 기전

문화예술 심포지엄.

지만수. (2005). "한류 확대의 경제적 기초와 전망". 경제사회연구회. 『한류의 경제적 효과 극대화 방안』.

진철승. (2002). "부처님. 예수님 생신의 '공휴일' 산고". 『종교문화비평』. 제2호.

차문중. (2005). "한류의 경제적 효과와 정부지원논리의 분석". 경제사회연구회. 『한류의 경제적 효과 극대화 방안』.

차우진. (2005). "우리는 음반을 어떻게 구원할 것인가". 『컬처 뉴스』. 6. 2.

차차석. (2010). "1960년대부터 1980년대까지 불교차별과 배경". 대한불교조계종 교육원 불학연구소 · 대한불교조계종 종교평화위원회. 『불교와 국가권력. 갈등과 상생』. 조계종출판사.

최광숙. (2011). "[씨줄날줄] 뽀로로". 『서울신문』. 6. 24

최무현. (2008). "다문화시대의 소수자정책 수단에 관한 연구: 참여정부의 '다문화정책'을 중심으로". 『한국행정학보』. 42(3).

최병선. (1999). 『무역정치경제론』. 박영사.

최신덕 · 노길명. (1979). "해방이후 한국 종교계의 변동과정". 『한국사회학』. 10권.

최영제. (2005). "문화다양성 협약'의 배경과 의의". 『네트워커』. 제30호.

최우영. (2009). "아프가니스탄 피랍 사태를 통해 본 한국 사회의 종교 갈등: 반개신교 담론의 기원과 해석". 『사회와 이론』. 14권.

최우정. (2005). "헌법상 정교분리원칙과 문화국가원리". 『헌법판례연구』. 7권.

최재승. (2001). 『문화를 읽는다 미래를 본다』. 나무와 숲.

최재오. (2001). "뛰어난 예술작품 창조와 그 유효성 증진을 위하여". 『문화예술』. 8월호.

최정민 · 배관표 · 최성락. (2013). "예술인복지법 정책결정과정 연구: Kingdon의 정책흐름모형을 중심으로". 『한국콘텐츠학회논문지』. 13(5).

최종고. (1999). "한국종교법학의 현황과 전망". 『종교와 문화』. 5권.

최종철. (1997). "문화정책의 의제형성과 변화: 프랑스 미테랑 정권기의 사례를 중심으로". 한국문화정책개발원. 『문화정책연구의 새로운 전망』.

최춘일. (2007). "경기도 문화예술계의 발전 현황과 문제점". 한국의 지역문화 발전실태 심포지엄. 한국문화관광연구원.

최협. (1996). "정부의 문화개발정책". 백완기 · 신유근 외. 『문화와 국가경쟁력』. 박영사.

최혜경. (2004). "1910년 전후 일제의 종교정책과 종교계의 민족운동". 『동학연구, 제17호.

크리스토퍼 링글. (1995). "예술의 공공선택과 공공재정지원". 한국문화정책개발원. 『문화경제학과 문화정책』. 문화정책자료 53.

토머스 프리드먼. (2009). 장경덕 옮김. 『렉서스와 올리브 나무』. 21세기북스. (Thomas L. Friedman. The Lexus and the Olive Tree. 2000)

하연섭. (2002). "신제도주의의 최근 경향: 이론적 자기 혁신과 수렴". 『한국행정학보』. 36(4).
한경구. (1998). "일본문화 개방을 생각한다". 『입법조사연구』. 10월.
한국교회언론회. (2010). "종교계는 국민혈세로 종단 운영 행위를 중단하라!!". 성명서. 7. 21.
한국기독자교수협의회 · 한국교수불자연합회. (2008). 『현대사회에서 종교권력, 무엇이 문제인가』. 동연.
한국문화경제학회. (2001). 『문화경제학 만나기』. 김영사.
한국문화관광연구원. (2009). 『반한류 현황분석 및 대응방안 연구』.
한국문화산업교류재단. (2009). 『한류, 아시아를 넘어 세계로』.
한국문화산업교류재단. (2010). 『한류 포에버: 중국 · 대만편』.
한국문화산업교류재단. (2016a). 『2015 한류의 경제적 효과에 관한 연구』.
한국문화산업교류재단. (2016b). 『2015 해외한류 실태조사』.
한국문화예술진흥원. (1987). 『예술행정』.
한국문화예술진흥원. (1988). 『문화정책』.
한국문화예술진흥원. (2004). "2004년 지역 사랑티켓 추진계획".
한국문화정책개발원. (1997a). 『문화향수실태조사』.
한국문화정책개발원. (1997b). 『우리나라의 종교정책에 관한 연구』. 한국문화정책개발원.
한국문화정책개발원. (1998). 『창의적 문화국가 건설을 위한 정책제안』.
한국문화정책개발원. (1999a). 『영국의 문화정책』.
한국문화정책개발원. (1999b). 『일본대중문화 즉시개방의 파급효과 및 추가개방 대책 연구』. 정책연구 99-3.
한국문화정책개발원. (1999c). 『지식기반경제 발전을 위한 문화산업 활성화』.
한국문화정책개발원. (2000a). 『다종교 사회에서의 종교간의 화합방안』.
한국문화정책개발원. (2000b). 『문화정책과 시민사회』. 한 · 독 문화정책 심포지엄 자료집.
한국문화정책개발원. (2001). 『한국 대중문화산업의 해외진출을 위한 지원방안 연구: 한류의 지속화방안을 중심으로』.
한국문화정책개발원. (2002). 『세계는 어떤 문화정책을 준비하고 있나』. 국제 심포지엄 자료집.
한국문화정책개발원 · 정보통신정책연구원. (2000). 『인터넷 이용확산이 문화컨텐츠 제작 · 유통구조에 미치는 영향 분석을 통한 문화컨텐츠산업 진흥방안』.
한국문화콘텐츠진흥원. (2001). 『한류 지속화 연구 기본 계획 수립: 최종 보고서 요약본』.
한국문화콘텐츠진흥원. (2003). 『일본의 문화콘텐츠산업 동향과 지원제도』.
한국문화콘텐츠진흥원. (2004a). 『디지털 사회, 해외 글로벌 미디어 그룹의 융합 트렌드』.
한국문화콘텐츠진흥원. (2004b). 『문화콘텐츠산업의 경제적 파급효과 분석』.
한국문화콘텐츠진흥원. (2004c). 『프랑스 문화산업 정책과 동향』.

한국소프트웨어진흥원. (2008). 『2007년 국내 디지털콘텐츠 시장 조사』.
한국인터넷진흥원. (2016). 『2016 인터넷이용 실태조사』.
한국정보화진흥원. (2016). 『2016년도 국가정보화백서』.
한국정신문화연구원. (1987). 『사회변동과 한국의 종교』. 한국문화정책개발원.
한국콘텐츠진흥원. (2011). 『K-POP이 주도하는 신한류: 현황과 과제』. KOCCA 포커스 2011-03호 (31호).
한국콘텐츠진흥원. (2013). 『창조경제와 콘텐츠산업의 일자리 창출 및 경제적 파급 효과』.
한국형사정책연구원. (1992). 『음란물의 법적 규제 및 대책에 관한 연구』.
한스 애빙. (2009). 박세연 옮김. 『왜 예술가는 가난해야 할까: 예술경제의 패러독스』. 21세기북스.
한스 피터 마르틴・하랄드 슈만. (1997). 강수돌 옮김. 『세계화의 덫』. 영림 카디날.
한승준. (2008). "프랑스 동화주의 다문화정책의 위기와 재편에 관한 연구". 『한국행정학보』. 42(3).
한승준. (2017). "'문화가 있는 날' 사업의 문화정책 특성에 관한 연구: 문화의 민주화를 위한 정책인가? 문화민주주의를 위한 정책인가?". 『한국행정학보』. 51(1).
한양대학교 산학협력단. (2015). 『성동문화재단 설립 타당성 검토』.
한홍석. (2004). "중국 대중문화 시장의 형성과 외국 대중문화의 수용: '한류' 발생의 시대적 배경을 중심으로". 장수현 외. 『중국은 왜 한류를 수용하나: 한류의 중국적 토대에 대한 다학문적 접근』. 학고사.
해롤드 보겔. (2003). 현대원 옮김. 『엔터테인먼트 산업의 경제학』. 커뮤니케이션북스. (Harold L. Vogel. Entertainment Industry Economics. Cambridge: Cambridge University Press. 2001)
해외문화홍보원. (2016). 『2016 해외문화홍보 계획』.
볼프하르트 헹크만・콘라드 로터 엮음. (1998). 김진수 옮김. 『미학사전』. 예경.
허명섭. (2003). 『해방 이후 한국교회의 재형성: 1945~1960』. 서울신학대학교 대학원 박사학위 논문.
허명섭. (2004). "미군정의 종교정책과 한국교회". 『한국교회사학회지』. 15권.
허버트 리드. (1979). 하종현 옮김. 『예술의 의미』. 정음사.
허원. (2012). "종교인에 대한 과세 논의와 그 의의". 국회입법조사처. 『이슈와 논점』. 제423호.
헌법파괴・종교편향 종식 범불교대책위원회. (2009). 『종교차별 바로알기』. 헌법파괴・종교편향 종식 범불교대책위원회.
현대경제연구원. (2009). "국내 다문화 현상의 특징과 시사점: 성숙한 다문화 사회를 위한 과제". 『경제주평: 글로벌 경제 위기와 한국 경제』. 09-44(373호).
현택수. (2007). "세계화 시대의 문화 정체성". 문화관광부・한국문화관광연구원. 아시아문화정책 심포지움.
호현찬. (2000). 『한국영화 100년』. 문학사상사
홍기원. (2007). "다문화 사회 문화정책의 과제와 방향". 한국문화예술교육진흥원. 다문화 사회와 문화정책 세미나.
홍호표 · 정연욱 · 공종식. (1995). 『대중예술과 문화전쟁』. 나남.
화엄광장 · 불교미래사회연구소. (2013). 『정부 종교지원예산 분석: 중앙정부부처 민간지원사업을 중심으로』.
황현탁. (1995). 『한국 영상 산업론』. 나남출판.

"[그래픽 뉴스] 군종장교 현황". 『국민일보』. 2010. 8. 13.
"[하도겸 칼럼] 조계종, 왜 그리 시끄럽나⑩ 사찰 문화재 관람료 사용처 공개해야". 『뉴시스』. 2014. 10. 1.
"'거짓말' 키우는 검찰?". 『조선일보』. 2000. 1. 14.
"'겨울연가' 경제 효과 2조 3,269억 원". 『일간스포츠』. 2004. 12. 13.
"'난타' 이후 차세대 한류 주역, 이젠 비보이!". 『세계일보』. 2006. 7. 24.
"'드봉' 베트남서 브랜드 인지도 1위". 『장업신문』. 2000. 12. 14.
"42년 만의 대반전 … 서울의 클리프 리처드 → 파리의 소녀시대". 『중앙일보』. 2011. 6. 11.
"90년대 중반 등장… 세계대회 석권". 『한경비즈니스』. 2006. 8. 29.
"개신교, 템플스테이 욕하더니 처치스테이 추진". 『법보신문』. 2010. 12. 23.
"교회·절 갈등, '종교 전쟁' 치닫나". 『시사저널』. 2010. 11. 10.
"국가예산 목 말라하면서 웬 불교자주화?", 『불교닷컴』, 2014. 4. 2.
"대한민국 B-boy 성공배경과 미래". 『경향신문』. 2006. 8. 23.
"돈내고 보는 사람만 바보?". 『씨네 21』. 510호. 2004.
"명진 스님 '서이독경'서 자승 원장 MB하수인 자인", 『서울의 소리』, 2011. 12. 4.
"무료음악파일 받은 네티즌 음반 더 구입". 『연합뉴스』, 2002. 5. 4.
"문화경쟁: 중국, 대만, 홍콩에 부는 한류". 『亞洲週刊』. 2001. 6. 18.
"블로그 1초에 1개씩 탄생". 『세계일보』. 2005. 8 .4.
"비보이. 공연예술 블루칩 되나… 한국 문화상품 급부상". 『국민일보』. 2006. 8. 8.
"사랑이 엔드? 모든게 오버?". 『조선일보』. 2003. 3. 28.
"엔터테인먼트 산업 게임이 王". 『한국일보』. 2005. 2. 21.
"여성가족부 홈페이지가 마비된 까닭은?". 『조선닷컴』. 2011. 8. 25.
"외국작곡가와 협업,이제는 직거래". 『텐아시아』. 2013. 6. 14.

"유네스코 정부간회의, '문화다양성 협약' 최종초안 완성". 『연합뉴스』. 2005. 7. 21.
"이제는 유럽 韓流… 10년전부터 오늘을 준비해왔다". 『조선일보』. 2011. 6. 7.
"일본 극단 시키의 뮤지컬 '라이온 킹' 제작발표회". 『부천타임즈』. 2006. 6. 8.
"전세계에 침투한 미국문화". Washington Post. 1998. 10. 26.(문화관광부. 『해외문화산업정보』. 128호. 1998. 12. 18에 번역소개)
"졸릭, 문화 산업체의 자유무역 연대 착수에 합세하다". 미국무역대표부사무실. 2003. (스크린쿼터문화연대 홈페이지 자료실, http://www.screenquota.org)
"청소년 음악교육도 '부익부 빈익빈'". 『경향신문』. 2000. 11. 16.
"캐주얼 섹스 권하는 프로그램 홍수". 『마이데일리』. 2005. 3. 16.
"한류 대열에 오른 비보이 더 키울 것: 비보이 세계 1위 '진조'". 『경향신문』. 2016. 6. 13.
"한류 속에 길이 있다". 『조선일보』. 2001. 8. 31.
"한번 공연 수천만원 적자… 아예 '살림포기'". 『동아일보』. 1999. 6. 29.
"현란한 춤 · 강력한 사운드로 중국대륙 강타: 베이징의 H.O.T". 『조선일보』. 2000. 3. 6.
"휠체어 탄 이들도 영화관에 가고 싶다". 『씨네 21』. 2002. 10. 15.
Dean, Katie. (2005). "비디오 블로깅이 뜨고 있다". (http://wired.daum.net/culture/digiwood/article00197.shtm)
INCP. (2000). "문화다양성의 위기와 기회에 대한 조사".
KBS. (2011). <KBS 스페셜: K-POP, 세계를 춤추게 하다>. 6. 26.
KBS. (2011). <KBS 시사기획: 신한류, 길을 묻다>. 7. 12.

Abbing, Hans. (2003). "Support for Artists". in Ruth Towse(ed). *A Handbook of Cultural Economics*. Cheltenham: Edward Elgar.
Albro, Robert. (2005). "Managing Culture at Diversity's Expense? Thoughts on UNESCO's Newest Cultural Policy Instrument". *The Journal of Arts Management. Law and Society.* 35(3).
Aoki, Keith, James Boyle and Jennifer Jenkins. (2006). *Bound by Law.* Center for the Study of the Public Domain, Duke Law School.
Art Council England. (2014). *The Value of Arts and Culture to People and Society: An Evidence Review.*
Baeker, Greg. (2000). "International Network on Cultural Policy: Inventory of Cultural Diversity Opportunities and Challenges". Briefing Paper prepared for the International Network on Cultural Policy

Working Group on Cultural Diversity and Globalisation.

Baumol, William J. (1966). *Performing Arts: The Economic Dilemma.* New York: Twentieth Century Fund.

Bawden, Allison Brugg. (2002). *Access and the Cultural Infrastructure.* Center for Arts and Culture.

Behr, Adam, Matt Brennan and Martin Cloonan. (2014). "Cultural Value and Cultural Policy: Some Evidence from the World of Live Music". *International Journal of Cultural Policy.* Published online: 15 Dec 2014.

Biddle, Livingston. (1978). NEA *Annual Report.* NEA.

Bilton, Chris. (2015). "Uncreativity: the Shadow Side of Creativity". International Journal of Cultural Policy. 21(2).

Blomgren, Roger. (2012). "Autonomy or Democratic Cultural Policy: That is the Question". I*nternational Journal of Cultural Policy.* 18(5).

Bradford, Gigi, Michael Gary, and Glenn Wallach(eds). (2000). *The Politics of Culture: Policy Perspectives for Individuals, Institutions, and Communities.* New York: The New Press.

Braman, Sandra. (2003). "Trade and Information Policy". in Justin Lewis and Toby Miller(eds). *Critical Cultural Policy Studies: A Reader.* Malden: Blackwell Publishing.

Brown, Alan. (2006). "An Architecture of Value". *Grantmakers in the Arts Reader.* 17(1).

Burton, John. (1990). "Why the State Should Stay Out Of Culture: An Economist's View". *Cultural Notes.* 21.

Canclini, Nestor Garcia. (2000). "Cultural Policy Options in the Context of Globalization". in Gigi Bradford, Michael Gary, and Glenn Wallach(eds). *The Politics of Culture: Policy Perspectives for Individuals, Institutions, and Communities.* New York: The New Press.

Castles, Stephen and Mark J. Miller. (2003). *The Age of Migration.* 3rd ed. New York: Palgrave Macmillan.

Caves, Richard E. (2000). *Creative Industries: Contracts between Art and Commerce.* Cambridge: Harvard University Press.

Chaney, David. (2002). "Cosmopolitan Art and Cultural Citizenship". *Theory, Culture & Society.* 19(1-2).

Cherbo, Joni M. and Margaret J. Wyszomirski(eds). (2000). *The Public Life of the Arts in America.* New Brunswick: Rutgers University Press.

Choi, Byung-il. (2002). "When Culture Meets Trade: Screen Quota in Korea". *Global Economic Review.* December.

Cohen, Michael D., James G. March, and Johan P. Olsen. (1972). "A Garbage Can Model of Organizational Choice". *Administrative Science Quarterly.* 17(1).

Council of Europe. (1982). *The State's Role vis-a-vis the Culture Industries.* Strasboug: Council of Europe.

Craik, Jennifer, Libby McAllister, and Glyn Davis. (2003). "Paradoxes and Contradictions in Government Approaches to Contemporary Cultural Policy: An Australian Perspective". *The International Journal of Cultural Policy.* 9(1).

Craik, Jennifer. (2005). "Dilemmas in Policy Support for the Arts and Cultural Sector". *Australian Journal of Public Administration.* 64(4).

Crane, Diana, Noboko Kawashima and Kenichi Kawasaki(eds). (2002). *Global Culture: Media, Arts, Policy, and Globalization.* New York: Routledge.

Crane, Diana. (2002). "Culture and Globalization: Theoretical Models and Emerging Trends". in Diana Crane, Nobuko Kawashima, and Kenichi Kawasaki(eds). *Global Culture: Media, Arts, Policy, and Globalization.* New York: Routledge.

Cwi, David. (1982). "Merit Good or Market Failure: Justifying and Analyzing Public Support for the Arts". in Kevin V. Mulcahy and C. Richard Swaim(eds). *Public Policy and the Arts.* Boulder: Westview Press.

Davis, Rebecca W. (2011). "It's All about Seoul". *Nylon.* June/July.

Dayton-Johnson, Jeff. (2000). *What's Different about Cultural Products? An Economic Framework.* Department of Canadian Heritage. Nov. 23.

Eling, Kim. (1999). *The Politics of Cultural Policy in France.* New York: St. Martin's Press.

Falicov, Tamara L. (2000). "Argentina's Blockbuster Movies and the Politics of Culture under Neoliberalism. 1989–98". *Media. Culture & Society.* 22(3).

Farazmand, Ali. (2007). "Global Administrative Reforms and Transformation of Governance and Public Administration". in Ali Farazmand and Jack Pinkowski(eds). *Handbook of Globalization, Governance, and Public Administration.* Boca Raton: Taylor & Francis.

Feigenbaum, Harvey B. (2001). *Globalization and Cultural Diplomacy.* Center for Arts and Culture.

Frank, Andre G. (1969). *Capitalism and Underdevelopment in Latin America.* New York: Monthly Review Press.

Frederickson, H. George. (1997). *The Spirit of Public Administration.* San Francisco: Jossey-Bass.

Freedman, Des. (2002). "Trade Versus Culture: An Evaluation of the Impact of Current GATS Negotiations on Audio-Visual Industries". 2002 International Studies Association Annual Convention.

Freedman, Des. (2003). "Cultural Policy-Making in the Free Trade Era: An Evaluation of the Impact of Current World Trade Organization Negotiations on Audio-Visual Industries". *International Journal of Cultural Policy.* 9(3).

Frey, Bruno S. (1999). "State Support and Creativity in the Arts: Some New Consideration". *Journal of Cultural Economics.* 23(1).

Frey, Bruno S. (2003). "Public Support". in Ruth Towse(ed). *A Handbook of Cultural Economics.* Cheltenham: Edward Elgar.

Garnham, Nicholas. (2005). "From Cultural to Creative Industries: An Analysis of the Implications of the 'Creative Industries' Approach to Arts and Media Policy Making in the United Kingdom". *International Journal of Cultural Policy.* 11(1).

Geursen, Gus and Ruth Rentschler. (2003). "Unraveling Cultural Value". *Journal of Arts Management, Law, and Society.* 33(3).

Guetzkow, Joshua. (2002). "How the Arts Impact Communities: An Introduction to the Literature on Arts Impact Studies for Arts and Cultural Policy Studies". Working Paper Series, No.20. Center for Arts and Cultural Policy Studies.

Gyory, Michel. (2000). *Making and Distributing Films in Europe: The Problem of Nationality.* The European Audiovisual Observatory.

Hall, John A. and G. John Ikenberry. (1989). *The State.* Minneapolis: University of Minnesota Press.

Heilbrun, James and Charles M. Gray. (2001). *The Economics of Art and Culture.* 2nd ed. Cambridge: Cambridge University Press.

Heilbrun, James. (2003). "Baumol's Cost Disease". in Ruth Towse(ed). *A Handbook of Cultural Economics.* Cheltenham: Edward Elgar.

Helm, Dieter. (1989). "The Economic Border of the State". in Dieter Helm(ed). *The Economic Border of the State.* New York: Oxford

University Press.
Hesmondhalgh, David. (2002). "Introduction: Change and Continuity, Power and Creativity". *The Cultural Industries*. London: SAGE Publications Ltd.
Hodsoll, Frank. (1988). "Measuring for Success and Failure in Government and the Arts". *Journal of Arts Management, Law, and Society*. 28(3).
Holden, John and Jordi Balta. (2012). *The Public Value of Culture: A Literature Review*. European Expert Network on Culture(EENC) Paper. January.
Holden, John. (2004). *Capturing Cultural Value*. London: Demos.
Huntington, Samuel P. (1996). *The Clash of Civilizations and the Remaking World of Order*. New York: Simon & Schuster.
Jowell, Tessa. (2004). *Government and the Value of Culture*. Department for Culture. Media and Sport. UK Government.
Justin, Lewis and Toby Miller(eds). (2003). *Critical Cultural Policy Studies: A Reader*. Malden: Blackwell Publishing.
Kim, Jungsoo. (2016). "Success without Design: Hallyu (Korean Wave) and Its Implications for Cultural Policy". *The Korean Journal of Policy Studies*. 31(3).
King, A. D.(ed). (1991). *Culture, Globalization and the World System: Contemporary Conditions for the Representation of Identity*. London: Macmillan.
Kingdon, John W. (1984). *Agenda, Alternatives, and Public Policies*. Boston: Little Brown and Company.
Klamer, Arjo. (2003). "Value of Culture". in Ruth Towse(ed). *A Handbook of Cultural Economics*. Cheltenham: Edward Elgar.
Kramnick, Isaac and Moore Laurence R. (1997). *The Godless Constitution: The Case Against Religious Correctness*. New York: W. W. Norton & Company.
Kwon, Dong Hwan. (2006). "Is it too early to talk about "Hallyu" in the Philippines?". Paper Prepared for the International Conference on Cultural Space and Public Sphere in Asia. Asia's Future Initiative. Seoul. Korea. March 15~16.
Langsted, Jørn. (1990). "Double Strategies in a Modern Cultural Policy". *The Journal of Arts Management. Law. and Society*. 19(4).
Lewis, Gregory B. and Arthur C. Brooks. (2005). "A Question of Morality: Artists' Values and Public Funding for the Arts." *Public Administration*

*Review,* 65(1).

Lewis, Justin. (2000). "Designing a Cultural Policy". in Gigi Bradford, Michael Gary, and Glenn Wallach(eds). *The Politics of Culture: Policy Perspectives for Individuals, Institutions, and Communities.* New York: The New Press.

Lingle, Christopher. (1992). "Public Choice and Public Funding of the Arts". in Ruth Towse and Abdul Khakee(eds). *Cultural Economics.* New York: Springer-Verlag.

Madden, Christopher. (2004). "Creativity and Arts Policy". *Journal of Arts Management, Law, and Society.* 34(2).

Magder, Ted. (2004). "Transnational Media, International Trade and the Idea of Cultural Diversity". *Continuum: Journal of Media & Cultural Studies.* 18(3).

Mas-Colell, Andreu. (1999). "Should Cultural Goods be Treated Differently?". *Journal of Cultural Economics.* 23(1).

Matarasso, Francois and Charles Landry. (1999). *Balancing Act: Twenty-One Strategic Dilemmas in Cultural Policy.* Council of Europe Publishing.

Mattelart, Armand. (1998). "European Film Policy and the Response to Hollywood". in John Hill and Pamela Church Gibson(eds). *The Oxford Guide to Film Studies.* Oxford/New York: Oxford University Press.

McCarthy, Kevin F., Elizabeth H. Ondaatje, Laura Zakaras, and Arthur Brooks. (2004). *Gifts of the Muse: Reframing the Debate About the Benefits of the Arts.* Santa Monica: RAND Corporation.

McCourt, Tom. (2003). "When Creators, Corporations, and Consumers Collide: Napster and the Development of On-line Music Distribution". *Media, Culture & Society.* 25(3).

McGrew, Anthony. (2008). "1. Globalization and Global Politics". in John Baylis, Steve Smith, and Patricia Owens. *The Globalization of World Politics: An Introduction to International Relations.* 4th ed. Oxford: Oxford University Press.

McGuigan, Jim. (1996). *Culture and the Public Sphere.* London: Routledge.

McGuigan, Jim. (2004). *Rethinking Cultural Policy.* Berkshire: Open University Press.

Mermigas, Diane. (1996). "What's Murdoch Want Now? Programming". *Electronic Media.* October 7.

Mey, Kerstin. (2007). *Art and Obscenity.* New York: I.B.Tauris & Co Ltd.

Micklethwait, Brian. (1983). "Against Arts Subsidies". *Cultural Notes.* No.2.

Miller, Toby and George Yudice. (2002). *Cultural Policy.* London: SAGE Publications Ltd.

Miller, Toby, Nitin Govil, John McMurria, and Richard Maxwell. (2003). *Global Hollywood.* London: British Film Institute.

Milward, H. Brinton. (1988). "Don't Blame the Bureaucracy". in Herbert M. Levine(ed). *Public Administration Debated.* Englewood Cliffs: Prentice Hall.

Momayezi, Nasser. (2007). "Cultural Globalization". in Ali Farazmand and Jack Pinkowski(eds). *Handbook of Globalization, Governance, and Public Administration.* Boca Raton: Taylor & Francis.

Mulcahy, Kevin V. (1982). "The Attack on Public Culture: Policy Revisionism in a Conservative Era". in Kevin V. Mulcahy and C. Richard Swaim(eds). *Public Policy and the Arts.* Boulder: Westview Press.

Mulcahy, Kevin V. (2000). "The Government and Cultural Patronage: A Comparative Analysis of Cultural Patronage in the United States, France, Norway, and Canada". in Joni M. Cherbo and Margaret J. Wyszomirski(eds). *The Public Life of the Arts in America.* New Brunswick: Rutgers University Press.

Mulcahy, Kevin V. and C. Richard Swaim(eds). (1982). *Public Policy and the Arts.* Boulder: Westview Press.

Mulcahy, Kevin V. and Margaret Jane Wyszomirski. (1995). *America's Commitment to Culture.* Boulder: Westview Press.

National Research Council. (2000). The Digital Dilemma: Intellectual Property in the Information Age. National Academy Press.

Nielsen, Henrik K. (2003). "Cultural Policy and Evaluation of Quality". *International Journal of Cultural Policy.* 9(3).

Oakley, Kate. (2009). "The Disappearing Arts: Creativity and Innovation After the Creative Industries". *International Journal of Cultural Policy.* 15(4).

Peacock, Alan. (1991). "Economics, Cultural Values and Cultural Policies". *Journal of Cultural Economics.* 15(2).

Peirce, William S. (1981). *Bureaucratic Failure and Public Expenditure.* New York: Academic Press.

President's Committee on the Arts and the Humanities. (1997). *Creative America: A Report to the President*. US Government.

Preston, Paschal and Aphra Kerr. (2001). "Digital Media, Nation-States and Local Cultures: The Case of Multimedia 'Content' Production".

*Media, Culture & Society.* 23(1).

Reid, Daniel. (2009). "An American Vision of Federal Arts Subsidies: Why and How the U.S. Government Should Support Artistic Expression". *Yale Journal of Law & the Humanities.* 21(2).

Rhodes, Roderick A. (1997). *Understanding Governance: Policy Network, Governance, Reflexivity and Accountability.* Buckingham: Open University Press.

Robertson, Roland. (1992). *Globalization: Social Theory and Global Culture.* London: Sage.

Roche, George. (1988). "Bureaucracy: Enemy of the People". in Herbert M. Levine(ed). *Public Administration Debated.* Englewood Cliffs: Prentice Hall.

Rosen, Sherwin. (1981). "The Economics of Superstars". T*he American Economic Review.* 71(5).

Rosendorf, Neal M. (2000). "Social and Cultural Globalization: Concepts, History, and America's Role". in Joseph S. Nye and John D. Donahue(eds). *Governance in a Globalizing World.* Cambridge: Visions of Governance for the 21st Century.

Ruggie, John G. (1982). "International Regimes, Transactions, and Change: Embedded Liberalism in the Postwar Economic Order". *International Organization.* 36(2).

Rushton, Michael. (2000). "Public Funding of Controversial Art". *Journal of Cultural Economics.* 24(4).

Rushton, Michael. (2003). "Cultural Diversity and Public Funding of the Arts: A View from Cultural Economics". *Journal of Arts Management, Law, and Society.* 33(2).

Russett, Bruce. (1985). "The Mysterious Case of Vanishing Hegemony: Or Is Mark Twain Really Dead?". *International Organization.* 39(2).

Shim, Doobo. (2006). "Hybridity and the Rise of Korean Popular Culture in Asia". *Media, Culture & Society.* 28(1).

Shubik, Martin. (1999). "Culture and Commerce". *Journal of Cultural Economics.* 23(1).

Shuker, Roy. (2003). "'We Are the World': State Music Policy, Cultural Imperialism, and Globalization". Justin Lewis and Toby Miller(eds). *Critical Cultural Policy Studies: A Reader.* Oxford: Blackwell Publishers Ltd.

Simon, Herbert A. (1945). *Administrative Behavior.* New York: McMillan.

Snowball, Jeanette D. (2008). "1. The Arts, Economics and Valuation". *Measuring the Value of Culture: Methods and Examples in Cultural Economics,* Berlin: Springer.

Stevens, Louise K. "Impacts, Measurements, and Art Policy: Starting the Change Process". *Journal of Arts Management, Law, and Society.* 28(3).

Strange, Susan. (1996). "The State of the State". *The Retreat of the State: The Diffusion of Power in the World Economy.* Cambridge: Cambridge University Press.

Street, John. (1997). *Politics and Popular Culture.* Philadelphia: Temple University Press.

Strom, Elizabeth. (2001). *Strengthening Communities Through Culture.* Center for Arts and Culture.

Taylor, Andrew. (1997). "'Arm's Length But Hands On'. Mapping the New Governance: The Department of National Heritage and Cultural Politics in Britain". *Public Administration.* 75(3).

Throsby, David. (1999). "Cultural Capital". *Journal of Cultural Economics.* 23(1).

Throsby, David. (2001). *Economics and Culture.* Cambridge: Cambridge University Press.

Tomlinson, John. (1999). *Globalization and Culture.* Chicago: University of Chicago Press.

Towse, Ruth. (2002). "Copyright Policy and Creativity in the Cultural Industries". *Review of Cultural Economics.* 5(1).

Towse, Ruth(ed). (2003). *A Handbook of Cultural Economics.* Cheltenham: Edward Elgar.

Towse, Ruth. (2010). "Creativity, Copyright and the Creative Industries Paradigm". *KYKLOS.* 63(3).

Trebilcock, Michael J. and Robert Howse. (1995). The Regulation of International Trade. London: Routledge.

UNESCO. (1982). *Cultural Industries: A Challenge for the Future of Cultures.* Paris: UNESCO.

UNESCO Institute for Statistics. (2016). *The Globalisation of Cultural Trade: A Shift in Consumpt-International Flows of Cultural Goods and Services.*

Upchurch, Anna. (2004). "John Maynard Keynes, the Bloomsbury Group and the Origins of the Arts Council Movement". *The International*

*Journal of Cultural Policy.* 10(2).

Venturelli, Shalini. (2001). *From the Information Economy to the Creative Economy: Moving Culture to the Center of International Public Policy.* Center for Arts and Culture.

Vestheim, Geir. (2012). "Cultural Policy-Making: Negotiations in an Overlapping Zone between Culture, Politics and Money". *International Journal of Cultural Policy.* 18(5).

Vogel, Harold L. (2001). *Entertainment Industry Economics.* Cambridge: Cambridge University Press.

Vuyk, Kees. (2010). "The Arts as an Instrument? Notes on the Controversy Surrounding the Value of Art". *International Journal of Cultural Policy.* 16(2).

Wang, Georgette and Emilie Yueh-yu Yeh. (2005). "Globalization and Hybridization in Cultural Products: The Cases of Mulan and Crouching Tiger, Hidden Dragon". *International Journal of Cultural Studies.* 8(2).

Williams, Raymond. (1983). *Culture and society, 1780-1950.* New York: Columbia University Press.

Wolf, Charles, Jr. (1988). *Markets or Governments: Choosing between Imperfect Alternatives.* Cambridge: The MIT Press.

Wyszomirski, Margaret J. (1982). "Controversies in Arts Policymaking". in Kevin V. Mulcahy and C. Richard Swaim(eds). *Public Policy and the Arts.* Boulder: Westview Press.

Wyszomirski, Margaret J. (1998). "The Arts and Performance Review, Policy Assessment, and Program Evaluation: Focusing on the Ends of the Policy Cycle". *Journal of Arts Management, Law, and Society.* 28(3).

Wyszomirski, Margaret J. (2000). "Raison d'Etat, Raisons des Arts: Thinking about Public Purposes". in Joni M. Cherbo and Margaret J. Wyszomirski(eds). *The Public Life of the Arts in America.* New Brunswick: Rutgers University Press.

Zimmer, Annette and Stefan Toepler. (1999). "The Subsidized Muse: Government and the Arts in Western Europe and the United States". *Journal of Cultural Economics.* 23(1).

# 찾아보기